Schriftenreihe
der Juristischen Schulung
Band 5

Öffentliches Recht in der Fallbearbeitung

Grundfallsystematik, Methodik, Fehlerquellen

Begründet von

Dr. Gunther Schwerdtfeger

em. o. Professor der Universität Hannover

Seit der 14. Auflage fortgeführt von

Dr. Angela Schwerdtfeger

Privatdozentin an der Humboldt-Universität zu Berlin

15., neu bearbeitete Auflage 2018

www.beck.de

ISBN 978 3 406 71892 2

© 2018 Verlag C.H.Beck oHG
Wilhelmstraße 9, 80801 München
Druck und Bindung: Druckhaus Nomos Verlagsgesellschaft
In den Lissen 12, 76547 Sinzheim

Satz und Umschlaggestaltung: Druckerei C.H.Beck Nördlingen

Gedruckt auf säurefreiem, alterungsbeständigem Papier
(hergestellt aus chlorfrei gebleichtem Zellstoff)

Vorwort zur 15. Auflage

Die Neuauflage bringt den Rechtsstoff, seine Strukturierungen und die Rechtsprechungsanalysen auf den Stand vom Februar 2018. Überarbeitung, Aktualisierung und Schwerpunktsetzung orientieren sich weiterhin an dem Ziel einer problemorientierten Aufbereitung der für den Pflichtfachbereich prüfungsrelevanten Materien des Öffentlichen Rechts über die Grundfallsystematik. Die umfangreichsten Überarbeitungen erfolgten im Bereich der Grundrechtsprüfung (6. Teil) und des Rechts der politischen Parteien (8. Teil). Umgeschrieben wurden außerdem die materiellen Voraussetzungen eines Verwaltungsakts (Rn. 76 ff.). Ein besonderes Augenmerk galt auch den grundlegenden Fragen der Fallbearbeitung (1. Teil).

Meinem Onkel, Prof. Dr. *Gunther Schwerdtfeger*, bin ich sehr dankbar dafür, dass er mir die eigenverantwortliche Fortführung seines Werkes anvertraut hat, mit dem ich mich selbst schon erfolgreich auf meine Staatsexamina vorbereitet hatte. Ich freue mich, wenn der „Schwerdtfeger" den Leserinnen und Lesern auch weiterhin das Öffentliche Recht in der Fallbearbeitung nahebringt, indem er sich in seiner Konzeption von herkömmlichen Lehrbüchern und Skripten unterscheidet. Der rege Austausch mit den Studentinnen und Studenten im Rahmen meiner universitären Lehre trägt wesentlich dazu bei, das Werk an den Bedürfnissen des Adressatenkreises ausrichten zu können. Ebenso ist mir jeder Hinweis, jede Anregung und Kritik der Leserschaft unter angela.schwerdtfeger@rewi.hu-berlin.de willkommen, um dieses Buch auch zukünftig bestmöglich an Ihren Bedürfnissen auszurichten.

Für die Unterstützung bei der Aktualisierung der Literaturnachweise danke ich dem studentischen Team des Lehrstuhls für Öffentliches Recht und Europarecht der Humboldt-Universität zu Berlin, Frau *Friederike Grischek*, Frau *Louise Majetschak* und Herrn *Moritz Schramm*. Herrn Prof. Dr. *Matthias Ruffert* bin ich dankbar für die weitere „Beheimatung" an seinem Lehrstuhl während meiner ersten Vertretungsprofessur. Auf Seiten des Beck-Verlages danke ich besonders Frau *Ingrid Boumessid* für die ausgesprochen freundliche und konstruktive Zusammenarbeit.

Berlin, im Februar 2018   *Angela Schwerdtfeger*

Vorwort zur 14. Auflage

Mit der 14. Auflage geht die Verantwortung für den „Schwerdtfeger" in die zweite Generation über. Seinen Anfang nahm dieses Buch in der Aufsatzreihe „Die öffentlichrechtliche Klausur" (ab JuS 1969, 472), die mein Onkel *Gunther Schwerdtfeger* noch als wissenschaftlicher Assistent verfasste. Ihm waren damit zum einen die sich während des Studiums des öffentlichen Rechts stellenden einzelnen Schwierigkeiten noch in konkreter Erinnerung; zum anderen hatte er durch die Korrekturtätigkeit am Lehrstuhl einen umfassenden Eindruck von den Problemen der Studierenden bei der Fallbearbeitung. Mit der vor diesem Hintergrund entwickelten Grundfallsystematik, der Konzentration auf Dinge, die den Studierenden besondere Schwierigkeiten bereiten, und Hinweisen auf immer wiederkehrende Fehlerquellen war das Buch von Anfang an ein großer Erfolg. Ich hoffe, hieran aus der gleichen persönlichen Ausgangslage heraus sowie mit vergleichbarer Ausbildung und Erfahrung anknüpfen zu können.

Die wesentlichen Strukturen des Buches wurden in der Neuauflage beibehalten. Die folgenden Abschnitte sind umgeschrieben oder neu geschrieben worden: Noch von *Gunther Schwerdtfeger* stammen die Entschädigungsansprüche (§ 20) und die Verfassungsbeschwerde (§ 34); von mir neu bearbeitet wurden das Recht der politischen Parteien (§§ 39, 40, 41), das Recht des Parlaments (§ 43, I.) und das Europäische Unionsrecht im Pflichtfachbereich (§§ 48, 49, 50, 51, 52). Dem Europäischen Unionsrecht gilt entsprechend der zunehmenden Prüfungsrelevanz im Pflichtfachbereich erneut ein besonderes Augenmerk. Der neue 11. Teil ist nicht nur an die Rechtslage seit dem Vertrag von Lissabon angepasst, sondern zudem weiter ausgebaut worden. Darüber hinaus habe ich das gesamte Buch durchgesehen, aktualisiert und auch die Fußnoten von Altem entlastet sowie durch neue Veröffentlichungen einschließlich Fallmaterial ergänzt. Das Buch ist somit durchgehend auf dem Stand vom Mai 2012. Um seine Nutzbarkeit für die Leser weiter zu verbessern, sind außerdem das Sachverzeichnis und die Querverweise vollständig überarbeitet worden.

Die Neuauflage wäre ohne die umfassende Unterstützung meines Habilitationsvaters, Herrn Prof. Dr. *Matthias Ruffert*, nicht zu realisieren gewesen. Ihm danke ich für die großzügige Gewährung der erforderlichen Freiräume an seinem Lehrstuhl sowie seinen vielfältigen fachlichen und menschlichen Rat. Auch die studentischen Hilfskräfte des Lehrstuhls haben mich in engagierter Weise unterstützt, wofür ich allen voran Herrn *Eric Urzowski* sowie Frau *Carolin Damm*, Herrn *Felix Neumann* und Frau *Lisa Brentrup* danken möchte. Für seine zahlreichen wertvollen Anregungen zum unionsrechtlichen Teil gilt Herrn Dr. *Nikolaus Marsch*, D. I. A. P. (ENA), Albert-Ludwigs-Universität Freiburg, ein besonderes Dankeschön.

Hinweise, Anregungen und Kritik sind mir jederzeit willkommen (angela.schwerdtfeger@uni-jena.de).

Jena, im Mai 2012 *Angela Schwerdtfeger*

Inhaltsübersicht

Vorwort zur 15. Auflage V
Vorwort zur 14. Auflage VII
Inhaltsverzeichnis XI
Abkürzungsverzeichnis XXI
Verzeichnis abgekürzt zitierter Literatur XXVII

1. Teil. Hinführungen 1
  § 1. Bestandsaufnahme 1
  § 2. Aufgabenstellung 6
  § 3. Wichtige Einzelaspekte 6

2. Teil. Der Verwaltungsakt im Über-Unterordnungsverhältnis 15
  § 4. Allgemeines 15
  § 5. Der belastende Verwaltungsakt 23
  § 6. Insbesondere: Die „Polizei"verfügung 43
  § 7. Verwaltungsakte im Verwaltungsvollstreckungsverfahren 52
  § 8. Bußgeld zur Durchsetzung von Normen 56
  § 9. Der Anspruch auf Erlass eines begünstigenden Verwaltungsakts 57
  § 10. Begünstigende Verwaltungsakte mit Nebenbestimmungen 64
  § 11. Rücknahme und Widerruf begünstigender Verwaltungsakte 69
  § 12. Verwaltungsakt und Drittinteresse 73
  § 13. Belastende Rechtsakte im „besonderen Gewaltverhältnis" 85
  § 14. Verwaltungsakte in speziellen Verwaltungsverfahren 89

3. Teil. Ansprüche zwischen Bürger und Staat, besonders im Gleichordnungsverhältnis ... 95
  § 15. Vorbemerkungen 95
  § 16. Erfüllungsansprüche 97
  § 17. Ansprüche auf Rückabwicklung einer „Erfüllung" 111
  § 18. Abwehransprüche als Folgenbeseitigungs- oder Unterlassungsansprüche ... 116
  § 19. Schadensersatzansprüche 120
  § 20. Entschädigungsansprüche 132

4. Teil. Das Recht der öffentlichen Einrichtungen und Sachen 147
  § 21. Allgemeines 147
  § 22. Öffentliche Einrichtungen 147
  § 23. Öffentliche Sachen 151

5. Teil. Die Gültigkeit von Normen 159
  § 24. Prozessuales und typische Falleinkleidungen 159
  § 25. Generell wichtige Einzelaspekte der Normprüfung 162
  § 26. Die wichtigsten Gültigkeitsvoraussetzungen einer Verfassungsänderung ... 165
  § 27. Die wichtigsten Gültigkeitsvoraussetzungen eines Gesetzes 166
  § 28. Die wichtigsten Gültigkeitsvoraussetzungen einer Rechtsverordnung . 171
  § 29. Die wichtigsten Gültigkeitsvoraussetzungen einer Satzung 176

6. Teil. Grundrechtsprüfung ... 181
- § 30. Allgemeines ... 181
- § 31. Verstöße gegen Freiheitsgrundrechte (Abwehrfunktion) ... 185
- § 32. Verstöße gegen Gleichheitsgrundrechte ... 202
- § 33. Prozessuales zum Grundrechtsschutz ... 209
- § 34. Grundrechtliche Ansprüche auf Schutz, Teilhabe und staatliche Leistung? ... 216
- § 35. Besonderheiten bei wichtigen Einzelgrundrechten ... 221

7. Teil. Streitigkeiten zwischen Privaten mit öffentlichrechtlicher Überlagerung ... 235
- § 36. Zivilrechtliche Einkleidung ... 235
- § 37. Sonderproblem „Drittwirkung der Grundrechte" ... 236

8. Teil. Recht der politischen Parteien ... 241
- § 38. Verfassungsrechtlicher Grundstatus ... 241
- § 39. Rechtsstellung der Parteien in ihrem Verhältnis zum Staat ... 241
- § 40. Streitigkeiten innerhalb politischer Parteien ... 246

9. Teil. Weitere Fälle aus dem Staatsrecht (insbesondere organisatorischer Bereich) ... 251
- § 41. Allgemeines ... 251
- § 42. Zusammensetzung und interne Probleme der Staatsgewalten ... 255
- § 43. Gewaltenteilung und Gewaltenverzahnung ... 269
- § 44. Das Verhältnis von Bund und Ländern ... 273

10. Teil. Vertragliche Außenbeziehungen von Bund und Ländern ... 285
- § 45. Staatsrechtliche Voraussetzungen völkerrechtlicher Verträge ... 285
- § 46. Staatsverträge und Verwaltungsabkommen im Bundesstaat, gemeinsame Ländereinrichtungen ... 288

11. Teil. Europäisches Unionsrecht im Pflichtfachbereich ... 293
- § 47. Ausbildungsrelevanz ... 293
- § 48. Grundsätzliches und Institutionelles ... 293
- § 49. Entstehung und Ausführung von Unionsrecht ... 305
- § 50. (Weitere) Rechte der Unionsbürger ... 312
- § 51. Prozessuales ... 322

12. Teil. Die kommunalen Gebietskörperschaften ... 327
- § 52. Allgemeiner Überblick ... 327
- § 53. Kommunale Selbstverwaltungsgarantie und Gesetzgeber ... 331
- § 54. Kommunalverfassungsstreitigkeiten ... 334
- § 55. Aufsichtsprobleme ... 336

13. Teil. Methodik der Fallbearbeitung ... 341
- § 56. Allgemeine Hinweise ... 341
- § 57. Das Erfassen der Aufgabe ... 342
- § 58. Das Hintasten zur Lösung ... 346
- § 59. Planung der Darstellung ... 352
- § 60. Niederschrift ... 356

Anhang: Formalien einer wissenschaftlichen Arbeit ... 361

Sachverzeichnis ... 365

Inhaltsverzeichnis

1. Teil. Hinführungen 1

§ 1. Bestandsaufnahme 1
    I. Scheu vor der öffentlichrechtlichen Fallbearbeitung 1
    II. Das Anklammern an Schemata 2
        1. Schema „Zulässigkeit einer Klage" 2
        2. Schema „Begründetheit der Klage" 4
    III. Nutzen und Schaden der Schemata 4

§ 2. Aufgabenstellung 6

§ 3. Wichtige Einzelaspekte 6
    I. Die Anforderungen nach den Prüfungsordnungen 6
        1. Stoffbeschränkungen 6
        2. Klausuren und Hausarbeiten 7
        3. Fallbearbeitung als praktisch-wissenschaftliche Aufgabe 7
    II. Bewertungskriterien 8
    III. Fall-Training 8
    IV. Präsente Rechtskenntnisse 9
    V. Keine Überbewertung von Streitfragen und Theorien 10
    VI. Zur Bedeutung der höchstrichterlichen Rechtsprechung für die Fallbearbeitung 12
    VII. Lösungsregeln nicht als Selbstzweck 13

2. Teil. Der Verwaltungsakt im Über-Unterordnungsverhältnis 15

§ 4. Allgemeines 15
    I. Arten des Verwaltungsakts 15
        1. Einteilung nach dem Inhalt 15
        2. Einteilung nach der Wirkung 16
    II. Die Funktionen des Verwaltungsakts 16
        1. Regelungsfunktion und Bestandskraft 16
        2. „Titel"funktion als Grundlage der Verwaltungsvollstreckung .. 18
    III. Vorliegen und Regelungsinhalt eines Verwaltungsakts 19
    IV. VA-Begriff 20

§ 5. Der belastende Verwaltungsakt 23
    I. Prozessuales 23
    II. Rechtmäßigkeitsprüfung 26
        1. In Betracht kommende Ermächtigungsgrundlage 27
        2. Formelle Rechtmäßigkeit des Verwaltungsakts 28
        3. Materielle Voraussetzungen für das Einschreiten 31
        4. Fehlerfreie Ermessensausübung auf der Rechtsfolgeseite 36
    III. Nichtigkeit des Verwaltungsakts? 42

§ 6. Insbesondere: Die „Polizei"verfügung 43
    I. Gefahrenabwehr, Beseitigung von Störungen 43
        1. In Betracht kommende Rechtsgrundlage 44
        2. Formelle Voraussetzungen der Polizeiverfügung 45

       3. Materielle Voraussetzungen der Polizeiverfügung (Generalklausel) 45
       4. Rechtsfolgeseite 48
  II. Anhang: Polizeiliche Ermittlung von Straftaten und Ordnungs-
     widrigkeiten 51

§ 7. Verwaltungsakte im Verwaltungsvollstreckungsverfahren 52
  I. Vollstreckung von Verfügungen 52
       1. Hinführungen 52
       2. Vollstreckungsvoraussetzungen, Vollstreckungsverfahren, Rechtsschutz . 53
       3. Grundzusammenhänge 54
  II. Sofortiger Vollzug, unmittelbare Ausführung 55

§ 8. Bußgeld zur Durchsetzung von Normen 56

§ 9. Der Anspruch auf Erlass eines begünstigenden Verwaltungsakts 57
  I. Materiellrechtliche Fragen 58
       1. Erforderlichkeit des Verwaltungsakts? 58
       2. Anspruch auf Erlass des Verwaltungsakts? 58
       3. Anspruch auf fehlerfreie Ermessensausübung? 61
       4. Ermessensreduzierung „auf Null"? 62
  II. Prozessuale Fragen 63

§ 10. Begünstigende Verwaltungsakte mit Nebenbestimmungen 64
  I. Materiellrechtliche Fragen 64
       1. Unterschiedliche Folgen der einzelnen Neben-
          bestimmungen 65
       2. Zulässigkeit von Nebenbestimmungen 65
       3. Prinzipielle Wirksamkeit unangefochtener rechtswidriger Neben-
          bestimmungen 66
       4. Inhaltliche Modifizierung durch Umdeutung (§ 47 VwVfG) 67
       5. Nichtige Nebenbestimmungen in ihrer Auswirkung auf den Gesamt-
          verwaltungsakt 67
  II. Die Abwehr fehlerhafter Nebenbestimmungen 68

§ 11. Rücknahme und Widerruf begünstigender Verwaltungsakte 69
  I. Einstieg in die Falllösung 69
  II. Widerruf eines rechtmäßig gültigen begünstigenden Verwaltungsakts
     (§ 49 VwVfG) 70
  III. Rücknahme eines rechtswidrigen begünstigenden Verwaltungsakts
      (§ 48 VwVfG) 71

§ 12. Verwaltungsakt und Drittinteresse 73
  I. Subjektives Recht 74
       1. Schutznormtheorie (BVerwG) 74
       2. Kein Rückgriff auf das Zivilrecht 76
       3. Grundrechtlicher Drittschutz? 76
       4. Selbstverwaltungsrecht der Gemeinde 78
  II. Anfechtung einer Drittbegünstigung 78
       1. Zulässigkeit von Rechtsbehelfen (§ 42 II VwGO) 78
       2. Begründetheit des Widerspruchs oder der Klage 80
       3. Einstweiliger Rechtsschutz und prozessuale Sonderkonstellationen 81
  III. Anspruch auf Drittbelastung 82
       1. Materiellrechtliche Fragen 83
       2. Verfahrensrechtliches und Prozessuales 84
       3. Anhang: Zivilrechtliches Vorgehen 85

Inhaltsverzeichnis *XIII*

§ 13. Belastende Rechtsakte im „besonderen Gewaltverhältnis" 85
    I. Klageart 86
    II. Subjektives Recht des Betroffenen 87
    III. Ermächtigungsgrundlage und Vorbehalt des Gesetzes 88

§ 14. Verwaltungsakte in speziellen Verwaltungsverfahren 89
    I. Das förmliche Verwaltungsverfahren 89
    II. Das Planfeststellungsverfahren 90
        1. „Äußeres" Verfahren 91
        2. Abwägung im „inneren" Verfahren 91
        3. Prozessuales 92
    III. „Große" Genehmigungsverfahren 93

3. Teil. Ansprüche zwischen Bürger und Staat, besonders im Gleichordnungsverhältnis 95

§ 15. Vorbemerkungen 95
    I. Öffentlichrechtliche und (verwaltungs-)privatrechtliche Ansprüche 95
    II. Prozessuales 95
    III. Öffentlichrechtliche Analogien zum bürgerlichen Recht 96

§ 16. Erfüllungsansprüche 97
    I. Rechte und Pflichten unmittelbar aus dem Gesetz 97
    II. Erfüllungsansprüche kraft behördlicher Bewilligung (Zusage, „Zusicherung", Subventionsrecht) 97
    III. Erfüllungsansprüche aus Vertrag 100
        1. Abgrenzungsprobleme beim Einstieg in die Lösung 100
        2. Wirksamkeit eines öffentlichrechtlichen Vertrages 102
        3. (Evtl.:) Auslegung des Vertrages 106
    IV. Ansprüche aus öffentlichrechtlicher Verwahrung 106
    V. Ansprüche aus Geschäftsführung ohne Auftrag 108
        1. Öffentlichrechtliche oder privatrechtliche GoA? 109
        2. Voraussetzungen der (öffentlichrechtlichen) GoA 109
        3. Analoge Heranziehung bloß der Rechtsfolgen einer GoA 110

§ 17. Ansprüche auf Rückabwicklung einer „Erfüllung" 111
    I. Kodifizierte Bereicherungs- und Erstattungsansprüche 111
        1. Rückzahlungsbescheid oder „schlichte" Rückforderung? 112
        2. Rückzahlungsanspruch dem Grunde nach 112
        3. Anfechtungschancen bei Aufhebung eines der Leistung zugrundeliegenden Bescheides? 113
        4. Umfang des Rückzahlungsanspruchs 113
    II. Der ungeschriebene Erstattungsanspruch 114
    III. Folgenbeseitigungsanspruch „klassischer" Art 115

§ 18. Abwehransprüche als Folgenbeseitigungs- oder Unterlassungsansprüche ... 116
    I. Privatrechtliche oder öffentlichrechtliche Rechtsbeziehungen 116
    II. Begriffliches, Prozessuales und verfassungsrechtliche Fundierung ... 117
    III. Abwehr als Folgenbeseitigungsanspruch 118
    IV. Abwehr als Unterlassungsanspruch 120

§ 19. Schadensersatzansprüche 120
    I. Haftung aus Vertragsverletzung 120
        1. Zivilrechtlicher Vertrag 120

2. Öffentlichrechtlicher Vertrag 121
3. Culpa in contrahendo im öffentlichen Recht 121
II. Schadensersatz bei der Verletzung sonstiger öffentlichrechtlicher Sonderpflichten 122
III. Deliktshaftung der öffentlichen Hand als Amtshaftung 123
1. Öffentlichrechtliches oder privatrechtliches Handeln? 124
2. Haftungssystem bei öffentlichrechtlichem Tätigwerden 124
3. Haftungssystem bei zivilrechtlichem Tätigwerden 129
4. Amtshaftung bei normativem Unrecht 130
IV. Gefährdungshaftung der öffentlichen Hand, Versagen technischer Einrichtungen 131

§ 20. Entschädigungsansprüche 132

I. Hinführungen 132
1. Wesensunterschied von Schadensersatz und Entschädigung im öffentlichen Recht 132
2. §§ 74, 75 Einl. Pr.ALR als Basis aller Entschädigungsansprüche 133
II. Spezialgesetzlich geregelte Entschädigungsansprüche 133
III. Aufopferungsansprüche bei Eigentumseingriffen 136
1. Grundsätzliches 136
2. Aufopferungsansprüche bei rechtswidrigen enteignungsgleichen Eingriffen originär der Exekutive 138
3. Aufopferungsansprüche bei normativem Unrecht? 141
4. Aufopferungsansprüche bei rechtmäßigen enteignenden Eingriffen 141
IV. Aufopferungsansprüche bei Schäden an nichtvermögenswerten Rechtsgütern 143
V. Plangewährleistungsansprüche? 145

4. Teil. Das Recht der öffentlichen Einrichtungen und Sachen 147

§ 21. Allgemeines 147

§ 22. Öffentliche Einrichtungen 147

I. Anspruch auf Zulassung zur Benutzung 148
1. Anspruchsgrundlage 148
2. Widmungszweck 149
3. Sonderbenutzung 149
II. Grenzen des Zulassungsanspruchs 150
1. Rechtliche Grenzen 150
2. Faktische Grenzen 150
III. Zulassungsakt 150
IV. Prozessuales 151

§ 23. Öffentliche Sachen 151

I. Öffentliche Sachen im Gemeingebrauch 151
1. Das materiellrechtliche Rechtsgeflecht 152
2. Verfahrenstechnische Vereinfachungen 153
3. Anspruch auf eine Erlaubnis? 154
4. „Anliegernutzung" und „Kommunikativer Verkehr" 154
II. Öffentliche Sachen im Verwaltungsgebrauch, Hausverbot 155

5. Teil. Die Gültigkeit von Normen 159

§ 24. Prozessuales und typische Falleinkleidungen 159

I. Inzidente Normprüfung 159

Inhaltsverzeichnis

    II. Normenkontrollverfahren kraft subjektiven Rechts 160
        1. Gegen Parlamentsgesetze 160
        2. Gegen untergesetzliche Normen 160
    III. Abstrakte Normenkontrolle 162
    IV. Normprüfung aus sonstigen Anlässen 162

§ 25. Generell wichtige Einzelaspekte der Normprüfung 162
    I. Bindungswirkung der Entscheidungen des BVerfG 162
    II. Rechtsnatur der Norm 163
    III. Verfassungskonforme Auslegung 163
    IV. Nichtigkeit rechtswidriger Normen (?) 164

§ 26. Die wichtigsten Gültigkeitsvoraussetzungen einer Verfassungsänderung ... 165
    I. Verfahren und Form der Verfassungsänderung 165
    II. Änderungsfestes Minimum 165

§ 27. Die wichtigsten Gültigkeitsvoraussetzungen eines Gesetzes 166
    I. Verbandsmäßige Kompetenz des Gesetzgebers (Art. 70 ff. GG) 166
    II. Gesetzgebungsverfahren für Bundesgesetze (Art. 76 ff. GG) 166
    III. Bestimmtheitsgebot 168
    IV. Inhaltliche Vereinbarkeit des Gesetzes mit höherrangigem Recht 168
    V. Sonderaspekte 169
        1. Rückwirkung von Gesetzen 169
        2. Art. 19 I GG (Einzelfallgesetz, Zitiergebot) 171

§ 28. Die wichtigsten Gültigkeitsvoraussetzungen einer Rechtsverordnung 171
    I. Einschlägige Ermächtigungsgrundlage 172
    II. Formelle Voraussetzungen für den Erlass der Verordnung 173
    III. Subsumtion unter die Ermächtigungsgrundlage 173
    IV. Gültigkeit der gesetzlichen Ermächtigung 174
        1. Art. 80 I 2 GG 174
        2. Allgemeine Gültigkeitsvoraussetzungen eines Gesetzes 175
    V. Gestaltungsfreiheit des Verordnungsgebers in den Grenzen höherrangigen Rechts 175

§ 29. Die wichtigsten Gültigkeitsvoraussetzungen einer Satzung 176
    I. Gesetzliche Verleihung der Satzungsautonomie 176
    II. Normsetzungsverfahren 177
        1. „Äußeres" Verfahren 177
        2. „Inneres" Verfahren, Abwägungsgebot in der Bauleitplanung 177
        3. Rügefristen 178
        4. Nachbesserung 178
    III. Materielle Gültigkeitsvoraussetzungen der Satzung 178
        1. Subsumtion unter die Verleihung 178
        2. Kein Verstoß gegen höherrangiges Recht 179

6. Teil. Grundrechtsprüfung 181

§ 30. Allgemeines 181

§ 31. Verstöße gegen Freiheitsgrundrechte (Abwehrfunktion) 185
    I. Einschlägiges Grundrecht 185
        1. Thematischer Schutzbereich 185
        2. Persönlicher Schutzbereich 186
        3. Funktionaler Schutzbereich, Eingriff 186

II. (Geschriebener) Gesetzesvorbehalt	188
1. Gesetz im formellen Sinne	190
2. Gültigkeit des Gesetzes	190
3. Geschriebene Qualifizierungen des Gesetzesvorbehalts	191
4. Ungeschriebene Qualifizierungen des Gesetzesvorbehalts	191
5. Art. 19 II GG (Wesensgehaltsgarantie)	194
III. Ungeschriebene Grundrechtsbegrenzungen	196
1. Grundrechtsinterne Ausgestaltungsbefugnis des Gesetzgebers	197
2. (Externe) verfassungsimmanente Grundrechtsschranken	197
IV. Objektivrechtliche Verstärkungen des Grundrechtsschutzes	199

§ 32. Verstöße gegen Gleichheitsgrundrechte ... 202
I. Allgemeiner Gleichheitsgrundsatz (Art. 3 I GG) ... 202
   1. Dogmatisches ... 202
   2. Gleichheitsprüfung in der Fallbearbeitung ... 205
II. Spezielle Gleichheitsregelungen ... 206
III. Insbesondere: Gleichberechtigung von Mann und Frau ... 207

§ 33. Prozessuales zum Grundrechtsschutz ... 209
I. Geltendmachung von Grundrechtsverletzungen im „normalen" Rechtsweg ... 209
II. Verfassungsbeschwerde als außerordentlicher Rechtsbehelf ... 209
III. Zulässigkeit einer Verfassungsbeschwerde ... 210
   1. Gegenstand ... 210
   2. Geltendmachung einer eigenen Grundrechtsbeeinträchtigung ... 211
   3. Gegenwärtige und unmittelbare Beeinträchtigung ... 211
   4. Subsidiarität der Verfassungsbeschwerde ... 212
   5. Rechtsschutzbedürfnis, Zeitablauf ... 214
   6. Frist und Begründung ... 214
   7. Einstweilige Anordnung des BVerfG ... 214
IV. Annahmeverfahren ... 215
V. Begründetheit der Verfassungsbeschwerde ... 215

§ 34. Grundrechtliche Ansprüche auf Schutz, Teilhabe und staatliche Leistung? ... 216
I. Ansprüche aus Freiheitsgrundrechten ... 217
   1. Schutzanspruch aus Art. 1 I 2 GG ... 217
   2. Konstruktion über die objektivrechtliche Seite der Grundrechte ... 217
   3. Sozialstaatliche Neuinterpretation der Grundrechte ... 218
II. Ansprüche aus dem Gleichheitsgrundsatz ... 219
III. Anspruchsschranken ... 220

§ 35. Besonderheiten bei wichtigen Einzelgrundrechten ... 221
I. Art. 12 I GG ... 221
   1. Schutzbereich des Art. 12 I GG ... 221
   2. Berufswahl oder Berufsausübung? ... 223
   3. Regelung der Berufsausübung ... 223
   4. Eingriff in die Berufswahl und Wirkungsweise der „Dreistufentheorie" ... 224
II. Art. 14 GG ... 226
   1. Art. 14 GG als einschlägiges Grundrecht ... 228
   2. Inhaltsbestimmung oder Enteignung? ... 229
   3. Verfassungsmäßigkeit einer Inhaltsbestimmung nach Art. 14 I 2 GG ... 231
   4. Verfassungsmäßigkeit einer Enteignung iSd Art. 14 III GG ... 233

7. Teil. Streitigkeiten zwischen Privaten mit öffentlichrechtlicher Überlagerung ... 235
§ 36. Zivilrechtliche Einkleidung ... 235

§ 37. Sonderproblem „Drittwirkung der Grundrechte" 236
  I. Stand der Dogmatik 236
  II. Gedankenführung in der Fallbearbeitung 237
  III. Eingeschränkte Überprüfungskompetenz des Bundesverfassungsgerichts .. 238

8. Teil. Recht der politischen Parteien 241

§ 38. Verfassungsrechtlicher Grundstatus 241

§ 39. Rechtsstellung der Parteien in ihrem Verhältnis zum Staat 241
  I. Freiheitsstatus, Parteienprivileg 241
  II. Gleichheitsstatus, Chancengleichheit 244
  III. Trennung von Partei- und Regierungsamt 245
  IV. Prozessuales 246

§ 40. Streitigkeiten innerhalb politischer Parteien 246
  I. Materiellrechtlicher Einstieg 247
  II. Verfassungsrechtliche Überlagerungen 247
  III. Prozessuales 248

9. Teil. Weitere Fälle aus dem Staatsrecht (insbesondere organisatorischer Bereich) 251

§ 41. Allgemeines 251
  I. Aufgabenstellung, Bedeutung der tragenden Verfassungsprinzipien, Staatszielbestimmungen 251
  II. Bearbeitungshinweise 253
    1. Suche nach einer positivrechtlichen Regelung 253
    2. Auslegungsschwierigkeiten und Verfassungslücken 254
    3. Kategorien der Allgemeinen Staatslehre als Argumentationshilfe? ... 254

§ 42. Zusammensetzung und interne Probleme der Staatsgewalten 255
  I. Parlament 255
    1. Wahlen 255
    2. Rechtsstellung der Abgeordneten, Fraktionen 258
    3. Geschäftsordnungsautonomie des Parlaments 260
    4. Parlamentsausschüsse, Untersuchungsausschüsse 261
    5. Prozessuales 262
  II. Regierung 263
    1. Wahl des Bundeskanzlers 263
    2. Zuständigkeitsverteilung innerhalb der Regierung (monokratisches Prinzip, Kollegialprinzip, Ressortprinzip) 263
  III. Verwaltung 264
    1. Träger der Verwaltung 265
    2. Gliederung der Verwaltung 265
    3. Hierarchisches Prinzip 266
    4. Organisationsgewalt 267
  IV. Rechtsprechung 268
    1. Rechtsprechung oder Verwaltung? 268
    2. Grundgesetzliche Anforderungen an ein Gericht 269

§ 43. Gewaltenteilung und Gewaltenverzahnung 269
  I. Prozessuales 269
  II. Das parlamentarische Regierungssystem 270
  III. Die Bindung der Exekutive an das Gesetz, „Verwerfungskompetenz"? 270

IV. Konflikte mit dem Bundespräsidenten 271
   1. Fallmaterial 271
   2. Insbesondere: Prüfungsrechte des Bundespräsidenten 272

§ 44. Das Verhältnis von Bund und Ländern 273
  I. Die Verteilung der Gesetzgebungskompetenzen 273
    1. Überprüfungsprogramm für Bundesgesetze 273
    2. Überprüfungsprogramm für Landesgesetze 275
    3. Föderalismusreform 2006 und Fortgeltung überkommener Gesetze 276
  II. Der Bundesrat im Gesetzgebungsverfahren 277
  III. Die föderale Verteilung der Verwaltungskompetenzen 278
  IV. Bundesaufsicht bei der Ausführung von Bundesgesetzen 280
    1. Rechtsaufsicht 280
    2. Fachaufsicht mit Weisungsmöglichkeiten 280
    3. Aufsichtszuständigkeiten und Aufsichtsmittel 280
  V. Bundesfreundliches Verhalten im Gleichordnungsverhältnis 281
  VI. Prozessuales 281
  VII. Föderale Finanzverfassung 282
    1. Verteilung des Steueraufkommens 282
    2. Gesetzgebungskompetenz für Steuern 283
    3. Steuerverwaltung 283

10. Teil. Vertragliche Außenbeziehungen von Bund und Ländern 285

§ 45. Staatsrechtliche Voraussetzungen völkerrechtlicher Verträge 285
  I. Grundsätzliches 285
  II. Zuständigkeit des Bundes (Art. 32 GG) 286
  III. Mitwirkung von Bundesorganen, Zustimmungsgesetz (Art. 59 II GG) 286

§ 46. Staatsverträge und Verwaltungsabkommen im Bundesstaat, gemeinsame Ländereinrichtungen 288
  I. Beteiligte 288
  II. Staatsverträge und Verwaltungsabkommen 289
  III. Staatsinterne Abschlussvoraussetzungen 289
  IV. Zulässigkeit = Gültigkeit einer Vereinbarung 290
  V. Prozessuales 290
  VI. Gemeinsame Ländereinrichtungen 291

11. Teil. Europäisches Unionsrecht im Pflichtfachbereich 293

§ 47. Ausbildungsrelevanz 293

§ 48. Grundsätzliches und Institutionelles 293
  I. Die Europäische Union nach dem Vertrag von Lissabon 293
  II. Rechtsnatur und Aufgaben der EU 296
  III. Die Organe der Europäischen Union 297
  IV. Das Unionsrecht in seiner Wirkung für Unionsbürger 299
    1. Rechtsquellen 299
    2. Anwendungsvorrang von unmittelbar anwendbarem Unionsrecht 300
    3. Begründung von Rechten durch Unionsrecht 302
    4. Sonderfall: Unmittelbare Wirkung von Richtlinien 303

§ 49. Entstehung und Ausführung von Unionsrecht 305
  I. Erlass von Sekundärrecht 305
    1. System der begrenzten Einzelermächtigung und Subsidiarität 305
    2. Rechtsetzungsverfahren 306

II. Vollzug von Unionsrecht durch Verwaltungsbehörden 307
 1. Direkter und indirekter Vollzug 308
 2. Der mitgliedstaatliche (indirekte) Vollzug 308
III. Staatshaftungsanspruch bei Verletzung von Unionsrecht 311

§ 50. (Weitere) Rechte der Unionsbürger 312
I. Bindungen der Unionsorgane an Grundrechte 312
 1. Bindung an die Europäischen Grundrechte 313
 2. Bedeutung der Grundrechte des Grundgesetzes 314
II. Bindungen der Mitgliedstaaten an Grundrechte 315
III. Bindungen der Bundesrepublik an die Grundfreiheiten 315

§ 51. Prozessuales 322
I. Kontrolle der Unionsorgane 322
 1. Nichtigkeitsklage 322
 2. Untätigkeitsklage 324
 3. Grundrechtsschutz vor dem EGMR 324
II. Kontrolle der Mitgliedstaaten 324
 1. Vertragsverletzungsverfahren 324
 2. Rechtsschutz vor den nationalen Gerichten 325
III. Das Vorabentscheidungsverfahren 325

12. Teil. Die kommunalen Gebietskörperschaften 327

§ 52. Allgemeiner Überblick 327
I. Ausbildungsrelevanz 327
II. Die verschiedenen kommunalen Körperschaften 327
III. Gemeinden und Kreise 328
IV. Binnenorganisation 328
 1. Die Organe 328
 2. „Gewaltenteilung" 329
V. Selbstverwaltung und Fremdverwaltung 330

§ 53. Kommunale Selbstverwaltungsgarantie und Gesetzgeber 331
I. Institutionelle Garantie – subjektive Rechte 332
II. Ausgestaltung der institutionellen Garantie durch den Gesetzgeber 332
III. Einzeleingriffe in die Selbstverwaltungsautonomie 334

§ 54. Kommunalverfassungsstreitigkeiten 334
I. Prozessuales, „Insichprozess" 335
II. Materiellrechtliches 336

§ 55. Aufsichtsprobleme 336
I. Prozessuales, „Aufsichtsklage" 337
II. Rechtmäßigkeit des aufsichtsbehördlichen Eingreifens 338
 1. Rechtsaufsicht (Kommunalaufsicht) 338
 2. Fachaufsicht 338
III. Aufsichtsmittel 339
 1. Rechtsaufsicht (Kommunalaufsicht) 339
 2. Fachaufsicht 339

13. Teil. Methodik der Fallbearbeitung 341

§ 56. Allgemeine Hinweise 341
I. Vier „Stationen" der Fallbearbeitung 341
II. Klausur und Hausarbeit 341

§ 57. Das Erfassen der Aufgabe 342
    I. Erfassen des Wortlauts 342
    II. Eindringen in den Sachverhalt 343
    III. Herausarbeiten der Fragestellung 343
    IV. Versteckte Fehlerquellen 346

§ 58. Das Hintasten zur Lösung 346
    I. Der Sachverhalt als Ausgangspunkt 346
    II. Die Gedankenfolge 348
    III. Problemaufspaltung 349
    IV. Das Eindringen in die Rechtsfragen 349
    V. Lücken und Unklarheiten im Sachverhalt 351

§ 59. Planung der Darstellung 352
    I. Stoffauswahl und Schwerpunktbildung 352
    II. Aufbau 355
    III. Hilfsgutachten? 355

§ 60. Niederschrift 356
    I. Den Leser führen 357
    II. Kein Abgleiten in Routine ohne Inhalt 357
    III. Kein übertriebener „Gutachtenstil" 357
    IV. Subsumtionen, Begründungen und Zitate 358
    V. Erörterung von Streitfragen 358
    VI. Reflektion bei der Niederschrift 359

Anhang: Formalien einer wissenschaftlichen Arbeit 361

Sachverzeichnis 365

Abkürzungsverzeichnis

aA	anderer Ansicht
aaO	am angegebenen Orte
abgedr.	abgedruckt
AbgG	Abgeordnetengesetz (*Sartorius* Nr. 48)
abw.	abweichend
aE	am Ende
AEG	Allgemeines Eisenbahngesetz (*Sartorius* Nr. 962)
AEUV	Vertrag über die Arbeitsweise der Europäischen Union (in der Fassung des Lissabonner Vertrags vom 1.12.2009) (*Sartorius* Nr. 1001)
aF	alte Fassung
Alt.	Alternative
Anm.	Anmerkung
AO	Abgabenordnung (*Schönfelder-Ergänzungsband* Nr. 88b)
AöR	Archiv des öffentlichen Rechts
Arg.	Argument
Art.	Artikel
ASOG Bln	Allgem. Sicherheits- u. Ordnungsgesetz Berlin
AtG	Atomgesetz (*Sartorius* Nr. 835)
AufenthG	Aufenthaltsgesetz (*Sartorius* Nr. 565)
Aufl.	Auflage
BauGB	Baugesetzbuch (*Sartorius* Nr. 300)
BauNVO	Baunutzungsverordnung (*Sartorius* Nr. 311)
BayVBl.	Bayerische Verwaltungsblätter
BBesG	Bundesbesoldungsgesetz (*Sartorius* Nr. 230)
BBG	Bundesbeamtengesetz (*Sartorius* Nr. 160)
BBodSchG	Bundes-Bodenschutzgesetz (*Sartorius* Nr. 299)
Bd.	Band
BeamtStG	Beamtenstatusgesetz (*Sartorius* Nr. 150)
BeamtVG	Beamtenversorgungsgesetz (*Sartorius* Nr. 155)
bes.	besonders
betr.	betreffend
BFH	Bundesfinanzhof
BGB	Bürgerliches Gesetzbuch (*Schönfelder* Nr. 20)
BGBl.	Bundesgesetzblatt
BGH	Bundesgerichtshof
BGHZ	Entscheidungen des Bundesgerichtshofs in Zivilsachen
BImSchG	Bundes-Immissionsschutzgesetz (*Sartorius* Nr. 296)
BPräs.	Bundespräsident
BRat	Bundesrat
BReg.	Bundesregierung
BSG	Bundessozialgericht
BTag	Bundestag
BVerfG	Bundesverfassungsgericht
BVerfGE	Entscheidungen des Bundesverfassungsgerichts
BVerfGG	Gesetz über das Bundesverfassungsgericht (*Sartorius* Nr. 40)
BVerwG	Bundesverwaltungsgericht
BVerwGE	Entscheidungen des Bundesverwaltungsgerichts
BNatSchG	Bundesnaturschutzgesetz (*Sartorius* Nr. 880)

BWahlG	Bundeswahlgesetz (*Sartorius* Nr. 30)
BWO	Bundeswahlordnung (*Sartorius* Nr. 31)
DJT	Deutscher Juristentag
DÖV	Die Öffentliche Verwaltung
DRiG	Deutsches Richtergesetz (*Schönfelder-Ergänzungsband* Nr. 97)
Drs.	Drucksache
DVBl	Deutsches Verwaltungsblatt
E	Entscheidungssammlung (Amtliche Sammlung)
EGGVG	Einführungsgesetz zum Gerichtsverfassungsgesetz (*Schönfelder* Nr. 95a)
EGMR	Europäischer Gerichtshof für Menschenrechte (s. *Sartorius II* Nr. 137, 138)
Einf.	Einführung
Einl.	Einleitung
EL	Ergänzungslieferung
EMRK	Europäische Konvention zum Schutze der Menschenrechte und Grundfreiheiten (*Sartorius* Nr. 1003)
EU	Europäische Union
EuG	Gericht (der Europäischen Union)
EuGH	Gerichtshof der Europäischen Union
EU-GRCh	Charta der Grundrechte der Europäischen Union (*Sartorius* Nr. 1002)
EuGRZ	Europäische Grundrechte-Zeitschrift
EuR	Europarecht (Zeitschrift)
EUV	Vertrag über die Europäische Union (in der Fassung des Lissabonner Vertrags vom 1.12.2009) (*Sartorius* Nr. 1000)
EuWG	Europawahlgesetz
EUZBLG	Gesetz über die Zusammenarbeit von Bund und Ländern in Angelegenheiten der Europäischen Union (*Sartorius* Nr. 97)
EuZW	Europäische Zeitschrift für Wirtschaftsrecht
EWG	Europäische Wirtschaftsgemeinschaft
EZB	Europäische Zentralbank
FeV	Fahrerlaubnis-Verordnung (*Schönfelder-Ergänzungsband* Nr. 35d)
FG	Festgabe
FlugLG	Gesetz zum Schutz gegen Fluglärm (*Sartorius-Ergänzungsband* Nr. 980)
Fn.	Fußnote
FS	Festschrift
FStrG	Bundesfernstraßengesetz (*Sartorius* Nr. 932)
GastG	Gaststättengesetz (*Sartorius* Nr. 810)
gem.	gemäß
GewArch	Gewerbearchiv
GewO	Gewerbeordnung (*Sartorius* Nr. 800)
GG	Grundgesetz (*Sartorius* Nr. 1)
GmS-OGB	Gemeinsamer Senat der obersten Gerichtshöfe des Bundes
GoA	Geschäftsführung ohne Auftrag
GO BReg	Geschäftsordnung der Bundesregierung (*Sartorius* Nr. 38)
GO BT	Geschäftsordnung des Bundestages (*Sartorius* Nr. 35)
GS	Großer Senat/Gedächtnisschrift
GVG	Gerichtsverfassungsgesetz (*Schönfelder* Nr. 95)
hL	herrschende Lehre
hM	herrschende Meinung

Abkürzungsverzeichnis XXIII

Hs.	Halbsatz
HStR	Isensee/Kirchhof (Hrsg.), Handbuch des Staatsrechts
HwO	Handwerksordnung (*Sartorius* Nr. 815)
iErg	im Ergebnis
IfSG	Infektionsschutzgesetz (*Sartorius-Ergänzungsband* Nr. 285)
insbes.	insbesondere
IntVG	Integrationsverantwortungsgesetz (*Sartorius* Nr. 98)
iSd	im Sinne der/des
iVm	in Verbindung mit
JA	Juristische Arbeitsblätter
JR	Juristische Rundschau
Jura	Juristische Ausbildung
JuS	Juristische Schulung
JZ	Juristenzeitung
KrW-/AbfG	Kreislaufwirtschafts- und Abfallgesetz (*Sartorius* Nr. 298)
L	Lernbogen als Bestandteil der JuS
LadSchlG	Gesetz über den Ladenschluß (*Sartorius* Nr. 805)
LG	Landgericht
lit.	litera (Buchstabe)
LM	Lindenmaier-Möhring, Nachschlagewerk des BGH
LS	Leitsatz
LuftVG	Luftverkehrsgesetz (*Sartorius-Ergänzungsband* Nr. 975)
LuftVO	Luftverkehrs-Ordnung
MedR	Medizinrecht (Zeitschrift)
MEPolG	Musterentwurf eines einheitlichen Polizeigesetzes des Bundes und der Länder (1975/1976)
MüKo	Münchener Kommentar
mwN	mit weiteren Nachweisen
Nachw.	Nachweise
NBauO	Niedersächsische Bauordnung
NdsVBl.	Niedersächsische Verwaltungsblätter
NJAG	Niedersächsisches Gesetz zur Ausbildung der Juristinnen und Juristen
NJAVO	Verordnung zum Niedersächsischen Gesetz zur Ausbildung der Juristinnen und Juristen
NJW	Neue Juristische Wochenschrift
NKomVG	Niedersächsisches Kommunalverfassungsgesetz
Nr.	Nummer(n)
NRW	Nordrhein-Westfalen
NuR	Natur und Recht (Zeitschrift)
NVwZ	Neue Zeitschrift für Verwaltungsrecht
NVwZ-RR	NVwZ-Rechtsprechungs-Report
OLG	Oberlandesgericht
OVG	Oberverwaltungsgericht
OWiG	Gesetz über Ordnungswidrigkeiten (*Schönfelder* Nr. 94)
PartG	Parteiengesetz (*Sartorius* Nr. 58)
PaßG	Paßgesetz (*Sartorius* Nr. 250)
PBefG	Personenbeförderungsgesetz (*Sartorius* Nr. 950)

Pr.ALR	Preußisches Allgemeines Landrecht von 1794
PrOVGE	Amtliche Sammlung der Entscheidungen des Preußischen Oberverwaltungsgerichts
PUAG	Untersuchungsausschussgesetz (*Sartorius* Nr. 6)
Rn.	Randnummer(n)
RG	Reichsgericht
RGBl.	Reichsgesetzblatt
RGZ	Entscheidungen des Reichsgerichts in Zivilsachen
Rspr.	Rechtsprechung
RsprEinhG	Gesetz zur Wahrung der Einheitlichkeit der Rechtsprechung der obersten Gerichtshöfe des Bundes (*Schönfelder-Ergänzungsband* Nr. 95b)
S.	Seite(n)
s.	siehe
SchlH	Schleswig-Holstein
SGb	Die Sozialgerichtsbarkeit (Zeitschrift)
SGB X	Sozialgesetzbuch, 10. Buch (*Sartorius-Ergänzungsband* Nr. 410)
SGG	Sozialgerichtsgesetz (*Sartorius-Ergänzungsband* Nr. 415)
sog.	sogenannt(e)
StGB	Strafgesetzbuch (*Schönfelder* Nr. 85)
StHG	Staatshaftungsgesetz
StPO	Strafprozeßordnung (*Schönfelder* Nr. 90)
str.	strittig
st. Rspr.	ständige Rechtsprechung
StVG	Straßenverkehrsgesetz (*Schönfelder* Nr. 35)
StVO	Straßenverkehrs-Ordnung (*Schönfelder* Nr. 35a)
StVZO	Straßenverkehrs-Zulassungs-Ordnung (*Schönfelder-Ergänzungsband* Nr. 35b)
TA	Technische Anleitung
ua	unter anderem
umstr.	umstritten
UPR	Umwelt- und Planungsrecht (Zeitschrift)
v.	vom
VA	Verwaltungsakt
VereinsG	Gesetz zur Regelung des öffentlichen Vereinsrechts (*Sartorius* Nr. 425)
VersammlG	Gesetz über Versammlungen und Aufzüge (*Sartorius* Nr. 435)
VersR	Versicherungsrecht (Zeitschrift)
VerwArch	Verwaltungsarchiv
VG	Verwaltungsgericht
VGH	Verwaltungsgerichtshof
vgl.	vergleiche
VO	Verordnung
VR	Verwaltungsrundschau
VVDStRL	Veröffentlichungen der Vereinigung der Deutschen Staatsrechtslehrer
VwGO	Verwaltungsgerichtsordnung (*Sartorius* Nr. 600)
VwVfG	Verwaltungsverfahrensgesetz des Bundes (*Sartorius* Nr. 100)
VwVG	Verwaltungs-Vollstreckungsgesetz (des Bundes, *Sartorius* Nr. 112)
WahlPrG	Wahlprüfungsgesetz (*Sartorius* Nr. 32)
WaStrG	Bundeswasserstraßengesetz (*Sartorius* Nr. 971)

Abkürzungsverzeichnis

WHG	....	Wasserhaushaltsgesetz (*Sartorius* Nr. 845)
WV	....	Weimarer Verfassung
zB	....	zum Beispiel
ZBR	....	Zeitschrift für Beamtenrecht
ZfBR	....	Zeitschrift für deutsches und internationales Baurecht
ZPO	....	Zivilprozessordnung (*Schönfelder* Nr. 100)
zT	....	zum Teil

Verzeichnis abgekürzt zitierter Literatur

Böhm/Gaitanides .... Fälle zum Allgemeinen Verwaltungsrecht, 4. Aufl. 2007
Bull/Mehde .... Allgemeines Verwaltungsrecht mit Verwaltungslehre, 9. Aufl. 2015
Burgi .... Kommunalrecht, 5. Aufl. 2015
Butzer/Epping .... Arbeitstechnik im Öffentlichen Recht, 3. Aufl. 2005

Calliess/Ruffert .... EUV/AEUV, Das Verfassungsrecht der Europäischen Union mit Europäischer Grundrechtecharta, Kommentar, 5. Aufl. 2016

Ehlers/Pünder .... Allgemeines Verwaltungsrecht, 15. Aufl. 2015
Eyermann .... Verwaltungsgerichtsordnung, 14. Aufl. 2014

Götz/Geis .... Allgemeines Polizei- und Ordnungsrecht, 16. Aufl. 2017

Haratsch/Koenig/
Pechstein .... Europarecht, 10. Aufl. 2016
Herdegen .... Europarecht, 19. Aufl. 2017
Hesse .... Grundzüge des Verfassungsrechts der Bundesrepublik Deutschland, 20. Aufl. 1995/1999
Hillgruber/Goos .... Verfassungsprozessrecht, 4. Aufl. 2015
Höfling .... Fälle zum Staatsorganisationsrecht, 5. Aufl. 2014
Hufen .... Verwaltungsprozessrecht, 10. Aufl. 2016

Knemeyer .... Polizei- und Ordnungsrecht, 11. Aufl. 2007
Kopp/Ramsauer .... Verwaltungsverfahrensgesetz, 18. Aufl. 2017
Kopp/Schenke .... Verwaltungsgerichtsordnung, 23. Aufl. 2017

Maunz/Dürig .... Grundgesetz, Kommentar, 81. EL, Sept. 2017
Maurer/Waldhoff .... Allgemeines Verwaltungsrecht, 19. Aufl. 2017
Maurer .... Staatsrecht I, 6. Aufl. 2010

Ossenbühl/Cornils .... Staatshaftungsrecht, 6. Aufl. 2013

Palandt .... Bürgerliches Gesetzbuch, Kommentar, 77. Aufl. 2018
Pieroth/Schlink/Kniesel . Polizei- und Ordnungsrecht, 9. Aufl. 2016

Sartorius I .... Verfassungs- und Verwaltungsgesetze (Loseblattsammlung)
Sartorius (E) .... Verfassungs- und Verwaltungsgesetze, Ergänzungsband (Loseblattsammlung)
Sartorius II .... Internationale Verträge – Europarecht (Loseblattsammlung)
Schlaich/Korioth .... Das Bundesverfassungsgericht, 10. Aufl. 2015
Schoch .... Besonderes Verwaltungsrecht, 15. Aufl. 2013
Schönfelder .... Deutsche Gesetze (Loseblattsammlung)
Schönfelder (E) .... Deutsche Gesetze, Ergänzungsband (Loseblattsammlung)
Steiner .... Besonderes Verwaltungsrecht, 8. Aufl. 2006
Stelkens/Bonk/Sachs ..... Verwaltungsverfahrensgesetz, 9. Aufl. 2018
Stern/Blanke .... Verwaltungsprozessrecht in der Klausur, 9. Aufl. 2008

Wolff/Bachof/Stober/
Kluth .... Verwaltungsrecht, Band I, 13. Aufl. 2017, Band II, 7. Aufl. 2010

1. Teil. Hinführungen

§ 1. Bestandsaufnahme

I. Scheu vor der öffentlichrechtlichen Fallbearbeitung

Voraussetzung jeder Therapie ist die Diagnose. Deshalb sei zunächst bewusst gemacht, woran es liegt, dass viele Anfänger Scheu vor der öffentlichrechtlichen Fallbearbeitung zeigen und selbst Examenskandidaten der öffentlichrechtlichen Arbeit im Referendarexamen noch mit besonders gemischten Gefühlen entgegensehen. 1

Häufig fällt sicherlich ins Gewicht, dass das öffentliche Recht im Ausbildungsprogramm der ersten Semester mit dem Staatsrecht beginnt. Gerade das Staatsrecht erscheint den Studenten wesentlich „sperriger" als das Strafrecht und das Zivilrecht mit ihren Anschauungsfällen „aus dem täglichen Leben". Von der Möglichkeit, innerhalb des Staatsrechts jedenfalls die am besten zugänglichen Grundrechte voranzustellen, machen die Fakultäten in der Regel keinen Gebrauch. Im Verwaltungsrecht geht es dann um Fallgestaltungen und Problemzusammenhänge, zu welchen die Studenten auf der Schule noch keinerlei Zugang hatten und welche sich ihnen in der praktischen Bedeutung für den Alltag und für das Wirtschaftsleben erst nach und nach erschließen. 2

Allgemein herrscht Ungewissheit über das, was im öffentlichen Recht zum fall*wichtigen* Stoff gehört und was nicht. Es wird befürchtet, man könne Klausuren mit ungewohnten Fragestellungen oder aus Gebieten bekommen, auf welche man nicht vorbereitet ist; die unüberschaubare Vielzahl der alleine im „Sartorius" abgedruckten (Bundes-)Gesetze lässt Schlimmes ahnen. 3

Das Unbehagen der Studenten wird dadurch verfestigt, dass viele öffentlichrechtliche Aufgaben (aber nicht alle!) auch ein Eingehen auf *prozessuale Fragen* verlangen. 4

Das hat ua folgende *Gründe:* Ein praktischer Fall bleibt unvollständig gelöst, solange nicht untersucht ist, ob festgestellte Rechte auch *durchgesetzt* werden können und wie das zu geschehen hat. In Zivilrechtsfällen ist es regelmäßig völlig selbstverständlich und daher nicht erwähnenswert, dass die Zivilgerichte angerufen werden können. In der öffentlichrechtlichen Arbeit kann hingegen zweifelhaft sein, ob wegen der Systementscheidung für subjektiven Rechtsschutz (s. Art. 19 IV 1 GG) eine Klagemöglichkeit besteht[1] oder welcher Rechtsweg gegeben ist[2]. Hier ist der Fall erst „gelöst", wenn auch solche prozessualen Fragen geklärt sind.
– In allen Fällen, in denen die Behörde einen Verwaltungsakt erlassen, also einem Bürger zB ein Tun oder Unterlassen geboten hat (Verfügung = Befehl), ist der Klausur eine verfahrensrechtliche Seite *immanent.* Durch den Erlass eines Verwaltungsakts entstehen neben materiellrechtlichen auch verfahrensrechtliche Beziehungen zwischen Bürger und Staat: Auch der rechtswidrige (nicht nichtige) Verwaltungsakt ist gültig, solange der Bürger ihn nicht innerhalb der bestehenden Fristen erfolgreich mit Rechtsbehelfen angegriffen hat. Versäumt er eine Rechtsbehelfsfrist (= Verfahrensvorschrift), ist das Verfahren beendet. Der Bürger kann sich nicht

---

[1] S. etwa §§ 42 II, 47 II 1 VwGO.
[2] Problematisch kann insbes. sein, ob eine öffentlichrechtliche Streitigkeit iSv § 40 I VwGO vorliegt, ferner zB, ob *trotzdem* gem. § 40 II VwGO der Zivilrechtsweg gegeben ist.

mehr darauf berufen, die materiellrechtliche Regelung des Verwaltungsakts sei rechtswidrig (s. Rn. 33 ff.).[3] Schon deshalb müssen die Bearbeiter zu den Anfechtungsmöglichkeiten einschließlich der Anfechtungsfristen Stellung nehmen.

5 Schließlich dürfte das bei manchen Bearbeitern öffentlichrechtlicher Fälle anzutreffende Unbehagen noch mit darauf zurückzuführen sein, dass von ihnen auch *methodisch neue Denkansätze* gefordert werden: Vom Zivilrecht her sind sie gewohnt, den Einstieg in fast jede Aufgabe mit der Frage nach der Anspruchsgrundlage zu finden. Jeden Strafrechtsfall pflegen sie nach dem Schema „Tatbestandsmäßigkeit, Rechtswidrigkeit, Schuld" aufzubauen. In der öffentlichrechtlichen Klausur ist dagegen eine Vielzahl an möglichen Lösungswegen denkbar, welche die Bearbeiter oft selbstschöpferisch finden müssen, wie bereits zu Studienbeginn das Staatsorganisationsrecht verdeutlicht. Diese Aufgabe ist für die Studenten ungewohnt. Sie sollte jedoch als Chance begriffen werden, die bestehenden Spielräume für die eigene Argumentation zu nutzen und zu zeigen, dass die wesentlichen Strukturen und Zusammenhänge beherrscht werden. Wo es an klaren Vorgaben mangelt, droht auch kein Punkteabzug aufgrund ihrer Missachtung. Vielmehr können die Bearbeiter durch die Entwicklung eines durchdachten eigenen Lösungswegs punkten.

II. Das Anklammern an Schemata

6 In dieser Situation klammern sich Anfänger, Fortgeschrittene und selbst Examenskandidaten regelmäßig eng an eines der *Schemata für die Bearbeitung öffentlichrechtlicher Fälle*. Am bekanntesten ist das sogenannte „Prozessschema", in welchem zunächst nach der „Zulässigkeit der Klage", sodann nach der „Begründetheit der Klage" gefragt wird.

1. Schema „Zulässigkeit einer Klage"

7 Die einzelnen *Zulässigkeitsvoraussetzungen* einer Klage vor dem *Verwaltungsgericht* (Prozessvoraussetzungen) lassen sich etwa so zusammenfassen:[4]

> **Zulässigkeitsvoraussetzungen einer Klage**
> (1) Deutsche staatliche[5] Gerichtsbarkeit (§§ 18 ff. GVG), Justitiabilität[6]
> (2) **Eröffnung des Verwaltungsrechtsweges**
>   (a) (Vorrangige) spezialgesetzliche Zuweisung an die Verwaltungsgerichte (zB § 54 I BAföG); sonst § 40 I VwGO:
>   (b) „Öffentlichrechtliche Streitigkeit" (§ 40 I 1 VwGO)[7]

---

[3] Zur Fristversäumnis bei der Anfechtungsklage *Schmitz*, JuS 2015, 895.
[4] Auch eine andere Reihenfolge ist möglich, s. etwa die Vorschläge – sowie weitere Einzelheiten – bei *Stern/Blanke*, VerwaltungsprozessR in der Klausur, Rn. 372; *Hufen*, Verwaltungsprozessrecht, § 10 Rn. 4. Zur Zulässigkeitsprüfung im Verfassungsrecht etwa *Urbaneck*, JuS 2014, 896.
[5] Fall zur Abgrenzung von innerkirchlichen Angelegenheiten bei *Goerlich/Zimmermann*, JuS 2013, 1117.
[6] Insbes. *Gnadenentscheidungen* (s. Art. 60 II GG) sind *nicht* justitiabel: BVerfGE 66, 337 (363); 45, 187 (242 f.); 30, 108 (110 f.); 25, 352 (361 ff.); *BVerfG (Kammer)* NJW 2001, 3771.
[7] Zur Abgrenzung von der „zivilrechtlichen Streitigkeit" s. Rn. 28, 285; in Bezug auf die Schwerpunktbereichsprüfung an einer Privathochschule s. VGH Kassel, NJW 2016, 1338 m. Anm. *Hufen*, JuS 2016, 1052; Klausur bei *Ferreau*, JuS 2017, 758.

§ 1. Bestandsaufnahme

(c) Streitigkeit „nichtverfassungsrechtlicher Art" (§ 40 I 1 VwGO)[8]
(d) Keine gesetzliche Zuweisung an ein anderes Gericht (§ 40 I 1, 2 VwGO) (Hält das Verwaltungsgericht den Verwaltungsrechtsweg für nicht gegeben, verweist es den Rechtsstreit an das zuständige Gericht des zulässigen Rechtsweges, § 17a II GVG; nach Maßgabe von § 17a I, II, IV GVG wird die Rechtswegfrage vorweg *abschließend* geklärt)
(3) Örtliche, sachliche, instanzielle Zuständigkeit des angerufenen Gerichts (§§ 45 ff. VwGO)
(4) **Statthafte Klage- oder Verfahrensart** (– das Gericht hat darauf hinzuwirken, dass die sachdienlichen Anträge gestellt werden, § 86 III VwGO), je nach Begehren (vgl. §§ 88, 86 III VwGO[9]):
 (a) Anfechtungsklage (§ 42 I Alt. 1 VwGO)
 (b) Verpflichtungsklage (§ 42 I Alt. 2 VwGO)
 (c) Sonstige Abwehr- oder Leistungsklage
 (d) Feststellungsklage (§ 43 VwGO)[10]
 (e) Fortsetzungsfeststellungsklage (§ 113 I 4 VwGO, evtl. analog)
 (f) Abstrakte Normenkontrolle (nur in bestimmten Fällen möglich, § 47 VwGO)
(5) Keine Rechtshängigkeit (§ 17 I 2 GVG) und keine Rechtskraft (§ 121 VwGO)
(6) Beteiligtenfähigkeit (§ 61 VwGO)
(7) Prozessfähigkeit,[11] Prozessvertretung, Beistand (§§ 62, 67 VwGO)
(8) **Klagebefugnis** (§ 42 II VwGO, evtl. analog)
(9) **Rechtsschutzbedürfnis**
(10) **Vorverfahren** durchgeführt oder nicht erforderlich (§§ 68 ff. VwGO)
(11) Ordnungsgemäße Klageerhebung (§§ 81 ff. VwGO), **Klagefrist** (§ 74 VwGO)
(12) Passive Prozessführungsbefugnis (§ 78 VwGO)[12]

Die „Pflichtfachstudenten" brauchen im Wesentlichen nur die *Grundzüge*[13] mit den **8** *zentralen* Fragen des Verwaltungsprozessrechts zu kennen. Erfahrungsgemäß sind in den Übungsfällen nur die (vorstehend fett hervorgehobenen) Schemapunkte „Eröffnung des Verwaltungsrechtsweges" (2), „Statthafte Klage- oder Verfahrensart"

---

[8] Bei der Klage eines *Bürgers* gegen eine öffentlichrechtliche Körperschaft *ohne Weiteres* gegeben; „*Streitigkeiten verfassungsrechtlicher Art*" sind grundsätzlich solche zwischen Verfassungsorganen, in denen materiell ein Verfassungsrechtsverhältnis betroffen ist (sog. doppelte Verfassungsunmittelbarkeit); s. *Hufen*, Verwaltungsprozessrecht, § 11 Rn. 49; BVerwGE 96, 45 (49); 80, 355 (357); *Kraayvanger*, Der Begriff der verfassungsrechtlichen Streitigkeit, 2004. Andernfalls muss den Kern des Rechtsstreits die Auslegung und Anwendung verfassungsrechtlicher Normen bilden; s. dazu *Bethge*, JuS 2001, 1100 (1101 f.), mwN.
[9] Zur Auslegung von §§ 88, 86 III VwGO im Lichte von Art. 19 IV 1, 103 I GG *BVerfG* NVwZ 2016, 238 m. Anm. *Hufen*, JuS 2016, 574: Die Gerichte müssen den erkennbaren Interessen des rechtsschutzsuchenden Bürgers bestmöglich Rechnung tragen. S. a. *Seibert*, JuS 2017, 122.
[10] Grundfälle bei *Geis/Schmidt*, JuS 2012, 599; zum hinreichend konkreten Rechtsverhältnis zB BVerwGE 149, 359 (Überwachung durch den BND).
[11] Zur Religionsmündigkeit als Anknüpfungspunkt *BVerwG* NVwZ 2012, 162 (163).
[12] Zu Verständnis und Prüfungsstandort des § 78 VwGO *Rozek*, JuS 2007, 601.
[13] Auf sie beschränken die Ausbildungsnormen die Pflichtfachmaterie des Verwaltungsprozessrechts in den meisten Bundesländern auch *ausdrücklich*, s. nachfolgend Rn. 19.

(4), „Klagebefugnis" (8), „Rechtsschutzbedürfnis" (9), „Vorverfahren" (10) und „Klagefrist" (11) problemträchtig und daher *wichtig*. In der *Niederschrift* dürfen wie bei jedem Denkschema grundsätzlich nur *die* Schemapunkte abgehandelt werden, die *ernsthaft* zweifelhaft sind. Ausnahmen bestehen für Erörterungen, die zur Abrundung der Gedankengänge unerlässlich sind. Selbst wenn es völlig unproblematisch ist, sollten deshalb die soeben angeführten (fett gedruckten) Schemapunkte – möglichst knapp – ausgeführt werden. Auch eine Erwähnung des Klagegegners (12) ist üblich.

2. Schema „Begründetheit der Klage"

9   Zur Prüfung der *Rechtmäßigkeit* einer behördlichen Maßnahme *(Begründetheit der Klage)* sei folgendes Grobschema genannt:

> (1) In Betracht kommende Ermächtigungsgrundlage
> (2) Formelle Rechtmäßigkeit
>   (a) Zuständigkeit
>   (b) Verfahren
>   (c) Form
> (3) Materielle Rechtmäßigkeit
>   (a) Verfassungsmäßigkeit der Ermächtigungsgrundlage
>   (b) Subsumtion unter die Ermächtigungsgrundlage
>   (c) Ermessen und Ermessensfehler

In verfeinerter Form wird das Schema später (Rn. 57 ff.) Gegenstand eingehender Erörterungen sein.[11]

III. Nutzen und Schaden der Schemata[15]

10   Selbstverständlich ist es nützlich, Schemata als wiederkehrende Strukturen gegenwärtig zu haben. Sie sind aber nicht geeignet, jeden vorkommenden Sachverhalt ohne Weiteres mit den einschlägigen Paragrafen und Rechtsproblemen in Zusammenhang zu bringen und zur richtigen Lösung zu führen – eine Wunderwirkung, die ihnen selbst Examenskandidaten zu Unrecht oft noch zutrauen.

11   1. Einer schematischen Behandlung zugänglich sind von vornherein nur *einfache* Fälle mit *präziser* Fragestellung. Unklare Fragen sind vorher aufzubereiten.

Ist nur allgemein nach der Rechtslage gefragt, lässt sich zB das Prozessschema erst anwenden, wenn geklärt ist, *wogegen* zweckmäßigerweise geklagt wird oder *was genau* mit einer Klage erreicht werden soll. Solange das nicht feststeht, kann man nicht die „Zulässigkeit *der* Klage" erörtern, weil je nach Klageziel ganz unterschiedliche Zulässigkeitsvoraussetzungen einschlägig sein können (= häufiger Fehler!). In derartigen Fällen bietet es sich an, im Rahmen eines vorangestellten Gliederungspunktes (zB unter der Überschrift „Vorüberlegungen") eine abstrakt gefasste Fragestellung zu konkretisieren, um anschließend in die Falllösung einzusteigen.

12   2. Jedes Schema ist nur für *bestimmte Fallkonstellationen* entwickelt und *brauchbar*. Der Aufbau nach dem *Prozessschema* ist (nur) verbindlich, wenn im Gutachten die

---

[14] Zur Begründetheitsprüfung bei der Anfechtungsklage auch *v. Kielmansegg*, JuS 2013, 312.
[15] Vgl. a. *Rosenkranz*, JuS 2016, 294; *Bull*, JuS 2000, 778.

§ 1. Bestandsaufnahme

Entscheidung des Gerichts vorzubereiten ist, denn ein Gericht darf über die Begründetheit der Klage erst befinden, nachdem es ihre Zulässigkeit bejaht hat. Das Prozessschema passt von vornherein *nicht*, wenn eine Klagemöglichkeit nach der Fallgestaltung nicht interessiert.

Ob das Prozessschema im *vorprozessualen Stadium* angewendet wird, in welchem zu beurteilen ist, ob die Erhebung einer Klage angebracht wäre, richtet sich nach *darstellungs*technischen Gründen der Zweckmäßigkeit. Von Ausnahmefällen abgesehen,[16] ist es logisch genauso gut möglich, stattdessen zunächst nach der Begründetheit und dann erst nach der Zulässigkeit einer Klage zu fragen. Anders als für das Gericht ist es etwa für einen Anwalt gleichgültig, ob die Klage unzulässig oder unbegründet wäre; wenn nach seiner Einschätzung nur eines der Fall ist, sieht er von der Klageerhebung ab. Häufig lassen sich Klage*ziel* (Rn. 11) und Klage*art* erst ermitteln, *nachdem* die materielle Rechtslage durchdacht worden ist.   13

Das genannte *Schema zu den Rechtmäßigkeitsvoraussetzungen einer Maßnahme* (Rn. 9) ist an Fällen entwickelt worden, welche die Anfechtung eines belastenden Verwaltungsakts oder andere belastende Maßnahmen betreffen. Es passt daher nicht für einen Anspruch auf Erlass eines begünstigenden Verwaltungsakts, für die Frage, ob ein Gesetz gültig ist, und für weitere später zu behandelnde Fallgestaltungen.   14

3. Das *einschlägige* Schema vermag den Bearbeitern nicht zu verraten, hinter welchen Schemapunkten sich die *eigentlichen Probleme* des Falles verbergen.   15

Wie später (Rn. 104, 106) am Beispiel einer Polizeirechtsklausur im Einzelnen dargestellt wird, verführt die Kenntnis eines Schemas die Bearbeiter recht häufig nur dazu, in aller Breite Schemapunkt für Schemapunkt abzuhandeln und ebenso zäh- wie überflüssig das ganze „Klipp-Klapp" *des Schemas* zu Papier zu bringen, die eigentlichen Probleme dabei aber zu übersehen. Als ganzer Ertrag der Klausur wird dann lediglich ohne allen Wert dokumentiert, dass ein Schema bekannt ist. Zumindest werden die Schwerpunkte falsch gesetzt. Die *eigentliche Aufgabe*, mit möglichst knappen, klaren, auf das Wesentliche beschränkten Worten *die dem Fall (nicht einem Schema) adäquate Lösung* zu finden, wird verfehlt.

4. Schließlich kann selbst ein mit größter Perfektion entworfenes Schema nicht *alle* Fragen enthalten, die irgendwann einmal irgendwie erheblich werden könnten. Die *eigentlichen Probleme* des Falles können also gerade *außerhalb* des Schemas liegen.[17] Daher ist stets vom Sachverhalt auszugehen. Alle durch ihn aufgeworfenen Fragen müssen einer Klärung zugeführt werden, auch wenn das bekannte Schema zu der einen oder anderen Frage schweigt. Das dennoch angewandte Schema muss insoweit flexibel eingesetzt und um problematische Punkte ergänzt werden.   16

5. *Ertrag* verspricht die Kenntnis eines Schemas nur, wenn die Bearbeiter plastische Vorstellungen zu den Problemen haben, welche *hinter* jedem Schemapunkt stehen, und sich die dazugehörigen Strukturen vergegenwärtigen. So gesehen kann das Schema insbesondere den Anfängern *Denkhilfe* beim Hintasten zur Lösung sein, indem es wichtige Punkte vor dem Vergessen bewahrt und die Grundsätze eines systemgerechten logischen Aufbaus verdeutlicht. Die fortgeschrittenen Bearbeiter lösen sich schon während der Denkarbeit mehr und mehr vom Schema. Sie haben ein von Kenntnissen und Verständnis getragenes Erfahrungswissen zu immer wiederkehrenden Problemen in typischen Fallgestaltungen, welches ihnen unnötige Umwege über das Durchdenken abseitiger Schemapunkte erspart und sie zumeist   17

---

[16] Falls die Verfassungsbeschwerde als das einzig zulässige Rechtsmittel in Betracht kommt, *muss* mit der verfahrensrechtlichen Seite begonnen werden. Aus ihr ergibt sich dann, dass materiellrechtlich nur Grundrechtsverletzungen interessieren (s. Rn. 509).
[17] Beispiel in Rn. 104, 106.

alsbald auf die entscheidenden Fragen führt. Ihnen dient das Schema als Struktur und zur *Selbstkontrolle*.

§ 2. Aufgabenstellung

18 Vor dem Hintergrund des Gesagten wäre ein Vorhaben von vornherein zum Scheitern verurteilt, das nach zivil- oder strafrechtlichem Vorbild ein Generalschema zu entwickeln suchte, mit welchem man alle oder auch nur einen Großteil der öffentlichrechtlichen Fälle wirklich in den Griff bekäme. Sinnvoll und möglich ist allein, von der materiellrechtlichen Seite her die immer wiederkehrenden *typischen Fallkonstellationen (Grundfälle)* zusammenzustellen und die *für sie* jeweils typischen materiellrechtlichen *und* prozessualen Probleme zu erläutern. So erhalten die Leser einen Überblick über das, was sie in der Fallbearbeitung erwarten können. Insbesondere aber wird ihr Blick von vornherein für *das in jedem Grundfall Wesentliche* geschult. Im letzten Teil, welcher der eigentlichen *Methodik* gewidmet ist, wird gezeigt, wie man mit den erworbenen Kenntnissen unbefangen und über allen Schemata stehend arbeitet, um einen *unbekannten* Sachverhalt falladäquat und wissenschaftlich angemessen zu bewältigen.

Die Grundfallmethode ist nicht in der Lage, die herkömmlichen Lehrbücher zu ersetzen. Das gilt insbesondere für das Verwaltungsprozessrecht und für den organisatorischen Teil des Staatsrechts. Demgemäß gehen die Ausführungen des Buches davon aus, dass die Leser sich anhand der einschlägigen Lehrbücher mit den jeweiligen Grundzügen dieser Rechtsgebiete vertraut gemacht haben und die aktuelle Rechtsprechung insbesondere des Bundesverfassungsgerichts und des Bundesverwaltungsgerichts verfolgen.

§ 3. Wichtige Einzelaspekte

I. Die Anforderungen nach den Prüfungsordnungen

1. Stoffbeschränkungen

19 Nach § 5a II 3 DRiG (*Schönfelder (E)* Nr. 97) sind *Pflichtfächer* nur „die *Kernbereiche* des Bürgerlichen Rechts, des Strafrechts, des Öffentlichen Rechts und des Verfahrensrechts einschließlich der europarechtlichen Bezüge". Was zu den Kernbereichen gehört, ist im Einzelnen im Juristenausbildungsrecht der Bundesländer festgelegt. In diesem Rahmen sind im *Öffentlichen Recht* vor allem folgende Rechtsgebiete relevant:

Staatsrecht; Verfassungsprozessrecht; Allgemeines Verwaltungsrecht mit dem allgemeinen Verwaltungsverfahrensrecht; Verwaltungsprozessrecht; aus dem Besonderen Verwaltungsrecht: Polizei- und Ordnungsrecht, Baurecht, Kommunalrecht; Europarecht.

Es erscheint sinnvoll, die nachfolgenden Darstellungen auf diesen Fächerkatalog zu konzentrieren. Allerdings ist der Fächerkatalog nicht in allen Bundesländern in seinem vollen Umfang relevant. Auch grenzen die Länder den ausbildungsrelevanten Stoff *innerhalb* der prüfungsrelevanten Rechtsgebiete oft nach dem Enumerations-

§ 3. Wichtige Einzelaspekte

prinzip zusätzlich ein. Von Land zu Land unterschiedlich sind *bestimmte* Materien schließlich bloß in ihren „*Grundzügen*" oder „*im Überblick*"[1] relevant.

Letzteres gilt vor allem für das Verfassungsprozessrecht und für das Verwaltungsprozessrecht sowie für das Staatshaftungsrecht als Teil des Allgemeinen Verwaltungsrechts, für das Baurecht und für das Kommunalrecht.

Die Leser müssen den für ihren Studien- bzw. Examensort einschlägigen Pflichtprüfungsstoff abschließend selbst ermitteln.[2] Das Gleiche gilt für den Stoff der öffentlichrechtlichen *Schwerpunktbereiche*[3]. Die Schwerpunktmaterien finden nachfolgend nur Berücksichtigung, soweit sich das vom Pflichtfach her aufdrängt.

2. Klausuren und Hausarbeiten

Fallbearbeitungen in der Gestalt von *Klausuren* werden in allen Phasen des Studiums verlangt, schon in der Zwischenprüfung, in den Übungen für Fortgeschrittene, in der staatlichen Pflichtfachprüfung und zumeist auch in der universitären Schwerpunktbereichsprüfung. Fallbearbeitungen in der Gestalt einer *Hausarbeit* sind Bestandteile der Zwischenprüfung und der Übung für Fortgeschrittene, nicht (mehr) der staatlichen Pflichtfachprüfung. Ob die Studienarbeit[4] der Schwerpunktbereichsprüfung eine Fallbearbeitung sein kann oder nur als Themenarbeit oder als gestalterische Aufgabe ausgegeben wird, hängt vom jeweiligen Landesrecht, von der Schwerpunktbereichsprüfungsordnung der Fakultät und/oder von der Entscheidung der jeweiligen Dozenten ab. 20

3. Fallbearbeitung als praktisch-wissenschaftliche Aufgabe

Die Inhalte des Studiums und die Erste Juristische Staatsprüfung „berücksichtigen die rechtsprechende, verwaltende und rechtsberatende *Praxis*" (§§ 5a III 1; 5d I 1 DRiG); das Studium und das Examen sind also auch anwaltsorientiert. „Die erste Prüfung dient der Feststellung, ob der Prüfling das Recht *mit Verständnis* erfassen und *anwenden kann*, in den Prüfungsfächern ... über die erforderlichen Kenntnisse verfügt und *damit für den juristischen Vorbereitungsdienst fachlich geeignet ist*" (§ 2 I 3 NJAG). 21

Aus diesen Zusammenhängen folgt, dass die Kandidaten in einer Fallbearbeitung *praktisches Verständnis* zeigen müssen. In der Universitätsübung und im Referendarexamen müssen die Fallbearbeiter die Rechtswissenschaft einem Rechtsfall des täglichen Lebens *nutzbar* machen, so wie es von ihnen im Referendariat und dann später im juristischen Berufsleben ständig verlangt wird. In der Fallbearbeitung sind also *nebeneinander* eine wissenschaftliche Leistung und praktisches Verständnis gefordert, nichts Gegensätzliches, sondern zwei Komponenten *einer* Aufgabe, die gleichzeitig relevant sind.[5] Ob die Universitätsdozenten oder das Prüfungsamt durch die Auswahl des Falles mehr Gelegenheit zur (theoretischen) *Erörterung* von Rechtsfragen gegeben oder Probleme ihrer (praktischen) *Anwendung* auf den kon- 22

---

[1] = „Kenntnisse von Inhalt und Struktur der geschriebenen und ungeschriebenen Normen, ihrer systematischen Bedeutung und ihrer Grundgedanken ohne Einzelheiten aus Rechtsprechung und Schrifttum" (§ 3 VI SchlHJAO).
[2] Fundstellen zur jeweils neuesten Fassung der Ländervorschriften im *Schönfelder (E)*, Fn. 3 zu § 5 DRiG (Nr. 97).
[3] S. zu diesen JuS 2012, 278.
[4] Zu verschiedenen Aspekten der Studienarbeit *Scherpe*, JuS 2017, 10, 203, 624; s. a. *Bull*, Wie „riskant" sind Themenarbeiten? – Hilfestellungen und Tips, JuS 2000, 47.
[5] S. zum wissenschaftlichen Anspruch des Jurastudiums auch *Hufen*, JuS 2017, 1.

kreten Sachverhalt (zB Sachverhaltsauslegungen, saubere Subsumtion, Auffinden versteckter Vorschriften) in den Vordergrund gestellt haben, muss von Fall zu Fall ermittelt werden.

II. Bewertungskriterien

23 Die Bearbeiter müssen möglichst viele Punkte sammeln. *Wer für die Lösung auf der Stelle tritt, punktet nicht.* Mängel führen zu Punktabzügen bis hin zu einem Negativsaldo. Selbstverständlich berücksichtigen die Korrektoren, in welchem Stadium ihrer Ausbildung sich die Bearbeiter befinden; auch im Referendarexamen wird noch nicht die Leistung fertiger Volljuristen erwartet. Aber die *Bewertungskriterien,* welche die Korrektoren zunächst „milde" und im Fortschreiten der Ausbildung dann zunehmend strikter anwenden, sind in allen Fällen gleich. Insoweit orientiert sich die Korrektur insbesondere an folgenden Fragen:

– Auf der Grundlage des Gesagten (Rn. 15, s. a. Rn. 835): Ist der Fall gleichsam aus sich heraus mit Pointierungen bei den entscheidenden Fragestellungen zügig bearbeitet worden, oder zeigt die Arbeit eher nur handwerklich-technische Routine im „Abarbeiten" eines Schemas mit viel l'art pour l'art und mit unpointierten Rechtsausführungen nach der „Schrotschussmethode"?
– Wie vollständig sind die „springenden Punkte" des Falles bearbeitet oder jedenfalls erkannt worden?
– Sind die Darstellungen in sich konsequent, oder enthalten sie logische Brüche?
– Ist unter den Text der entscheidenden Rechtsvorschriften sauber subsumiert worden, oder begnügt sich die Arbeit eher mit pauschalen Zuordnungen (Rn. 837 f.)?
– Werden Begründungen gegeben oder nur Behauptungen aufgestellt? Welche Qualität haben die Begründungen? Werden die rechtlichen Zusammenhänge durchschaut?
– Enthalten die Darstellungen wesentliche Fehler, vielleicht sogar Grundlagenfehler?

Bei einer *Hausarbeit* treten vor allem folgende Bewertungskriterien *hinzu*:
– Entsprechen die gedankliche Durchdringung des Falles und die Verarbeitung von Literatur und Rechtsprechung den Anforderungen an eine Hausarbeit, oder handelt es sich in der Tendenz eher um eine mit Fußnoten garnierte Klausur?[6]
– Zeigt der Umgang mit Literatur und Rechtsprechung Eigenständigkeit und eigene wissenschaftliche Erfahrung, oder gerät die Arbeit in Schwierigkeiten, soweit sie sich nicht auf „Vorgekautes" stützen kann?
– Befindet sich die Arbeit auf dem neuesten Stand von Gesetzgebung, Literatur und Rechtsprechung, oder diskutiert sie Vergangenes (Rn. 808 f.)?

Entscheidend ist bei allem der *Weg zur Lösung,* nicht die „Richtigkeit" oder „Vertretbarkeit" des „nackten" Ergebnisses. Oftmals sind unterschiedliche Lösungen denkbar, so dass es gerade auf deren argumentative und strukturierte Abstützung ankommt.

III. Fall-Training

24 Es liegt auf der Hand, dass man Examensklausuren und -seminararbeiten, die den angedeuteten Bewertungskriterien genügen sollen, erst nach intensivem Training mit vielen Trainingseinheiten angemessen bewältigen kann. Wohlmeinende Anleitungs-

---

[6] Eingehender zum Unterschied von Klausur und Hausarbeit Rn. 773, 806 ff.; zur Hausarbeit im Öffentlichen Recht a. *Eibl/Müller,* JuS 2017, 117.

§ 3. Wichtige Einzelaspekte

bücher, auch die vorliegende Schrift, können zwar Hilfestellungen geben, aber nicht den Lehrsatz überspielen, dass nur die eigene Übung den Meister macht.

Die besten und wichtigsten Trainingsmöglichkeiten bieten schon die Zwischenprüfungsarbeiten, dann die *Universitätsübungen* und *Examensklausurenkurse*. Sie geben den Studenten die Gelegenheit, durch das Anfertigen *eigenständiger* Bearbeitungen die *Schwierigkeiten* der Fallbearbeitung und der selbständigen wissenschaftlichen Arbeit zu *erfahren*, in den mündlichen Besprechungsstunden die Wege zu ihrer *Beseitigung* kennenzulernen und – jeweils darauf aufbauend – durch weiteres Üben *rechtzeitig* die nötige Erfahrung und Sicherheit in der Fallbearbeitung und in der wissenschaftlichen Methodik zu erlangen. Jeder examensbewusste Student sollte von dieser einzigartigen Möglichkeit reichlich Gebrauch machen, möglichst *alle* angebotenen Arbeiten mitschreiben und die Besprechungen besuchen. Wenn das auch viel Zeit kostet: Es gibt keine wichtigere Betätigung. Hier wird der *Grundstein* des Examenserfolges gelegt.

IV. Präsente Rechtskenntnisse

Unerlässliche Voraussetzung für jede Fallbearbeitung sind *solide Rechtskenntnisse*. Sie bestehen nicht aus unverdautem Detailwissen, das lediglich eingepaukt worden ist. Die Bearbeiter müssen vielmehr über *Grundlagenkenntnisse* verfügen,[7] die dogmatischen Grundstrukturen und das jeweils Typische sicher beherrschen, die Zusammenhänge durchschauen, über das „Warum" nachgedacht und alles Grundlegende wirklich *verstanden* haben. Nur so können sie die *Weichen* richtig stellen und auch unbekannte Fallkonstellationen erfolgreich lösen.

Das beginnt bereits bei den *Begrifflichkeiten*, wie die verschiedenen Verfahrensarten vor dem BVerfG verdeutlichen: Beim *Organstreit* und dem *Bund-Länder-Streit* handelt es sich zB um kontradiktorische Verfahren mit einem Antrag*steller* und einem Antrags*gegner*. Gestritten wird um ihre gegenseitigen *Rechte* und Pflichten. Aufgrund einer in Rede stehenden *Rechtsverletzung* ist eine Antrags*befugnis* erforderlich, dh die (erst im Rahmen der Begründetheit zu prüfende) Rechtsverletzung darf nicht von vornherein ausgeschlossen sein. Auch das in der Regel vorliegende *subjektive Rechts*schutzbedürfnis[8] weist auf die kontradiktorische Verfahrensnatur hin – in Abgrenzung zu dem für das objektive Beanstandungsverfahren der abstrakten Normenkontrolle erforderlichen *objektiven Klarstellungsinteresse*.

Wer unreflektiert alles und jedes paukt, was ihm angeboten wird oder begegnet, gerät in ein nur *trügerisches* Gefühl der Sicherheit: Er *speichert zu unwichtigen und abseitigen Fragen viel zu viel, zu den zentralen Dingen aber entscheidend zu wenig.* Die Examensvorbereitung ist auf das Wesentliche zu konzentrieren, auch um eine Überforderung zu verhindern. Hilfreich ist das Bild von einem wuchtigen Baum. Auf das Examensergebnis wirkt sich *prägend* aus, wie sich die Kandidaten zum *Stamm* und zu den *Ästen* auskennen, wie sie *von hierher* die Einzelheiten, auch *unbekannte* Einzelheiten, erschließen und durchschauen können. Im Bereich von *Zweigen* und *Blattwerk* ist präsentes Wissen allenfalls zu *bestimmten* Einzelheiten gefordert. Weil die Zeit der Examensvorbereitung und die Speicherfähigkeit des menschlichen Gehirns begrenzt sind, ist hier ansonsten „Mut zur Lücke" sinnvoll. *Alles* können Examenskandidaten ohnehin nicht wissen. So oder so ist eine Auswahl

---

[7] In einem Bericht von *Klinger*, JuS 2003, 1191 (1197) heißt es treffend: „Hinsichtlich der von den Prüfungskandidaten gemachten Fehler ergab sich ein aus vielen Examensklausuren vertrautes Bild: Die Korrektoren rügten nicht fehlendes Detailwissen, sondern nahezu ausschließlich Grundlagenfehler, die eigentlich bei Examenskandidaten nicht vorkommen dürften".

[8] Beispiel für ein fehlendes Rechtsschutzbedürfnis im Organstreit: *BVerfG* JuS 2017, 1234 m. Anm. *Sachs*.

angesagt. Nichtwissen oder schlechtes Wissen im Bereich von Stamm und Ästen wiegen schwer. Reduziertes Wissen im Bereich von Zweigen und Blattwerk fällt nicht wesentlich ins Gewicht. Präsente Kenntnisse im Bereich von Zweigen und Blattwerk können sich zwar positiv auswirken. Sie sind aber nicht geeignet, die nach der Examenserfahrung fast typischen Mängel im Bereich von Stamm und Ästen auszugleichen und das Ruder so entscheidend herumzureißen. *Die nachfolgenden Darstellungen versuchen, sich an diesen Erkenntnissen auszurichten.* Das Werk will zu *Juristen* ausbilden und nicht „wandelnde Computer" produzieren.

Wenn immer wieder kolportiert wird, im Bereich von Zweigen und Blattwerk werde *geprüft*, muss man unterscheiden: In einer *Hausarbeit* sind entsprechende Fragestellungen angemessen. In einer wissenschaftlichen Ausbildung muss auch die Fähigkeit erworben werden, mithilfe von Gesetzestext, Grundlagenkenntnissen, Literatur und Rechtsprechung bisher unbekannte Einzelbereiche erkunden und bearbeiten zu können. *Klausuren* können zwar eine (dann oft als „schockierend" empfundene) *Anknüpfung* in den Zweigen oder im Blattwerk haben. Aber *verlangt* wird so nur, dass die Kandidaten die ihnen bisher unbekannten Gesetzestexte gerade mithilfe ihrer Kenntnisse zum Stamm und zu den Ästen sinnvoll auslegen und anwenden. Ganz ähnlich sollen auch im *mündlichen* Examen Fragen zu den Zweigen und zum Blattwerk den Prüfern zeigen, ob die Kandidaten sich „graue Flecken" auf der Landkarte mit Grundkenntnissen und mit juristischem Verständnis erschließen können.[9] Kandidaten, die sogleich mit der fertigen Antwort hervorpreschen, sie dann auf Rückfrage aber (wie häufig zu beobachten) nicht über Stamm und Äste ableiten können, schaden sich mehr, als ihnen ihr bloßes Wissen nutzt. Zwar verbleibt ein *Risiko*, dass Wissen zu abseitigen Dingen „abgeprüft" werden könnte. Aber ganz ohne Risiken ist *kein* Examen. *Das Risiko ist kein Grund, von den als „richtig" erkannten Grundsätzen einer sinnvollen und selbstbewussten Examensvorbereitung abzugehen.*

V. Keine Überbewertung von Streitfragen und Theorien

26 Viele Bearbeiter lassen keine Gelegenheit ungenutzt, zu jeder irgend umstrittenen Frage sogleich einen ganzen Stapel verschiedener Theorien auszubreiten. Selbst auf ganz abseits liegende Streitfragen wird oft der Schwerpunkt der ganzen Bearbeitung gelegt – eine Erscheinung des offenbar unausrottbaren *Irrtums, „das Problem" des Falles müsse immer ein Theorienstreit sein.*[10]

Wenn die Aufgabe nicht ganz auf eine Streitfrage zugeschnitten ist, wird es in der Regel nicht Aufgabe einer zwei- bis fünfstündigen *Klausur* sein, die Bearbeiter zusätzlich zur Bewältigung anderer Schwierigkeiten auch noch zu einer fundierten und umfangreichen Stellungnahme zu Meinungsstreitigkeiten zu veranlassen. Derartiges ist in erster Linie wissenschaftlichen Spezialabhandlungen vorbehalten. Schon wegen der Kürze der Zeit und weil ihnen die nötigen Hilfsmittel (Lehrbücher, Monographien, Rechtsprechung) fehlen, bleibt den Klausurbearbeitern nichts anderes übrig, als zügig auf die Theorie zuzusteuern, welche sie anwenden möchten, und diese argumentativ abzustützen. Zu anderen (ihnen bekannten) Theorien genügen Andeutungen.

Nach der Examenserfahrung werden zumeist *„Versatzstücke"* benutzt, die in der Regel von dritter Seite standardisiert worden sind, häufig unabhängig vom Fall genauso auch in anderen Klausuren verwendet werden könnten und in einer Klausur typischerweise von einer großen Anzahl von Bearbeitern in genau der gleichen Weise mit identischen Argumentationen zu Papier gebracht werden.

---

[9] Zum Prüfungsgespräch im Staatsexamen *Becker/Vollkommer*, JuS 2010, 346.
[10] Zu anderen Fallproblemen Rn. 27, 824.

§ 3. Wichtige Einzelaspekte

Das Prüfungsrecht verlangt anderes. Die Kandidaten sollen *in* der Klausur anhand eines „rechtlich und tatsächlich einfach(en)" Falles *ad hoc* die „Fähigkeit zur Erörterung von Rechtsfragen"[11] zeigen. Dieser Aufgabe werden die Bearbeiter gerecht, indem sie die normativen Zusammenhänge erkennen, (vor allem) sauber subsumieren und Auslegungsprobleme, die sich speziell vom Fall her ergeben, *mithilfe der klassischen Auslegungsmethoden* meistern[12]. Mit dem „Abspulen" vorgefertigter Versatzstücke können die Kandidaten *nicht* entscheidend „punkten". 27

In einer *Hausarbeit* liegt es aufgrund der zur Verfügung stehenden Zeit und Hilfsmittel näher, auf einen Theorienstreit einzugehen. Maßgeblich muss auch hier jedoch eine *sinnvolle Schwerpunktbildung* sein (Rn. 820 ff.). Als „Faustregel" gilt: Theorien zu an sich „gelösten" allgemeinen Standardfragen sollte allenfalls geringer Raum gegeben werden (Ausnahmen: Gesetzesänderungen oder neue Erkenntnisse im Umfeld der Frage). In der Regel enthält eine Hausarbeit in hinreichender Zahl fallspezifische Schwierigkeiten, an denen sich die Bearbeiter bewähren können. Streitfragen müssen sorgfältig behandelt werden, wenn sie im Zentrum des Falles stehen.[13] Bei Streitfragen an der Peripherie sollten die Bearbeiter sich kürzer fassen. Greifen die Bearbeiter einen Theorienstreit auf, wird weder monographische Gründlichkeit verlangt noch erwartet, dass den verschiedenen Ansichten „gestandener" Wissenschaftler wesentlich Neues hinzufügt wird. Wissenschaftliche Befähigung zeigen die Bearbeiter vor allem dadurch, dass sie ihre Stellungnahme *methodisch sorgfältig entwickeln und einsichtig machen* (Rn. 837 f.).

Auch in der *mündlichen* Prüfung geht es primär um die Methodik, um das „Herangehen" an die Sache. Führt das Prüfungsgespräch auf eine Rechtsfrage, die in verschiedener Weise gelöst werden könnte, versuchen die Prüfer, die einzelnen Lösungsmöglichkeiten von den Grundlagen her erarbeiten zu lassen. Präsentes Wissen wird nur zu wenigen zentralen Streitfragen im Bereich des „Stammes" (Rn. 25) erwartet.

Hieraus folgt, dass die Studenten sich in der *Examensvorbereitung* nicht im Pauken von Streitfragen verlieren dürfen. Wer stets mit verschiedenen Ansichten hantiert, schafft sich ein unnötiges Gefühl der Unsicherheit und sieht bald den Wald vor lauter Bäumen nicht mehr. Vielmehr geht es darum, die hinter verschiedenen Theorien liegende Problematik zu verstehen. Im Pflichtfachbereich sind die gängigen Rechtsfragen für die Praxis mittlerweile weitgehend geklärt, vor allem durch die höchstrichterliche Rechtsprechung. Von hierher sollten sich die Examenskandidaten klare Linien einprägen und nicht stattdessen alles und jedes relativieren. Die nachfolgenden Darstellungen wollen den Lesern *dabei* helfen.

Hantieren die Bearbeiter mit Theorien, sollten sie diese *vertieft verstanden* haben. An einem zentralen Beispiel, dem Umgang mit den *Theorien zur Abgrenzung von privatem und öffentlichem Recht* (Subordinationstheorie, Subjektstheorie, Sonderrechtstheorie usw.):[14] In einer Examensklausur waren die Erfolgsaussichten einer Klage zu begutachten, die ein Grundstückseigentümer vor dem Verwaltungsgericht gegen einen „Leistungsbescheid" als (eindeutig) Verwaltungsakt der Gemeinde (Zahlung eines Erschließungsbeitrages, §§ 127 ff. BauGB) erhoben hatte. Zur „öffentlichrechtlichen Streitigkeit" (§ 40 I 1 VwGO) machten die Bearbeiter Ausführungen, wie sie in diesem Zusammenhang fast typisch sind. Zur Abgrenzung des öffent- 28

---

[11] S. etwa § 19 II NJAVO.
[12] Einführung in die Methodik der Gesetzesauslegung bei *Schäfers*, JuS 2015, 875.
[13] Beispiele in Rn. 657 ff., 838.
[14] Näheres zu den Theorien ist nachzulesen zB bei *Maurer/Waldhoff*, Allg. VerwR, § 3 Rn. 10 ff.; *Wolff/Bachof/Stober/Kluth*, VerwR Bd. 1, § 22 Rn. 14 ff. Die *Sonderrechtstheorie* (letzter „Schliff" durch *Bachof*, FG BVerwG, 1978, S. 1 ff.) hat sich durchgesetzt, s. zu ihr insbes. auch GmS-OGB BVerwGE 74, 368 (370) = BGHZ 97, 312 (314); 108, 284 (286 ff.); 102, 280 (283).

lichen Rechts vom privaten Recht gebe es verschiedene Theorien. Angewendet werde die heute herrschende „Sonderrechtstheorie". Nach ihr liege eine öffentlichrechtliche Streitigkeit vor, weil das BauGB Sonderrecht für die öffentliche Verwaltung enthalte. Diese Ausführungen können dreifach kritisiert werden. (1) Mit dem Erlass des Leistungsbescheides als *Verwaltungsakt hat* die Gemeinde öffentlichrechtlich gehandelt. Das ist eine Selbstverständlichkeit und keine Frage von Theorien. Theorien dienen der Lösung von Zweifelsfällen. (2) Eine öffentlichrechtliche Streitigkeit ist *ohne Weiteres* gegeben, wenn die Beteiligten zueinander eindeutig in einem hoheitlichen Verhältnis der Über- und Unterordnung stehen (= „Subordinationstheorie"). Die „Sonderrechtstheorie" steht nicht in einem Konkurrenzverhältnis, sondern in einem Ergänzungsverhältnis zur „Subordinationstheorie" für Fälle, in denen die Über-Unterordnung nicht eindeutig ist. So hat die „Sonderrechtstheorie" ihr Hauptanwendungsfeld beim „schlichthoheitlichen" Verwaltungshandeln und beim Verwaltungsrealakt; nach dem Gemeinsamen Senat der obersten Gerichtshöfe des Bundes dient sie hier (nur) der *Identifizierung* von Über-Unterordnungsverhältnissen (Näheres in Rn. 285). Liegt wie im *Ausgangsfall* eindeutig ein Verwaltungsakt vor, ist ohne Weiteres das Über-Unterordnungsverhältnis der „Subordinationstheorie" gegeben. (3) Arbeitet man trotz allem mit der „Sonderrechtstheorie", darf bei *Verwaltungsakten* nicht auf das *Fachrecht* abgestellt werden, in dem der Fall „spielt" (BauGB). Sonst wäre ein eindeutig als solcher erlassener Leistungsbescheid, der (rechtswidrig) zur Durchsetzung eines zivilrechtlichen Kaufvertrages erlassen wird (Anforderung des Kaufpreises für das verkaufte Rathaus), ein zivilrechtlicher Rechtsakt, was er selbstverständlich nicht ist. „Sonderrecht" liegt vielmehr vor, weil die *nur Behörden* zustehende (materiell vielleicht gar nicht vorhandene) *Befugnis* zum Handeln durch Verwaltungsakt *in Anspruch* genommen wird.[15]

VI. Zur Bedeutung der höchstrichterlichen Rechtsprechung für die Fallbearbeitung

29   Praktisches Verständnis können die Bearbeiter ua dadurch zeigen, dass sie den *rechtlichen* Maßstäben der Praxis Beachtung schenken und deshalb der höchstrichterlichen Rechtsprechung die *gehobene Bedeutung* beimessen, welche ihr in der Praxis zukommt. Solange die Bearbeiter keine Veranlassung haben, auf einen Meinungsstreit einzugehen (dazu soeben V.), legen sie ihren Ausführungen sinnvollerweise die Ansicht der höchstrichterlichen Rechtsprechung zugrunde, nach welcher der Sachverhalt im „Ernstfall" beurteilt würde. So kommen sie zu einer *realistischen* Einschätzung der Rechtslage.

Die *Schwerpunktbildung* in einer Hausarbeit kann sich ua danach richten, ob eine Frage durch die höchstrichterliche Rechtsprechung für die Praxis geklärt ist. Besteht Veranlassung zu eingehenden Auseinandersetzungen mit einer Zweifelsfrage, zu der eine abschließende Stellungnahme der höchstrichterlichen Rechtsprechung vorliegt, haben die Bearbeiter das Für und Wider zunächst wissenschaftlich zu durchdringen und auf die Waagschalen zu verteilen. Bei der endgültigen Entscheidung ist aber eine Waagschale von vornherein vorbelastet: *Gegen* die Rechtsprechung sollten sich die Bearbeiter nur entscheiden, wenn ihrer Ansicht nach *gewichtige* Gründe gegen sie sprechen. Andernfalls besteht keine Aussicht, dass die Rechtsprechung den eingeschlagenen Weg in Zukunft ändert; die Entscheidungsgrundlage ist nicht hinreichend tragfähig für eine *realistische Einschätzung der Rechtslage*.[16] Das heißt nicht, dass

---

[15] BVerwGE 84, 274 (275).
[16] Für Einzelheiten „Zur Bedeutung der höchstrichterlichen Rechtsprechung für die Fallbearbeitung" s. *G. Schwerdtfeger,* JuS 1967, 312. Diese sind jedoch nicht unbestritten; s. besonders *Ridder,* JuS 1967, 504 und die Erwiderung durch *G. Schwerdtfeger,* JuS 1969, 477. Zur *richterlichen Rechtsfortbildung* und ihren Grenzen zusammenfassend BVerfGE 111, 54 (81 f.); 84, 212 (226) – Arbeitskampfrecht.

§ 3. Wichtige Einzelaspekte

sich die Bearbeiter nicht auch mit der Rechtsprechung kritisch auseinandersetzen dürfen; der *Begründungsaufwand* ist aber nach dem Vorausgegangenen *größer*, da sie den Korrektor/Prüfer vom Gegenteil des für diesen in der Regel näher liegenden Ergebnisses *überzeugen* müssen.

Wie die Bearbeiter sich in Zweifelsfällen verhalten, bleibt ihrem Fingerspitzengefühl überlassen. Die Handhabung der Prüfungsämter ist naturgemäß dadurch beeinflusst, dass die Prüfungsausschüsse (zumeist) zur Hälfte mit Praktikern besetzt sind. Seit der Ausbildungsreform 2002 ist das Studium insbesondere auch anwaltsorientiert (Rn. 21). Im Berufsfeld des Anwalts hat die höchstrichterliche Rechtsprechung *so oder so* zentrale Bedeutung.

Beachte im Übrigen: Die höchstrichterliche Rechtsprechung kann in sich uneinheitlich sein. Das gilt nicht nur für die verschiedenen Gerichte (*BVerwG* einerseits, *BGH* andererseits), sondern auch für die verschiedenen Senate[17] innerhalb eines Gerichts.[18] Zwar dienen *die „Großen Senate"*, die bei den obersten Gerichten zu bilden sind (§§ 132, 138 ff. GVG, § 11 VwGO), und *der „Gemeinsame Senat der obersten Gerichtshöfe des Bundes"* (Art. 95 III GG, §§ 1 ff. RsprEinhG) dem Zweck, derartige Divergenzen zu vermeiden. Aber das gelingt nur lückenhaft.

VII. Lösungsregeln nicht als Selbstzweck

Zur Aufgabe dieser Anleitung, *methodische* Hinweise zu geben, sei schließlich noch vorausgeschickt: Lösungsregeln sind nicht Selbstzweck, sondern nur Mittel zu dem Zweck, den Studenten und Examenskandidaten die Fallbearbeitung zu *erleichtern*. Logik und „gesunder Menschenverstand" haben für jede Fallbearbeitung an erster Stelle zu stehen. *Entscheidend ist, dass der Fall adäquat gelöst wird.* Wird eine Fallbearbeitung durch Regeln erschwert, können sie (nach reiflicher Überlegung) getrost beiseitegelassen werden, solange sie nicht auf *zwingenden* logischen oder rechtlichen Vorgaben beruhen.

29a

---

[17] Instruktiv zu ihrer Eigenständigkeit etwa BVerwGE 69, 366 (369 ff.).
[18] Beispiel in Rn. 414.

2. Teil. Der Verwaltungsakt im Über-Unterordnungsverhältnis

Regelungen für den Verwaltungsakt (und über den öffentlichrechtlichen Vertrag, Rn. 236 ff.) finden sich im *Verwaltungsverfahrensgesetz des Bundes* (*VwVfG, Sartorius* Nr. 100) (vgl. § 9 VwVfG) und in den *Verwaltungsverfahrensgesetzen der Länder*[1]. Das Verwaltungsverfahrensgesetz des Bundes gilt nur für die öffentlichrechtliche Verwaltungstätigkeit der Behörden des *Bundes* und der *bundes*unmittelbaren Körperschaften, Anstalten und Stiftungen des öffentlichen Rechts. Für die Behörden der *Länder* und sonstiger öffentlicher Körperschaften, Anstalten und Stiftungen gelten die Verwaltungsverfahrensgesetze der Länder (s. § 1 III VwVfG). Die Verwaltungsverfahrensgesetze der Länder stimmen inhaltlich mit dem VwVfG des Bundes überein. Manche dieser Landesgesetze nehmen das VwVfG des Bundes sogar „schlicht" in Bezug.[2] Das rechtfertigt es, nachfolgend ausschließlich das VwVfG des Bundes zu zitieren. Lediglich das *Landesverwaltungsgesetz Schleswig-Holstein* geht teilweise (zum öffentlichrechtlichen Vertrag) eigene Wege.

§ 4. Allgemeines

I. Arten des Verwaltungsakts

1. Einteilung nach dem Inhalt

Nach ihrem Inhalt teilt man die Verwaltungsakte zumeist ein in:[3]

a) Gebote und Verbote (Befehle, „Verfügungen" im engeren Sinne)

> **Beispiele:** Die Behörde gibt dem Bürger auf, ein von ihm stehengelassenes Autowrack zu beseitigen, ein Fahrtenbuch zu führen, ein baurechtswidriges Wochenendhaus abzureißen; die Behörde verbietet eine Versammlung, den Betrieb eines Gewerbebetriebes oder einer Gaststätte.

b) Gestaltende Verwaltungsakte

> **Beispiele:** Erteilung, Rücknahme oder Widerruf einer *Erlaubnis* (zum Betrieb einer Gaststätte oder zum Bauen); Einbürgerung, Namensänderung, Beamtenernennung oder sonstige *Statusveränderung;* Widmung eines öffentlichen Weges.

---

[1] Mit Fundstellen aufgeführt in *Sartorius* Nr. 100, S. 1.
[2] Zum Problem „*dynamischer*" Verweisungen, welche ein anderes Gesetz in seiner *jeweils* geltenden Fassung in Bezug nehmen, s. etwa BVerfGE 78, 32 (35 f.); 60, 135 (161); 47, 285 (312 ff.).
[3] Einzelheiten zB bei *Wolff/Bachof/Stober/Kluth*, VerwR Bd. 1, § 46; *H. Kracht*, Feststellender VA und konkretisierende Verfügung, 2002, S. 38 ff. Eine umfassende Typologie findet sich bei *Barczak*, JuS 2018, 238.

c) Feststellende Verwaltungsakte
Sie stellen die Rechtslage für den konkreten Einzelfall verbindlich fest.

Beispiele: Festsetzung des Besoldungsdienstalters eines Beamten; Feststellung der Sozialversicherungspflicht, der Flüchtlingseigenschaft, des Grades der Erwerbsminderung, der Staatsangehörigkeit[4].

2. Einteilung nach der Wirkung

32 Nach der Wirkung für die Betroffenen lassen sich unterscheiden:

a) Belastende Verwaltungsakte
Belastend sind für die Adressaten alle Gebote und Verbote, aber auch manche gestaltende und feststellende Verwaltungsakte wie zB die Rücknahme oder der Widerruf einer Erlaubnis, die Entlassung eines Beamten, die verschlechternde Neufestsetzung seines Besoldungsdienstalters.

Die Initiative zum Erlass eines belastenden Verwaltungsakts geht typischerweise[5] von der Behörde aus. Nach Maßgabe von Rn. 34 wehrt sich der Bürger durch *Widerspruch* (§§ 68 ff. VwGO) an die Verwaltung und anschließende *Anfechtungsklage* (§ 42 I VwGO) vor dem Verwaltungsgericht.

b) Begünstigende Verwaltungsakte
Eine Legaldefinition des begünstigenden Verwaltungsakts findet sich in § 48 I 2 VwVfG (lesen!). Begünstigend können für die Adressaten nur gestaltende und feststellende Verwaltungsakte sein, wie etwa Erlaubnisse und Genehmigungen oder zB die Feststellung der Flüchtlingseigenschaft.

Der Erlass eines begünstigenden Verwaltungsakts wird in der Regel vom Bürger *beantragt*. Kommt die Behörde dem Antrag nicht nach, verfolgt ihn der Bürger grundsätzlich durch *Widerspruch* (§ 68 II VwGO – Unterfall der Versagungsgegenklage; zur Untätigkeitsklage s. § 75 VwGO) und *Verpflichtungsklage* (§ 42 I VwGO).

II. Die Funktionen des Verwaltungsakts

33 Grundvoraussetzung für jede Fallbearbeitung ist, dass die Bearbeiter die rechtlichen Funktionen[6] des Verwaltungsakts und – in ihrem Gefolge – einige prozessuale Zusammenhänge kennen.

1. Regelungsfunktion und Bestandskraft
Gem. § 35 S. 1 VwVfG dient der Verwaltungsakt der *Regelung* eines Einzelfalles. Solange die Regelung besteht, ist ihr Inhalt *verbindlich*. Es steht also fest, dass der Bürger das zu tun oder zu unterlassen hat, was die Verfügung von ihm verlangt, dass der Inhaber einer Bauerlaubnis bauen darf,[7] welches Besoldungsdienstalter der Be-

---

[4] Dazu BVerwGE 41, 277; s. a. E 119, 123; *VGH Mannheim* NVwZ-RR 2017, 677 (678) (klarstellender VA).
[5] S. aber auch Rn. 183, 202 ff. (Antrag eines Bürgers auf Drittbelastung).
[6] S. zu ihnen auch *Löwer*, JuS 1980, 805.
[7] Die Bauerlaubnis betrifft aber nicht die privatrechtliche Bauberechtigung.

§ 4. Allgemeines

amte hat usw. (**materielle Regelungsfunktion** des Verwaltungsakts). Dabei ist es in der Regel unerheblich, ob der Verwaltungsakt rechtmäßig oder rechtswidrig ist. Auch ein rechtswidriger Verwaltungsakt ist *gültig*, falls er nicht ausnahmsweise mit einem besonders schwerwiegenden und offenkundigen Fehler behaftet ist, der gem. § 44 VwVfG zur Nichtigkeit führt.[8]

Der Adressat des *belastenden* rechtswidrigen Verwaltungsakts kann der Verbindlichkeit nur dadurch entgehen, dass er den Verwaltungsakt fristgerecht anficht, damit die Behörde ihm im Widerspruchsverfahren (§§ 68 ff. VwGO) abhilft (§ 72 VwGO) oder das Gericht ihn im Rahmen einer Anfechtungsklage (§ 42 I Alt. 1 VwGO) aufhebt (§ 113 I 1 VwGO). Mit der behördlichen oder gerichtlichen Aufhebung wird der Verwaltungsakt in seinem *Bestand*, in seiner *„äußeren Wirksamkeit"* beseitigt (vgl. § 43 II VwVfG). Nach Maßgabe des § 80 VwGO führt bereits die Anfechtung *als solche* dazu, dass der Verwaltungsakt in seinem *Regelungsgehalt*, in seiner *„inneren Wirksamkeit"*,[9] vorläufig gehemmt ist[10] (**„Suspensiveffekt"** von Widerspruch/Anfechtungsklage, § 80 I VwGO). Wird der belastende Verwaltungsakt innerhalb der Anfechtungsfristen nicht angefochten, erwächst er zu Lasten seines Adressaten in **(formelle) Bestandskraft.** Sieht man von den nachfolgend behandelten Ausnahmekonstellationen ab, kann der Adressat die Aufhebung nicht mehr *erzwingen.*[11] Ein verspäteter Widerspruch hat auch keine aufschiebende Wirkung. Die *Behörde* ist aber nicht gehindert, den belastenden Verwaltungsakt zurückzunehmen oder zu widerrufen (§ 48 I, § 49 I VwVfG). Anders als ein Gerichtsurteil erwächst der Verwaltungsakt *nicht* in *materielle* Bestandskraft („Rechtskraft").

Nach Maßgabe von § 68 I VwGO ist das *Widerspruchsverfahren* der Anfechtungsklage kraft Bundesrechts vorgeschaltet. § 68 I 2 VwGO räumt den Bundesländern aber die Möglichkeit ein, auf ein Widerspruchsverfahren zu verzichten. Die Studenten müssen ermitteln, ob und inwieweit das für ihren Studienort einschlägige (Landes-)Ausführungsgesetz zur VwGO von dieser Möglichkeit Gebrauch gemacht hat. Das *BVerwG* hält über die in § 68 I 2 VwGO ausdrücklich genannten Fälle hinaus ein Widerspruchsverfahren auch dann für entbehrlich, wenn dessen Zweck bereits Rechnung getragen ist oder dieser ohnehin nicht mehr erreicht werden kann.[12]

Die *Widerspruchsfrist* und/oder die Frist für die spätere Anfechtungsklage betragen in der Regel einen Monat (§§ 70, 74 I VwGO).

Beispielsfall: Als sich Student S zum Examen meldet, stellt sich heraus, dass ihm der an sich erforderliche Übungsschein im Hauptfach X fehlt. Gleichwohl wird er unter der „Bedingung" zum Examen zugelassen, dass er die Klausur in diesem Fach mindestens „ausreichend" schreibt. Dies gelingt ihm nicht. Weil auch alle anderen schriftlichen Arbeiten „mangelhaft" sind, erhält er den Bescheid, er habe das Examen nicht bestanden. S überlegt sich: Die „Bedingung" sei nicht eingetreten, also fehle die Zulassung; in einem Examen, zu welchem er nicht zugelassen sei, könne er aber auch nicht scheitern. – Falls S den Bescheid über das Examensergebnis nicht fristgerecht anficht, ist er trotzdem rechtswirksam „durchgefallen", etwa mit der Folge, dass er die Prüfung jetzt nur noch einmal wiederholen kann. Aus den von S angeführten Gründen ist der Bescheid über das

---

[8] Zu den Nichtigkeitsgründen Rn. 103; s. a. *Will/Rathgeber,* JuS 2012, 1057.
[9] Näheres zur Gegenüberstellung von „äußerer" und „innerer" Wirksamkeit etwa bei *Kopp/Ramsauer,* VwVfG, § 43 Rn. 5 ff.
[10] Zu Ausnahmen (§§ 80 II 1, 80b I 1 VwGO) und zur Möglichkeit des Bürgers, den Suspensiveffekt in diesen Fällen im Wege des einstweiligen Rechtsschutzes durch das Verwaltungsgericht herstellen zu lassen, s. Rn. 130.
[11] Zur Fristversäumnis auch *Schmitz,* JuS 2015, 895.
[12] BVerwGE 138, 1 mwN = NVwZ 2011, 501 mit kritischer Anm. *Schoch,* NVwZ 2011, 506; *Hufen,* JuS 2012, 276. S. a. schon BVerwGE 64, 325 (330); 27, 181 (185); 15, 306 (310).

> Nichtbestehen der Prüfung zwar rechtswidrig, aber nicht nichtig, also bis zur Aufhebung durch die Behörde oder durch das Gericht gültig. Die bedingte Zulassung mag ihrerseits auch rechtswidrig gewesen sein. Solange man sie nicht als nichtig ansieht, entfaltet jedoch auch die rechtswidrige Bedingung die von S angedeutete Wirkung.[13]

36 Lehnt die Behörde einen *Antrag auf Erlass eines begünstigenden Verwaltungsakts* (Baugenehmigung) ab, muss der Antragsteller ebenfalls fristgerecht Rechtsbehelf einlegen (Widerspruch, anschließend Verpflichtungsklage gemäß § 42 I VwGO auf Erlass des begünstigenden Verwaltungsakts). Sonst kann sich die Behörde gegenüber einem neuen Antrag darauf berufen, sie *habe* bereits negativ entschieden: Die *formelle Bestandskraft der Ablehnung* ist im Rahmen nachfolgender Eingrenzungen *Verfahrenshindernis für das neue Antragsverfahren*.[14]

37 Nach Ablauf der Rechtsbehelfsfrist[15] steht es sowohl beim belastenden Verwaltungsakt als auch bei der Ablehnung eines begünstigenden Verwaltungsakts grundsätzlich im *Ermessen der Behörde*, ob sie das Verfahren **wiederaufgreift**, nämlich in eine erneute Sachprüfung eintritt (§ 51 V iVm §§ 48 I 1, 49 I VwVfG).[16] Der Bürger hat allerdings einen *Anspruch auf ermessensfehlerfreie Entscheidung*[17] über die Frage, *ob* in eine erneute Sachprüfung eingetreten werden soll.[18] Ein *Anspruch auf die neue Sachprüfung* selbst besteht, wenn das Wiederaufnahmeermessen „auf Null reduziert" ist,[19] vor allem (§ 51 I VwVfG) wenn sich die Sach- oder Rechtslage verändert hat[20] (eine Änderung der höchstrichterlichen Rspr. genügt nicht[21]), neue Beweismittel aufgetaucht sind[22] oder Wiederaufnahmegründe entsprechend § 580 ZPO vorliegen.[23]

2. „Titel"funktion als Grundlage der Verwaltungsvollstreckung

38 *Ein Gebot oder Verbot* kann die Behörde selbst vollstrecken, ohne das verlangte Tun oder Unterlassen vorher gerichtlich einklagen und sich so wie Privatpersonen einen

---

[13] Näheres in Rn. 168.
[14] Diese *formelle* Situation übersieht BVerwGE 48, 271, wo es heißt, wiederholte Bauanträge müssten stets sachlich neu beschieden werden, weil der Ablehnung eines Bauantrages keine materielle *Regelungs*funktion (Rn. 40, 45) zukomme, sie nämlich nicht *materiell* verbindlich feststelle, dass kein Bauanspruch bestehe.
[15] Zur „Wiedereinsetzung in den vorigen Stand" s. § 60 VwGO; zum Verschuldensbegriff iSd Norm *Koehl*, JuS 2016, 1086. Fall zur Widerspruchsfrist bei *Enders/Jäckel*, JuS 2018, 150.
[16] Klausur bei *Thiel/Westphal*, JuS 2012, 618; unionsrechtliche Falleinkleidung bei *Krönke*, JuS 2012, 347; s. a. Rn. 715d.
[17] Zu ihm allgemein Rn. 157 ff.
[18] S. BVerwGE 135, 137 (146); 111, 77 (82); 44, 333 iVm BVerfGE 27, 297 ff.; *BVerwG* NJW 1981, 2595.
[19] Allgemein zur „Ermessensreduzierung auf Null" Rn. 161.
[20] Dazu gehört auch der naturwissenschaftliche „Erkenntnisfortschritt", BVerwGE 115, 274 (281).
[21] BVerwGE 135, 137 (143 f.) auch bzgl. der Rspr. von *EuGH* und *EGMR*; E 39, 231 (233); 28, 118 (127 f.); *BVerwG* NJW 1981, 2595.
[22] Zum Wiederaufgreifen trotz rechtskräftiger Gerichtsentscheidung in der gleichen Sache s. *BVerwG* NJW 1985, 280; BVerwGE 82, 272.
[23] Beim Wiederaufgreifen des Verfahrens nach § 51 I VwVfG ist die im Text nur behandelte „Begründetheit" des Antrags auf Wiederaufgreifen von seiner (vorweg erheblichen) „Zulässigkeit" zu unterscheiden. Näheres dazu und zu der Frage, welche Aspekte wo „geprüft" werden müssen, in *BVerwG* NJW 1982, 2204. Zum Wiederaufgreifen im weiteren Sinne gemäß § 51 V iVm §§ 48, 49 VwVfG etwa BVerwGE 135, 121 (129 ff.) m. Anm. *Waldhoff*, JuS 2010, 753.

§ 4. Allgemeines

gerichtlichen Vollstreckungstitel beschaffen zu müssen[24] (*„Titel"funktion* des Verwaltungsakts als Grundlage der Verwaltungs*vollstreckung*). Bei gestaltenden und feststellenden Verwaltungsakten kommt eine Vollstreckung naturgemäß nicht in Betracht.

III. Vorliegen und Regelungsinhalt eines Verwaltungsakts

Insbesondere wegen der Verbindlichkeit seiner Regelungen ist es in der Praxis und in der Fallbearbeitung wichtig zu *erkennen, wann* die Rechtsbeziehungen durch einen Verwaltungsakt geregelt sind und welchen genauen *Inhalt* die Regelungen haben.

39

> **Beispielsfall 1:** Obgleich A in einen Unfall verwickelt war, belässt ihm das Gericht die Fahrerlaubnis, weil es ihn weiterhin für geeignet hält, ein Kraftfahrzeug zu führen. Wegen der Schwere der Schuld entzieht dem A anschließend aber die Verwaltungsbehörde die Fahrerlaubnis und fordert ihn auf, den Führerschein unverzüglich bei ihr abzuliefern. A tut dies, hält das Handeln der Behörde aber für rechtswidrig und fragt an, was er unternehmen müsse, „um den Führerschein wiederzubekommen". – Viele Bearbeiter dieser Klausur stellten die Herausgabe des Führerscheins (Leistungsklage) ganz in den Vordergrund. Stattdessen geht es in erster Linie um den gestaltenden Verwaltungsakt „Entziehung der Fahrerlaubnis" (§ 3 StVG, § 46 I FeV). A muss diesen (wegen § 3 IV 1 StVG rechtswidrigen) Verwaltungsakt anfechten (Widerspruch, Anfechtungsklage). Der Führerschein ist nur eine Bescheinigung, welche dem Nachweis der Fahrerlaubnis dient (§ 4 II FeV). Einen Anspruch auf seine Aushändigung hat A erst, wenn die „Entziehung der Fahrerlaubnis" beseitigt ist. Zu klären bleibt die rechtliche Bedeutung der „Aufforderung", den Führerschein unverzüglich abzuliefern. Es könnte sich um einen unverbindlichen Hinweis (*kein* Verwaltungsakt) auf die ohnehin schon nach § 3 II 3 StVG, § 47 I FeV bestehende *gesetzliche* Ablieferungspflicht handeln. Diese Ablieferungspflicht kann aber ohne Zwischenschaltung einer Verfügung als „Vollstreckungstitel" von der Behörde nicht vollstreckt werden. Deshalb ist es naheliegender, in der „Aufforderung" ein vollstreckbares Gebot (Verwaltungsakt) der Behörde zur Ablieferung zu sehen.

> **Beispielsfall 2:** Von X ist durch Gebührenbescheid eine Fleischbeschaugebühr in Höhe von 5.000 EUR erhoben worden. Später stellt sich heraus, dass die Behörde nach der einschlägigen Gebührenordnung nicht 1 Cent pro kg, wie geschehen, sondern 2 Cent pro kg hätte ansetzen müssen. Sie erlässt deshalb einen weiteren Gebührenbescheid über nochmals 5.000 EUR. X fragt an, ob er gegen diesen „Nachforderungsbescheid" vorgehen könne.[25] – Manche Bearbeiter der Klausur sahen die Ermächtigungsgrundlage für den Nachforderungsbescheid ohne Weiteres in der Gebührenordnung, nach welcher eben 10.000 EUR erhoben werden müssten. Diese Lösung wäre zutreffend, wenn sich der erste Bescheid *lediglich* auf das *Zahlungsgebot* über 5.000 EUR beschränkte, die bereits in der Gebührenordnung enthaltene Gebührenforderung also nur *vollstreckbar* gemacht hätte. Dann könnte der „Nachforderungsbescheid" den noch fehlenden „Vollstreckungstitel" über die restlichen 5.000 EUR schaffen. Der erste Bescheid regelt wie jeder Gebührenbescheid über die vollstreckbare Anforderung des Betrages hinausgehend aber gleichzeitig auch, dass für die Fleischbeschau 5.000 EUR, nicht weniger und nicht mehr, zu entrichten seien. Der Gebührenbescheid ist also gleichzeitig Zahlungsgebot *und feststellender Verwaltungsakt*. Der Nachforderungsbescheid beseitigt die dem X günstige *verbindliche Feststellung* des ersten Bescheides, es seien Gebühren in Höhe von *(nur)* 5.000 EUR entstanden. Die Ermächtigungsgrundlage für diese (Teil-)Rücknahme

---

[24] Näheres in Rn. 128 ff.
[25] Fallanlehnung an BVerwGE 30, 132.

> des ersten Bescheides findet sich nicht in der Gebührenordnung, sondern ergibt sich aus den Regelungen über die Rücknahme rechtswidriger begünstigender[26] Verwaltungsakte, welche später[27] näher dargestellt werden.

40 > **Merke:** Vergleichbar dem Gebührenbescheid enthält die Baugenehmigung *neben der Gestattung* (Baufreigabe als *gestaltender* Verwaltungsakt) die *verbindliche Feststellung*, dass das (Bau-)Vorhaben einschließlich der ihm zugedachten Nutzung mit den einschlägigen öffentlichrechtlichen Vorschriften übereinstimmt.[28] Mit dem Ansatz bei der Feststellung lässt sich das Genehmigungsverfahren *gestuft* durchführen, über die verbindliche Vorabentscheidung zu (für die weitere Planung wichtigen) einzelnen Genehmigungsvoraussetzungen („**Vorbescheid**",[29] zB über die Bebaubarkeit eines Grundstücks; die „**Teilgenehmigung**" enthält neben einer entsprechenden Feststellung auch die Gestattung, Teile des Baus ausführen zu dürfen).[30] Über den feststellenden Teil kann teilweise auch die *Frage nach der Bindungswirkung*[31] einer Genehmigung *für andere Verwaltungsverfahren* gelöst werden.[32]

41 Der sog. „**Zweitbescheid**", mit dem die Behörde einen *bestandskräftig* abgelehnten, aber erneuerten (Bau-)Antrag ein zweites Mal ablehnt, ist schon deshalb Verwaltungsakt, weil er das neue Verwaltungsverfahren (§ 22 Nr. 1 Alt. 2 VwVfG) beendet.[33] Die Behörde musste jedenfalls über das beantragte *Wiederaufgreifen* entscheiden.[34] Ob die Regelung des Zweitbescheides sich hierin erschöpft oder darin besteht, dass die Behörde *nach* Wiederaufgreifen und erneuter Sachprüfung den (Bau-)Antrag *in der Sache* erneut abgelehnt hat, beurteilt sich nach dem Einzelfall. (In der zweiten Alternative ist die Bestandskraft der ersten Ablehnung hinfällig; der (Bau-)Antrag kann durch Widerspruch und Verpflichtungsklage *in der Sache selbst* neu verfolgt werden).

IV. VA-Begriff

42 1. Mit etwas Judiz lässt sich in den meisten Fällen ohne Weiteres ausmachen, ob die Beziehungen zwischen Bürger und Staat durch Verwaltungsakt geregelt sind und damit der gegenwärtig behandelte „Grundfall" einschlägig ist. Zur Überwindung

---

[26] AA (belastende Verwaltungsakte) BVerwGE 30, 132. Dabei wird aber die *feststellende* Regelung des ersten Bescheides übersehen, welche besteht, *obgleich* die Behörde natürlich nicht auf Gebühren *verzichten* (Arg. des *BVerwG*) wollte.
[27] Rn. 178 ff.; in vielen Bundesländern verweisen die Kommunalabgabengesetze auf die AO (= § 130 AO).
[28] St. Rspr.; s. etwa BVerwGE 84, 11 (13 f.); 81, 61 (69). Umgekehrt enthält die *Ablehnung* einer Genehmigung in der Regel *keine* Feststellung zur *Un*vereinbarkeit mit den öffentlichrechtlichen Vorschriften, s. BVerwGE 84, 11 (14); 48, 271.
[29] *Reichelt*, Der Vorbescheid im Verwaltungsverfahren, 1989; Klausur bei *Jochum*, JuS 2016, 157. Abgrenzung von der „Zusicherung" (§ 38 VwVfG) in Rn. 230.
[30] Zu Stufungen in immissionsschutzrechtlichen und atomrechtlichen Genehmigungsverfahren s. Rn. 222.
[31] Umfassend *Seibert*, Die Bindungswirkung von Verwaltungsakten, 1988; Überblick bei *Randak*, JuS 1992, 33.
[32] Für das Verhältnis Baugenehmigung – Gaststättenerlaubnis s. insoweit BVerwGE 84, 11; 80, 259.
[33] BVerwGE 44, 333 (335); *BVerwG* NVwZ 2002, 482.
[34] Soeben Rn. 37. Aus den dort genannten Gründen ist die *„wiederholende Verfügung"*, die *keine* Regelung enthält (BVerwGE 13, 99 [103]), heute rechtlich nicht mehr denkbar; *BVerwG* NVwZ 2002, 482.

§ 4. Allgemeines

von *Abgrenzungsschwierigkeiten* müssen die Fallbearbeiter gleichwohl plastische Vorstellungen von den **Kriterien des Verwaltungsakts** haben.

Ausgangsfall:[35]

Der zuständige Referent beim Regierungspräsidenten fordert durch ein Rundschreiben alle mit der Vergabe öffentlicher Aufträge betrauten staatlichen Stellen des Regierungsbezirks auf, dem Bauunternehmer *U* fortan keine Aufträge mehr zukommen zu lassen, da dessen Geschäftspraktiken zu unsolide seien. *U* möchte wissen, wie er gegen das Rundschreiben vorgehen kann. Ua[36] interessiert ihn, ob die „Aufforderung" ein Verwaltungsakt ist. *U* müsste gegen sie dann zunächst gem. §§ 68 ff. VwGO Widerspruch einlegen.

Nach der *Legaldefinition* in § 35 S. 1 VwVfG[37] ist Verwaltungsakt „jede Verfügung, Entscheidung oder andere **hoheitliche Maßnahme**", die erlassen wird   43

(1) von einer „Behörde"

„Behörde" ist gem. § 1 IV VwVfG in einem weiten Sinne „jede Stelle, die Aufgaben der öffentlichen Verwaltung wahrnimmt". Aufgaben der *Verwaltung* sind nicht die Aufgaben der Gesetzgebung, Regierung oder Rechtsprechung, so zB in der Tätigkeit des BPräs. nicht die Ausfertigung von Gesetzen, wohl aber die Beamtenernennung. **Merke:** Wegen des weiten Behördenbegriffs kann auch ein *Privater*, welcher *mit entsprechenden Hoheitsbefugnissen „beliehen"* ist (Rn. 638, Beispiel: TÜV), Verwaltungsakte erlassen. – Im *Ausgangsfall* ist der Referent beim Regierungspräsidenten eine Behörde.

(2) „auf dem Gebiet des öffentlichen Rechts"   44

Damit ist der Verwaltungsakt insbesondere von *privatrechtlichen* Maßnahmen abgegrenzt. Im *Ausgangsfall* ist die *dienstliche* Aufforderung öffentlichrechtlich.

(3) „zur Regelung"   45

Das Begriffsmerkmal der Regelung kennzeichnet die *Verbindlichkeit* des VA als *Ausdruck seiner Regelungsfunktion* (Rn. 33). Die Regelung ist zu unterscheiden von einer *unverbindlichen* Meinungsäußerung, Auskunft oder bloßen Aufforderung (Auslegung entsprechend § 133 BGB[38]). Faktisches Handeln *(Realakt)* ist keine Regelung, kann aber konkludent eine Regelung enthalten (Beispiel: zeichengebender Verkehrspolizist, § 37 II 1 VwVfG). – Im *Ausgangsfall* könnte die Aufforderung als *verbindliche* Weisung zu deuten sein, so dass eine Regelung gegeben wäre.

(4) „eines Einzelfalls"   46

Damit ist die *Abgrenzung zur generellen Regelung durch eine Norm* (Gesetz, Verordnung, Satzung) bezeichnet. Besondere Schwierigkeiten macht die Abgrenzung zwischen einer *Allgemeinverfügung* (§ 35 S. 2 VwVfG) und einer Norm[39] – auch das Rundschreiben im *Ausgangsfall* lässt sich insoweit nicht ohne Weiteres einordnen. Das früher strittige *Verkehrs-*

---

[35] Fallanlehnung an BVerwGE 5, 325. Weiterer Klausurfall bei *Brandmeier/Wolff*, JuS 2015, 530.
[36] Abschließende Fallbehandlung in der 10. Auflage dieses Buches, Rn. 283 ff.
[37] Zu den einzelnen Merkmalen s. die Darstellungen bei *Ruffert* in Ehlers/Pünder, Allg. VerwR § 21 Rn. 14 ff.; *Wolff/Bachof/Stober/Kluth*, VerwR Bd. 1, § 45 Rn. 23 ff.; *Maurer/Waldhoff*, Allg. VerwR, § 9 Rn. 6 ff.; „Grundwissen" bei *Voßkuhle/Kaufhold*, JuS 2011, 34.
[38] Dazu etwa BVerwG NVwZ 2012, 506 (507); NVwZ 1986, 1011; Klausurfall bei *Meyer*, JuS 2018, 274.
[39] Klausurfall bei *Steiniger*, JuS 1981, 205; s. ferner *Schenke*, NVwZ 1990, 1009.

zeichen ist kraft bewusster Entscheidung des Gesetzgebers[40] Allgemeinverfügung,[41] weil es „die Benutzung einer Sache durch die Allgemeinheit" (§ 35 S. 2 Var. 3 VwVfG) betrifft.

47 (5) „gerichtet" „auf unmittelbare Rechtswirkung nach außen"

„Ob einer Regelung unmittelbare Außenwirkung in *diesem* Sinne zukommt, hängt davon ab, ob sie ihrem *objektiven Sinngehalt* nach *dazu bestimmt* ist, Außenwirkung zu entfalten, nicht aber davon, wie sie sich im Einzelfall *tatsächlich* auswirkt."[42] Auch die beim sog. „**mehrstufigen Verwaltungsakt**" erforderliche *interne* Zustimmung einer anderen öffentlichrechtlichen Körperschaft[43] ist nicht auf *unmittelbare* Außenwirkung *gerichtet* und damit kein selbständig einklagbarer Verwaltungsakt. In der Zeit vor Inkrafttreten des VwVfG hatte das *BVerwG* zwar einen Verwaltungsakt angenommen, wenn der mitwirkenden Behörde „die *ausschließliche* Wahrnehmung bestimmter Aufgaben und die *alleinige* Geltendmachung besonderer Gesichtspunkte übertragen ist".[44] Diese Rechtsprechung ist aber überholt, weil § 35 S. 1 VwVfG das Kriterium der ausschließlichen Sachkompetenz *nicht* in den VA-Begriff aufgenommen hat. Somit ist alleine das Außenhandeln der *„federführenden"* Behörde, etwa der Baugenehmigungsbehörde, VA, nicht aber das bloß interne Einvernehmen der Gemeinde nach § 36 BauGB[45] oder die bloß interne Zustimmung der obersten Landesstraßenbaubehörde nach § 9 II, III FStrG[46]. – Im *Ausgangsfall* ist keine *unmittelbare* Außen*richtung* gegeben.

48 *Fallwichtig* sind besonders die Kriterien **(3), (4), (5)**. In der Niederschrift sollten nicht langatmig alle Kriterien durchgemustert, sondern nur die Kriterien gebracht werden, welche tatsächlich zweifelhaft sind.

49 Für alle Einzelheiten der Abgrenzung muss auf die Spezialliteratur verwiesen werden. Nur auf eines sei besonders aufmerksam gemacht: Ist eine Behörde tätig geworden, muss zur Ermittlung der Rechtsnatur der Maßnahme (ebenso wie auch für ihren genauen Inhalt, s. insoweit § 43 I 2 VwVfG) vom *objektiven Erklärungswert* ausgegangen werden, den sie für den Bürger nach seinem „Empfängerhorizont" hat.[47]

> **Beispiel:**[48] Hundeliebhaberin *H* beantragt die Erlaubnis für das Halten eines Kampfhundes. Um beurteilen zu können, ob sie die nach der einschlägigen Polizeiverordnung erforderliche Zuverlässigkeit aufweist, fordert die zuständige Behörde *H* dazu auf, ein Führungszeugnis zu beantragen und binnen drei Wochen einen die Beantragung belegenden Nachweis beizubringen. In dem begründeten Schreiben wird die sofortige Vollziehung „dieser Verfügung" angeordnet und in einer Rechtsbehelfsbelehrung[49] darauf hingewiesen, dass „gegen diese Verfügung" innerhalb eines Monats Widerspruch einge-

---

[40] S. BT-Drs. 7/910, S. 57.
[41] BVerwGE 102, 316 (318); 97, 323 (326); 92, 32 (34); 59, 221 (224); 27, 181 (182); *BVerwG* NJW 2016, 2352 (2354); Klausuren bei *Koehl*, JuS 2012, 63; *Unger/Koemm*, JuS 2012, 449; *Heckel*, JuS 2011, 166; *Jochum/Thiele*, JuS 2010, 518; *Brenner/Seifarth*, JuS 2009, 231; insgesamt zum Verkehrszeichen im Verwaltungs- und Verwaltungsprozessrecht *Kümper*, JuS 2017, 731, 833.
[42] So BVerwGE 60, 144 (145, 147) im Zusammenhang mit der beamtenrechtlichen Umsetzung (= kein VA); s. a. E 77, 268 (273 f.); 90, 220 (222 f.); *BVerwG* DVBl 1981, 495; NVwZ 1994, 784; NVwZ 1995, 910.
[43] Überblick über die gesamte Problematik bei *Wolff/Bachof/Stober/Kluth*, VerwR Bd. 1, § 45 Rn. 90 ff.
[44] *BVerwG* NJW 1959, 590; BVerwGE 26, 31 (39 ff.); s. ferner E 16, 301 (303); 19, 238 (241 f.).
[45] *BVerwG* NVwZ 1986, 556. Klausur zur Einvernehmensersetzung bei *Heinig/König*, JuS 2009, 1011.
[46] *BVerwG* DÖV 1975, 572; s. ferner zB BVerwGE 21, 354 (§ 12 II LuftverkehrsG); 67, 173 (Einbürgerung); 95, 333 (§ 45 I b 2 StVO); 99, 371 (Richterwahlausschüsse).
[47] BVerwGE 88, 286 (292); 74, 15 (17); 29, 310; 16, 116; 13, 99 (103); 12, 87 (91); *VGH Mannheim* DVBl 2010, 196 (197).
[48] Angelehnt an *VGH Mannheim* VBlBW 2017, 197 m. Anm. *Waldhoff*, JuS 2017, 805.
[49] Zur Bedeutung der Rechtsbehelfsbelehrung als Indiz (aber auch nicht mehr) für das Vorliegen eines VA s. BVerwGE 13, 99 (103).

legt werden könne. Die (an sich) unselbständige Verfahrenshandlung wurde damit ihrer äußeren Form nach in die Gestalt eines eigenständigen Verwaltungsakts gekleidet. Die Behörde hat dadurch den Rechtsschein eines Verwaltungsakts gesetzt (sog. *formeller* oder *Schein-Verwaltungsakt*), der ungeachtet der *fehlenden materiellen Verwaltungsaktqualität* als solcher angegriffen werden kann. Von der Handlungsform ist die Frage ihrer Rechtmäßigkeit zu unterscheiden. Fehlt zB die Ermächtigungsgrundlage für den Erlass gerade eines Verwaltungsakts, ist dieser rechtswidrig. Gleiches gilt, wenn ein solcher formeller Verwaltungsakt seinem wesentlichen Inhalt nach etwas regelt, was nur durch eine Rechtsnorm geregelt werden kann.[50]

2. In den *Vorüberlegungen* empfiehlt es sich, Zweifelsfragen der Abgrenzung vorweg zu klären, um die Weichen zum einschlägigen Grundfall von vornherein richtig zu stellen. In der **Niederschrift** sollte die *Rechtsnatur* eines Aktes (handelt es sich zB um einen Verwaltungsakt?) hingegen *nie für sich vorweg* behandelt, sondern stets sinnvoll eingekleidet werden. In einem prozessualen Aufbau hat die Rechtsnatur etwa Bedeutung für die Ermittlung des Rechtsweges und der richtigen Klageart (Anfechtungsklage nur bei Verwaltungsakt). Bieten sich im Rahmen der Falllösung zunächst (bzw. allein) materiellrechtliche Ausführungen an, kann man die Untersuchung zur Rechtsnatur in geeigneten Fällen zB so motivieren: Der Eingriff setzt eine Ermächtigungsgrundlage voraus. Als Ermächtigungsgrundlage kommt eine bestimmte Vorschrift in Betracht, welche (nur) den Erlass eines Verwaltungsakts gestattet. Also kommt es darauf an, ob ein Verwaltungsakt vorliegt.

50

§ 5. Der belastende Verwaltungsakt

Ausgangsfall:

Das Staatsoberhaupt S des Staates A (= kein EU-Mitgliedstaat) wird in der Bundesrepublik erwartet. Die für die Organisation verantwortlichen Stellen wollen verhindern, dass die vielen Staatsangehörigen des Staates A, welche sich in der Bundesrepublik aufhalten, Demonstrationen gegen S organisieren und durchführen. Sie erwarten gewaltsame Ausschreitungen, welche die bisher äußerst freundschaftlichen Beziehungen zwischen beiden Staaten erheblich beeinträchtigen könnten. Mit dieser Begründung untersagt der Oberbürgermeister O dem X (= Staatsangehöriger des Staates A) unter Bezugnahme auf § 47 I 2 Nr. 2 Alt. 1 AufenthG durch schriftliche Verfügung „jegliche politische Betätigung für die Dauer des Staatsbesuchs". Zu Recht?

51

I. Prozessuales

Prozessual bestehen *typischerweise keine Schwierigkeiten*, soweit belastende Verwaltungsakte vom *Adressaten* angegriffen werden.[1] Ist bereits *Anfechtungsklage*

52

---

[50] BVerwGE 18, 1. Zur Unterscheidung zwischen Handlungsform und Rechtmäßigkeit des Handelns s.a. *BVerwG* NVwZ 2012, 506 (507) m. Anm. *Waldhoff*, JuS 2012, 479 und *Schübel-Pfister*, JuS 2012, 420 (424 f.); sowie Rn. 816. Zur Frage „formeller (hM) oder materieller VA-Begriff" bereits *Schenke*, NVwZ 1990, 1009.

[1] *Klageschema* in Rn. 7. Zum VA-Begriff iSd § 42 I VwGO *Jakel*, JuS 2016, 410.

erhoben, ist insbesondere darauf zu achten, ob das Vorverfahren (§§ 68 ff. VwGO) stattgefunden hat[2] (in dessen Rahmen eine *"reformatio in peius"* grds. zulässig ist[3]) und die Klagefrist (§ 74 VwGO) eingehalten worden ist[4]. Entgegen der Praxis vieler Bearbeiter ist es – von Ausnahmekonstellationen abgesehen[5] – nicht angebracht, breit auf die Klagebefugnis nach § 42 II VwGO einzugehen, insbesondere viel Mühe auf die Einzelexegese des § 42 II VwGO (Rn. 194 ff.) und auf die Untersuchung zu verwenden, in welchen Rechten der Kläger beeinträchtigt sein könnte. Der *Adressat* einer *Verfügung* (Gebot oder Verbot) ist grundsätzlich in Rechten beeinträchtigt,[6] weil Art. 2 I GG insoweit lückenlosen Grundrechtsschutz gegen staatliche Eingriffe vermittelt (Rn. 446).[7] Der Kläger ist damit *jedenfalls* in seinem Grundrecht auf freie Entfaltung der Persönlichkeit betroffen. Ist *noch keine Anfechtungsklage erhoben,* müssen die Bearbeiter besonders die Anfechtungsfristen im Blick haben und den Rat suchenden Bürger darauf hinweisen, dass er den Verwaltungsakt fristgerecht anzufechten hat (Widerspruch/Anfechtungsklage).

53 § 42 II VwGO wird regelmäßig nur in *Dreiecksverhältnissen problematisch,* vor allem wenn ein Verwaltungsakt von einem *Dritten* angefochten wird, an den er nicht adressiert ist (dazu Näheres erst in Rn. 194 ff.).

54 Gem. § 43 II VwVfG erlischt ein Verwaltungsakt, wenn sich sein *Regelungsgehalt* durch Zeitablauf oder auf andere Weise *erledigt* hat.[8] Ein Verwaltungsakt, der nicht (mehr) existiert, kann weder in einem Widerspruchsverfahren noch in einem Gerichtsverfahren *aufgehoben* werden; für eine Aufhebung ist keine sachliche Substanz (mehr) vorhanden.[9] Hat sich der Verwaltungsakt nach – oder bereits vor (s. sogleich) – Klageerhebung erledigt, kann der Adressat aber vor Gericht die *Feststellung* beantragen, dass der Verwaltungsakt *rechtswidrig gewesen ist* (**"Fortsetzungsfeststellungsklage"**, § 113 I 4 VwGO).[10]

Auf Verwaltungsakte, die sich bereits *vor* Klageerhebung erledigt haben, wird § 113 I 4 VwGO vom *BVerwG analog* angewendet.[11] In der Literatur wird stattdessen verbreitet die „normale"

---

[2] Einzelheiten zum Vorverfahren bei *Geis/Hintersch,* Grundfälle zum Widerspruchsverfahren, ab JuS 2001, 1074 in Fortsetzungen.

[3] S. BVerwGE 67, 310 (314); 65, 313 (319); 51, 310 (313); *BVerwG* NVwZ-RR 1997, 26; NVwZ 1987, 215; zum Streitstand zB *Hufen,* Verwaltungsprozessrecht, § 9 Rn. 15 ff.; Klausuren bei *Kluckert,* JuS 2017, 610; *Stumpf,* JuS 2014, 57; *Schaks,* JuS 2014, 149; *Schoberth,* JuS 2010, 239.

[4] Wenn der Widerspruch sachlich beschieden worden ist, kann dahinstehen, ob *er* seinerseits fristgerecht eingelegt war: BVerwGE 28, 305; *BVerwG* DVBl 1972, 423.

[5] S. zB *BVerwG* NVwZ 1991, 470; BVerwGE 8, 283 (284 f.) – keine *Rechts*beeinträchtigung des Schuldners, wenn ein an ihn adressierter VA eine Forderung auf einen neuen Gläubiger überleitet.

[6] Instruktiv etwa *BVerwG* NJW 2004, 698.

[7] Diese offenbar unbestrittene Selbstverständlichkeit sollte man nicht als „Adressaten*theorie*" bezeichnen, denn *Theorien* dienen der Lösung von *Zweifelsfragen.* Entscheidend ist nach dem Gesagten vielmehr die Adressaten*stellung,* die wiederum durchaus also solche benannt werden kann.

[8] Zur Erledigung „auf andere Weise" zB *BVerwG* NVwZ-RR 2016, 128 (129 f.); zur Erledigung iSv § 43 II VwVfG u. § 161 II VwGO *Bünnigmann,* JuS 2017, 650.

[9] S. BVerwGE 81, 226 (229). Vertiefend *Lascho,* Die Erledigung des VA als materielles und prozessuales Problem, 2001.

[10] Die Fortsetzungsfeststellungsklage ist geradezu typisch etwa für den Rechtsschutz gegen vollzugspolizeiliche Maßnahmen. Klausuren bei *Krajewski/Bernhard,* JuS 2012, 241; *Scharpf,* JuS 2011, 528.

[11] BVerwGE 109, 203 (207); 81, 226 (227); 26, 161 (164); Klausuren bei *Spilker/Wenzel,* JuS 2016, 337; *Lassahn,* JuS 2016, 730; *Riegner/Schnitzer,* JuS 2014, 1003; *Enders,* JuS 2013, 54; *Ogorek,* JuS 2013, 639; Examensvortrag bei *Hartmann/Zanger,* JuS 2014, 829.

§ 5. Der belastende Verwaltungsakt

Feststellungsklage nach § 43 I VwGO empfohlen.[12] Diese Lösung lässt sich jedoch nicht mit dem Wortlaut von § 43 I VwGO vereinbaren. Die Feststellung der Rechtswidrigkeit einer *vergangenen* Regelung betrifft weder das *„Bestehen* oder Nicht*bestehen* eines Rechtsverhältnisses" noch die *„Nichtigkeit"* eines Verwaltungsakts.

Ein der Fortsetzungsfeststellungsklage vorgeschaltetes *„Fortsetzungswiderspruchsverfahren"* ist in der VwGO nicht vorgesehen;[13] ein bereits eingeleitetes Widerspruchsverfahren ist mit der Erledigung einzustellen[14]. Demgemäß kann das Widerspruchsverfahren nicht Klagevoraussetzung sein, wenn ein Verwaltungsakt sich erledigt hat, bevor ein Widerspruchsverfahren durchgeführt werden konnte. Eine *Klagefrist* ist für die Fortsetzungsfeststellungsklage ebenfalls nicht vorgesehen (Parallele zu § 43 I VwGO); der Verwaltungsakt darf nur im Zeitpunkt der Erledigung nicht bereits bestandskräftig gewesen sein (Parallele zu § 43 II 1 VwGO).[15] Das für die Fortsetzungsfeststellungsklage erforderliche *(Fortsetzungs-)Feststellungsinteresse*[16] ist in folgenden *fünf Fällen* gegeben:

(1) Um eine *fortwirkende Beeinträchtigung* durch einen an sich beendeten Eingriff zu beseitigen;[17] (2) um einer *Wiederholungsgefahr* zu begegnen;[18] (3) wenn der Verwaltungsakt diskriminierende Wirkung hat und deshalb ein *Rehabilitationsinteresse* besteht;[19] (4) „(i)n Fällen tiefgreifender ... Grundrechtseingriffe ..., wenn die direkte Belastung durch den angegriffenen Hoheitsakt sich nach dem typischen Verfahrensablauf auf eine Zeitspanne beschränkt, in welcher der Betroffene die gerichtliche Entscheidung kaum erlangen kann";[20] (5) wenn der Kläger *im Anschluss* an die Fortsetzungsfeststellungsklage einen *Amtshaftungsprozess* anstrengen möchte, der nicht offensichtlich aussichtslos ist[21] – insoweit drückt auch die Fortsetzungsfeststellungsklage aus, dass der Geltendmachung von Schadensersatz- und Entschädigungsansprüchen grundsätzlich der Primärrechtsschutz vor den Verwaltungsgerichten vorgeschaltet ist (vgl. zB § 839 III BGB; s. Rn. 302a, 315, 345).[22] Hat sich der Verwaltungsakt allerdings bereits *vor* Klageerhebung erledigt, ist im Vorfeld einer Amtshaftungsklage *kein* Fortsetzungsfeststellungsinteresse gegeben; die Frage nach der Rechtswidrigkeit des Verwaltungsakts kann mit dem gleichen Aufwand im Amtshaftungsprozess geklärt werden.[23] – Nachdem der Staatsbesuch beendet ist, kommt im *Ausgangsfall* (Rn. 51) nur die Fortsetzungsfeststellungsklage in Betracht (Rehabilitationsinteresse, tiefgreifender Grundrechtseingriff).

Gegen einen *nichtigen Verwaltungsakt* braucht der Adressat an sich nichts zu unternehmen. Er kann vor oder nach Ablauf der Anfechtungsfrist die Klage auf Feststellung der Nichtigkeit (**Nichtigkeitsfeststellungsklage**, § 43 I Var. 3 VwGO) erheben. Ist zweifelhaft, ob der Verwaltungsakt nichtig oder nur anfechtbar ist, empfiehlt es sich aber immer, innerhalb der Anfechtungsfrist *Widerspruch* einzule-

---

[12] Vgl. BVerwGE 109, 203 (208 f.), wo der 6. Senat für die Literatur erhebliche Sympathie zeigt.
[13] S. BVerwGE 26, 161 (165).
[14] BVerwGE 81, 226 (229).
[15] BVerwGE 109, 203; *Rozek*, JuS 2000, 1162; kritisch etwa *R. P. Schenke*, NVwZ 2000, 1255.
[16] Überblick über Einzelfragen des Feststellungsinteresses bei *Kopp/Schenke*, VwGO, § 113 Rn. 129 ff.
[17] *BVerwG* NVwZ 1999, 991.
[18] *BVerwG* NVwZ 1999, 991; *BVerfG* NVwZ 1990, 360 (zu den Grenzen).
[19] BVerwGE 26, 161 (168); zu den Anforderungen näher *BVerwG* NVwZ 2013, 1550 (1551 f.).
[20] *BVerwG* NVwZ 1999, 991; BVerfGE 110, 77 (86); 104, 220 (233 f.); 96, 27 (39 f.). *BVerfG* NJW 2017, 545 (545 f.) verneint das Fortsetzungsfeststellungsinteresse konsequent, wenn einstweiliger Rechtsschutz erlangt werden konnte.
[21] Zusammenfassend *Kopp/Schenke*, VwGO, § 113 Rn. 136 ff.; *BVerwG* NJW 1980, 2426; NVwZ 1989, 1156. An die *Offensichtlichkeit* werden hohe Anforderungen gestellt; *BVerwG* NVwZ 1992, 1092; BVerwGE 106, 295 (301 f.).
[22] BVerwGE 106, 295 (298, 300) mit einer Ausnahme bei „schwierigen zeit- und kostenintensiven Aufklärungsmaßnahmen".
[23] BVerwGE 111, 306 (309 f.); 106, 295 (298); 81, 226 (228).

gen und so zunächst auf die Anfechtungsklage zuzusteuern,[24] um auf jeden Fall die Fristen zu wahren.

> **Merke:** Sogenannte *Justizverwaltungsakte* werden in den Fällen des § 23 I EGGVG vor den *ordentlichen* Gerichten angefochten.[25]

56 Ob für die Anfechtungsklage die *Sachlage bei Erlass des Verwaltungsakts* bzw. des Widerspruchsbescheides oder *zur Zeit der letzten gerichtlichen Tatsacheninstanz* maßgeblich ist, beurteilt das *Bundesverwaltungsgericht* nicht nach dem Prozessrecht, sondern nach den Besonderheiten des jeweils einschlägigen *materiellen* Rechts. „Nur in *diesem* Rahmen ist *tendenziell* davon auszugehen, daß es bei der Anfechtung eines belastenden Verwaltungsaktes grundsätzlich auf die Sachlage im Zeitpunkt der letzten Behördenentscheidung, bei einem mit der Verpflichtungsklage geltend gemachten Leistungsanspruch auf diejenige im Zeitpunkt der letzten gerichtlichen Tatsacheninstanz ankommt."[26]

II. Rechtmäßigkeitsprüfung

57 *In materiellrechtlicher Hinsicht* lassen sich die vorkommenden Fälle zu zwei Gruppen zusammenfassen: (1) Ist die *Rechtsbehelfsfrist* zur Anfechtung eines schon *erlassenen* Verwaltungsakts *noch nicht abgelaufen*, hat der Bürger bereits fristgerecht Rechtsbehelf eingelegt oder erkundigt sich die Behörde, ob ein *noch nicht erlassener* Verwaltungsakt ergehen dürfte, kommt es auf das Vorliegen der Voraussetzungen für den Erlass des Verwaltungsakts an, also auf seine *Rechtmäßigkeitsvoraussetzungen*. Sie werden nachfolgend zunächst dargestellt. (2) Ist die *Rechtsbehelfsfrist* hingegen *schon abgelaufen*, ohne dass der Adressat fristgerecht Rechtsbehelf eingelegt hat, interessiert allein, ob der Verwaltungsakt mit so schweren Fehlern behaftet ist, dass er *nichtig* ist (Rn. 103).

58 **Beispiel:** X hat am 6.6.2017 eine mit einer Rechtsbehelfsbelehrung versehene Verfügung erhalten, welche ihm aus bestimmten Gründen gebietet, Bäume zu fällen. Erst am 6.9.2017 reagiert er darauf mit einer Klage vor dem Verwaltungsgericht und dem Antrag, die „Rechtsunwirksamkeit" der Verfügung festzustellen. – In dieser Examensklausur prüfte ein Kandidat seitenlang sämtliche Rechtmäßigkeitsvoraussetzungen und hielt die Klage schon für begründet, sobald er irgendwo einen Rechtsverstoß entdeckte. Der Kandidat übersah den Unterschied Anfechtbarkeit – Nichtigkeit. Weil die Anfechtungsfrist abgelaufen war, hatte X zutreffend die Nichtigkeitsfeststellungsklage erhoben; es kam nur noch auf *Nichtigkeitsgründe* an. Die Rechtmäßigkeitsvoraussetzungen durften also nur zur Ermittlung besonders *schwerwiegender* und *offenkundiger* (§ 44 I VwVfG) oder in § 44 II VwGO ausdrücklich genannter Fehler durchgemustert werden.

---

[24] Der Kläger hat die Wahl, ob er einen nichtigen Verwaltungsakt mit der Nichtigkeitsfeststellungsklage oder mit einer Anfechtungsklage angreift, s. § 43 II 2 VwGO; zum Rechtsschutz gegen nichtige VAe a. *Schenke*, JuS 2016, 97.
[25] *Stern/Blanke*, VerwaltungsprozessR in der Klausur, Rn. 192 ff. Zu erkennungsdienstlichen Unterlagen BVerwGE 66, 192 (202): Verwaltungsrechtsweg.
[26] So zusammenfassend BVerwGE 78, 243 (244); s. ferner E 130, 113 (115 f.); 97, 214 (220 f.); BVerwG NVwZ 1990, 653; NVwZ 1991, 360; NVwZ 2015, 986 (988); umfassend *Kleinlein*, VerwArch 81 (1990), 149; Überblick bei *Polzin*, JuS 2004, 211. Zu einem Dauerverwaltungsakt BVerwG NVwZ 2012, 510.

1. In Betracht kommende Ermächtigungsgrundlage

Nach dem Grundgesetz bedürfen belastende Verwaltungsakte einer gesetzlichen Grundlage. 59

Dies ist Ausdruck des „**Vorbehalts des Gesetzes**".[27] Die Exekutive darf die Voraussetzungen ihres Einschreitens nicht selbst festlegen; diese Kompetenz kommt dem Gesetzgeber zu. Soweit in Grundrechte eingegriffen werden soll, bestimmt oft schon der Wortlaut des Grundgesetzes, dass der Eingriff nur „durch Gesetz" oder „auf Grund eines Gesetzes" erfolgen darf (Rn. 452). Sonst ergibt sich das Gleiche aus dem *Rechtsstaatsprinzip* und aus dem *Demokratieprinzip*.[28] Wegen des Grundrechtsschutzes (*jedenfalls* Art. 2 I GG) darf eine Ermächtigungsgrundlage für einen belastenden Verwaltungsakt nicht im Wege einer Analogie gewonnen werden.[29]

Gesetze iSd Vorbehalts des Gesetzes sind die *Parlamentsgesetze* staatlicher Gesetzgebungsorgane (Bundestag, Landtage der Länder, Rn. 452). Mit gewissen Einschränkungen treten die *Satzungen* nichtstaatlicher öffentlichrechtlicher Selbstverwaltungskörperschaften hinzu (Rn. 428 ff., 452). Gestützt auf die staatlich verliehene Satzungsautonomie werden diese Satzungen von der Legislative (Gemeinderat, Vertreterversammlung) dieser Körperschaften erlassen, welche von den Verbandsangehörigen (Bürger der Gemeinde, Mitglieder der Ärztekammer) gewählt worden ist (Rn. 399). Schließlich kann die Ermächtigungsgrundlage in einer *Rechtsverordnung* enthalten sein. Unter den Voraussetzungen des Art. 80 I GG oder entsprechender Vorschriften in den Landesverfassungen ist der Gesetzgeber befugt, die Exekutive zum Erlass von Rechtsverordnungen zu ermächtigen (Rn. 418 ff.).

Rechtsverordnungen regeln – wie ein Gesetz und eine Satzung – *extern* das Verhältnis zwischen Bürger und Staat. Sie sind von *Verwaltungsvorschriften* zu unterscheiden, die sich lediglich *intern* an nachgeordnete Behörden und Beamte wenden (Rn. 645) und daher als Ermächtigungsgrundlage für (*externe*) belastende Verwaltungsakte nicht in Betracht kommen.[30]

a) Vor diesem Hintergrund ist in der Fallbearbeitung zunächst zu ermitteln, ob ein 60 Gesetz, eine Satzung oder eine Rechtsverordnung eine (möglicherweise) einschlägige **Spezialermächtigung** enthalten.

> **Beispiele:** Im *Ausgangsfall* (Rn. 51) ist § 47 I 2 Nr. 2 Alt. 1 AufenthG die einschlägige 61
> Ermächtigungsgrundlage. – Gemäß § 31a StVZO (= Rechtsverordnung) kann zB die
> Führung eines Fahrtenbuches (Rn. 31) angeordnet werden. § 15 II und § 35 I GewO
> ermächtigen die Behörde, Gewerbebetriebe zu untersagen. Nach § 15 I, II VersammlG
> können Versammlungen verboten werden (Rn. 108).

b) Fehlt eine Spezialermächtigung, kommt *häufig* die **polizeiliche Generalklausel** als 62 Ermächtigungsgrundlage in Betracht. Das gilt besonders, wenn Bürger gegen Gesetze, Rechtsverordnungen oder Satzungen verstoßen. Wie oft übersehen wird, sind solche Verstöße nämlich Störungen der öffentlichen Sicherheit iSd polizeilichen Generalklausel (Rn. 111 f., 126).

---

[27] Näheres zur historischen Entwicklung etwa bei *Pietzcker*, JuS 1979, 710; zusammenfassend *Voßkuhle*, JuS 2007, 118. Der „*Vorrang des Gesetzes*" verbietet der Verwaltung den *Verstoß* gegen Gesetze.
[28] Zusammenfassend BVerfGE 116, 69 (80) m. Anm. *Sachs*, JuS 2006, 924; E 101, 1 (34); 58, 233 (268); 47, 46 (78); 45, 400 (417). Zum demokratischen Ansatz s. ferner BVerfGE 40, 237 (248); 34, 52 (59 f.); 33, 125 (158).
[29] *BVerfG (Kammer)* NJW 1996, 3146.
[30] BVerfGE 78, 214 (227).

63 **Beispiel:** Wer ein Autowrack auf der Straße stehen lässt und dadurch ein Verkehrshindernis schafft, verstößt gegen § 32 I StVO. Diese Vorschrift ermächtigt ihrem Wortlaut nach die zuständige Behörde aber nicht, die *Beseitigung* zu gebieten.[31] Sieht man auch § 44 StVO nicht als Ermächtigungsgrundlage an, lässt sich die Beseitigungsverfügung jedenfalls auf die polizeiliche Generalklausel stützen.

2. Formelle Rechtmäßigkeit des Verwaltungsakts[32]

64 **Beachte:** Es ist nicht angemessen, wenn die formelle Rechtmäßigkeit des Verwaltungsakts schon vor der Ermächtigungsgrundlage (soeben 1., Rn. 59 ff.) untersucht wird. Je nach der Ermächtigungsgrundlage können nämlich einzelne Voraussetzungen, etwa die Zuständigkeiten, verschieden geregelt sein.

a) Wichtigste Einzelvoraussetzungen

(1) Verbandsmäßige Kompetenz (Bund, Land, Gemeinde oder eine andere öffentlichrechtliche Körperschaft).

(2) Örtliche (§ 3 VwVfG, für die Stadtstaaten § 101 VwVfG), **sachliche, instanzielle Zuständigkeit** der Behörde.[33]

Im *Ausgangsfall* (Rn. 51) war der Oberbürgermeister als „Ausländerbehörde" (§ 71 I AufenthG) örtlich und sachlich zuständig.

65 **(3) Verfahrensgrundsätze** (§§ 9 ff. VwVfG).

Beispiele:[34] Richtige Besetzung und Zusammensetzung der Behörde (dienstliche Qualifikation des Beamten, keine persönliche oder sachliche Befangenheit, §§ 20, 21 VwVfG); Mitwirkung von Ausschüssen (§§ 88 ff. VwVfG); Mitwirkung anderer Behörden; Untersuchungsgrundsatz (§§ 24 ff. VwVfG); Anhörung Beteiligter (§§ 28, 29 VwVfG)[35].

66 **(4) Formvorschriften.**

Die Exekutive muss ermächtigt sein, gerade durch Verwaltungsakt und nicht in anderer Rechtsform zu handeln.[36]

Eine *Verordnungsermächtigung* gestattet nur eine generelle Regelung, nicht den Erlass eines Verwaltungsakts (Einzelregelung). Anderenfalls würde ein *Einzelner* benachteiligt (etwa durch das Gebot, sein Treppenhaus zu beleuchten), obgleich das Gesetz mit der Verordnungsermächtigung derartige Benachteiligungen nur gestattet, wenn auch alle gleichliegenden Fälle entsprechend behandelt werden (= *generelles* Gebot an alle Eigentümer großer Miethäuser, die Treppenhäuser zu beleuchten). – Wenn die Behörde einen öffentlichrechtlichen Geldanspruch gegen den Bürger hat, ist sie allein damit noch nicht befugt, ihn durch Leis-

---

[31] Dass – nachträglich – ein Bußgeld in Betracht kommt, steht auf einem *anderen* Blatt, s. Rn. 125 f., 137 ff.
[32] Zusammenstellung mit Einzelerläuterungen zB bei *Wolff/Bachof/Stober/Kluth*, VerwR Bd. 1, § 48 Rn. 48 ff.; umfassend *Hufen/Siegel*, Fehler im Verwaltungsverfahren, 6. Aufl. 2018.
[33] Ausführlich *Collin*, JuS 2005, 694.
[34] Einzelheiten bei *Pünder* in Ehlers/Pünder, Allg. VerwR, § 14 Rn. 26 ff.; zu den „Grundlagen des Verwaltungsverfahrensrechts" *Pünder*, JuS 2011, 289.
[35] Zu Anhörungsfehlern *Guckelberger*, JuS 2011, 577.
[36] Allgemein *Druschel*, Die Verwaltungsaktbefugnis, 1999.

§ 5. Der belastende Verwaltungsakt

tungsbescheid (Verwaltungsakt) geltend zu machen.[37] Durch das Handeln in der *Form* des Verwaltungsakts wird der Adressat nämlich *eigenständig* belastet. Der Staat verschafft sich *selbst* einen Vollstreckungstitel (Rn. 38, 128 ff.), den er sonst nur mithilfe des Gerichts (Leistungsklage gegen den Bürger) erhalten könnte. Wegen des Gesetzesvorbehalts braucht der Bürger auch diese Belastung nur zu dulden, wenn sie in einer Ermächtigungsgrundlage vorgesehen ist.[38] Allerdings ist keine „ausdrückliche" Ermächtigung gefordert. Die Ermächtigungsgrundlage kann auch im Wege der Gesetzesauslegung gewonnen werden.[39] Demgemäß ist ein Leistungsbescheid möglich,[40] wenn die Beziehungen zwischen Bürger und Staat wie im Beamten- und Soldatenverhältnis in jeder anderen Hinsicht so umfassend von *einseitigen Regelungen im Über-Unterordnungsverhältnis* geprägt sind, dass die einseitige Regelung als *das* Prinzip erscheint, das die gesamte Beziehung beherrscht.[41] Ferner kann nach der Rechtsprechung des *BVerwG*[42] durch Leistungsbescheid zurückgefordert werden, was aufgrund eines (nichtigen oder erfolgreich angefochtenen) Verwaltungsakts geleistet wurde *(Kehrseitentheorie)*. Wegen des Gesetzesvorbehalts dürfen durch Vertrag begründete Pflichten dagegen *nicht* durch den Erlass von Verwaltungsakten durchgesetzt werden, wenn hierfür keine gesetzliche Grundlage vorhanden ist.[43] – Im *Ausgangsfall* darf die Behörde gemäß § 47 I AufenthG durch Verwaltungsakt handeln.

Oft muss auch der Verwaltungsakt selbst noch besonderen Formvorschriften genügen, so im *Ausgangsfall* der Schriftform (s. § 77 I 1 Nr. 7 Alt. 1 AufenthG). Nach Maßgabe von § 3a II VwVfG kann die Schriftform durch die elektronische Form ersetzt werden, soweit nicht durch Rechtsvorschrift etwas anderes bestimmt ist. Fehlen besondere Formvorschriften, können Verwaltungsakte schriftlich, elektronisch, mündlich oder durch konkludentes Handeln ergehen (§ 37 II–VI VwVfG). 67

(5) Bekanntgabe empfangsbedürftiger Verwaltungsakte (§§ 41, 43 I VwVfG).[44] 68

Ohne Bekanntgabe bleibt der Verwaltungsakt unwirksam (§ 43 I VwVfG).

(6) Ausreichende inhaltliche Bestimmtheit[45] **und Widerspruchslosigkeit** (§ 37 I VwVfG).

Unklare Verwaltungsakte sind in ähnlicher Weise auszulegen wie rechtsgeschäftliche Erklärungen (entsprechend § 133 BGB).[46]

(7) Begründung (§ 39 VwVfG). 69

Verwaltungsakte sind nach Maßgabe des § 39 VwVfG zu begründen. Bei Ermessensentscheidungen (Rn. 84 ff.) muss dargelegt werden, aus *welchen* von mehreren Gründen eingeschritten wird und welche Ermessens*erwägungen* dem Verwaltungsakt zugrunde liegen.[47] Fehlt dem Ermessensverwaltungsakt die Begründung, ist er *in sich* unvollständig.[48] In den Fällen des § 39 II VwVfG kann auf eine Begründung verzichtet werden, ua auch dann, wenn sich die Begründung konkludent aus den Umständen ergibt (§ 39 II Nr. 2 VwVfG) oder wenn eine Ermessens-

---

[37] Ausführlich begründet von *Renck*, JuS 1965, 129 ff.; s. allgemein etwa *Wolff/Bachof/Stober/Kluth*, VerwR Bd. 1, § 45 Rn. 15.
[38] BVerwGE 72, 265 (267); *Osterloh*, JuS 1983, 280.
[39] BVerwGE 72, 265 (268); 59, 13 (19 f.).
[40] Nach BVerwGE 28, 153 fehlt das Rechtsschutzbedürfnis *nicht*, wenn die Behörde gleichwohl Leistungs*klage* erhebt.
[41] St. Rspr., s. etwa BVerwGE 28, 1; zusammenfassend *Osterloh*, JuS 1983, 280.
[42] BVerwGE 40, 89; *BVerwG* NJW 1977, 1838; DÖV 1967, 269. Positivrechtliche Regelung in § 49a I 2 VwVfG. Zur praktischen Bedeutung s. Rn. 275.
[43] BVerwGE 50, 171.
[44] Zur Bekanntgabe bei Identitätstäuschung *BVerfG* NVwZ 2014, 1679.
[45] Dazu *BVerwG* NVwZ 1990, 855; Klausur bei *Fremuth*, JuS 2017, 852.
[46] So BVerwGE 88, 286 (299). S. a. Rn. 45, 49 zum „objektiven Erklärungswert".
[47] BVerwGE 39, 197 (204) erstreckt die entsprechende Begründungspflicht auch auf die Wahrnehmung eines Beurteilungsspielraumes (Rn. 81).
[48] S. BVerwGE 85, 163 (165 f.) sowie Rn. 88; zum unzureichend begründeten VA *Lindner/Jahr*, JuS 2013, 673.

entscheidung *ohne Weiteres* einer gesetzlich intendierten Regelfolge (Soll-Vorschrift als Beispiel) entspricht.[49]

70 **(8) Rechtsbehelfsbelehrung.**

Eine Rechtsbehelfsbelehrung wird beigefügt, weil *sonst die Rechtsbehelfsfrist nicht zu laufen beginnt* (§ 58 VwGO, s. Abs. 2: Jahresfrist).[50] Sonstige Rechtsfolgen hat das Fehlen der Rechtsbehelfsbelehrung *nicht* (Fehlerquelle!).

b) Eingeschränkte Fehlerfolgen

71 Anders als materielle Fehler (nachfolgend 3., Rn. 76 ff.) führen formelle Fehler beim Erlass eines Verwaltungsakts *nicht* ohne Weiteres dazu, dass der Verwaltungsakt im Rechtsbehelfsverfahren aufzuheben ist: Legt das Gesetz *abschließend* fest, dass der Verwaltungsakt bei Vorliegen der gesetzlichen Voraussetzungen ergehen *muss* (= *gebundener* Verwaltungsakt), ist der Verwaltungsakt gem. **§ 46 VwVfG** *unaufhebbar*, wenn „er unter Verletzung von Vorschriften über das Verfahren, die Form oder die örtliche Zuständigkeit zustande gekommen", *materiell aber rechtmäßig ist*.[51] Hier ist iSv § 46 VwVfG „offensichtlich, dass die Verletzung die Entscheidung *in der Sache* nicht beeinflusst hat"; in der Sache hätte ohnehin keine andere Entscheidung getroffen werden können. Das Fehlen der Begründung oder einer erforderlichen Anhörung kann in derartigen Fällen nur dazu führen, dass der Bürger Wiedereinsetzung in den vorigen Stand nach § 32 VwVfG erhält, wenn er eine Anfechtungsfrist versäumt hat (§ 45 III VwVfG). Soweit hingegen *Ermessen* (Rn. 84 ff.) der Behörde (oder ein *Beurteilungsspielraum*, Rn. 81 ff.) dazwischengeschaltet ist,[52] machen Verfahrensfehler und Zuständigkeitsmängel den Verwaltungsakt nach den allgemeinen Regeln *anfechtbar*.[53] Nunmehr ist nämlich in der Regel nicht auszuschließen, dass die zuständige Behörde in einem ordnungsgemäßen Verfahren zu einem anderen Ergebnis gekommen wäre. Gem. § 46 VwVfG sind auch Ermessensverwaltungsakte allerdings *nicht* aufhebbar, wenn (ausnahmsweise) „*offensichtlich* ist, dass die Verletzung von Vorschriften über das Verfahren, die Form oder die örtliche Zuständigkeit die Entscheidung in der Sache *nicht* beeinflusst hat".

> **Merke:** Nach Maßgabe von **§ 44a VwGO** ist ein Verfahrensfehler nicht alsbald und isoliert, sondern erst im Rahmen der abschließenden Sachentscheidung anfechtbar.[54]

In den Fällen des **§ 45 I VwVfG** kann die Behörde einer Anfechtung dadurch den Boden entziehen, dass sie den Fehler *heilt*.[55]

---

[49] Dazu BVerwGE 105, 55 (57); Näheres zur materiellrechtlichen Situation in Rn. 84.
[50] Klausur bei *Fremuth*, JuS 2017, 852.
[51] Grundlegend *Bettermann*, FS H. P. Ipsen, 1977, S. 271; *ders.*, FS Menger, 1986, S. 709. Mit der Neufassung des § 46 VwVfG durch das Genehmigungsbeschleunigungsgesetz 1996 ist diese überkommene Sicht beibehalten, im Sinne der nachfolgenden Textausführungen nur für den Ermessensbereich *erweitert* worden; Begr. der BReg. zum Gesetzentwurf, BT-Drs. 13/3995, S. 8; kritisch *Hufen*, JuS 1999, 313. Zu § 46 VwVfG bei Anhörungsfehlern *Guckelberger*, JuS 2011, 577.
[52] „Grundwissen" zu Entscheidungsspielräumen der Verwaltung bei *Voßkuhle*, JuS 2008, 117.
[53] Ausnahme bei „Ermessensreduzierung auf Null" (Rn. 102), s. *BVerwG* NVwZ 1988, 525 (526).
[54] Irritationen zur Fortgeltung von § 44a VwGO im Gefolge des 2. VwVfÄnderungsG 1996 hat *BVerwG* NJW 1999, 1729 beendet.
[55] Umfassend zur Heilung *Laubinger*, VerwArch 72 (1981), 333 ff.; kritisch *Hufen*, JuS 1999, 313. Zur Heilung einer unterlassenen *Anhörung* (§ 28 I VwVfG) durch Zustellung eines *widerspruchsfähigen* begründeten Bescheides s. BVerwGE 66, 111 (114); 66, 184 (189).

§ 45 II VwVfG sieht vor, dass die in § 45 I genannten Verfahrens- und Formfehler 72
und mit ihnen Begründungsmängel (§ 45 I Nr. 2 VwVfG) „bis zum Abschluss der
letzten Tatsacheninstanz eines verwaltungsgerichtlichen Verfahrens" nachgeholt
werden können. Nach **§ 114 Satz 2 VwGO**[56] kann die Behörde „ihre Ermessenserwägungen hinsichtlich des Verwaltungsaktes auch noch im verwaltungsgerichtlichen Verfahren ergänzen".

Keine „Ergänzung" in diesem Sinne ist „die vollständige Nachholung oder die Auswechslung
der die Ermessenentscheidung tragenden Gründe", denn das wäre die „nachträgliche inhaltliche
Änderung des erlassenen Verwaltungsakts"[57] und damit der Erlass eines neuen Verwaltungsakts ohne eigenständige Anfechtungsmöglichkeit (s. a. Rn. 88).

c) Fallbearbeitung

Es gibt nur verhältnismäßig wenige Klausuren und Hausarbeiten, in welchen die 73
formellen Voraussetzungen des Verwaltungsakts wirklich erheblich werden. Die
meisten der hier auftauchenden Probleme sind für eine Bearbeitung durch Studenten
nicht geeignet. Demgemäß sollten die *Formalien in der Regel nur ganz kurz* erwähnt
werden, gerade auch dann, wenn sich zu ihnen ohne große Mühe an sich viel Selbst-
verständliches schreiben ließe.

Hat nach dem Sachverhalt die „*zuständige Behörde*" gehandelt, ist es zB verfehlt, in aller Breite 74
zu untersuchen, *welche* Behörde das wohl gewesen sein könnte. Enthält der Sachverhalt keine
konkreten Angaben, in welcher Form die Behörde den Verwaltungsakt erlassen hat, können
die Bearbeiter ohne Weiteres davon ausgehen, alle Formvorschriften seien gewahrt. Der Aufgabensteller nimmt nämlich nur zu den Punkten nähere Angaben in den Sachverhalt auf, die
wirklich problematisch sind (Rn. 812 f.). Wer sich bei einem insoweit „mageren" Sachverhalt
die Mühe macht, die erforderlichen Formalien bis in alle Einzelheiten aufzuzählen, kommt der
Lösung damit nicht näher: Dass die Behörde die Vorschriften eingehalten *hat*, kann er auch
jetzt noch nicht *positiv* feststellen. Ebenso überflüssig ist es, eine Behörde in aller Breite über
Formalien zu belehren, wenn sie etwa um Rat fragt, ob ein bestimmter Verwaltungsakt ergehen
könnte. Die Behörde kennt die Formalien besser als jeder Student. Sie will in erster Linie
materiellrechtliche Zweifelsfragen geklärt haben.

Wer zu den Formalien mehr schreibt, als nötig ist, verstrickt sich zudem leicht in 75
Fehler.

ZB wird immer wieder übersehen, dass ein Verwaltungsakt nur rechtswidrig ist, wenn die
falsche *Behörde* gehandelt hat, nicht hingegen schon, wenn die Geschäftsverteilung *innerhalb*
einer Behörde missachtet wurde. Ist im *Ausgangsfall* (Rn. 51) anstelle des hierfür an sich
„zuständigen" städtischen Ausländeramtes das städtische Ordnungsamt tätig geworden, ist die
Verfügung rechtmäßig, denn derartige „Ämter" sind nur unselbständige Teile der Behörde
„Der Oberbürgermeister". *Jeder* Sachbearbeiter handelt im Außenverhältnis in seinem „Auftrag".

3. Materielle Voraussetzungen für das Einschreiten

a) Gültigkeit/Verfassungsmäßigkeit der Ermächtigungsgrundlage

Die Ermächtigungsgrundlage, auf die sich der belastende Verwaltungsakt stützt, 76
muss *gültig*, nämlich mit *höherrangigem Recht vereinbar sein*. Im Unterschied zum
Verwaltungsakt ist eine rechtswidrige Norm in der Regel[58] *nichtig*. Falls insoweit
Bedenken bestehen, ist daher zunächst die Gültigkeit der anzuwendenden Norm,

---

[56] Zur Verfassungsmäßigkeit dieser Norm BVerwGE 106, 351 (363); s. a. *Lindner/Jahr*,
JuS 2013, 673 zum unzureichend begründeten VA.
[57] BVerwGE 106, 351 (365).
[58] Zu Ausnahmen s. Rn. 401 f.

insbesondere ihre *Verfassungsmäßigkeit*, zu untersuchen (Rn. 391 ff.).[59] Ist die Entscheidung eines Gerichts zu entwerfen, muss Art. 100 I GG beachtet werden (lesen!). In den in Art. 100 I GG genannten Fällen darf das Gericht nicht eigenständig davon absehen, die nach seiner Ansicht ungültige Norm anzuwenden; es hat vielmehr die Entscheidung des *BVerfG* einzuholen (Rn. 391 f.).

77 **Beachte:** Es gibt wenige Normen, an deren Verfassungsmäßigkeit ernsthafte Zweifel bestehen. Daher ist es verfehlt, *in der Niederschrift* von vornherein die Gültigkeit fast jeder einschlägigen Norm in Zweifel zu ziehen, solange der Sachverhalt nicht besonderen Anlass dazu gibt. Wer das nicht beachtet, schwebt in Gefahr, rein *verwaltungsrechtliche* Aufgaben in verfassungsrechtliche Abhandlungen umzufunktionieren und damit die Schwerpunkte der Arbeit zu verfälschen. Stellt sich jedoch die Frage der Verfassungsmäßigkeit, ist diese sinvoller Weise zuerst zu klären.

> **Beispiel:** Es ist abwegig, in einer Polizeirechtsklausur mit vielen verwaltungsrechtlichen Problemen seitenlang zu erörtern, ob die polizeiliche Generalklausel (Rn. 108, 110 ff.) wegen ihrer Unbestimmtheit mit dem Vorbehalt des Gesetzes vereinbar ist – selbst wenn diese Frage Gegenstand einer Übungsstunde gewesen sein sollte, in der es darum ging, die Bedeutung des Gesetzesvorbehalts zu erklären. Wegen dieser seit langem *ausgestandenen* (Rn. 110) Frage ist die Klausur im Zweifel *nicht* ausgegeben worden.

Ob man im *Ausgangsfall* (Rn. 51) die Verfassungsmäßigkeit des § 47 I 2 Nr. 2 Alt. 1 AufenthG diskutiert, muss jeder Bearbeiter „für sich" entscheiden. Trotz seiner Unbestimmtheit („außenpolitische Interessen") genügt § 47 I 2 Nr. 2 Alt. 1 AufenthG als Eingriffsermächtigung dem Vorbehalt des Gesetzes in der Gestalt des verfassungsrechtlichen *Bestimmtheitsgebotes* (Rn. 411).[60] Soweit hiernach die politische Betätigung in der Gestalt von *Meinungsäußerungen* verboten werden kann, geht es um Art. 5 I GG, denn dieser gilt grds. auch für Ausländer[61]. Da § 47 I 2 Nr. 2 Alt. 1 AufenthG sich nicht gegen eine bestimmte Meinung als solche richtet, sondern dem Gemeinschaftswert der außenpolitischen Interessen der Bundesrepublik dient, stellt er ein „*allgemeines* Gesetz" iSd Art. 5 II GG dar.[62] Wie sich noch zeigen wird (Rn. 97 f.), verengen *verwaltungsrechtliche* Überlegungen die Verfügung indessen ohnehin noch zu einem Demonstrationsverbot. Als Ermächtigung zum Demonstrationsverbot gegen Ausländer kann § 47 I 2 Nr. 2 Alt. 1 AufenthG aber von vornherein nicht mit Grundrechten kollidieren. Nach seinem klaren Wortlaut steht das Grundrecht des Art. 8 I GG als lex specialis nur Deutschen zu.[63]

78 Das höherrangige Recht bestimmt nicht nur bzw. erst die Gültigkeit, sondern oft bereits die **Auslegung** der Norm. *Wenn* verschiedene Auslegungen in Betracht kommen und die Norm nicht bei allen Auslegungen mit höherrangigem Recht

---

[59] Dieser Aspekt kann ebenfalls unmittelbar bei der Bestimmung der Ermächtigungsgrundlage geprüft werden; teilweise bietet sich auch eine nachgestellte Prüfung an, vgl. Rn. 392.
[60] Zur ausländerrechtlichen Formulierung „sonstige erhebliche Belange der Bundesrepublik" des alten Ausländergesetzes BVerfGE 35, 382 (400); s. a. E 49, 36 (41); 49, 168 (182); s. nunmehr § 47 I 2 Nr. 1 AufenthG.
[61] Teilweise wird allerdings nach wie vor bestritten, dass Art. 5 I GG Ausländern gerade auch die *politische* Meinungsäußerung garantiert, da sie nicht Angehörige des Staatsvolkes iSd politischen Demokratie des Grundgesetzes (Art. 20 II GG) sind: so zB Hailbronner/*Hailbronner*, Ausländerrecht Kommentar, Stand: November 2011, Band 2, § 47 AufenthG Rn. 11. Exemplarisch war insoweit der Streit zwischen *Erbel*, JuS 1971, 35 (dagegen) und *Dolde*, JuS 1971, 314 (dafür); zusammenfassend *G. Schwerdtfeger*, Gutachten A zum 53. Deutschen Juristentag, 1980, A 117 f.
[62] S. etwa *Kloesel/Christ/Häußer*, Deutsches Aufenthalts- und Ausländerrecht Kommentar, Stand: Juli 2011, Band 1, § 47 AufenthG Rn. 4; zu § 6 II Ausländergesetz aF *OVG Münster* NJW 1980, 2039.
[63] Zur Anwendbarkeit von Deutschengrundrechten auf EU-Ausländer s. Rn. 447.

§ 5. Der belastende Verwaltungsakt

vereinbar ist, muss die „*verfassungskonforme*"[64] bzw. die „*gesetzeskonforme*" Auslegung gewählt werden; dadurch wird die Nichtigkeit vermieden. Eine derartige Auslegung ist daher stets vorrangig zu prüfen, bevor die Bearbeiter eine Norm als nichtig ansehen.

> **Beispiel:**[65] Eine Polizeiverordnung bestimmt, dass Mietshäuser bis 22 Uhr vom Hauseigentümer zu beleuchten sind. Gegen A und B ist wegen Nichtbefolgung ein Bußgeld verhängt worden. A hatte die Haustür abgeschlossen, B nicht. Die Verordnung ist „polizeirechtskonform" so auszulegen, dass sie nur für Häuser mit nicht abgeschlossener Haustür gilt, weil nur hier eine Gefahr für die *öffentliche* Sicherheit oder Ordnung besteht (Rn. 113). Nur B verstieß also gegen die VO.

b) Subsumtion

Die einzelnen rechtlichen Voraussetzungen für das Einschreiten sind in den Vorüberlegungen vor der Niederschrift sauber und vollständig *herauszuarbeiten* und *auszulegen*. Dabei ist der Sachverhalt unter sie zu *subsumieren*. Die Niederschrift sollte sich ganz auf *die* Voraussetzungen konzentrieren, welche problematisch sind. 79

Über § 47 AufenthG (lesen!) kann die politische Betätigung eines Ausländers aus verschiedenen Gründen „beschränkt oder untersagt werden". Nach dem Wortlaut des *Ausgangsfalles* (Rn. 51) geht es der Behörde um Demonstrationen, durch welche die *freundschaftlichen Beziehungen* der Bundesrepublik zum Staat A erheblich beeinträchtigt werden könnten. Damit ist alleine ein Einschreiten wegen der „*außenpolitischen Interessen*" der Bundesrepublik gemäß § 47 I 2 Nr. 2 Alt. 1 AufenthG zu untersuchen.

c) Unbestimmte Gesetzesbegriffe

Wie sich am Beispiel des § 47 AufenthG zeigt, sind die Eingriffsvoraussetzungen der Ermächtigungsgrundlage häufig durch sog. „*unbestimmte Gesetzesbegriffe*" ausgedrückt. Die Gerichte und damit auch die Fallbearbeiter haben unbestimmte Gesetzesbegriffe selbst auszulegen und im Wege der Subsumtion auf den Sachverhalt anzuwenden. Anders als die Ermessensentscheidung auf der *Rechtsfolgeseite* einer Norm (dazu Rn. 84 ff.) ist die Entscheidung der Behörde über das Vorliegen der Eingriffs*voraussetzungen* aufgrund der Garantie effektiven Rechtsschutzes des Art. 19 IV 1 GG grundsätzlich *gerichtlich voll nachprüfbar – in rechtlicher und tatsächlicher Hinsicht*[66]. 80

Dies folgt aus dem Zusammenspiel des Art. 19 IV 1 GG mit dem *Vorbehalt des Gesetzes* (iSd Parlamentsvorbehalts) im Rahmen der Gewaltenteilung.[67] Der Vorbehalt des Gesetzes (Rn. 59) gebietet in seiner Tendenz, dass der Parlamentsgesetzgeber selbst alle Einzeleingriffe *ex ante* eindeutig und abschließend programmiert. Doch das ist in der Gesetzgebungspraxis undurch-

---

[64] Eingehend *Hesse*, Verfassungsrecht, Rn. 79 ff.; *Bettermann*, Die verfassungskonforme Auslegung, Grenzen und Gefahren, 1986; *Bleckmann*, JuS 2002, 942 (946 f.); *Lüdemann*, JuS 2004, 27. – Eine verfassungskonforme Auslegung ist *nicht* möglich, wenn der Wille des Gesetzgebers *eindeutig* feststeht: BVerfGE 101, 312 (329); 42, 176 (189); 20, 150 (160). Der normative Gehalt einer Vorschrift darf nicht grundlegend neu bestimmt werden: BVerfGE 34, 165 (200). Das Gesetz muss sinnvoll bleiben: BVerfGE 101, 312 (329). Zu den Grenzen der verfassungskonformen Auslegung und einer möglichen Verletzung von Art. 101 I 2 GG durch Fachgerichte BVerfGE 138, 64 (Rn. 71 ff., 86 f.) m. Anm. *Sachs*, JuS 2015, 472.
[65] In Anlehnung an *Evers/G. Schwerdtfeger*, JuS 1964, 281.
[66] S. nur BVerfGE 129, 1 (20); *BVerfG (Kammer)* NVwZ 2012, 694 (695) mwN; *BVerwG* NVwZ 2016, 327 (328).
[67] Näheres bei *G. Schwerdtfeger*, Arbeitslosenversicherung und Arbeitskampf, Neue Aspekte zum unbestimmten Gesetzesbegriff, 1974, S. 89 ff.

führbar. Der Gesetzgeber kommt ohne *unbestimmte* Gesetzesbegriffe nicht aus. Jetzt obliegt es ersatzweise den *Gerichten*, die Eingriffsvoraussetzungen *ex post* zu formulieren.[68] Aus rechtsstaatlichen Gründen der Gewaltenteilung ist die *Exekutive* gehindert, die Voraussetzungen *ihrer eigenen Eingriffe* abschließend *selbst* zu bestimmen.

81 Für die (konkretisierende) *Auslegung* unbestimmter Gesetzesbegriffe gilt das *ohne Einschränkungen*. Die grundgesetzliche Pflicht der Gerichte zur vollständigen Nachprüfung der angefochtenen Verwaltungsakte auch in *tatsächlicher* Hinsicht schließt im Grundsatz ebenfalls eine Bindung an die im Verwaltungsverfahren getroffenen *Feststellungen* und *Wertungen* aus.[69] Dennoch kann bei der *Subsumtion*[70] zugunsten der Exekutive *ausnahmsweise* eine *behördliche Letztentscheidungsbefugnis* angenommen werden, der ein sog. „gerichtsfreier Beurteilungsspielraum"[71] entspricht.

aa) **Einfallstor** für die Frage nach einem gerichtsfreien Beurteilungsspielraum ist für das *BVerfG* die Erkenntnis, dass sich die gerichtliche Kontrolle (Art. 19 IV 1 GG) nach dem zugrunde liegenden *materiellen* Recht bestimmt und dass die verwaltungsgerichtliche Überprüfung daher nicht weiter reichen kann als die *gesetzlich* festgelegte **materiellrechtliche Bindung der Verwaltung**.[72] Auf dieser Grundlage muss sich eine behördliche Letztentscheidungsbefugnis *ausdrücklich aus dem Gesetz* ergeben oder *durch Auslegung* hinreichend deutlich zu ermitteln sein.[73]

> **Beispiel:** Ist nach dem materiellen Recht für die Subsumtion eines Sachverhalts unter das Gesetz eine *Punkt*genauigkeit nicht gefordert, sondern kommt es nur darauf an, dass sich die Subsumtion im Rahmen der *Bandbreite* der in der technischen Fachwissenschaft für vertretbar gehaltenen Meinungen bewegt, ist eine Behördenentscheidung, die diese Bandbreite nicht verlässt, *rechtmäßig* und damit vor Gericht unangreifbar.[74] Soweit das materielle Recht der Behörde eine derartige *Bandbreite rechtmäßiger Subsumtionen* einräumt, verfügt die Behörde über eine „*Beurteilungsermächtigung*".

82 bb) Die entscheidende Frage ist allerdings, ob und inwieweit materiellrechtliche Regelungen **verfassungsrechtlich zulässig** sind, die eine Bandbreite für mehrere (auch gegenteilige) rechtmäßige Entscheidungen offen halten. Der Gesetzgeber ist bei der Einräumung behördlicher Letztentscheidungsbefugnisse durch die *Grundrechte* sowie das *Rechtsstaats- und Demokratieprinzip* (Grundsätze der Bestimmtheit

---

[68] Mit gleicher Tendenz *BVerfG (Kammer)* NVwZ 2012, 694 (695); BVerfGE 49, 168 (183); 33, 303 (341).
[69] *BVerfG (Kammer)* NVwZ 2012, 694 (695) mwN; BVerfGE 129, 1 (20); 116, 1 (18); 103, 142 (156 f.); 101, 106 (123); 84, 34 (49); 84, 59 (77); 15, 275 (282).
[70] Zu dieser „Verortung" s. *BVerfG (Kammer)* NVwZ 2010, 435 (438, 440); BVerwGE 72, 39 (53); s. a. *Kment/Vorwalter*, JuS 2015, 193 (195) mwN.
[71] Grundlegend zur Lehre vom gerichtsfreien Beurteilungsspielraum *Bachof*, JZ 1955, 97 (iVm JZ 1972, 208, 641); *Ule*, GS W. Jellinek, 1955, S. 309; *Jesch*, AöR 82 (1957), 163. Überblicke bei *Wolff/Bachof/Stober/Kluth*, VerwR Bd. 1, § 31 Rn. 15 ff.; *Jestaedt* in Ehlers/Pünder, Allg. VerwR § 11 Rn. 44 ff.; *Maurer/Waldhoff*, Allg. VerwR, § 7 Rn. 26 ff.; *Kment/Vorwalter*, JuS 2015, 193; *Voßkuhle*, JuS 2008, 117 (118 f.); s. a. *Pache*, Tatbestandliche Abwägung und Beurteilungsspielraum, 2000. Klausuren bei *Ruch/Mühl*, JuS 2013, 141; *Koranyi*, JuS 2013, 823; *Faßbender*, JuS 2012, 332.
[72] *BVerfG (Kammer)* NVwZ 2012, 694 (695); NVwZ 2010, 435 (437, 439); BVerfGE 129, 1 (21 f.); 116, 1 (18); 103, 142 (156 f.); 88, 40 (45, 56); 84, 34 (49); *BVerwG* NVwZ 2016, 327 (328).
[73] BVerfGE 129, 1 (22, 29 f.); *BVerfG (Kammer)* NVwZ 2012, 694 (695); *BVerwG* NVwZ 2016, 327 (328); s. a. *Kment/Vorwalter*, JuS 2015, 193 (196 f.).
[74] Angedeutet in BVerfGE 88, 40 (59).

§ 5. Der belastende Verwaltungsakt

und Normenklarheit, Vorbehalt des Gesetzes) gebunden.[75] „Die Freistellung der Rechtsanwendung von gerichtlicher Kontrolle bedarf" nach der Rechtsprechung des *BVerfG* „stets eines **hinreichend gewichtigen, am Grundsatz eines wirksamen Rechtsschutzes ausgerichteten Sachgrunds**".[76]

Ein behördlicher Beurteilungsspielraum kann angezeigt und gerechtfertigt sein,
- wenn die Tatbestandsvoraussetzungen *wertende* und/oder *prognostische Elemente* enthalten, welche die Annahme als „richtig" oder „falsch" nicht in allen Einzelheiten zulassen[77] und/oder
- wenn die Rechtsprechung bei der Überprüfung der behördlichen Entscheidung zB wegen einer hohen Komplexität oder besonderen Dynamik der geregelten Materie an ihre *Funktionsgrenzen* stieße[78].

Dass die Materie eventuell einer *besonders fachkundigen Entscheidungsinstanz* (Fachbehörde, Sachverständigenausschuss, Examensprüfer) anvertraut wird, reicht alleine *nicht* aus; das Gericht ist gehalten, sich den erforderlichen unabhängigen Fachverstand mithilfe von Sachverständigen zu verschaffen.[79] Die Komplexität bestimmter schwieriger fachlicher Bewertungen kann eine *pauschale* Zurücknahme der fachgerichtlichen Prüfungsdichte für sich betrachtet nicht rechtfertigen.[80]

Vor diesem Hintergrund hat die Rechtsprechung unbestimmte Gesetzesbegriffe mit Beurteilungsspielraum anerkannt bei Prüfungsentscheidungen und prüfungsähnlichen Entscheidungen hinsichtlich der prüfungsspezifischen Wertungen,[81] bei dienstlichen Beurteilungen von Beamten,[82] bei Eignungsbeurteilungen für Einstellungen,[83] bei Entscheidungen pluralistisch besetzter, weisungsfreier Gremien,[84] bei politischen Bewertungen,[85] bei prognostischen Risikobewertungen im Atomrecht,[86] bei Wertungen im Naturschutzrecht,[87] beim Regulierungsermessen nach dem TKG,[88] bei übergroßer Komplexität der Kapazitätsermittlung im n. c.-Bereich[89].

Die von der Rechtsprechung anerkannten Konstellationen lassen sich aus einer verfassungsrechtlichen Perspektive auf *grundrechtliche* Wertungen sowie *gewaltenteilend-funktionale* Gesichtspunkte zurückführen:[90] Bei Prüfungsentscheidungen kann Art. 12 I GG einerseits wegen der in Art. 3 I GG verankerten Chancengleichheit einen Entscheidungsspielraum der Verwaltung hinsichtlich prüfungsspezifischer Wertungen gebieten, während er andererseits hinsichtlich fachwissenschaftlicher Richtigkeitsentscheidungen einen solchen gerade ausschließt. Die hohe Komplexität oder besondere Dynamik der geregelten Materie kann es rechtfertigen, der rechts-

---

[75] BVerfGE 129, 1 (22 f.); *BVerfG (Kammer)* NVwZ 2012, 694 (695).
[76] BVerfGE 129, 1 (23, 31); *BVerfG (Kammer)* NVwZ 2012, 694 (696).
[77] *BVerfG (Kammer)* NVwZ 2012, 694 (697) – Regulierungsrecht; zu Prognosen a. BVerfGE 88, 40 (60); *BVerfG (Kammer)* NVwZ 2010, 435 (438 f.) – Emissionshandelsrecht.
[78] *BVerfG (Kammer)* NVwZ 2010, 435 (437 f.); NVwZ 2002, 1368 (1368); BVerfGE 129, 1 (31); 103, 142 (156 f.); 88, 40 (56); 84, 34 (50); 83, 130 (148); 54, 173 (197); *BVerwG* NVwZ 2016, 327 (329); BVerwGE 140, 384; 106, 263 (267).
[79] BVerfGE 88, 40 (57); 84, 34 (55); s. a. BVerwGE 91, 211 (217).
[80] BVerfGE 88, 40 (58 f.).
[81] *BVerfG* NVwZ 2011, 486 (489); BVerfGE 84, 59 (78 ff.); BVerwGE 104, 203 (206).
[82] *BVerfG (Kammer)* NVwZ 2002, 1368; BVerwGE 106, 263 (266 f.).
[83] *BVerfG* NVwZ 2011, 1191; NVwZ 2002, 1368; BVerfGE 108, 282 (296); *BVerwG* NVwZ 2016, 327 (329 f.).
[84] *BVerwG* NJW 2007, 2790 (2792 ff.); s. a. BVerfGE 83, 130 (148).
[85] BVerwGE 62, 11 (15 f.); *BVerwG* NVwZ 2016, 327 (328).
[86] BVerwGE 72, 300 (316); *BVerwG* NVwZ 2016, 327 (328).
[87] BVerwGE 131, 274; *BVerwG* NVwZ 2016, 327 (328 f.).
[88] *BVerfG* NVwZ 2014, 1034 (1035 f.); NVwZ 2012, 694 (697), unter Verweis auch auf wertende und prognostische Elemente; BVerwGE 131, 41; 130, 39.
[89] BVerfGE 85, 36 (58).
[90] Zum Nachfolgenden plastisch *BVerfG (Kammer)* NVwZ 2010, 435 (437 ff.).

anwendenden Behörde einen begrenzten Entscheidungsspielraum zuzubilligen, wenn sie aufgrund der ihr zur Verfügung stehenden Handlungsformen für die erforderliche Anpassung (im Vergleich zu den anderen Gewalten) am besten ausgerüstet ist. Innerhalb der verfassungsrechtlich vorgegebenen Grenzen kann der Gesetzgeber neue administrative Letztentscheidungsbefugnisse schaffen.[91]

In der jüngeren Rechtsprechung hat das *BVerfG* ausdrücklich *offen gelassen*, ob in dem Fall, dass eine umfassende gerichtliche Kontrolle zweifelsfrei an die *Funktionsgrenzen* der Rechtsprechung stieße, (gerichtlich nur eingeschränkt nachprüfbare) Entscheidungsspielräume der Verwaltung *ausnahmsweise von Verfassungs wegen* und damit *ohne gesetzliche Grundlage* zulässig sind[92] – wie dies frühere Entscheidungen zu Prüfungsfällen nahelegen[93].

83 cc) „Gerichts*frei*" ist nach der Rechtsprechung *nur* die subsumtionsmäßige Wertung, Diagnose und/oder Prognose *selbst*. **Gerichtlich zu überprüfen** ist demgegenüber, ob die Behörde

– die einschlägigen Verfahrensvorschriften eingehalten hat;
– von einem richtigen Verständnis der anzuwendenden Gesetzesbegriffe und des gesetzlichen Rahmens ausgegangen ist;
– den erheblichen Sachverhalt vollständig und zutreffend ermittelt hat;
– sich bei der eigentlichen Beurteilung an allgemeingültige Wertungsmaßstäbe gehalten und sich nicht von sachfremden – gegen das Willkürverbot aus Art. 3 I GG verstoßenden – Erwägungen hat leiten lassen.[94]

Im *Ausgangsfall* (Rn. 51) ist es eine Frage der *politischen Wertung*, ob die freundschaftlichen Beziehungen zum Staat A den „außenpolitischen Interessen der Bundesrepublik" entsprechen, und eine Frage vorausschauender *Prognose*, ob X sich an der Demonstration beteiligen würde, das Verbot gegen ihn also erforderlich ist. Die *Prognose* ist so wenig komplex, dass sich die Frage nach einem „gerichtsfreien Beurteilungsspielraum" insoweit (wie bei der polizeirechtlichen Gefahrenprognose, Rn. 117)[95] *von vornherein* nicht stellt. Im Zusammenhang mit der *Wertung* führten einige Bearbeiter im Rahmen einer „Vollprüfung" aus: Die „außenpolitischen Interessen der Bundesrepublik" seien nicht verletzt, weil der Staat A keine demokratische Verfassung habe und dort alle Menschenrechte mit Füßen getreten würden. Es könne nicht im Interesse der Bundesrepublik liegen, zu einem solchen Land freundschaftliche Beziehungen zu unterhalten. Es ist allerdings eine *außenpolitische* Frage, ob die Bundesrepublik zum Staat *A* freundschaftliche Beziehungen unterhalten *möchte* oder nicht. In dieser Frage sind die Behörde, das Gericht und auch die Fallbearbeiter der Entscheidung der für die Außenpolitik *zuständigen* Organe der Bundesrepublik unterworfen.[96]

4. Fehlerfreie Ermessensausübung auf der Rechtsfolgeseite

84 Liegen die rechtlichen Voraussetzungen für den Erlass des Verwaltungsakts vor, steht es nach vielen Ermächtigungsgrundlagen noch im *Ermessen* der Behörde, *ob* und/oder *wie* und/oder *gegen wen* sie einschreitet.[97] Der Gesetzgeber verwendet in derartigen Fällen Wendungen wie: die Behörde „kann", „darf", „ist berechtigt", „ist

---

[91] *BVerfG (Kammer)* NVwZ 2010, 435 (438).
[92] BVerfGE 129, 1 (23); *BVerfG (Kammer)* NVwZ 2012, 694 (696); kritisch hierzu *Kment/Vorwalter*, JuS 2015, 193 (197).
[93] Vgl. BVerfGE 84, 34 (50); 84, 59 (77 f.).
[94] Entsprechende Zusammenstellungen in *BVerfG (Kammer)* NVwZ 2012, 694 (697); NVwZ 2010, 435 (438 ff.); *BVerwG* NVwZ 2016, 327 (329 f.).
[95] S. BVerwGE 68, 267 (271).
[96] Zu weiten Gestaltungsspielräumen der Regierung bzgl. der auswärtigen Beziehungen s. BVerfGE 121, 135 (158); *BVerwG* NVwZ 2010, 321.
[97] „Grundwissen" bei *Voßkuhle*, JuS 2008, 117 (117 f.); s. a. *Kment/Vorwalter*, JuS 2015, 193.

§ 5. Der belastende Verwaltungsakt

befugt" usw. Das Ermessen dient der *Einzelfallgerechtigkeit* und/oder gerechtigkeitsneutralen *Zweckmäßigkeitserwägungen*.[98]

Im *Ausgangsfall* (Rn. 51) ist die Behörde *nicht verpflichtet* einzuschreiten, obgleich die „außenpolitischen Interessen der Bundesrepublik" beeinträchtigt werden. Die Behörde *kann* aber einschreiten. Auch *wie* sie einschreitet (Beschränkung, Untersagung der politischen Betätigung), steht in ihrem Ermessen. Die Behörde darf nur nicht „ermessens*fehlerhaft*" handeln (Rn. 90 ff.).

Nach den *„Grundsätzen über das gelenkte bzw. intendierte Ermessen"*[99] räumen *„Soll"-Vorschriften* und entsprechend auszulegende Vorschriften der Behörde nur an der Peripherie Ermessen ein. Für Normalfälle bedeutet das „Soll" ein „Muss". In atypischen Fällen sind Ausnahmen möglich.[100]

Während die zuvor erwähnte Frage nach Beurteilungsspielräumen (Rn. 81 ff.) die *Voraussetzungen* des behördlichen Tätigwerdens betrifft, also lediglich bei unbestimmten Rechtsbegriffen auf der „Tatbestandsseite" einer Norm auftritt, räumt eine Norm der Behörde das Ermessen auf der „Rechtsfolgeseite" ein.[101]

Alle Einzelheiten zur rechtlichen Bewältigung des Ermessens können die Studenten nur verstehen, wenn sie hinreichende Vorstellungen vom *Ablauf einer Ermessensentscheidung* haben. 85

> **Beispielsfall:** Leiterin *L* eines Finanzamtes hatte ihre Stellvertreterin *St* ungerechtfertigt gerügt. In der Folgezeit war es zwischen beiden Beamtinnen immer wieder zu Auseinandersetzungen und Reibereien gekommen, ohne dass sich feststellen ließ, wer jeweils die Schuld trug. Als andere Bedienstete Partei ergreifen und die Streitigkeiten sich dadurch auszubreiten beginnen, erwägt die zuständige Oberfinanzdirektion (OFD), *L* oder *St* an ein anderes Finanzamt zu versetzen. Was hat sie zu bedenken?[102] – Nach dem Beamtenrecht können Beamtinnen und Beamte „aus dienstlichen Gründen" versetzt werden (§ 28 II BBG und § 15 I BeamtStG). „Dienstliche Gründe" (auf der Tatbestandsseite der Norm) sind gegeben. Die OFD hat also die rechtliche *Möglichkeit, L* oder *St* zu versetzen. *Ob* sie von dieser Möglichkeit Gebrauch macht, *wen* sie versetzt und *wohin* sie sie versetzt, steht in ihrem *Ermessen*.

Idealtypisch gesehen durchläuft das *Verfahren* der Ermessens*betätigung* zwei Stationen: (1) Zunächst hat die OFD alle entscheidungsrelevanten Daten und Gesichtspunkte *zusammenzutragen*, soweit sie sich aufklären lassen. Es steht schon fest, wer die Schwierigkeiten ursprünglich verursacht hat. Erheblich ist aber weiter, ob, wann und wo eine geeignete Stelle für *L* bzw. für *St* frei wäre, welche konkreten Folgewirkungen eine Versetzung auf diese Stellen jeweils für die Familie der *L* und der *St* hätte (Schulwechsel der Kinder?, Berufstätigkeit der Ehepartner?, eigenes Haus?, soziale Kontakte?), ob geeignete Nachfolger für *L* oder *St* vorhanden wären, welche Umstellungsschwierigkeiten sich durch einen Wechsel in der Leitung des Finanzamtes ergeben könnten, usw. Ist das Entscheidungsmaterial hinreichend umfassend zusammengetragen, hat die OFD (2) die verschiedenen Daten und Gesichtspunkte, die teils für die eine, teils für die andere Lösung sprechen, im Hinblick auf Einzelfallgerechtigkeit und Zweckmäßigkeit (Rn. 84) gegeneinander *abzuwägen*. Bei dieser Abwägung hat die OFD die

---

[98] *Bachof*, JZ 1972, 642.
[99] BVerwGE 105, 55 (57 ff.).
[100] BVerwGE 105, 55 (57 ff.); 40, 323 (330); *Wolff/Bachof/Stober/Kluth*, VerwR Bd. 1, § 31 Rn. 41.
[101] Diese herkömmliche Gegenüberstellung hat *GmS-OGB*, BVerwGE 39, 355 (zu § 131 I 1 AO aF) für eine staatliche *Begünstigung* eingeebnet; s. *Bachof*, JZ 1972, 641; *Kellner*, DÖV 1972, 801.
[102] Fallanlehnung an *Frotscher*, JuS 1971, 533 mit BVerwGE 26, 65 (diese Entscheidung wird der überkommenen „Faktorenlehre" zugeordnet; s. dazu die 13. Aufl. Rn. 80). Vergleichbarer Fall zur *Umsetzung* eines Beamten: BVerwGE 60, 144 (151 ff.).

einander widerstreitenden Gesichtspunkte in ihrem Verhältnis zueinander zu gewichten. Es gibt keine einheitliche Messeinheit, in der jeder einzelne Gesichtspunkt von vornherein eine bestimmte Wertigkeit hätte und mathematisch exakt gegen die Wertigkeit der anderen Gesichtspunkte saldiert werden könnte. Die *Behörde* (OFD) ist vielmehr dafür zuständig, die Gewichtung *in ihrer Verantwortung* vorzunehmen und nach *ihren* Wertungen abzuwägen. Das ist das *Wesen des Ermessens.*

86 Wenn das Verfahren der Ermessens*betätigung* ordnungsgemäß stattgefunden hat und das *Ergebnis* dieses Verfahrens, die Ermessensentscheidung, nicht gegen höherrangiges Recht verstößt, wenn also kein Ermessensfehler vorliegt (dazu nachfolgend Rn. 90 ff.), ist die Ermessensentscheidung rechtmäßig – *wie auch immer sie ausgefallen ist.*

Im *Beispielsfall* mag die Sachaufklärung ua ergeben haben, dass sowohl für *L* als auch für *St* eine andere Stelle nur an einem Ort verfügbar ist, in den die Versetzte umziehen müsste, dass *L* alleinstehend mobiler ist, *St* drei schulpflichtige Kinder hat und am bisherigen Wohnort soeben ein Haus gebaut hat. Bei der Abwägung der OFD können sich einerseits die persönlichen Interessen der *St,* auf der anderen Seite aber auch Belange des Finanzamtes (Folgewirkungen durch den Austausch der Leiterin) durchsetzen. Sowohl die Versetzung der *L* als auch die Versetzung der *St* wäre rechtmäßig.

87 a) *Vorschläge* für die Betätigung des Ermessens in die eine oder andere Richtung dürfen die Bearbeiter in den meisten Fällen nicht bringen. Sie kommen von vornherein nicht in Betracht, wenn die Entscheidung eines Gerichts zu entwerfen ist. Gemäß *§ 114 S. 1 VwGO darf das Verwaltungsgericht nicht sein Ermessen an die Stelle des Ermessens der Verwaltung setzen,* sondern nur Ermessensfehler feststellen. Demgemäß interessieren auch nur Ermessensfehler, wenn die Bearbeiter vor Klageerhebung auf Seiten der Betroffenen zu beurteilen haben, ob Rechtsbehelfe aus Rechtsgründen erfolgreich sein müssten und/oder der ergangene Verwaltungsakt rechtmäßig ist, auch wenn sie selbst die Ermessensentscheidung in der Situation der Behörde anders getroffen hätten.

88 § 114 S. 1 VwGO wird immer wieder missverstanden: Die Klausurbearbeiter hatten gutachtlich die Entscheidung des Verwaltungsgerichts über eine Anfechtungsklage vorzubereiten, mit der ein Konditor ein auf (im Einzelnen näher geschilderte) gesundheitspolizeiliche Gründe gestütztes Verbot angriff, von einem Handwagen aus Speiseeis zu verkaufen. Einige Bearbeiter kamen zu dem Ergebnis, das Verbot sei rechtmäßig, weil es sich wegen des hinderlichen Stellplatzes des Wagens jedenfalls auf verkehrspolizeiliche Erwägungen stützen lasse. Damit setzten die Bearbeiter in unzulässiger Weise ihr Ermessen (= das Ermessen des Gerichts) an die Stelle des Ermessens der Behörde. Selbst wenn verkehrspolizeiliche Gefahren vorlagen, oblag es allein der Behörde zu entscheiden, ob sie auch aus diesem Grunde einschreiten wollte.[103] Den Bearbeitern war allenfalls eine „vorsorgliche" Auseinandersetzung mit den verkehrspolizeilichen Erwägungen für den Fall möglich, dass die Behörde sie noch nachschieben sollte (Rn. 72). *Iura novit curia* gilt nur für Rechtsfragen, nicht für Ermessensfragen.

89 Raum für Vorschläge zur Ermessensausübung ist an sich vorhanden, wenn die Entscheidung der *Behörde* vorzubereiten ist, sei es vor Erlass des Verwaltungsakts, sei es im Widerspruchsverfahren. (Dass die Beschränkung des § 114 S. 1 VwGO für das Widerspruchsverfahren nicht gilt, folgt aus § 68 I 1 VwGO.) Zumeist ist in derartigen Fällen aber unter Ausklammerung von Ermessenserwägungen nur gefragt, wie die Behörde (aus Rechtsgründen) handeln *könnte.*

90 b) Die Bearbeiter haben zu untersuchen, ob ein **Ermessensfehler** vorliegt oder vorliegen würde, denn dann ist bzw. wäre der Verwaltungsakt rechtswidrig. Wegen eines Ermessensfehlers hebt das Gericht den Verwaltungsakt auf (§ 114 S. 1 VwGO). Die herkömmliche Bezeichnung „Ermessensfehler" hat keine spezifische

---

[103] S. zB BVerwGE 11, 170 (171).

§ 5. Der belastende Verwaltungsakt

Bedeutung. Sie gibt nur zu erkennen, dass es sich um Verstöße gegen den Grundsatz der Gesetzmäßigkeit und der Verfassungsmäßigkeit der Verwaltung handelt, die typischerweise bei Ermessensbetätigungen vorkommen.[104] Damit ist es lediglich eine terminologische Frage, welche Rechtsverletzungen man als „Ermessensfehler" bezeichnet und wie man die Ermessensfehler zu Gruppen zusammenfasst.[105] Die Lösung des zu bearbeitenden Falles wird hierdurch nicht beeinflusst. Falls die Entscheidung des Verwaltungsgerichts vorzubereiten ist, sollten die Bearbeiter die *Aufteilung des § 114 S. 1 VwGO* (s. auch § 40 VwVfG) zugrunde legen, nämlich überprüfen, ob „die gesetzlichen Grenzen des Ermessens überschritten sind" (1. Alt.) oder „von dem Ermessen in einer dem Zweck der Ermächtigung nicht entsprechenden Weise Gebrauch gemacht ist" (2. Alt.).

aa) Die *zweite Alternative* des § 114 VwGO (= erste Alternative des § 40 VwVfG) betrifft Rechtsfehler beim *„Gebrauch"* des Ermessens, im **Verfahren der Ermessensbetätigung** auf dem Weg zur abschließenden Entscheidung (= *Ermessensfehlgebrauch*). Solche *„inneren"* Ermessensfehler liegen vor, wenn das innere Verfahren der Ermessensbetätigung defizitär war. 91

Verfahrensdefizite können auf drei Stufen vorkommen: (1) Die Behörde hat irrtümlich ein vorhandenes Ermessen nicht betätigt, weil sie glaubte, ein Ermessensspielraum sei nicht vorhanden oder enger, als er in Wirklichkeit ist *(Ermessensunterschreitung)*. (2) Die Behörde hat nicht alle entscheidungsrelevanten Tatsachen und Gesichtspunkte ermittelt und als Entscheidungsmaterial in die Abwägung einbezogen *(Heranziehungsdefizit)*[106] oder (umgekehrt) Gesichtspunkte berücksichtigt, die im Kontext der Ermächtigung nicht berücksichtigt werden durften *(Heranziehungsüberhang)*[107]. (3) Die Behörde hat das Für und Wider nicht wirklich gegeneinander *abgewogen*, sondern etwa das Los entscheiden lassen oder unter dem Einfluss persönlicher Laune, Voreingenommenheit, Antipathie, Schikane oder Schädigungsabsicht gestanden *(Abwägungsdefizit)*. Hierher gehört auch das Vorschieben „an sich" sachgemäßer Gründe zur Erreichung eines anderen, von der Ermächtigungsnorm nicht gedeckten Zwecks *(détournement de pouvoir)*. 92

Einen Ermessensfehlgebrauch kann nur entdecken, wer *Einblick in den inneren Verfahrensgang* hat. § 39 I 2, 3 VwVfG sorgt insoweit für gewisse Transparenz, indem er besondere *Anforderungen an die Begründung* von Ermessensentscheidungen stellt. Begründungsmängel, die dem Bürger die Chance zur Überprüfung des inneren Verfahrens der Ermessensbetätigung vorenthalten, behandelt das VwVfG im Grundsatz so, als *sei* das innere Verfahren defizitär gewesen: Weil § 46 VwVfG auf Ermessensverwaltungsakte nur in Ausnahmekonstellationen anwendbar ist (s. Rn. 71), führt das Fehlen oder die Unvollständigkeit der Begründung im Grundsatz zur Aufhebung des Verwaltungsakts.[108] Allerdings kann die Behörde ihre *Ermessenserwägungen* hinsichtlich des Verwaltungsaktes auch *noch im verwaltungsgerichtlichen Verfahren ergänzen* (§ 114 S. 2 VwGO, Rn. 72). 93

bb) Die *erste Alternative* des § 114 VwGO (= zweite Alternative des § 40 VwVfG) betrifft das **Ergebnis der Ermessensbetätigung**, die abschließende *Entscheidung*. 94

---

[104] In gleicher Richtung *Stern*, Ermessen und unzulässige Ermessensausübung, 1964, S. 27 mwN.
[105] Die Terminologie ist recht uneinheitlich. Ausführliche Zusammenstellung der Ermessensfehler zB bei *Wolff/Bachof/Stober/Kluth*, VerwR Bd. 1, § 31 Rn. 57 ff.; Klausuren bei *Meyer*, JuS 2018, 274; *Lehner*, JuS 2017, 148; *Erzinger*, JuS 2017, 247; *Ruch/Mühl*, JuS 2013, 141; *Frenzel/Städele*, JuS 2013, 245; *Hartmann/Schneider*, JuS 2013, 627.
[106] Zur Parallele beim Planungsermessen s. Rn. 432 ff.
[107] Beispiel: Abstellen auf die ehelichen Verhältnisse für die Zulassung eines Schaustellers zum Frühlingsmarkt im Rahmen von § 70 III GewO: *BVerwG* NVwZ 1984, 585.
[108] S. zB *Hufen/Siegel*, Fehler im Verwaltungsverfahren, 6. Aufl. 2018, Rn. 491.

Das Ergebnis der Ermessensbetätigung ist fehlerhaft, wenn es *inhaltlich* die vom Gesetz oder von der Verfassung gesetzten Grenzen überschreitet, also gegen höherrangiges Recht verstößt *(Ermessensüberschreitung).* Die Ermessensüberschreitung lässt sich ohne Kenntnis des behördeninternen Entscheidungsvorganges am Verwaltungsakt selbst ablesen. Soweit es um Verstöße der Ermessensentscheidung gegen die Verfassung geht, ist die Fallgestaltung scharf von der bereits erörterten Verfassungswidrigkeit der *Ermächtigungsgrundlage* (Rn. 76 ff.) zu trennen. Dort verstieß die *Legislative* gegen die Verfassung, indem sie die verfassungswidrige Norm schuf, welche die Exekutive dann nur anwendet. Bei der Ermessensentscheidung geht es hingegen um unmittelbare Verfassungsverstöße der *Exekutive,* weil sie hier eigene Entscheidungen trifft.

95 (1) Die Ermessensverwaltung darf nicht gegen den **Gleichheitsgrundsatz** und damit nicht gegen *Gleichheitsgrundrechte* (Rn. 491 ff.) verstoßen *(„Ermessenswillkür").*[109] Sie muss ihr Ermessen also in parallelen Fällen gleich handhaben (sog. *Selbstbindung der Verwaltung).* Über Art. 3 I GG gewinnen so auch interne *Verwaltungsvorschriften* und Richtlinien Außenwirkung, wenn nach ihnen (wie in der Regel) faktisch verfahren wird.[110] Die neue Entscheidung darf von einem früheren Verwaltungsgebrauch nur abweichen, wenn sie als Anfang einer neuen Handhabung gemeint ist.[111] Solange der Sachverhalt dafür keine deutlichen Anhaltspunkte zeigt, kann das nicht angenommen werden.

Im *Ausgangsfall* (Rn. 51) lägen Verstöße gegen Art. 3 I GG vor, wenn die Behörde ohne besonderen Grund nur gegen *X,* nicht auch gegen andere Landsleute vorgegangen wäre (Ermessensfehler bei der Entscheidung, *ob* eingeschritten werden soll) oder wenn sie *X* stärker als andere Landsleute in gleicher Situation belastet hätte (Ermessensfehler bei der Entscheidung, *wie* eingeschritten wird).

96 (2) Des Weiteren ist die Ermessensverwaltung an die **Freiheitsgrundrechte** mit dem **Grundsatz der Verhältnismäßigkeit** (Rn. 455 ff.) gebunden. Vor allem im Einzugsbereich der Landesgesetze über die öffentliche Sicherheit und Ordnung (Gefahrenabwehr, Rn. 104 ff.) ist diese Bindung *einfachgesetzlich* festgeschrieben (s. zB § 4 Nds. SOG). Mit dem Ansatz bei den Grundrechten oder beim Rechtsstaatsprinzip[112] darf der Grundsatz der Verhältnismäßigkeit *unmittelbar* von Verfassungs wegen *nur* angewendet werden, wenn keine subsumtionsbedürftige (Rn. 124) einfachgesetzliche Festschreibung einschlägig ist (Fehlerquelle!).

97 Nach dem Grundsatz der Verhältnismäßigkeit muß die ergriffene Maßnahme in der Zweck-Mittel-Relation *geeignet und erforderlich* sein, um das von der Verwaltung angestrebte Ziel zu fördern. Außerdem darf sich die Maßnahme in einer Rechtsgüterabwägung zwischen ihrem Zweck und der Intensität der Belastung für den Bürger *nicht als unangemessen, unverhältnismäßig im engeren Sinne* erweisen. *Geeignet* ist eine Maßnahme, die zur Erreichung des angestrebten Zwecks tauglich ist. *Erforderlich* ist eine geeignete Maßnahme, wenn es kein milderes Mittel gibt, das angestrebte Ziel *gleich wirksam* zu fördern. *Unangemessen (disproportional)* ist eine Maßnahme, wenn die Bedeutung des zur Geltung zu bringenden Rechtsguts *offensichtlich* (Rn. 99) *außer Verhältnis* zu dem Rechtsgut steht, das zurücktreten muss.

---

[109] BVerfGE 49, 168 (184); 18, 353 (363); 9, 137 (147).
[110] BVerwGE 104, 220 (223); 58, 45 (51); 35, 159 (161 ff.); *BVerwG* NVwZ 2003, 1376. Nach BVerwGE 34, 278 vermag eine *rechtswidrige* Verwaltungsübung *keine* Selbstbindung der Verwaltung herbeizuführen; aA für eine Ausnahmekonstellation *VGH Mannheim* DVBl 1972, 186 m. Anm. *Götz.*
[111] S. dazu BVerwGE 104, 220 (223 f.).
[112] S. zB BVerfGE 23, 127 (133).

§ 5. Der belastende Verwaltungsakt

> **Beispiele:** Selbst wenn der Schuss mit dem Gewehr das einzig *geeignete* und damit *erforderliche* Mittel wäre, um ein Kind aus dem Kirschbaum zu vertreiben, dürfte die Polizei nicht schießen (*unverhältnismäßiges, disproportionales* Mittel), weil zum Schutz der Kirschen kein Menschenleben gefährdet werden darf.
> Im *Ausgangsfall* (Rn. 51) ist das Verbot jeglicher politischer Betätigung zwar *geeignet*, den unerwünschten Demonstrationen entgegenzuwirken und so die „außenpolitischen Interessen der Bundesrepublik" zu schützen. Diese *erfordern* aber nicht das totale Verbot. Weil die Behörde lediglich Gefährdungen abwehren will, die für die freundschaftlichen Beziehungen zum Staat A durch *Demonstrationen* entstehen, hätte es als „milderes Mittel" ausgereicht, dem X nur Demonstrationen zu verbieten. Soweit das Verbot darüber hinausgeht, ist es also rechtswidrig. Angesichts der erwarteten gewaltsamen Ausschreitungen steht der erforderliche Teil der Verfügung (Demonstrationsverbot) auch nicht *offensichtlich* außer Verhältnis zum Interesse des X, Demonstrationen durchzuführen, ist also *nicht unangemessen*. In Bezug auf Demonstrationen ist das Verbot damit rechtmäßig.[113] Weil das Verwaltungsgericht einen Verwaltungsakt nur aufhebt, „soweit er rechtswidrig ist" (§ 113 I 1 VwGO), bleibt das Demonstrationsverbot bestehen, wenn X das Verbot politischer Betätigung anficht.[114]

Beachte: Der *Begriff der Verhältnismäßigkeit* wird in Literatur und Rechtsprechung in einem *doppelten Sinne* verwendet, einerseits als *Oberbegriff* für die Eignung, Notwendigkeit und Angemessenheit (Proportionalität) einer Maßnahme, andererseits als Synonym bloß für die Angemessenheit/Proportionalität (= Verhältnismäßigkeit im engeren Sinne). – Der Grundsatz, dass die Maßnahme *erforderlich* sein muss, wird oft missverstanden. Einige Bearbeiter des *Ausgangsfalles* (Rn. 51) schrieben: Selbst ein Verbot, das auf Demonstrationen beschränkt bleibe, sei nicht „erforderlich". Ein freiheitlicher Staat wie die Bundesrepublik könne es sich leisten, der Kritik an einem fremden Staatsoberhaupt freien Lauf zu lassen. Wenn S das als unfreundlichen Akt auffasse, bestätige dies nur, dass er nicht das rechte demokratische Bewusstsein habe. Diese Bearbeiter ließen Assoziationen freien Lauf, die sich *für sie* mit der Vokabel „erforderlich" im *alltäglichen Sprachgebrauch* verbanden. Ihre Ausführungen behandelten Fragen politisch-sachlicher Zweckmäßigkeit, die dem wertenden *Ermessen der Behörde* bei der Entscheidung unterfallen, ob (durch das mildeste Mittel) eingeschritten werden soll. Die Bearbeiter korrigierten also in unzulässiger Weise die Erwägungen der Behörde durch eigene Ermessenserwägungen. „Erforderlich" ist ein *Rechtsbegriff* mit feststehenden Konturen. Als Gebot, das (vergleichsweise) mildeste Mittel zu wählen, betrifft er ausschließlich die Zweck-Mittel-Relation im Zusammenhang mit der Frage, *wie* eingeschritten werden kann. Im Übrigen hat die Behörde eine gewisse *Einschätzungsprärogative*. 98

Typischer Fehler beim **Grundsatz der Verhältnismäßigkeit im engeren Sinne:** Eine Bearbeitung verfehlt das maßgebliche Überprüfungskriterium, wenn sie nicht dezidiert auf die *offensichtliche* Un*verhältnismäßigkeit/Un*angemessenheit/*Dis*proportionalität abstellt, sondern *positiv* die Verhältnismäßigkeit/Angemessenheit/Proportionalität der Maßnahme prüft und dabei (oft als Schwerpunkt der Darstellungen) *eigene* Abwägungen zur „Angemessenheit" des Verwaltungsakts bringt. Was positiv angemessen ist, entscheidet die *Behörde* kraft ihrer Ermessenskompetenz, *nicht* die Bearbeiter. Der Grundsatz der Verhältnismäßigkeit enthält kein Messsystem, nach dem das Gewicht der öffentlichen Interessen auf der einen Seite und die Intensität des Eingriffs auf der anderen Seite mit allen jeweils relevanten Daten und Gesichtspunkten exakt gewichtet und gegeneinander saldiert werden könnten. Die Gewichtungen und Saldierungen sind Wertungsvorgänge, die mit der Einräumung 99

---

[113] S. BVerwGE 49, 36; zur Verhältnismäßigkeit insoweit auch Bergmann/Dienelt/*Samel*, Ausländerrecht Kommentar, 11. Aufl. 2016, § 47 AufenthG Rn. 7 f.; Hailbronner/*Hailbronner*, Ausländerrecht Kommentar, Stand: November 2011, Band 2, § 47 AufenthG Rn. 32, 36.

[114] Klausur zur teilweisen Rechtswidrigkeit im Rahmen des § 80 V VwGO bei *Zilkens*, JuS 2009, 350.

des Ermessens originär der *Verwaltung* übertragen worden sind (Rn. 85). Das wertende Ins-Verhältnis-Setzen macht gerade mit das Wesen der Ermessensentscheidung aus. Wie alle Vorschriften zur Disziplinierung des Ermessens setzt der Grundsatz der Verhältnismäßigkeit für die Ermessensentscheidung bloß *Grenzen*. Der Grundsatz der Verhältnismäßigkeit verbietet Abwägungsergebnisse, die *ganz einseitig, offensichtlich fehl*gewichtet sind (Rn. 465 ff.), *„erkennbar außer* Verhältnis" stehen (so zB § 4 II Nds. SOG im Anschluss an § 2 II MEPolG). Damit das Verwaltungsgericht nicht unter Verstoß gegen § 114 S. 1 VwGO letztendlich doch *seine* Abwägung an die Stelle der für die Abwägung zuständigen Behörde setzt, kann es nur auf derart zurückgezogener Linie einen Verstoß gegen den Grundsatz der Verhältnismäßigkeit feststellen. Gleiches gilt für die Fallbearbeitung, solange die Bearbeiter nicht ausnahmsweise (Rn. 87) der *Verwaltung* Vorschläge zur Ermessensausübung zu unterbreiten haben.

100 Im *Beispielsfall* zu den Querelen im Finanzamt (Rn. 85) mögen die Ermittlungen (in Abänderung der bisherigen Annahmen) ergeben haben, dass Leiterin *L* drei schulpflichtige Kinder hat, ein Haus am Dienstort besitzt und ihr Fortgang erhebliche Folgewirkungen für das Finanzamt hätte, *St* aber hinreichend mobil für einen Umzug ist. In diesem Fall wäre es *offensichtlich un*verhältnismäßig, wenn die OFD zugunsten der *St* prägend werden ließe, dass *L* sich ursprünglich inkorrekt verhalten hatte, und *L* versetzte. In der Auswahl zwischen *L* und *St* müsste *St* versetzt werden.

101 **(3)** Schließlich hat die Ermessensverwaltung etwa dem **Vertrauensschutz** als Element des Rechtsstaatsprinzips (Rn. 178) Rechnung zu tragen[115] und das **Sozialstaatsprinzip** zu beachten[116].

102 Die eingestreuten Beispielsfälle zeigen: Bei Vorliegen besonderer tatsächlicher Umstände können insbesondere der Gleichheitsgrundsatz, der Grundsatz der Verhältnismäßigkeit und der Gedanke des Vertrauensschutzes dazu führen, dass ein an sich vorhandenes Ermessen eingeschränkt, im Extremfall *„auf Null reduziert"* ist (Rn. 161).

III. Nichtigkeit des Verwaltungsakts?

103 Nach dem früher Gesagten (Rn. 57) geht es um Nichtigkeitsgründe insbesondere, wenn ein fehlerhafter Verwaltungsakt nicht mehr angefochten werden kann. Auf Antrag des Betroffenen wird die Nichtigkeit durch Verwaltungsakt der *Behörde* festgestellt (§ 44 V VwVfG). *Daneben* ist die Nichtigkeitsfeststellungs*klage* nach § 43 I Var. 3 VwGO gegeben.[117] § 44 II und III VwVfG regeln für bestimmte Fehler *ausdrücklich*, ob der Verwaltungsakt nichtig ist oder nicht (zuerst prüfen!). Im Übrigen ist ein Verwaltungsakt gem. § 44 I VwVfG nichtig, „soweit er an einem besonders schwerwiegenden Fehler leidet und dies bei verständiger Würdigung aller in Betracht kommenden Umstände offensichtlich ist". Damit hat sich das VwVfG (gegen andere Nichtigkeitstheorien)[118] für eine Kumulation von *„Schweretheorie"* und *„Evidenztheorie"* entschieden: Wegen seiner Regelungsfunktion (Rn. 33) soll

---

[115] BVerfGE 49, 168 (185 f.); „Grundwissen" zum Vertrauensschutz bei *Voßkuhle/Kaufhold*, JuS 2011, 794.
[116] BVerwGE 42, 148 (157); *BVerwG* DÖV 1976, 569 ff.
[117] *Kopp/Ramsauer*, VwVfG § 44 Rn. 69; aA *Meyer/Borgs*, VwVfG, 2. Aufl. 1982, § 44 Rn. 30: Klage erst nach Ablehnung des Antrags durch die Behörde wegen zuvor fehlenden Rechtsschutzbedürfnisses.
[118] Überblick etwa bei *Wolff/Bachof*, VerwR Bd. 1, 9. Aufl. 1974, § 51 I c 3, 4.

ein Verwaltungsakt *nur dann* von vornherein keine Beachtung verdienen, wenn ein *besonders* (!) schwerwiegender Fehler gegeben ist *und* (!) dieser *so klar* auf der Hand liegt, dass es für den Bürger unerträglich wäre, die getroffene Regelung als gültig anerkennen zu müssen. „*Besonders schwerwiegend*" ist nur ein Fehler, „der den davon betroffenen Verwaltungsakt als schlechterdings unerträglich erscheinen, d. h. mit tragenden Verfassungsprinzipien oder der Rechtsordnung immanenten wesentlichen Wertvorstellungen unvereinbar sein läßt".[119] Für die *Offensichtlichkeit* wird auf einen „aufmerksamen und verständigen Durchschnittsbeobachter" abgestellt.[120]

Zur Teilnichtigkeit eines Verwaltungsakts (§ 44 IV VwVfG) s. Rn. 170 f.

§ 6. Insbesondere: Die „Polizei"verfügung

I. Gefahrenabwehr, Beseitigung von Störungen

Ausgangsfall:[1]

Nach ihrem Parteiprogramm will die neu gegründete „Partei der Monarchisten" die Bundesrepublik „mit den Mitteln der Demokratie und unter Wahrung der demokratischen Grundsätze" in eine Monarchie umwandeln. Um sich den Wählern bekannt zu machen, lässt die Partei ihre Mitglieder A und B mit Transparenten durch die Stadt ziehen, auf denen diese Ziele aufgeführt sind. Die Ordnungsbehörde kommt zu dem Schluss, das Programm verstoße gegen die Grundordnung des Grundgesetzes, und verbietet der Partei deshalb das Umherziehen mit den Transparenten. Zu Recht? 104

„Polizei"verfügungen dienen dem *Schutz der öffentlichen Sicherheit oder Ordnung* und damit der *Gefahrenabwehr*. „Polizei" wird in dieser Begriffsbestimmung in einem überkommenen *materiellen* Sinne als Synonym für die Verwaltungsaufgabe der Gefahrenabwehr („Polizeirecht") gebraucht.[2] Es hängt von der Zuständigkeitsverteilung in den einzelnen Bundesländern ab, ob eine Polizeiverfügung im Einzelfall von der *uniformierten Polizei* (= *formeller* Polizeibegriff) oder (in den meisten Fällen) von einer anderen Behörde, insbesondere von einer „*Ordnungsbehörde*", erlassen wird.[3] An diese Zuständigkeitsverteilung knüpft an, wer von Polizei- und Ordnungsrecht (= Recht der Polizei- und Ordnungsbehörden) spricht. 105

Es hat sich eingebürgert, die wichtigsten Rechtmäßigkeitsvoraussetzungen der Polizeiverfügung in einem *Spezialschema* darzustellen. Nachdem die Studenten und Examenskandidaten dieses Schema auswendig gelernt haben, empfinden sie es zu- 106

---

[119] So *BVerwG* NJW 1985, 2658 (2659); s. a. BVerwGE 104, 289 (296).
[120] BVerwGE 23, 237 (238); 19, 284 (287).
[1] Weitere Klausurfälle bei *Geis*, Fälle zum Polizei- und Ordnungsrecht, 2. Aufl. 2015; *Froese*, JuS 2017, 50; *Fremuth*, JuS 2017, 852; *Winkler/Schadtle*, JuS 2015, 435; *Hindelang/Berner*, JuS 2014, 812; *Krajewski/Bernhard*, JuS 2012, 241; *C. Kremer*, JuS 2012, 431; *Scharpf*, JuS 2011, 528. Zur Klausur im Polizeirecht s. a. *Poscher/Rusteberg*, JuS 2011, 888, 984, 1082 u. JuS 2012, 26.
[2] *Knemeyer*, Polizei- und Ordnungsrecht, Rn. 1 ff.; kritisch zum materiellen Polizeibegriff *Götz/Geis*, Allgem. Polizei- und Ordnungsrecht, § 2 Rn. 19.
[3] Näheres zu dieser Zweigliedrigkeit zB bei *Pieroth/Schlink/Kniesel*, Polizei- und Ordnungsrecht, § 1 Rn. 19 ff. – auch zu ihrer Entwicklung; *Götz/Geis*, Allgem. Polizei- und Ordnungsrecht, § 17 Rn. 1 ff.

meist als Glücksfall, wenn sie eine Klausuraufgabe aus dem Polizeirecht erhalten. Trotzdem fallen gerade Polizeirechtsklausuren leicht schlecht aus: Wer sich ausschließlich an das Schema klammert, welches nie in jeder Hinsicht vollständig ist, kann viele Polizeirechtsfälle nicht lösen (s. bereits Rn. 10 ff.).

Durch das *Klipp-Klapp des Schemas* wurde so oftmals auch im *Ausgangsfall* die eigentliche Pointe übersehen: das Parteienprivileg des Art. 21 II, IV GG. Solange die Partei nicht durch das *BVerfG* verboten ist, darf keine Behörde administrativ gegen ihre Aktivitäten einschreiten, soweit sie sich allgemein erlaubter Mittel bedient (Rn. 574, 576 f.). Im *Ausgangsfall* hat die Behörde ihre Verfügung nur deshalb erlassen, weil sie die Ziele der Partei missbilligt, *nicht* aus verkehrspolizeilichen oder sonstigen Erwägungen, die im Grundsatz ein Einschreiten auch gegen Parteien rechtfertigen können. Schon wegen Art. 21 II, IV GG ist die Verfügung damit rechtswidrig.[4]

Trotzdem kann man der Lösung noch eine zweite Stütze geben und nachweisen, dass die Verfügung *auch* aus *polizeirechtsimmanenten* Gründen rechtswidrig ist. Unter diesem Blickwinkel kann der *Ausgangsfall* noch weiter verfolgt werden.

Die Klausurbearbeiter müssen plastische Vorstellungen und Kenntnisse zu den zentralen Fragen des Polizeirechts haben, die sich *hinter* den einzelnen Schemapunkten verbergen.[5]

107 Das Polizeirecht ist in allen Bundesländern kodifiziert.[6] Deshalb ist es unzulässig, nur mit allgemeinen Kategorien des Polizeirechts zu arbeiten. Die Leser sollten in das nachfolgende Schema die einschlägigen Paragrafen der gesetzlichen Regelungen über die Gefahrenabwehr einfügen, die an ihrem Studien- oder Examensort gelten.[7] (Die bayerische Besonderheit, nach der zunächst nach einer „Aufgabennorm" gefragt wird, findet nachfolgend keine Berücksichtigung.)

1. In Betracht kommende Rechtsgrundlage

108 a) **Spezialermächtigung außerhalb** des einschlägigen (allgemeinen) Gesetzes über die öffentliche Sicherheit und Ordnung.

Beispiele: § 16 IfSG; § 10 BBodSchG; § 15 VersammlG[8]. – Wie § 15 I VersammlG zeigt, bedienen sich auch derartige Spezialermächtigungen teilweise der nachfolgend erörterten polizeirechtlichen Begriffe. – Im *Ausgangsfall* dürfte das Umherziehen *keine* Versammlung und kein Aufzug iSv § 15 I VersammlG sein.[9]

---

[4] S. a. *BVerwG* NJW 2001, 2076 (2077).
[5] Für Studienzwecke etwa: *Götz/Geis*, Allgemeines Polizei- und Ordnungsrecht; *Pieroth/ Schlink/Kniesel*, Polizei- und Ordnungsrecht; *Schenke*, Polizei- und Ordnungsrecht, 9. Aufl. 2016. Zu Einflüssen der EU-Grundfreiheiten auf das Polizeirecht s. Rn. 718i.
[6] In Bezug auf die uniformierte Polizei folgen die Kodifikationen weitgehend dem „Musterentwurf eines einheitlichen Polizeigesetzes" (MEPolG); Abdruck bei *Knemeyer*, Polizei- und Ordnungsrecht, Rn. 549.
[7] Zusammenstellung aller einschlägigen Gesetze bei *Götz/Geis*, Allgem. Polizei- und Ordnungsrecht, Fn. 326; *Schenke*, Polizei- und Ordnungsrecht, 9. Aufl. 2016, S. XIX ff. (Literatur zum Landesrecht), Rn. 23. Die (zumeist parallelen) Einzelnormen aus allen Landesgesetzen werden durchgehend bei *Pieroth/Schlink/Kniesel*, Polizei- und Ordnungsrecht, nachgewiesen.
[8] Zur „Polizeifestigkeit" im Versammlungsrecht *Bünnigmann*, JuS 2016, 695; Klausuren bei *Lassahn*, JuS 2016, 730; *Manger-Nestler/Böttner*, JuS 2015, 725; *Krajewski/Bernhard*, JuS 2012, 241 (BayVersG); Examensvortrag bei *Hartmann/Zanger*, JuS 2014, 829. Zu Einzelheiten bereits *G. Schwerdtfeger*, Die Grenzen des Demonstrationsrechts in innerstädtischen Ballungsbereichen, 1988.
[9] Überblick über die verschiedenen Ansichten zur Begriffsbestimmung bei *Dietel/Gintzel/ Kniesel*, VersammlG Kommentar, 17. Aufl. 2016, § 1 Rn. 6 ff.

§ 6. Insbesondere: Die „Polizei"verfügung

b) Spezialermächtigung innerhalb des einschlägigen Gesetzes über die öffentliche Sicherheit und Ordnung.

Insoweit geht es um die sog. „**Standardmaßnahmen**" wie Identitätsfeststellung, erkennungsdienstliche Maßnahmen, Platzverweisung, Ingewahrsamnahme, Durchsuchung von Personen, Sachen und Wohnungen, Sicherstellung und Verwahrung. Im Vergleich zur Generalermächtigung (nachfolgend c)) ist der Befugnisrahmen für die Behörde hier erweitert oder verengt; Verengungen setzen insbesondere bei der Intensität und zeitlichen Nähe einer möglichen Schädigung an (Rn. 118).

c) Polizeiliche Generalklausel im einschlägigen Gesetz über die öffentliche Sicherheit und Ordnung (Rn. 110 ff.).

Um sie geht es im *Ausgangsfall*.

2. Formelle Voraussetzungen[10] der Polizeiverfügung

a) Zuständigkeit der Behörde   109

Hier geht es ua um die Zuständigkeitsabgrenzung zwischen uniformierter Polizei und Ordnungsbehörde (Rn. 105). Im *Ausgangsfall* hat mit der Ordnungsbehörde die insoweit zuständige Behörde gehandelt.

b) Vorgeschriebene Form

c) Ausreichende inhaltliche Bestimmtheit der Verfügung

d) Bekanntgabe

e) Begründung

f) Usw.

3. Materielle Voraussetzungen der Polizeiverfügung (Generalklausel)

Nach der *Generalklausel* muss *im einzelnen Falle* (4) die *Gefahr* (3) bestehen, dass   110
am Schutzgut *„öffentliche Sicherheit oder Ordnung"* (1) ein *Schaden* (2) eintritt.[11]

Wie sich im *Ausgangsfall* zeigen wird, können die Bearbeiter die hier etwa verborgenen Probleme des Falles nur erkennen und exakt einkreisen, wenn sie die Einzelkriterien der Generalklausel *getrennt* je für sich durchmustern.

(1) Schutzgut *„öffentliche Sicherheit oder Ordnung"* 111

(a) Sicherheit oder Ordnung

(Öffentliche) *Sicherheit* ist die Unversehrtheit der objektiven Rechtsordnung, der subjektiven Rechte und Rechtsgüter des Einzelnen sowie der Einrichtungen und Veranstaltungen des Staates und der sonstigen Träger der Hoheitsgewalt.[12] (Öffentliche) *Ordnung* ist die Gesamtheit der ungeschriebenen Regeln für das Verhalten des

---

[10] Näheres in Rn. 64 ff.
[11] Die Generalklausel ist in jahrzehntelanger Entwicklung durch Rspr. und Lehre nach Inhalt, Zweck und Ausmaß so weitgehend präzisiert worden, dass sie verfassungsrechtlich unbedenklich ist: BVerfGE 54, 143 (144 f.); BVerwGE 109, 29 (37). Die neueren Gesetze über die öffentliche Sicherheit und Ordnung haben den bisherigen Stand von Rspr. und Lit. jeweils rezipiert. Allerdings reicht die Generalklausel für Grundrechtseingriffe ausnahmsweise nicht aus, wenn es in der Sache darum geht, (dauerhaft) eine *verbreitete neue* Erscheinungsform der Grundrechtsbetätigung unter Berücksichtigung einer Mehrzahl verschiedener Interessen generell abwägend zu bewerten: *BVerwG* NVwZ 2002, 598 (601) – Laserspiele.
[12] S. etwa *Pieroth/Schlink/Kniesel*, Polizei- und Ordnungsrecht, § 8 Rn. 3 ff; *Götz/Geis*, Allgem. Polizei- und Ordnungsrecht, § 4 Rn. 3.

Einzelnen in der Öffentlichkeit, deren Befolgung nach den jeweils herrschenden sozialen und ethischen Anschauungen als unerlässliche Voraussetzung eines geordneten menschlichen Zusammenlebens innerhalb eines bestimmten Gebiets angesehen wird.[13] Bei diesen Regeln handelt es sich um *gesellschaftliche* Normen, nicht (wie bei der Rechtsordnung als Schutzgut der öffentlichen Sicherheit) um Rechtsnormen.

Beachte: Einige Landesgesetze haben das Schutzgut der *öffentlichen Ordnung* mittlerweile eliminiert, wobei Niedersachsen seine entsprechende Entscheidung revidiert hat. Verfassungsrechtlich ist das Schutzgut der öffentlichen Ordnung nicht unproblematisch,[14] zumal die Behörde im Rahmen der Definition *blanco* ermächtigt wird, eine Minderheit auf die herrschenden gesellschaftlichen Normen zu verpflichten.

Im *Ausgangsfall* (Rn. 104) ist die öffentliche Sicherheit betroffen: In Art. 20 I und 28 I GG wird der Staat des Grundgesetzes als Republik gekennzeichnet. Das ist nach wohl einhelliger Ansicht[15] eine Absage an *jede* Form der Monarchie. Weil Art. 20 I GG an der „Ewigkeitsgarantie" des Art. 79 III GG teilhat, kann die Monarchie selbst durch Verfassungsänderung nicht eingeführt werden. Hätte also das Parteiprogramm jemals *Erfolg* (= *Einführung* der Monarchie in ferner *Zukunft*), läge *darin* ein Verstoß gegen die Rechtsordnung (Art. 79 III GG) und damit gegen die öffentliche Sicherheit. Hingegen verstoßen die *gegenwärtigen* monarchischen *Bestrebungen nicht* gegen die öffentliche Sicherheit. Insoweit lenkte das Schlagwort, sie seien „verfassungswidrig", die Bearbeiter von einer sauberen Subsumtion ab. Es sind nämlich keine *Rechts*normen ersichtlich, die dem Bürger als *Verhaltens*norm die Werbung für eine (verfassungswidrige) Monarchie verbieten. Art. 18 GG (Verwirkung von Grundrechten)[16] und andere Vorschriften des Grundgesetzes zum Schutze gegen seine Feinde, aus denen man Unterlassungspflichten herauslesen könnte, betreffen nur die *freiheitliche* und *demokratische* Grundordnung des Grundgesetzes. Gegen *sie* wendet sich die Partei aber nicht. Gesellschaftliche Normen (öffentliche *Ordnung*), die monarchische Bestrebungen verbieten, sind schließlich auch nicht nachweisbar.

112 **Beachte:** Auch Verstöße gegen *Gesetze, Verordnungen und Satzungen* sind als Verletzungen der Rechtsordnung Störungen der öffentlichen *Sicherheit*, die durch Polizeiverfügung über die *polizeiliche Generalklausel* beseitigt werden können,[17] wenn die jeweilige Rechtsnorm *selbst* keine Ermächtigungsgrundlage enthält. Das wird häufig übersehen. – Eine behördliche Erlaubnis/Genehmigung (Rn. 142 ff.) legalisiert das genehmigte Verhalten, auch wenn es „an sich" gegen die öffentliche Sicherheit oder Ordnung verstieße.[18]

113 **(b) Öffentliche** Sicherheit oder Ordnung

Eine Polizeiverfügung darf nicht ergehen, wenn Sicherheit oder Ordnung *ausschließlich* in der *privaten* Sphäre gestört oder gefährdet sind (BGB, Zivilgerichte). So kann die Polizei dem Hauseigentümer nicht vorschreiben, er müsse ein dunkles Treppenhaus beleuchten, solange die Haustür verschlossen ist und daher allein Hausbewohner stürzen können.[19] Vom *Einzelnen* darf die Polizei Gefahren nur abwehren, wenn er als *Mitglied der Allgemeinheit* erscheint[20] (Besucher bei offener Haustür)

---

[13] BVerfGE 69, 315 (352).
[14] S. zB *Götz/Geis*, Allgem. Polizei- und Ordnungsrecht, § 5 Rn. 9 ff.; *Pieroth/Schlink/Kniesel*, Polizei- und Ordnungsrecht, § 8 Rn. 48 ff.; keine prinzipiellen Bedenken in *BVerfG (Kammer)* NJW 2001, 1409; NJW 2001, 2069 (2071); NJW 2001, 2075.
[15] S. nur Maunz/Dürig/*Grzeszick*, GG, Art. 20, III „Republik" Rn. 2.
[16] Klausurfall bei *Dittrich*, JuS 2014, 333.
[17] S. etwa *Pieroth/Schlink/Kniesel,* Polizei- und Ordnungsrecht, § 8 Rn. 11. Beispiele in Rn. 63, 126.
[18] BVerwG NVwZ 2000, 1206 mwN. Der Weg führt über eine Aufhebung oder Einschränkung der Erlaubnis, Rn. 174 ff.
[19] Klausurfall bei *Evers/G. Schwerdtfeger*, JuS 1964, 281.
[20] Nach der klassischen Formulierung in § 10 II 17 Pr.ALR v. 1794 war es Aufgabe der Polizei, „(d)ie nöthigen Anstalten ... zur Abwendung der dem Publico, oder einzelnen Mitgliedern *desselben*, bevorstehenden Gefahr zu treffen" (Hervorhebung nur hier).

oder wenn die Gefahr aus dem privaten Bereich *für die Allgemeinheit unerträglich ist* (Selbstmord).[21]

Im *Ausgangsfall* darf dieser Schemapunkt nicht vertieft werden, weil er unproblematisch ist.

(2) Schaden am Schutzgut „öffentliche Sicherheit oder Ordnung" 114

Von einem Schaden kann erst gesprochen werden, wenn die zu erwartende Beeinträchtigung einen bestimmten *Intensitätsgrad* erreicht. Eine *bloße Belästigung*, Unbequemlichkeit oder Geschmacklosigkeit reicht für einen polizeilichen Eingriff nach der Generalklausel *nicht* aus.[22] (Demgegenüber schützt zB das BImSchG auch vor „erheblichen Belästigungen", § 3 I BImSchG.)

(3) Gefahr[23] **eines Schadenseintrittes oder Störung** 115

(a) Eine *Gefahr* liegt vor, wenn der Schaden in der Zukunft eintreten könnte. Bei einer *Störung* hat sich die Gefahr bereits verwirklicht. Obgleich die „Störung" nicht in allen Bundesländern durch die Generalklausel ausdrücklich angesprochen wird, ist unbestritten, dass die Generalklausel (erst recht) auch der Abwehr einer eingetretenen Störung dient. Die Gefahrenabwehr tritt *präventiv* einem möglichen Schaden entgegen. Eine eingetretene Störung wird *repressiv* beseitigt.

Im *Ausgangsfall* (Rn. 104) wäre das Umhertragen der Transparente eine *Störung* der öffentlichen Sicherheit, *wenn* es nach der Rechtsordnung verboten *wäre*. Weil aber erst die tatsächliche *Einführung* der Monarchie in ferner Zukunft ein Verstoß gegen die öffentliche Sicherheit sein würde, kommt gegenwärtig allenfalls eine *Gefahr* für die öffentliche Sicherheit in Betracht.

(b) Die Gefahr muss – wie es die Generalklauseln der meisten Bundesländer auch 116 ausdrücklich formulieren – „bestehen". Eine Gefahr besteht nur, wenn die **Schädigung hinreichend wahrscheinlich** ist. Welcher Wahrscheinlichkeitsgrad im Einzelfall gefordert werden muss, hängt von der Größe des Schadens und der Wertigkeit des Rechtsgutes ab, das geschützt werden soll.[24] Ist das Schutzgut besonders bedeutsam und/oder der möglicherweise eintretende Schaden sehr groß (Bombendrohung), können an die Wahrscheinlichkeit des Schadenseintritts wesentlich niedrigere Anforderungen gestellt werden als bei geringerwertigen Rechtsgütern und Schädigungsintensitäten.

Bei der Republik geht es im *Ausgangsfall* zwar um ein verfassungsrechtlich zentrales Rechtsgut (s. Art. 79 III GG). Es ist aber so gut wie unvorstellbar, dass die Partei jemals ausreichende Gefolgschaft finden könnte, um die Monarchie tatsächlich einzuführen. Daher besteht hier *keinerlei* Wahrscheinlichkeit und damit von vornherein kein Ansatz für eine „Gefahr" iSd Generalklausel. Das Verbot ist auch aus polizeirechtsimmanenten Gründen rechtswidrig.

Das Wahrscheinlichkeitsurteil ist eine *Prognose*. Diese beruht auf den Erkenntnissen, 117 die zur Zeit der Entscheidungsfindung *(„ex ante")* vorhanden waren. Stellt sich „ex post" heraus, dass diese Erkenntnisse oder der angenommene Kausalverlauf unzutreffend waren, dass also nur eine *„Anscheinsgefahr"* vorlag, wird die Rechtmäßigkeit der Polizeiverfügung nicht beeinträchtigt, wenn die Behörde ihre Prognose ex ante hinreichend sorgfältig und nachvollziehbar getroffen hat.[25] (Der „Anscheinsstörer" hat aber den in Rn. 332 erörterten Entschädigungsanspruch.)

---

[21] Näheres zu allem bei *Götz/Geis*, Allgem. Polizei- und Ordnungsrecht, § 4 Rn. 18 ff.; s. a. *Schenke*, Polizei- und Ordnungsrecht, 6. Aufl. 2016, Rn. 53 ff.; Klausur bei *Kluckert*, JuS 2017, 610.
[22] *BVerwG* DVBl 1969, 586.
[23] Zum Gefahrbegriff *Krüger*, JuS 2013, 985.
[24] BVerwGE 62, 36 (39); 57, 61 (65); 47, 31 (40); 45, 51 (61).
[25] S. nur *Pieroth/Schlink/Kniesel*, Polizei- und Ordnungsrecht, § 4 Rn. 48 ff., Rn. 63 f. zur Abgrenzung von der Schein- bzw. *Putativgefahr;* Klausur bei *Muckel/Ogorek*, JuS 2010, 57.

118 **(c)** Anders als viele Spezialermächtigungen zum polizeilichen Einschreiten[26] stellt die polizeiliche Generalklausel in den meisten Bundesländern keine besonderen Anforderungen an die **zeitliche Nähe des Schadenseintritts**. Der Schadenseintritt muss nur bereits im Zeitpunkt der Polizeiverfügung „hinreichend wahrscheinlich" sein.[27]

119 **(4) Im einzelnen Falle bestehende (= „konkrete") Gefahr**

Die Gefahr muss *im einzelnen Falle* bestehen, in diesem Sinne *konkret* sein. Das Konkretheitserfordernis hat also nichts mit der Frage nach der Wahrscheinlichkeit (Rn. 116) zu tun, mit welcher der Schaden eintreten könnte[28] (Fehlerquelle!). Es geht vielmehr um die Abgrenzung der Polizeiverfügung von der Polizeiverordnung (= Rechtsverordnung), für die eine „abstrakte" Gefahr ausreicht (Rn. 422). Die Gefahr darf nur im konkreten *Einzelfall* der Polizeiverfügung oder in einer konkret bestimmten Zahl gleichgelagerter Fälle bestehen, gegen die mit parallelen Polizeiverfügungen eingeschritten wird. Handelt es sich hingegen um eine „typische" Gefahr, die in einer unbestimmten Vielzahl gleichgelagerter Fälle immer wieder in gleicher Weise gegeben ist, würde es gegen den Gleichheitsgrundsatz verstoßen, wenn die Behörde nur in einem Falle (oder in einer beschränkten Anzahl von Fällen) durch Polizeiverfügung einschritte. Hier ist die (generell-abstrakt formulierte) Polizeiverordnung das richtige Instrument.

Beispiel aus Rn. 113: Ist in einem unbeleuchteten Treppenhaus eines Mietshauses bei unverschlossener Haustür ein Passant *bloß* wegen der Dunkelheit gestürzt, hat die Ordnungsbehörde keine Möglichkeit, dem Hauseigentümer durch *Verfügung* Beleuchtungspflichten aufzuerlegen. Es hat sich lediglich eine Gefahr verwirklicht, wie sie typischerweise in allen Mietshäusern mit unverschlossener Haustür besteht (= Polizei*verordnung*). Eine „im *einzelnen Falle*" bestehende („konkrete") Gefahr liegt nur vor, wenn das Treppenhaus individuelle Besonderheiten (schadhafte oder „überraschend" angeordnete Treppenstufen) aufweist, die zu Unfällen führen könnten.

4. Rechtsfolgeseite

120 **(1) Entschließungsermessen** = fehlerfreie Ermessensentscheidung (Rn. 84 ff.), *ob* eingeschritten werden soll.

121 **(2) Auswahlermessen** = fehlerfreie Ermessensentscheidung, *gegen wen* eingeschritten werden soll; richtiger *Adressat* der Verfügung.[29]

(a) Handlungsstörer/Zustandsstörer

Handlungsstörer ist derjenige, der durch sein *Handeln* eine Gefahr oder Störung verursacht. *Zustandsstörer* ist der Eigentümer oder Inhaber der tatsächlichen Gewalt über eine *Sache,* durch deren *Zustand* die öffentliche Sicherheit oder Ordnung

---

[26] ZB die Ermächtigungen zur Inanspruchnahme des Nichtstörers (Rn. 122) und zur „unmittelbaren Ausführung" (Rn. 135 f.). Legaldefinitionen zu einigen Gefahrvariationen enthalten zB § 2 Nds. SOG u. § 2 BremPolG.
[27] BVerwGE 45, 51 (57 f.); *BVerwG* NJW 1970, 1892.
[28] *BVerwG* NJW 1970, 1892.
[29] Zur Polizeipflicht von *Hoheitsträgern* etwa *Götz/Geis,* Allgem. Polizei- und Ordnungsrecht, § 9 Rn. 80 ff.; *Schenke,* Polizei- und Ordnungsrecht, 9. Aufl. 2016, Rn. 233 ff.; zur Polizeipflicht von *Rechtsnachfolgern* Pieroth/Schlink/Kniesel, Polizei- und Ordnungsrecht, § 9 Rn. 49 ff.; zum *nicht geschäftsfähigen* Störer *Schenke,* JuS 2016, 507.

§ 6. Insbesondere: Die „Polizei"verfügung 49

gefährdet oder gestört wird. In allen Fällen ist nach hM[30] Störer aber nur, wer in der Kausalkette die *unmittelbare*, letzte steuerbare Ursache setzt.

Ausnahmen: Im Bereich der *Handlungs*störung kann auch der sog. „**Zweckveranlasser**" herangezogen werden.[31] Beispiel: Eine Geschäftsinhaberin *(G)* setzt zur Werbung für Unterwäsche leicht bekleidete Modelle ins Schaufenster und ruft so den Verkehr störende Menschenansammlungen hervor. Neben dem letzten Verursacher, der Menschenmenge, ist auch *G* Störer. Die *Zustands*haftung trifft ausnahmsweise nicht den letzten Verursacher, wenn bereits vorher eine **latente Gefahr** vom Zustand einer anderen Sache ausging. Beispiel: Ein Ziegelhaus mit polizeilich zulässiger Feuerstelle wird neben ein altes Strohdachhaus gebaut, das nunmehr einer erhöhten Brandgefahr ausgesetzt ist. Weil es sich *besonders leicht* entzündet, wird die Störung aus der Sicht des Polizeirechts vom Strohdach verursacht, nicht vom neuen Ziegelhaus.[32]

Die *Zustandsverantwortlichkeit* findet in der durch die Sachherrschaft vermittelten Einwirkungsmöglichkeit auf die gefahrverursachende Sache sowie in der Möglichkeit, aus der Sache Nutzen zu ziehen, ihren legitimierenden Grund. Demgemäß ist es unerheblich, auf welche Umstände der Gefahrzustand zurückzuführen ist (Felsabgang als Naturereignis[33]) und ob der Gefahrzustand für den gegenwärtig Verantwortlichen erkennbar war (industrielle Altlasten[34]). Allerdings kann der *Umfang* der Zustandshaftung begrenzt sein (Art. 14 I GG, Rn. 546, 549; Grundsatz der Verhältnismäßigkeit), insbesondere wenn der finanzielle Aufwand für eine Sanierung den Verkehrswert nach Durchführung der Sanierung übersteigt.[35] – Die früher diskutierte Haftungsbefreiung durch *Dereliktion* schließen heute fast alle Gesetze über die öffentliche Sicherheit und Ordnung ausdrücklich aus.[36]

(b) Nichtstörer im polizeilichen Notstand 122

Der Nichtstörer kann nur unter Voraussetzungen in Anspruch genommen werden, die *enger* als die polizeiliche Generalklausel sind: Die Störung muss *eingetreten* sein oder *unmittelbar* bevorstehen (= besondere *zeitliche* Nähe, Rn. 118). Die Störung oder Gefahr darf nicht auf andere Weise, insbesondere auch nicht durch ausreichende eigene Kräfte und Mittel der Polizei abgewehrt werden können.

> **Beispiele:**[37] Obdachlosenunterbringung; Heranziehung von Passanten zur Mithilfe bei Verkehrsunfällen; Versammlungsverbot wegen bevorstehender Gefahren durch Gegendemonstrationen.

Der Nichtstörer hat außerdem *Entschädigungsansprüche* (Rn. 332).

---

[30] Überblick über die verschiedenen Kausalitätstheorien im Polizeirecht zB bei *Pieroth/Schlink/Kniesel*, Polizei- und Ordnungsrecht, § 9 Rn. 9 ff.; *Götz/Geis*, Allgem. Polizei- und Ordnungsrecht, § 9 Rn. 10 ff.
[31] Einzelheiten bei *Götz/Geis*, Allgem. Polizei- und Ordnungsrecht, § 9 Rn. 18 ff.; kritisch *Pieroth/Schlink/Kniesel*, Polizei- und Ordnungsrecht, § 9 Rn. 27 ff.; Klausuren bei *Spilker/Wenzel*, JuS 2016, 337; *Ingold*, JuS 2014, 40 (Bauplanungsrecht).
[32] *Drews/Wacke*, Allg. PolR, 7. Aufl. 1961, S. 241; s. a. *Schenke*, Polizei- und Ordnungsrecht, 9. Aufl. 2016, Rn. 249 f. – insbes. „zum Schweinemästerfall"; Klausurfall bei *Herzig*, JuS 2013, 1002.
[33] *BVerwG* NJW 1999, 231.
[34] BVerwGE 102, 1 (17 ff.).
[35] BVerfGE 102, 1 (18 ff.) mit Einzelkriterien.
[36] Für Altlasten s. insoweit § 4 III 4 BBodSchG.
[37] Klausurfälle bei *Linke*, JuS 2015, 247; *Winkler/Schadtle*, JuS 2015, 435; *Herzig*, JuS 2013, 1002.

123 (c) Auswahl zwischen mehreren Störern

Grundsätzlich steht es im Ermessen der Behörde, welchen von mehreren Störern (mit Ausnahme des Nichtstörers) sie heranzieht.[38] Nur wenn es wegen besonderer Umstände des konkreten Einzelfalles ermessensfehlerhaft wäre, Störer *A* statt Störer *B* heranzuziehen, darf nur Störer *B* ausgewählt werden. Das Auswahlermessen der Behörde ist dann „auf Null reduziert" (Rn. 102, 161).

In der Rechtsprechung wird verbreitet angenommen, aus Billigkeitsgründen sei dies in der Regel der Fall, wenn Handlungsstörung und Zustandsstörung nebeneinander bestehen. Beispiel: Ein Tanklastzug des *A* kippt um (Handlungshaftung), das Öl fließt auf ein Grundstück des *B* und droht, ins Grundwasser zu dringen (Zustandshaftung des *B*). In diesem Fall[39] und in anderen von der Rechtsprechung entschiedenen Fällen mag es in der Tat *rechtswidrig* sein, wenn *B* aufgefordert wird, er solle das Öl mit dem erforderlichen hohen Kostenaufwand beseitigen. Die Bearbeiter dürfen die angedeutete „*Billigkeitsregel*" aber nicht unreflektiert als *Rechts*regel auf jeden anderen ihnen vorliegenden Sachverhalt übertragen, wie es leicht geschieht. Insbesondere muss der Zustandsverantwortliche auch nicht aus verfassungsrechtlichen Gründen als stets nachrangig Haftender angesehen werden.[40]

Von eindeutigen Konstellationen abgesehen, hat ausschließlich die Behörde kraft des ihr dafür eingeräumten Ermessens zu entscheiden, was im Einzelfall der Billigkeit entspricht.

124 (3) Verhältnismäßiger Umfang des Eingriffs

Der Grundsatz der Verhältnismäßigkeit ist in den Landesgesetzen über die Öffentliche Sicherheit und Ordnung einfachgesetzlich festgeschrieben (Rn. 96). Gliederungsmäßig geht es wie nach den allgemeinen Grundsätzen (Rn. 96 ff., 463 ff.) auch nach diesen gesetzlichen Regelungen um die

(a) Geeignetheit

(b) Erforderlichkeit (kein milderes Mittel)

(c) Unverhältnismäßigkeit/Disproportionalität/Unangemessenheit der Maßnahme.

Aber für den *genauen Inhalt* der Überprüfung gilt das *Subsumtionsgebot*. Insoweit haben die *allgemeinen* Erkenntnisse zum Grundsatz der Verhältnismäßigkeit Bedeutung nur für die *Auslegung des Gesetzestextes*.

Einer Bearbeitung, die nicht subsumiert, sondern bloß die allgemeinen Grundsätze anwendet, unterläuft leicht folgender *Fehler:* Sie übersieht im Rahmen von (b), dass es nach dem Gesetzestext nicht nur auf die geringstmögliche Belastung des Adressaten, sondern – häufig im *Konflikt* damit – gleichzeitig auch auf die geringstmögliche Belastung der *Allgemeinheit* ankommt.[41] Sie verkennt, dass das Gesetz dem Adressaten die Möglichkeit einräumt, das aus seiner Sicht mildeste Mittel als „*Austauschmittel*" zu benennen.[42] Sie überprüft im Rahmen von (c) mit eigenen Abwägungen die „Angemessenheit" der Maßnahme, obgleich es nach dem Gesetzeswortlaut (wie auch nach den allgemeinen Grundsätzen (!), Rn. 99) darauf ankommt, ob der eintretende Nachteil „*erkennbar außer* Verhältnis" zu dem erstrebten Erfolg steht.

---

[38] Klausurfall bei *Herzig*, JuS 2013, 1002. Zur *zivilrechtlichen* Ausgleichspflicht unter mehreren Störern (Unanwendbarkeit des § 426 BGB) *BGH* NJW 1981, 2457.
[39] *OVG Koblenz* JuS 1969, 143; vgl. auch den Fall in Rn. 781 (Zementwagen).
[40] BVerfGE 102, 1 (19).
[41] Dazu *Knemeyer*, Polizei- und Ordnungsrecht, Rn. 290 ff.; s. aber auch – kritisch – *Pieroth/Schlink/Kniesel*, Polizei- und Ordnungsrecht, § 10 Rn. 25 f.
[42] Dazu *OVG Münster* NJW 1980, 2210; *Götz/Geis*, Allgem. Polizei- und Ordnungsrecht, § 11 Rn. 28.

Merke: Allein beim Grundsatz der Verhältnismäßigkeit, auf den die Bearbeiter erfahrungsgemäß in erster Linie zuzusteuern pflegen, liegen kaum jemals alle Probleme der Polizeirechtsklausur. Gegenbeispiel: Konditor *K* ist dazu übergegangen, sein Eis von einem Eiswagen aus in der Nähe von Schulen anzubieten. Seitdem klagen die Ärzte der Stadt, die Zahl der Magen- und Darmkatarrhe sei sprunghaft gestiegen, weil die Schulkinder zu viel Eis äßen. Nun verbietet die Ordnungsbehörde dem *K*, weiterhin auf öffentlichen Straßen der Stadt Eis anzubieten. *K* möchte wissen, ob er hiergegen vorgehen kann. Viele Bearbeiter lösten den Fall mit der Erwägung, es sei nicht *notwendig* (b), den Verkauf in der *ganzen* Stadt zu untersagen. Mit dieser Begründung könnte die Verbotsverfügung nur *teilweise* aufgehoben werden (s. § 113 I 1 VwGO). Das Verbot bliebe vor den Schulen bestehen, obgleich *K* daran gelegen ist, es gerade dort aufheben zu lassen. Die Bearbeiter mussten also nach Gründen suchen, welche *jedes* Vorgehen gegen *K* rechtswidrig machten: Ob die Kinder zu viel Eis essen, geht den Staat nichts an. Art. 6 II GG überlässt die Personensorge den Eltern. Falls die Kinder zu verwahrlosen drohen, eröffnet § 1666 BGB die Zuständigkeit des Familiengerichts. Selbst dann ist die Ordnungsbehörde nur in Eilfällen zuständig (*Subsidiaritätsprinzip* im Polizeirecht).[43]

II. Anhang: Polizeiliche Ermittlung von Straftaten und Ordnungswidrigkeiten

Bisher ging es um die Aufgabe der Polizei, die öffentliche Sicherheit und Ordnung *präventiv* zu bewahren oder wiederherzustellen. Von ihr ist die *zweite Hauptaufgabe der Polizei* scharf zu trennen: „Die Behörden und Beamten des Polizeidienstes haben Straftaten zu erforschen und alle keinen Aufschub gestattenden Anordnungen zu treffen, um die Verdunkelung der Sache zu verhüten" (§ 163 I 1 StPO). Hier ist die (uniformierte) Polizei in die **Strafverfolgung** eingeschaltet, durch die der Täter einer *Bestrafung* zugeführt werden soll. Entsprechende Zuständigkeiten hat die Polizei bei Ordnungswidrigkeiten (§ 53 OWiG), die durch Bußgeld ebenfalls als (Verwaltungs-)Unrecht geahndet werden (Rn. 137 ff.). Bestimmte Ermittlungsmaßnahmen wie körperliche Untersuchungen (§§ 81a, 81c StPO), Beschlagnahmen (§ 98 StPO) und Durchsuchungen (§ 105 StPO) haben besondere Zulässigkeitsvoraussetzungen, die über die Anforderungen des § 163 I 1 StPO hinausgehen.[44]

Beispielsfall: Gleicher *Grundfall* wie in Rn. 78. Eine Polizeiverordnung verpflichtet alle Hauseigentümer unter Androhung eines Bußgeldes, ihren Hausflur nach Einbruch der Dunkelheit zu beleuchten. Um zu kontrollieren, ob die Verordnung eingehalten wird, tritt Polizist *P* in viele Hausflure ein. Darf er das? – Falls die Hauseigentümer das Handeln des *P* nicht gestatten, muss es sich auf eine gesetzliche Ermächtigung stützen lassen.[45] Diese kann sich (1) aus der Aufgabe der Polizei ergeben, Ordnungswidrigkeiten zu erforschen, damit Verstöße gegen die Verordnung durch Bußgeld (= Verwaltungs*strafe*) *geahndet* werden können. Wer eine Polizeiverordnung (Rechtsnorm) nicht einhält, stört (2) aber auch die öffentliche Sicherheit (Rn. 112). Der Polizist kann diese Störung unabhängig von ihrer Verfolgung als Ordnungswidrigkeit dadurch beseitigen, dass er dem Hauseigentümer durch Polizei*verfügung* gebietet, nunmehr das Licht einzuschalten. Damit in

---

[43] S. zu den sog. *Privatrechtsklauseln Pieroth/Schlink/Kniesel,* Polizei- und Ordnungsrecht, § 5 Rn. 42 ff.

[44] Zu allem etwa *Götz/Geis,* Allgem. Polizei- und Ordnungsrecht, § 8 Rn. 50 ff.; *Schenke,* Polizei- und Ordnungsrecht, 9. Aufl. 2016, Rn. 412 ff.; Hausarbeit zu doppelfunktionalen Maßnahmen bei *Ogorek,* JuS 2013, 811; s. a. BVerwGE 141, 329. Zum Richtervorbehalt bei Durchsuchungen (Art. 13 II GG) grundlegend BVerfGE 103, 142 (150 ff.).

[45] S. a. BVerfGE 32, 54 (77).

> Zweifelsfällen festgestellt werden kann, *ob* eine Störung oder Gefahr für die öffentliche Sicherheit oder Ordnung und damit ein Grund zum Einschreiten vorliegt, ermächtigt die polizeiliche Generalklausel auch dazu, tatsächliche Gegebenheiten näher aufzuklären. Hier sind also gleichzeitig *beide* Hauptaufgaben der Polizei zu beachten, einerseits die Ermittlung von Straftaten und Ordnungswidrigkeiten und andererseits die Gefahrenabwehr. Die Einzelsubsumtion führt allerdings auf keinem der beiden Wege zu einer ausreichenden Ermächtigung. Zu (1): Das Betreten des Hausflurs zur Augenscheineinnahme mag eine Durchsuchung[46] iSd §§ 102 ff. StPO sein. § 53 II OWiG ermächtigt zwar (nur) Beamte des Polizeidienstes, die zu Hilfsbeamten der Staatsanwaltschaft bestellt sind, „nach den für sie geltenden Vorschriften" zu Durchsuchungen. Es liegt aber nicht der *konkrete Verdacht* einer Ordnungswidrigkeit vor, den diese Vorschriften (§§ 102 ff. StPO) fordern. Zu (2): Die Landesgesetze über die öffentliche Sicherheit und Ordnung enthalten Spezialermächtigungen mit katalogartig aufgeführten Voraussetzungen für das Betreten und die Durchsuchung von Wohnungen zum Zwecke der Gefahrenabwehr, die im *Beispielsfall* nicht erfüllt sind.[47] Im Übrigen darf auch die Polizei schon nach der Generalklausel Maßnahmen zur näheren Sachaufklärung nur treffen, wenn wenigstens der *Verdacht* einer Störung der öffentlichen Sicherheit vorliegt.[48]

127 Strafverfolgungsmaßnahmen der Polizei unterstehen in vielen Fällen, so bei Beschlagnahme (§ 98 I StPO), Durchsuchung (§ 105 StPO), körperlicher Untersuchung einschließlich Blutprobe (§§ 81a, 81c StPO) dem *Richtervorbehalt* und so prozessual der StPO (s. § 23 EGGVG); ein verwaltungsprozessuales „Anfechtungsverfahren" existiert insoweit nicht.

§ 7. Verwaltungsakte im Verwaltungsvollstreckungsverfahren

I. Vollstreckung von Verfügungen

1. Hinführungen

128 Verwaltungsakte, die ein *Gebot oder Verbot* enthalten (Verfügungen), vom Adressaten also ein Tun oder Unterlassen bzw. eine Geldzahlung verlangen, sind der Vollstreckung fähig. Sie werden von der Verwaltung selbst vollstreckt (Rn. 31, 38).[1] **Rechtsgrundlagen** sind das Verwaltungsvollstreckungsgesetz des Bundes (VwVG, *Sartorius* Nr. 112) für Bundesbehörden und die Verwaltungsvollstreckungsgesetze der Länder für Landesbehörden. Die Vollstreckung von Polizeiverfügungen ist teilweise in den Landesgesetzen zum Schutz der öffentlichen Sicherheit und Ordnung geregelt.

Es ist verfehlt, in einem Verwaltungsvollstreckungsgesetz nach einer Ermächtigungsgrundlage für die Behörde zu suchen, eine Gebührenforderung durch Leistungsbescheid (Verwaltungsakt) statt durch Leistungsklage geltend zu machen (Rn. 66). Wie die Leistungsklage ist der

---

[46] Zum Begriff s. etwa BVerwGE 47, 31; BVerfGE 51, 97 (105 ff.).
[47] Zum Umgang mit Art. 13 GG im *Beispielsfall* s. Rn. 440.
[48] Nach der Lebenserfahrung besteht allerdings die „abstrakte" Gefahr, dass die Polizeiverordnung übertreten wird. Daher sind an sich Kontrollen geboten. Zu ihnen müsste die Polizei aber durch die Aufnahme einer entsprechenden Ermächtigungsgrundlage *in die Verordnung* ermächtigt werden.
[1] „Grundwissen" zur Verwaltungsvollstreckung bei *Voßkuhle/Wischmeyer*, JuS 2016, 698.

§ 7. Verwaltungsakte im Verwaltungsvollstreckungsverfahren

Leistungsbescheid im juristischen Sinne keine Maßnahme der Vollstreckung, sondern Voraussetzung für diese.[2]

Die Verwaltungsvollstreckungsgesetze unterscheiden zwischen der *„Vollstreckung* **129** *wegen Geldforderungen"* (§§ 1–5 VwVG) und der *„Erzwingung von Handlungen, Duldungen oder Unterlassungen"* (§§ 6 ff. VwVG).[3] Klausurmäßige Bedeutung hat besonders der zweite Fall, auf den sich daher die nachfolgenden Darstellungen beschränken. **Zwangsmittel** sind insoweit die „Ersatzvornahme" auf Kosten des Pflichtigen, das „Zwangsgeld" und der „unmittelbare Zwang" (§ 9 VwVG).

Ersatzvornahme ist die Vornahme einer *vertretbaren Handlung* durch einen Beauftragten der Behörde oder durch die Behörde selbst auf Kosten des Handlungspflichtigen.[4] Die Selbstvornahme durch die Behörde wird in einigen Gesetzen allerdings abweichend als einer der Fälle des unmittelbaren Zwanges angesehen (so in § 12 VwVG). Das *Zwangsgeld* ist ein *indirektes* Beugemittel. Ist ein Zwangsgeld „uneinbringlich", kann das Verwaltungsgericht auf Antrag der Vollstreckungsbehörde *Ersatzzwangshaft* anordnen (§ 16 VwVG). *Unmittelbarer Zwang* ist die unmittelbare Einwirkung auf Personen oder Sachen durch körperliche Gewalt (zB Aufbrechen von Schlössern und Türen, Zwangsgriffe durch Polizeibeamte, Fesselung, Gebrauch von Schlagstöcken, Tränengas, Schusswaffen).

2. Vollstreckungsvoraussetzungen, Vollstreckungsverfahren, Rechtsschutz

a) Vollstreckungsmaßnahmen sind (erst) *zulässig*, wenn der **„Titel"**, also der Ver- **130** waltungsakt (Rn. 38), **vollstreckbar** (geworden) ist. Gemäß § 6 I VwVG ist ein Verwaltungsakt zB vollstreckbar, wenn er unanfechtbar ist, wenn seine sofortige Vollziehung angeordnet ist (§ 80 II 1 Nr. 4, III VwGO), wenn dem Rechtsmittel keine aufschiebende Wirkung beigelegt ist (§ 80 II 1 Nr. 1–3 VwGO) oder wenn die aufschiebende Wirkung im Anschluss an ein klageabweisendes Urteil nach Maßgabe von § 80b I 1 VwGO beendet ist. Im Landesrecht wird die Unanfechtbarkeit teilweise nicht gefordert. Hat die Behörde die sofortige Vollziehung angeordnet oder hat ein fristgerecht eingelegter Rechtsbehelf von Gesetzes wegen keine aufschiebende Wirkung, kann das Verwaltungsgericht die Vollstreckbarkeit des Verwaltungsakts im Wege des einstweiligen Rechtsschutzes nach Maßgabe von § 80 V–VIII VwGO beseitigen, indem es die aufschiebende Wirkung wiederherstellt oder anordnet.[5]

b) Das Vollstreckungsverfahren selbst ist nach dem VwVG dreistufig und durchläuft **131** die Stationen **Androhung** eines der drei Zwangsmittel mit angemessener Fristsetzung (§ 13 VwVG), **Festsetzung** des Zwangsmittels (Vollstreckungsanordnung, § 14 VwVG)[6] und **Anwendung** des Zwangsmittels (§ 15 VwVG). In den Verwaltungsvollstreckungsgesetzen der Länder wird die Festsetzung teilweise nicht gefordert.

---

[2] S. zB *BVerwG* NJW 1969, 810.
[3] Umfassend *App/Wettlaufer*, Praxishandbuch Verwaltungsvollstreckungsrecht, 5. Aufl. 2011; *Engelhardt/App*, VwVG VwZG Kommentar, 11. Aufl. 2017.
[4] Sie führt nicht zur Erledigung des GrundVA: *BVerwG* NVwZ 2009, 122.
[5] Einzelheiten insbes. bei *Finkelnburg/Dombert/Külpmann*, Vorläufiger Rechtsschutz im Verwaltungsstreitverfahren, 7. Aufl. 2017; *Stern/Blanke*, VerwaltungsprozessR in der Klausur, Rn. 593 ff.; s. a. *L. Hummel*, JuS 2011, 317, 413; „Grundwissen" bei *Voßkuhle/Wischmeyer*, JuS 2016, 1079; Klausuren bei *Froese*, JuS 2017, 50; *Lehner*, JuS 2017, 148; *Unger/Dietz*, JuS 2017, 342; *Jochum*, JuS 2016, 157; *Janson/Schultes*, JuS 2016, 618; *Schiffbauer*, JuS 2015, 548; *Manger-Nestler/Böttner*, JuS 2015, 725; *Stumpf*, JuS 2014, 57; *Goldhammer/Hofmann*, JuS 2014, 434; *Körlings/Tönningsen*, JuS 2014, 422; *Frenzel/Städele*, JuS 2013, 245; *Unger/Koemm*, JuS 2012, 449; *Breder/Przygoda*, JuS 2010, 1004; Aktenvortrag bei *Bischoff/Hintz*, JuS 2017, 63; Hausarbeit bei *Flügge*, JuS 2012, 716; zur Abfassung eines Beschlusses nach § 80 V VwGO *Jansen/Wesseling*, JuS 2009, 322.
[6] Nach *BVerwG* NVwZ 1997, 381 kann die Festsetzung entfallen, wenn der Verpflichtete ernstlich und endgültig erklärt hat, dass er der Grundverfügung nicht Folge leisten werde.

Die *Androhung* regelt, welches Zwangsmittel angewendet werden soll (§ 13 III VwVG), und ist deshalb anfechtbarer *Verwaltungsakt*.[7] Auch die *Festsetzung* ist anfechtbarer Verwaltungsakt.[8] Die *Anwendung* des Zwangsmittels durch Ersatzvornahme oder unmittelbaren Zwang ist *Realakt*, deren Rechtswidrigkeit der Betroffene nachträglich im Wege einer Feststellungsklage gemäß § 43 I VwGO geltend machen kann.[9]

c) Den Bearbeitern macht es erfahrungsmäßig keine Schwierigkeiten, die formellen und materiellen *Rechtmäßigkeitsvoraussetzungen* der einzelnen Akte im Verwaltungsvollstreckungsverfahren von Fall zu Fall aus dem einschlägigen Verwaltungsvollstreckungsgesetz herauszuziehen. Bei der Auswahl des Zwangsmittels muss der **Grundsatz der Verhältnismäßigkeit** beachtet werden (§ 9 II VwVG).

3. Grundzusammenhänge

132 Häufig kommt es in der Klausur nur darauf an, gewisse Grundzusammenhänge des Verwaltungsvollstreckungsrechts zu erkennen.

> **Beispiel:** Die zuständige Behörde gebietet aus feuerpolizeilichen Gründen, an einem vierstöckigen Hotel außen eine Eisentreppe anzubringen, weil innen nur Holztreppen vorhanden sind. Hotelbetreiber H legt diese Verfügung zu den Akten. Nach zwei Jahren droht ihm die Behörde an, sie werde sein Haus schließen, wenn er die Treppe nunmehr nicht innerhalb einer Frist von drei Monaten baue. H fragt an, was er unternehmen könne. – Viele Bearbeiter sahen in der „Androhung" einen Akt der Verwaltungsvollstreckung, welchen H mit Erfolg vor dem Verwaltungsgericht anfechten könne, (1) weil die vor zwei Jahren ergangene Verfügung rechtswidrig sei und (2) weil „der angedrohte unmittelbare Zwang" nicht *notwendig*, eine Ersatzvornahme vielmehr das mildere Mittel sei. Grund (1) interessiert jedoch im Vollstreckungsverfahren nicht mehr: Weil die *Grundverfügung* unanfechtbar geworden ist, kann H nicht mehr geltend machen, sie sei *rechtswidrig* (§ 18 I 3 VwVG), solange sie nicht nichtig ist.[10] Andernfalls wären die (von H versäumten) Rechtsbehelfsfristen sinnlos.

133 Es können also auch Verwaltungsakte vollstreckt werden, die (nach den Überlegungen des gerade Urteilenden) rechtswidrig sind.[11] Das pflegt den Anfängern rechtsstaatlich bedenklich zu erscheinen, lässt sich aber rechtfertigen. Denn *dass* der Verwaltungsakt tatsächlich rechtswidrig *ist*, steht nicht abschließend, nämlich nicht rechtskräftig fest. Vielmehr mögen die Ansichten darüber im Einzelfall durchaus geteilt sein. Weil der Adressat es versäumt hat, die Frage der Rechtmäßigkeit im Rahmen der Rechtsbehelfsmöglichkeiten fristgerecht verbindlich klären zu lassen, kann zu seinen Ungunsten von der Rechtmäßigkeit *ausgegangen* werden. Wenn sich aber ausnahmsweise einmal aus einer *rechtskräftigen* Entscheidung ergibt, *dass* der Verwaltungsakt rechtswidrig sein *muss* (ein Verfassungsgericht hat seine Ermächtigungsgrundlage ex tunc für nichtig erklärt), darf der rechtswidrige Verwaltungsakt *nicht* vollstreckt werden (so § 79 II 2 BVerfGG, § 183 S. 2 VwGO). Entsprechendes

---

[7] Str.; *BVerwG* DVBl 1998, 230; NVwZ-RR 1989, 377; vgl. außerdem § 18 I VwVG.
[8] BVerwGE 49, 169; *BVerwG* DVBl 1998, 230; *Maurer/Waldhoff*, Allg. VerwR, § 20 Rn. 24.
[9] *Sadler*, VwVG VwZG Kommentar, 9. Aufl. 2014, § 15 VwVG Rn. 1; aA (VA), aber juristisch „überkonstruiert", die in der Lit. und Rspr. teilweise noch nachwirkende Entscheidung BVerwGE 26, 161 (164) – Gebrauch von Schlagstöcken zur Vollstreckung eines Platzverweises („Schwabinger Krawalle"). Näheres etwa bei *Pieroth/Schlink/Kniesel*, Polizei- und Ordnungsrecht, § 27 Rn. 39 ff.; Klausur bei *Ogorek*, JuS 2013, 639.
[10] BVerwGE 56, 172 (178).
[11] BVerfGE 87, 399 (409).

mag bei einer Gesetzesänderung[12] und in Fällen gelten, in denen der Bürger im Wege des Wiederaufgreifens einen Anspruch auf Rücknahme des Verwaltungsakts hat[13].

Die Argumentation zu (2) trifft im *Beispielsfall* (Rn. 132) nicht den Kern, weil sie schon dem Ansatz der Verwaltungsvollstreckung nicht gerecht wird. Zwangsmittel zur Durchsetzung des *Treppen*baugebotes sind die Ersatzvornahme, das Zwangsgeld und – soweit es um das für die Ersatzvornahme notwendige Betreten des Grundstücks geht – der unmittelbare Zwang. Mit der Androhung einer Schließung des *Hotels* als Akt der Verwaltungsvollstreckung würde die Behörde versuchen, den Bau der Treppe durch eine mittelbare Pression durchzusetzen. Eine mittelbare Pression ist nur über ein Zwangsgeld möglich *(numerus clausus der Zwangsmittel)*. Vor diesem Hintergrund ist die Androhung *nicht* als Maßnahme der Verwaltungs*vollstreckung* zu deuten, sondern als *unverbindliche Ankündigung* einer *neuen* selbständigen Grundverfügung, das Hotel (aus feuerpolizeilichen Gründen) zu schließen. Erst diese (noch nicht ergangene) Verfügung wäre dann später durch unmittelbaren Zwang zu vollstrecken.

134

II. Sofortiger Vollzug, unmittelbare Ausführung

Es gibt Fälle, in denen die Verwaltung Zwangsmittel (Ersatzvornahme, unmittelbaren Zwang) anwenden kann, *ohne vorher* eine (vollstreckbare) Gebots- oder Verbots*verfügung* erlassen und/oder vorher das Zwangsmittel androhen und festsetzen zu müssen. Die Gesetze sprechen dann von *„sofortigem Vollzug"*[14] (§ 6 II VwVG) und/oder von *„unmittelbarer Ausführung"* (so einige Landesgesetze zum Schutz der öffentlichen Sicherheit und Ordnung).[15]

135

Beispiele: Die Feuerwehr fällt auf einem Privatgrundstück, dessen Besitzer abwesend ist, einen Baum, der nach einem Sturm den Straßenverkehr gefährdet; das Ordnungsamt beauftragt einen Unternehmer, aus einem umgekippten Tanklastzug ausgelaufenes Öl zu beseitigen[16] oder einen auf dem Bürgersteig geparkten Wagen abzuschleppen[17] (unmittelbare Ausführungen im Wege der Ersatzvornahme).

Bildlich gesehen fasst die Behörde in diesen Fällen „gewissermaßen die sachliche Verfügung, die Androhung des unmittelbaren Zwanges oder der Ersatzvornahme sowie die Festsetzung und die Ausführung dieses Zwangsmittels in einem einzigen Akt zusammen".[18] Man kann darüber streiten, ob sofortiger Vollzug und unmittelbare Ausführung *rechtlich gesehen* wirklich Verwaltungsakte mit diesem weiten

136

---

[12] So *OVG Münster* E 21, 193.
[13] Ob in derartigen Fallkonstellationen tatsächlich *automatisch* die Vollstreckungsmöglichkeit entfällt oder ob zunächst im Wiederaufnahmeverfahren (Rn. 37) der „Titel"-VA beseitigt werden muss, ist nicht abschließend geklärt.
[14] Er darf nicht verwechselt werden mit der Anordnung der „sofortigen Vollziehung" (§ 80 II 1 Nr. 4 VwGO), durch die eine *ergangene* Verfügung vorzeitig vollstreckbar gemacht wird (Rn. 130).
[15] Zur Abgrenzung, wenn Landesrecht beide Institute vorsieht, etwa *App/Wettlaufer*, Praxishandbuch Verwaltungsvollstreckungsrecht, 5. Aufl. 2011, § 30 Rn. 24; s. a. *Pieroth/Schlink/Kniesel*, Polizei- und Ordnungsrecht, § 24 Rn. 36 ff. Klausuren bei *Enders/Jäckel*, JuS 2018, 150; *Erzinger*, JuS 2017, 247; *Thye*, JuS 2011, 618; *Kötter*, JuS 2011, 1016; *Muckel/Ogorek*, JuS 2010, 57.
[16] *BVerwG* DÖV 1974, 207; *OVG Koblenz* JuS 1969, 143 Nr. 9; *OVG Münster* DVBl 1964, 683.
[17] BVerwGE 102, 316 (319 f.); *VGH Kassel* NVwZ-RR 1999, 23; umfassend *Götz/Geis*, Allgemeines Polizei- und Ordnungsrecht, § 8 Rn. 66, § 14 Rn. 14 ff.
[18] *Vogel* in Drews/Wacke/Vogel/Martens, Gefahrenabwehr, 8. Aufl. 1975, Bd. 1, S. 209.

Regelungsinhalt oder lediglich Realakte sind.[19] Im ersten Fall erhält der Bürger **Rechtsschutz** über die Fortsetzungsfeststellungsklage (§ 113 I 4 VwGO analog, Rn. 54), im zweiten Fall über die Feststellungsklage (§ 43 I VwGO, Rn. 131), wobei allerdings § 18 II VwVG für seinen Anwendungsbereich auch im zweiten Fall die Anfechtungsklage vorschreibt. Weil der „normale" Weg der Vollstreckung nicht eingehalten wird, enthalten Spezialermächtigungen *besonders enge Rechtmäßigkeitsvoraussetzungen*. Der sofortige Vollzug ist zB nach § 6 II VwVG nur zulässig, wenn er „zur Verhinderung einer rechtswidrigen Tat, die einen Straf- oder Bußgeldtatbestand verwirklicht, oder zur Abwendung einer drohenden Gefahr notwendig ist und die Behörde hierbei innerhalb ihrer gesetzlichen Befugnisse handelt". „Im Wege der unmittelbaren Ausführung darf eine Maßnahme nur getroffen werden, wenn auf andere Weise eine unmittelbar bevorstehende (Rn. 122) Gefahr für die öffentliche Sicherheit oder Ordnung nicht abgewehrt oder eine Störung der öffentlichen Sicherheit oder Ordnung nicht beseitigt werden kann" (§ 7 I HmbSOG). Manche Klausur ist schon gescheitert, weil die Bearbeiter nicht erkannten, dass die Behörde im „sofortigen Vollzug" oder in „unmittelbarer Ausführung" gehandelt hatte.

§ 8. Bußgeld zur Durchsetzung von Normen

Ausgangsfall:

137 *Grundfall* wie in Rn. 78. Eine Polizeiverordnung, die Hauseigentümern Beleuchtungspflichten auferlegt, droht für den Fall ihrer Nichtbefolgung ein Bußgeld an. Gegen H wird ein solches Bußgeld verhängt, weil er den Hausflur seines Mietshauses bei verschlossener Haustür nicht vorschriftsgemäß beleuchtet habe.

138 Wie an diesem Sachverhalt bereits dargestellt wurde (Rn. 126), kann der Bürger auf *zwei* Wegen dazu angehalten werden, eine Norm zu befolgen: durch Polizeiverfügung, die ihm gebietet, konkrete Normverstöße abzustellen, *und* durch Bestrafung. Hier ist dieser zweite Weg näher darzustellen.[1]

Aus der Strafrechtsvorlesung ist die *gerichtliche Kriminalstrafe* geläufig. Sie wurde früher bei Normverstößen jeder Art verhängt. Seit der Schrift von *James Goldschmidt*, Das Verwaltungsstrafrecht (1902), hat sich in den gesetzlichen Regelungen mehr und mehr die Unterscheidung zwischen *sittlich verwerflichem kriminellem* Unrecht und *Verwaltungsunrecht ohne sittlichen Makel* durchgesetzt. Verwaltungsunrecht wird von der *Exekutive* als „*Ordnungswidrigkeit*" durch „*Bußgeld*" geahndet. Dementsprechend hat der Gesetzgeber zB die meisten Verkehrsübertretungen in Ordnungswidrigkeiten umgewandelt.[2]

139 Der **Bußgeldbescheid** ist **Verwaltungsakt.** Er findet seine *Ermächtigungsgrundlage* stets in § 65 des (Bundes-)Gesetzes über Ordnungswidrigkeiten (OWiG, *Schönfelder* Nr. 94) – allerdings jeweils *in Verbindung mit* der Vorschrift des Bundesrechts oder des Landesrechts, die das normwidrige Verhalten zu einer Ordnungswidrigkeit erklärt (s. § 2 OWiG).

---

[19] Auf Letzteres deutet der Wortlaut von § 6 II VwVG und der gleiche Wortlaut der entsprechenden Landesgesetze hin; s. a. *Götz/Geis*, Allgem. Polizei- und Ordnungsrecht, § 12 Rn. 19 ff.; *Pieroth/Schlink/Kniesel*, Polizei- und Ordnungsrecht, § 27 Rn. 39 ff.

[1] Zum Nachfolgenden s. zB *Mitsch*, Recht der Ordnungswidrigkeiten, 2. Aufl. 2005, sowie die einschlägigen Kommentare zum OWiG.

[2] Zur Verfassungsmäßigkeit der Umwandlung BVerfGE 27, 36.

§ 9. Der Anspruch auf Erlass eines begünstigenden Verwaltungsakts

> **Beispiel:** § 24 StVG (lesen!) betrifft Verkehrsordnungswidrigkeiten. In den Ermächtigungen zum Erlass von Polizeiverordnungen ermächtigen die Landesgesetze über die öffentliche Sicherheit und Ordnung den Verordnungsgeber regelmäßig, Verstöße gegen die Verordnung – wie im *Ausgangsfall* – als Ordnungswidrigkeiten auszuweisen.

Die zuständige Behörde kann ein Bußgeld festsetzen, wenn ein Bürger rechtswidrig und vorwerfbar den Tatbestand eines Gesetzes verwirklicht hat, das die Ahndung mit einer Geldbuße zulässt (s. § 1 I, § 65 OWiG). Zur Systematisierung der materiellen Einzelvoraussetzungen des Bußgeldbescheides kann damit das von der Strafrechtsübung her bekannte *Schema* (Tatbestandsmäßigkeit, Rechtswidrigkeit, Schuld) zugrunde gelegt werden – auch das Bußgeld ist eben eine (Verwaltungs-)*Strafe*. Das OWiG enthält aus dem Strafrecht geläufige Regelungen über Schuld (§ 10), Irrtum (§ 11), Versuch (§ 13), Notwehr (§ 15), usw. 140

Die eigentlichen Probleme einer öffentlichrechtlichen Bußgeldklausur liegen zumeist nur in zwei Fragen der Tatbestandsmäßigkeit: (1) Hat der Adressat des Bußgeldbescheids gegen die Norm verstoßen? (2) Ist diese Norm gültig?

Im *Ausgangsfall* ist die Polizeiverordnung nur in Bezug auf Häuser mit *unverschlossener* Haustür gültig (polizeirechtskonforme Auslegung, Rn. 78). Weil *H* die Haustür verschlossen hatte, hat er nicht gegen die Verordnung verstoßen. Der Bußgeldbescheid ist also rechtswidrig.

Für die *Anfechtung* eines Bußgeldbescheides gelten die besonderen Vorschriften der §§ 67 ff. OWiG (lesen!). Zuständiges Gericht ist das *Amtsgericht* (§ 68 OWiG; Rechtsbeschwerde an das Oberlandesgericht, § 79 III OWiG iVm § 121 I Nr. 1a GVG). 141

§ 9. Der Anspruch auf Erlass eines begünstigenden Verwaltungsakts

Ausgangsfälle:

(1) *X* hat die Erteilung eines Passes beantragt. Die Behörde hat den Antrag unter Berufung auf § 7 I Nr. 1 PaßG abgelehnt, weil zu erwarten sei, dass *X* im Ausland keine Gelegenheit ungenutzt lassen werde, sich als „Systemkritikerin" der Verhältnisse in der Bundesrepublik zu betätigen. *X* fragt an, ob sie die Passerteilung erzwingen kann. 142

(2) Die Baugenehmigungsbehörde hat einen Bauantrag des *E* für ein 6-Familien-Haus abgelehnt, weil eine im Bebauungsplan festgesetzte Baulinie (§ 23 II BauNVO, lesen!) durchgehend nicht eingehalten werde und das Vorhaben deshalb nicht genehmigt werden dürfe. Mit der gleichen Begründung ist der Widerspruch des *E* zurückgewiesen worden. Der Baubestand in der Nachbarschaft hält die Baulinie teilweise nicht ein. Wurde ordnungsgemäß entschieden? Welche prozessualen Möglichkeiten hat *E*?

Am häufigsten sind Fallgestaltungen, in denen – wie hier – der *Bürger* fragt, ob er mit Aussicht auf Erfolg einen Antrag auf Erlass eines begünstigenden Verwaltungsakts stellen oder einen bereits abgelehnten Antrag weiterverfolgen kann. Seltener kommt es vor, dass die Behörde um Auskunft bittet, ob sie dem Antrag stattgeben kann oder muss.

I. Materiellrechtliche Fragen

143 Den Bürger interessiert stets in erster Linie, ob er einen *Anspruch auf Erlass* des beantragten Verwaltungsakts hat. Wenn das nicht der Fall ist, muss überlegt werden, ob der Behörde Ermessen eingeräumt ist und der Bürger einen *Anspruch auf fehlerfreie Ermessensausübung* hat.

144 Auch wenn der Antrag auf Erlass des Verwaltungsakts bereits abgelehnt ist, steht aus der Sicht des Bürgers weiterhin der erstrebte *begünstigende Verwaltungsakt* im Vordergrund, nicht der belastende Verwaltungsakt der Ablehnung. Es verkürzt daher die Interessen des Antragstellers, wenn Anfängerarbeiten nur (im Rahmen einer Anfechtungsklage) nach einer „*Ermächtigungsgrundlage*" für die *Ablehnung* forschen. Im Ansatz geht es (im Rahmen einer Verpflichtungsklage, Rn. 162 f.) um die „*Anspruchsgrundlage*" für den *begehrten* Verwaltungsakt bzw. für eine fehlerfreie Ermessensausübung.

Im *Ausgangsfall 1* muss also zunächst auf die Frage eingegangen werden, ob grundsätzlich ein Anspruch auf Passerteilung besteht. In diesem Rahmen bekommt dann erst später der Versagungsgrund des § 7 I Nr. 1 PaßG Bedeutung. Entsprechendes gilt für *Ausgangsfall 2*.

145 Die Bearbeiter sollten sich von der Suche nach einer Anspruchsgrundlage auch nicht durch die komplizierte Formulierung des § 113 V 1 VwGO abbringen lassen, wonach das Gericht die Verpflichtung der Verwaltungsbehörde zum Erlass der begehrten Amtshandlung ausspricht, „(s)oweit die Ablehnung oder Unterlassung des Verwaltungsakts rechtswidrig und der Kläger dadurch in seinen Rechten verletzt ist". Durch die Ablehnung oder Unterlassung ist der Kläger nur dann in seinen Rechten verletzt, wenn er einen Anspruch hat.

Im Einzelnen ist folgender *Gedankengang* zu empfehlen:

1. Erforderlichkeit des Verwaltungsakts?

146 Manche gewerbliche Tätigkeit braucht der Behörde zB nur *angezeigt* zu werden (s. § 14 GewO). Eine Demonstration ist lediglich *anmeldepflichtig*, entgegen weit verbreiteter Vorstellung nicht genehmigungspflichtig (§ 14 VersammlG). Nach der Reform der *Bauordnungen* der Länder sind manche Bauvorhaben nicht mehr genehmigungspflichtig; das kann in bestimmten Plangebieten und unter bestimmten Einzelvoraussetzungen zB für „Wohngebäude geringer Höhe" gelten (s. zB § 69a I NBauO).

Besteht kein Erfordernis einer Genehmigung, muss die trotzdem beantragte Genehmigung *versagt* werden.[1]

Für *Ausgangsfall 2* wird davon ausgegangen, dass das 6-Familien-Haus nach der einschlägigen Bauordnung genehmigungspflichtig ist.

2. Anspruch auf Erlass des Verwaltungsakts?

a) In Betracht kommende Anspruchsgrundlage

147 **aa)** Häufig ist **im Gesetz eindeutig** ein Anspruch formuliert.

Alle Gemeindeordnungen enthalten die Bestimmung: „Die Einwohner der Gemeinde sind im Rahmen der bestehenden Vorschriften berechtigt, die öffentlichen Einrichtungen der Gemeinde zu benutzen" (so zB § 22 I GO LSA; Rn. 363). Im *Ausgangsfall 1* „*wird*" der Pass ausgestellt (§ 6 I 1 PaßG), wenn kein Versagungsgrund (§ 7 PaßG) gegeben ist. In den Bauord-

---

[1] BVerwGE 32, 41 (43 f.).

§ 9. Der Anspruch auf Erlass eines begünstigenden Verwaltungsakts

nungen (*Ausgangsfall 2*) heißt es: „Die Baugenehmigung *ist* zu erteilen, wenn die Baumaßnahme ... dem öffentlichen Baurecht entspricht" (so zB § 70 I 1 NBauO).

bb) Ist der Gesetzeswortlaut nicht so eindeutig, kann eine **verfassungskonforme** **148**
Auslegung (Rn. 78) den grundsätzlichen Anspruch auf Erlass des begünstigenden Verwaltungsakts ergeben: Wegen der weiten Auslegung, die Art. 2 I GG durch das *BVerfG* erfahren hat,[2] besteht lückenloser Grundrechtsschutz für jede Tätigkeit, zu welcher der Bürger *selbständig* ohne Hilfe des Staates in der Lage ist (reisen, bauen, etc). Damit kann ein solches Tätigwerden *materiell* nur insoweit verboten werden, als dies das einschlägige Grundrecht selbst zulässt (Grundrechtsschranke). In der Regel kann der Gesetzgeber ein privates Tätigwerden so nur *partiell* verbieten. Die Rechtsfigur des *generellen (materiellen)* „Verbots mit Erlaubnisvorbehalt", die bestimmte Arten privater Tätigkeit dem *gewährenden* Ermessen der Behörde ausliefert, ist unter der Herrschaft des Grundgesetzes grds. nicht mehr möglich.[3] Zulässig ist nur ein *formelles* Verbot des Tätigwerdens ohne Erlaubnis. *Dieser* Erlaubnisvorbehalt ermöglicht der Behörde die rechtzeitige *Nachprüfung*, ob sich die beabsichtigte Tätigkeit *materiell* im Bereich des gesetzlich Erlaubten oder Verbotenen hält.[4] Lediglich im Bereich des *materiell* Verbotenen kann der Gesetzgeber es der Behörde gestatten, nach ihrem *Ermessen* Ausnahmen oder Dispense (Befreiungen) zu erteilen.

> **Beispiel:** Wegen Art. 14 I GG – ohne die Rechtsstellung als Eigentümer[5] wegen Art. 2 I GG – hat jeder Bauherr den in allen Bauordnungen genannten grundsätzlichen Anspruch auf die Baugenehmigung. Die Einschränkung, dass sein Vorhaben den einschlägigen öffentlichrechtlichen Vorschriften genügen muss, findet ihre Rechtfertigung über den Gesetzesvorbehalt, welchem Art. 14 I und 2 I GG unterstehen. Hält sich das Bauvorhaben im Rahmen der öffentlichrechtlichen Vorschriften, *muss* die Baugenehmigung erteilt werden. Nur wenn dies nicht der Fall ist, die Baugenehmigung also „an sich" versagt werden müsste, kann es das Baurecht in das *Ermessen* der Behörde stellen, sie im Wege einer Ausnahme oder einer Befreiung trotzdem zu erteilen (s. zB § 31 I, II BauGB; Rn. 157).

Ein grundrechtlicher Hintergrund fehlt demgegenüber, wenn der Bürger die Gestattung von Tätigkeiten verlangt, zu denen er – anders als soeben in Rn. 148 – aus eigener Kraft *nicht* in der Lage ist. **149**

> **Beispiel:** Art. 12 I GG (Berufsfreiheit) vermittelt einem Schiffsausrüster keinen Anspruch auf die Zulassung (= VA) zur Benutzung eines Schleusengeländes am Nord-Ostsee-Kanal, um die Schiffe während der Schleusenzeit mit Proviant und Ausrüstungsgegenständen beliefern zu können. Die Schleuse ist für den Schiffsausrüster ein „fremdes" Grundstück; die von ihm angestrebte Tätigkeit wird vom Widmungszweck der Schleuse nicht umfasst.[6]

Die Grundrechte sind im Ansatz *Abwehrrechte* gegen staatliche Eingriffe in Handlungsmöglichkeiten, zu denen der Bürger aus eigener Kraft in der Lage ist. Ansprüche auf Erweiterung dieser Möglichkeiten, Leistungsansprüche und Ansprüche auf Teilhabe an staatlichen Maßnahmen der Daseinsvorsorge lassen sich aus den Grund- **150**

---

[2] S. das „*Elfes*-Urteil", BVerfGE 6, 32; sowie Rn. 446.
[3] Ausnahmekonstellation (Atomanlagen) in BVerfGE 49, 89 (145).
[4] Zur Vertiefung lies BVerfGE 20, 150 (SammlungsG).
[5] S. insoweit BVerwGE 42, 103 (115).
[6] BVerwGE 39, 235; Einzelheiten zu dieser Verflechtung mit dem Recht öffentlicher Einrichtungen in Rn. 361 ff., 365.

rechten nur in bestimmten Konstellationen herleiten (Rn. 510 ff.), die im *Beispielsfall* nicht gegeben sind.

151 cc) Eine Norm, die der Behörde ein Ermessen einräumt, kann nur ausnahmsweise als Anspruchsgrundlage für einen Anspruch auf *Erlass* des begünstigenden Verwaltungsakts (also nicht nur für einen Anspruch auf fehlerfreie Ermessensausübung) in Betracht kommen. Es muss eine „**Ermessensreduzierung auf Null**" (Rn. 161) möglich sein.

b) Formelle Voraussetzungen des begünstigenden Verwaltungsakts[7]

152 (1) Ordnungsgemäßer Antrag des Bürgers[8] (*„mitwirkungsbedürftiger Verwaltungsakt"*).

(2) Zuständigkeit der Behörde.

153 (3) Mitwirkung anderer Behörden.

Die Mitwirkung ist nur *verwaltungsintern* von Bedeutung und daher nur von der *Behörde* zu beachten; für den Anspruch des Antragstellers *im Außenverhältnis* ist sie uninteressant (Rn. 47).

c) Materiellrechtliche Voraussetzungen des Anspruchs

154 Die materiellrechtlichen Voraussetzungen sind in den einschlägigen Vorschriften ohne sachlichen Unterschied teils positiv formuliert („Die Baugenehmigung ist zu *erteilen*, wenn ..."), teils negativ ausgedrückt („Der Pass ist zu *versagen*, wenn ...").

Im *Ausgangsfall 1* (Rn. 142) ist zweifelhaft, ob „bestimmte Tatsachen die Annahme begründen", dass *X* „erhebliche Belange der Bundesrepublik Deutschland gefährdet" (§ 7 I Nr. 1 PaßG).[9]

155 Die *besonders prüfungsrelevante* Baugenehmigung[10] (*Ausgangsfall 2*, Rn. 142) ist zu erteilen, „wenn die Baumaßnahme dem öffentlichen Baurecht entspricht" (so zB § 70 I 1 NBauO). Dabei ist zwischen den bau*ordnungsrechtlichen* und den bau*planungsrechtlichen* Anforderungen an das Vorhaben zu unterscheiden.

Das *Bauordnungsrecht*[11] stellt Anforderungen an das Vorhaben, die der Gefahrenabwehr dienen (früher: „Baupolizeirecht"), beschränkt sich heute allerdings nicht mehr auf diesen Ansatz. Zusammen mit dem Genehmigungs*verfahren* ist das *(materielle)* Bauordnungsrecht in Landesgesetzen, in den schon erwähnten Bauordnungen der Länder, geregelt, *nicht* im Baugesetzbuch (BauGB) des Bundes (häufige Fehlvorstellung!).

Das BauGB betrifft die *bauplanungsrechtlichen* Anforderungen an das Vorhaben mit den räumlichen Aspekten der baulichen Nutzung („städtebauliche Ordnung"). Gestützt auf §§ 8, 10 BauGB erlassen die Gemeinden in der Gestalt von Satzungen (Rn. 427 ff.) Bebauungspläne (§ 10 I BauGB).[12] – Wenn die Gemeinde einen *Bebauungsplan* erlassen hat, beurteilt sich die

---

[7] Weitere formelle Erfordernisse, die aber in der Fallbearbeitung nur höchst selten relevant werden, ergeben sich aus der Aufzählung in Rn. 64 ff. – Zur *Beschleunigung von Genehmigungsverfahren* im Rahmen wirtschaftlicher Unternehmungen s. §§ 71a ff. VwVfG.

[8] Bei *Fehlen eines Antragsinteresses* (= Parallele zum Rechtsschutzbedürfnis) kann die Behörde den Antrag ohne Weiteres ablehnen: BVerwGE 84, 11 (12); 42, 115 (117); umfassend *Wittreck*, BayVBl. 2004, 193; *G. Schwerdtfeger*, DÖV 1966, 494.

[9] Zur Verfassungsmäßigkeit von § 7 I Nr. 1 PaßG BVerfGE 6, 32 (43).

[10] S. nur *Lindner/Struzina*, JuS 2016, 226; zum Umfang der Rechtmäßigkeitsprüfung im Baugenehmigungsverfahren *Anders*, JuS 2015, 604.

[11] Klausurfall bei *Lehner*, JuS 2017, 148.

[12] In den „Stadtstaaten" Berlin, Hamburg und teilweise Bremen werden Rechtsverordnungen erlassen (s. § 246 II BauGB); Klausur bei *Wilhelm*, JuS 2016, 1108; „Grundwissen" bei *Voßkuhle/Kaiser*, JuS 2014, 1074.

Zulässigkeit des Vorhabens nach den Festsetzungen des Bebauungsplans (§ 30 BauGB). Welche Festsetzungen ein Bebauungsplan inhaltlich treffen kann, ist durch die Baunutzungsverordnung des Bundes (BauNVO) festgelegt. Für die Art der baulichen Nutzung (Baugebiete) enthält die BauNVO einen „Typenzwang".[13] Die Gemeinde kann sich nur zwischen bestimmten Arten der baulichen Nutzung (Beispiele: reines Wohngebiet, Mischgebiet, Gewerbegebiet, Sondergebiet) entscheiden. Welche Vorhaben im konkret festgesetzten Gebiet im Einzelnen zulässig sind, ergibt sich dann aus den Festsetzungen des Bebauungsplans iVm §§ 2–14 BauNVO (s. § 1 III 2 BauNVO). Bauliche Anlagen, die dem „Buchstaben" des Bebauungsplans in seiner Verbindung mit der BauNVO entsprechen, können dennoch unzulässig sein, wenn sie nach Maßgabe der in § 15 I BauNVO geregelten Einzelkriterien dem „Geist" des Bebauungsplans oder dem nachbarlichen *„Gebot der Rücksichtnahme"* (Rn. 187) widersprechen.

Wenn kein Bebauungsplan oder kein iSd § 30 I BauGB „qualifizierter" Bebauungsplan vorliegt, beurteilt sich die Zulässigkeit des Vorhabens ausschließlich oder ergänzend (§ 30 III BauGB) nach § 34 BauGB (im Zusammenhang bebaute Ortsteile)[14] oder nach § 35 BauGB (Außenbereich).[15] Bei Vorhaben innerhalb der *im Zusammenhang bebauten Ortsteile* sind für die Zulässigkeit des Vorhabens §§ 2–14 BauNVO maßgebend, wenn die Eigenart der näheren Umgebung einem der in der BauNVO bezeichneten Baugebiete entspricht (§ 34 II BauGB). Sonst ist entscheidend, ob sich das Vorhaben „in die Eigenart der näheren Umgebung *einfügt"* (§ 34 I BauGB mit der Abweichensmöglichkeit nach § 34 IIIa BauGB). Im *Außenbereich* besteht ein Anspruch auf die Baugenehmigung nur, wenn es sich um eines der in § 35 I BauGB genannten „privilegierten" Vorhaben handelt. – Im *Ausgangsfall 2* (Rn. 142) hat *E keinen* Anspruch auf die Baugenehmigung, weil das Vorhaben der Festsetzung der Baulinie im Bebauungsplan in seiner Verbindung mit § 23 II BauNVO widerspricht.

3. Anspruch auf fehlerfreie Ermessensausübung?

Besteht kein Anspruch auf *Erlass* des beantragten begünstigenden Verwaltungsakts, kann der Behörde die Möglichkeit eingeräumt sein, den Verwaltungsakt nach ihrem *Ermessen* zu erlassen. Im *Baurecht* geht es so häufig um eine *„Ausnahme"* oder um eine *„Befreiung" (Dispens)* von einer entgegenstehenden Vorschrift des Bauordnungsrechts oder des Bauplanungsrechts (s. § 31 BauGB).

Die Möglichkeit zu einer *„Ausnahme"* ist in einer konkreten Vorschrift des Bauordnungsrechts oder im Bebauungsplan *vorgesehen* (s. zB § 31 I BauGB). Die *„Befreiung"* dispensiert von einer „an sich" zwingenden Vorschrift des Bauordnungsrechts oder eines Bebauungsplans (§ 31 II BauGB). Die Landesbauordnungen sprechen regelmäßig von *„Abweichungen"* (s. zB § 69 LBauO Rh.-Pf., § 67 BauO Bln), wobei es sich terminologisch um den Oberbegriff handelt.

a) Antrag. Die Ausnahme ist vom Bauantrag mit erfasst. Die Befreiung muss nach den meisten Bauordnungen *ausdrücklich* beantragt werden (s. etwa § 66 II NBauO – „Abweichung").

In Ergänzung zum Sachverhalt sei im *Ausgangsfall 2* (Rn. 142) davon ausgegangen, dass *E* sowohl eine Ausnahme als auch eine Befreiung ausdrücklich beantragt hat.

b) Materiellrechtliche Voraussetzung für einen Anspruch auf fehlerfreie Ermessensausübung ist, dass auf der Tatbestandsseite der Norm die *rechtlichen* Anforderungen erfüllt sind, unter denen die Norm das Ermessen auf der Rechtsfolgeseite erst einräumt.

In Abweichung von einer Baulinie kann gem. § 23 II 2 BauNVO als *Ausnahme* (§ 31 I BauGB) „(e)in Vor- oder Zurücktreten von Gebäudeteilen in geringfügigem Ausmaß ... zugelassen

---

[13] BVerwGE 94, 151 (154).
[14] Klausuren bei *Jochum*, JuS 2016, 157; *Goldhammer/Hofmann*, JuS 2014, 434.
[15] Zu Abgrenzungsfragen (keine geografisch-mathematischen Maßstäbe, sondern Bewertung der gesamten örtlichen Verhältnisse) *BVerwG* NVwZ 1997, 899; NVwZ-RR 1992, 227. Klausuren bei *Janson/Schultes*, JuS 2016, 618; *Heckel*, JuS 2011, 904; *Schoberth*, JuS 2010, 239.

werden". Im *Ausgangsfall 2* (Rn. 142) weicht indessen nicht bloß ein Gebäude*teil*, sondern das *ganze* Gebäude von der Baulinie ab. Eine *Befreiung* von der Baulinie kann E gem. § 31 II BauGB erhalten, wenn „die Grundzüge der Planung nicht berührt werden", wenn einer der in § 31 II BauGB aufgeführten Gründe vorliegt „und wenn die Abweichung auch unter Würdigung nachbarlicher Interessen mit den öffentlichen Belangen vereinbar ist". Weil der Baubestand in der Nachbarschaft die Baulinie teilweise ebenfalls nicht einhält und Nachbarbelange in der gegenwärtigen Fallgestaltung nicht entgegenstehen,[16] sei unter Hinweis auf § 31 II Nr. 2 BauGB davon ausgegangen, dass im *Ausgangsfall 2* die rechtlichen Voraussetzungen für eine *Befreiung* vorliegen.

159 c) Steht fest, dass die rechtlichen Voraussetzungen für eine Ermessensentscheidung gegeben sind, kann der Antragsteller einen (klagbaren) Anspruch auf fehlerfreie Ermessensbetätigung *nur* haben, solange die Behörde ihr **Ermessen nicht ordnungsgemäß betätigt** hat. Mit fehlerfreier Ermessensbetätigung erlischt ein entsprechender Anspruch. *Hat* die Behörde über den Antrag bereits entschieden, darf ein Anspruch auf fehlerfreie Ermessensbetätigung daher nicht zugestanden werden, bevor untersucht worden ist, ob die bereits getroffene Entscheidung *ermessensfehlerhaft* war (häufiger Auslassungsfehler!). Liegt *kein* Ermessensfehler vor, ist die Klage abzuweisen.

Ob ein Ermessensfehler vorliegt, beurteilt sich nach den herkömmlichen Grundsätzen der Ermessenslehre (Rn. 90 ff.). Weil im *Ausgangsfall 2* (Rn. 142) die rechtlichen Voraussetzungen für eine Befreiung gegeben sind, liegt der Ermessensfehler der *Ermessensunterschreitung* (Rn. 92) vor. Nach dem Sachverhalt haben die Baugenehmigungsbehörde und die Widerspruchsbehörde nämlich angenommen, das beantragte Vorhaben „*dürfe*" nicht genehmigt werden. Das ihnen eingeräumte Ermessen haben sie nicht betätigt.

160 d) Mit Blick auf die Unterscheidung zwischen objektivem Recht und subjektiven Rechten (Rn. 185 ff.) hat der Antragsteller einen (klagbaren) *Anspruch auf ermessensfehlerfreie Entscheidung* auch bei Vorliegen der Voraussetzungen a) bis c) *nur*, wenn die **Ermessensnorm auch seinen Interessen dient** und nicht nur öffentliche Interessen verfolgt (Rn. 186). Einen von dieser Voraussetzung freien *allgemeinen* Anspruch des Bürgers auf fehlerfreie Ermessensausübung gibt es nicht.[17]

Wegen des grundrechtlichen Hintergrundes (Rn. 148) hat E im *Ausgangsfall 2* (Rn. 142) bei Vorliegen der Voraussetzungen nach a), b) und c) ohne Weiteres einen (klagbaren) Anspruch auf die ermessensfehlerfreie Entscheidung der Baugenehmigungsbehörde über eine Befreiung. – Im *Beispielsfall* des Schiffsausrüsters (Rn. 149) hat dieser demgegenüber *keinen* Anspruch auf ermessensfehlerfreie Entscheidung der Behörde über die Zulassung zur Benutzung der Schleuse. Eine Norm einfachen Gesetzesrechts, die ihm ein solches subjektives Recht zubilligen könnte, ist nicht ersichtlich. Grundrechtlich ist das Begehren des Schiffsausrüsters nach dem Gesagten nicht abgedeckt.

4. Ermessensreduzierung „auf Null"?

161 Der Anspruch auf fehlerfreie Ermessensentscheidung kann „auf Null" reduziert sein und so in einen Anspruch auf Erlass des begünstigenden Verwaltungsakts umschlagen – allerdings nur in signifikanten *Ausnahmefällen*.

Eine *Ermessensreduzierung auf Null* liegt vor, wenn (im Entscheidungs*ergebnis*) jede andere als die begehrte Entscheidung ermessensfehlerhaft wäre.[18] Das ist der Fall, (1) wenn keine Gegengesichtspunkte ersichtlich sind; (2) wenn allen Gegengründen über Auflagen oder andere Nebenbestimmungen (§ 36 II VwVfG) hinreichend wirksam Rechnung getragen werden kann;

---

[16] Anders in der Fallabwandlung in Rn. 192.
[17] BVerwGE 39, 235 (237).
[18] St. Rspr.; s. zB BVerwGE 78, 40 (46); 69, 90 (94); 18, 241 (251); 11, 89 (97); *Wolff/Bachof/Stober/Kluth*, VerwR Bd. 1, § 31 Rn. 67. Beispiele in Rn. 384 f.

(3) wenn verbleibende Gegengründe ein so geringes Gewicht haben, dass es vor dem Grundsatz der Verhältnismäßigkeit offensichtlich (Rn. 99) fehlgewichtet wäre, auf *sie* abzustellen (und den Antrag also abzulehnen). Ansonsten reichen noch vorhandene Gegengründe aus, um der Behörde die Ablehnung zu ermöglichen. Das Behördenermessen besteht gerade darin, die kollidierenden Gesichtspunkte zu gewichten und in der Abwägung *wertend* zugunsten der (aus der Sicht des Antragstellers) positiven *oder* negativen Gesichtspunkte zu entscheiden. Zusätzlich kann eine Ermessensreduzierung auf Null etwa vorliegen, (4) wenn die Behörde eine Zusage (Rn. 229 f.) gemacht hat oder (5) wenn die Behörde durch ihre Verwaltungspraxis über Art. 3 I GG festgelegt ist (Rn. 95), wie es bei Subventionen zumeist der Fall ist. Bei „Kettenverwaltungsakten" (= wiederholte routinemäßige Verlängerung befristeter Genehmigungen, Beispiel: Aufenthaltserlaubnis für Ausländer) kann (6) der rechtsstaatliche Gedanke des *Vertrauensschutzes* das Ermessen (bei der Entscheidung über einen erneuten Verlängerungsantrag) „auf Null" reduzieren.[19]

Im *Ausgangsfall 2* (Rn. 142) käme eine Ermessensreduzierung auf Null in Betracht, wenn eine nähere Aufklärung des Sachverhalts ergeben würde, dass Nachbarn des *E* nach Inkrafttreten der Baulinie entsprechende Befreiungen erteilt worden sind („Berufungsfälle", Art. 3 I GG).

II. Prozessuale Fragen

1. Wie bereits ausgeführt wurde (Rn. 32), muss der Bürger fristgerecht **Widerspruch** einlegen und notfalls klagen **(Verpflichtungsklage)**, wenn sein Antrag auf Erlass eines begünstigenden Verwaltungsakts *abgelehnt* worden ist.[20] Solange die Sach- und Rechtslage unverändert bleibt, darf die Behörde sich sonst nach Maßgabe der früheren Ausführungen (Rn. 36) darauf berufen, die Rechtsbehelfsfrist sei versäumt worden. Hat die Behörde über den Antrag (oder über einen Widerspruch) ohne zureichenden Grund in angemessener Frist sachlich *nicht* entschieden, kann der Bürger ohne Vorverfahren unter den Voraussetzungen des § 75 VwGO **Untätigkeitsklage** (= Unterfall der Verpflichtungsklage, s. § 42 I VwGO)[21] erheben. 162

2. Ein begünstigender Verwaltungsakt wird also mit der **Verpflichtungsklage** erstrebt.[22] Wie eingangs schon angedeutet wurde (Rn. 144), entspricht es in der Regel nicht dem Interesse des Antragstellers, lediglich die Ablehnung des Verwaltungsakts mit einer Anfechtungsklage anzufechten.[23] Über die Anfechtungsklage kann nur erreicht werden, dass die Ablehnung aufgehoben wird. Damit ist der ursprüngliche Antrag wieder existent. Die Behörde hat neu über ihn zu entscheiden. Bleibt die Entscheidung aus, muss der Antragsteller ein zweites Mal klagen (Untätigkeitsklage). Wird von vornherein die Verpflichtungsklage erhoben, spricht das Gericht im Urteil unmittelbar die Verpflichtung der Behörde zum Handeln (bzw. bei fehlender Spruchreife) zur erneuten Entscheidung aus. Mit der Verpflichtungsklage ist die 163

---

[19] BVerfGE 49, 168 (186); *Kloepfer,* DVBl 1972, 371.
[20] *Klageschema* bereits in Rn. 7; Klausuren bei *Rosenfeldt,* JuS 2016, 145; *Janson/Schultes,* JuS 2016, 618; *Ruch/Mühl,* JuS 2013, 141.
[21] Zu dieser näher *Wittmann,* JuS 2017, 842; Klausur bei *Wilhelm,* JuS 2016, 1108.
[22] War der begünstigende VA schon erteilt, auf Widerspruch eines Dritten aber im Widerspruchsverfahren aufgehoben worden, ist das prozessuale Ziel, den *Widerspruchsbescheid* durch *Anfechtungsklage* zu beseitigen; s. § 79 I Nr. 2 Alt. 2 VwGO, Einzelheiten in Rn. 201.
[23] Für *unzulässig* hielt BVerwGE 38, 99 eine Anfechtungsklage allerdings *nicht,* wobei das Gericht die gleichen Grundsätze wie für das Verhältnis von Leistungsklage und Feststellungsklage (Rn. 225) anwendet.

Anfechtung des ablehnenden Verwaltungsakts automatisch verbunden.²⁴ Im Rahmen der Verpflichtungsklage richtet sich der Antrag danach, ob der Kläger einen Anspruch auf Erlass des Verwaltungsakts oder nur auf fehlerfreie Ermessensausübung zu haben glaubt. Nur im ersten Fall beantragt der Kläger, die Behörde zum Erlass des abgelehnten Verwaltungsakts zu verpflichten. Im zweiten Fall beantragt er hingegen, die Behörde zu verpflichten, ihn unter Beachtung der Rechtsauffassung des Gerichts neu zu bescheiden (§ 113 V 2 VwGO = *Bescheidungsklage* als Unterfall der Verpflichtungsklage).²⁵ Andernfalls hat der Kläger nach Maßgabe von § 155 I VwGO einen Teil der Prozesskosten zu tragen,²⁶ weil seinem Klagantrag nicht voll stattgegeben werden kann.

3. In seltenen Fällen kann die **Klagebefugnis** nach § 42 II VwGO problematisch sein.²⁷ Insoweit gelten die in Rn. 194 ff. entwickelten Grundsätze.

4. Zum **maßgeblichen Zeitpunkt** für die Begründetheit der Verpflichtungsklage (Sach- und Rechtslage bei der Ablehnung des begünstigenden Verwaltungsakts oder bei der letzten Gerichtsentscheidung) s. schon Rn. 56.

164 5. In Eilfällen kommt eine **einstweilige Anordnung** nach § 123 I VwGO²⁸ in Betracht.

6. Hat sich das Verpflichtungsbegehren erledigt, ist in entsprechender Anwendung von § 113 I 4 VwGO eine **Fortsetzungsfeststellungsklage** (Rn. 54) statthaft.²⁹

§ 10. Begünstigende Verwaltungsakte mit Nebenbestimmungen

I. Materiellrechtliche Fragen

Ausgangsfall:¹

165 Dem X wird die Erlaubnis zum Betrieb der Schankwirtschaft „Zum blauen Affen" erteilt, jedoch unter der „Bedingung", dass er seine mehrfach als Dealerin vorbestrafte Bekannte B nicht im Betrieb beschäftige; sonst werde die Erlaubnis als erloschen betrachtet. Nach zwei Jahren stellt X die B als Kellnerin ein. Kann gegen X vorgegangen werden?

---

²⁴ *BVerwG* DVBl 1962, 138.
²⁵ So zB *BVerwG* DVBl 1961, 128. Allgemein *Bickenbach,* Das Bescheidungsurteil als Ergebnis einer Verpflichtungsklage, 2006; *Hödl-Adick,* Die Bescheidungsklage als Erfordernis eines interessengerechten Rechtsschutzes, 2000.
²⁶ Str.; s. zB BVerwGE 37, 61; Schoch/Schneider/Bier/*Olbertz,* VwGO Kommentar, 33. EL Juni 2017, § 155 Rn. 3; Eyermann/*Schmidt,* VwGO, § 113 Rn. 43.
²⁷ S. etwa BVerwGE 114, 115 (118); *BVerwG* NVwZ 1984, 652.
²⁸ Hierzu *L. Hummel,* JuS 2011, 502; „Grundwissen" bei *Voßkuhle/Wischmeyer,* JuS 2016, 1079; Klausurfall bei *Helbich/Schübel-Pfister,* JuS 2017, 520.
²⁹ *BVerwG* NVwZ 2015, 986 (987 f.); NVwZ 2013, 1550 (1551); BVerwGE 109, 74 (76); 106, 295 (296); 89, 354 (355).
¹ Weiterer Fall zur Bedingung bereits in Rn. 35; Klausuren bei *Stark/Christmann,* JuS 2017, 430; *Kluckert,* JuS 2017, 610; *Klement,* JuS 2010, 1088; „Grundwissen" bei *Voßkuhle/Kaiser,* JuS 2012, 699.

§ 10. Begünstigende Verwaltungsakte mit Nebenbestimmungen

1. Unterschiedliche Folgen der einzelnen Nebenbestimmungen

An die verschiedenen Nebenbestimmungen knüpfen sich unterschiedliche Rechtsfolgen: Tritt eine *auflösende Bedingung*[2] ein oder läuft seine *Befristung* ab, erlischt der Verwaltungsakt *automatisch* (§ 36 II Nr. 1, 2 VwVfG). Der *Widerrufsvorbehalt* (§ 36 II Nr. 3 VwVfG)[3] ermächtigt die Behörde, die Erlaubnis *durch Verwaltungsakt* (= actus contrarius) zu widerrufen (§ 49 II 1 Nr. 1 VwVfG). Hier wird die Erlaubnis also erst mit dem Widerruf beseitigt. Eine *Auflage* enthält ein Gebot (§ 36 II Nr. 4 VwVfG) und kann deshalb selbständig durchgesetzt werden. Ist das untunlich, kann die Behörde stattdessen die Erlaubnis widerrufen (§ 49 II 1 Nr. 2 VwVfG), soweit der Grundsatz der Verhältnismäßigkeit nicht entgegensteht. *Keine Nebenbestimmung* im eigentlichen Sinne ist die *„modifizierende" Auflage.*[4]

166

> **Beispiel:** Mit der Bezeichnung als „Auflage" wird formuliert „Die Anlage ist so zu betreiben, dass der von ihr ausgehende Lärmpegel den Wert x nicht übersteigt".

Derartige „Auflagen" treffen keine Nebenregelung. Sie schränken vielmehr den *Inhalt* der Erlaubnis als solchen ein[5] oder verändern den Inhalt gegenüber dem Genehmigungsantrag. Anders als eine „normale" Festlegung zum Inhalt der Erlaubnis[6] (= gestaltender VA) enthält die „modifizierende" Auflage *zusätzlich* das (vollstreckbare) *Gebot* (= Verfügung im engeren Sinne, Rn. 31, 38), die Einschränkung/Veränderung *einzuhalten.*

Im *Ausgangsfall* ergibt die *Auslegung*, dass die Gaststättenerlaubnis auflösend bedingt ist. Sie soll *automatisch* „als erloschen betrachtet werden". Damit kommt ein Vorgehen nach § 31 GastG iVm 15 II 1 GewO in Betracht: Ist die Bedingung eingetreten, wird die Gaststätte ohne die erforderliche Genehmigung betrieben. Die Behörde kann die „Fortsetzung des Betriebes" verhindern, wenn sich nachfolgend nichts anderes ergibt.

2. Zulässigkeit von Nebenbestimmungen

§ 36 VwVfG und ein etwa einschlägiges Spezialgesetz bestimmen, wann eine Nebenbestimmung zulässig ist.[7]

167

Im *Ausgangsfall* (Rn. 165; *gebundene* Erlaubnis, s. § 4 GastG) ist § 36 I VwVfG einschlägig. „Durch Rechtsvorschrift" (§ 36 I Alt. 1 VwVfG) wird eine auflösend bedingte Gaststättenerlaubnis nicht zugelassen. Zur „Sicherstellung" der „gesetzlichen Voraussetzungen" (§ 36 I Alt. 2 VwVfG) der Erlaubnis (Zuverlässigkeit des *X*, § 4 I Nr. 1 GastG) wäre die automatisch greifende auflösende Bedingung ein Übermaß, ein Beschäftigungsverbot durch Auflage das mildere Mittel. – Verwaltungsakte, die im *Ermessen* der Behörde stehen, können gem. § 36 II VwVfG mit Nebenbestimmungen versehen werden, solange die Beifügung nicht ermessensfehlerhaft (Rn. 84 ff.) ist. *Fehlerbeispiel:* Baudispens (Rn. 157) unter der aufschiebenden Bedin-

---

[2] Von ihr ist der *„vorläufige" VA* (Rn. 174) zu unterscheiden. Gemäß *BVerwG* NVwZ 2015, 1764 können eine Bedingung auslösende Ereignisse nur *von der Außenwelt wahrnehmbare* Handlungen, Erklärungen oder Geschehnisse sein.
[3] Liegen die Voraussetzungen eines gebundenen begünstigenden Verwaltungsakts im Zeitpunkt seines Erlasses vor, darf er nicht nach § 36 I Var. 2 VwVfG mit dem Vorbehalt des Widerrufs für den Fall versehen werden, dass diese Voraussetzungen *künftig wegfallen*; s. BVerwGE 153, 301 m. Anm. *Waldhoff,* JuS 2016, 959.
[4] Zu ihr *BVerwG* NVwZ 1984, 366; DÖV 1974, 380.
[5] Daher ist die *nachträgliche* modifizierende Auflage Teilrücknahme.
[6] Zur Abgrenzung zur „modifizierenden Auflage" s. BVerwGE 69, 37 (39).
[7] Einzelheiten bei *Ruffert* in Ehlers/Pünder, Allg. VerwR, § 23 Rn. 12 ff.; s. a. BVerwGE 60, 269.

gung, dass ein Teil des Grundstücks kostenlos für den Straßenbau übereignet wird (= unzulässige Koppelung zu einem baurechtsfremden Zweck, § 36 III VwVfG).[8]

3. Prinzipielle Wirksamkeit unangefochtener rechtswidriger Nebenbestimmungen

168 Leicht wird übersehen, dass grundsätzlich auch eine rechtswidrige Nebenbestimmung volle Wirksamkeit entfaltet, solange sie nicht angefochten worden ist. Auch hier sind nämlich die allgemeinen Grundsätze über die Gültigkeit von Verwaltungsakten (Rn. 33 ff.) anzuwenden.[9] Nur ein besonders schwerwiegender und gleichzeitig evidenter Fehler macht die Nebenbestimmung nichtig (§ 44 I VwVfG). Von vornherein unbeachtlich ist eine rechtswidrige, nicht nichtige Nebenbestimmung lediglich dann, wenn der *Gesetzgeber* das als Durchbrechung der allgemeinen Grundsätze im Einzelfall *specialiter* angeordnet hat.

Im *Ausgangsfall* (Rn. 165) wäre es damit verfehlt, die *Bedingung* nach Feststellung ihrer Rechtswidrigkeit schon für unbeachtlich zu halten. Nur wenn man die Bedingung als nichtig ansähe, könnte die Erlaubnis nicht (durch Eintritt der Bedingung) automatisch erloschen sein.

Parallel zur Vollstreckung von Verwaltungsakten sind auch eine *Auflage* und ein *Widerrufsvorbehalt* grundsätzlich vollziehbar, ohne dass der belastete Bürger sich darauf berufen könnte, die Nebenbestimmung sei rechtswidrig.[10] Die gegenteilige Auffassung[11] übergeht die *Regelungsfunktion* (Rn. 33 ff.) des Verwaltungsakts. Als Bestandteil des begünstigenden Verwaltungsakts der Bewilligung enthalten Auflage und Widerrufsvorbehalt die *verbindliche, abschließende* Regelung, dass der Bürger die (vollstreckbare) Auflage zu befolgen hat und dass die Bewilligung bei Nichtbefolgung der Auflage oder im Gefolge eines Widerrufsvorbehalts widerrufen werden kann. § 49 II 1 Nr. 1, 2 VwVfG verlangen als Widerrufsgrund nur einen *gültigen* Widerrufsvorbehalt oder eine *gültige* Auflage.[12] Solange die Rechtswidrigkeit von Auflage oder Widerrufsvorbehalt nicht objektiv[13] oder in der subjektiven Überzeugung der Behörde feststeht, ist der Widerruf auch nicht ermessensfehlerhaft. Weil der Betroffene seinerzeit die Anfechtungsfristen versäumt hat, ist die Behörde nicht verpflichtet, die (nur subjektive) Rechtsauffassung des Betroffenen (Rechtswidrigkeit der Nebenbestimmung) zu überprüfen. Wie bei der Vollstreckung (Rn. 133) bestehen Ausnahmen, wenn der Bürger einen Anspruch auf Beseitigung der Nebenbestimmung im Rahmen einer Wiederaufnahme des Verfahrens hat[14] oder wenn die Genehmigung etwa vor dem Hintergrund des Art. 12 I GG auf Antrag des Bürgers ohne Weiteres wieder erteilt werden müsste (dolo facit, qui petit, quod statim redditurus est[15]).

Kraft *spezialgesetzlicher Regelung* ist der *Widerruf* andererseits *ausgeschlossen,* wenn ein Gesetz die Widerrufsgründe von § 49 II 1 Nr. 1, 2 VwVfG abweichend (abschließend) aufzählt und dabei Widerrufsvorbehalt und/oder Auflage nicht erwähnt[16] oder auf Tatbestände be-

---

[8] Parallele Fallgestaltung (Auflage) in BVerwGE 36, 145 ff. Weiteres Beispiel: *BVerwG* NJW 1982, 2269.
[9] BVerwGE 29, 261 (266); *BVerwG* NVwZ 2011, 825 (826); NVwZ-RR 1994, 580; NVwZ 1987, 498 (499).
[10] *BVerwG* NVwZ-RR 1994, 580; NVwZ 1987, 498 (499); *BFH* NVwZ 1983, 640.
[11] Für den Widerrufsvorbehalt zB *Maurer/Waldhoff,* Allg. VerwR, § 11 Rn. 62; *Ruffert* in Ehlers/Pünder, Allg. VerwR, § 23 Rn. 7, § 25 Rn. 7.
[12] Zur *Anwendbarkeit* des § 49 (und nicht des § 48) VwVfG *trotz Rechtswidrigkeit der Nebenbestimmung* s. *BVerwG* NVwZ 1987, 498, sowie allgemein Rn. 176. § 48 VwVfG ist nur anwendbar, wenn die Behörde die Aufhebung nach ihrem Ermessen (!) auf die *Rechtswidrigkeit* des Verwaltungsakts und nicht auf den Widerrufsvorbehalt stützt.
[13] Insoweit dürfte eine *offensichtliche* Rechtswidrigkeit ausreichen, s. *BVerwG* NVwZ-RR 1994, 580.
[14] So jedenfalls *OVG Münster* E 21, 193 (Gesetzesänderung).
[15] Zur Anwendbarkeit dieses Grundsatzes im öffentlichen Recht *BVerwG* NJW 1989, 118 (119).
[16] So § 33 II GewO aF; dazu BVerwGE 45, 235 (241 f.); *BVerwG* NVwZ-RR 1994, 580.

grenzt, die durch die vorliegende Nebenbestimmung nicht erfüllt werden (möglich zB bei § 21 I Nr. 1 BImSchG).

4. Inhaltliche Modifizierung durch Umdeutung (§ 47 VwVfG)

§ 47 VwVfG gestattet es unter bestimmten Voraussetzungen, den Regelungsgehalt eines rechtswidrigen Verwaltungsakts im Wege der Umdeutung[17] zu verändern.[18] Demgemäß kann eine rechtswidrige Nebenbestimmung in eine andere Nebenbestimmung umgedeutet werden, wenn *deren* Rechtmäßigkeitsvoraussetzungen *vorliegen*. Das gilt nach dem klaren Gesetzeswortlaut nicht nur, wenn die rechtswidrige Nebenbestimmung nichtig ist, sondern insbesondere auch, wenn sie trotz ihrer Rechtswidrigkeit *gültig* ist.[19] § 47 VwVfG *modifiziert* also den *Regelungsgehalt* des unangefochtenen rechtswidrigen Verwaltungsakts und hat somit Relevanz für die Lehre von der Bestandskraft (Rn. 33 ff.). 169

Im *Ausgangsfall* (Rn. 165) lässt sich die rechtswidrige Bedingung in eine rechtmäßige Auflage umdeuten. Obgleich (bei Gültigkeit der rechtswidrigen Bedingung) „an sich" verbindlich geregelt ist, dass die Erlaubnis mit Beschäftigung der *B* automatisch erlischt, tritt diese Rechtsfolge nach der Umdeutung in eine Auflage nicht mehr ein. Vielmehr muss die Behörde zunächst versuchen, die Auflage durchzusetzen. Nur wenn ihr das nicht gelingt, ist sie gem. § 49 II 1 Nr. 2 VwVfG berechtigt, die Erlaubnis (durch actus contrarius) zu widerrufen. Erst nach diesem Widerruf ist die gleiche Situation gegeben, die bei Eintritt der Bedingung „an sich" sofort vorliegen würde.

Ob für die Umdeutung ein Verwaltungsakt der Behörde erforderlich ist,[20] ist strittig. Das *BVerwG* lässt auch die richterliche Umdeutung zu.[21]

5. Nichtige Nebenbestimmungen in ihrer Auswirkung auf den Gesamtverwaltungsakt

Ist eine Nebenbestimmung (ausnahmsweise) nichtig und auch nicht durch Umdeutung in eine rechtmäßige Nebenbestimmung (Rn. 169) zu heilen, fragt sich, ob diese *Teilnichtigkeit* die *gesamte* Erlaubnis infiziert und so schon von Anfang an der Zustand besteht (keine Erlaubnis), der mithilfe der Nebenbestimmung an sich erst später herbeigeführt werden könnte. Gem. § 44 IV VwVfG ist der Verwaltungsakt „im Ganzen nichtig, wenn der nichtige Teil so wesentlich ist, dass die Behörde den Verwaltungsakt ohne den nichtigen Teil nicht erlassen hätte". 170

Es ist verfehlt, wenn zur Exegese dieser Vorschrift (weiterhin[22]) Gedanken aus § 139 BGB herangezogen werden und entsprechend untersucht wird, ob die *Behörde* die nichtige Nebenbestimmung für so wesentlich ansieht, dass *sie* den Verwaltungsakt nach ihrer subjektiven Intention ohne die Nebenbestimmung nicht erlassen haben würde. § 44 IV VwVfG steht – anders als § 139 BGB – nicht im Kontext der *subjektiven* Willensautonomie, welche die Rechtsgeschäftslehre des Privatrechts beherrscht. § 44 IV VwVfG ist vielmehr eingebunden in die *objektive Gesetzes*gebundenheit und Funktion der Verwaltungstätigkeit und entsprechend auszulegen: Es kommt darauf an, ob der nichtige Teil nach der *objektiven Gesetzes*lage so 171

---

[17] Hierzu zB *Leopold,* Jura 2006, 895; *Laubinger,* VerwArch 78 (1987), 207; *Wirth,* Umdeutung fehlerhafter Verwaltungsakte, 1991.
[18] Die bloße Veränderung der rechtlichen Begründung bei Fortbestehen des Regelungs*inhalts* ist keine Umdeutung: BVerwGE 80, 96 (97).
[19] BVerwGE 110, 111 (114).
[20] So zB *Kopp/Ramsauer,* VwVfG, § 47 Rn. 8 ff.; *Windthorst/Lüdemann,* NVwZ 1994, 244.
[21] BVerwGE 110, 111 (114); 108, 30 (35); 62, 300 (306); *BVerwG* NVwZ 1984, 645.
[22] Zu dieser früheren Praxis *BVerwG,* DÖV 1974, 381.

wesentlich ist, dass eine *gesetzestreue* Behörde den Verwaltungsakt ohne den nichtigen Teil nicht erlassen hätte.[23]

Das Willenselement ist so jedenfalls ausgeschaltet, wenn der Antragsteller einen gesetzlichen *Anspruch* auf die Erlaubnis (= *gebundene* Entscheidung) hat.[24] Im *Ausgangsfall* (Rn. 165) *musste* die Behörde eine *unbedingte* Erlaubnis erteilen. Es ist kein Grund ersichtlich, warum eine derart unbedingte Erlaubnis nicht erhalten bleiben sollte, wenn man die rechtswidrige Bedingung – entgegen den bisherigen Ausführungen – als nichtig ansieht und die Umdeutung verneint. Die B nicht zu beschäftigen, kann dem X auch nachträglich gemäß § 21 I GastG aufgegeben werden.

172 Aber auch im Bereich der *Ermessensverwaltung* dürfte für die Ausgangsproblematik im *Beispielsfall* des Baudispenses mit unzulässiger Koppelung (Rn. 167) nicht auf den Willen der Behörde abzustellen sein,[25] wenn man (ungeprüft) davon ausgeht, dass die aufschiebende Bedingung (kostenlose Übereignung eines Grundstücksteils) nichtig ist. Die Behörde *hat* das ihr eingeräumte Ermessen in *sachlicher* Erwägung zugunsten des *E* betätigt, nämlich in dem ihr vom Gesetzgeber eingeräumten Entscheidungsrahmen keine Bedenken dagegen gezeigt, dass *E* bestimmte Vorschriften des Baurechts nicht einhält. Die Bedingung beruht auf Erwägungen, die *außerhalb* dieses Rahmens liegen. Lässt man den Dispens jetzt ohne die rechtswidrige Bedingung bestehen, wird das Ermessen der Behörde nicht übergangen. Anders als ein Privatmann im Rahmen seiner Privatautonomie dürfte die Behörde ihren Willen bei erneuter Ermessensbetätigung nicht willkürlich ausüben, den Dispens insbesondere nicht deshalb verweigern, weil sie mit ihm die ursprünglich angestrebte rechtswidrige (!) Zwecksetzung nicht verfolgen darf. Findet sie jetzt doch noch „sachliche" Gründe, liegt der Verdacht des (rechtswidrigen) „détournement de pouvoir" (Rn. 92) auf der Hand.

II. Die Abwehr fehlerhafter Nebenbestimmungen

173 Weil in der Regel auch rechtswidrige Nebenbestimmungen wirksam sind (Rn. 168), muss der Betroffene innerhalb der Anfechtungsfristen versuchen, eine Nebenbestimmung abzuwehren, die ihm nicht genehm ist. Sein Interesse geht dahin, nur die Nebenbestimmung beseitigen zu lassen, die Begünstigung aber aufrechtzuerhalten. Das geschieht im Anschluss an einen erfolglosen Widerspruch über eine *Anfechtungsklage*, die nach der heutigen[26] Rechtsprechung des *BVerwG*[27] im Grundsatz *gegen alle Nebenbestimmungen* iSd § 36 II VwVfG *zulässig* ist; gemäß § 113 I 1 VwGO kann das Verwaltungsgericht einen Verwaltungsakt *teilweise* aufheben, *soweit* er rechtswidrig ist. *Begründet* kann die Anfechtungsklage allerdings nur sein, wenn der Verwaltungsakt bei Aufhebung der Nebenbestimmung *materiell* ohne Änderung seines Inhalts „sinnvoller- und rechtmäßigerweise bestehen bleiben kann"[28] (Kriterien in Rn. 170 ff.). Ist das nicht der Fall, kann die prozessuale Konformität mit der materiellen Rechtslage nur über eine *Verpflichtungsklage* auf Erlass eines *neuen* Verwaltungsakts *ohne* die Nebenbestimmung hergestellt werden.

Damit ist im *Ausgangsfall* (Rn. 165) und im *Beispielsfall* des Baudispenses (Rn. 167) die Anfechtungsklage die adäquate Klageart. Andererseits kann man einer „modifizierenden Auf-

---

[23] Entsprechend *Kopp/Ramsauer*, VwVfG, § 44 Rn. 61 mwN; str.
[24] Ebenso *Ruffert* in Ehlers/Pünder, Allg. VerwR, § 22 Rn. 11; *W. Martens*, DVBl 1965, 428.
[25] Ebenso *W. Martens*, DVBl 1965, 431 f.
[26] Zur früheren Rspr. des *BVerwG*, die je nach Nebenbestimmung differenzierte, *Hufen/Bickenbach*, JuS 2004, 867.
[27] BVerwGE 112, 221 (224); 112, 263 (265); 81, 185 (186); 60, 269 (274 f.).
[28] BVerwGE 112, 221 (224), wonach eine Anfechtungsklage *unzulässig* nur ist, wenn „eine isolierte Aufhebbarkeit offenkundig von vornherein ausscheidet."

§ 11. Rücknahme und Widerruf begünstigender Verwaltungsakte

lage", die qua definitione auch den *Inhalt* der Genehmigung betrifft (Rn. 166), mit Aussicht auf Erfolg nur über eine Verpflichtungsklage entgegentreten.[29]

§ 11. Rücknahme und Widerruf begünstigender Verwaltungsakte

Ausgangsfälle:

(1) Die zuständige Behörde hat der Beamtin *B*, die sie von einem anderen Dienstherrn „abgeworben" hat, durch Verwaltungsakt die Erstattung ihrer Umzugskosten zugesagt, eine Ermessensentscheidung, die nach dem einschlägigen Umzugskostengesetz rechtlich möglich ist. Nachdem *B* umgezogen ist und die Umzugsbelege eingereicht hat, fragt die Behörde, ob sie die Zusage aufheben kann, weil der Landeshaushalt zu angespannt sei.[1]

(2) Student *S* ist von einer Gebühr befreit worden, weil er als bedürftig angesehen wurde. Nach einem Jahr stirbt sein Vater. Zu seiner großen Überraschung erfährt *S* daraufhin, dass sein Vater Millionär war. Als auch die Behörde davon hört, nimmt sie die Gebührenbefreiung zurück. Zu Recht?

(3) Fachbereich *F* hat die Verleihung des Doktorgrades an *D* zurückgenommen, weil der Promotionsausschuss fehlerhaft besetzt gewesen sei. *D* ficht die Rücknahme an, weil sie erheblichen Schaden für ihr wissenschaftliches und persönliches Renommee befürchtet.

174

Aus der Sicht des Bürgers ist es unproblematisch, wenn die Behörde einen Verwaltungsakt beseitigt, der ihn *belastet*. Hier geht es um die Aufhebung *begünstigender* Verwaltungsakte (Umzugskostenzusage, Gebührenbefreiung, Doktorgrad). Als *actus contrarius* ist die Aufhebung ein *belastender* Verwaltungsakt.

Beachte: *Keine* Aufhebung iSd nachfolgenden Grundsätze liegt vor, wenn ein *vorläufiger* VA (Subventionsbewilligung unter dem Vorbehalt endgültiger Entscheidung nach Betriebsprüfung) keinen endgültigen Bestand erhält (ablehnender Bescheid mit Rückforderung der Subvention nach ungünstigem Ausgang der Betriebsprüfung). Mit dem endgültigen Bescheid wird abschließend über den ursprünglichen Antrag entschieden; die vorläufige Regelung ist auch ohne Aufhebung *automatisch* hinfällig.[2]

I. Einstieg in die Falllösung

1. Die erforderliche **Ermächtigungsgrundlage** für die Aufhebung findet sich bisweilen in *Spezialregelungen* (s. zB § 15 GastG,[3] § 25 PBefG, § 14 BBG, §§ 17, 21

175

---

[29] Dafür, dass eine Anfechtungsklage bereits unzulässig ist, sprechen etwa BVerwGE 90, 42 (48); 69, 37 (39); 65, 139 (141).
[1] Fall bei *Götz*, Allgemeines Verwaltungsrecht, 4. Aufl. 1997, S. 190. Weitere Klausuren bei *Linke*, JuS 2018, 259; *Haltern/Manthey*, JuS 2016, 344; *Faßbender*, JuS 2016, 538; *Ingold*, JuS 2014, 40; *Manssen/Greim*, JuS 2010, 429; *Klement*, JuS 2010, 1088; „Grundfälle" bei *Krausnick*, JuS 2010, 594, 681, 778; „Grundwissen" bei *Voßkuhle/Kaufhold*, JuS 2014, 695. S. a. Rn. 39, 277 sowie zu einer unionsrechtlichen Falleinkleidung Rn. 715, 715d, 715e.
[2] BVerwGE 135, 238 (241); 67, 99 (101 f.). Zum vorläufigen VA *Schröder*, Jura 2010, 255; *Schimmelpfennig*, Vorläufige VAe, 1989. § 49a I, III VwVfG findet dennoch entsprechende Anwendung: BVerwGE 135, 238 (244 ff.). Zum *vorsorglichen* VA BVerwGE 81, 94; *Sanden*, DÖV 2006, 811; *Losch*, NVwZ 1995, 235.
[3] Klausur bei *Schoberth*, JuS 2011, 730.

BImSchG, § 46 I FeV), sonst in §§ 48, 49 VwVfG oder in den entsprechenden landesrechtlichen Regelungen.

In den *Ausgangsfällen* findet das VwVfG des Bundes bzw. des einschlägigen Landes Anwendung, weil keine Spezialermächtigungen ersichtlich sind.

176 2. Das VwVfG, auf das sich die nachfolgenden Darstellungen beschränken, unterscheidet zwischen dem **Widerruf** eines *rechtmäßigen* (§ 49) und der **Rücknahme** eines *rechtswidrigen* (§ 48) Verwaltungsakts. Allerdings darf diese Gegenüberstellung nicht missverstanden werden. Die Rechtmäßigkeitsfrage ist *Tatbestandsvoraussetzung* nur für die *Rücknahme,* zu der § 48 VwVfG *wegen* der Rechtswidrigkeit ermächtigt. Demgegenüber setzt der *Widerruf* nach § 49 VwVfG tatbestandlich *nicht* voraus, dass der Verwaltungsakt recht*mäßig* ist.[4] Schon über den Schluss a maiore ad minus wird angenommen, die Widerrufsgründe des § 49 VwVfG müssten „erst recht" für rechtswidrige Verwaltungsakte gelten. Insofern ist der Gesetzeswortlaut des § 49 VwVfG unsorgfältig formuliert.

Vertieft man die Zusammenhänge, geht es um eine Auslegung des § 49 VwVfG im Lichte der *Regelungskraft* des Verwaltungsakts. Nach der Gesetzeslage und damit *rechtmäßig* entfaltet *jeder* Verwaltungsakt die in ihm ausgesprochene Regelungswirkung (Rn. 33), auch der rechtswidrige Verwaltungsakt; der Verwaltungsakt darf nur nicht nichtig oder vom Suspensiveffekt einer Anfechtung erfasst sein. Weil der Verwaltungsakt kraft Gesetzes *rechtmäßig gilt,* kann die Behörde eine belastende Verfügung vollstrecken (Rn. 133) oder eine belastende Nebenbestimmung durchsetzen (Rn. 168), ohne dem Einwand ausgesetzt zu sein, der Verwaltungsakt sei rechtswidrig. Weil der Verwaltungsakt gesetzlich rechtmäßig gilt, kann der Bürger von einem begünstigenden Verwaltungsakt Gebrauch machen, ohne dass der Verwaltungsakt als solcher rechtmäßig sein muss. Im Gegenzug gestattet § 49 VwVfG der Behörde auf der gleichen Linie, den Verwaltungsakt unter bestimmten Voraussetzungen zu widerrufen und seine rechtmäßige Geltung damit zu beseitigen, ohne die Frage nach der Rechtmäßigkeit des Verwaltungsakts als solchem stellen zu müssen. „Richtig" gelesen knüpft § 49 VwVfG so eigentlich nicht an den „rechtmäßigen Verwaltungsakt", sondern an den nach der Gesetzeslage unabhängig von seiner Rechtmäßigkeit „*rechtmäßig gültigen* Verwaltungsakt" an.

§ 48 VwVfG ermächtigt die Behörde, statt auf die Widerrufsgründe des § 49 VwVfG *zusätzlich und insbesondere auch* auf die Rechtswidrigkeit eines Verwaltungsakts abstellen zu können.[5] Ob von § 49 oder § 48 VwVfG Gebrauch gemacht wird und auf welchen Aufhebungsgrund ein Widerruf im Rahmen von § 49 II, III VwVfG gestützt wird, entscheidet die *Behörde* nach ihrem *Ermessen, nicht* ein Gericht oder die Bearbeiter (Parallele in Rn. 88).

II. Widerruf eines rechtmäßig gültigen begünstigenden Verwaltungsakts (§ 49 VwVfG)

177 Der Widerruf[6] eines rechtmäßig gültigen begünstigenden Verwaltungsakts ist gem. § 49 II 1 VwVfG „mit Wirkung für die Zukunft" in den Fällen möglich, die in § 49 II 1 Nr. 1–5 VwVfG *aufgezählt* sind (lesen!). Ferner können Fristen zu beachten

---

[4] So gut wie allg. Meinung; s. etwa *BVerwG* NVwZ 1987, 498; *Kopp/Ramsauer,* VwVfG, § 49 Rn. 5; Stelkens/Bonk/Sachs/*Sachs,* VwVfG, § 49 Rn. 6; *Maurer/Waldhoff,* Allg. VerwR, § 11 Rn. 17; aA etwa *Ruffert* in Ehlers/Pünder, Allg. VerwR, § 25 Rn. 1.

[5] Das gilt auch für einen zunächst rechtmäßigen (Dauer-)VA, der im Zeitablauf rechtswidrig *geworden* ist: BVerwGE 84, 111 (113); 66, 65 (68); *Schenke,* JuS 1991, 547. Zum Rechtsschutz gegen DauerVAe *BVerwG* NVwZ 2012, 510.

[6] Umfassend *Bronnemeyer,* Der Widerruf rechtmäßiger begünstigender Verwaltungsakte nach § 49 VwVfG, 1994.

§ 11. Rücknahme und Widerruf begünstigender Verwaltungsakte

sein (§ 49 II 2 iVm § 48 IV VwVfG). In den Fällen von § 49 II 1 Nr. 3–5 VwVfG ist eventuell eine Entschädigung zu zahlen (§ 49 VI VwVfG, Rn. 335). Für *Zuwendungsbescheide*, die Geldleistungen (oder teilbare Sachleistungen) zur Erfüllung eines bestimmten Zwecks gewähren (Beispiel: Subventionen, Rn. 228 ff.), wird § 49 II VwVfG durch § 49 III VwVfG ergänzt und überlagert. Derartige Bescheide können[7] gem. § 49 III 1 Nr. 1 VwVfG *auch* widerrufen werden, wenn die Zuwendung nicht zweckentsprechend verwendet worden ist – und das mit Wirkung für die Vergangenheit (Fall in Rn. 272).

Im *Ausgangsfall 1* (Rn. 174) kommt allenfalls ein Widerruf nach § 49 II 1 Nr. 3 VwVfG in Betracht. Aber eine nähere Sachaufklärung dürfte kaum ergeben, dass die Haushaltsmisere eine „nachträglich" eingetretene Tatsache" iS dieser Vorschrift ist.[8]

III. Rücknahme eines rechtswidrigen begünstigenden Verwaltungsakts (§ 48 VwVfG)[9]

In den *Ausgangsfällen 2* und *3* (Rn. 174) hat die Behörde nach der Sachverhaltsschilderung („Rücknahme") für die Bearbeiter verbindlich auf die Rechtswidrigkeit der Verwaltungsakte abgestellt (§ 48 VwVfG), und das zu Recht. Im *Ausgangsfall 2* ist die Gebührenbefreiung rechtswidrig, weil *S objektiv* nicht bedürftig war (Unterhaltsansprüche gegen den Vater als Vermögenswert) und daher die Voraussetzungen der Gebührenbefreiung nicht gegeben waren; auf die Kenntnis des *S* oder der Behörde kommt es hier nicht an (häufiger Fehler!). Im *Ausgangsfall 3* macht die fehlerhafte Besetzung des Prüfungsausschusses die Promotion rechtswidrig.

178

Wie jedes Ermessen ist auch das Rücknahmeermessen des § 48 I VwVfG beschränkt, vor allem durch den verfassungskräftigen *Gedanken des Vertrauensschutzes* als Element des Rechtsstaatsprinzips.[10] Für Verwaltungsakte, die *Geldleistungen (oder teilbare Sachleistungen)* gewähren oder dafür Voraussetzung sind (= *Ausgangsfall 2*), geht es dabei *ausschließlich* um die Alternative: Rücknahme oder Fortbestand; § 48 II VwVfG kodifiziert im Einzelnen, wann der Vertrauensschutzgedanke die Rücknahme ausschließt, der Vermögensvorteil dem Begünstigten also bestandsgeschützt erhalten bleibt. Bei anderen Verwaltungsakten, die *nicht* auf Geldleistungen gerichtet sind (Beispiel: rechtswidrige Baugenehmigung), würde ein *Bestandsschutz* (keine Rücknahme der Genehmigung) häufig über das hinausgehen, was der Vertrauensschutz fordert. Der Vertrauens*tatbestand* liegt oft lediglich in *Vermögensdispositionen*, die der Begünstigte getroffen hat (Kauf von Baumaterialien). In solchen Fällen ist die *Rücknahme* (der rechtswidrigen Baugenehmigung) *nicht* ausgeschlossen. § 48 III VwVfG genügt dem Vertrauensschutzgedanken schon dadurch, dass er dem Begünstigten einen Anspruch auf Ausgleich des Vertrauens*schadens* einräumt (Rn. 335). Wenn der Vertrauenstatbestand allerdings im *immateriellen* Bereich angesiedelt ist (= *Ausgangsfall 3*, Promotion), kann ihm auch jetzt nur durch die *Aufrechterhaltung* der rechtswidrigen Begünstigung (also der Promotion) Genüge getan werden. Falls der Vertrauensschutz das öffentliche Interesse an der Rücknahme des

---

[7] Hier ist der Widerruf die „gesetzlich intendierte Regelfolge": BVerwGE 105, 55 (57 ff.).
[8] Entsprechend die Lösung bei Götz, Allgemeines Verwaltungsrecht, 4. Aufl. 1997, S. 190.
[9] Zur Abgrenzung von der *Berichtigung* wegen „offenbarer Unrichtigkeit" (§ 42 VwVfG) BVerwGE 40, 212 (216); *BVerwG* NJW 1976, 532. Zu *Spezialfragen* bei der Rücknahme *unionsrechtswidriger Beihilfebescheide* s. Rn. 715, 715d, 715e.
[10] St. Rspr.; s. etwa BVerwGE 40, 212; 19, 188 ff.; BVerfGE 59, 128 (166). S. allgemein *Voßkuhle/Kaufhold*, JuS 2011, 794. Dies gilt nicht zwischen Verwaltungsträgern, s. *OVG Lüneburg* NVwZ-RR 2013, 584.

Verwaltungsakts überwiegt, wird hier das Ermessen zur Rücknahme aus § 48 I 1 VwVfG unmittelbar durch den *verfassungskräftigen* Grundsatz des Vertrauensschutzes ausgeschlossen.[11]

179 In der Fallbearbeitung ist folgender Gedankengang angezeigt:

(1) **Rechtswidrigkeit des Verwaltungsakts** (in den *Ausgangsfällen 2 und 3* eingangs schon bejaht).

(2) Rücknahme innerhalb der **Frist** des § 48 IV VwVfG.[12]

(3) § 48 I 1 VwVfG = **Rücknahmeermessen** als *Grundsatz*.

(4) **Vertrauensschutz** = Bestandsschutz bei Verwaltungsakten iSv **§ 48 II VwVfG** (= Geld- oder teilbare Sachleistungen, *Ausgangsfall 2*).

180 (a) Hat der Begünstigte auf den *Bestand* des Verwaltungsakts „*vertraut*" (§ 48 II 1)?

181 (b) Was ist im Einzelfall *schutzwürdiger:* das Vertrauen oder das öffentliche Interesse an der Rücknahme (§ 48 II 1 VwVfG)?

– Schutzwürdigkeit des Begünstigten wegen *Betätigung*[13] des Vertrauens (= *Vertrauenstatbestand*) durch gewisse Vermögensdispositionen im Rahmen der Wertungs*regel* des § 48 II 2 VwVfG?

– *Keine* Schutzwürdigkeit des Begünstigten wegen Vorliegens der Voraussetzungen des § 48 II 3 Nr. 1–3 VwVfG (lesen!)?

– Sonst Einzelabwägung nach § 48 II 1 VwVfG: *Wie schwer* trifft die Rücknahme den Begünstigten, und *welche* öffentlichen Interessen sind auf der anderen Seite *konkret* im Spiel?

Bei ungerechtfertigten fortlaufenden Geldleistungen ist für die Vergangenheit zumeist ein Vertrauenstatbestand (§ 48 II 2 VwVfG) anzunehmen, weil der Bürger seine Lebenshaltung auf die höheren Bezüge umgestellt hat. Für die Zukunft besteht hingegen kein Vertrauenstatbestand, falls der Bürger nicht zB seinen Wohnsitz mit Rücksicht auf einen (rechtswidrigen) Rentenbescheid verlegt hat.[14] Daher ist bei fortlaufenden Geldleistungen die Rücknahme des Bewilligungsbescheides ex nunc zumeist ohne Weiteres zulässig, die Rücknahme ex tunc hingegen wegen der Wertungsregel des § 48 II 2 VwVfG problematisch.[15]

Im *Ausgangsfall 2* ist ein Vertrauenstatbestand gegeben, weil auch *S* seine Lebenshaltung aufwendiger gestaltet hat, als er es ohne die Gebührenbefreiung hätte tun können. *S* verfügt aber reichlich über liquide Mittel. Als Ausnahme von der (nur) Wertungs*regel* des § 48 II 2 VwVfG ist daher *sein* Vertrauen *nicht schutzwürdig.* Außerdem hat *S* die Gebührenbefreiung durch (objektiv)[16] unrichtige Angaben über seine Unterhaltsansprüche erwirkt (§ 48 II 3 Nr. 2 VwVfG). Damit *kann* die Behörde die Gebührenbefreiung zurücknehmen.

182 (5) **Vertrauensschutz** als (ausnahmsweise) *Bestandsschutz* bei Verwaltungsakten iSv **§ 48 III VwVfG** *(Ausgangsfall 3),* verankert unmittelbar im Rechtsstaatsprinzip des GG (Rn. 178).

---

[11] Derartige Ermessensbindungen unmittelbar aus dem GG sind in der Ermessenslehre geläufig, s. Rn. 95 ff.

[12] Nach BVerwGE (GS) 70, 356 findet § 48 IV 1 VwVfG auch Anwendung, wenn die Behörde erst nachträglich *erkennt,* dass sie den beim Erlass eines begünstigenden Verwaltungsakts vollständig bekannten Sachverhalt unzureichend berücksichtigt oder unrichtig gewürdigt und deswegen rechtswidrig entschieden hat. Die Frist beginnt zu laufen, wenn die Behörde die Rechtswidrigkeit des Verwaltungsakts erkannt hat und ihr die für die Rücknahmeentscheidung außerdem erheblichen Tatsachen vollständig bekannt sind. Nach *OVG Münster* NVwZ-RR 2010, 630 muss der Behörde auch die VA-Qualität bekannt sein.

[13] Das Erfordernis dieses Vertrauens*verhaltens* wird besonders deutlich in BVerwGE 24, 294 (297 u. Ls).

[14] BVerwGE 9, 251.

[15] Besonders deutlich zum Vorausgegangenen BVerwGE 52, 201 (213); 19, 188 (190 f.).

[16] Dies reicht aus: BVerwGE 78, 139 (142 f.); 74, 357 (364).

§ 12. Verwaltungsakt und Drittinteresse

(a) Immaterieller Vertrauenstatbestand, der durch den Geldausgleich in § 48 III VwVfG nicht kompensiert werden kann (vgl. Rn. 180)?

(b) Was ist im Einzelfall *schutzwürdiger:* das betätigte Vertrauen oder das öffentliche Interesse an der Rücknahme (vgl. Rn. 181)?

Im *Ausgangsfall 3* dürfte der Vertrauensschutz der *D* überwiegen, solange *D* die Promotionsprüfung nicht gerade nur *wegen* der falschen Besetzung des Promotionsausschusses bestanden haben könnte.

(6) Finanzieller Ausgleich gemäß § 48 III VwVfG (Rn. 335).

§ 12. Verwaltungsakt und Drittinteresse

Bisher ging es stets nur um das Verhältnis zwischen der Behörde und dem *Adressaten* eines begünstigenden oder belastenden Verwaltungsakts. Häufig sind aber auch Fallgestaltungen anzutreffen, in denen ein Bürger die Verwaltung auffordert, zu seinen Gunsten *einen Dritten zu belasten.* 183

> **Beispiele:** X verlangt von der zuständigen Behörde, einer benachbarten Fabrik den Betrieb von Exhaustoren (Entlüftern)[1] oder einer Kirche das Glockengeläut[2] zu verbieten, weil er in seiner Nachtruhe gestört werde; von einem Nachbargrundstück scharfe Munition zu entfernen, die zu explodieren drohe;[3] seine Garagenausfahrt durch Parkverbotszeichen freizuhalten;[4] gegen Auswüchse bei Demonstrationen einzuschreiten, die ihm Nachteile brächten;[5] andauernde Verstöße eines Konkurrenten gegen das Ladenschlussgesetz zu unterbinden (= *Ausgangsfall 2* in Rn. 202); seinem Nachbarn den Abriss eines „Schwarzbaus" zu gebieten[6] oder die Errichtung eines nicht genehmigungspflichtigen Wohnhauses zu verbieten, weil eine im Bebauungsplan festgelegte Baulinie (§ 23 II BauNVO) nicht eingehalten werde (= *Ausgangsfall 1* in Rn. 202).

Parallel dazu stehen Fallgestaltungen, in denen sich der Bürger *gegen eine Begünstigung* wendet, die einem *Dritten* durch Verwaltungsakt[7] zuteilgeworden ist. 184

> **Beispiele:** X wendet sich gegen die Erteilung eines Reisepasses an seine Ehefrau, weil diese aus dem Ausland keinen Unterhalt mehr zahlen werde (= *Ausgangsfall 1* in Rn. 192); gegen eine Gaststättenerlaubnis, weil er Lärmbelästigungen und sonstige Unannehmlichkeiten fürchtet; gegen eine Baugenehmigung für ein genehmigungsbedürftiges Vorhaben, weil der Bauherr sich ihm gegenüber verpflichtet habe, das Grundstück nicht zu bebauen, oder weil eine im Bebauungsplan festgelegte Baulinie nicht eingehalten werde (= *Ausgangsfall 2* in Rn. 192).[8]

---

[1] *OVG Lüneburg* DVBl 1960, 648.
[2] BVerwGE 68, 62; 90, 163.
[3] Vgl. *BGH* VerwRspr. 5, 319.
[4] BVerwGE 37, 112.
[5] *OLG Celle* JuS 1971, 489.
[6] Zur formellen und materiellen Illegalität bei bauordnungsrechtlichen Eingriffen *Lindner,* JuS 2014, 118.
[7] Zum Schutz gegen einen drittbegünstigenden öffentlichrechtlichen (Subventions-)*Vertrag OVG Münster* NVwZ 1984, 522.
[8] Weiterer Klausurfälle bei *Goldhammer/Hofmann,* JuS 2014, 434; *Schoberth,* JuS 2011, 730.

I. Subjektives Recht

185 Schlüssel zur Lösung derartiger Fälle ist stets die *Unterscheidung* zwischen der Rechtslage nach *objektivem Recht* und *subjektiven Rechten* des Bürgers. Es genügt nicht, dass die Behörde nach objektivem Recht zum Einschreiten gegen den Dritten verpflichtet ist; nur wenn der daran interessierte Bürger ein *subjektives* Recht (Anspruch) auf das Einschreiten hat, kann gerade *er* es erzwingen.[9] Ebenso wenig reicht es aus, wenn die Drittbegünstigung objektiv rechtswidrig ist; erst wenn der durch sie belastete Bürger ein *eigenes subjektives Recht* hat, kraft dessen er von der Behörde die Einhaltung des objektiven Rechts *verlangen* darf, kann *er* die Beseitigung der Drittbegünstigung durchsetzen.

1. Schutznormtheorie (BVerwG)

186 Das Vorliegen eines subjektiven Rechts beurteilt sich entsprechend der heute allgemeinen Ansicht nach der *„Schutznormtheorie"* des *Bundesverwaltungsgerichts*.[10] Auszugehen ist von der für die Rechtswidrigkeit des staatlichen Handelns oder Unterlassens maßgeblichen Norm. Entscheidend ist, ob diese Norm bloß dem Schutz öffentlicher Interessen oder *auch* dem *Individualinteresse* des klagenden Bürgers dient – und zwar derart, dass er die Einhaltung der Norm soll verlangen können.[11] Dabei geht es um die *„Auslegung* der jeweiligen Norm nach Sinn und Zweck".[12] Es kommt darauf an, dass sich aus individualisierenden Tatbestandsmerkmalen der Norm ein *(geschützter) Personenkreis* entnehmen lässt, *der sich von der Allgemeinheit unterscheidet.*[13]

187 Ob eine konkrete Norm den Anfechtenden schützt, muss in der Hausarbeit über ein intensives Eindringen in die Rechtsprechung ermittelt werden.[14] Für die Auslegung von Landesrecht kommt dabei der Ansicht des letztinstanzlich zuständigen Oberverwaltungsgerichts besondere Bedeutung zu. In der Klausur sind die Bearbeiter auf präsente Kenntnisse angewiesen sowie (bei unbekannteren Normen) auf eine sorgfältige Auslegung der jeweiligen Vorschrift:

Die Normen des *Bauordnungsrechts* (Bauordnungen der Länder, Rn. 155) sind *jedenfalls* „nachbarschützend", soweit es um den klausurträchtigen Bereich der seitlichen Grenzabstände geht.[15]

Bauplanungsrecht (Rn. 155): Inwieweit die normativen *Festlegungen eines Bebauungsplans* nachbarschützend sind, hängt im Grundsatz vom Willen des *Satzungsgebers* und nicht von den

---

[9] „Grundwissen" zum subjektiven öffentlichen Recht bei *Voßkuhle/Kaiser*, JuS 2009, 16.
[10] S. zB *Ramsauer*, JuS 2012, 769. Im Kontext des mitgliedstaatlichen Vollzugs von Unionsrecht stellt sich die Frage der Modifizierung bzw. Ersetzung der Schutznormtheorie; dazu Rn. 720a.
[11] St. Rspr.; s. etwa BVerwGE 111, 276 (280); 107, 215 (220). Den Grundstein der Schutznormtheorie legte *Ottmar Bühler*, Die subjektiven öffentlichen Rechte und ihr Schutz in der deutschen Verwaltungsrechtsprechung, 1914, S. 224. S. a. *G. Schwerdtfeger*, NVwZ 1983, 199 (200) zur Struktur der drittschützenden Norm; *A. Schwerdtfeger*, Der deutsche Verwaltungsrechtsschutz unter dem Einfluss der Aarhus-Konvention, 2010, S. 58 ff.
[12] BVerwGE 107, 215 (220); *BVerwG* NVwZ 1987, 409.
[13] *BVerwG* NVwZ 1987, 409 (leading case, lesen!) unter Aufgabe bisher anderslautender Rechtsprechung.
[14] Den Einstieg vermitteln die neusten Kommentare zur jeweiligen Norm und zu § 42 II VwGO.
[15] Zusammenfassend dazu BGHZ 66, 354.

§ 12. Verwaltungsakt und Drittinteresse

nur an die planende Gemeinde gerichteten typisierenden Vorschriften der BauNVO ab.[16] Demgemäß darf im *Beispielsfall* der Baulinie (Rn. 183 f.) nicht gefragt werden, ob die Regelungen zur Baulinie in § 23 II BauNVO nachbarschützend sind. Entscheidend ist vielmehr, ob der *Satzungsgeber* mit der Festsetzung der Baulinie *neben* der Bauästhetik *auch* die Interessen des *Nachbarn* hat berücksichtigen wollen. – Unabhängig vom Willen der Gemeinde sind allerdings §§ 2–14 BauNVO mit ihren Einzelfestlegungen zur Zulässigkeit von Vorhaben im von der Gemeinde festgelegten Baugebiet nachbarschützend. Mit dem Typen*zwang* hat die BauNVO *hier* die möglichen Bodennutzungskonflikte zwischen den Grundstückseigentümern im Baugebiet *selbst* entschieden und den Grundstückseigentümern korrespondierende subjektive Rechte eingeräumt.[17] Nachbarschützend ist ferner § 15 I BauNVO mit dem in ihm enthaltenen *Gebot der Rücksichtnahme*,[18] durch das die Zulässigkeit von Vorhaben gegenüber den Festsetzungen des Bebauungsplans zusätzlich eingeschränkt wird. – Mit dem Gebot der Würdigung nachbarlicher Interessen hat des Weiteren § 31 II BauGB (*Befreiung* von Festsetzungen eines Bebauungsplanes) nachbarschützende Wirkung.[19] Soweit *seine* Interessen berührt werden,[20] erhält der Nachbar so Schutz *auch* gegen die Abweichung von „an sich" nicht nachbarschützenden Vorschriften eines Bebauungsplans. Das gilt, soweit die Baugenehmigungsbehörde dem Bauherrn eine Befreiung tatsächlich erteilt hat. – *Fehlt* es an einer *erforderlichen Befreiung*, entsteht Nachbarschutz „in entsprechender Anwendung des § 15 I BauNVO unter Berücksichtigung der Interessenbewertung nach § 31 II BauGB."[21] Wenn § 15 I BauNVO Drittschutz gegen Baugenehmigungen vermittelt, die den Festsetzungen eines Bebauungsplans entsprechen, muss der Regelungsgehalt des § 15 I BauNVO *erst recht* gelten, wenn diese Entsprechung fehlt. Dabei kann der Bauherr drittschutzmäßig nicht schlechter stehen, als er stünde, wenn die bei Nichteinhaltung des Bebauungsplans *jedenfalls* erforderliche Befreiung nach § 31 II BauGB erteilt worden wäre.

Im *unbeplanten Innenbereich* ist § 34 II BauGB in seiner Bezugnahme auf die in den Baugebieten nach §§ 2–14 BauNVO nur zulässigen Vorhaben nachbarschützend.[22] Ansonsten sind § 34 BauGB (unbeplanter Innenbereich) und § 35 II, III BauGB (Außenbereich) nachbarschützend, soweit sie Ausdruck des Gebots der Rücksichtnahme sind.

Das *Gebot der Rücksichtnahme* vermittelt Nachbarschutz nur im Rahmen der genannten Normen (§ 15 I BauNVO, §§ 31 II, 34 I, 35 II, III BauGB), nicht aber per se.[23] Dabei kommt dem Gebot der Rücksichtnahme eine nachbarschützende Wirkung *nur zu*, soweit nach den tatsächlichen Umständen des Einzelfalles „*in qualifizierter und zugleich individualisierter Weise* auf schutzwürdige Interessen eines erkennbar abgegrenzten Kreises" Betroffener Rücksicht zu nehmen ist. „(D)as gilt (nur) für diejenigen *Ausnahmefälle*, in denen – erstens – die tatsächlichen Umstände handgreiflich ergeben, auf wen Rücksicht zu nehmen ist, und – zweitens – eine besondere rechtliche Schutzwürdigkeit des Betroffenen anzuerkennen ist".[24]

Einen baurechtlichen Drittschutz zugunsten von *Mietern* oder *Pächtern* lehnt das *BVerwG* ab.[25]

---

[16] BVerwGE 94, 151 (154 f.).
[17] BVerwGE 101, 364 (373 ff., 377); 94, 151 (155, 157 f.); *Petersen,* Der Drittschutz der BauNVO, 1999.
[18] BVerwGE 94, 151 (154 f.); 82, 343 (345); Klausur bei *Möller,* JuS 2011, 340.
[19] BVerwGE 82, 343 (344, 347).
[20] Zu dieser Eingrenzung *BVerwG* NVwZ-RR 1999, 8.
[21] Grundlegend BVerwGE 82, 343 (lesen!).
[22] BVerwGE 94, 151 (156). Gleichzeitig vermittelt § 15 I BauNVO einen Anspruch auf Aufrechterhaltung der typischen Prägung des Baugebietes: BVerwGE 94, 151 (161); *BVerwG* NVwZ 2002, 1384.
[23] *BVerwG* NVwZ 1999, 879; NVwZ 1987, 409 (410); NVwZ 1985, 37; „Grundwissen" zum baurechtlichen Rücksichtnahmegebot bei *Voßkuhle/Kaufhold,* JuS 2010, 497.
[24] So BVerwGE 67, 334 (339); 82, 343 (347); s. a. *BVerwG* NVwZ 1987, 409 (410).
[25] *BVerwG* NVwZ 1996, 389; NJW 1994, 1233 (1234); NJW 1989, 2766. Nach *BVerwG* NVwZ 1998, 956 kann die Ablehnung auch vor dem Hintergrund der „Mieter-Eigentum-Entscheidung" (BVerfGE 89, 1) aufrechterhalten bleiben.

Im *Immissionsschutzrecht* (BImSchG, AtG) und im *Fachplanungsrecht* (FStrG, LuftVG, AEG) ist Drittschutz *ohne Weiteres* gegeben, soweit die Genehmigung – anders als das bei einer Baugenehmigung der Fall ist – privatrechtsgestaltende Wirkung hat.[26]

Verfahrensvorschriften sieht das *BVerwG* nur unter engen Voraussetzungen als drittschützend an.[27]

2. Kein Rückgriff auf das Zivilrecht

188 Fehler können in der Klausur dadurch entstehen, dass die Bearbeiter nicht nach einer *öffentlichrechtlichen Schutznorm* suchen, sondern auf das *Zivilrecht* zurückgreifen.

So wurde zu den *Beispielsfällen* aus Rn. 184 argumentiert: Die Passerteilung mit der drohenden Ausreise beeinträchtige den zivilrechtlichen Unterhaltsanspruch des Ehemannes; die Bauerlaubnis verstoße gegen die vertragliche Verpflichtung des Nachbarn, nicht zu bauen.

Derartige Argumente sind nicht schlüssig: Das Zivilrecht (Unterhaltsanspruch) gibt nur Ansprüche gegen *andere Privatpersonen,* verpflichtet aber *nicht* den *Staat,* diese Ansprüche über die Bereitstellung seiner Zivilgerichtsbarkeit hinausgehend (gegen eine Gefährdung durch Ausreise) zu schützen. Die *Baugenehmigung* wird nach allen Bauordnungen „*unbeschadet privater Rechte Dritter*" erteilt, berührt ein zivilrechtliches Bauverbot also nicht.[28]

3. Grundrechtlicher Drittschutz?

189 Immer wieder verlockend ist es für die Bearbeiter schließlich, *Grundrechte* als Schutznormen anzuführen.

Auf dieser Linie wird etwa wie folgt argumentiert: Eine Bauerlaubnis oder Gaststättenerlaubnis beeinträchtige das grundrechtlich geschützte Eigentum (Art. 14 I GG) und/oder die Gesundheit (Lärm, Art. 2 II 1 GG) des Klägers, weil sie sich nachteilig auf die Nachbarschaft auswirke. Eine Gewerbeerlaubnis beeinträchtige die Wirtschaftsfreiheit (Art. 12 I GG bzw. Art. 2 I GG; s. Rn. 524) der bereits bestehenden Gewerbebetriebe, weil diese fortan mit zusätzlicher Konkurrenz zu kämpfen hätten. Eine Subvention beeinträchtige die Wettbewerbsfreiheit (Art. 12 I GG) des von ihr ausgeschlossenen Konkurrenten, weil der Subventionsempfänger Wettbewerbsvorteile erlange.

190 Derartigen Konstruktionen folgt das *BVerwG* nur in *engem* Rahmen.

Versucht man, die Rechtsprechung des *BVerwG* grundrechtsdogmatisch zu verorten, lässt sich unterscheiden:[29] Durch *Subventionierung* oder durch *berufslenkende* Maßnahmen greift der Staat in die Wettbewerbssituation ein. Zugunsten des Konkurrenten ist Art. 12 I GG in der klassischen *Abwehrfunktion* der Grundrechte einschlägig. Sie vermittelt dem Konkurrenten ohne Weiteres ein subjektives Recht gegen den Staat.[30] Entsprechendes gilt etwa für Art. 6 I GG zugunsten der Ehefrau bei der Ausweisung eines Ausländers.[31] In den anderen Beispielsfällen ist es *nicht* der *Staat,* sondern der *Bauherr, Gastwirt* oder *sonstige Gewerbetrei-*

---

[26] BVerwGE 28, 131 (134 f.). Zum Drittschutz im *Ladenschlussrecht* Rn. 202 ff.
[27] Zusammenfassend BVerwGE 85, 368 (373 f.) (lesen!). Zur Unterscheidung zwischen absoluten und relativen Verfahrensrechten sowie zu Entwicklungen im Umweltrecht s. a. *A. Schwerdtfeger,* Der deutsche Verwaltungsrechtsschutz unter dem Einfluss der Aarhus-Konvention, 2010, S. 73 ff.
[28] *BVerwG* NVwZ 1999, 413.
[29] Näheres zum Nachfolgenden bei *G. Schwerdtfeger,* NVwZ 1982, 5.
[30] BVerwGE 60, 154 (159); 30, 191; BVerfGE 82, 209 (223 f.); *BVerfG (Kammer)* SGB 2005, 59.
[31] BVerwGE 102, 12 (15); 42, 141.

§ 12. Verwaltungsakt und Drittinteresse

bende, der den Kläger in seinem Grundeigentum, Gewerbebetrieb oder in seiner Gesundheit beeinträchtigt.[32] Der Gewerbetreibende oder der Bauherr verfolgt sein Vorhaben, soweit der Staat ihn nicht daran *hindert.* Wie das *BVerfG* insbesondere in seiner atomrechtlichen Rechtsprechung[33] herausgearbeitet hat, ist insoweit *nicht* die klassische *Abwehr*funktion der Grundrechte, sondern die Frage erheblich, ob und inwieweit die Grundrechte dem Dritten einen Anspruch gegen den Staat gewähren, ihn vor Eingriffen des *Handelnden* zu *schützen* (s. allg. Rn. 510 ff.). Erst wenn ein solcher grundrechtlicher *Schutz*anspruch im Einzelfall *bejaht* worden ist, liegt in der rechtswidrigen Genehmigung ein staatlicher „Eingriff" (in diesen Schutzanspruch).

Soweit der „Menschenwürdegehalt" eines Grundrecht betroffen ist, wird der Schutzanspruch durch Art. 1 I 2 GG vermittelt (Rn. 512). Im Rahmen von Art. 2 II GG gibt Art. 1 I 2 GG dem Betroffenen so einen Schutzanspruch gegen Gesundheitsgefährdungen. Allerdings können im Einzelfall, so bei Lärmimmissionen (Gaststätte), erhebliche Schwierigkeiten in der Feststellung bestehen, ob (schon) eine *Gesundheits*gefährdung vorliegt.[34]

Art. 12 I GG *konstituiert* den Wettbewerb. Daher kann Art. 12 I GG seiner Funktion nach (Rn. 525) keine Entscheidung *gegen* Nachteile enthalten, die den Konkurrenten im Gefolge einer *Gewerbeerlaubnis* durch den Wettbewerb des Neuzugelassenen entstehen. Damit kann Art. 12 I GG *kein* subjektives Recht gegen eine Gewerbeerlaubnis vermitteln.[35] – Gegen *Baugenehmigungen* hat das *BVerwG* in *älteren* Entscheidungen grundrechtlichen Drittschutz aus Art. 14 I 1 GG zugestanden, wenn das Bauvorhaben „die vorgegebene Grundstückssituation *nachhaltig* verändert und dadurch den Nachbarn *schwer* und *unerträglich* trifft",[36] den „Grad einer *enteignungsrechtlich* beachtlichen Unzumutbarkeit erreicht".[37] Aber zwischenzeitlich haben sich die Vorstellungen zur dogmatischen Struktur des Art. 14 GG verändert (Rn. 536 ff.). Der *konkrete* Inhalt des Eigentums wird nicht unmittelbar durch Art. 14 I 1 GG fixiert, sondern gem. Art. 14 I 2 GG *konstitutiv* durch den *Gesetzgeber* bestimmt (Rn. 539). Demgemäß entscheidet der *Gesetzgeber,* inwieweit der Inhalt des Eigentums des Bauherrn über baurechtliche Vorschriften zum Schutz des Nachbarn beschränkt wird und inwieweit das Eigentum des Nachbarn korrespondierend mit einem subjektiven Recht angereichert wird.[38] So führt Art. 14 I 2 GG zurück zu den drittschützenden Normen des *einfachen* Baurechts. – Art. 2 I GG ist in seiner lückenschließenden Auffangfunktion (Rn. 446) nur subjektives Abwehrrecht, aber *keine* verfassungsrechtliche Entscheidung, die einen Anspruch gegen den Staat auf *Schutz* gegen Dritte vermitteln könnte.[39]

In der *Fallbearbeitung* gilt es daher grundsätzlich, zunächst das *einfache Gesetzesrecht* auf subjektive öffentliche Rechte durchzumustern. Es ist die Aufgabe des *Gesetzgebers,* Schutznormen zu schaffen, wobei er der Bindung an die Grundrechte unterliegt (Art. 1 III GG). Damit spielen die Grundrechte in einem *ersten* Schritt bei der (verfassungskonformen) *Auslegung* des einfachen Gesetzesrechts eine Rolle (norm*interne* Wirkung der Grundrechte). Erst in einem *zweiten* Schritt kann ein direkter Rückgriff auf die Grundrechte angezeigt sein (norm*externe* Wirkung der Grundrechte) – der Regelfall ist das aber *nicht!*[40]

190a

---

[32] Str.; wie hier *BVerfG (Kammer)* NJW 1998, 3264 (3265); *P. M. Huber,* Konkurrenzschutz im Verwaltungsrecht, 1991, S. 244 ff.; s. a. *T. Koch,* Der Grundrechtsschutz des Drittbetroffenen, 2000.
[33] BVerfGE 53, 62 ff.; 49, 137 (140 ff.); s. a. *BVerfG (Kammer)* NJW 1998, 3264 – Waldschäden.
[34] S. etwa BVerwGE 54, 211 (221 ff.); *BVerwG* EuGRZ 1981, 225 („Fluglärm").
[35] BVerwGE 65, 167; 16, 187; *BVerwG* NJW 1995, 2938; BVerfGE 97, 12 (31); 94, 327 (390); *BVerfG (Kammer)* NVwZ 2002, 1232 (im Zusammenhang mit Art. 14 I GG).
[36] BVerwGE 36, 249; 32, 173; *BVerwG* DVBl 1978, 614 (617); DVBl 1970, 60 ff.
[37] *BVerwG* DVBl 1978, 614 (617). Der Enteignungsbegriff wird hier iSd alltäglichen Sprachgebrauchs, *nicht* iSd Rechtsbegriffs aus Art. 14 III GG verwendet; Einzelheiten in Rn. 338 f., 548 ff.
[38] Eingehend *G. Schwerdtfeger,* NVwZ 1983, 199 (200); nun auch BVerwGE 101, 364 (372 f.).
[39] Näheres in Rn. 490; s. a. BVerwGE 54, 211 (222).
[40] Zu Einzelheiten etwa Schoch/Schneider/Bier/*Wahl* und *Wahl/Schütz,* VwGO Kommentar, 33. EL Juni 2017, Vorb. § 42 II Rn. 75 ff., § 42 II Rn. 56 ff.

4. Selbstverwaltungsrecht der Gemeinde

191 Die Gemeinden können sich eventuell auf ihr *Selbstverwaltungsrecht* (Art. 28 II 1 GG) als Schutznorm berufen.[41] Auch insoweit sind jedoch vorrangig einfachgesetzliche Ausgestaltungen und Konkretisierungen in den Blick zu nehmen:

> **Beispiel:** Die Baugenehmigungsbehörde hat unter Missachtung der Festsetzungen eines Bebauungsplanes und damit unter Verstoß gegen § 30 BauGB dem Bauherrn *B* eine Baugenehmigung erteilt. Dieser Verstoß beeinträchtigt die Gemeinde in ihrem Recht zur Bauleitplanung aus § 2 I 1 BauGB. Also kann die Gemeinde die Baugenehmigung anfechten.[42] Andererseits kann die Gemeinde ein Verkehrszeichen (= an die Autofahrer gerichteter VA, Rn. 46), durch das ein besonders starker Verkehrsfluss in die Gemeinde gelenkt wird, nicht anfechten. Nach dem einschlägigen Gesetzesrecht ist die Regelung des Verkehrs *als solche* eine staatliche Aufgabe, keine Selbstverwaltungsangelegenheit der Gemeinde. Das Selbstverwaltungsrecht wird nur betroffen, wenn *aufgrund* der Verkehrsregelung Probleme entstehen, welche die planerischen Selbstverwaltungsaufgaben der Gemeinde „in *konkreter* Weise ganz *erheblich* erschweren".[43]

II. Anfechtung einer Drittbegünstigung

Ausgangsfälle:

192 **(1)** *X* ist ein Pass ausgestellt worden, weil sie auswandern möchte. Nach erfolglosem Widerspruchsverfahren erhebt ihr Ehemann Klage gegen die Passerteilung, (a) weil sich *X* ihrer Unterhaltspflicht entziehen wolle und (b) weil *X* als engagierte „Systemkritikerin" im Ausland gegen die Bundesrepublik hetzen werde (vgl. bereits Rn. 142 ff.). Wie wird das Verwaltungsgericht entscheiden?

(2) In Abwandlung des *Ausgangsfalles 2* aus Rn. 142 hat *E* die Baugenehmigung für das Sechsfamilienhaus erhalten, obgleich das Vorhaben die im Bebauungsplan festgesetzte Baulinie (§ 23 II BauNVO) nicht einhält; *E* ist eine Befreiung (§ 31 II BauGB) erteilt worden. Nachbarin *N* ficht die Baugenehmigung an, weil die Nichteinhaltung der Baulinie ihr Grundstück in eine Schattenlage bringe. Hat der Widerspruch der *N* Erfolg?[44]

1. Zulässigkeit von Rechtsbehelfen (§ 42 II VwGO)

193 **a)** *Gegen drittbegünstigende Verwaltungsakte* wendet sich der Benachteiligte mit dem **Widerspruch** und dann mit der **Anfechtungsklage**.[45]

b) Die Widerspruchs**frist** – auch die Jahresfrist aus §§ 70 II, 58 II VwGO – läuft nur, wenn der drittbegünstigende Verwaltungsakt dem Anfechtenden *amtlich* bekanntgegeben worden ist (§§ 57 I, 58 II 1, 70 I 1 VwGO; §§ 43 I, 41 VwVfG).[46] Bei

---

[41] *BVerwG* NVwZ-RR 2001, 326.
[42] S. *BVerwG* ZBR 1982, 43 (auch zu Eingriffen in die Planungshoheit durch andere Rechtsakte); s. a. BVerwGE 121, 339 zu § 36 I BauGB; Klausur bei *Heckel*, JuS 2011, 904.
[43] So *BVerwG* DVBl 1984, 88.
[44] Weitere Klausurfälle bei *Hartmann/Sendt*, JuS 2012, 917; *Klotz*, JuS 2011, 41; *Möller*, JuS 2011, 340; *Heckel*, JuS 2011, 904; s. a. *Frank*, JuS 2018, 56.
[45] BVerwGE 22, 129 (131 f.).
[46] BVerwGE 44, 294. Fall zur Berechnung der Widerspruchsfrist bei *Enders/Jäckel*, JuS 2018, 150.

§ 12. Verwaltungsakt und Drittinteresse

Vorliegen eines „*nachbarlichen Gemeinschaftsverhältnisses*" kann es dem Anfechtenden jedoch entsprechend den Umständen des Einzelfalles nach Treu und Glauben versagt sein, sich auf das Fehlen der Bekanntgabe zu berufen, wenn er (von einer Baugenehmigung) „in anderer Weise sichere Kenntnis erlangt hat oder hätte erlangen müssen" (= verfahrensrechtliche Verwirkung).[47]

c) **Klagebefugnis.** Nach § 42 II VwGO ist Prozessvoraussetzung der Anfechtungsklage, dass der Kläger ein subjektives Recht (Rn. 185 ff.) „geltend macht".[48] Für das vorgeschaltete Widerspruchsverfahren gilt § 42 II VwGO entsprechend. Anders als bei der Anfechtung eines belastenden Verwaltungsakts durch den Adressaten (Rn. 52) steht § 42 II VwGO bei der „Drittanfechtung" *im Zentrum.* 194

Rechtsdogmatisch ist zwischen dem *subjektiven Recht* und seiner *Verletzung* zu unterscheiden. Erst ein *rechtswidriges* Handeln führt zur Rechtsverletzung. Gemäß § 42 II VwGO muss der Kläger geltend machen, „durch den Verwaltungsakt ... in seinen Rechten verletzt zu sein". Nach der Funktion des § 42 II VwGO, die „Popularklage" (und die „Interessentenklage"[49]) auszuschließen, liegt die Betonung dabei auf dem subjektiven *Recht,* nicht auf der *Rechtsverletzung.* Die Rechtswidrigkeit des Verwaltungsakts *unterstellt,* muss der Kläger geltend machen, in seinen Rechten verletzt zu sein. Die Frage nach der Rechtswidrigkeit des Verwaltungsakts und damit nach einer *Rechtsverletzung* hat nichts mit dem Ausschluss von Popular- und Interessentenklagen zu tun. *Diese* Frage ist erst Gegenstand der *Begründetheit* der Klage.[50]

Außer für die Zulässigkeit der Klage ist das subjektive Recht auch für die *Begründetheit* der Klage relevant: Gem. § 113 I 1 VwGO ist der Klage stattzugeben, „soweit der Verwaltungsakt rechtswidrig *und* der Kläger dadurch *in seinen Rechten verletzt ist*".[51] Wieweit die Existenz eines subjektiven Rechts „schon" im Rahmen der Zulässigkeit der Klage (§ 42 II VwGO) überprüft wird, bemisst sich nach der (ungenau, s. Rn. 196) regelmäßig so bezeichneten „*Möglichkeitstheorie*" des *Bundesverwaltungsgerichts.*[52] 195

Nach der *Möglichkeitstheorie* reicht es für die Klagebefugnis aus, dass ein subjektives Recht vorliegen *kann.* Das ist nach einer häufig verwendeten Formulierung des *BVerwG*[53] nur dann *nicht* der Fall, „wenn offensichtlich und eindeutig nach keiner Betrachtungsweise die vom Kläger behaupteten Rechte bestehen oder ihm zustehen können". 196

---

[47] BVerwGE 78, 85 (88); 44, 294 (299 ff.); zur materiellrechtlichen Verwirkung *BVerwG* NVwZ 1991, 1182. Einzelfälle bei *Troidl,* NVwZ 2004, 315.

[48] Gleiches gilt, wenn der Dritte gem. § 43 I VwGO die Nichtigkeit eines begünstigenden Verwaltungsakts festgestellt haben möchte (= Nichtigkeitsfeststellungsklage, Rn. 55): *BVerwG* NJW 1982, 2205; NVwZ 1991, 470; s. a. BVerwGE 99, 64. Zur Anwendbarkeit auch auf die anderen Klagearten sowie den vorläufigen Rechtsschutz und das Widerspruchsverfahren s. etwa Schoch/Schneider/Bier/*Wahl*/*Schütz,* VwGO Kommentar, 33. EL Juni 2017, § 42 II Rn. 22 ff.

[49] S. *A. Schwerdtfeger,* Der deutsche Verwaltungsrechtsschutz unter dem Einfluss der Aarhus-Konvention, 2010, S. 59 f. mwN.

[50] AA etwa *Schmitt Glaeser/Horn,* Verwaltungsprozeßrecht, 15. Aufl. 2000, Rn. 152; *Gurlit,* Die Verwaltung 4 (1995), 449 (457 f.); *Hipp/Hufeld,* JuS 1998, 802 (806).

[51] Zur Vereinbarkeit von § 113 I VwGO mit EU-Richtlinien zum Umweltrecht *EuGH,* Urt. v. 15.10.2015 – C-137/14, NJW 2015, 3495, m. Anm. *Ruffert,* JuS 2015, 1138.

[52] S. etwa BVerwGE 98, 118 (120); 82, 246 (249). Zur früher mit der Möglichkeitstheorie konkurrierenden „Schlüssigkeitstheorie" insbesondere *Ule,* Verwaltungsprozeßrecht, 9. Aufl. 1987, § 33 II; sowie die Vorauflage.

[53] *BVerwG* NVwZ 2015, 1223 (1224); BVerwGE 104, 115 (118); 98, 118 (120); 96, 302 (305); 44, 1 (3).

Genau genommen vertritt das *BVerwG* so nicht die „Möglichkeitstheorie", nach der die Möglichkeit *positiv bejaht* werden müsste, sondern eine *„Nicht-Unmöglichkeitstheorie"*, nach der es schon ausreicht, dass die Möglichkeit nicht *negativ absolut ausgeschlossen* werden kann.

Ob die subjektiven Rechte, um die es geht, *wirklich* bestehen, ist sowohl rechtlich als auch tatsächlich endgültig erst bei der Begründetheit der Klage zu entscheiden, *neben* der Frage nach der Rechtmäßigkeit, welche dort ohnehin zu behandeln ist.

Das subjektive Recht bestimmt sich nach wie vor nach der einschlägigen Schutznorm (Rn. 186). Also ist das subjektive Recht nach der Möglichkeitstheorie geltend gemacht, wenn auf der Grundlage der vom Kläger vorgetragenen Tatsachen für die Rechtmäßigkeitsprüfung (1) eine *Norm einschlägig* sein könnte, die (2) möglicherweise dem *Individualinteresse* des Klägers dient, wobei diese Sichtweise nur *nicht ausgeschlossen* sein darf.

Im *Ausgangsfall 1* (Rn. 192) könnten nach dem Tatsachenvortrag des *E* für die Rechtmäßigkeitsprüfung (1) § 7 I Nr. 1 PaßG (Hetze gegen die Bundesrepublik) und § 7 I Nr. 5 PaßG (Unterhaltspflicht) *einschlägig sein*. (2) § 7 I Nr. 1 PaßG („erhebliche Belange der Bundesrepublik") dient aber *eindeutig nicht* dem *Individualinteresse* des *E*. Dass § 7 I Nr. 5 PaßG (Unterhaltspflicht) dem Individualinteresse des Unterhaltsberechtigten dient, ist demgegenüber nicht von vornherein unmöglich. Demgemäß hat *E* nur mit dem Sachvortrag der Unterhaltsgefährdung die Beeinträchtigung eines subjektiven Rechts *geltend gemacht*.

Im *Ausgangsfall 2* sind (1) die einschlägigen Normen, die vom Sachverhalt her für eine Überprüfung der Rechtmäßigkeit der Baugenehmigung in Betracht kommen, die Festsetzung der Baulinie im Bebauungsplan und wegen der Dispensmöglichkeit (Rn. 157) auch § 31 II BauGB. (2) Wegen der Gefahr des Schattenwurfes ist nicht ausgeschlossen, dass der Bebauungsplan die Baulinie auch im Individualinteresse der *N* festgelegt hat. Mit seiner Rücksichtnahme auf „nachbarliche Interessen" ist § 31 II BauGB nach der Rspr. des *BVerwG* ohnehin nachbarschützend (Rn. 187).

2. Begründetheit des Widerspruchs oder der Klage

a) Rechtswidrigkeit des drittbegünstigenden Verwaltungsakts?

197 Die Rechtmäßigkeitsprüfung ist auf die Norm *beschränkt*, die sich bei der Prüfung der Klagebefugnis (§ 42 II VwGO) als möglicherweise drittschützend erwiesen hat (Fehlerquelle!). Der Kläger kann von vornherein nur ein Recht darauf haben, dass die Behörde *diese* Norm einhält.

Im *Ausgangsfall 1* (Passerteilung, Rn. 192) ist dementsprechend nur von Interesse, ob die Behörde gegen § 7 I Nr. 5 PaßG (Unterhaltspflicht) verstoßen hat, nicht aber, ob sie § 7 I Nr. 1 PaßG (erhebliche Belange der Bundesrepublik) übersehen hat und die Passerteilung *deshalb* (objektiv) rechtswidrig ist. Entsprechend ist im *Ausgangsfall 2* irrelevant, ob allgemein die bauordnungsrechtlichen und bauplanungsrechtlichen Voraussetzungen einer Baugenehmigung vorliegen. Es geht *allein* um die Festsetzung der Baulinie im Bebauungsplan und um § 31 II BauGB.

In den *Ausgangsfällen* verstößt die Paßerteilung gegen § 7 I Nr. 5 PaßG und die Baugenehmigung gegen die Baulinie im Bebauungsplan. Im *Ausgangsfall 2* soll des Weiteren davon ausgegangen werden, dass die Voraussetzungen für eine Befreiung gem. § 31 II BauGB wegen der entstehenden Schattenlage nicht vorliegen (Entgegenstehen „nachbarlicher Interessen", § 31 II BauGB aE).

b) Verletzung des subjektiven Rechts?

198 Hat die Behörde gegen die *möglicherweise* individualschützende Norm *verstoßen*, muss abschließend untersucht werden, ob die Norm individualschützend *ist* und also eine *Rechts*verletzung *vorliegt* (häufiger Auslassungsfehler!).

§ 12. Verwaltungsakt und Drittinteresse

Im *Ausgangsfall 1* (Rn. 192) dient § 7 I Nr. 5 PaßG neben öffentlichen Interessen *auch* dem Individualinteresse des *E*, denn die Regelung ist nicht auf Fälle beschränkt, in denen der Unterhaltsberechtigte öffentliche Fürsorge in Anspruch nehmen müsste. Im *Ausgangsfall 2* hängt es von den Absichten des Satzungsgebers ab, ob die Baulinie dem Individualinteresse der *N* dient oder nicht (Rn. 187). Ist die Festsetzung der Baulinie nicht nachbarschützend, wird der Drittschutz *jedenfalls* durch § 31 II BauGB vermittelt (Rn. 187).

3. Einstweiliger Rechtsschutz und prozessuale Sonderkonstellationen

a) Wie die Anfechtung eines belastenden Verwaltungsakts hat auch die Drittanfechtung im Grundsatz **aufschiebende Wirkung** (§ 80 I 2 VwGO). Demgemäß darf der Begünstigte von seiner Begünstigung vorerst keinen Gebrauch machen. Auf Antrag des Begünstigten kann die Behörde oder sonst das Gericht aber die *„sofortige Vollziehung"* anordnen (§ 80a I Nr. 1 iVm § 80 II 1 Nr. 4, III; § 80a III VwGO) und den Suspensiveffekt so beseitigen.[54] Ist die Anfechtungsklage in erster Instanz *abgewiesen* worden, endet eine aufschiebende Wirkung nach Maßgabe von § 80b I 1 VwGO. Macht der Begünstigte trotz des Suspensiveffektes einer Anfechtung von seiner Begünstigung Gebrauch, kann der Anfechtende bei der Behörde bzw. beim Gericht *„einstweilige Maßnahmen"* beantragen (§ 80a I Nr. 2 iVm § 80 IV; § 80a III VwGO).[55]

199

> **Merke:** Gemäß § 212a I BauGB haben Widerspruch und Anfechtungsklage eines Dritten gegen eine *Baugenehmigung keine* aufschiebende Wirkung. Es obliegt dem Anfechtenden, die Aussetzung der Vollziehung bzw. die Anordnung der aufschiebenden Wirkung zu beantragen (§ 80a I Nr. 2 iVm § 80 IV, § 80a III VwGO).[56]

Im *Ausgangsfall 1* (Rn. 192) suspendiert die Anfechtung durch den Ehemann die Passerteilung. Im *Ausgangsfall 2* ist § 212a I BauGB einschlägig, so dass keine aufschiebende Wirkung eintritt.

b) Die viel diskutierte **Verbandsklage** ist nur zulässig, wenn ein Gesetz sie zulässt (§ 42 II Hs. 1 VwGO; s. zB § 64 BNatSchG und § 2 UmwRG nF[57]) oder wenn der Verband (ausnahmsweise einmal) in eigenen Rechten beeinträchtigt wird[58].

200

c) War im Vorfeld der Anfechtungsklage bereits der Widerspruch des Nachbarn erfolgreich, fällt die **Initiative** dem **Genehmigungsempfänger** (Bauherrn) zu. Er erhebt *Anfechtungsklage* gegen den *Widerspruchsbescheid* (§ 79 I Nr. 2 VwGO), um die (im Widerspruchsbescheid aufgehobene) Genehmigung zurückzugewinnen; ein (erneutes) Widerspruchsverfahren ist nicht gefordert (§ 68 I 2 Nr. 2 VwGO). Der ergangene Widerspruchsbescheid ist *nur* rechtmäßig, wenn die Baugenehmi-

201

---

[54] Hierzu und zum Nachfolgenden *Wuttke*, JuS 2006, 876.
[55] Für die *beamtenrechtliche Konkurrentenklage* gelten gewisse Besonderheiten: BVerwGE 80, 127 iVm *BVerfG (Kammerbeschluss)* NJW 1990, 501; NVwZ 2004, 1109; BGHZ 129, 226 (Schadensersatz bei voreiliger Stellenbesetzung).
[56] Klausuren bei *Klotz*, JuS 2011, 41; *Möller*, JuS 2011, 340; *Heckel*, JuS 2011, 904. Erweist sich die Anordnung der aufschiebenden Wirkung im Hauptsacheverfahrens als unbegründet, hat der Bauherr keinen Schadensersatzanspruch entsprechend § 945 ZPO gegen den Nachbarn (*BGH* NJW 1981, 349; Eyermann/*Happ*, VwGO, § 123 Rn. 85 – auch zum Streitstand).
[57] Die in § 2 I Nr. 1, V 1 Nr. 1 UmwRG aF für Verbandsklagen vorgesehene sog. „Schutznormakzessorietät" hatte der *EuGH* gekippt: Urt. v. 12.5.2011, Rs. C-115/09 – Trianel, NVwZ 2011, 801 m. Anm. *A. Schwerdtfeger*, EuR 2012, 80.
[58] S. etwa BVerwGE 87, 63; *BVerwG* NJW 1981, 362.

gung gegen Vorschriften verstieß, die dem Widerspruchsführer (Nachbarn) ein *subjektives* Recht einräumen.[59] Außerdem muss der Widerspruch *fristgemäß* eingelegt worden sein.[60] Fehlt ein subjektives Recht des Widerspruchsführers (Nachbarn) oder hatte der Widerspruchsführer den Widerspruch nicht fristgemäß eingelegt, ist die Anfechtungsklage des Genehmigungsempfängers selbst dann erfolgreich, wenn die Genehmigung rechtswidrig war und daher „an sich" keinen Bestand haben dürfte.[61]

Jetzt kommt zwar eine Rücknahme der Genehmigung nach § 48 VwVfG *außerhalb des Widerspruchsverfahrens* in Betracht (Rn. 178 ff.). Aber eine Ausdeutung des Widerspruchsbescheides in diese Richtung[62] ist nur möglich, wenn der Widerspruchsbescheid von der (für die Entscheidung nach § 48 VwVfG instanziell zuständigen) Ausgangsbehörde (§ 73 I 1, 2 Nr. 2, 3 VwGO) erlassen worden ist oder die Widerspruchsbehörde (§ 73 I 2 Nr. 1 VwGO) für die Entscheidung nach § 48 VwVfG ausnahmsweise über ein „Selbsteintrittsrecht" (Rn. 646) verfügte *und* (in beiden Fällen) hinreichend eindeutig ist, dass die Behörde *neben* der Widerspruchsentscheidung *auch* die Ermessensentscheidung nach § 48 I 1 VwVfG getroffen hat (s. Rn. 88). Vor Erhebung einer Anfechtungsklage gegen die Entscheidung nach § 48 VwVfG ist das Widerspruchsverfahren nach § 68 I 1 VwGO erforderlich.

III. Anspruch auf Drittbelastung

Ausgangsfälle:[63]

202 **(1)** Unter Missachtung einer *nachbarschützenden* Baulinie im Bebauungsplan (§ 23 II BauNVO) errichtet *E* ein Wohnhaus. Abweichend vom *Ausgangsfall 2* in Rn. 192 ist das Bauvorhaben nach der einschlägigen Bauordnung *nicht* genehmigungsbedürftig, sondern bloß anzeigepflichtig.[64] Nachbarin *N,* deren Grundstück in eine Schattenlage gerät, bittet um Auskunft, ob und wie sie die Missachtung der Baulinie verhindern kann.

(2) Der in Bayern ansässige Geschäftsmann *G* verlangt von der zuständigen Behörde, gegen Konkurrentin *K* einzuschreiten, die ihr in der Nähe befindliches Geschäft unter Verstoß gegen § 3 LadSchlG (*Sartorius* Nr. 805)[65] häufig zu lange geöffnet hält. Die Behörde und die Widerspruchsbehörde lehnen ein Einschreiten ab; *G* möge die Hilfe des Zivilgerichts in Anspruch nehmen. Kann *G* den bisher eingeschlagenen Weg weiterverfolgen und mit Erfolg vor dem Verwaltungsgericht klagen?[66]

---

[59] S. BVerwGE 95, 333 (335); 65, 313 (318); *BVerwG* NJW 1981, 67.
[60] *BVerwG* NVwZ 1983, 285.
[61] Entsprechend zu allem auf der Ebene einer Berufung *BVerwG* NVwZ 1990, 857.
[62] Problem in den Klausuren bei *G. Schwerdtfeger,* JuS 1981, 365; *Heckmann,* JuS 1999, 986.
[63] Weitere Klausurfälle bei *Enders,* JuS 2015, 1022; *Grünewald,* JuS 2014, 1100.
[64] Die Bauordnungen haben die bloßen Anzeigepflichten zunehmend ausgedehnt. Zum diesbezüglichen Drittschutz *Kruhl,* Nachbarschutz und Rechtssicherheit im baulichen Anzeigeverfahren, 1999; *Seidel,* NVwZ 2004, 139. Die gleiche Drittschutzproblematik besteht im *„vereinfachten Baugenehmigungsverfahren"* hinsichtlich der drittschützenden Normen, die wegen der Vereinfachung im Genehmigungsverfahren nicht überprüft worden sind: *BVerwG* NVwZ 1998, 58.
[65] Weil die Gesetzgebungskompetenz des Bundes im Rahmen der Föderalismusreform weggefallen ist (s. Art. 74 I Nr. 11 GG nF), gilt das LadSchlG derzeit nur noch in Bayern fort, wo der Ladenschluss (noch) nicht durch ein eigenes Gesetz geregelt wurde (Art. 125a I GG, Rn. 669).
[66] Leading case zum Drittschutz bei Verstößen gegen das LadSchlG: BVerwGE 65, 167.

§ 12. *Verwaltungsakt und Drittinteresse*

1. Materiellrechtliche Fragen

Ansprüche der nachteilig Betroffenen gegen eine Behörde können nur bestehen, wenn die Behörde über eine Ermächtigungsgrundlage zum Einschreiten verfügt. Die Ermächtigungsgrundlage räumt der Behörde in der Regel ein *Ermessen* ein. Daher geht es zumeist bloß um einen Anspruch des Benachteiligten auf fehlerfreie Ermessensausübung, *nicht* um einen Anspruch auf *Erlass* des beantragten drittbelastenden Verwaltungsakts.

(1) Anspruch auf fehlerfreie Ermessensausübung 203

(a) Ermächtigungsgrundlage für die Behörde

Im *Ausgangsfall 1* steht der Behörde eine Ermächtigung zur Verfügung, die sich in allen Bauordnungen findet: „Widersprechen bauliche Anlagen ... oder Baumaßnahmen dem öffentlichen Baurecht oder ist dies zu besorgen, so kann die Bauaufsichtsbehörde nach pflichtgemäßem Ermessen die Maßnahmen anordnen, die zur Herstellung oder Sicherung rechtmäßiger Zustände erforderlich sind" (§ 79 I 1 NBauO).

Fehlt es an einer Spezialermächtigung, gestattet zumeist die ordnungsrechtliche Generalklausel (Rn. 110 ff.) ein Einschreiten nach dem Ermessen der Behörde. Das gilt *stets,* wenn der Störer gegen Normen verstößt, denn die Unversehrtheit der Rechtsordnung ist ein Schutzgut der öffentlichen Sicherheit (Rn. 111 f.).

Weil eine Spezialermächtigung nicht ersichtlich ist, kann die Behörde im *Ausgangsfall 2* nach der ordnungsrechtlichen Generalklausel des einschlägigen Landesrechts gegen *K* vorgehen.

(b) Subjektives Recht 204

Einen Anspruch auf eine fehlerfreie Ausübung des durch die Ermächtigungsgrundlage eingeräumten Ermessens hat der Benachteiligte, wenn die Ermächtigungsgrundlage nicht nur dem öffentlichen Interesse, sondern auch dem *Individualinteresse* des Benachteiligten dient (Schutznormtheorie, Rn. 186 ff.).

Die baurechtliche Ermächtigungsgrundlage zum Einschreiten gegen baurechtswidrige bauliche Anlagen oder Baumaßnahmen ist nachbarschützend, *soweit* das Bauen (wie im *Ausgangsfall 1*) gegen eine nachbarschützende Norm des materiellen Baurechts (nachbarschützende Baulinie) verstößt.[67] – Ist (wie im *Ausgangsfall 2*) die ordnungsrechtliche Generalklausel die einschlägige Ermächtigungsgrundlage, wird häufig losgelöst vom Sachverhalt *pauschal* erörtert, ob die Generalklausel den Einzelnen nur im öffentlichen Interesse als Mitglied der Allgemeinheit schütze[68] oder gleichzeitig auch in seinem *Individual*interesse bestehe. Die Frage stellt sich indessen je danach in unterschiedlicher Weise, *welches* Schutzgut aus der ordnungsrechtlichen Generalklausel im konkreten Fall gefährdet ist.[69] Sind im Rahmen der öffentlichen Sicherheit (Rn. 111 f.) nur Einrichtungen oder Veranstaltungen des *Staates* betroffen, kann der Bürger von vornherein kein subjektives Recht auf fehlerfreie Ermessensbetätigung gegen die Ordnungsbehörde haben. Soweit es um die *Rechte und Rechtsgüter des Einzelnen* als weitere Schutzgüter der öffentlichen Sicherheit geht, dürfte es darauf ankommen, ob für das jeweilige Schutzgut ein *grundrechtlicher* Schutzanspruch in Anspruch genommen werden kann (Rn. 190).[70] Geht es wie im *Ausgangsfall 2* um die Verletzung einer *Norm* als Schutzgut der öffentlichen Sicherheit, ist eine zweistufige Untersuchung angesagt: Auf der ersten Stufe wird ermittelt, ob die verletzte Norm (§ 3 LadSchlG) im Individualinteresse des Antragstellers *(G)* besteht.[71] Ist das der Fall, muss auf der zweiten Stufe überlegt werden, ob die ordnungsrechtliche Generalklausel in ihrer Funktion, das Recht *durchzusetzen*, dem Verletzten ein *subjek-*

---

[67] So weitgehend die *Oberverwaltungsgerichte,* Nachw. in *BVerwG* BayVBl. 1997, 23.
[68] Darauf deutet die klassische Umschreibung der polizeilichen Aufgaben in § 10 II 17 Pr.ALR v. 1794 (Wortlaut Rn. 113 in Fn. 225) hin.
[69] Auf dieser Linie BVerwGE 37, 112 (113 f.).
[70] Zu weiteren Begründungsversuchen s. etwa den Überblick bei *Götz/Geis,* Allgem. Polizei- u. Ordnungsrecht, § 4 Rn. 18 ff.
[71] BVerwGE 37, 112 (113).

tives Recht gegen die Behörde auf Wahrnehmung seiner Belange einräumt.[72] § 3 LadSchlG dient „an sich" nur dem Schutz des Verkaufspersonals, *nicht* dem Konkurrentenschutz. Eine Erweiterung gilt aber, soweit sich Ladeninhaber *ohne* Verkaufspersonal den Ladenschlusszeiten widersetzen. *Diese* Geschäftsinhaber sind bloß zur Vermeidung von Wettbewerbsvorteilen in die Ladenschlussregelungen einbezogen worden.[73] Im *Ausgangsfall 2* ist die drittschützende Funktion des § 3 LadSchlG damit nur einschlägig, wenn *K kein* Ladenpersonal einsetzt, um sich den Konkurrenzvorteil zu verschaffen. In diesem Fall wird maßgebend, ob die ordnungsrechtliche Generalklausel als Eingriffsermächtigung nach dem Willen des *Landesgesetz*gebers Individualschutz gegen die Verletzung individualschützender Normen des *Bundesrechts* (LadSchlG) gewährt.

205 **(c) Fehlerfreie Ermessensausübung**

Weil die Bauaufsichtsbehörde im *Ausgangsfall 1* (Rn. 202) über den Antrag der *N* auf Einschreiten gegen *E* noch nicht entschieden hat, ist der Anspruch auf ermessensfehlerfreie Entscheidung hier ohne Weiteres gegeben.

Hat die Behörde bereits entschieden, besteht ein Anspruch auf (erneute) ermessensfehlerfreie Entscheidung nur, wenn die bisherige Ermessensentscheidung fehlerhaft war (Rn. 159).

Mit ihrem Hinweis auf die zivilrechtlichen Möglichkeiten (Rn. 208) haben die Behörden dem Anspruch des *G* im *Ausgangsfall 2* ermessensfehlerfrei Genüge getan. Eine Klage hätte keine Aussicht auf Erfolg.

206 **(2) Anspruch auf Einschreiten?**

In Literatur und Rechtsprechung wird diskutiert, ob das Ermessen der Behörde zum Einschreiten in Fällen des Drittschutzes stets oder vorzugsweise „auf Null" reduziert ist. Eine derart *generelle* Reduzierung des Ermessens in Drittschutzfällen kommt nur in Betracht, wenn sie *gesetzlich angeordnet* ist. Fehlt es an einer gesetzlichen Anordnung, gelten die *allgemeinen* Voraussetzungen für eine *Ermessensreduzierung auf Null* (Rn. 161). Schon wegen der zivilrechtlichen Möglichkeiten des Benachteiligten (Rn. 208)[74] kann eine Ermessensreduzierung auf Null nach den *allgemeinen* Grundsätzen in der Regel nicht angenommen werden.

In den *Ausgangsfällen* sind ein *gesetzlicher* Anspruch auf *Einschreiten* oder eine *gesetzlich* angeordnete Ermessensreduzierung nicht nachweisbar. Dass das Ermessen wegen der Besonderheiten des Einzelfalles auf Null reduziert sein könnte, ist in keinem der *Ausgangsfälle* ersichtlich. Demgegenüber dürfte das Ermessen zB im eingangs erwähnten „Munitionsfall" (Rn. 183) wegen der Lebensgefahr auf Null reduziert sein.[75]

2. Verfahrensrechtliches und Prozessuales

207 Wie in den *Ausgangsfällen* geschehen, muss die Drittbelastung bei der zuständigen Behörde *beantragt* werden. Wenn keine gesetzlichen Antragsfristen bestehen, kann der Antragsteller den Zeitpunkt seines Antrages selbst bestimmen. Auf der Linie der Rechtsprechung des Bundesverwaltungsgerichts zum „nachbarlichen Gemeinschaftsverhältnis" (Rn. 193) dürfte der Antragsberechtigte sein Recht zur Antragstellung aber im Zeitablauf verfahrensrechtlich verwirken können.

Bei Ablehnung des Antrages steht dem Antragsteller nach erfolglosem Widerspruchsverfahren die *Verpflichtungsklage* als *Versagungsgegenklage*, bei Ausbleiben einer behördlichen Entscheidung die Verpflichtungsklage als *Untätigkeitsklage* zur

---

[72] *BVerwG* DVBl 1968, 154 f.; *Bachof*, DVBl 1961, 130.
[73] S. BVerwGE 65, 167 (171 ff.); BVerfGE 111, 10 (32 f.).
[74] Zu ihrer Relevanz als Ermessensgesichtspunkt s. etwa *BVerwG* NVwZ 1998, 395.
[75] So auch W. *Martens*, JuS 1962, 251.

§ 13. Belastende Rechtsakte im „besonderen Gewaltverhältnis"

Verfügung (Rn. 162 f.) – jeweils ggf. in Gestalt einer *Bescheidungsklage*. In Eilfällen kommt eine einstweilige Anordung nach § 123 I VwGO (Rn. 164) in Betracht.[76] Zu § 42 II VwGO (Klagebefugnis) gilt das in Rn. 194 ff. Gesagte entsprechend: Die Klagebefugnis ist gegeben, wenn die *Möglichkeit* besteht, dass die in Betracht kommende Eingriffsermächtigung den Individualschutz des Klägers bezweckt (Rn. 204). Ob die Behörde bei der Bescheidung des Antrages rechtswidrig gehandelt hat und ob die Eingriffsermächtigung *wirklich* individualschützend ist, entscheidet sich gemäß § 113 V 1 VwGO bei der *Begründetheit* der Klage.

3. Anhang: Zivilrechtliches Vorgehen

Die Einhaltung drittschützender Normen kann auch vor den Zivilgerichten erzwungen werden. Die *individualschützenden Normen des öffentlichen Rechts* sind „*Schutzgesetze*" iSv § 823 II BGB.[77] Verletzt der Bauherr eine entsprechende Vorschrift schuldhaft, hat der geschützte Dritte einen Schadensersatzanspruch gegen den Bauherrn auf Naturalrestitution (§ 249 I BGB). Fehlt es am Verschulden, ist – auch vorbeugend – ein „*quasinegatorischer Abwehranspruch*" (§ 1004 I 2 BGB analog) gegeben.[78]

In den *Ausgangsfällen* (Rn. 202) und in allen sonstigen Fällen, in denen auf der öffentlichrechtlichen „Schiene" nur ein Anspruch gegen die Behörde auf ermessensfehlerfreie Entscheidung besteht, ist die zivilrechtliche Vorgehensweise „*günstiger*": Der zivilrechtliche Anspruch geht ohne die Zwischenschaltung irgendeines Ermessens auf die *Beseitigung* der Baumaßnahme (= Ausgangsfall 1) bzw. auf das *Unterlassen* des Handelns (= Ausgangsfall 2).[79]

In allen Fällen, in denen die Möglichkeit zum zivilrechtlichen Vorgehen *weiter* greift als die bloß auf eine fehlerfreie Ermessensentscheidung gerichtete öffentlichrechtliche Vorgehensweise, drängt sich die Frage auf, ob der Anspruchsinhaber für seinen Antrag auf Drittbelastung ein „Antragsinteresse" (Rn. 152 Fn. 8) und für die spätere gerichtliche Auseinandersetzung ein „Rechtsschutzinteresse" hat. Soweit ersichtlich, ist diese Frage in der Literatur und Rechtsprechung bisher nicht pointiert behandelt worden.

§ 13. Belastende Rechtsakte[1] im „besonderen Gewaltverhältnis"

Ausgangsfälle:[2]

(1) Die Direktorin eines Gymnasiums *(D)* teilt der Redaktion der Schülerzeitung mit, die Zeitung sei ihr fortan vor dem Druck vorzulegen; Beiträge, in denen die Schule kritisiert werde, seien verboten. Nach erfolgloser Durchführung eines Widerspruchsverfahrens klagen die Redakteure vor dem Verwaltungsgericht. Wie wird dieses entscheiden?

---

[76] Klausuren bei *Grünewald*, JuS 2014, 1100; *Schoberth*, JuS 2011, 730; *Betzinger/S. Müller*, JuS 2010, 891.
[77] S. etwa BGHZ 122, 1 (3); 66, 354; 40, 306.
[78] Grundlegend dazu BGHZ 122, 1; *BGH* NJW 1997, 521; s. a. Palandt/*Herrler*, BGB, § 903 Rn. 25; *Seidel*, NVwZ 2004, 139 (142).
[79] Im *Ausgangsfall 2* kommt zudem ein Anspruch nach § 3 I UWG in Betracht.
[1] *Normen* im besonderen Gewaltverhältnis sind in Rn. 418 ff. *(Ausgangsfall 1)* behandelt.
[2] Weiterer Fall bei *Schaks*, JuS 2014, 630.

(2) Der Stundenplan für die 6. Klasse eines Gymnasiums sieht an 4 Tagen der Woche Nachmittagsunterricht vor. Vormittags finden dann jeweils nur 3 Unterrichtsstunden statt. Auf Vorstellung der Eltern und einiger Lehrer erklärt die Direktorin *(D)*, weil nicht genügend Fachlehrer zur Verfügung stünden, könne nur so der Mathematikunterricht gewährleistet werden. Die Eltern und Lehrer fragen an, ob sie sich die Regelung gefallen lassen müssen.

In beiden *Ausgangsfällen* handelt es sich um „*besondere Gewaltverhältnisse*", nämlich um Rechtsbeziehungen, in denen die Betroffenen der Verwaltung enger als im „allgemeinen Gewaltverhältnis" gegenüberstehen.

Dabei geht es einerseits um das Verhältnis Schule – Schüler *(Schulverhältnis)*, im *Ausgangsfall 2* zusätzlich aber auch um das Verhältnis Schule – Lehrer *(Beamtenverhältnis)*.

210 Wegen ihrer Organisations- und Geschäftsleitungsgewalt kann die Exekutive ihren *internen* Bereich kraft eigenen Rechts und im Grundsatz *gerichtsfrei* regeln.[3] Ursprünglich war man der Ansicht, der Bürger sei im „besonderen Gewaltverhältnis" so weitgehend in die staatliche Hierarchie eingegliedert, dass er *ohne Weiteres* diesem verwaltungs*internen* Recht unterworfen und entsprechend in seinen Rechtsschutzmöglichkeiten beschränkt sei.[4] Dabei wurde der verwaltungsinterne Bereich über die Unterscheidung zwischen „Grundverhältnis" und *„Betriebsverhältnis"*[5] oder danach identifiziert, ob der Einzelne als „Person" oder als weisungsunterworfenes „Glied der Verwaltung" betroffen war[6]. Spätestens seit dem Urteil des *Bundesverfassungsgerichts* zum Strafvollzug[7] hat sich indessen die Erkenntnis durchgesetzt, dass der Bürger auch im „besonderen Gewaltverhältnis", also im „Betriebsverhältnis" und als „Glied der Verwaltung", Träger seiner Grundrechte ist und der Verwaltung daher nicht anders gegenübersteht als im „allgemeinen Gewaltverhältnis". Damit hat die Rechtsfigur des „besonderen Gewaltverhältnisses" **heute keine eigenständige Bedeutung mehr.**[8] Allerdings gibt es *allgemeine Probleme* des Prozessrechts und des materiellen Rechts, die *gerade in „besonderen Gewaltverhältnissen" plastisch* werden. Das ist der Ansatz für die nachfolgenden Darstellungen.

I. Klageart

211 Für die *Klageart* muss untersucht werden, ob der angegriffene Rechtsakt aus dem „besonderen Gewaltverhältnis" als *Verwaltungsakt* angesehen werden kann (dann Anfechtungsklage, § 42 I Alt. 1 VwGO). Wird das Vorliegen eines Verwaltungsakts

---

[3] S. etwa BVerfGE 80, 257 (263); 73, 280 (292); 40, 237 (250); 8, 155 (167 f.); BVerwGE 90, 220 (221 ff.); 86, 166 (168); 86, 209 (210 f.); 83, 336 (338); 44, 351 (354); vgl. *Ehlers* in Ehlers/Pünder, Allg. VerwR, § 2 Rn. 68; *Möstl* in Ehlers/Pünder, Allg. VerwR, § 20 Rn 17. S. a. Rn. 645 ff., 649.

[4] Zur Entwicklung s. etwa *Maurer/Waldhoff*, Allg. VerwR, § 6 Rn. 24 ff., § 8 Rn. 27 ff.; *Bull/Mehde*, Allg. VerwR, Rn. 188 ff.; Maunz/Dürig/*Schmidt-Aßmann*, GG, Art. 19 IV Rn. 84 ff.

[5] Grundlegend *Ule*, VVDStRL 15 (1957), 151 f.; *ders.*, Verwaltungsprozeßrecht, 9. Aufl. 1987, § 5 III iVm Anh. V zu § 32.

[6] BVerwGE 14, 84 (85 f.); *Wolff/Bachof/Stober/Kluth*, VerwR Bd. 1, § 45 Rn. 97 f.

[7] BVerfGE 33, 1 (9, 11); s. a. E 40, 276 (283).

[8] S. nur *Peine*, Allg. VerwR, 11. Aufl. 2015, Rn. 275 ff.; *Maurer/Waldhoff*, Allg. VerwR, § 6 Rn. 24 ff., § 8 Rn. 27 ff.; *Bull/Mehde*, Allg. VerwR, Rn. 188 ff.; Maunz/Dürig/*Schmidt-Aßmann*, GG, Art. 19 IV Rn. 84 f.

§ 13. Belastende Rechtsakte im „besonderen Gewaltverhältnis"

verneint, ist die *Klagemöglichkeit* damit *nicht ausgeschlossen*[9] (Fehlerquelle!). Vor dem Hintergrunde des Art. 19 IV GG eröffnet § 40 I VwGO den Verwaltungsrechtsweg für *alle* öffentlichrechtlichen Streitigkeiten nichtverfassungsrechtlicher Art, soweit *Rechte* des Klägers beeinträchtigt sind. Die Anfechtung von Verwaltungsakten (§ 42 I Alt. 1 VwGO) ist nur *eine* Klageart unter anderen, typenmäßig nicht abschließend festgelegten Klagen. Liegt kein Verwaltungsakt vor, kommen im „besonderen Gewaltverhältnis" nicht anders als im „allgemeinen Gewaltverhältnis" insbesondere eine (allg.) *Leistungsklage* (Rn. 225)[10] – ggf. als *Unterlassungsklage*[11] – oder (subsidiär) eine *Feststellungsklage*[12] in Betracht.

Eine Einzelfallregelung ist im „besonderen Gewaltverhältnis" nur dann ein Verwaltungsakt, wenn sie nach ihrem *objektiven Sinngehalt final* auf eine *„unmittelbare* Rechtswirkung nach außen *gerichtet"* ist (§ 35 S. 1 VwVfG, Rn. 47). Weil D die Pressefreiheit der Redakteure einschränken will, liegt im *Ausgangsfall 1* (Rn. 209) ein Verwaltungsakt vor (= Anfechtungsklage). Im *Ausgangsfall 2* fehlt demgegenüber die Außenrichtung. Nach der *Finalität* handelt es sich beim Nachmittagsunterricht um eine „aufgabenorientierte" schulorganisatorische Binnenregelung, nicht um eine gegen die Schüler und Lehrer gerichtete „personenorientierte"[13] Maßnahme (= allg. Leistungsklage auf Änderung des Stundenplanes).

212

II. Subjektives Recht des Betroffenen

Aufbaumäßig verteilt auf die Zulässigkeit (§ 42 II VwGO) und auf die Begründetheit der Klage (Rn. 194 ff., 197 f.) muss in Zweifelsfällen ferner untersucht werden, ob der Kläger in einem *subjektiven Recht* beeinträchtigt ist. Vor dem Hintergrund des Art. 19 IV GG hat das *Bundesverwaltungsgericht* das Erfordernis eines subjektiven Rechts über die Anfechtungsklage (und Verpflichtungsklage) hinaus auf die *anderen Klagearten* erstreckt.[14] Soweit dem Betroffenen nicht schon einfachgesetzlich ein subjektives Recht eingeräumt ist (Beispiel: Fürsorgepflicht des Dienstherrn für seine Beamten),[15] wird ein subjektives Recht zwar über die im „besonderen Gewaltverhältnis" geltenden *Grundrechte* vermittelt. Aber die Geltung der Grundrechte hat nach der Grundrechtsdogmatik Grenzen (s. a. schon Rn. 189 ff.).

213

(1) Die Grundrechte schützen nicht vor bloßen Bagatellen, wie sie (etwa) im Schulalltag immer wieder vorkommen (Ermahnungen, Sonderunterricht zur Aufarbeitung von Lernrückständen, Veränderung der Sitzordnung in der Klasse, usw.).[16] (2) Ein thematisch betroffenes Grundrecht muss den Schutzzweck haben, Beeinträchtigungen der *vorliegenden Art* abzuwehren (Lehre vom funktionalen Schutzbereich der Grundrechte, Rn. 448). Demgemäß ist Art. 2 I GG zwar bei der Umsetzung eines Beamten oder bei der Betrauung mit einem neuen Aufgabenkreis betroffen, nicht aber, wenn der Beamte die Weisung erhält, eine Gesetzesbestimmung gegenüber den Bürgern in bestimmter Weise auszulegen. (3) Grundrechte finden ihre Grenze in

---

[9] So ausdrücklich BVerwGE 98, 334 (335 f.). – Änderung des Aufgabenbereichs eines Beamten; E 60, 144 (145, 149 ff.) – Umsetzung eines Beamten.
[10] BVerwGE 98, 334 (335 f.); 75, 138 (139 f.); 60, 144 (150). Die Verpflichtungsklage stellt eine *besondere* Leistungsklage dar, gerichtet auf den Erlass eines VA.
[11] BVerwGE 47, 194 – Sexualkundeunterricht. Die *Unterlassungs*klage ist ein Unterfall der (allg.) Leistungsklage, gerichtet auf ein Unterlassen.
[12] BVerwGE 47, 201 – 5-Tage-Woche in der Schule.
[13] Formulierungen nach BVerwGE 90, 220 (222).
[14] Zur Leistungsklage etwa BVerwGE 36, 192 (199); zur Feststellungsklage etwa BVerwGE 111, 276 (279); 99, 64 (66); 41, 253 (259); s. a. bereits Rn. 194 mit Fn. 48.
[15] Beamtenrechtliche Fallgestaltung in BVerwGE 98, 334 (337); 60, 144 ff.; 41, 253 ff.; 36, 192 ff.
[16] S. *Rux/Niehues*, Schulrecht, 5. Aufl. 2013, Rn. 62 f.; s. a. Rn. 448 mit Fn. 24.

anderen Normen des Grundgesetzes (systematische Verfassungsinterpretation, Einheit der Verfassung, Rn. 477). So lässt sich über (2) hinaus mit einem Hinweis auf Art. 33 IV, V GG auch (3) verfassungssystematisch begründen, dass der Beamte durch eine Weisung zur Gesetzesauslegung nicht in seinem Grundrecht aus Art. 2 I GG betroffen wird. Für die Schule lässt sich das Ergebnis von (1) ebenfalls verfassungssystematisch über Art. 7 I GG herleiten.[17]

Im *Ausgangsfall 1* (Rn. 209) sind die Redakteure der Schülerzeitung *ohne Weiteres* in ihrem Grundrecht aus Art. 5 I 2, 3 GG betroffen, so dass das subjektive Recht hier *unvermittelt* bejaht werden kann. Im *Ausgangsfall 2* müssten die Gesichtspunkte (1), (2) und (3) im Einzelnen diskutiert werden, wobei hier im Ergebnis ein subjektives Recht ebenfalls bejaht werden könnte, sowohl für die Schüler als auch für die Lehrer.

III. Ermächtigungsgrundlage und Vorbehalt des Gesetzes

214 Wie im „allgemeinen Gewaltverhältnis" (Rn. 59) bedürfen Rechtsakte auch im „besonderen Gewaltverhältnis" einer Ermächtigungsgrundlage in einem Parlamentsgesetz, in einer Satzung oder nach Maßgabe von Art. 80 I GG in einer Rechtsverordnung (**Vorbehalt des Gesetzes**). Nach dem Urteil des Bundesverfassungsgerichts zum Strafvollzug ist es nicht mehr möglich, aus dem Zweck eines „besonderen Gewaltverhältnisses" oder aus dem „Anstaltszweck" eine Ermächtigungsgrundlage kraft Gewohnheitsrechts abzuleiten;[18] das „besondere Gewaltverhältnis" ist eben *kein eigenständiges Rechtsinstitut* mehr.

Allerdings hat die Exekutive kraft ihrer **Organisations- und Geschäftsleitungsgewalt** eine *eigene* Regelungskompetenz (Rn. 210).[19] Vom „allgemeinen Gewaltverhältnis" her ist geläufig, dass die an sich *interne* Organisations- und Geschäftsleitungsgewalt Bindungen auch im *Außenverhältnis* zum Bürger bewirken kann.[20] Beispielsweise ist der Bürger mit Verfahrensregelungen konfrontiert,[21] er hat Zuständigkeiten,[22] Öffnungszeiten von Behörden usw.[23] zu beachten, die ohne gesetzliche Grundlage[24] festgelegt werden. Ein derartiges Nebenregime eigenständiger Verwaltungskompetenzen ist auch im „besonderen Gewaltverhältnis" von Bedeutung – nicht prinzipiell anders, aber umfangreicher als im „allgemeinen Gewaltverhältnis", weil die Verwaltungsinterna und die Belange des Bürgers hier besonders eng verflochten sind.

215 In welchen Fällen einerseits der Vorbehalt des Gesetzes einschlägig ist und inwieweit im „besonderen Gewaltverhältnis" andererseits die Organisations- und Geschäftsleitungsgewalt ausreicht, entscheidet das Bundesverfassungsgericht nach seiner „**Wesentlichkeitstheorie**" (Rn. 452).[25] Die *wesentlichen* Entscheidungen müssen in einem Parlamentsgesetz oder – soweit nicht ein *Totalvorbehalt* zugunsten des Parlaments gilt (Rn. 423) – kraft parlamentsgesetzlicher Ermächtigung (Rn. 419, 423) in einer Rechtsverordnung enthalten sein.

216 *Wann* eine Entscheidung „*wesentlich*" und damit im vorliegenden Problemzusammenhang dem Parlamentsgesetz oder einer Rechtsverordnung vorbehalten ist, muss vom **rechtsstaatlichen und demokratischen Ansatz** des *Gesetzesvorbehalts*

---

[17] S. *Rux/Niehues*, Schulrecht, 5. Aufl. 2013, Rn. 51 f.
[18] BVerfGE 33, 1 (10); 40, 276 (283).
[19] Speziell zur schulischen Organisationsgewalt *BVerwG* DÖV 1978, 842.
[20] S. *Ehlers* in Ehlers/Pünder, Allg. VerwR, § 2 Rn. 68 ff.
[21] BVerfGE 40, 237 (250); 8, 155 (167 f.).
[22] BVerfGE 40, 237 (250); BVerwGE 83, 336 (338).
[23] Weitere Beispiele bei *Ehlers* in Ehlers/Pünder, Allg. VerwR, § 2 Rn. 68.
[24] Dezidiert so BVerfGE 40, 237 (250); 8, 155 (167 f.).
[25] Die Ursprünge der Theorie liegen im gegenwärtigen Kontext; für das Schulverhältnis s. insoweit BVerfGE 98, 218 (252); 58, 257 (268 ff.); 47, 46 (78 ff.); 45, 400 (417 ff.); 41, 251 (259 f.); BVerwGE 56, 146; *BVerwG* NVwZ 1998, 859.

(Rn. 59) her beurteilt werden. Aus *rechtsstaatlicher* Sicht ist erheblich, ob die Entscheidung als „wesentlich für die Verwirklichung der *Grundrechte*" angesehen werden muss.[26] Aus *demokratischer* Sicht ergibt sich, dass die wesentlichen *politischen* Entscheidungen dem Parlamentsgesetz vorbehalten sind.[27]

Im *Ausgangsfall 1* (Pressefreiheit, Rn. 209) finden sich in den Schulgesetzen der Länder rechtliche Regelungen zu den Schülerzeitungen. Aber die (mit Art. 5 I 3 GG unvereinbare) Möglichkeit zur Vorzensur ist in diesen Gesetzen nicht vorgesehen. Im Umkreis von *Ausgangsfall 2* geht es weder aus rechtsstaatlicher noch aus demokratischer Sicht um „Wesentliches". Daher findet der Nachmittagsunterricht hier in der Organisationsgewalt der Schule eine ausreichende Rechtsgrundlage.[28] – Nach BVerfGE 47, 46 ff. kann dagegen über die Einführung der Sexualerziehung in den Schulen nur der Gesetzgeber entscheiden. Hier sind die Verwirklichung der Eltern- (Art. 6 II 1 GG) und Kindesgrundrechte (Art. 2 I iVm Art. 1 I GG) wesentlich betroffen.[29] Ferner gilt der Vorbehalt des Gesetzes nach BVerfGE 58, 257 (272 ff.) wegen Art. 12 I bzw. Art. 2 I iVm Art. 1 I GG für die Nichtversetzung und für den Ausschluss aus der Schule (s. a. Rn. 418 ff.).

217

§ 14. Verwaltungsakte in speziellen Verwaltungsverfahren

Das VwVfG unterscheidet drei Arten von Verwaltungsverfahren: das nichtförmliche Verwaltungsverfahren (§§ 10 ff. VwVfG), das förmliche Verwaltungsverfahren (§§ 63 ff. VwVfG) und das Planfeststellungsverfahren (§§ 72 ff. VwVfG).[1] In den bisherigen Ausführungen wurden fast ausschließlich materiellrechtliche Fragen behandelt, die sich unabhängig von der Art des Verwaltungsverfahrens stellen, in dem der Verwaltungsakt ergeht. Soweit vorstehend Verfahrensvorschriften erwähnt wurden, bezogen sie sich meist auf das nichtförmliche Verwaltungsverfahren. Nachfolgend geht es um verfahrensrechtliche Besonderheiten des förmlichen Verwaltungsverfahrens (I.) und des Planfeststellungsverfahrens (II.) sowie um „große" Genehmigungsverfahren, in denen sich bestimmte Elemente aus dem Planfeststellungsverfahren wiederfinden (III.).

218

I. Das förmliche Verwaltungsverfahren

Ausgangsfall:

Gestützt auf § 15 I GastG hat die zuständige Behörde in Berlin die dem *G* erteilte Erlaubnis zum Betrieb eines Gaststättengewerbes zurückgenommen. Das Verwaltungs-

219

---

[26] BVerfGE 139, 19 (45 Rn. 52); 98, 218 (251); 83, 130 (140); 47, 46 (79).
[27] *Jenseits* der Rechtsetzung bedeutet das allerdings *keinen* Gewalten*monismus* zugunsten des Parlaments: BVerfGE 49, 89 (124 f.). Außerdem ist eine Entscheidung nicht schon deshalb wesentlich, weil sie besonders umstritten ist: BVerfGE 68, 1 (186 f.); 98, 218 (252) – Rechtschreibreform.
[28] Zur Einführung der Fünf-Tage-Woche in der Schule BVerwGE 47, 201.
[29] S. aktuell zum Sexualkundeunterricht in der (Schweizer) Grundschule *EGMR,* Urt. v. 18.1.2018, Az. 22338/15 (keine Verletzung des Rechts auf Achtung des Privat- und Familienlebens).
[1] Zu den seit Ende 2008 geltenden §§ 71a ff. VwVfG (Verfahren über eine einheitliche Stelle) und ihrem unionsrechtlichen Hintergrund (Dienstleistungs-RL) s. etwa *Schmitz/Prell,* NVwZ 2009, 1; *Eisenmenger,* NVwZ 2010, 337. Zu dem im selben Zuge geschaffenen § 42a VwVfG *Kluth,* JuS 2011, 1078.

gericht weist die Anfechtungsklage des G ab, weil G es versäumt habe, vorher Widerspruch nach §§ 68 ff. VwGO einzulegen. Ist dem G zu raten, Antrag auf Zulassung der Berufung (§§ 124, 124a IV VwGO) zu stellen, wenn er die Voraussetzungen des § 15 I GastG nicht für gegeben hält? – Wegen der Widerspruchsproblematik müssen die Bearbeiter in den Blick nehmen, dass die Behörde die Erlaubnis in einem förmlichen Verwaltungsverfahren zurückgenommen haben könnte.

Das förmliche Verwaltungsverfahren ist *justizförmig ausgestaltet*. Ähnlich wie in einem Gerichtsverfahren wird eine mündliche Verhandlung durchgeführt (§§ 67 ff. VwVfG); Zeugen und Sachverständige sind zur Aussage verpflichtet (§ 65 VwVfG). Das förmliche Verwaltungsverfahren findet statt, wenn es durch Rechtsvorschrift angeordnet ist (§ 63 I VwVfG). Es geht um Fälle, in denen die behördliche Entscheidung hervorgehobene Bedeutung hat, vor allem weil sie den Bürger besonders intensiv trifft. Da das Verfahren rechtsstaatlich optimal ausgestaltet ist, bedarf es vor der Erhebung einer verwaltungsgerichtlichen Klage *keiner* Nachprüfung in einem Vorverfahren nach §§ 68 ff. VwGO (§ 70 VwVfG).

Gem. § 5 lit. a) VwVfG Bln findet das förmliche Verfahren in den Angelegenheiten statt, die vom Senat durch Rechtsverordnung bestimmt werden. § 1 iVm Nr. 7 der Anlage zu § 1 der Berliner Verordnung über das förmliche Verwaltungsverfahren vom 14.5.1980 nennt auch die Rücknahme einer Gaststättenerlaubnis nach § 15 GastG. Damit wurde die Erlaubnis im *Ausgangsfall* in einem förmlichen Verwaltungsverfahren zurückgenommen. G konnte also gemäß § 1 I VwVfG Bln iVm § 70 VwVfG (des Bundes) klagen, *ohne* Widerspruch eingelegt zu haben. Ein Antrag auf Zulassung der Berufung[2] ist ratsam (s. § 124a V 2 iVm § 124 II Nr. 1 VwGO).

II. Das Planfeststellungsverfahren

Ausgangsfall:[3]

220 B hat einen großen Bauernhof in der Marsch mit ausgedehnten Weideflächen für Milchvieh geerbt. Bei Antritt des Erbes erfährt sie, dass wenige Tage zuvor gem. § 17 I 1 FStrG (*Sartorius* Nr. 932) der Plan für die neue Bundesautobahn „Marschenlinie" festgestellt worden ist (= VA). Die Autobahn wird den Hof von zwei Dritteln seiner Weideflächen abschneiden und B zu Umwegen von 12 km je Strecke zwingen. B fragt an, ob sie einen Tunnel durchsetzen kann.

Wie das förmliche Verwaltungsverfahren findet auch das Planfeststellungsverfahren nur statt, wenn es durch Rechtsvorschrift angeordnet ist (§ 72 I VwVfG). Das Planfeststellungsverfahren steht für *raumbedeutsame Planungen* zur Verfügung. Antragsteller kann ein Träger öffentlicher Verwaltung oder auch ein Privater sein. Es handelt sich um eine *gestaltende Tätigkeit*, bei der das Vorhaben mit kollidierenden öffentlichen Interessen und mit den privaten Interessen betroffener Bürger über *Abwägungen* zum Ausgleich gebracht werden muss.[4]

Beispiele: § 17 FStrG, *Sartorius* Nr. 932; § 18 AEG, *Sartorius* Nr. 962; § 28 PBefG (Straßenbahnen), *Sartorius* Nr. 950; § 14 WaStrG, *Sartorius* Nr. 971; § 31 II KrW-/AbfG (Abfalldeponien), *Sartorius* Nr. 298; § 9a III, § 9b I 1 AtG (Endlager), *Sartorius* Nr. 835.

---

[2] Zu den verwaltungsprozessualen Rechtsmitteln *Geis/Thirmeyer*, JuS 2013, 517 u. 799.
[3] Einführung in das Planfeststellungsrecht bei *Leist/Tams*, JuS 2007, 995, 1093.
[4] Dazu zB BVerwGE 111, 276 (281).

§ 14. Verwaltungsakte in speziellen Verwaltungsverfahren

In den Fachgesetzen finden sich häufig spezialgesetzliche Regelungen, die den Vorschriften der §§ 72 ff. VwVfG ganz oder teilweise vorgehen (zB § 17 ff. FStrG). §§ 72 ff. VwVfG haben dann nur subsidiäre Bedeutung.

Neben den Planfeststellungen durch *Verwaltungsakt* (= gegenwärtiger Kontext) sieht der Gesetzgeber auch Planfeststellungen durch *Rechtsverordnung* (zB Abflugstrecken gem. § 32 I 1 Nr. 1, III LuftVG iVm § 33 II LuftVO[5]) oder durch *(kommunale) Satzungen* (zB Bauleitplanung nach §§ 1 ff. BauGB) vor; selbst Planfeststellungen durch Gesetz sind nicht ausgeschlossen[6]. Diese Variationen in der Rechtsform sind Ausdruck der Tatsache, dass „staatliche Planung weder eindeutig der Legislative noch eindeutig der Exekutive zugeordnet werden" kann.[7] Demgemäß gelten für Planfeststellungen durch Verwaltungsakt, Rechtsverordnung und Satzung *weitgehend* die *gleichen Regeln*.[8] – Einzelheiten der Fachplanungen sind Gegenstand einschlägiger Schwerpunktbereiche. Als Bestandteil des „Allgemeinen Verwaltungsrechts" sollten aber auch im *Pflichtfachbereich* die *Charakteristika von Planfeststellungsverfahren* bekannt sein. Die Bauleitplanung durch kommunale Satzungen (Rn. 427 ff.) gehört ohnehin zum Pflichtfachbereich (Baurecht, Kommunalrecht).[9]

1. „Äußeres" Verfahren

Typisch für Planfeststellungsverfahren nach Spezialgesetzen oder nach §§ 72 ff. VwVfG sind: die Ersetzung verschiedener (an sich nebeneinander erforderlicher) öffentlichrechtlicher Genehmigungen durch den *einen* Planfeststellungsbeschluss (*Konzentrationsfunktion*, § 75 I VwVfG); die verwaltungsinterne Abstimmung der beteiligten Repräsentanten öffentlicher Interessen (§ 73 II VwVfG); die frühzeitige und verfahrensbegleitende Beteiligung betroffener Privater in einem Anhörungsverfahren (§ 73 VwVfG); der Ausschluss von Einwendungen, die nicht fristgerecht erhoben worden sind (*Präklusion*, § 73 IV 3 VwVfG); der Ausschluss privatrechtlicher Unterlassungsansprüche nach Unanfechtbarkeit des Planfeststellungsbeschlusses (§ 75 II VwVfG).[10]

221

Nach der Sachverhaltsschilderung des *Ausgangsfalles* (Rn. 220) ist denkbar, dass der Erblasser innerhalb der Einwendungsfrist *keine Einwendungen* erhoben hat. Dann könnte B als Rechtsnachfolgerin den Tunnel *von vornherein* in *keiner* Weise erzwingen. Gemäß § 17 S. 3 FStrG iVm § 73 IV 3 VwVfG wäre ihr Anliegen nicht nur verfahrensrechtlich, sondern auch *materiellrechtlich*[11] präkludiert.

2. Abwägung im „inneren" Verfahren

Weil Planung nach ihrem Wesen schöpferische Gestaltung ist (Rn. 220), kann sie nicht über schlichte Subsumtionen bewältigt werden. Demgemäß kann der Gesetzgeber *planungsrechtliche Ermächtigungsgrundlagen* nicht im „Wenn-dann-Schema" *konditional* formulieren, wie es der Vorbehalt des Gesetzes bei belastenden Verwaltungsakten an sich fordert (Rn. 59). Dem Vorbehalt des Gesetzes wird auf andere Weise Genüge getan. Der Gesetzgeber steuert die Planung über Planungsziele und Planungsleitsätze *final*,[12] wie das für die Bauleitplanung

221a

---

[5] BVerwGE 111, 276.
[6] BVerfGE 95, 1 – „Eisenbahnsüdumfahrung Stendal".
[7] BVerfGE 95, 1 (16).
[8] Nach BVerwGE 48, 56 (63) ist deshalb zB die zur Bauleitplanung entwickelte Rechtsprechung im Grundsatz ohne Weiteres auf die fernstraßenrechtliche Planung übertragbar.
[9] Klausur bei *Jochum*, JuS 2016, 157.
[10] Weitere Einzelheiten bei *Pünder* in Ehlers/Pünder, Allg. VerwR, § 15 Rn. 2 ff.
[11] S. BVerwGE 60, 297 (301); *BVerwG* DVBl 1997, 51; allgemein *Oexle*, Das Rechtsinstitut der materiellen Präklusion, 2001; *Pünder* in Ehlers/Pünder, Allg. VerwR, § 15 Rn. 8; zur verfassungsrechtlichen Zulässigkeit BVerfGE 61, 82 (109 ff.).
[12] Dazu grundlegend *Hoppe*, DVBl 1974, 641; *ders.*, DVBl 1977, 136; s. ferner BVerfGE 95, 1 (16).

katalogartig in § 1 VI BauGB (lesen!) geschieht[13]. Gleichzeitig und vor allem gilt für jede Planung schon unmittelbar von Verfassungs wegen ein „*rechtsstaatliches Abwägungsgebot*",[14] welches das „innere" Verfahren des Planens im *Abwägungsvorgang*[15] sowie das *Abwägungsergebnis* rechtlich diszipliniert:

Der Planfeststellungsbeschluss ist rechtswidrig, wenn im inneren *Verfahren* der Planung keine Abwägung stattgefunden hat („Abwägungsdefizit") oder in die Abwägung nicht alle abwägungserheblichen öffentlichen und privaten Belange eingestellt worden sind („Einbeziehungsdefizit").[16] Der Planfeststellungsbeschluss ist ferner rechtswidrig, wenn das Abwägungs*ergebnis* gegen den Grundsatz der Verhältnismäßigkeit verstößt.[17] Allerdings sind „*Mängel bei der Abwägung*" nach den Fachgesetzen regelmäßig „nur erheblich, wenn sie *offensichtlich*" sind und möglicherweise (Rn. 434) *konkret* (nicht bloß abstrakt)[18] „auf das Abwägungsergebnis von Einfluss gewesen sind" (§ 75 Ia 1 VwVfG).[19]

Abwägungserheblich sind bereits von Verfassungs wegen alle *Grundrechtspositionen*, in die der Planfeststellungsbeschluss eingreifen würde. Über die Grundrechtspositionen hinaus schreibt der *Gesetzgeber* in fast allen Fachgesetzen die Einbeziehung *aller* „privaten Belange" vor, die nach Lage der Dinge berührt werden,[20] soweit sie nicht bloß von geringem Gewicht sind oder keinen Vertrauensschutz in Anspruch nehmen können[21].

Im *Ausgangsfall* (Rn. 220) *sind* die Belange der *B* abwägungserheblich. Ein relevanter Fehler im *Verfahren* der Abwägung läge vor, wenn *B* bzw. der Erblasser *E* fristgerecht Einwendungen erhoben hatte, diese aber in Ergänzung des Sachverhalts in den Akten übersehen wurden (Einbeziehungsdefizit). Das Abwägungs*ergebnis* („kein Tunnel") könnte gegen den Grundsatz der Verhältnismäßigkeit verstoßen, was hier offenbleiben mag.[22]

3. Prozessuales

221b Nach § 48 I 1 VwGO ist für den Rechtsschutz gegen Planfeststellungsbeschlüsse zumeist schon *in erster Instanz* das *Oberverwaltungsgericht* zuständig – so auch im *Ausgangsfall* (§ 48 I 1 Nr. 8 VwGO). Ein Widerspruchsverfahren ist nicht vorgeschaltet (§ 74 I 2 iVm § 70 VwVfG).

Das für die *Klagebefugnis* (§ 42 II VwGO) erforderliche subjektive Recht (Rn. 194 ff.) ist vorhanden, wenn eine öffentlichrechtliche Norm auch dem Individualinteresse des Klägers dient (Rn. 186 ff.). Soweit ein Fachgesetz private Belange für „abwägungserheblich" erklärt, geschieht das im privaten Interesse des Betroffenen. Im entsprechenden Umfang hat der Betroffene *automatisch* ein subjektives

---

[13] Zu „immanenten Planungsleitsätzen" für die Planung von Bundesfernstraßen BVerwGE 48, 56 (62 f.).
[14] BVerwGE 111, 276 (280); 56, 110 (122); *BVerwG* NVwZ 2002, 1235 (1236).
[15] Insoweit geht es um einen Anwendungsfall des „Grundrechtsschutzes durch Verfahren" (Rn. 441).
[16] Parallele zu den Fehlern im inneren Verfahren der Ermessensbetätigung (Rn. 91 ff. mit weiteren Verfeinerungen).
[17] Zu allem BVerwGE 107, 1 (6 f.); 48, 56 (63); 34, 301 (309).
[18] BVerwGE 100, 370 (379).
[19] Zur „Abwägungsfehlerlehre" *Martini/Finkenzeller*, JuS 2012, 126.
[20] Anschauungsfälle in BVerwGE 107, 1 (6 f.); 59, 87 (101); 48, 56 (63); 34, 301 (309). Ob diese Einbeziehung auch *unabhängig* von einer gesetzlichen Regelung schon allgemein nach dem „*rechtsstaatlichen* Abwägungsgebot" gilt, lässt BVerwGE 111, 276 (281) dahingestellt.
[21] Zu diesen und weiteren nur vereinzelt relevanten Einschränkungen s. BVerwGE 107, 215 (219); *BVerwG* NVwZ 2000, 1413 (1414).
[22] Entsprechende Untersuchungen für einen Bebauungsplan aber in Rn. 438.

§ 14. Verwaltungsakte in speziellen Verwaltungsverfahren

„Recht auf Abwägung" seiner privaten Belange mit den kollidierenden[23] öffentlichen Interessen, das die Klagebefugnis vermittelt[24] – so auch im *Ausgangsfall* (s. § 17 S. 2 FStrG).

Nach Maßgabe der jeweiligen fachgesetzlichen Regelung, sonst nach § 75 Ia 2 VwVfG geht die Beseitigung des Mangels der Aufhebung eines Planfeststellungsbeschlusses vor (*Primat der „Nachbesserung"*). Kommt eine Nachbesserung in Betracht, ist keine Anfechtungsklage, sondern nur eine Klage auf *Feststellung* der Rechtswidrigkeit und der Nichtvollziehbarkeit des Planfeststellungsbeschlusses gegeben.[25]

Demgemäß kann B im *Ausgangsfall* (Rn. 220) bei einem Einbeziehungsdefizit bloß die Nachholung einer ordnungsgemäßen Abwägung mit offenem Ausgang und bei einem Verstoß gegen den Grundsatz der Verhältnismäßigkeit nur die Ergänzung der Planfeststellung um eine Tunnelregelung erreichen, nicht aber die Aufhebung des Planfeststellungsbeschlusses verlangen.

III. „Große" Genehmigungsverfahren

Ausgangsfall:[26]

Als N nach längerem Auslandsaufenthalt zurückkehrt, entdeckt er zu seinem Entsetzen auf dem Nachbargrundstück eine Anlage der Teer- und Benzolfabrikation. Bei der Baugenehmigungsbehörde erteilt eine Referendarin dem N die telefonische Auskunft, eine förmliche Baugenehmigung sei in den Akten nicht zu finden. Ein Fachmann versichert N, die Anlage leide an einem Konstruktionsfehler, der bei unglücklicher Verkettung mehrerer Umstände zu unerträglichen Geruchsbelästigungen führen könne. Kann N gegen die Anlage vorgehen?

222

Im *Ausgangsfall* handelt es sich um eine „genehmigungsbedürftige Anlage" iSv § 4 I BImSchG (§ 1 I 1 iVm Nr. 1.12 des Anhangs 1 der 4. BImSchV, *Sartorius* Nr. 296a) – eines der „großen" Genehmigungsverfahren mit komplexer Problematik und typischerweise vielen Beteiligten.[27] In derartigen Genehmigungsverfahren geht es nicht wie bei Planfeststellungen um Gestaltungen und Abwägungen, sondern wie bei jeder Genehmigung um die *Subsumtion* unter die gesetzlichen Genehmigungsvoraussetzungen.[28] Die gesetzlichen *Verfahrensregelungen* in den einschlägigen Fachgesetzen stimmen aber weitgehend mit den Regelungen für Planfeststellungsverfahren (Rn. 221) überein. Außerdem sind „Vorbescheide" und „Teilgenehmigun-

---

[23] Öffentliche Belange, die *neben* den privaten Belangen des Klägers verstärkend *gegen* die Planung sprechen (Naturschutz als Beispiel), sind *nicht* zu berücksichtigen: BVerwGE 67, 74 (78); 48, 56 (66); anders nur im Vorfeld von Enteignungen („Wohl der Allgemeinheit" als Enteignungsvoraussetzung gem. Art. 14 III 1 GG): BVerwGE 104, 236 (238); 100, 238 (240); 67, 74; *BVerwG* NVwZ 2000, 560.
[24] Dazu BVerwGE 111, 276 (281 f.); 107, 215 (217 ff.).
[25] So BVerwGE 100, 370 (372).
[26] Weiterer Klausurfall bei *Erbguth/Goldbecher*, JuS 2008, 992.
[27] Zu nennen war früher etwa noch die Genehmigung von Atomanlagen nach § 7 AtG (*Sartorius* Nr. 835).
[28] Dazu BVerwGE 107, 215 (222).

gen" typisch (§§ 8, 9 BImSchG, § 7 IV 3 AtG iVm § 8 BImSchG, § 7a AtG), so dass „große" Genehmigungsverfahren *häufig mehrstufig* ablaufen.[29]

Im *Ausgangsfall* ist davon auszugehen, dass eine Genehmigung nach dem BImSchG vorliegt. Diese Genehmigung schließt nach § 13 BImSchG andere Genehmigungen ein (Konzentrationswirkung), auch die Baugenehmigung. Gegen die Genehmigung nach dem BImSchG kann *N* nicht mehr vorgehen. Weil im Sachverhalt nichts Gegenteiliges mitgeteilt ist, kann nach der Lebenserfahrung davon ausgegangen werden, dass das in § 10 BImSchG vorgeschriebene Anhörungsverfahren stattgefunden hat, die zuständige Behörde das Vorhaben insbesondere auch in ihrem amtlichen Veröffentlichungsblatt und außerdem in örtlichen Tageszeitungen öffentlich bekanntgemacht hat. Weil *N* in diesem Anhörungsverfahren nicht fristgerecht Einwendungen gegen das Vorhaben erhoben hat, ist eine Präklusion die Folge (§ 10 III 5 BImSchG). Weil der von *N* gerügte Fehler an der Anlage von vornherein bestand und die Präklusion materiellrechtlich wirkt (Rn. 221), kann *N* insbesondere auch keine „nachträglichen Anordnungen" gem. § 17 BImSchG von der Behörde verlangen. Die Möglichkeiten des *N*, zivilrechtlich gegen die Anlage vorzugehen, sind durch § 14 BImSchG erheblich gemindert.[30]

---

[29] Zum Regelungsgehalt der verschiedenen Stufen s. bereits Rn. 40 sowie im Zusammenhang mit atomrechtlichen Genehmigungsverfahren BVerwGE 80, 207; 78, 177; 72, 300; Klausur zu einem immissionsschutzrechtlichen Vorbescheid bei *Leidinger*, JuS 2006, 816.

[30] Anders bei Genehmigungen, die im „vereinfachten Verfahren" nach § 19 BImSchG ergehen (s. Abs. 2).

3. Teil. Ansprüche zwischen Bürger und Staat, besonders im Gleichordnungsverhältnis

§ 15. Vorbemerkungen

I. Öffentlichrechtliche und (verwaltungs-)privatrechtliche Ansprüche

Ansprüche des Bürgers gegen den Staat wurden bereits behandelt, soweit sie auf den Erlass eines Verwaltungsakts gerichtet sind (Rn. 142 ff., 202 ff.). Nachfolgend geht es einerseits um alle sonstigen öffentlichrechtlichen Ansprüche im Über-Unterordnungsverhältnis. Öffentliche Hand und Bürger können sich andererseits aber auch auf einer Stufe *gleichgeordnet* gegenüberstehen. Insoweit kommen öffentlichrechtliche und privatrechtliche Ansprüche in Betracht.

Die privatrechtlichen Beziehungen fallen entweder in den Bereich des „Fiskalprivatrechts" oder in den des „Verwaltungsprivatrechts".[1] Von **Fiskalprivatrecht** spricht man, wenn die Verwaltung als Fiskus am Privatrechtsverkehr teilnimmt, um ihr Finanz- oder Verwaltungsvermögen (staatlicher Waldbesitz, städtische Brauerei, Rathaus, Büromaterial, Kraftfahrzeugpark) zu vermehren, zu veräußern oder zu erhalten. Die eigentlichen öffentlichen Aufgaben werden hier nur *mittelbar* gefördert, über die Bereitstellung der Güter oder über die erzielten Erträge. Im **Verwaltungsprivatrecht** werden durch die privatrechtliche Gestaltung selbst *unmittelbar* öffentliche Verwaltungszwecke verfolgt. Beispielsweise kann die öffentliche Verkehrs-, Wasser-, Gas- oder Stromversorgung (verwaltungs-)privatrechtlich ausgestaltet sein.

Fiskalprivatrechtliche Fälle werden zumeist als Zivilrechtsklausuren ausgegeben, weswegen sich die nachfolgenden Ausführungen auf Fälle aus dem *Verwaltungsprivatrecht* konzentrieren. Die Bedeutung der Unterscheidung hat insofern abgenommen, als mittlerweile anerkannt ist, dass die privatrechtlich handelnde Verwaltung gemäß Art. 1 III GG stets an die Grundrechte gebunden ist.[2]

II. Prozessuales

Alle zivilrechtlichen Ansprüche werden vor den Zivilgerichten geltend gemacht, auch wenn sie zum Bereich des Verwaltungsprivatrechts gehören. Die öffentlichrechtlichen Ansprüche führen zum *Verwaltungsgericht*, „soweit die Streitigkeiten nicht durch Bundesgesetz einem anderen Gericht ausdrücklich zugewiesen sind" (§ 40 I 1 VwGO).[3] Zur Durchsetzung öffentlichrechtlicher Ansprüche im Gleichordnungsverhältnis haben Bürger oder Behörde stets die auf ein Handeln oder

---

[1] Näheres etwa bei *Wolff/Bachof/Stober/Kluth*, VerwR Bd. 1, § 23 Rn. 41 ff., 61 ff.
[2] S. nur *Maurer/Waldhoff*, Allg. VerwR, § 3 Rn. 29; sowie mwN Rn. 443.
[3] S. etwa *Hufen*, Verwaltungsprozessrecht, § 11 Rn. 27 ff.

Unterlassen gerichtete (*allg.*) **Leistungsklage**[4] zu erheben.[5] Zwar ist diese in §§ 42 f. VwGO nicht ausdrücklich mit aufgezählt, sie wird aber durch §§ 43 II, 111, 113 IV VwGO anerkannt. Ansprüche im Über-Unterordnungsverhältnis werden ebenfalls mit der Leistungsklage verfolgt, soweit nicht speziell die **Verpflichtungsklage** (= *besondere* Leistungsklage) gegeben ist. Diese ist nur auf den Erlass eines Verwaltungsakts gerichtet, nicht auf die Verurteilung zu einer sonstigen Amtshandlung.[6] Das BVerwG wendet § 42 II VwGO auf die *Leistungsklage* entsprechend an.[7] In Eilfällen kommt eine **einstweilige Anordnung** nach § 123 I VwGO in Betracht (Rn. 164).[8] Hat sich das Leistungsbegehren *nach Rechtshängigkeit* erledigt, hält das BVerwG in Anlehnung an § 113 I 4 VwGO eine **Fortsetzungsfeststellungsklage** für möglich.[9]

III. Öffentlichrechtliche Analogien zum bürgerlichen Recht

226   Die nachfolgenden Darstellungen werden mehrmals öffentlichrechtliche Rechtsinstitute und Ansprüche behandeln, die in Parallele zu entsprechenden Vorschriften des BGB entwickelt worden sind.[10] Hierbei kann es sich erstens um die Anwendung **allgemeiner Rechtsgrundsätze** handeln, die für unser *gesamtes Recht* gelten.[11] Sie sind Bestandteil eines *ungeschriebenen allgemeinen Teils* des deutschen Rechts oder mitunter sogar *des* Rechts überhaupt. Im BGB haben sie nur speziellen *Ausdruck* gefunden. Genau genommen werden im öffentlichen Recht nicht analog diese Vorschriften des BGB, sondern *unmittelbar* die allgemeinen Grundsätze des Rechts angewendet. Die eigentliche **Analogie** kommt als Zweites gesondert in Betracht: Sie setzt eine Lücke in den öffentlichrechtlichen Normen des Verwaltungsrechts voraus und ist nach den Grundsätzen analoger Rechtsanwendung[12] (nur) möglich, wenn der nicht geregelte verwaltungsrechtliche Tatbestand dem geregelten bürgerlichrechtlichen Tatbestand so ähnlich ist, dass eine rechtliche Gleichbehandlung der Fallgruppen gerechtfertigt erscheint.[13]

---

[4]   Grundfälle bei *Geis/Meier*, JuS 2013, 28. Zur (evtl. *vorbeugenden*) *Unterlassungsklage* s. a. noch Rn. 287.

[5]   Weil davon auszugehen ist, dass eine öffentlichrechtliche Körperschaft einem rechtskräftigen Urteil auch ohne Vollstreckungsdruck Folge leisten wird, kann gegen sie nach dem *BVerwG* im Grundsatz auch eine bloße *Feststellungsklage* erhoben werden: BVerwGE 111, 276 (279); 90, 112 (114); 36, 179 (181 f.); *BVerwG* NVwZ 2002, 1505 (1506). AA wegen der Subsidiarität der Feststellungsklage (§ 43 II 1 VwGO) wie hier zB *Hufen*, Verwaltungsprozessrecht, § 18 Rn. 5 f.; *Schmitt Glaeser/Horn*, Verwaltungsprozeßrecht, 15. Aufl. 2000, Rn. 338.

[6]   BVerwGE 31, 301.

[7]   St. Rspr.; s. etwa BVerwGE 59, 319 (326); 41, 253 (256); 36, 192 (199); *BVerwG* NVwZ-RR 2017, 423 (424); NVwZ 2016, 460 (461); s. a. Rn. 194 mit Fn. 48.

[8]   Klausurfälle bei *Frank*, JuS 2018, 56; *v. Achenbach/Farahat*, JuS 2017, 676; *Manger-Nestler/Böttner*, JuS 2015, 725; *Bätge*, JuS 2014, 535; *Barczak*, JuS 2014, 932; *Hindelang/Berner*, JuS 2013, 925; *Lohse*, JuS 2012, 1014; *Kühling/Klar*, JuS 2012, 1111; zur analogen Anwendung von § 42 II VwGO auch hier s. Schoch/Schneider/Bier/*Wahl/Schütz*, VwGO Kommentar, 33. EL Juni 2017, § 42 II Rn. 35 mwN.

[9]   BVerwGE 111, 306 (309); 100, 83 (89).

[10] Vertieft *de Wall*, Die Anwendbarkeit privatrechtlicher Vorschriften im Verwaltungsrecht, 1999.

[11] Dazu ausführlicher *Wolff/Bachof/Stober/Kluth*, VerwR Bd. 1, § 25 Rn. 2 ff.

[12] Eingehend *Larenz*, Methodenlehre der Rechtswissenschaft, 6. Aufl. 1991, S. 381 ff.; *K. Hemke*, Methodik der Analogiebildung im öffentlichen Recht, 2006.

[13] Beispiel in *BVerwG* NVwZ 2011, 949 – Verjährung, m. Anm. *Waldhoff*, JuS 2012, 93.

§ 16. Erfüllungsansprüche

I. Rechte und Pflichten unmittelbar aus dem Gesetz

Hier ergeben sich keine typischen Sonderprobleme, die eingehender darzustellen wären. Die Bearbeiter haben die einschlägigen gesetzlichen Bestimmungen *aufzufinden, auszulegen* und auf den Sachverhalt *anzuwenden*. Klausurerheblich können zB (insbes. als Schwerpunktbereichsmaterie) die *Rechte und Pflichten des Beamten* werden, etwa Besoldungsansprüche oder seine Gehorsams- und Verschwiegenheitspflicht (§§ 62, 67 BBG; §§ 35, 37 BeamtStG) sowie seine Verpflichtung, dem Dienstherrn bei schuldhafter Pflichtverletzung Ersatz leisten zu müssen (§ 75 BBG, § 48 BeamtStG).

227

II. Erfüllungsansprüche kraft behördlicher Bewilligung (Zusage, „Zusicherung", Subventionsrecht)

Ausgangsfälle:[1]

(1) A, ein Angestellter bei einer Bundesbehörde, erhält die schriftliche Zusage, zum Beamten ernannt zu werden, sobald in der Behörde eine hierfür geeignete Planstelle frei wird. Hat A einen Anspruch auf die Ernennung, obgleich er nach § 7 I Nr. 1 BBG als Ausländer nicht in ein Beamtenverhältnis berufen werden kann und das „dringende dienstliche Bedürfnis" für eine Ausnahme nach § 7 III BBG nicht besteht?

228

(2) Nach den Richtlinien über die Vergabe von Darlehen zur Hilfe nach Überschwemmungsschäden wird in einem „Bewilligungsbescheid" zunächst darüber entschieden, ob der Antragsteller die beantragte Subvention erhält. Dann wird mit ihm der Darlehensvertrag geschlossen. W hat einen entsprechenden Bescheid erhalten. Die Behörde bietet ihm einen Darlehensvertrag zu 4 % Zinsen an. W ist der Auffassung, das Darlehen stehe ihm zinslos zu. Was kann er unternehmen?[2]

(3) Filmproduzentin F ist im Wege der „Projektfilmförderung" nach § 59ff. Filmförderungsgesetz (FFG) ein „bedingt rückzahlbares zinsloses Darlehen" bewilligt worden (anteilige Rückzahlung erst ab einem bestimmten Ertrag, § 71 I FFG). Nach dem Wortlaut des Bewilligungsbescheides (§ 67 FFG) ist es ihr auszuzahlen, wenn die Dreharbeiten begonnen haben. Die Behörde zahlt trotzdem nicht, denn F habe das Drehbuch so weitgehend verändert, dass es nach den Bewilligungsvoraussetzungen nicht mehr förderungswürdig sei. Wie ist die Rechtslage?[3]

Ebenso wie der Bürger die an ihn gerichteten Gebote eines belastenden Verwaltungsakts zu erfüllen hat, muss umgekehrt die Behörde Leistungen erbringen, die sie dem Bürger in einem begünstigenden Verwaltungsakt bewilligt bzw. zugesagt hat.

---

[1] Weitere Klausurfälle bei *Rosenfeldt*, JuS 2016, 145; *Hartmann/Schneider*, JuS 2013, 627.
[2] Fall bei *Schröder*, JuS 1969, 25; s.a. *Böhm/Gaitanides*, Fälle, Nr. 23 (in Anlehnung an BVerwGE 13, 307); *BVerwG* NJW 1979, 280; zum Subventionsrecht allg. *Ebeling/Tellenbröker*, JuS 2014, 217.
[3] Fallanlehnung an *BGH* NJW 1972, 210.

229 1. In der Fallbearbeitung ist zunächst erheblich, ob ein entsprechender **Verwaltungsakt als Anspruchsgrundlage** vorliegt.

Hierfür muss die Behörde das Versprechen mit *Bindungswillen* abgegeben und ihr Handeln nicht bloß in Aussicht gestellt haben (Auslegung entsprechend § 133 BGB[4]). Ist der Bindungswille wie in den *Ausgangsfällen* vorhanden, liegt ein Verwaltungsakt ohne Weiteres vor. Die verbindliche *Regelung* als entscheidendes Begriffsmerkmal des Verwaltungsakts nach § 35 S. 1 VwVfG (Rn. 45) ist gegeben, weil die Behörde dem Adressaten jeweils *konstitutiv* einen *Anspruch* eingeräumt hat: im *Ausgangsfall 1* auf Erlass eines Verwaltungsakts (Beamtenernennung), im *Ausgangsfall 2* auf Abschluss eines zivilrechtlichen Vertrages (Darlehensvertrag) und im *Ausgangsfall 3* auf ein tatsächliches Handeln (Zahlung). – Wegen der Existenz von § 35 S. 1 VwVfG hat der aus der Zeit vor Inkrafttreten des VwVfG überkommene und bis heute fortgesetzte Streit um die *Rechtsnatur der verbindlichen Zusage*[5] (*Ausgangsfall 1*) heute *keine Substanz* mehr. Vor Inkrafttreten des VwVfG war der Begriff des VA gesetzlich noch nicht festgeschrieben und damit für Wissenschaft und Rechtsprechung variabel. *Heute* geht es nur noch um die *Subsumtion* unter die Statik des § 35 S. 1 VwVfG (= VA[6]).

230 2. Der **Verwaltungsakt** als Anspruchsgrundlage muss **wirksam** sein.

a) Für die Gültigkeit einer *Zusage,* die den *Erlass eines anderen Verwaltungsakts* verspricht (= „**Zusicherung**" iSd Legaldefinition des § 38 I 1 VwVfG, *Ausgangsfall 1*), enthalten § 38 I 1 VwVfG (Schriftform), § 38 II VwVfG (entsprechende[7] Anwendung ua des § 44 VwVfG/Nichtigkeit und der §§ 48, 49 VwVfG/Rücknahme, Widerruf) und § 38 III VwVfG (Fortfall der Bindung nach entscheidungserheblicher Änderung der Sach- oder Rechtslage) eigenständige Regelungen, die mit § 38 I 1 und § 38 III VwVfG von den allgemeinen Vorschriften für die Gültigkeit von Verwaltungsakten abweichen.[8]

Nur im *Ausgangsfall 1* geht es um eine „Zusicherung" iSd § 38 I 1 VwVfG. Die Schriftform ist gewahrt.[9] Die Missachtung von § 7 I Nr. 1 BBG führt nur zur Rechtswidrigkeit, schon wegen der „Aufweichung" des Tatbestandes durch § 7 III BBG aber nicht zur Nichtigkeit der Zusicherung. Solange die Behörde die Zusicherung nicht nach § 38 II iVm § 48 VwVfG zurücknimmt, *hat A* also einen Ernennungsanspruch.

> **Merke:** *Vorbescheid* und *Teilgenehmigung* (Rn. 40) sind *nicht* die Zusicherung eines anderen VA iSv § 38 VwVfG, sondern schon *endgültige Teil*regelungen einer Gesamtregelung, die auf mehrere Einzelregelungen aufgeteilt ist.

231 Für *Zusagen* (= VAe, Rn. 229), die *nicht* speziell *auf den Erlass eines VA* gerichtet sind und den Sonderregeln des § 38 VwVfG daher nicht unterfallen (= *Ausgangsfälle 2, 3*), gelten die allgemeinen Regelungen des VwVfG über die Gültigkeit von Verwaltungsakten. Ob die Gerichte praeter legem etwa auf der Linie von § 38 III

---

[4] *BVerwG* NVwZ 2012, 506 (507); NVwZ 1986, 1011; s. a. Rn. 45.
[5] ZB Stelkens/Bonk/Sachs/*Stelkens,* VwVfG, § 38 Rn. 29 ff. (VA); *Maurer/Waldhoff,* Allg. VerwR, § 9 Rn. 61 (Regelung erst durch den zugesagten VA); *Ruffert* in Ehlers/Pünder, Allg. VerwR, § 21 Rn. 62 (verwaltungsrechtliche Willenserklärung).
[6] Entsprechend *BVerwG* NVwZ 1986, 1011; NJW 1988, 662 (663).
[7] Mit der *(jedenfalls)* „entsprechenden" Anwendung der §§ 44, 48, 49 VwVfG hat der Gesetzgeber den seinerzeitigen Streit um die Rechtsnatur der Zusage ohne eigene Stellungnahme überspielen wollen; s. die Regierungsbegr. zum Gesetzentwurf, BT-Drs. 7/910, S. 59.
[8] S. *Kingler/Krebs,* JuS 2010, 1059.
[9] Die besonderen Formerfordernisse des § 10 II BBG sind nicht einschlägig, weil sie nur der Rechtsklarheit in der Frage dienen, *wer* in welchem Amt (schon) Beamter *ist:* BVerwGE 26, 31 (35).

§ 16. Erfüllungsansprüche

VwVfG Ausnahmen von der gesetzlichen Regel anerkennen dürfen,[10] mag dahinstehen.

b) Im Grundsätzlichen kann (im *Ausgangsfall 2*) die Frage auftauchen, ob und inwieweit die Bewilligung staatlicher *Leistungen* dem **Vorbehalt des Gesetzes** untersteht (ein Verwaltungsakt als Anspruchsgrundlage also nicht ausreicht).[11]

Wiederum (s. bereits Rn. 59) geht es um die demokratische und um die rechtsstaatliche Komponente des Parlamentsvorbehalts. Im Anschluss an die *Rechtsprechung des Bundesverwaltungsgerichts*[12] wird herkömmlich zwischen „normalen" (Subventions-)Leistungen und solchen (Subventions-)Leistungen unterschieden, die besondere Grundrechtsprobleme aufwerfen, etwa weil der Staat lenkend in die Wettbewerbssituation nicht subventionierter Konkurrenten eingreift. In der ersten Konstellation und damit im *Ausgangsfall 2* ist ausschließlich die *demokratische* Komponente einschlägig. Für sie reicht es im Grundsatz aus, dass die erforderlichen finanziellen Mittel im Haushaltsgesetz des Parlaments bereitgestellt sind.[13] Die Festlegung der Förderungskriterien im Einzelnen kann der Richtliniengebung durch die Verwaltung überlassen bleiben.[14] Greift die Leistung hingegen (gewollt oder ungewollt) *lenkend* in die Wettbewerbssituation von Konkurrenten ein (Art. 12 I GG), führt die *grundrechtlich-rechtsstaatliche* Komponente dazu, dass der Vorbehalt des Gesetzes in gleicher Weise wie bei einem adressierten Grundrechtseingriff (Rn. 59, 411) gilt.

Stellt sich in der Fallbearbeitung heraus, dass eine *erforderliche* gesetzliche Grundlage *fehlt*, ist der Leistungsbescheid zunächst nur rechtswidrig, damit aber noch nicht nichtig (Fehlerquelle!). Die im zweiten Schritt *erforderliche Prüfung* nach § 44 I VwVfG ergibt zumeist, dass der Leistungsbescheid trotz seiner Rechtswidrigkeit gültig ist und den Anspruch auf die versprochene Leistung also vermittelt.

3. Der Sachverhalt muss sich **unter die Bewilligung** als Anspruchsgrundlage **subsumieren** lassen.

Im *Ausgangsfall 3* (Rn. 228) ergibt wahrscheinlich die *Auslegung*, dass der Bewilligungsbescheid den Film nur mit dem früher vorgelegten Drehbuch subventionieren wollte (s. a. § 61 II, § 68 I, § 70 I Nr. 1 iVm § 72 I Nr. 1 FFG). Nachdem das Drehbuch wesentlich verändert worden ist, entfällt mithin der Anspruch auf die Filmförderprämie.[15]

4. Bei **Subventionen** können die Zusammenhänge dadurch kompliziert sein, dass die Rechte und Pflichten der Beteiligten zweistufig geregelt sind („*Zweistufentheorie*"),[16] nämlich einerseits durch die Bewilligung, andererseits durch einen privatrechtlichen Vertrag (Darlehensvertrag, Bürgschaft usw.), der hinzutritt. Dann ist sorgfältig darauf zu achten, in *welchem* der beiden miteinander verkoppelten Rechtsakte der in Frage stehende Anspruch verankert ist, weil sich hiernach auch der zu beschreitende Rechtsweg richtet.

Sollen die Zuwendungen im planmäßigen Ablauf der Rechtsbeziehungen nicht zurückgezahlt werden, ist das Subventionsverhältnis in der Regel einstufig[17] – das gilt im Grundsatz auch für

---

[10] So für Zusagen im Wehrdienst etwa BVerwGE 93, 320 (322); *BVerwG* NVwZ-RR 2002, 47. Sauberer wäre der für VAe *vorgesehene* Weg über § 49 II 1 Nr. 3, 4 VwVfG.
[11] Problemüberblicke bei *Ehlers* in Ehlers/Pünder, Allg. VerwR, § 2 Rn. 47; *Maurer/Waldhoff*, Allg. VerwR, § 6 Rn. 19 ff.
[12] BVerwGE 90, 112 (126); 58, 45 (48); 48, 305 (308).
[13] BVerwGE 90, 112 (126).
[14] BVerwGE 90, 112 (126); 58, 45.
[15] Zur Erstattung nach Auszahlung s. Rn. 272 ff.
[16] Grundlegend *H. P. Ipsen*, DVBl 1956, 602 ff.; s. a. *Maurer/Waldhoff*, Allg. VerwR, § 17 Rn. 13 ff. mit Kritik; *BVerwG* NJW 2006, 536.
[17] *BGH* NJW 1972, 212; s. a. *Ipsen*, DVBl 1956, 604.

den *Ausgangsfall 3* (Filmförderung)[18]. Die Rechte und Pflichten der Parteien ergeben sich dann bereits aus der öffentlichrechtlichen Bewilligung.[19] *F* hat im Verwaltungsrechtsweg auf Auszahlung der Prämie zu klagen. Im *Ausgangsfall 2* (Überschwemmungsschäden) ist das Subventionsverhältnis hingegen zweistufig. *W* muss zunächst aus der Bewilligung (= erste Stufe) auf Abschluss eines privatrechtlichen Darlehensvertrages klagen. Diese Klage ist im Verwaltungsrechtsweg zu erheben. Ob im Darlehensvertrag auf Zinsen zu verzichten ist, entscheidet sich danach, wie die Bewilligung ausgelegt wird. Wenn der zivilrechtliche Darlehensvertrag abgeschlossen ist (= zweite Stufe), wird *er* Rechtsgrund für die Auszahlung der Darlehenssumme und für die Zinszahlungen. Darlehenssumme oder Zinsen sind dann also vor dem Zivilgericht einzuklagen.[20]

III. Erfüllungsansprüche aus Vertrag[21]

Ausgangsfälle:

236 (1) Eine Gemeinde hat mit einem Unternehmen einen „Ansiedlungsvertrag" geschlossen. In ihm erklärt das Unternehmen seine Bereitschaft, in der Gemeinde eine Produktionsstätte zu errichten. Die Gemeinde verpflichtet sich ua zur kostenlosen Erschließung des Geländes und verzichtet auf Anliegerbeiträge. Das Gelände wird erschlossen. Nachdem das Unternehmen seine Pläne zwei Jahre lang offensichtlich nicht weiterverfolgt hat, verlangt die Gemeinde die Errichtung der Produktionsstätte als „Erfüllung" des Vertrages.[22] Würde sie vor einem Gericht Erfolg haben?

(2) *E* und *N* sind Eigentümer benachbarter Waldparzellen im Außenbereich (§ 35 BauGB). *E* ficht eine Baugenehmigung an, die Nachbarin *N* für ein Wohnhaus erhalten hat. Auf Initiative weiterer Nachbarn, die ebenfalls feste Wohnhäuser errichten möchten, „vergleichen" sich die Baugenehmigungsbehörde und *E*. In einem Vertrag mit der Baugenehmigungsbehörde verpflichtet sich *E*, seine Anfechtungsklage zurückzunehmen. Im Gegenzuge verpflichtet sich die Behörde, *E* eine Bebauungsgenehmigung zu erteilen. Muss die Baugenehmigungsbehörde ihre vertragliche Verpflichtung erfüllen?[23]

1. Abgrenzungsprobleme beim Einstieg in die Lösung

237 Damit von vornherein die Weichen richtig gestellt werden, ist in den Vorüberlegungen vor der Niederschrift zweckmäßigerweise stets zuerst zu prüfen, ob ein Vertrag vorliegt (Rn. 238) und ob dieser öffentlichrechtlich oder privatrechtlich ist (Rn. 239 f.).

In der Niederschrift selbst müssen diese Überlegungen dann natürlich sinnvoll motiviert sein: Beim *prozessualen* Aufbau kommt es im Rahmen einer Leistungsklage (Rn. 225) für den Rechtsweg (§ 40 I VwGO: öffentlichrechtliche Streitigkeit?) darauf an, ob ein öffentlichrechtlicher oder privatrechtlicher Vertrag vorliegt. Wird die *materielle Rechtslage* dargestellt, spielt

---

[18] *BGH* NJW 1972, 210. Einzelheiten der bedingten Rückzahlungspflicht sind im FFG selbst geregelt.
[19] Beispiel für einstufige zivilvertragliche Gestaltung mit öffentlichrechtlicher Überlagerung in *BGH* NVwZ 2007, 246.
[20] BGHZ 40, 206 ff.; *BVerwG* NJW 2006, 536.
[21] Umfassend *Schlette*, Die Verwaltung als Vertragspartner, 2000; „Grundwissen" bei *Voßkuhle/Kaiser*, JuS 2013, 687. Zu Sonderproblemen beim „*Normsetzungsvertrag*" s. *BVerwG* NJW 1980, 2538; *BVerwG* DÖV 1981, 878.
[22] Zur schadensersatzrechtlichen Seite des Falles s. Rn. 298.
[23] Fallanlehnung an BVerwGE 49, 359.

§ 16. Erfüllungsansprüche

der Rechtscharakter der Beziehungen zwischen Bürger und Staat für die *Anspruchsgrundlage* eine Rolle. *Vertragliche* Ansprüche kommen nur in Betracht, wenn ein Vertrag vorliegt. Je nachdem, ob der Vertrag privatrechtlich oder öffentlichrechtlich ist, finden die Vorschriften des BGB (allerdings eventuell durch Bindungen der Behörde modifiziert, s. Rn. 224) oder die Vorschriften des VwVfG über den öffentlichrechtlichen Vertrag Anwendung.

a) Vertrag?

Es muss sich um *rechtsgeschäftliche* Äußerungen beider Parteien mit *Bindungswillen* handeln, nicht lediglich um unverbindliche Verabredungen oder Meinungsäußerungen. Der Vertrag darf nicht mit einem (mitwirkungsbedürftigen) *Verwaltungsakt* oder mit einer *Zusicherung* (§ 38 VwVfG, Rn. 230) verwechselt werden. 238

In den *Ausgangsfällen* ist ein Vertrag gegeben. Es wäre also fehlerhaft, im *Ausgangsfall 2* § 38 VwVfG (Zusicherung der Baugenehmigung) heranzuziehen.

b) Öffentlichrechtlicher oder privatrechtlicher Vertrag?

Entscheidend für die Abgrenzung ist nach dem Wortlaut von § 54 S. 1 VwVfG und ständiger Rechtsprechung,[24] ob der vertraglich geregelte *Gegenstand* öffentlichrechtlicher oder privatrechtlicher Art ist. Wenn für den im Vertrag geregelten Sachverhalt eine gesetzliche Regelung besteht, ist deren öffentlichrechtlicher oder privatrechtlicher Charakter auch für die Natur des Vertrages maßgeblich. Fehlt eine solche gesetzliche Verortung, kann man auf die *„hypothetische Normenstruktur"* abstellen und fragen, ob eine gesetzliche Regelung, die dem Gegenstand des Vertrages entspricht, öffentlichrechtlicher oder privatrechtlicher Natur *wäre*. 239

Anliegerbeiträge werden öffentlichrechtlich erhoben. Deshalb ist der vertragliche Verzicht auf sie im *Ausgangsfall 1* öffentlichrechtlich. Problematisch ist im *Ausgangsfall 1*, ob die Ansiedlungsklausel, die als die eigentliche Anspruchsgrundlage in Betracht kommt, öffentlichrechtlich oder privatrechtlich ist. Für die Zulässigkeit des Rechtsweges ist nämlich auf den Charakter *der Pflicht* abzustellen, über die gestritten wird.[25] Grundsätzlich sind nach der Rechtsprechung auch *gemischte Verträge* denkbar (Beispiel: Vereinbarung über die Ablösung von Erschließungsbeiträgen im Grundstückskaufvertrag mit der Gemeinde[26]). Insoweit ist aber Zurückhaltung angesagt, denn *materiellrechtlich* kann ein *einheitlicher* Vertrag nur *einem* Rechtsstatut unterstehen, *entweder* dem VwVfG *oder* dem BGB. Demgemäß muss ein einheitliches Rechtsstatut gelten, wenn sich die Vertragsteile *gegenüberstehen*.[27] Weil die Geltung des *öffentlichen Rechts* unausweichlich ist, unterstehen damit *beide* Vertragsteile dem öffentlichrechtlichen Rechtsstatut.[28] In der Bejahung eines entsprechenden *Zusammenhanges* zwischen den einzelnen Vertragsteilen ist die Rechtsprechung großzügig.[29] Demgemäß steht die Ansiedlungsklausel des *Ausgangsfalles 1* in so engem Zusammenhang mit der öffentlichrechtlichen Vereinbarung über die kostenlose Erschließung, dass der Vertrag *insgesamt* als öffentlichrechtlich angesehen werden muss. Im *Ausgangsfall 2* handelt es sich ebenfalls um einen öffentlichrechtlichen Vertrag (öffentliches Baurecht als Vertragsgegenstand). 240

c) Subordinationsrechtlicher oder koordinationsrechtlicher Vertrag?

Ein öffentlichrechtlicher Vertrag kann zwischen einem Träger öffentlicher Verwaltung und einem Privaten (= „subordinationsrechtlicher" Vertrag, § 54 S. 2 VwVfG) oder auch zwischen zwei (oder mehreren) Trägern öffentlicher Verwaltung (= „koordinationsrechtlicher" Vertrag) abgeschlossen werden. Soweit §§ 54 ff. VwVfG 241

---

[24] Zusammenfassend *GmS-OGB* BVerwGE 74, 368 (370); s. a. *BGH* NJW 2012, 3654; BVerwGE 97, 331 (335); 92, 56 (58).
[25] BGHZ 43, 34 (37); *Maurer/Waldhoff*, Allg. VerwR, § 11 Rn. 72.
[26] BVerwGE 84, 183 (186).
[27] BGHZ 43, 34 (37); *BGH* DÖV 1972, 719; *BVerwG* NJW 1980, 2538.
[28] *BVerwG* NJW 1980, 2538; *Papier*, JuS 1981, 499. Kritisch BVerwGE 84, 183 (186).
[29] S. etwa BVerwGE 42, 331 (333); 22, 138 ff.; *BVerwG* NJW 1976, 2360; *BGH* JZ 1971, 652 ff.

ihren Anwendungsbereich auf „Verträge im Sinne des § 54 Satz 2" beziehen, gelten sie allein für „subordinationsrechtliche" Verträge. Für „koordinationsrechtliche" Verträge bleibt es insoweit bei den allgemeinen Grundsätzen eines ungeschriebenen Vertragsrechts. Staatsverträge und Verwaltungsabkommen zwischen den Ländern werden in Rn. 697 ff. gesondert behandelt.

2. Wirksamkeit eines öffentlichrechtlichen Vertrages

242 Nach § 54 S. 1 VwVfG *kann* ein Rechtsverhältnis auf dem Gebiet des öffentlichen Rechts durch Vertrag begründet, geändert oder aufgehoben werden. Tatbestandlich näher eingegrenzte Einzelermächtigungen sind in der Regel nicht erforderlich.[30] Falls eine Spezialermächtigung vorhanden ist (zB § 11 I, § 12 I 1, § 110 BauGB), muss sie aber natürlich herangezogen werden.

a) Zustandekommen des Vertrages

243 Das ordnungsmäßige Zustandekommen des Vertrages (Angebot und Annahme; Vertretungsbefugnis auf Seiten der öffentlichrechtlichen Körperschaft: für Gemeinden zB in den Gemeindeordnungen geregelt) ist in der Klausur selten problematisch. Erheblich kann insbesondere § 58 VwVfG werden, wonach ein Vertrag in bestimmten Fällen erst wirksam wird, wenn ein Dritter oder eine andere Behörde zustimmt. Vorher ist der Vertrag *schwebend unwirksam*.

Im *Ausgangsfall 2* (Rn. 236) sind für die Bebauungsgenehmigung *selbst* (§ 35 II BauGB) die landes*interne* Zustimmung der höheren Verwaltungsbehörde und das *externe* Einvernehmen mit der Gemeinde erforderlich (§ 36 I BauGB). § 58 II VwVfG dürfte diese Mitwirkungen *auch* als Wirksamkeitsvoraussetzungen des (lediglich erst vorliegenden) vertraglichen *Verpflichtungsgeschäftes* fordern, weil mit dem Verpflichtungsgeschäft eine eigenständige „Rechtsquelle" für das spätere Erfüllungsgeschäft entsteht.[31] Die Mitwirkungen können allerdings durch § 36 II 2 BauGB fingiert sein.

b) Zulässigkeit des Vertrages

244 §§ 54 ff. VwVfG regeln im Einzelnen, wann ein öffentlichrechtlicher Vertrag *zulässig* ist, also von der Verwaltung abgeschlossen werden darf.

Wie in der Fallbearbeitung immer wieder übersehen wird, ist ein unzulässiger Vertrag nicht automatisch nichtig. Die **Nichtigkeitsfrage** ist vielmehr in § 59 VwVfG *besonders geregelt* und daher gesondert zu untersuchen (Rn. 254 ff.). Wenn die Voraussetzungen des § 59 VwVfG nicht vorliegen, sind fehlerhafte Vertragsbestimmungen gültig, allenfalls aufhebbar (Rn. 256). Insoweit bestehen Parallelen zum Verwaltungsakt (Rn. 33 ff.).

245 Viele Fallbearbeitungen leiden darunter, dass sie pauschal nach der Zulässigkeit *des* Vertrages fragen. Stattdessen sind die *einzelnen Vertragsbestimmungen* je für sich *getrennt* auf ihre Zulässigkeit (bzw. auf ihre Gültigkeit, Rn. 254 ff.) durchzumustern. Parallel zu § 139 BGB infiziert die Unzulässigkeit (bzw. Nichtigkeit) eines Vertragsteiles (nur) unter den Voraussetzungen des § 59 III VwVfG die anderen Vertragsteile und damit den ganzen Vertrag.

In den *Ausgangsfällen* (Rn. 236) ist also einerseits die Zulässigkeit der Vertragteile zu untersuchen, welche die „Anspruchsgrundlage" für das Begehren sind (Ansiedlungspflicht des Unternehmens im *Ausgangsfall 1;* Verpflichtung der Behörde, die Bebauungsgenehmigung zu erteilen, im *Ausgangsfall 2).* Wegen § 59 III VwVfG muss andererseits aber auch untersucht

---

[30] BVerwGE 42, 331 (335).
[31] So *Knuth,* JuS 1986, 523 (524); s. a. *Gurlit* in Ehlers/Pünder, Allg. VerwR, § 32 Rn. 2; für die Anwendbarkeit von § 58 I VwVfG Stelkens/Bonk/Sachs/*Bonk/Neumann/Siegel,* VwVfG, § 58 Rn. 26.

§ 16. Erfüllungsansprüche

werden, ob die Verpflichtung der Gemeinde zu kostenloser Erschließung mit dem Verzicht auf die Anliegerbeiträge (*Ausgangsfall 1*) und die Verpflichtung des *E*, die Anfechtungsklage zurückzunehmen (*Ausgangsfall 2*), rechtmäßig sind.

§§ 55, 56 (ebenso § 59 II) VwVfG finden nur auf „Verträge iSd § 54 S. 2 VwVfG" Anwendung. Seinem Wortlaut nach scheint § 54 S. 2 VwVfG lediglich „Verfügungsverträge" zu betreffen, die an die Stelle eines Verwaltungsakts treten, diesen ersetzen.

Im *Ausgangsfall 1* verfügt die Gemeinde mit ihrem Verzicht auf die Anliegerbeiträge. Im *Ausgangsfall 2* läge ein „Verfügungsvertrag" vor, wenn die Behörde die Bebauungsgenehmigung bereits im Vertrag selbst erteilt und dem *E* nicht nur *versprochen* hätte.

Im Anschluss an die Gesetzesmaterialien sind sich Literatur und Rechtsprechung jedoch weitgehend darüber einig, dass § 54 S. 2 VwVfG *alle* subordinationsrechtlichen Verträge und damit auch „Verpflichtungsverträge" (= *Ausgangsfall 2*) erfassen soll.[32]

246

§ 55 VwVfG betrifft *Vergleichsverträge*, § 56 VwVfG *Austauschverträge*. Nach der Korrekturerfahrung bestehen immer wieder Schwierigkeiten, die *Systematik* der §§ 54 ff. VwVfG zu durchschauen und die Frage nach dem Vertragstypus von der Frage zu trennen, wann und inwieweit dieser Vertragstypus zulässig ist.

247

Ein **Vergleichsvertrag** liegt vor, der Anwendungsbereich des § 55 VwVfG ist also *eröffnet*, wenn die Vertragsparteien „eine bei verständiger Würdigung des Sachverhalts oder der Rechtslage bestehende Ungewissheit durch gegenseitiges Nachgeben beseitigt" haben (= *Begriff* des Vergleichs nach der Legaldefinition in § 55 VwVfG). Dieser Vertrag ist *zulässig* (= *rechtmäßig*), „wenn die Behörde den Abschluss des Vergleichs zur Beseitigung der Ungewissheit nach pflichtgemäßem Ermessen für zweckmäßig hält". Ein Ermessensfehler macht den Vergleich rechtswidrig (und gem. § 59 II Nr. 3 VwVfG nichtig). Weil die Verfügung über eine *ungewisse* Rechtslage gerade das Wesen des Vergleichs ausmacht, ist es hingegen in der Regel unschädlich, wenn die Bestimmungen in einem Vergleichsvertrag, die das *gegenseitige Nachgeben* betreffen,[33] *inhaltlich* mit (an sich) zwingendem Recht unvereinbar sind.[34] Anderes gilt nur bei Verstoß gegen ein (aktives) gesetzliches *Verbot* (§ 59 I VwVfG iVm § 134 BGB, Rn. 255).[35] Vergleicht man den Vergleichsvertrag mit dem „normalen" öffentlichrechtlichen Vertrag und lässt § 134 BGB außer Betracht, kann man formulieren: Beim „normalen" Vertrag kommt es auf die Rechtmäßigkeit seines *Inhalts* (Rn. 250 ff.), beim Vergleich auf die rechtmäßige Ausübung des *Abschlussermessens* an.

248

Im *Ausgangsfall 2* (Rn. 236) würde die Bebauungsgenehmigung bei entsprechender Sachlage mit § 35 III 1 Nr. 7 BauGB („Splittersiedlung") unvereinbar sein. *Wenn* es sich *begrifflich* um einen Vergleich handelte, wäre diese Vertragsbestimmung trotzdem rechtmäßig, weil ein Fehler im Abschlussermessen nicht ersichtlich ist. Nach der Begriffsdefinition in § 55 VwVfG liegt indessen kein Vergleich vor. Die Behörde hat nicht *im Rahmen* der bestehenden Ungewissheit[36] (Zulässigkeit und Begründetheit der Nachbarklage) nachgegeben, sondern dem *E außerhalb* des Prozessgegenstandes eine Leistung (Bebauungsgenehmigung) versprochen.[37]

Die Leistung der Behörde (Bebauungsgenehmigung) und die (Gegen-)Leistung des *E* (Rücknahme der Klage) stehen im *Ausgangsfall 2* in einem **Austauschverhältnis** iSd § 56 I 1

249

---

[32] BVerwG DÖV 1977, 206; *Maurer/Waldhoff*, Allg. VerwR, § 14 Rn. 17 f.
[33] Zur selbstverständlichen Beschränkung auf diesen Vertrags*teil* BVerwGE 49, 359 (364).
[34] BVerwGE 98, 58 (63); 49, 359 (364); 17, 87 (93 f.); 14, 103.
[35] BVerwGE 98, 58 (63).
[36] Zu diesem Erfordernis s. BVerwGE 98, 58 (63).
[37] Ebenso BVerwGE 49, 359 (364).

VwVfG. Das *BVerwG* wendet § 56 I 1 VwVfG weit über den „gegenseitigen Vertrag" (vgl. §§ 320 ff. BGB) hinausgehend auf *jeden* Austauschvertrag an, „zumindest entsprechend" selbst auf einen *unvollständigen* („hinkenden') Austauschvertrag, in dem die Leistung der Behörde Bedingung bzw. Geschäftsgrundlage für die vertraglich vereinbarte Gegenleistung des Bürgers ist[38]. Allerdings ist § 56 VwVfG nicht allein anzuwenden, sondern in Kombination mit § 54 S. 1 VwVfG: Die Zulässigkeit der *Behörden*leistung (Bebauungsgenehmigung) beurteilt sich *ausschließlich* nach § 54 VwVfG (im *Ausgangsfall 2* mit der Entsprechung für die Nichtigkeitsfrage in § 59 II Nr. 1 VwVfG). Die (Gegen-)Leistung des *Bürgers (E)* unterliegt ebenfalls den Zulässigkeitsanforderungen des § 54 S. 1 VwVfG und *zusätzlich* den Anforderungen des § 56 VwVfG (mit der Nichtigkeitsentsprechung in § 59 II Nr. 4 VwVfG).

Gedankenfolge in der Fallbearbeitung:

250 (1) Gem. § 54 S. 1 VwVfG ist ein öffentlichrechtlicher Vertrag zulässig, „soweit Rechtsvorschriften nicht entgegenstehen". Damit kann der Behörde einerseits das Handeln in der **Form des Vertrages** unmöglich sein, weil eine andere Handlungs*form* zwingend vorgeschrieben ist.

Soweit es sich im *Ausgangsfall 1* (Rn. 236) um Erschließungsbeiträge handelt, die von §§ 127 ff. BauGB erfasst sind, dürfte § 135 V BauGB einen *vertraglichen* Verzicht zulassen. Für die sonstigen Erschließungsbeiträge bestimmen die (Landes-)Kommunalabgabengesetze, dass der Kreis der Abgabenpflichtigen *durch Satzung* des Gemeinde*parlaments* zu bestimmen ist, also nicht durch Vertrag festgelegt werden kann, solange nicht eine Satzung dies gestattet. – Wie bereits angedeutet wurde, erlaubt § 54 S. 2 VwVfG vertragliche Regelungen *anstelle* eines *Verwaltungsakts*, wenn ein Gesetz an sich das Handeln in der Form eines Verwaltungsakts vorsieht, solange nicht erkennbar ist, dass der Gesetzgeber in einem Einzelfall (Beispiel: Beamtenernennung) ausnahmsweise einmal nach wie vor *alleine* das Handeln durch Verwaltungsakt vorschreibt. Demgemäß hätte die Bebauungsgenehmigung im *Ausgangsfall 2* bereits im Vertrag selbst erteilt werden *können*.

251 (2) Andererseits[39] dürfen die Leistung des Staates und die Leistung des Bürgers wegen § 54 S. 1 VwVfG **inhaltlich** nicht gegen *zwingende Vorschriften des materiellen Rechts* verstoßen (Ausnahme: Vergleichsvertrag, Rn. 248). Die Anerkennung der vertraglichen Handlungsform für sich allein eröffnet der Verwaltung nicht die Möglichkeit, vom materiellen Inhalt des Verwaltungsrechts abzuweichen. (Daher hat der öffentlichrechtliche Vertrag seine Hauptbedeutung im Bereich zulässiger Ermessensbetätigungen.)

Im Ausgangsfall 1 (Rn. 236) liegt ein Verstoß gegen zwingendes Recht vor, wenn eine Gemeindesatzung der Abgabepflicht regelt und für das Unternehmen keine Ausnahmevorschrift enthält.[40] Für den *Ausgangsfall 2* wurde bereits angedeutet, dass die Bebauungsgenehmigung bei entsprechender Sachlage wegen § 35 III 1 Nr. 7 BauGB („Splittersiedlung") nicht erteilt werden kann.

252 Die öffentlichrechtliche Körperschaft kann über vertragliche Gestaltungen insbesondere nicht ihrer Bindung an die Grundrechte ausweichen, da Art. 1 III GG „die vollziehende Gewalt" ohne Rücksicht auf die Form ihres Tätigwerdens bindet.[41]

253 (3) Soweit es im *Austausch* (Rn. 249) um die **(Gegen-)Leistungen des Bürgers** geht, müssen *zusätzlich* zu den Anforderungen des § 54 VwVfG die besonderen Anforderungen des § 56 VwVfG erfüllt sein. In der Regel ist hier besonders auf *unzulässige Koppelungen*[42] (§ 56 I 2 VwVfG aE) zu achten. Auch die *anderen* Anforderungen

---

[38] BVerwGE 111, 162 (167); s. a. E 96, 326 (330).
[39] Dass § 54 VwVfG nicht nur die Zulässigkeit der Vertragsform, sondern auch den *Inhalt* des Vertrages betrifft, wird durch BVerwGE 84, 236 (238) bestätigt.
[40] S. *BVerwG* NJW 1984, 2113.
[41] *Wolff/Bachof/Stober/Kluth*, VerwR Bd. 1, § 23 Rn. 60, 64; s. schon Rn. 224.
[42] Näheres in BVerwGE 111, 162 (168 ff.); 52, 183; 42, 331 (336).

§ 16. Erfüllungsansprüche

des § 56 VwVfG⁴³ sind aber sorgfältig zu beachten (= häufiger Auslassungsfehler!).

In den *Ausgangsfällen* (Rn. 236) verstoßen die (Gegen-)Leistungen des Unternehmens (Ansiedlung) sowie von *E* (Klagerücknahme) weder gegen § 54 noch gegen § 56 VwVfG. Im *Ausgangsfall 1* ist damit nur noch weiter zu verfolgen, ob ein rechtswidriger Abgabenverzicht nichtig wäre und die Nichtigkeit dieses Vertragsteiles über § 59 III VwVfG den in sich rechtmäßigen Vertragsteil „Ansiedlung" infizieren würde. Im *Ausgangsfall 2* ist entscheidend, ob die rechtswidrige Verpflichtung zur Erteilung der Bebauungsgenehmigung nichtig ist.

c) Eingeschränkte Nichtigkeitsgründe

Es wurde bereits ausgeführt, dass rechtswidrige Vertragsteile nur *nichtig* sind, wenn die Voraussetzungen des § 59 VwVfG vorliegen. Insoweit hat § 59 VwVfG mit der seinerzeit überkommenen Ansicht⁴⁴ gebrochen, rechtswidrige Vertragsteile seien (wie beim zivilrechtlichen Vertrag) in aller Regel *automatisch* nichtig. Allerdings wirft die Nichtigkeitsfrage nach § 59 VwVfG Probleme nur auf, soweit die *Behörde* rechtswidrige Leistungen versprochen oder erbracht hat. Vertragsteile, mit denen umgekehrt der *Bürger* unter Verstoß gegen § 56 VwVfG „über den Tisch gezogen worden ist", sind *nach wie vor stets* nichtig (§ 59 II Nr. 4 VwVfG).⁴⁵ 254

In den *Ausgangsfällen* (Rn. 236) beurteilt sich die Nichtigkeitsfrage für die rechtswidrigen Verpflichtungen der Träger öffentlicher Verwaltung (Abgabenverzicht im *Ausgangsfall 1*, Versprechen der Bebauungsgenehmigung im *Ausgangsfall 2*) nach § 59 II Nr. 1 VwVfG. Verwaltungsakte mit entsprechendem Inhalt, insbesondere auch die dem *Ausgangsfall 2* parallele Zusicherung nach § 38 VwVfG, wären trotz ihrer Rechtswidrigkeit gemäß § 44 VwVfG gültig. Also sind nach § 59 II Nr. 1 VwVfG auch die entsprechenden (rechtswidrigen) Vertragsteile gültig. – Über § 59 I VwVfG iVm § 134 BGB (gesetzliches Verbot) lässt sich die Nichtigkeit in den *Ausgangsfällen* nicht begründen. Der Anwendungsbereich des § 134 BGB ist im Rahmen des § 59 I VwVfG auf „qualifizierte" Fälle der Rechtswidrigkeit, auf „Verbote" in einem engen Sinne, beschränkt.⁴⁶ Sonst wäre § 59 II VwVfG überflüssig. Verbotsgesetze in diesem engen Sinne dürften nur Vorschriften sein, die sich dem Rechtsakt *aktiv* entgegenstellen, ihn nicht nur verbieten, sondern im Ergebnis *verhindern* wollen.⁴⁷ Gegen ein *solches* Verbotsgesetz wird in den *Ausgangsfällen* nicht verstoßen. 255

Soweit § 59 VwVfG „schlicht rechtswidrige" Verträge ohne die Nichtigkeitsfolge zulässt (Rn. 254), sind gegen die Vorschrift *rechtsstaatliche Bedenken* erhoben worden:⁴⁸ aus der Sicht des rechtswidrig belasteten Bürgers wegen des *Grundrechtsschutzes* iVm Art. 19 IV GG, aus der Sicht des Staates wegen des *Gesetzmäßigkeitsprinzips* aus Art. 20 III GG. Anders als beim schlicht rechtswidrigen Verwaltungsakt (s. Rn. 52, 178 ff.) haben Bürger und Staat nämlich beim schlicht rechtswidrigen Vertrag nicht die Möglichkeit der Anfechtung oder der Rücknahme⁴⁹ – sieht man von der engen Kündigungsmöglichkeit nach § 60 I VwVfG ab. Aber als Gegengewichte zum Grundrechtsschutz und zum Gesetzmäßigkeitsprinzip sind auch die *Rechtssicherheit* und der *Vertrauensschutz* Elemente des Rechtsstaatsprinzips.⁵⁰ Deshalb wird die *Verfassungsmäßigkeit* des § 59 VwVfG heute im Ergebnis fast allgemein bejaht.⁵¹ Bei diesem Befund braucht die Frage nach der Verfassungsmäßigkeit in der Fallbearbeitung nicht gestellt zu werden; eine Fall-Aufgabe verpflichtet die Bearbeiter grds. nicht, „geklärte" Probleme neu „aufzuwärmen". 256

---

⁴³ Sie gehen auf BVerwGE 42, 331 (342 ff.) zurück.
⁴⁴ Zu ihr zuletzt BVerwGE 49, 359 (361); *BVerwG* NJW 1980, 2539.
⁴⁵ Klausur bei *Wallrabenstein/Breder*, JuS 2011, 353.
⁴⁶ BVerwGE 98, 58 (63); Beispiel: E 84, 183 (187 ff.).
⁴⁷ So *Schimpf*, Der verwaltungsrechtliche Vertrag, 1982, S. 287 ff.; auf gleicher Linie *Schlette*, Die Verwaltung als Vertragspartner, 2000, S. 553.
⁴⁸ Zuerst ausführlich von *Götz*, DÖV 1973, 298.
⁴⁹ S. aber § 126 III 2, 3 LVwG SchlH.
⁵⁰ *Schlette*, Die Verwaltung als Vertragspartner, 2000, S. 541.
⁵¹ Umfassende Nachw. bei *Schlette*, Die Verwaltung als Vertragspartner, 2000, S. 543.

257 Selten können **Willensmängel** (§§ 116 ff. BGB) eine Rolle spielen: Wegen Irrtums (§ 119 BGB) oder arglistiger Täuschung (§ 123 BGB) kann auch der öffentlichrechtliche Vertrag *ohne Weiteres* angefochten werden (§ 62 S. 2 VwVfG).

3. (Evtl.:) Auslegung des Vertrages

258 Im *Ausgangsfall 1* (Rn. 236) ergibt sich letztendlich[52] durch Vertragsauslegung, dass das Unternehmen trotz der Gültigkeit der Ansiedlungsklausel keine Ansiedlungs*pflicht* trifft. Bei wirtschaftlicher Betrachtungsweise sollte wohl allein die Gemeinde Pflichten tragen; sie war an der Ansiedlung besonders interessiert. Die Ansiedlung ist zum Vertrags*inhalt* erhobene *causa* des Vertrags, also einerseits mehr als eine „unter" dem Vertrag stehende Geschäftsgrundlage,[53] andererseits aber keine Pflicht. Weil die causa weggefallen ist, könnte die Gemeinde wegen ihrer Erschließungskosten möglicherweise Bereicherungsansprüche geltend machen (§ 812 I 2 BGB).[54]

Spätestens beim öffentlichrechtlichen Vertrag zeigt sich übrigens: Ohne solide Kenntnisse im Zivilrecht lässt sich auch ein öffentlichrechtlicher Fall nicht angemessen bearbeiten.

IV. Ansprüche aus öffentlichrechtlicher Verwahrung

Ausgangsfälle:[55]

259 **(1)** *E* sucht eine kostenlose Bleibe für ihren Hund während der Urlaubszeit. Deshalb geht sie ins städtische Tierheim und behauptet, der Hund sei ihr zugelaufen. Kann die Stadt von *E* die Fütterungskosten verlangen, nachdem sich der wahre Sachverhalt aufgeklärt hat?[56]

(2) Gleicher *Grundfall* wie in Rn. 39: Nachdem die Behörde dem *A* gemäß § 46 I FeV die Fahrerlaubnis entzogen hat, liefert *A* den Führerschein entsprechend seiner gesetzlichen Verpflichtung aus § 47 I FeV bei der Behörde ab. Das Gericht hebt die Entziehung der Fahrerlaubnis später auf. Kann *A* seinen erinnerungsträchtigen Originalführerschein zurückverlangen, der ihm vor 40 Jahren ausgehändigt worden war, oder muss er sich mit der Ausstellung einer neuen Führerscheinurkunde abfinden?

Das Rechtsinstitut der öffentlichrechtlichen Verwahrung ist durch § 40 II 1 VwGO positivrechtlich anerkannt, aber nur in wenigen Bereichen[57] gesetzlich näher geregelt.

260 **1.** Ein **öffentlichrechtliches Verwahrungsverhältnis** besteht, *wenn* eine Behörde bewegliche Sachen zur Aufbewahrung für eine Privatperson kraft öffentlichen Rechts bewusst in Besitz nimmt. Während das privatrechtliche Verwahrungsverhält-

---

[52] In einer „echten" Fallbearbeitung kann es zweckmäßig sein, *sogleich am Anfang* auf das Auslegungsproblem einzugehen.
[53] Zum Unterschied s. insbes. Soergel/*Teichmann*, BGB, 13. Aufl. 2014, § 242 Rn. 199.
[54] Einzelheiten bei *U. Huber*, JuS 1972, 64.
[55] Weitere Fälle: BGHZ 4, 192 ff.; *BGH* NJW 1990, 1230; BVerwGE 52, 247. Allgemein *Büllesbach*, Die öffentlichrechtliche Verwahrung, 1993.
[56] Ähnlicher Fall bei *Wilke*, JuS 1966, 481.
[57] ZB im Zusammenhang mit der polizeirechtlichen *Sicherstellung* in den einschlägigen Landesgesetzen.

§ 16. Erfüllungsansprüche

nis auf Vertrag beruht (§ 688 BGB), entsteht das öffentlichrechtliche Verwahrungsverhältnis beim Eintritt dieses Tatbestandes automatisch.[58]

> **Beispiele:** Beschlagnahmen, Sicherstellung von Sachen, Abschleppen eines Kfz[59]. – Im *Ausgangsfall 1* (Hundefall) liegt ein öffentlichrechtliches Verwahrungsverhältnis vor. Gemäß § 967 BGB (öffentlichrechtliche Norm[60]) nimmt die Stadt *jeden* Gegenstand in Verwahrung, der ihr als „Fundsache" übergeben wird. Sie verwahrt den Gegenstand für denjenigen, der kraft bürgerlichen oder öffentlichen Rechts für ihn verantwortlich ist. Im *Ausgangsfall 2* hatte die Behörde den Führerschein jedenfalls so lange für A aufzubewahren, bis über die Erlaubnisentziehung abschließend entschieden war.

2. In der Fallbearbeitung ist zunächst nach **positivrechtlichen Regelungen** zu suchen. Finden sich keine, liegt es nahe, aus den Vorschriften des BGB zum Verwahrungsvertrag auch für die öffentlichrechtliche Verwahrung *Obhutspflichten, Ansprüche auf Aufwendungsersatz und Rückgabeansprüche* abzuleiten. Bei dieser Analogie ist indessen Zurückhaltung geboten. Der Verwahrungsvertrag des BGB betrifft Fälle, in denen die Rechtsbeziehungen der Parteien unmittelbar durch die Aufbewahrung selbst geprägt sind. Die öffentlichrechtliche Verwahrung hat hingegen nur in Ausnahmefällen – etwa beim Fund oder bei der Hinterlegung – einen eigenständigen Ansatz. Sonst ist sie lediglich *Nebenfolge* in umfassenderen Rechtsbeziehungen, die *primär nicht* auf Aufbewahrung, sondern auf andere Zwecke (Beschlagnahme, Sicherstellung usw.) gerichtet sind. Durch *diese* Zwecke wird der Inhalt des Verwahrungsverhältnisses geprägt. Je nach dem Kontext, in dem das öffentlichrechtliche Verwahrungsverhältnis im Einzelfall steht, können sich ganz unterschiedliche Lösungen ergeben. Analogien zu §§ 688 ff. BGB kommen *nur teilweise* in Betracht.[61] Anders als beim zivilrechtlichen Verwahrungsvertrag kann es einheitliche Rechtsregeln für *die* öffentlichrechtliche Verwahrung also nicht geben.

In den *Ausgangsfällen* treffen die Behörden die *Obhutspflichten*, den Hund bzw. den Führerschein ordnungsgemäß aufzubewahren. Im *Hundefall* vermittelt die öffentlichrechtliche Verwahrung dem *E* auch einen Rückgabeanspruch. Umgekehrt kann die Behörde von *E* ihre *Aufwendungen* erstattet verlangen. Gleichzeitig hat sie Schadensersatzansprüche aus § 823 II BGB iVm § 263 I StGB (Betrug).[62] A hat hingegen im *Ausgangsfall 2* wohl *keinen* Anspruch aus dem Verwahrungsverhältnis auf *Rückgabe des Führerscheins*. Anspruchsgrundlage ist insoweit vielmehr ein Folgenbeseitigungsanspruch, der nicht an die Tatsache der Verwahrung, sondern daran anknüpft, dass die Entziehung der Fahrerlaubnis aufgehoben worden ist.[63] Besonders bei der Rückgabe wird somit entscheidend, ob eine öffentlichrechtliche Verwahrung nur Nebenfolge *anderer* Verwaltungszwecke ist.

3. Für vermögensrechtliche Ansprüche aus öffentlichrechtlicher Verwahrung ist gem. § 40 II 1 VwGO der **ordentliche Rechtsweg** gegeben, nach ständiger Rechtsprechung allerdings nicht, wenn die Behörde klagt[64].

---

[58] S. zB BGHZ 200, 188 (194 Rn. 13); 34, 349 (354); *BGH* NJW 1990, 1230.
[59] BGHZ 200, 188 (194 Rn. 13) mwN.
[60] S. *Wilke*, JuS 1966, 482.
[61] Beispiele in BVerwGE 52, 247 (253); *BGH* NJW 1990, 1230; für eine uneingeschränkte entsprechende Anwendung offenbar BGHZ 200, 188 (195 Rn. 14).
[62] Ansprüche aus GoA sind nicht gegeben; s. Rn. 268.
[63] Einzelheiten zum Folgenbeseitigungsanspruch in Rn. 281 ff.
[64] BGHZ (GS) 43, 227 f.; BVerwGE 18, 72 (78). Die tiefergehende Problematik ist dargestellt in *BVerwG* DVBl 1971, 412 ff.; s. a. Schoch/Schneider/Bier/*Ehlers/Schneider*, VwGO Kommentar, 33. EL Juni 2017, § 40 Rn. 537 iVm Rn. 520.

Im *Ausgangsfall 1* (Hundefall, Rn. 259) ist damit für den Anspruch der Stadt auf Aufwendungsersatz der Verwaltungsrechtsweg,[65] für den zivilrechtlichen Schadensersatzanspruch wegen Betruges aber der Zivilrechtsweg gegeben. Allerdings braucht die Stadt (nach ihrer Wahl) nur *entweder* das Verwaltungsgericht *oder* das Zivilgericht *anzurufen*. Wegen § 17 II 1 GVG (lesen!) entscheidet das angerufene Gericht „unter *allen* in Betracht kommenden rechtlichen Gesichtspunkten",[66] das Verwaltungsgericht also auch über den zivilrechtlichen Schadensersatzanspruch und das Zivilgericht auch über den Aufwendungsersatz. Im *Ausgangsfall 2* (Führerschein) wäre der ordentliche Rechtsweg gegeben (§ 40 II 1 VwGO).[67]

V. Ansprüche aus Geschäftsführung ohne Auftrag

Ausgangsfälle:[68]

263 **(1)** Hundefall aus Rn. 259.

(2) E ist durch Polizeiverfügung aufgegeben worden, auf ihrem Grundstück einen Baum zu beseitigen, der eine Gefahr für die öffentliche Sicherheit darstelle. Nachdem die Verfügung unanfechtbar geworden ist, lässt die Behörde den Baum im Wege der Ersatzvornahme fällen. Sie hatte aber vergessen, der E die Vollstreckungsmaßnahme rechtzeitig anzudrohen. Die Vollstreckung war also rechtswidrig (Rn. 131). Trotzdem verlangt die Behörde von E die Kosten der Ersatzvornahme. Es sei ein Erfolg eingetreten, den E so oder so auf ihre Kosten habe herbeiführen müssen. – Vollstreckungsrechtliche Ansprüche scheiden bei rechtswidriger Vollstreckung aus.

In beiden *Ausgangsfällen* kommen Ansprüche auf *Aufwendungsersatz* aus *GoA* in Betracht. Literatur und Rechtsprechung haben bisher nicht abschließend geklärt, inwieweit dieses Rechtsinstitut auf Sachverhalte Anwendung finden kann, die vom öffentlichen Recht geprägt sind.[69] Nachfolgend werden nur *Ansprüche des Staates gegen den Bürger* aus GoA behandelt. Sie kommen in der Fallbearbeitung am häufigsten vor. Die meisten Gesichtspunkte sind aber auch verwertbar, wenn Ansprüche des Bürgers gegen den Staat[70] oder eines Verwaltungsträgers gegen einen anderen Verwaltungsträger[71] aus GoA zu erörtern sind.

---

[65] So mit eingehender Begründung *Wilke,* JuS 1966, 482.
[66] Zur „Rechtswegspaltung" bei einer Kette von Hoheitsakten *BVerfG* NVwZ 2010, 1482.
[67] Nach ganz hM werden alle Ansprüche aus öffentlichrechtlicher Verwahrung erfasst, nicht lediglich Geldleistungsansprüche; s. nur Schoch/Schneider/Bier/*Ehlers/Schneider,* VwGO Kommentar, 33. EL Juni 2017, § 40 Rn. 538 mwN.
[68] Zu Tierfundfällen *Oechsler,* JuS 2016, 215.
[69] Überblick über den Meinungsstand bei *Gurlit* in Ehlers/Pünder, Allg. VerwR, § 35 Rn. 9 ff.; *Maurer/Waldhoff,* Allg. VerwR, § 29 Rn. 12 ff.; vertiefend *Nedden,* Die GoA im Öffentlichen Recht, 1994; *Kischel,* VerwArch. 1999, 391 (sehr kritisch).
[70] Beispiele bei *Bamberger,* JuS 1998, 706: Anlieger bauen eine Straße aus, welche die *Gemeinde* zu unterhalten hat; BGHZ 63, 167: Schadensersatzanspruch des Brandgeschädigten wegen schlechter Arbeit der Feuerwehr; BVerwGE 80, 170: Herstellung eines verfallenen Uferdeckwerkes an der Weser durch Betreiber eines Tanklagers.
[71] S. *Berger,* DÖV 2014, 662; Beispiele bei *H. H. Klein,* DVBl 1968, 167; *Bamberger,* JuS 1998, 706; BGHZ 40, 28 ff.: Aufwendungsersatzanspruch einer Gemeinde, deren Feuerwehr einen von der (seinerzeit noch nicht privaten) Bundesbahn durch Funkenflug verursachten Waldbrand gelöscht hatte; s. a. *BGH* DÖV 1978, 688; *BVerwG* NJW 1986, 2524; *BSG* SGb 2000, 680.

1. Öffentlichrechtliche oder privatrechtliche GoA?

Vor allem für den *Rechtsweg* ist im Einzelfall zu entscheiden, ob eine öffentlichrechtliche oder privatrechtliche GoA in Betracht kommt. Die Rechtsprechung stellt für die *Abgrenzung* darauf ab, welchen Charakter das *Geschäft* gehabt hätte, wenn es vom *Geschäftsherrn* vorgenommen worden wäre.[72] Insoweit geht es – wie bei der Einordnung eines *Vertrages* (Rn. 239 ff.) – um den *Gegenstand* der Geschäftsführung. 264

Im *Ausgangsfall 1* (Hundefall) kommt dann eine privatrechtliche GoA in Betracht, denn der Eigentümer hätte seinen Hund „privat" gefüttert. Weil E im *Ausgangsfall 2* einer öffentlichrechtlichen Pflicht nicht nachkommt, steht dort eine öffentlichrechtliche GoA in Frage.[73] – Wenn ein Träger öffentlicher Verwaltung „kraft Amtes" und damit hauptsächlich zur Erfüllung öffentlichrechtlicher Pflichten für einen Privaten tätig wird, ist (trotz gegenteiliger Rechtsprechung des *BGH*[74]) von öffentlichrechtlichen Rechtsbeziehungen auszugehen. Jedenfalls *deshalb* geht es auch im *Ausgangsfall 1* letztendlich um eine öffentlichrechtliche GoA.

2. Voraussetzungen der (öffentlichrechtlichen) GoA

Hat man sich für eine privatrechtliche GoA entschieden, sind die Normen des BGB unmittelbar einschlägig. Sonst kommt das Rechtsinstitut der öffentlichrechtlichen GoA in Betracht, das in *Analogien* zu §§ 677 ff. BGB entwickelt worden ist.[75] Wenn eine öffentlichrechtliche Körperschaft gehandelt hat, kann das sachliche Ergebnis von dieser Weichenstellung indessen nicht abhängen. Liegt eine privatrechtliche GoA vor, handelt es sich nämlich in der Regel jedenfalls um *Verwaltungs*privatrecht mit den früher (Rn. 224) angedeuteten Konsequenzen: Die Normen des Zivilrechts sind *durch* die *Bindungen modifiziert*, denen die Verwaltung in ihrem Verhältnis zum Bürger von Verfassungs wegen unterliegt. Alle nachfolgend skizzierten Einschränkungen (insbes. Rn. 269) gelten daher unabhängig von der (formalen) Zuordnung zum öffentlichen oder privaten Recht. 265

Das Rechtsinstitut der GoA *ermächtigt* den Geschäftsführer, sich in solchen Fällen in fremde Angelegenheiten einzumischen, in denen er dazu „an sich" weder beauftragt noch sonst berechtigt ist. Nur wenn er so ausnahmsweise einmal fremde Geschäfte betreiben *darf*, soll er die ihm entstehenden Aufwendungen erstattet bekommen.[76] 266

a) Es muss sich zunächst um ein objektiv oder subjektiv **fremdes Geschäft** handeln. Unschädlich ist es, wenn das Geschäft gleichzeitig als eigenes betrieben wird.[77] 267

In den *Ausgangsfällen* nimmt die Behörde jedenfalls *auch* fremde Geschäfte wahr. Das fremde Geschäft allein reicht aber noch nicht aus:

b) Die GoA ist **subsidiär**. Ist der Verwaltung die Geschäftsführung ohnehin schon gestattet, kommen keine Ansprüche aus Geschäftsführung ohne Auftrag in Betracht, sondern nur Ansprüche aus dem anderen Gestattungsverhältnis. Dabei ist die gebräuchliche Formulierung „Geschäftsführung ohne Auftrag" zu eng und also irreführend. Nach dem Wortlaut des § 677 BGB reicht neben dem Auftrag auch *jede* 268

---

[72] BGH NVwZ 2016, 870 (872) m. Anm. *Waldhoff*, JuS 2016, 1050; kritisch *Payandeh*, JR 2017, 109; BGHZ 65, 354; 65, 384 (386); 63, 167; 40, 28; BVerwGE 80, 170.
[73] Kritisch zur Gleichsetzung einer öffentlichrechtlichen Pflicht zur Vornahme eines Geschäfts mit dessen Charakter durch die Rechtsprechung *Payandeh*, JR 2017, 109.
[74] BGH NVwZ 2016, 870 (871 f.); BGHZ 156, 394 (397); 65, 354; 65, 384 (386).
[75] S. BVerwGE 80, 170 (172).
[76] Zu diesen Zusammenhängen besonders klar *Maurer*, JuS 1970, 562 ff.
[77] Einzelheiten zB bei Palandt/*Sprau*, BGB, § 677 Rn. 3 ff.

sonstige „*Berechtigung*" gegenüber dem Geschäftsherrn aus, um Ansprüche aus GoA auszuschließen.⁷⁸

> So liegt es im *Ausgangsfall 1* (Hundefall, Rn. 263, 259).⁷⁹ Weil die Stadt durch § 967 BGB zur Verwahrung für *E ermächtigt* war, kann der Aufwendungsersatz dort nur aus dem Verwahrungsverhältnis (Rn. 261), nicht aber aus GoA hergeleitet werden. Im Fall der vollstreckungsrechtlich *unzulässigen* (!) *Ersatzvornahme* (*Ausgangsfall 2*, Rn. 263) handelt die Behörde hingegen *ohne* spezielle Berechtigung.

269 c) Nach §§ 677 ff. BGB ist die GoA schließlich nur zulässig, wenn sie dem *wirklichen oder mutmaßlichen* **Willen des Geschäftsherrn** entspricht oder wenn ohne sie eine Pflicht des Geschäftsherrn nicht rechtzeitig erfüllt werden würde, deren Erfüllung im öffentlichen Interesse liegt.⁸⁰ Aber an die *Geschäftsführung der Verwaltung für den Bürger* müssen *weitergehende Anforderungen* gestellt werden. Die Verwaltung untersteht dem „Vorbehalt des Gesetzes" (Rn. 59). Man kann ihren Ermächtigungsrahmen nicht *blanco* dadurch erweitern, dass man die für die Abgrenzung *privater* Hilfsbereitschaft entwickelten Zulässigkeitsvoraussetzungen der zivilrechtlichen GoA analog auf die Fremdgeschäftsführung des Staates überträgt.⁸¹

270 Im *Ausgangsfall 2* (Ersatzvornahme, Rn. 263) sind nicht einmal die Voraussetzungen nach dem BGB erfüllt: Eventuell hätte *E* den Baum mit eigenen Mitteln billiger beseitigen können. Jedenfalls war sie im Zweifel aber nicht bereit, rechtswidrige Vollstreckungsmaßnahmen zu dulden. Daher entsprach die Geschäftsführung der Behörde (Ersatzvornahme) nicht ihrem „wirklichen oder mutmaßlichen Willen". Ein „öffentliches Interesse" an der *sofortigen* Beseitigung des Baumes (§ 679 BGB) ist auch nicht ersichtlich. So oder so könnte die GoA die nach dem Vorbehalt des Gesetzes erforderliche *spezifische* Ermächtigung für die Kosten einer rechtswidrigen Ersatzvornahme nicht substituieren.

3. Analoge Heranziehung bloß der Rechtsfolgen einer GoA

271 Liegt keine Geschäftsführung *ohne* Auftrag, sondern eine Geschäftsführung *kraft besonderer Gestattung* vor (Rn. 268), mag man *bei entsprechender Interessenlage* (!) die Rechts*folgen* der GoA analog berücksichtigen können,⁸² etwa mit folgender Begründung: Wenn schon eine Geschäftsführung *ohne* Auftrag einen Aufwendungsersatz nach sich ziehen könne, müssten *erst recht* die Aufwendungen einer spezialgesetzlich *gerechtfertigten* Fremdgeschäftsführung erstattet werden. Diesen Weg gehen einige Bundesländer in Vorschriften des Polizeirechts auch positivrechtlich. Nach § 42 II OBG NRW, § 57 PolG BW, § 41 II OBG Bbg, § 75 III SOG M-V und § 224 II LVwG SchlH kann die Polizei vom Störer Ersatz „in entsprechender Anwendung der Vorschriften des BGB über die GoA" verlangen, wenn sie (berechtigterweise!) einen Nichtstörer in Anspruch genommen und entschädigt hat. Der Weg kommt aber nur bei rechtmäßigem Handeln der Behörde in Betracht und ist auch nur gangbar, wenn sich keine andere Anspruchsgrundlage für den Aufwendungsersatz findet.

---

⁷⁸ Das ebnet BGHZ 63, 167 ein. Die dort zugestandenen Ansprüche (der Bürger gegen die Feuerwehr) lassen sich erst im Textzusammenhang von Rn. 271 dogmatisch verankern. Problematisch auch BGHZ 65, 384 (387 ff.).
⁷⁹ Ebenso *Wilke*, JuS 1966, 483.
⁸⁰ Bei der GoA des *Bürgers für den Staat* muss ein öffentliches Interesse gerade *daran* bestehen, „daß sie (die Aufgabe) in der gegebenen Situation von dem *privaten* ‚Geschäftsführer' wahrgenommen" wird; Näheres in BVerwGE 80, 170 (173); *BVerwG* NVwZ 1992, 672.
⁸¹ Ähnlich *Maurer*, JuS 1970, 563 f.; *ders./Waldhoff*, Allg. VerwR, § 29 Rn. 14 ff.; *Kischel*, VerwArch. 1999, 391 (398).
⁸² In gleicher Richtung mit Beispielen *Maurer*, JuS 1970, 564 f.

Die *Ersatzvornahme* ist im *Ausgangsfall 2* (Rn. 263) rechtswidrig und scheidet hier also von vornherein aus. Im *Ausgangsfall 1* (Hundefall, Rn. 263, 259) liegt es näher, den Aufwendungsersatz nicht an die GoA, sondern – wie geschehen – an die Vorschriften des BGB über die Verwahrung anzulehnen.

§ 17. Ansprüche auf Rückabwicklung einer „Erfüllung"

I. Kodifizierte Bereicherungs- und Erstattungsansprüche

Ausgangsfälle:

(1) Die 90jährige Witwe *(W)* eines Bundesbeamten hat infolge eines Rechenfehlers 300 EUR zu viel erhalten, als erhöhte Versorgungsbezüge nachbezahlt wurden. Die Erhöhung war der *W* formularmäßig in dem monatlich übersandten „Stammblatt für Versorgungsbezüge" mitgeteilt worden. Der Staat verlangt nunmehr die überzahlten 300 EUR zurück, obgleich *W* sie für eine Kur verbraucht hat. *W* fragt um Rat.[1] 272

(2) Das Ruhegehalt der in den Ruhestand getretenen Bundesbeamtin *B* ist durch Bescheid auf monatlich 2.500 EUR festgesetzt worden (§ 49 I BeamtVG). *B* hat bereits das Ruhegehalt für fünf Monate bezogen, als die zuständige Pensionsstelle bei einer Überprüfung der Versorgungsbezüge zu dem richtigen Ergebnis kommt, dass *B* nur ein monatliches Ruhegehalt von 2.400 EUR zusteht. Dem Bescheid war ersichtlich eine höhere Besoldungsgruppe zugrunde gelegt worden. Die zuständige Behörde erlässt nunmehr einen „berichtigten" Ruhegehalts-Bescheid und verlangt in dem Bescheid gleichzeitig die überzahlten 500 EUR zurück. Zu Recht?[2]

(3) Im Rahmen eines Förderungsprogramms zur regionalen Strukturverbesserung ist dem Unternehmen *U* ein Investitionszuschuss bewilligt und ausgezahlt worden, der nach dem Bewilligungsbescheid „für die Erweiterung des Produktionsbetriebes in O (II. Ausbaustufe)" zu verwenden war. *U* verwendet das Geld für die Erweiterung eines Produktionsbetriebes an anderer Stelle. Kann die zuständige Behörde den Investitionszuschuss zurückverlangen?[3]

In der Fallbearbeitung ist zunächst nach *geschriebenen* Regelungen über die Rückabwicklung zu suchen. Nur wenn solche fehlen, ist der ungeschriebene Erstattungsanspruch (Rn. 280) heranzuziehen. Vor dem Hintergrund des Gesetzesvorbehalts (Rn. 59, 452) sind geschriebene Regelungen in der Regel vorhanden, wenn der Staat – wie in den *Ausgangsfällen* – Erstattung *vom Bürger* verlangt. 273

Die geschriebenen Regelungen kann man in drei Gruppen zusammenfassen. Die Vorschriften der ersten Gruppe nehmen *insgesamt* §§ 812 ff. BGB in Bezug und modifizieren nur bestimmte Einzelheiten (öffentlichrechtlicher *Bereicherungsanspruch*). Zu dieser Gruppe von Vorschriften gehören die Regelungen zur Rückforderung zuviel gezahlter Dienst- oder Versorgungsbezüge im Beamtenrecht (§ 12 II BBesG, § 52 II BeamtVG, *Sartorius* Nr. 230, 155, *Ausgangsfälle 1 u. 2*). In der

---
[1] Fallanlehnung an BVerwGE 32, 228.
[2] Fallanlehnung an BVerwGE 8, 261; *BVerwG* NJW 1988, 1927; *OVG Münster* NVwZ 1988, 1037; weiterer Fall bei *Kment*, JuS 2004, 613.
[3] Fallanlehnung an *OVG Koblenz* NJW 1981, 882; weiterer Fall bei *von Hübbenet*, JuS 2004, 795.

zweiten Gruppe bestimmen die Vorschriften die *Voraussetzungen* einer Rückforderung *eigenständig* (öffentlichrechtlicher *Erstattungsanspruch*). Für den *Umfang* der Erstattung wird aber im Grundsatz auf das Bereicherungsrecht des BGB (= §§ 818–820 BGB) verwiesen – so bei der Rückforderung von nach dem VwVfG durch Verwaltungsakt gewährten Vorteilen (§ 49a I, II VwVfG, *Ausgangsfall 3*). In der dritten Gruppe von Vorschriften bestimmt der Gesetzgeber auch den *Umfang* des Erstattungsanspruchs eigenständig, *ohne* Bezugnahme auf das BGB (Beispiel: § 50 SGB X).

Bereicherungs- oder Erstattungsansprüche kommen bei Leistungen aller Art in Betracht. Die nachfolgenden Darstellungen beschränken sich exemplarisch auf die Rückforderung von Geldleistungen. *Im Einzelnen* müssen folgende in sich verschachtelte Aspekte voneinander getrennt werden:

1. Rückzahlungsbescheid oder „schlichte" Rückforderung?

274 Für den Einstieg ist wichtig, ob die Behörde einen (nach den Vorschriften des Verwaltungsvollstreckungsrechts vollstreckbaren) Rückzahlungsbescheid als Zahlungs*gebot* (= VA in der Gestalt einer „Verfügung", Rn. 31) erlassen hat, den der *Betroffene* durch Widerspruch und Anfechtungsklage anfechten müsste, oder ob es sich um eine unverbindliche „schlichte" Zahlungsaufforderung handelt, der später eine Leistungsklage der *Behörde* vor dem Verwaltungsgericht folgen würde.

Für den Rechtscharakter eines Behördenhandelns ist der objektive Erklärungswert maßgebend.[4] Im *Ausgangsfall 1* handelt es sich lediglich um eine *unverbindliche* Zahlungsaufforderung, im *Ausgangsfall 2* liegt eine *verbindliche* Regelung iSv § 35 S. 1 VwVfG und damit ein Rückzahlungs*bescheid* vor. Im *Ausgangsfall 3* hat sich die Behörde gegenüber *U* noch nicht geäußert.

275 Wenn ein Rückzahlungsbescheid ergangen ist, muss die Behörde ermächtigt sein, die Zahlung in der *Form* eines Verwaltungsakts und nicht bloß über eine Leistungsklage einzufordern (Rn. 66). Sonst ist der Rückzahlungsbescheid ohne Weiteres rechtswidrig und bei einer Anfechtung aufzuheben.

Im *Ausgangsfall 2* ist keine ausdrückliche Ermächtigung vorhanden. Die Ermächtigung lässt sich aber *lückenfüllend* aus der insgesamt hoheitlichen Regelungsstruktur des Beamtenrechts ableiten (Rn. 66). Im *Ausgangsfall 3* folgt aus § 49a I 2 VwVfG, dass die Behörde einen Rückforderungs*bescheid* erlassen könnte.

2. Rückzahlungsanspruch dem Grunde nach

276 Für die Rechtmäßigkeit eines Rückzahlungsbescheides und für ein schlichtes Rückzahlungsverlangen kommt es in gleicher Weise darauf an, ob die Behörde einen schuldrechtlichen Anspruch auf Rückzahlung hat. Soweit sich die Anspruchsvoraussetzungen – wie in den *Ausgangsfällen 1 u. 2* – nach § 812 I BGB bestimmen, muss es sich um eine Vermögensverschiebung „ohne rechtlichen Grund" handeln. Hierfür kommt erneut die Unterscheidung zwischen einem „schlichten" Verwaltungshandeln und einem Verwaltungsakt zum Tragen. Hat die Behörde seinerzeit schlicht gezahlt, fehlt der gesetzwidrigen Leistung der Rechtsgrund. Liegt der seinerzeitigen Zahlung ein noch gültiger Festsetzungs-, Feststellungs- oder Zahlungsbescheid zugrunde, ist dieser der rechtliche Grund für die Leistung.[5]

---

[4] BVerwGE 41, 305; s. a. schon Rn. 49.
[5] St. Rspr.; s. zB BVerwGE 19, 188; 8, 261; *BVerwG* DVBl 1967, 489; NJW 1988, 1927. Zur Regelungsfunktion des VA s. Rn. 33 ff.

§ 17. Ansprüche auf Rückabwicklung einer „Erfüllung"

Im *Ausgangsfall 1* war das „Stammblatt für Versorgungsbezüge" seinerzeit *kein verbindlicher Bescheid* über die Erhöhung der Versorgungsbezüge.[6] Die Bezüge sind auf der Grundlage des Besoldungsrechts schlicht gezahlt worden. Im *Ausgangsfall 2* lag mit dem Ruhegehalts-Bescheid über monatlich 2.500 EUR zwar ursprünglich ein Rechtsgrund für die Auszahlung in voller Höhe vor. Durch den berichtigten Bescheid über nur 2.400 EUR ist dieser erste Bescheid aber in Höhe der vom Gesetz nicht abgedeckten 100 EUR zurückgenommen worden und damit als Rechtsgrund für die Überzahlung entfallen. Nach der versorgungsrechtlichen Gesetzeslage sind *W* und *B* ungerechtfertigt bereichert. – Im *Ausgangsfall 3* läge gemäß § 812 I 2 Alt. 2 BGB schon *ohne* Widerruf des Bewilligungsbescheides eine ungerechtfertigte Bereicherung vor, wenn sich die Voraussetzungen der Rückzahlung auch hier nach § 812 I BGB bestimmen würden (Nichteintritt des mit der Leistung nach dem Bewilligungsbescheid bezweckten Erfolges, condictio causa data causa non secuta[7]). Aber nach dem Gesagten sind die Voraussetzungen für die Rückforderung hier in § 49a I 1 VwVfG ohne Anknüpfung an § 812 I BGB eigenständig bestimmt.

Legt das Gesetz die *Voraussetzungen* für einen Rückzahlungsanspruch ohne Anknüpfung an § 812 I BGB fest, verlangt der jeweilige Gesetzeswortlaut bei Zahlungen, die aufgrund eines Verwaltungsakts geleistet worden sind, ebenfalls die Rücknahme oder den Widerruf des Verwaltungsakts (§ 49a I 1 VwVfG, § 50 I 1 SGB X). 277

Im *Ausgangsfall 3* kann die Behörde die Rückzahlungsvoraussetzungen des § 49a I 1 VwVfG herbeiführen, indem sie den Bewilligungsbescheid wegen zweckwidriger Verwendung des Geldes nach § 49 III 1 Nr. 1 VwVfG widerruft (Rn. 177).

3. Anfechtungschancen bei Aufhebung eines der Leistung zugrundeliegenden Bescheides?

Die Rücknahme oder der Widerruf eines der seinerzeitigen Zahlung zugrunde liegenden Bescheides ist ein *gestaltender* VA (Rn. 31), der nicht mit dem vollstreckbaren Zahlungs*gebot* als *verfügendem* VA (unter 1.) verwechselt werden darf (Fehlerquelle!). Sind Aufhebung und Rückzahlungsgebot – wie zumeist – in *einem* Bescheid enthalten (*Ausgangsfall 2*), handelt es sich um *einen* VA mit *zwei* Regelungen. 278

Der Bürger kann versuchen, die Rücknahme oder den Widerruf anzufechten und sich so den ursprünglichen Bescheid als Rechtsgrund für die Zahlung zu erhalten. Die Erfolgsaussichten einer Anfechtung beurteilen sich nach der Ermächtigungsgrundlage für die Aufhebung, in den *Ausgangsfällen 2 u. 3* nach § 48 bzw. § 49 VwVfG mit den schon früher dargestellten Grundsätzen über die Rücknahme rechtswidriger und den Widerruf rechtmäßiger Verwaltungsakte (Rn. 177 ff.).

Im *Ausgangsfall 2* hätte *B* keinen Erfolg, wenn sie den berichtigten Ruhegehalts-Bescheid anfechten würde. Die Behörde hat den ursprünglichen Ruhegehalts-Bescheid *rechtmäßig* zurückgenommen. Im Zweifel hat *B* das Geld zwar im Vertrauen auf den Bestand des ersten (rechtswidrigen) Bescheids ausgegeben (§ 48 II 2 VwVfG). Es liegt also ein Vertrauens*tatbestand* vor. Ihr Vertrauen ist aber nicht hinreichend schutzwürdig (Rn. 181 f.). Auf der Linie der Rechtsprechung des *BVerwG*[8] hatte *B* die Pflicht, den ersten Festsetzungsbescheid zu überprüfen. Dabei hat sie dessen Fehlerhaftigkeit infolge grober Fahrlässigkeit nicht erkannt (§ 48 II 3 Nr. 3 VwVfG). Im *Ausgangsfall 3* könnte die Behörde einer Anfechtung durch *U* gelassen entgegensehen. Die zweckwidrige Verwendung der Investitionszulage erfüllt eindeutig den Widerrufstatbestand des § 49 III 1 Nr. 1 VwVfG.

4. Umfang des Rückzahlungsanspruchs

Für den Umfang des Bereicherungs- oder Erstattungsanspruchs sind Stichworte wie Verzinsung, Mitherausgabe von Nutzungen, Wegfall der Bereicherung und Herausgabe von Ersatzleistungen relevant. 279

---

[6] BVerwGE 32, 228.
[7] Näheres bei Palandt/*Sprau*, BGB, § 812 Rn. 29 ff.
[8] BVerwGE 8, 271.

In den *Ausgangsfällen* geht es im Rahmen von §§ 818–820 BGB um den Wegfall der Bereicherung nach § 818 III BGB. Nach den zitierten Vorschriften des Beamtenrechts bzw. nach § 49a II 2 VwVfG kann sich ein Betroffener über §§ 819 I, 818 IV BGB hinaus auf den Wegfall der Bereicherung schon nicht mehr berufen, wenn er die Umstände des Mangels gekannt oder infolge *grober Fahrlässigkeit* nicht gekannt hat. – Im *Ausgangsfall 1* hat W den Mangel des rechtlichen Grundes weder gekannt noch war der Mangel so offensichtlich, dass W ihn als 90jährige Greisin hätte erkennen müssen (§ 52 II 2 BeamtVG). Damit braucht W die 300 EUR nicht zurückzuzahlen. – Im *Ausgangsfall 2* kann sich *B nicht* auf den Wegfall der Bereicherung berufen. Sie hat den Mangel des rechtlichen Grundes (Fehler im ersten Ruhegehalts-Bescheid) infolge *grober* Fahrlässigkeit (§ 52 II 2 BeamtVG) nicht erkannt. – Im *Ausgangsfall 3* entfällt § 818 III BGB ebenfalls, weil U die der Rückzahlung zugrunde liegenden Umstände (zweckwidrige Verwendung der Investitionszulage) *gekannt* haben dürfte (§ 49a II 2 VwVfG). Damit kann die Behörde von B und U Rückzahlung verlangen.

II. Der ungeschriebene Erstattungsanspruch

Ausgangsfall:[9]

280 Ärztin X hat ihre ärztliche Tätigkeit aufgegeben. Damit ist ihre (Pflicht-)Mitgliedschaft in der Ärztekammer (= öffentlichrechtliche Körperschaft) erloschen. Weil X vergessen hat, einen „Dauerauftrag" zu widerrufen, überweist ihre Bank weiterhin die Mitgliedsbeiträge an die Kammer. Das Geld wird verbraucht. Später verlangt X es zurück.

Liegen keine geschriebenen Regelungen (Rn. 272 ff.) vor, werden Leistungen ohne Rechtsgrund über den ungeschriebenen öffentlichrechtlichen Erstattungsanspruch[10] rückgängig gemacht. Auf diesen *ungeschriebenen* Erstattungsanspruch muss in der Regel zurückgegriffen werden, wenn – wie im *Ausgangsfall* – der *Bürger* Erstattung von einer öffentlichrechtlichen Körperschaft verlangt. Erstattungsansprüche *öffentlichrechtlicher Körperschaften* gegen einen Bürger sind zumeist kodifiziert. Bestehende Lücken werden aber auch hier über den ungeschriebenen Erstattungsanspruch geschlossen, so zB insgesamt für die *Rückabwicklung öffentlichrechtlicher Verträge*.[11]

Der ungeschriebene „allgemeine" Erstattungsanspruch beruht *nicht* auf einer Analogie zu §§ 812 ff. BGB. Er ist vielmehr als *eigenständiges Rechtsinstitut* (Rn. 226) „aus allgemeinen Grundsätzen des Verwaltungsrechts, insbesondere der Gesetzmäßigkeit der Verwaltung", abzuleiten und gegeben, „wenn die Gerechtigkeit einen Ausgleich der mit der Rechtslage nicht mehr übereinstimmenden Vermögenslage erfordert".[12]

Nach dem *BVerwG* entsprechen die **Anspruchsvoraussetzungen** den Voraussetzungen des zivilrechtlichen Bereicherungsanspruchs.[13] Demgemäß besteht auch der Erstattungsanspruch nicht, solange die Vermögensverschiebung durch einen gültigen Verwaltungsakt abgedeckt ist.[14] In Parallele zu § 818 I BGB sind die gezogenen Nutzungen mit herauszugeben.[15] Anderseits findet der Gedanke des § 818 III

---

[9] Fallanlehnung an *OVG Hamburg* MDR 1968, 1036; weitere Fälle bei *Hesse/Sacher*, JuS 2017, 1015; *Stumpf*, JuS 2014, 57; *Wallrabenstein/Breder*, JuS 2011, 353.
[10] Umfassend zu ihm *Ossenbühl*, NVwZ 1991, 513; *Windthorst*, JuS 1996, 894.
[11] BVerwGE 111, 162 (164, 173), wo der auch denkbare positivrechtliche Weg über § 62 S. 2 VwVfG iVm §§ 812 ff. BGB nicht in Betracht gezogen wurde.
[12] So BVerwGE 48, 279 (286); s.a. E 107, 299 (307); 80, 170 (177); 71, 85 (88).
[13] BVerwGE 100, 56 (59); 87, 169 (171); 71, 85 (88).
[14] S. BVerwGE 107, 304 (307); 99, 101 (103).
[15] BVerwGE 107, 299 (308, in der Regel ohne Zinsen); 71, 85 (93).

§ 17. Ansprüche auf Rückabwicklung einer „Erfüllung"

BGB (Wegfall der Bereicherung) *keine* Anwendung.[16] *Zugunsten* des erstattungspflichtigen *Bürgers* kommt stattdessen der verfassungskräftige *Vertrauensschutz* zum Tragen.[17]

Im *Ausgangsfall* hat X die Beiträge ohne einen Veranlagungs-VA „schlicht" gezahlt. Obgleich das Geld verbraucht ist (§ 818 III BGB), kann sie die Beiträge zurückverlangen.

III. Folgenbeseitigungsanspruch „klassischer" Art

Ausgangsfälle:

(1) In Abwandlung des *Grundfalles* aus Rn. 280 (Ärztekammer) war die Mitgliedschaft der Ärztin X strittig. Deshalb ist sie durch Beitrags*bescheid* zur Zahlung der Mitgliedsbeiträge herangezogen worden. Nach erfolglosem Widerspruchsverfahren ficht X den Beitragsbescheid vor dem Verwaltungsgericht an. Gleichzeitig beantragt sie vor dem Verwaltungsgericht, die Ärztekammer zu verurteilen, ihr die Beiträge zurückzuzahlen.

(2) Die Gemeinde hat einen Obdachlosen *(O)* in die Wohnung des *W* eingewiesen. O ist eingezogen. Auf eine Anfechtungsklage des W hin hebt das VG die Einweisungsverfügung auf, weil sie rechtswidrig sei. Kann W verlangen, dass die Gemeinde die Wohnung „frei macht"?[18]

281

„Ist der Verwaltungsakt schon vollzogen, so kann das Gericht" gem. **§ 113 I 2 VwGO** im Rahmen einer erfolgreichen Anfechtungsklage „auf Antrag auch aussprechen, daß und wie die Verwaltungsbehörde die Vollziehung rückgängig zu machen hat". Dies ist indessen eine (bloß) prozessuale Vorschrift, die *voraussetzt,* dass ein *materiellrechtlicher Anspruch* auf Rückgängigmachung besteht, diesen Anspruch aber nicht selbst gewährt.

Im *Ausgangsfall 1* macht X prozessual von § 113 I 2 VwGO Gebrauch. Materielle Anspruchsgrundlage ist der ungeschriebene Erstattungsanspruch (Rn. 280). Im *Ausgangsfall 2* lässt sich das Räumungsverlangen, das W prozessual gesehen auch schon im Rahmen seiner Anfechtungsklage hätte geltend machen können, *nicht* aus dem Erstattungsanspruch ableiten. Im Vollzug der Einweisungsverfügung ist nämlich nur dem O, nicht aber der Gemeinde der Besitz an der Wohnung zugewachsen. Es fehlt die erforderliche *unmittelbare* Vermögensverschiebung.

Hier wird der *Folgenbeseitigungsanspruch* in seiner *klassischen* Ausprägung einschlägig: Wer durch einen rechtswidrigen, aber aufgehobenen Verwaltungsakt belastet war, hat einen Anspruch auf Beseitigung der durch die Vollziehung/Erfüllung des Verwaltungsakts zu seinen Lasten eingetretenen Folgen. Das ist allgemein anerkannt und bedarf in der Fallbearbeitung keiner näheren Begründung.

282

In Literatur und Rechtsprechung hat die dogmatische Begründung gewechselt.[19] Zunächst war der „klassische" Folgenbeseitigungsanspruch unter Hinweis auf das Rechtsstaatsprinzip an die *Rechtswidrigkeit* des Verwaltungs*handelns* (*Erlass* des rechtswidrigen Verwaltungsakts) „angehängt" worden. Heute ist der „klassische" Folgenbeseitigungsanspruch *unselbständiger Teil*

---

[16] BVerwGE 71, 85 (98) unter Hinweis auf die Eigenständigkeit des Erstattungsanspruchs mit eigener Interessenbewertung.
[17] BVerwGE 71, 85 (90).
[18] Fallanlehnung an BGHZ 130, 332 (334 ff.); zu Einzelheiten im Vorgehen (polizeirechtliche Räumungsverfügung gegen O) *VGH Mannheim* NJW 1990, 2770; *Knemeyer,* JuS 1998, 696.
[19] Überblick über die Entwicklung mit allen Nachw. in BVerwGE 69, 366 (368 ff.).

eines umfassenden *allgemeinen Folgenbeseitigungsanspruchs*, der auf die Beseitigung rechtswidrig entstandener *Zustände* gerichtet ist (s. sogleich § 18).

Im *Ausgangsfall 2* ist der „klassische" Folgenbeseitigungsanspruch ohne weitere Probleme gegeben.[20] Im *Ausgangsfall 1* stellt sich die Frage nach dem Konkurrenzverhältnis zwischen dem Erstattungsanspruch und dem Folgenbeseitigungsanspruch, das hier offenbleiben mag.

§ 18. Abwehransprüche als Folgenbeseitigungs- oder Unterlassungsansprüche

Ausgangsfälle:

283 **(1)** Beim Bau einer Straße ist eine Böschung so weitgehend abgetragen worden, dass das Hanggrundstück des Klägers bei Regenfällen „abzusacken" droht. Nachdem der Kläger während der Bauarbeiten nichts unternommen hatte, verlangt er jetzt vor dem VG, die beklagte Stadt solle den früheren Zustand wiederherstellen.[1]

(2) *E* wehrt sich gegen den Lärm einer Feueralarmsirene, die auf dem Dach eines Feuerwehrgerätehauses gegenüber ihrem Wohnhaus in einem Abstand von 15m auf gleicher Höhe mit den Fenstern des Wohnzimmers, des Schlafzimmers und des Kinderzimmers angebracht ist. Hätte eine Klage vor dem VG Aussicht auf Erfolg?[2]

In beiden Fällen geht es um die *Abwehr eines faktischen Zustands*, im *Ausgangsfall 1* um die *Beseitigung* einer in der *Vergangenheit* verwurzelten, aber andauernden Störung, im *Ausgangsfall 2* um das *Unterlassen zukünftiger* Störungen. Schadensersatzansprüche wegen Amtspflichtverletzung sind nicht einschlägig, denn sie verpflichten die Behörden nicht zur Naturalrestitution durch ein Handeln *kraft Amtes* (Rn. 312), das in den *Ausgangsfällen* verlangt wird.

I. Privatrechtliche oder öffentlichrechtliche Rechtsbeziehungen

284 Sind die Rechtsbeziehungen privatrechtlich, kommen Beseitigungs- und Unterlassungsansprüche nach §§ 12, 862 I, 1004 I BGB in Betracht. Die Rechtsprechung sieht diese Vorschriften als Ausdruck eines allgemeinen Rechtsgedankens, nach dem (zivilrechtliche) Abwehransprüche gegen Eingriffe in *jedes* absolute Recht gegeben sind, auch wenn es in §§ 12, 862 I und 1004 I BGB nicht genannt ist.[3] Die Ansprüche sind vor den Zivilgerichten geltend zu machen. Es handelt sich um eine Zivilrechtsklausur.

285 Ob die Rechtsbeziehungen öffentlichrechtlich oder privatrechtlich sind, lässt sich bei *Realakten* und bei „*schlichtem*" *Verwaltungshandeln* im Umkreis der Abwehr-

---

[20] BGHZ 130, 332; *Rüfner*, JuS 1997, 309.
[1] Ähnlicher Fall bei BVerwGE 82, 24. „Grundwissen" zum Folgenbeseitigungsanspruch bei *Voßkuhle/Kaiser*, JuS 2012, 1079; s. a. *Mehde*, Jura 2017, 783.
[2] Fallanlehnung an BVerwGE 79, 254. S. a. BVerwGE 90, 163 (Turmuhr); E 81, 197 (Sportplatzlärm); E 68, 62 (liturgisches Glockengeläut); *BVerwG* NJW 1994, 956 (Zeitschlagen der Kirchenglocken); zum Ehrenschutz BVerwGE 75, 354; *BVerwG* NJW 1988, 2399; Klausuren bei *Frank*, JuS 2018, 56; *v. Achenbach/Farahat*, JuS 2017, 676; *Ferreau*, JuS 2017, 758; *Barczak*, JuS 2014, 932; *Goerlich/Zimmermann*, JuS 2013, 1117; *Kühling/Klar*, JuS 2012, 1111; Hausarbeit bei *Ogorek*, JuS 2013, 811.
[3] S. zB Palandt/*Herrler*, BGB, § 1004 Rn. 4.

ansprüche häufig nur schwer entscheiden. Eindeutige hoheitliche Über-Unterordnungsverhältnisse im Sinne der „Subordinationstheorie" fehlen. Der *Gemeinsame Senat der obersten Gerichtshöfe des Bundes* folgt der heutigen Lehre und *ergänzt* die „Subordinationstheorie" durch die *„Sonderrechtstheorie"* (Rn. 28): Es kommt darauf an, „ob die Beteiligten zueinander in einem hoheitlichen Verhältnis der Über- und Unterordnung stehen und ob sich der Träger hoheitlicher Gewalt der besonderen, ihm zugeordneten Rechtssätze des öffentlichen Rechts bedient oder ob er sich den für jedermann geltenden zivilrechtlichen Regelungen unterstellt".[4] In diesem Sinne dient die Sonderrechtstheorie der *Identifizierung* von Über-Unterordnungsverhältnissen.

Im *Ausgangsfall 1* (Böschung) geht es um das „tatsächliche Schaffen" einer Straße, nach der Rechtsprechung des BVerwG eine *öffentlichrechtliche Tätigkeit* der Stadt,[5] offenbar kraft Sonderkompetenz. Im *Ausgangsfall 2* heult die Feueralarmsirene kraft der Sonderkompetenz der Verwaltung ebenfalls öffentlichrechtlich.

II. Begriffliches, Prozessuales und verfassungsrechtliche Fundierung

1. Soweit es um die fortbestehenden Folgen eines rechtswidrigen Eingriffs *aus der Vergangenheit* geht, spricht das BVerwG von einem **„Folgenbeseitigungsanspruch"**; den Anspruch zur Abwehr rechtswidrigen Verwaltungshandelns allein *für die Zukunft* nennt das BVerwG **„Unterlassungsanspruch"**[6] (mitunter allerdings ebenfalls „Folgenbeseitigungsanspruch"). 286

Im *Ausgangsfall 1* (Böschung) geht es um einen „Folgenbeseitigungsanspruch" auf Wiederherstellung des *früheren Zustands*. Im *Ausgangsfall 2* (Feueralarmsirene) steht ein „Unterlassungsanspruch" gegen den *zukünftigen Betrieb* in Frage; ob die Feueralarmsirene seinerzeit rechtswidrig installiert worden war und bei einer Untersagung des zukünftigen Betriebs installiert bleibt oder abgebaut wird, interessiert E nicht.

2. In der Regel wird der *Folgenbeseitigungsanspruch* über eine (allg.) **Leistungsklage** (Rn. 225) auf aktives Handeln (Wiederherstellung des früheren Zustandes im *Ausgangsfall 1*) und der *Unterlassungsanspruch* über eine **Unterlassungsklage** (= Unterfall der allg. Leistungsklage, *Ausgangsfall 2*) geltend gemacht. 287

Um eine Unterlassungsklage handelt es sich, wenn die Behörde – wie im *Ausgangsfall 2* mit dem Betrieb der Feueralarmsirene – bereits *aktuell* handelt. Will der Bürger ein Behördenhandeln abwehren, das er mit mehr oder minder großer Gewissheit erst in der Zukunft erwartet, geht es um eine nur **„vorbeugende Unterlassungsklage"**. Weil die VwGO „an sich" auf einen nachträglichen Rechtsschutz ausgerichtet sei, fordert das BVerwG für eine *vorbeugende* Unterlassungsklage ein *besonderes* Rechtsschutzinteresse.[7] Dieses *„qualifizierte"* Rechtsschutzinteresse hat der Bürger insbesondere, wenn die Behörde bereits mit Vorbereitungshandlungen für ein alsbaldiges Handeln begonnen hat.[8]

3. *Materiellrechtlich* haben der Folgenbeseitigungsanspruch und der Unterlassungsanspruch die *gleiche* (**verfassungsrechtliche**) **Grundlage**.[9] 288

Ursprünglich wurden die Ansprüche als öffentlichrechtliche Parallele zu den zivilrechtlichen Ansprüchen aus §§ 12, 862 I und 1004 I BGB (Rn. 284) entwickelt. Hierbei sah man diese

---

[4] GmS-OGB BGHZ 102, 280 (283, 285); GmS-OGB BVerwGE 74, 368 (370).
[5] So konkludent schon BVerwGE 82, 24; dann ausdrücklich E 94, 100 (104).
[6] So pointiert BVerwGE 82, 76 (95).
[7] BVerwGE 79, 254 (256).
[8] So zu allem BVerwGE 71, 183 (188); 62, 342 (352); 54, 211 (215 f.); 40, 323 (326); 34, 69 (73).
[9] BVerwGE 82, 76 (77 ff., 94 ff.).

Vorschriften des BGB als Ausdruck eines hinter ihnen stehenden allgemeinen Rechtsgrundsatzes, der über die bereits angedeuteten Ausweitungen im Zivilrecht hinaus auch für das öffentliche Recht Geltung habe.[10] Mittlerweile hat sich weitgehend die Erkenntnis durchgesetzt, dass der Abwehranspruch sowohl in seiner Gestalt als Folgenbeseitigungsanspruch als auch in seiner Gestalt als Unterlassungsanspruch in der *Abwehrfunktion der Grundrechte* wurzelt.[11] Wenn als Grundlage des Folgenbeseitigungsanspruchs mitunter[12] Art. 20 III GG (Grundsatz der Gesetzmäßigkeit der Verwaltung, Rechtsstaatsprinzip) genannt wird, ist das zu allgemein. In allen Fällen, in denen Grundrechte betroffen sind, ist die *Grundrechtsbindung* der Verwaltung als *Spezialausprägung* der Gesetzesbindung einschlägig.[13] Wenn kein „benanntes" Grundrecht in Betracht kommt, kann jedenfalls Art. 2 I GG herangezogen werden.

Der Folgenbeseitigungsanspruch im *Ausgangsfall 1* (Böschung) und der Unterlassungsanspruch im *Ausgangsfall 2* (Feueralarmsirene) haben ihre Grundlage jeweils in Art. 14 I GG, in letzterem tritt ggf. Art. 2 II 1 GG hinzu.

III. Abwehr als Folgenbeseitigungsanspruch

289 1. In den Einzelheiten ist der Folgenbeseitigungsanspruch zunehmend durch Richterrecht geprägt worden, wobei mittlerweile „gewohnheitsrechtliche Gesichtspunke überwiegen".[14] **Tatbestandlich** muss **(1)** ein hoheitlicher Eingriff vorliegen, der **(2)** ein subjektives Recht des Betroffenen verletzt. Für den Betroffenen muss **(3)** dadurch ein rechtswidriger Zustand entstanden sein, der **(4)** andauert.[15]

Wegen (3) kann nicht nur ein ursprünglich rechtswidriger, sondern auch ein ursprünglich rechtmäßiger Eingriff den Folgenbeseitigungsanspruch auslösen, wenn der Zustand *rechtswidrig geworden* ist. Beispiel: Folgenbeseitigungsanspruch des Hauseigentümers auf „Herausnahme" eines – im Gegensatz zum *Ausgangsfall 2* aus Rn. 281 – *rechtmäßig* eingewiesenen Obdachlosen nach Ablauf der Einweisungszeit.[16] Andererseits liegen die Voraussetzungen des Folgenbeseitigungsanspruchs nicht (mehr) vor, wenn der ursprünglich rechtswidrige Zustand *nachträglich legalisiert* worden ist und also nicht mehr andauert.[17] Im *Ausgangsfall 1* (Böschung, Rn. 283) sind die Tatbestandsvoraussetzungen (1), (2), (3), (4) erfüllt.

290 2. In seinem **Inhalt und Umfang** ist der Folgenbeseitigungsanspruch „auf die Wiederherstellung des Zustands gerichtet, der im Zeitpunkt des Eingriffs bestand",[18] soweit das von der subjektiven Rechtsstellung her geboten ist und nicht im Einzelfall ein „rechtsvernichtender" Ausschlussgrund (Rn. 292) vorliegt.[19] Dabei gilt der *Grundsatz der Naturalherstellung.*[20]

291 3. Nach der Rechtsprechung des BVerwG finden beim Folgenbeseitigungsanspruch Gedanken aus **§ 254 BGB** (Mitverantwortung des Bürgers) Anwendung.[21]

---

[10] Grundlegend *Bettermann,* DÖV 1955, 534.
[11] Zusammenfassend BVerwGE 82, 76 (77 f., 95) mwN; s. a. *BVerwG* NVwZ 2012, 757 (758).
[12] BVerwGE 94, 100 (103); 69, 366 (370).
[13] So auch *Schenke,* JuS 1990, 370 (372).
[14] BVerwGE 94, 100 (103); s. a. *Schoch,* Verw 44 (2011), 397. Detailliertes Prüfungsschema bei *Bumke,* JuS 2005, 22.
[15] So BVerwGE 94, 100 (104); s. a. schon E 82, 76 (95).
[16] BGHZ 130, 332 (335).
[17] BVerwGE 94, 100 (108).
[18] BVerwGE 82, 76 (95); s. a. E 80, 178 (179); 69, 366 (370 f.).
[19] So zu allem (mit genauem *Prüfungs*schema) BVerwGE 94, 100; vertiefend *Pietzko,* Der materiellrechtliche Folgenbeseitigungsanspruch, 1994.
[20] BVerwGE 69, 366 (371).
[21] BVerwGE 82, 24 (26); *BVerwG* DÖV 1971, 859. Kritisch zB *Schenke,* JuS 1990, 370 mit dem zutreffenden Hinweis, dass grundrechtliche Ansprüche wegen des „Vorbehalts des Gesetzes" (Rn. 452) nur durch *Gesetz* eingeschränkt werden können.

§ 18. Abwehransprüche als Folgenbeseitigungs- oder Unterlassungsansprüche 119

Weil der Folgenbeseitigungsanspruch auf Naturalrestitution gerichtet ist und eine teilweise Naturalrestitution häufig nicht möglich ist, ging es im Rahmen von § 254 BGB in der früheren Rechtsprechung des *BVerwG* um ein „Alles-oder-Nichts". Beim (bloß) überwiegenden Verschulden des Bürgers entfiel der Folgenbeseitigungsanspruch total.

Seit BVerwGE 82, 24 wandelt sich der Anspruch auf Herstellung eines (unteilbaren) Zustandes bei einer zu berücksichtigenden Mitverantwortung des Bürgers „in entsprechender Anwendung des § 251 I BGB" in einen Anspruch auf *Zahlung eines Ausgleichsbetrages in Geld* durch die Behörde, dessen Höhe sich nach dem Grad der Mitverantwortung richtet.

Weil der Kläger dem Abtragen der Böschung im *Ausgangsfall 1* (Rn. 283) „tatenlos" zugesehen hat, trifft ihn eine Mitverantwortung, die gemäß § 254 II BGB sowohl den Anspruch auf Wiederherstellung des früheren Zustandes als auch die Zahlung eines Ausgleichsbetrages ausschließt (Primat des primären Rechtsschutzes, Rn. 302a, 345).

4. **„Rechtsvernichtende" Ausschlussgründe** liegen insbesondere vor,[22] wenn eine Legalisierung zeitlich *unmittelbar* bevorsteht" (= Einwand unzulässiger Rechtsausübung) oder wenn der Behörde die Wiederherstellung des früheren Zustandes *rechtlich unmöglich* ist. Dem Einwand, die Wiederherstellung sei der Behörde nicht zumutbar, steht das BVerwG hingegen skeptisch gegenüber.[23] Bei Unmöglichkeit oder bei einer anzuerkennenden Unzumutbarkeit müsste die erwähnte Lösung über § 251 I BGB möglich sein.[24]

292

5. Beachte: Wegen seines Ansatzes bei der *Abwehrfunktion* der Grundrechte kann der Folgenbeseitigungsanspruch *nicht* in der Gestalt eines auch diskutierten „**Folgenentschädigungsanspruchs**"[25] auf Schadensausgleich gerichtet sein.[26]

292a

Beispielsfall: Aufgrund eines rechtmäßigen Bescheides zum Außenwirtschaftsrecht hat X bei der Behörde ein zinsloses Bardepot von 20 Mio. EUR anlegen müssen. Wegen einer Gesetzesänderung ist dann die Verpflichtung des X zur Unterhaltung des Bardepots erloschen. Die Behörde zahlt die 20 Mio. EUR zügig zurück. Bis zum Empfang des Geldes laufen aber noch die Kreditzinsen weiter, die X bei seinem Kreditgeber zahlen muss, um die durch das Depot gebundenen Barmittel zu finanzieren. X verlangt, dass ihm die Behörde die Kreditzinsen für die Zeit ab Gesetzesänderung erstattet.[27] – Der Bardepotbescheid war zwar auf die Bereitstellung des Bardepots gerichtet, aber nicht darauf gerichtet, dass X zur Finanzierung des Bardepots einen *Kredit* aufnehmen solle. Deshalb fallen die Zwischenkreditzinsen als solche in die Rubrik der *Folgenentschädigung*.[28] Allerdings ist der Bardepotbescheid auf die *zinslose* Bereitstellung des Geldes gerichtet. Selbst wenn X keinen Kredit aufgenommen hätte, könnte er nach Erledigung des Bardepotbescheides Folgenbeseitigung für die weitere *zinslose* Bereitstellung des Geldes (in Höhe der marktüblichen Zinsen) verlangen.

---

[22] Zusammenfassend BVerwGE 94, 100.
[23] S. BVerwGE 94, 100 (114).
[24] So andeutungsweise BVerwGE 94, 100 (117) – „Folgenbeseitigungsentschädigungsanspruch". Anwendung des Gedankens (§ 251 II 1 BGB) durch *VGH München* NVwZ 1999, 1237; kritisch *Erbguth*, JuS 2000, 336.
[25] Nicht zu verwechseln mit dem „Folgen*beseitigung*sentschädigungsanspruch" aus soeben Fn. 24.
[26] Pointiert gegen den Folgenentschädigungsanspruch BVerwGE 69, 366 (371); *BVerwG* NVwZ 2001, 685.
[27] Fallanlehnung an BVerwGE 69, 366.
[28] Im Ergebnis ebenso nach grundlegenden dogmatischen Überlegungen BVerwGE 69, 366 (371 ff.).

IV. Abwehr als Unterlassungsanspruch

293 Der ebenfalls grundrechtlich[29] fundierte Anspruch auf Unterlassen künftigen Verwaltungshandelns ist nur gegeben, wenn das Verwaltungs*handeln* (Betreiben der Feueralarmsirene im *Ausgangsfall 2*, Rn. 283) *rechtswidrig* ist und den Bürger in seinen Grundrechten *verletzt*. Die Rechtswidrigkeit fehlt, wenn bzw. soweit den Bürger eine *Duldungspflicht* trifft (= Parallele zu § 1004 II BGB).

Duldungspflichten lassen sich nicht „freischwebend" mit der „Gemeinwichtigkeit" des behördlichen Handelns begründen. Weil der Abwehranspruch grundrechtlich fundiert ist, „greift" vielmehr der „Vorbehalt des Gesetzes" (Rn. 59, 452). Der Abwehranspruch kann nur entfallen, wenn das Verwaltungshandeln eine *gesetzliche Grundlage* hat.[30]

294 Wie im *Ausgangsfall 2* (oder beim Sportplatzlärm) geht es häufig um *Immissionen*, die durch staatliche oder kommunale Einrichtungen verursacht werden. In der Regel handelt es sich um „Anlagen" iSd (weiten) Anlagenbegriffs des BImSchG (§ 2 I Nr. 1, § 3 V BImSchG). Zu Recht bestimmt das BVerwG deshalb „(d)as Maß dessen, was an Immissionen zu dulden ist, ... auch in bezug auf öffentliche Einrichtungen" nach dem BImSchG.[31] Im *Ausgangsfall 2* ist demgemäß das BImSchG die gesetzliche Grundlage für eine Duldungspflicht der *E*.

295 Wenn die Normen des BImSchG durch eine öffentliche Einrichtung nicht eingehalten werden, kann der Bürger die Immissionen abwehren. Anderes gilt allerdings, wenn eine spezielle gesetzliche Grundlage vorhanden ist, die dem Bürger Immissionen auch jenseits des BImSchG zumutet. Im *Ausgangsfall 2* müsste *E* die Sirene nach dem einschlägigen Landesfeuerwehrgesetz letztendlich trotz einer Grenzwertüberschreitung dulden, wenn keine Standortalternative vorhanden wäre.

296 In derart *außerordentlichen Fällen* gesteht das BVerwG dem Bürger in Anwendung eines (angeblich existierenden) „allgemeinen Rechtssatzes" einen Anspruch auf einen (nur) *zweckgebundenen Geldausgleich* für Maßnahmen des passiven Schutzes (Schallschutzfenster) zu.[32] Die Wertminderung für das *Grundstück* der *E* würde im *Ausgangsfall 2 daneben* über einen Entschädigungsanspruch wegen enteignenden Eingriffs (Rn. 350 ff.) auszugleichen sein.

§ 19. Schadensersatzansprüche[1]

I. Haftung aus Vertragsverletzung

1. Zivilrechtlicher Vertrag

297 Falls es um die Verletzung eines *zivilrechtlichen* Vertrages geht, finden die Normen des BGB unmittelbare Anwendung. Die Grundnorm für Schadensersatzansprüche bildet § 280 I BGB. Es treten hinzu § 280 III iVm § 281, § 282 oder § 283 BGB für

---

[29] BVerwGE 82, 76 (78, 95); 75, 109; 71, 183 (189, 199); 44, 235 (243).
[30] So pointiert BVerwGE 71, 183 (198); s. a. E 82, 76 (79 f.); 75, 109 (116).
[31] BVerwGE 79, 254 (259) – Feueralarmsirene; s. a. E 81, 197 (200) – Sportplatzlärm. Zu Grundstrukturen des Immissionsschutzrechts *Jarass*, JuS 2009, 608; zum Verhältnis von Immissionsschutzrecht und Baurecht *Hilbert*, JuS 2014, 983.
[32] So BVerwGE 79, 254 (262). Konsequenter wäre es wohl, auch hier den Weg über § 251 I BGB (Rn. 291 f.) zu gehen.
[1] Zu ihrer wesensmäßigen Abgrenzung von (an den Handlungs*erfolg*) anknüpfenden Entschädigungsansprüchen s. Rn. 327 f.

§ 19. Schadensersatzansprüche

Schadensersatz statt der Leistung;[2] § 280 II iVm § 286 BGB für den Verzögerungsschaden bei einem Verzug; § 276 BGB für das Verschulden und sonstige Aspekte des Vertretenmüssens.

2. Öffentlichrechtlicher Vertrag

Für die Verletzung *öffentlichrechtlicher* Verträge (Rn. 236 ff.) gelten gem. § 62 S. 2 VwVfG die angedeuteten Vorschriften des BGB *entsprechend*.

Im *Ausgangsfall 1* aus Rn. 236 (Ansiedlungsvertrag) kommt für die Gemeinde auch ein Vorgehen nach § 62 S. 2 VwVfG iVm § 281 I 1 BGB (Fristsetzung) in Betracht: Nach Ablauf der Frist würde die Gemeinde gemäß § 280 I BGB Schadensersatz wegen Nichterfüllung des Ansiedlungsvertrages (Gewerbesteuerausfall usw.) verlangen können, *wenn* eine Ansiedlungspflicht des Unternehmens *bestünde*. Sie besteht nach dem Gesagten (Rn. 258) aber eben nicht.

Schadensersatzansprüche aus der Verletzung eines öffentlichrechtlichen Vertrages können *neben* deliktischen Schadensersatzansprüchen aus *Amtspflichtverletzung* (§ 839 BGB iVm Art. 34 GG, Rn. 304 ff.) gegeben sein – nach dem BGH allerdings nicht, wenn sich die Amtspflicht bloß aus der Vertragspflicht ergibt[3]. Anders als die zivilrechtliche Delikthaftung aus § 823 I BGB ist die öffentlichrechtliche Delikthaftung nicht auf die Verletzung „absoluter Rechte" beschränkt. Sie umfasst auch einen „allgemeinen" Vermögensschaden.

Gemäß § 40 I, II 1 VwGO werden Schadensersatzansprüche aus öffentlichrechtlichem Vertrag im *Verwaltungsrechtsweg,* alle sonstigen Schadensersatzansprüche aus der Verletzung öffentlichrechtlicher Pflichten und mit ihnen auch Amtshaftungsansprüche (§ 839 BGB iVm Art. 34 GG) im *ordentlichen Rechtsweg* geltend gemacht. Im Konkurrenzfall kann der vertragliche Schadensersatzanspruch *zusammen* mit dem Amtshaftungsanspruch im ordentlichen Rechtsweg „eingeklagt" werden (§ 17 II 1 GVG, Rn. 262). Wegen § 17 II 2 GVG iVm Art. 34 S. 3 GG ist der umgekehrte Weg (Geltendmachung *beider* Ansprüche im Verwaltungsrechtsweg) hingegen nicht gangbar.

3. Culpa in contrahendo im öffentlichen Recht

Als allgemeiner Grundsatz des deutschen Rechts (Rn. 226) ist der Rechtsgedanke einer Haftung für Verschulden beim Vertragsschluss (*culpa in contrahendo* – *c.i.c.,* §§ 311 II, 241 II, 280 I BGB) auch im öffentlichen Recht anwendbar.[4]

Hinsichtlich des *Rechtsweges* unterscheidet die Rechtsprechung[5] nach dem *Sachzusammenhang:* Als Erstattungs- und Bereicherungsansprüche stellen Ansprüche aus c.i.c. die Kehrseite des Leistungsanspruchs dar und sind daher im selben Rechtsweg zu verfolgen wie dieser (= *Verwaltungsrechtsweg*). Bei einem engen Zusammenhang mit Amtshaftungsansprüchen ist dagegen der *Zivilrechtsweg* gegeben.

---

[2] Für Leistungshindernisse schon bei Vertragsschluss gilt § 311a II BGB.
[3] BGHZ 87, 9 (16 ff.).
[4] BGHZ 76, 343; 71, 386; *BGH* NJW 1990, 1042 (1045); s. a. *Kellner,* DÖV 2011, 26; Fälle bei *Singer/Mielke,* JuS 2007, 1111; *Kleine Holthaus,* JuS 2005, 531.
[5] *BVerwG* NVwZ 2003, 1383 (sachlicher Zusammenhang mit Anbahnung, Abschluss oder Abwicklung des Vertrages = Verwaltungsrechtsweg); NJW 2002, 2894 (2895); *BGH* NJW 1986, 1109 (1110).

II. Schadensersatz bei der Verletzung sonstiger öffentlichrechtlicher Sonderpflichten

301 Im Zivilrecht führt nicht nur eine schuldhafte Vertragsverletzung, sondern auch die schuldhafte Verletzung *nichtvertraglicher* schuldrechtlicher Verpflichtungen zu Schadensersatzansprüchen (§§ 280 ff. BGB). Während im Bereich der *Deliktshaftung* (§§ 823 ff. BGB) für die *Verletzung allgemeiner Verhaltenspflichten* gehaftet wird, die dem Einzelnen *jedermann* gegenüber obliegen, geht es hier um die Verletzung *besonderer Verhaltenspflichten*, die sich aus einem konkreten, zwischen Schädiger und Geschädigtem bestehenden *Rechtsverhältnis* (nichtvertraglicher Art) ergeben. Ganz ähnlich[6] wird auch bei Verletzung *öffentlichrechtlicher* Verhaltenspflichten nichtvertraglicher Art auf Schadensersatz gehaftet, wenn die verletzten Pflichten über die allgemeinen Amtspflichten hinausgehen, die schon durch den deliktischen Schadensersatzanspruch (Rn. 304 ff.) erfasst sind. Es muss ein „*besonders enges* Verhältnis des einzelnen zum Staat oder zur Verwaltung" mit dem Merkmal einer „*gesteigerten* Rechts- und Pflichtenstellung" im Sinne einer „schuldrechtsähnlichen Beziehung" bestehen.[7] Diese Schadensersatzansprüche sind dann *neben* dem deliktischen *Amtshaftungsanspruch* gegeben. Wegen einer Verschuldensvermutung wie nach § 280 I 2 BGB sind sie für den Bürger günstiger als der Amtshaftungsanspruch.[8] Vor allem findet auf sie auch § 839 I 2 BGB keine Anwendung.[9]

302 Schadensersatzansprüche aus der Verletzung öffentlichrechtlicher Sonderpflichten werden zB ausgelöst, wenn der Dienstherr die beamtenrechtliche (oder soldatenrechtliche) Fürsorgepflicht[10] oder eine sonstige Pflicht aus dem öffentlichrechtlichen Dienstverhältnis[11] verletzt, etwa bei einer Beförderung die Auswahlkriterien des Art. 33 II GG (Rn. 495 f.) missachtet[12]. Solche Schadensersatzansprüche kommen ferner in Betracht bei Zusagen der öffentlichen Hand,[13] bei der öffentlichrechtlichen Verwahrung,[14] bei der öffentlichrechtlichen GoA[15] oder im öffentlichrechtlichen Benutzungsverhältnis[16], solange sie dort nicht im zulässigen Rahmen[17] durch Ortssatzung ausgeschlossen worden sind. Verlangt hingegen ein Strafgefangener wegen zu schlechter gesundheitlicher Betreuung Schadensersatz, ist nach der Rechtsprechung nur der Anspruch aus Amtspflichtverletzung einschlägig; es fehle an einer *gesteigerten* Fürsorgepflicht.[18]

302a Beachtlich ist das Rechtsinstitut des *mitwirkenden Verschuldens* (§ 254 BGB). Im Zusammenhang mit diesem Rechtsinstitut gilt nach dem BVerwG „der in § 839 III BGB enthaltene" und mit „§ 254 II 1 BGB nahe verwandte" *Rechtsgedanke* eines „*grundsätzlichen Vorrangs des primären Rechtsschutzes*".[19] Demgemäß darf es der

---

[6] S. zB BGHZ 21, 214 (218); *BGH* NJW 1977, 197; grundlegend *T. Meysen*, Die Haftung aus Verwaltungsrechtsverhältnis, 2000.
[7] So zusammenfassend BGHZ 135, 341 (344 ff.).
[8] BVerwGE 13, 17 (23 f.); *BGH* DVBl 1978, 108.
[9] *BGH* NJW 1975, 207.
[10] St. Rspr.; s. zB BVerwGE 112, 308 (310); 52, 247; 13, 17.
[11] BVerwGE 112, 308 (312).
[12] BVerwGE 80, 12; 107, 29 (31).
[13] Klausur bei *L. Diederichsen,* JuS 2006, 60 (c. i. c.).
[14] *BGH* JuS 1974, 191 Nr. 11; *OLG Schleswig* NVwZ 2000, 234.
[15] *BGH* NJW 1975, 207.
[16] BGHZ 109, 8 (9); 54, 299; 61, 7; *BGH* NJW 1984, 615; DVBl 1978, 108.
[17] Dazu BGHZ 61, 7; *Schwarze,* JuS 1974, 640.
[18] So BGHZ 21, 214 (220); problematisch, zumal der Strafvollzug herkömmlich als „besonderes Gewaltverhältnis" angesehen wird.
[19] Hierzu und zum Nachfolgenden BVerwGE 107, 29 (31 f.). Zur entsprechenden Sicht des *BGH* beim enteignungsgleichen Eingriff s. Rn. 345.

Anspruchsteller nicht „vorsätzlich oder fahrlässig unterlassen haben, den Schaden durch Gebrauch eines Rechtsmittels gegen das nunmehr als rechtswidrig beanstandete staatliche Verhalten abzuwenden".

Nach § 40 II 1 VwGO ist der *ordentliche Rechtsweg* gegeben. Lediglich Schadensersatzansprüche aus der Verletzung *beamtenrechtlicher* (und soldatenrechtlicher) *Pflichten* sind gemäß § 126 I BBG, § 54 I BeamtStG im *Verwaltungsrechtsweg* geltend zu machen (vgl. § 40 II 2 VwGO). In der Konkurrenz mit einem Amtshaftungsanspruch kann insoweit aber wieder (s. Rn. 299) § 17 II 1 GVG einschlägig sein. 303

III. Deliktshaftung der öffentlichen Hand als Amtshaftung

Ausgangsfälle:[20]

(1) Ein Bautrupp der Bundeswehr verlegt vor dem Geschäftshaus der *G* ein Haupt-Nachrichtenkabel („NATO-Kabel"). Durch einen Bagger wird das Fundament des Hauses beschädigt. Während der Bauarbeiten geht der Geschäftsumsatz vorübergehend zurück. Die Bauarbeiten ziehen sich über die an sich vorgesehenen 3 Wochen hinaus auf 4 Wochen in die Länge, weil im entscheidenden Augenblick das zu verlegende Kabel fehlt. Welche Ansprüche hat *G* gegen die Bundesrepublik? (Zu möglichen Entschädigungsansprüche s. Rn. 340 ff.) 304

(2) Die Baugenehmigungsbehörde *(Landkreis)* hat *E* in Übereinstimmung mit dem einschlägigen Bebauungsplan der *Gemeinde* (= Satzung, § 10 I BauGB) die Genehmigung für die Errichtung eines viergeschossigen Terrassenhauses mit 59 Wohnungen erteilt, das bis auf 6m an das kleine Einfamilienhaus-Grundstück der *N* heranreichen soll. *N* erhebt unverzüglich Normenkontrollklage (§ 47 I Nr. 1 VwGO, Rn. 394) gegen den Bebauungsplan. Das *OVG* erklärt den Bebauungsplan für nichtig (§ 47 V 2 VwGO). In diesem Zeitpunkt ist das Terrassenhaus aber bereits fertiggestellt. Nunmehr verlangt *N* Schadensersatz für den Wertverlust ihres Grundstücks vom *Landkreis*.[21] (Zu Schadensersatzansprüchen gegen die *Gemeinde* s. Rn. 320 ff.)

Die Deliktshaftung der öffentlichen Hand war durch das Staatshaftungsgesetz (StHG) vom 26. Juni 1981[22] neu geregelt worden. Das *BVerfG* hat das StHG aber *für nichtig erklärt*, weil dem Bund die Gesetzgebungskompetenz fehlte.[23] Damit ist es bei der „alten" Rechtslage geblieben, wie sie nachfolgend dargestellt wird. Die wiedervereinigungsbedingte Grundgesetzänderung 1994 hat dem Bund die konkurrierende Gesetzgebungskompetenz für „die Staatshaftung" zugestanden (Art. 74 I Nr. 25 GG). Wann bzw. ob der Bundestag ein (neues) bundeseinheitliches StHG erlassen wird, ist allerdings offen.

In Brandenburg und Thüringen tritt in Konkurrenz zur verschuldensabhängigen (bundesrechtlichen) Amtshaftung eine verschuldensunabhängige Haftung nach dem Staatshaftungsgesetz

---

[20] Weitere Fälle bei *Böhm/Gaitanides,* Fälle, Nr. 27, 28; *Koranyi,* JuS 2013, 823; *Hübler/Teetzmann,* JuS 2013, 1014; Grundfälle bei *Durner,* JuS 2005, 793, 900; „Grundwissen" bei *Voßkuhle/Kaiser,* JuS 2015, 1076. Eingehende Darstellungen zB bei *Ossenbühl/Cornils,* Staatshaftungsrecht, S. 7 ff.; *Maurer/Waldhoff,* Allg. VerwR, § 27; insgesamt zum Staatshaftungsrecht auch *Sauer,* JuS 2012, 695 u. 800.
[21] Fallanlehnung an BGHZ 86, 356.
[22] BGBl. 1981 I S. 553.
[23] BVerfGE 61, 149.

der DDR in der Fassung des Einigungsvertrages (mit der Qualität von Landesrecht) hinzu. Das StHG-DDR hat Ähnlichkeiten mit dem StHG von 1981.[24]

1. Öffentlichrechtliches oder privatrechtliches Handeln?

305   Je danach, ob die Behörde/der Beamte öffentlichrechtlich oder privatrechtlich gehandelt hat, sind zT *verschiedene Normen* einschlägig.

Im Rahmen dieser Weichenstellung ist eine klassische Streitfrage, ob die *Straßenunterhaltungspflicht* im Verhältnis zum Bürger, der mit seinem Auto verunglückt, öffentlichrechtlich (hL) oder privatrechtlich ist.[25] Nach der Rechtsprechung des *BGH*[26] ist das öffentlichrechtliche Haftungssystem nur einschlägig, wenn die Behörde durch einen nach außen erkennbaren Organisationsakt deutlich gemacht hat, dass sie der Verkehrssicherungspflicht[27] im Rahmen hoheitlicher Verwaltung genügen will, oder wenn der Gesetzgeber diese Pflicht im Einzelfall als eine öffentlichrechtliche Aufgabe ausgestaltet hat. – Die *Teilnahme am allgemeinen Straßenverkehr ("Dienstfahrt")* ist nur dann öffentlichrechtlich, wenn sie mit der Erfüllung einer hoheitlichen Aufgabe in einem so engen äußeren und inneren Zusammenhang steht, dass sie selbst als Bestandteil der Aufgabenerfüllung erscheint.[28]

Im *Ausgangsfall 1* erscheint die Bautätigkeit als öffentlichrechtliches Handeln, weil hinter ihr die öffentlichrechtliche Sonderkompetenz der Bundeswehr steht.[29] Im *Ausgangsfall 2* hat der Landkreis als Baugenehmigungsbehörde eindeutig öffentlichrechtlich gehandelt.

2. Haftungssystem bei öffentlichrechtlichem Tätigwerden

306   Im öffentlichrechtlichen Bereich baut das Haftungssystem auf der Schadensersatzpflicht des *Beamten* wegen Amtspflichtverletzung aus § 839 BGB (= lex specialis gegenüber allen anderen in Betracht kommenden Tatbeständen einer Deliktshaftung[30]) auf, leitet die Ersatzpflicht aber gleichzeitig auf die hinter dem Beamten stehende öffentlichrechtliche Körperschaft über (Art. 34 GG)[31]. Im Verhältnis zum geschädigten Dritten haftet also *nur* die öffentlichrechtliche Körperschaft, nicht der Beamte. (Bei Vorsatz oder grober Fahrlässigkeit kann die Körperschaft lediglich im *Innenverhältnis* Rückgriff beim Beamten nehmen, s. Art. 34 S. 2 GG[32] iVm § 75 BBG bzw. § 48 BeamtStG). Falls dem Beamten nur Fahrlässigkeit zur Last fällt, ist die Amtshaftung aus § 839 BGB iVm Art. 34 GG subsidiär; sie tritt nur ein, „wenn der Verletzte nicht auf andere Weise Ersatz zu erlangen vermag" (§ 839 I 2 BGB). Sobald noch andere Ansprüche in Betracht kommen, ist die Amtshaftung aufbaumäßig daher am besten zuletzt zu behandeln. Für den Amtshaftungsanspruch ist der *Zivilrechtsweg* gegeben (Art. 34 S. 3 GG, § 40 II 1 VwGO).

---

[24] Zum StHG von 1981 s. die 6. Aufl. dieses Buches, Rn. 361 ff., sowie etwa *Papier,* NJW 1981, 2321; *Bonk,* DVBl 1981, 801. Zum StHG-DDR s. die 14. Aufl. dieses Buches, Rn. 358 f.

[25] S. dazu *Ossenbühl/Cornils,* Staatshaftungsrecht, S. 31 ff.

[26] BGHZ 60, 54; *BGH* NVwZ 2000, 1209 (1210); NVwZ-RR 1998, 334; 1997, 709; NJW 1981, 2120; NJW 1979, 2043.

[27] Zur Abgrenzung von der Verkehrsregelungspflicht s. *Ossenbühl/Cornils,* Staatshaftungsrecht, S. 32 f.; *BGH* NVwZ 2000, 1209.

[28] Zusammenfassend so *Ossenbühl/Cornils,* Staatshaftungsrecht, S. 36 f. mwN; s. a. *BGH* NJW 1991, 1171 (Inanspruchnahme von Sonderrechten nach StVO); NVwZ 1983, 763.

[29] Entsprechend *BGH* LM Art. 34 GG Nr. 66 für das Fernmeldewesen der seinerzeit staatlichen Post.

[30] Falsch wäre es insbesondere, § 823 BGB zu prüfen.

[31] BGHZ 151, 198 (200). Ausnahmen gelten zB für *„Gebührenbeamte";* Überblick bei *Ossenbühl/Cornils,* Staatshaftungsrecht, S. 97 ff.

[32] Dieser findet „auf Private keine Anwendung, selbst wenn sie als Amtsträger im haftungsrechtlichen Sinne hoheitlich tätig werden": BVerwGE 137, 377 (380).

§ 19. Schadensersatzansprüche

Die Darstellung des Amtshaftungsanspruchs kann sich etwa an der nachstehenden Gedankenfolge ausrichten. Dabei sollten sich die Bearbeiter wieder plastische Vorstellungen zu jedem Schemapunkt verschaffen. Die Amtshaftung bei „normativem" Unrecht wird später gesondert behandelt (Rn. 320 ff.). Das Gleiche gilt für den unionsrechtlichen Staatshaftungsanspruch, der kraft EU-Rechts gegen deutsche Körperschaften gegeben sein kann, wenn deutsche Legislativorgane, Behörden oder Gerichte Unionsrecht nicht beachtet haben (Rn. 716 ff.). Erwähnt sei außerdem, dass der BGH die Anwendbarkeit des Amtshaftungsanspruchs auf Schäden, die bei *bewaffneten Auslandseinsätzen deutscher Streitkräfte* ausländischen Bürgern zugefügt werden, *verneint*.[33]

(1) Anspruchsgrundlage für die Amtshaftung   307

Kurzer Hinweis auf das Zusammenspiel zwischen § 839 BGB und Art. 34 GG.

(2) Voraussetzungen des § 839 BGB   308

(a) Beamter

Je nachdem, ob § 839 BGB im Zusammenhang mit zivilrechtlichem (Rn. 317 ff.) oder öffentlichrechtlichem Tätigwerden einschlägig wird, gelten unterschiedliche Beamtenbegriffe. Für die *zivilrechtliche* Haftung aus § 839 BGB ist „Beamter" nur der Beamte *im „statusrechtlichen" Sinne* (Urkunde: „Unter Berufung in das Beamtenverhältnis", § 10 II 2 Nr. 1 BBG, § 8 II 2 Nr. 1 BeamtStG). Im *öffentlichrechtlichen* Bereich ist „Beamter" *jede mit der Ausübung öffentlicher Gewalt betraute Person* – im *Ausgangsfall 1* (Kabelarbeiten, Rn. 304) also auch die Baggerführerin als *Arbeiterin*. Insoweit hat Art. 34 GG den § 839 BGB konkludent geändert. Unter bestimmten Voraussetzungen können selbst der „private Verwaltungshelfer" und ähnlich Beteiligte als Beamte *im haftungsrechtlichen Sinne* gelten.[34]

(b) Amtspflicht   309

Im *Ausgangsfall 1* hatten die Mitglieder des Bautrupps die Amtspflicht, die Gebäude und die Umsatzinteressen der anliegenden Gewerbetreibenden zu schonen.

Nicht abschließend geklärt ist,[35] wonach sich die Amtspflicht bestimmt, wenn dem Beamten verwaltungsintern eine *bindende Weisung* erteilt worden ist. Teilweise wird die Pflicht der *Behörde* zugrunde gelegt, im *Außenverhältnis* zum Bürger rechtmäßig handeln zu müssen. Aber: Weil für den Beamten nach Maßgabe der §§ 62 f. BBG bzw. §§ 35 f. BeamtStG im Hierarchieprinzip (Rn. 645 ff.) die interne Bindung vorgeht und weil die Amtshaftung an die Handlungsmöglichkeiten des *Beamten* anknüpft (Rn. 312), dürfte im Konfliktfall die verwaltungsinterne Bindung maßgebend sein.[36] Entsprechendes gilt, wenn das Gesetz der Behörde das Handeln nur mit der (internen) Zustimmung einer anderen Behörde gestattet.[37] In diesen Fällen wird die Haftung durch die Amtspflicht des weisungs*gebenden* bzw. des nicht zustimmenden Beamten zu Lasten *der* Körperschaft vermittelt, der *er* angehört.[38]

---

[33] *BGH* NJW 2016, 3656 (3658 ff.) m. Anm. *Waldhoff*, JuS 2017, 572.
[34] Zusammenfassend BGHZ 200, 188 (190 ff. Rn. 4 ff.); 161, 6 (10); 121, 161 (164).
[35] S. *Papier/Shirvani* in MüKoBGB, 7. Aufl. 2017, § 839 Rn. 191 f.
[36] *BGH* VersR 1986, 372 (373); NJW 1977, 713; *Maurer/Waldhoff*, Allg. VerwR, § 26 Rn. 17.
[37] *BGH* VersR 1986, 372 (373).
[38] BGHZ 63, 319 (324); *BGH* VersR 1986, 372 (373).

Auf der gleichen Linie würde im *Ausgangsfall 2* (Terrassenhaus, Rn. 304) die (gegenwärtig untersuchte) Haftung des *Kreises* entfallen, wenn der zuständige Beamte der Baugenehmigungsbehörde (Kreis) verpflichtet gewesen wäre, seiner Entscheidung über die Baugenehmigung *ohne* eigene Überprüfungs- und Verwerfungskompetenz[39] ohne Weiteres den Bebauungsplan der Gemeinde zugrunde zu legen. Jetzt ginge es *ausschließlich* um die Haftung der *Gemeinde* wegen des „normativen" Unrechts (Rn. 320 ff.) beim Erlass des Bebauungsplans. Für die weiteren Überlegungen soll allerdings davon ausgegangen werden, dass der zuständige Beamte der Baugenehmigungsbehörde über eine Überprüfungs- und „Verwerfungskompetenz" *verfügte*.[40] Den nichtigen Bebauungsplan musste der Beamte damit unberücksichtigt lassen und stattdessen überprüfen, ob das Vorhaben nach § 34 BauGB (Zulässigkeit von Vorhaben innerhalb der im Zusammenhang bebauten Ortsteile) oder nach § 35 BauGB (Bauen im Außenbereich) genehmigt werden durfte.

310 **(c) Verletzung der Amtspflicht**

Im *Ausgangsfall 1* (Kabelarbeiten, Rn. 304) waren die Beschädigung des Fundaments und die Bauarbeiten in der 4. Woche (mit dem entsprechenden Umsatzrückgang) rechtswidrig und damit amtspflichtwidrig. In der *ohnehin* erforderlichen Zeit der ersten drei Wochen waren die Kabelarbeiten rechtmäßig. Im *Ausgangsfall 2* dürfte das Terrassenhaus im Rahmen von § 34 BauGB oder von § 35 BauGB schon wegen der großen Baumasse unzulässig und die Erteilung der Baugenehmigung also eine Amtspflichtverletzung sein.

311 **(d) Amtspflicht „gegenüber einem Dritten"**

Weil § 839 BGB für den Bereich der Amtshaftung das Recht der unerlaubten Handlungen aus §§ 823 ff. BGB in sich aufnimmt, verletzt ein Beamter eine „ihm einem *Dritten*[41] gegenüber obliegende Amtspflicht" jedenfalls dann, wenn er Dritte in einer Weise schädigt, die ohne die Existenz des § 839 BGB tatbestandlich einer der Vorschriften der §§ 823 ff. BGB unterfallen würde.[42]

Die Beschädigung des Fundaments stellt im *Ausgangsfall 1* eine Eigentumsverletzung iSv § 823 I BGB dar. Folglich verletzt der Bautrupp insoweit unproblematisch eine Amtspflicht gegenüber G. Im Zusammenhang mit den Umsatzeinbußen wird erheblich, dass der „eingerichtete und ausgeübte Gewerbebetrieb" als Schutzgut iSv § 823 I BGB anerkannt ist. Zwar ist der *Umsatz* in seiner konkreten Höhe kein Bestandteil des eingerichteten und ausgeübten Gewerbebetriebes. *Bestandteil* des Gewerbebetriebes ist aber der „Kontakt zur Straße". Indem der Bautrupp diesen Kontakt erschwert, greift er in den Gewerbebetrieb ein. (Der Umsatz ist [maßgebliches] Indiz für den Wert der entzogenen Substanz [Kontakt zur Straße].[43]) Im *Ausgangsfall 2* liegt kein Eigentumseingriff iSv § 823 I BGB vor, weil die Substanz des Grundstückseigentums unverändert geblieben ist (= bloß *allgemeine* Vermögensminderung, die § 823 I BGB nicht erfasst[44]).

---

[39] Zu dieser Problematik zusammenfassend *Pietzcker*, DVBl 1986, 806 (808); *Engel*, NVwZ 2000, 1258; *G. F. Herr*, Behördliche Verwerfung von Bebauungsplänen, 2003. Zum Problem der exekutiven Verwerfungskompetenz bei *Gesetzen* Rn. 606, 656.

[40] Entsprechend *Pietzcker*, DVBl 1986, 806 (808); *OVG Lüneburg* NVwZ 2000, 1061; Prämisse in BGHZ 86, 356 (366). Heute ist weitgehend anerkannt, dass jedenfalls eine *Überprüfungskompetenz* besteht und der Gemeinde Hinweise auf die Nichtigkeit gegeben werden müssen, damit sie die erforderlichen Konsequenzen ziehen kann, wobei die Frage nach einer (auch) *Verwerfungskompetenz* offenbleibt: BVerwGE 75, 142 (146); *BGH* ZfBR 1991, 77; *Engel*, NVwZ 2000, 1258.

[41] „Dritter" ist ein geschädigter *Bürger*, eine andere *öffentlichrechtliche Körperschaft* nur, wenn der Beamte dieser Körperschaft „in einer Weise gegenübertritt, wie sie für das Verhältnis zwischen ihm ... und dem Staatsbürger ... charakteristisch ist" (keine „gleichsinnigen" Interessen zwischen der schädigenden und der geschädigten Körperschaft, sondern „einander widerstreitende Interessen"): st. Rspr.; s. zB BGHZ 153, 198 (201); 148, 139 (150); 116, 312 (316).

[42] BGHZ 69, 128 (138).

[43] So BGHZ 57, 359 (361, 369) mwN

[44] Vgl. Palandt/*Sprau*, BGB, § 823 Rn. 7.

§ 19. Schadensersatzansprüche

Außerhalb der absoluten Rechte (§ 823 I BGB) ist eine Amtspflicht „drittbezogen", wenn ihr „*Schutzzweck*" nicht nur dahin geht, Schäden von *den* Bürgern als undifferenzierter *Allgemeinheit* abzuhalten, sondern auch dem Schutz des Geschädigten als *Individuum* dient.[45] Hierfür stützt sich der *BGH*[46] im Wesentlichen auf die Grundsätze, die das *BVerwG* im Zusammenhang mit der Drittanfechtung von Verwaltungsakten (Rn. 186 ff.) herausgearbeitet hat.

Im *Ausgangsfall 2* ist für die „Drittbezogenheit" der verletzten Amtspflicht damit die gleiche Frage gestellt, wie wenn *N* die Baugenehmigung mit einer „Nachbarklage" vor dem *Verwaltungsgericht* angefochten hätte. Entscheidend ist, ob einer der Fälle vorliegt, in denen das „an sich" nur objektivrechtliche „Gebot der Rücksichtnahme" im Rahmen der §§ 34, 35 BauGB der Nachbarin Individualschutz vermittelt (Rn. 187).

(e) Kausaler Schaden 312

Durch die Amtspflichtverletzung muss dem Dritten ein Schaden entstanden sein. Der geltend gemachte Schaden muss in den *Schutzbereich* der konkreten Amtspflicht fallen.[47] – Nach seinem *Inhalt* ist der Amtshaftungsanspruch jedoch nur auf Geldersatz gerichtet, *nicht* auf Naturalrestitution durch die *Vornahme einer Amtshandlung*.[48]

Diese Begrenzung hat folgenden Hintergrund:[49] Die Amtshaftung knüpft an die *private* Haftung des Beamten an. Der Beamte kann nur *die* Restitutionen leisten, die ihm *selbst* als *Privatperson* möglich sind (Geldersatz). Amtshandlungen nimmt er aber *kraft Amtes* als *Organ des Staates* vor, nicht als Privatperson. *Deshalb* ist zB bei einer „amtlichen Beleidigung" kein Amtshaftungsanspruch auf Rücknahme der Beleidigung, sondern nur ein entsprechender *unmittelbar gegen den Staat* gerichteter Abwehr-/Folgenbeseitigungsanspruch (Rn. 286 ff., 289 ff.) gegeben.

Im *Ausgangsfall 1* (Kabelarbeiten, Rn. 304) kann *G* nicht die *Wiederherstellung* des Fundaments als öffentlichrechtliche *Naturalrestitution* (§ 249 I BGB), sondern nur Geldersatz (§ 249 II BGB) verlangen. Im *Ausgangsfall 2* (Terrassenhaus) geht es ohnehin nur um Geldersatz für den Wertverlust des Grundstücks.

(f) Verschulden 313

Soweit es im Rahmen von § 839 BGB um den Tatbestand einer unerlaubten Handlung iSv §§ 823 ff. BGB geht, kann die Verschuldensfrage in der Fallbearbeitung in der bei unerlaubten Handlungen „gewohnten Art" angegangen werden.

Während im *Ausgangsfall 1* (Kabelarbeiten, Rn. 304) das Fundament durch Verschulden der Baggerführerin beschädigt worden sein wird, ist die Verschuldensfrage in der Bauverzögerung nicht eindeutig entscheidbar. Würde der zuständige Sachbearbeiter in der Bundeswehrverwaltung versäumt haben, das Kabel rechtzeitig zu bestellen, wäre *sein* Verschulden relevant. Hätte die Lieferfirma die Lieferung schuldhaft verzögert, könnte *dieses* Verschulden weder den Mitgliedern des Bautrupps noch dem Sachbearbeiter in der Bundeswehrverwaltung zugerechnet werden; die Haftung für „Verrichtungsgehilfen" (§ 831 BGB) ist in der lex specialis des § 839 BGB nicht enthalten. Schließlich kommt „höhere Gewalt" in Betracht.

Besteht die Amtspflichtverletzung in einer *falschen Gesetzesauslegung oder Rechtsanwendung*, wird das Verschulden des Beamten in der Fallbearbeitung zumeist

---

[45] S. etwa BGHZ 162, 49 (55 ff.); 146, 365 (368); 106, 323 (331 f.); 86, 356 (366); *Detterbeck*, JuS 2002, 127.
[46] S. etwa BGHZ 92, 34 (52); 86, 356 (366 iVm 360 ff.); *BGH* NJW 2017, 397 (398 ff.).
[47] BGHZ 121, 65 (66 f.).
[48] Zu einem Verdienstausfallschaden etwa *BGH* NJW 2017, 397 (400). Zum Anspruchs*inhalt* kann ebenfalls gesondert im Anschluss an die Anspruchs*voraussetzungen* Stellung genommen werden.
[49] Lies BGHZ *(GS)* 34, 99 (105).

(fälschlich) ohne Weiteres bejaht. Nach der Rechtsprechung des *BGH* ist „eine objektiv unrichtige Gesetzesauslegung oder Rechtsanwendung" aber nur „*dann* vorwerfbar, wenn sie gegen den klaren, bestimmten und eindeutigen Wortlaut der Vorschrift verstößt oder wenn die Zweifelsfragen durch die höchstrichterliche Rechtsprechung geklärt sind; dagegen fehlt es am Verschulden in der Regel, wenn die objektiv unrichtige Rechtsanwendung eine Vorschrift betrifft, deren Inhalt – bezogen auf den zur Entscheidung stehenden Einzelfall – zweifelhaft sein kann und noch nicht durch eine höchstrichterliche Rechtsprechung klargestellt ist und die Auslegung dieser Vorschrift noch vertretbar erscheint".[50] Insgesamt ist der „Maßstab des pflichtgetreuen Durchschnittsbeamten" zugrunde zu legen; jeder staatliche Amtsträger muss die zur Führung seines Amtes notwendigen Rechts- und Verwaltungskenntnisse besitzen oder sie sich verschaffen.[51]

Im *Ausgangsfall 2* (Terrassenhaus, Rn. 304) hat der Beamte die für die Baugenehmigung *maßgebende* Vorschrift des § 34 oder § 35 BauGB nicht geprüft, weil ein Bebauungsplan vorlag und der Beamte seine (positive) Entscheidung deshalb von der (in sich richtigen) Subsumtion unter den Bebauungsplan abhängig machte, wie es § 30 BauGB vorsieht. Dass der Beamte die (später vom OVG festgestellte) Nichtigkeit und damit Unanwendbarkeit des Bebauungsplans nicht erkannte, kann ihm nach den zitierten Verschuldensgrundsätzen des BGH möglicherweise[52] nicht vorgeworfen werden.

Bei fehlendem Verschulden oder bei *Unsicherheiten in der Verschuldensfrage* tritt in der Fallbearbeitung der Entschädigungsanspruch aus „enteignungsgleichem Eingriff" ins Zentrum, über den der BGH das Verschuldenserfordernis der Amtshaftung bei rechtswidrigen *Eigentums*eingriffen partiell überspielt (Rn. 336).

314 (g) Bei fahrlässigem Handeln: keine andere Ersatzmöglichkeit des Geschädigten (§ 839 I 2 BGB)[53]

Ist die andere Ersatzmöglichkeit gegen die öffentliche Hand gerichtet, gilt § 839 I 2 BGB nicht, weil dann die mit § 839 I 2 BGB, Art. 34 GG bezweckte finanzielle Entlastung des Staates ohnehin nicht erreicht würde.[54] (Soweit der Amtshaftungsanspruch *besteht,* kommt *zusätzlich* der in Rn. 340 ff. dargestellte Aufopferungsanspruch aus „enteignungsgleichem Eingriff" in Betracht.)

315 (h) § 839 III BGB

Der Geschädigte darf es nicht schuldhaft unterlassen haben, den Schaden durch *Gebrauch eines Rechtsmittels* abzuwenden.[55]

Im *Ausgangsfall 2* (Terrassenhaus, Rn. 304) scheitert das Schadensersatzbegehren der N spätestens hier. Die Normenkontrollklage war als solche nicht geeignet, das Bauen zu verhindern. N hätte die dem E erteilte Baugenehmigung mit der Behauptung, der Bebauungsplan sei nichtig, anfechten müssen (Rn. 184, 192 ff.).

(i) Mitverursachung (§ 254 BGB)

---

[50] *BGH* NVwZ 1989, 287.
[51] *BGH* NVwZ-RR 1996, 65.
[52] S. etwa die vergleichbare Fallgestaltung in *BGH* NVwZ 1998, 1329.
[53] *Ausnahmen* von diesem „Verweisungsprivileg" des Staates: Verkehrsunfälle bei Teilnahme am *allgemeinen* Straßenverkehr (BGHZ 85, 225; 68, 21), soweit nicht Sonderrechte nach § 35 I StVO in Anspruch genommen werden (BGHZ 85, 225); Verkehrssicherungspflicht (BGHZ 75, 134); versicherungsrechtliche Ansprüche kraft Eigenleistung des Geschädigten (BGHZ 85, 230; 79, 26, 35).
[54] BGHZ *(GS)* 13, 88 (101); s. a. BGHZ 123, 102 (104 f.); 75, 134 (136 ff.); *BGH* NVwZ 2000, 1209 (1210).
[55] Klausurbeispiel in Rn. 332; s. a. BGHZ 113, 17.

§ 19. Schadensersatzansprüche

(3) Überleitung der Haftung auf die öffentliche Hand 316

Nach dem Wortlaut von Art. 34 S. 1 GG wird die Haftung des Beamten „grundsätzlich" auf „die Körperschaft" übergeleitet, „in deren Dienst er steht" (= „Anstellungstheorie"). Aber nach dem juristischen Sprachgebrauch lässt ein (bloßer) *Grundsatz* auch Ausnahmen zu. Demgemäß hat der *BGH*[56] eine Formel entwickelt, die neben dem Grundsatz auch die Ausnahmen erfasst: „Für Amtspflichtverletzungen eines Beamten haftet gem. Art. 34 GG diejenige Körperschaft, die dem Amtsträger die *Aufgaben*, bei deren Wahrnehmung die Amtspflichtverletzung vorgekommen ist, *anvertraut* hat" („Anvertrauenstheorie"). In den meisten Fällen *ist* es – wie in den *Ausgangsfällen* – die Anstellungskörperschaft, die dem Beamten seine Aufgaben anvertraut. Etwa wenn ein *Landes*beamter an einen *Landkreis* als nichtstaatliche öffentlichrechtliche Körperschaft abgeordnet ist, fallen Anstellungskörperschaft und Aufgabenübertragung aber auseinander.

3. Haftungssystem bei zivilrechtlichem Tätigwerden

Bei zivilrechtlichem Tätigwerden ist Art. 34 GG *nicht* anwendbar[57] – nach hM auch 317 dann nicht, wenn die Behörde Aufgaben, die ihrer Natur nach hoheitlich sind, lediglich in privatrechtlicher *Form* (Verwaltungsprivatrecht, Rn. 224) wahrnimmt.[58] Hier ist der Bedienstete also *nicht* von vornherein von *eigener* Haftung freigestellt. Es kommen Ansprüche sowohl gegen den Beamten selbst als auch gegen die hinter ihm stehende öffentlichrechtliche Körperschaft in Betracht.

Wenn man die Kabelverlegung im *Ausgangsfall 1* – anders als bisher angenommen wurde – als *privatrechtliche* Tätigkeit ansieht (Anknüpfungspunkt = Bautätigkeit als solche), kann G hier also Ansprüche *sowohl* gegen die Bediensteten *als auch* gegen die Bundesrepublik haben.

a) § 839 BGB ist (als lex specialis) bei *privatrechtlichem* Handeln Anspruchsgrund- 318 lage nur gegen **Beamte im statusrechtlichen Sinne.**[59] Alle *anderen Bediensteten* haften nach den *allgemeinen Vorschriften* über die Deliktshaftung, insbesondere nach § 823 BGB.

Im *Ausgangsfall 1* (Kabelarbeiten, Rn. 304) haftet die Baggerführerin (Arbeiterin) bei Annahme einer privatrechtlichen Tätigkeit für die Beschädigung des Fundaments also nach § 823 I BGB. Sollte das Fehlen des Kabels auf einem Verschulden des zuständigen Sachbearbeiters in der Bundeswehrverwaltung beruhen, käme es darauf an, ob dieser Beamter im statusrechtlichen Sinne oder Angestellter wäre. Gem. § 823 I BGB würde der Sachbearbeiter als *Angestellter* nur für die Verletzung „absoluter Rechte" haften. Der Umsatz als solcher ist kein absolutes Recht. Damit müsste sorgfältig erörtert werden, ob der Sachbearbeiter (adäquat-kausal) in den „eingerichteten und ausgeübten Gewerbebetrieb" des *G* als „absolutes Recht" iSv § 823 I BGB eingegriffen hat (was letztendlich wohl bejaht werden könnte, s. Rn. 311). § 839 BGB schützt demgegenüber auch vor einem *allgemeinen* Vermögensschaden und damit vor dem Umsatzverlust. Wäre der Sachbearbeiter *Beamter*, würde die Anspruchsgrundlage des § 839 BGB also ohne Weiteres einschlägig sein.

b) Die **öffentlichrechtliche Körperschaft** haftet über §§ 89, 31 BGB *oder* nach § 831 319 **BGB**, je nachdem, ob der handelnde Bedienstete „verfassungsmäßig berufener Ver-

---

[56] *BGH* NJW 1970, 750 (Ls); später zB BGHZ 99, 326 (330); 161, 224 (231).
[57] S. etwa BGHZ 147, 381 (392).
[58] S. hierzu *Maurer/Waldhoff*, Allg.VerwR, § 26 Rn. 58 f. Den Vorschlag des vorlegenden Senats, Art. 34 GG jedenfalls insoweit anzuwenden (BGHZ 34, 99 (101)), hat der *Gemeinsame Senat* in BGHZ 34, 99 (109) dahingestellt gelassen. Für die Anwendung des Art. 34 GG ua *Ossenbühl/Cornils*, Staatshaftungsrecht, S. 14 ff.
[59] S. zB *Ossenbühl/Cornils*, Staatshaftungsrecht, S. 16; s. a. Rn. 308.

treter"⁶⁰ der öffentlichrechtlichen Körperschaft oder nur ihr „Verrichtungsgehilfe" ist. Als „andere Ersatzmöglichkeit" (§ 839 I 2 BGB) kann diese Haftung der öffentlichrechtlichen Körperschaft die Inanspruchnahme des *Beamten* (§ 839 BGB) ausschließen.⁶¹ *Andere* Bedienstete (§ 823 BGB) können *stets* neben der öffentlichrechtlichen Körperschaft herangezogen werden.

Im *Ausgangsfall 1* sind sowohl die Baggerführerin als auch der Sachbearbeiter nur „Verrichtungsgehilfen" (§ 831 BGB) der Bundesrepublik (Bundeswehr). Gem. § 831 BGB haftet die Bundesrepublik *nur*, wenn ihr der „Entlastungsbeweis" nicht gelingt. In *diesem* Fall würde der Sachbearbeiter als *Beamter* günstiger dastehen: Als Beamter würde er gem. § 839 I 2 BGB von seiner Haftung frei, als Angestellter aber – ebenso wie die Baggerführerin – *nicht*.

4. Amtshaftung bei normativem Unrecht

Ausgangsfälle:

320 **(1)** Wegen der Explosion der Wohnungsmieten führt der Bundesgesetzgeber ein System der Mietpreisbindung ein. Ein Jahr nach Inkrafttreten erklärt das Bundesverfassungsgericht das Gesetz für nichtig, weil es zu rigoros sei, um vor Art. 14 I GG in seiner Verbindung mit dem Grundsatz der Verhältnismäßigkeit Bestand haben zu können.⁶² Hauseigentümerin *H* fragt an, ob sie wegen ihrer Mietausfälle von der Bundesrepublik Schadensersatz erhalten könne.

(2) Gleicher *Grundfall* wie in Rn. 304 (Terrassenhaus): Weil das Vorgehen gegen den Landkreis als Baugenehmigungsbehörde keinen Erfolg verspricht, macht *N* nunmehr Amtshaftungsansprüche gegen die *Gemeinde* geltend, die den nichtigen Bebauungsplan erlassen hat.

In beiden Fällen geht es um das Problem der Amtshaftung bei normativem Unrecht, wie es sich beim Erlass von Gesetzen, Satzungen, Rechtsverordnungen und Verwaltungsvorschriften⁶³ stellen kann.

Zu *Entschädigungsansprüchen* wegen „enteignungsgleichen Eingriffs" bei normativem Unrecht s. Rn. 348 f.

321 **a)** Wegen des weiten Beamtenbegriffs in § 839 I BGB bei *öffentlichrechtlichem* Tätigwerden sind die Bundestagsabgeordneten (*Ausgangsfall 1*), die gewählten Mitglieder des Gemeinderates als satzungsgebendes Organ der Gemeinde (*Ausgangsfall 2*), der Minister als Verordnungsgeber usw. **Beamte im haftungsrechtlichen Sinne.**⁶⁴

In den *Ausgangsfällen* haben die Bundestagsabgeordneten und die Mitglieder des Gemeinderates, die der rechtswidrigen Norm jeweils ihre Zustimmung gegeben haben, ihre **Amtspflichten verletzt.** Die Indemnität der Bundestagsabgeordneten (Art. 46 I GG) kommt nicht zum Zuge, weil es nicht um die persönliche Haftung der Abgeordneten geht (Haftungsüberleitung auf die Bundesrepublik nach Art. 34 GG).

---

⁶⁰ Instruktive Fälle (Bürgermeister) insoweit bei *BGH* NJW 1980, 115; BGHZ 147, 381 (393). – Nach der Rspr. ist der Begriff des „verfassungsmäßig berufenen Vertreters" verhältnismäßig weit auszulegen, s. Palandt/*Ellenberger*, BGB, § 89 Rn. 4.
⁶¹ BGHZ 147, 381 (393).
⁶² S. aktuell den Vorlagebeschluss des *LG Berlin* vom 7.12.2017 zur Mietpreisbremse (§ 556d BGB), Az. 67 S 218/17.
⁶³ Hierzu BGHZ 102, 350 (368); 91, 243 (249 f.).
⁶⁴ S. etwa BGHZ 109, 380 (388); 106, 323 (330); 92, 34 (51); 84, 292 (298).

§ 19. Schadensersatzansprüche

b) Indessen *fehlt* es beim normativen Unrecht zumeist an einer **Amtspflicht**, die den 322
normgebenden Beamten „**gegenüber einem Dritten**", also gegenüber dem Geschädigten als *Individuum* (Rn. 311), obliegt. Gesetze, Verordnungen und Satzungen „enthalten durchweg *generelle* und abstrakte Regeln, und dementsprechend nimmt der Gesetzgeber ... in der Regel ausschließlich Aufgaben gegenüber der Allgemeinheit wahr, denen die Richtung auf *bestimmte* Personen oder Personenkreise mangelt".[65]

Das gilt im *Ausgangsfall 1, auch wenn* das Gesetz ein subjektives Recht der *H* (Art. 14 I GG) verletzt. Die Bundestagsabgeordneten hatten den Grundrechtsschutz *der* Hauseigentümer als *Allgemeinheit*, nicht das *individuelle* Grundrecht der *konkreten* Einzelperson *H* zu berücksichtigen.

Ausnahmsweise kann eine „*Individualisierung der Rechtsadressaten*"[66] bei „Maß- 323
nahme- oder Einzelfallgesetzen"[67] und „ähnlich"[68] beim *Bebauungsplan*[69] gegeben sein.

Im *Ausgangsfall 2* hatte der Gemeinderat bei seiner Abwägung nach § 1 VII BauGB in der unmittelbaren Nachbarschaft von Terrassenhaus und Einfamilienhaus-Grundstück zugunsten der *N* das „Gebot der Rücksichtnahme" zu beachten.[70] Wegen der räumlichen Enge und wegen der erdrückenden Baumasse des Terrassenhauses ist *N* derart „*handgreiflich*" und „*schwerwiegend*" betroffen, dass das (an sich objektivrechtliche) „Gebot der Rücksichtnahme" der *N* gegenüber dem Gemeinderat nach den Grundsätzen in Rn. 187 (ausnahmsweise) *Individualschutz* vermittelt.[71]

c) *Wird* durch normatives Unrecht eine drittbezogene Amtspflicht verletzt, hat der 324
Geschädigte Amtshaftungsansprüche selbstverständlich *nur*, wenn auch alle weiteren Voraussetzungen des § 839 BGB (Rn. 308 ff.) vorliegen.

Im *Ausgangsfall 2* scheitern Schadensersatzansprüche der *N* auch jetzt *jedenfalls* wieder daran, dass *N* es schuldhaft versäumt hat, den Schaden durch Anfechtung der Baugenehmigung abzuwenden (Rn. 315).

IV. Gefährdungshaftung der öffentlichen Hand, Versagen technischer Einrichtungen

Ausgangsfall:[72]

Eine Ampelanlage ist defekt und zeigt nach allen Seiten („feindliches") Grün. Als Folge 325
davon stoßen zwei Autos zusammen. Der betroffene Autofahrer *A* verlangt von der Verkehrsbehörde Schadensersatz. Trifft einen Beamten der Behörde ein Verschulden, sind

---

[65] BGHZ 56, 40 (46); s. a. BGHZ 102, 350 (367 f.).
[66] Ausdruck zB in BGHZ 91, 243 (250); s. a. BGHZ 106, 323 (331 f.); 84, 292 (300).
[67] BGHZ 87, 321 (335); 56, 40 (46).
[68] BGHZ 106, 323 (331 f.); 84, 292 (300).
[69] So im Anschluss an BGHZ 84, 292 (298 f.) grundlegend BGHZ 92, 34 (51 f.). S. a. BGHZ 142, 259 (264); 109, 380 (385); 108, 224 (227); 106, 323 (332).
[70] BGHZ 92, 34 (51 f.).
[71] Zur Frage, inwieweit den Gemeinderat eine *drittgerichtete* Amtspflicht trifft, in der Bauleitplanung keine Wohnbebauung auf *Altlasten-Grundstücken* zuzulassen, s. etwa BGHZ 109, 380 (389 ff.); 108, 224 (226); 106, 323 (332). Entsprechend zu Immissionsbelastungen BGHZ 110, 1 (8 ff.).
[72] BGHZ 99, 249; 54, 332; Parallelfälle in *BGH* NJW 1972, 1268; NJW 1971, 2220; *OLG Karlsruhe* NVwZ-RR 2014, 331.

Amtshaftungsansprüche gegeben (Rn. 304 ff.). Nachfolgend sei davon ausgegangen, dass kein Verschulden nachzuweisen ist.

Es handelt sich um einen klassischen Fall besonderer Gefährdung durch hoheitliches Handeln. *Forsthoff*[73] hat einst vorgeschlagen, Schäden, die aus solchen besonderen Gefahrenlagen entstehen, über eine öffentlichrechtliche Gefährdungshaftung zu regulieren. Er hat aber wenig Gefolgschaft gefunden. Nach Ansicht des BGH ist es die Aufgabe des *Gesetzgebers,* die öffentlichrechtliche Gefährdungshaftung einzuführen. Dem dürfe die Rechtsprechung nicht vorgreifen.[74] Nur bei besonderer gesetzlicher Regelung trifft den Staat damit eine Gefährdungshaftung. Klausurwichtig ist etwa § 7 StVG.

326   Eine Gefährdungshaftung für das „Versagen technischer Einrichtungen", die das StHG eingeführt hatte, ist mit der Nichtigerklärung des StHG durch das BVerfG (Rn. 304) wieder entfallen. – Im *Ausgangsfall* hat A nach allem keinen Anspruch aus einer Gefährdungshaftung. Nach der Rspr. des BGH[75] wird beim „feindlichen Grün" einer Ampelanlage Entschädigung über den ordnungsrechtlichen Ausgleichsanspruch (zB § 39 I lit. b OBG NRW, Rn. 333) und in Ländern ohne die ordnungsrechtliche Anspruchsgrundlage über den enteignungsgleichen Eingriff (Rn. 340 ff.) gewährt.

§ 20. Entschädigungsansprüche

I. Hinführungen

1. Wesensunterschied von Schadensersatz und Entschädigung im öffentlichen Recht

327   Die bisher behandelten *Schadensersatzansprüche* folgen aus der Pflichtwidrigkeit = *Rechtswidrigkeit* des staatlichen *Handelns*. Entschädigungsansprüche knüpfen im Grundsatz an den *Erfolg* staatlichen Handelns an, denn sie werden gewährt, um ein Handlungs*ergebnis* auszugleichen, das der Rechtsordnung als unbillig erscheint.

Weil Entschädigungsansprüche an den unbilligen Handlungs*erfolg* anknüpfen, tritt die Frage nach der Rechtmäßigkeit oder Rechtswidrigkeit staatlichen *Handelns* zurück.[1] Wenn etwa §§ 60 ff. IfSG den Impfschaden als tragisches Ergebnis des Impfens entschädigen, so kann die staatliche Leistung nicht davon abhängen, ob die Impfhandlung rechtmäßig oder – weil erkennbar besondere Risikofaktoren vorlagen – rechtswidrig war. Die Rechtswidrigkeit des Handelns kann vielmehr nur zusätzlich auch zu einem Schadensersatzanspruch führen. Demgemäß *konkurrieren* Schadensersatzansprüche aus Amtshaftung und Entschädigungsansprüche miteinander,[2] soweit im Einzelfall ihre Einzelvoraussetzungen erfüllt sind.

328   Bei der Entschädigung geht es nur um einen *Billigkeitsausgleich*. Daher kann die Entschädigung wertmäßig hinter dem Schadensersatz zurückbleiben[3] (Beispiel in Rn. 346).

---

[73] *E. Forsthoff*, Lehrbuch des Verwaltungsrechts, 10. Aufl. 1973, § 19.
[74] BGHZ 54, 332.
[75] BGHZ 99, 249; s. a. *OLG Karlsruhe* NVwZ-RR 2014, 331.
[1] Grundlegend BGHZ *(GS)* 6, 270 (290); 13, 395 (397).
[2] BGHZ 170, 260 (272); 146, 365 (371); 136, 182 (184); 13, 88 (101) *(GS)*. S. a. § 63 II IfSG; sowie Rn. 314.
[3] BVerfGE 46, 268 (285); 24, 367 (421); BGHZ 170, 260 (274 f.); 136, 182 (185).

2. §§ 74, 75 Einl. Pr.ALR als Basis aller Entschädigungsansprüche

§ 74 und § 75 der Einleitung zum Preußischen Allgemeinen Landrecht von 1794 lauten:

§ 74. „Einzelne Rechte und Vortheile der Mitglieder des Staats müssen den Rechten und Pflichten zur Beförderung des gemeinschaftlichen Wohls, wenn zwischen beyden ein wirklicher Widerspruch (Collision) eintritt, nachstehn."

§ 75. „Dagegen ist der Staat denjenigen, welcher seine besondern Rechte und Vortheile dem Wohle des gemeinen Wesens aufzuopfern genöthigt wird, zu entschädigen gehalten."

Heutzutage sind die Grundgedanken der §§ 74, 75 Einl. Pr.ALR weitgehend kodifiziert, so auf der verfassungsrechtlichen Ebene für Enteignungen (Art. 14 III GG) und auf der einfachgesetzlichen Ebene mit Entschädigungs- und Ausgleichsregelungen in vielen Fachgesetzen (nachfolgend II.). Aber bei Fehlen einer gesetzlichen Entschädigungsregelung ist § 75 Einl. Pr.ALR nach wie vor relevant, in der Gestalt eines kraft Richterrechts *gewohnheitsrechtlich[4] fortgeltenden allgemeinen Aufopferungsanspruchs* für ein unmittelbares gleichheitswidriges *Sonderopfer*, das der Einzelne an *vermögenswerten Rechten* (Eigentum) und an grundlegenden *nichtvermögenswerten Rechtsgütern* (wie Leben, Gesundheit, Freiheit) zum Wohle der Allgemeinheit zu erbringen genötigt wird.[5] Zwischenzeitlich hatte der *BGH* das Anwendungsfeld des gewohnheitsrechtlichen Aufopferungsanspruchs zwar auf nichtvermögenswerte Rechtgüter (nachfolgend IV.) reduziert und Sonderopfer an vermögenswerten Rechten (Eigentum) über Art. 14 III GG als „enteignungsgleiche" bzw. „enteignende" Eingriffe entschädigt.[6] Aber der Weg über Art. 14 III GG war beendet, als die „Nassauskiesungsentscheidung" des *BVerfG* die dogmatische Struktur des Art. 14 GG und mit ihr den Enteignungsbegriff des Art. 14 III GG grundlegend neu bestimmt hatte, so dass die Rechtsprechung des BGH dem Art. 14 III GG nicht mehr unterfallen konnte (Rn. 338 f., 537 ff., 546 ff.). Demgemäß greift der BGH *heute* auch im Eigentumsbereich auf den gewohnheitsrechtlich fortgeltenden allgemeinen Aufopferungsanspruch als *Anspruchsgrundlage* zurück,[7] wobei er *in diesem Rahmen* allerdings an den Begriffen eines enteignungsgleichen und enteignenden Eingriffs festhält (nachfolgend III.).

II. Spezialgesetzlich geregelte Entschädigungsansprüche

Die meisten Entschädigungsansprüche sind spezialgesetzlich geregelt. Wie bei der Amtshaftung ist insoweit der *ordentliche Rechtsweg*, nur vereinzelt der Verwaltungsrechtsweg gegeben (vgl. § 40 II VwGO sowie landesrechtliche Regelungen). Zu nennen sind zunächst die gesetzlichen Entschädigungsregelungen für klassische **Enteignungen** (Art. 14 III GG) und **Aufopferungen** (zB §§ 85 ff., 93 ff. BauGB, §§ 60 ff. IfSG). Ferner sind **ausgleichspflichtige Inhaltsbestimmungen**[8] zu erwähnen, die der Gesetzgeber im Rahmen von Art. 14 I 2 GG schafft, um dem Grundsatz der Verhältnismäßigkeit Genüge zu tun.[9]

---

[4] Dazu BGHZ 90, 17 (29); 6, 270 (275).
[5] Entsprechend BGHZ 9, 83 (85 f., 88).
[6] Grundlegend insoweit BGHZ *(GS)* 6, 270 (290); 13, 395 (397).
[7] Entsprechende Umsteuerungen durch BGHZ 90, 17 (29 ff.) und 91, 20 (27 f.).
[8] Ausdruck zB in *BVerfG* NJW 2017, 217 (225 f. Rn. 258 ff.) – Atomausstieg; BGHZ 102, 350 (359); 100, 136 (144).
[9] Für Streitigkeiten ist der Verwaltungsrechtsweg gegeben: § 40 II 1 Hs. 2 VwGO.

> **Beispiel:** Ein Landesgesetz, das als Ausnahme von der an sich kostenfreien Ablieferung von Belegstücken an Bibliotheken einen Ankauf vorsieht, wenn es sich um ein mit großem Aufwand hergestelltes teures Werk in kleiner Auflage handelt.[10]

Zu den ausgleichspflichtigen Inhaltsbestimmungen gehören insbesondere auch die häufigen **salvatorischen Klauseln**, durch die der Gesetzgeber Entschädigungen gewährt, wenn die Regelungen im Einzelfall den Grad einer Enteignung im Sinne der Rechtsprechung des BGH (nachfolgend III.) erreichen (s. etwa § 8a IV, V FStrG, § 42 BImSchG und entsprechende Vorschriften im Denkmalschutzrecht, Naturschutzrecht oder Wasserrecht der Länder). (Zur verfassungsrechtlichen Problematik ausgleichspflichtiger Inhaltsbestimmungen aus Gründen des Art. 14 I 1 GG s. Rn. 555.)

331 In einigen neuen Bundesländern sind die gewohnheitsrechtlichen Entschädigungsansprüche wegen enteignungsgleichen Eingriffs durch das nach dem Einigungsvertrag fortgeltende **StHG-DDR** verdrängt und so spezialgesetzlich geregelt.[11]

332 Wichtig für die Fallbearbeitung ist der Entschädigungsanspruch/*„Ausgleichsanspruch"*, der dem gezielt in Anspruch genommenen **Nichtstörer** in allen Gesetzen zum Schutz der öffentlichen Sicherheit und Ordnung (vorstehend Rn. 104 ff., 122) zugesprochen ist.[12] Als Nichtstörer im Sinne der einschlägigen Vorschriften sieht der BGH dabei auch den **„Anscheinsstörer"** (Rn. 117) an.[13]

> **Klausurbeispiel:**[14] Weil einer neu erbauten Schule durch Bäume auf dem Nachbargrundstück Licht und Luft entzogen werden, ist dem Nachbarn N aufgegeben worden, die Bäume zu fällen. N ficht die Verfügung nicht an, kommt ihr aber auch nicht nach. Schließlich fällt das städtische Forstpersonal die Bäume. Kann N Entschädigung verlangen? – Es spricht viel dafür, dass der Erbauer der Schule als letzter Verursacher polizeipflichtig war, N dagegen nicht.[15] N ist dann als Nichtstörer in Anspruch genommen worden. Je danach, ob die im einschlägigen Landesgesetz über die öffentliche Sicherheit und Ordnung aufgestellten Voraussetzungen für die Inanspruchnahme eines Nichtstörers vorlagen oder nicht, war die Polizeiverfügung gegen ihn rechtmäßig oder rechtswidrig. Aber so oder so kann N den eingangs bezeichneten Ausgleichsanspruch des Nichtstörers haben. Die einschlägigen Landesgesetze beziehen die Ausgleichsansprüche des Nichtstörers im Einstieg auf rechtmäßige Eingriffe, erstrecken diese Ansprüche in einer *Zusatznorm* aber auch auf rechtswidrige Maßnahmen. Allerdings enthalten die Landesgesetze einschränkende Vorschriften auf der Linie von § 254 BGB. Damit schlägt die Nichteinlegung eines Rechtsmittels bei N entscheidend zu seinem Nachteil zu Buche. – Bei Rechtswidrigkeit ist ergänzend der deliktische Amtshaftungsanspruch (§ 839 BGB iVm Art. 34 GG) zu prüfen. Auch dieser kommt im Ergebnis nicht zum Zuge, weil N es schuldhaft unterlassen hat, den Schaden durch Gebrauch eines Rechtsmittels abzuwenden (§ 839 III BGB).

333 Das leitet über zu einem ordnungsrechtlichen Ausgleichsanspruch, der über den Nichtstörer hinausführt: zu einem **allgemeinen ordnungsrechtlichen Ausgleichsanspruch** mit einem *breiten Anwendungsfeld*.

---

[10] S. dazu BVerfGE 58, 137 (149 f.).
[11] Zum StHG-DDR s. die 14. Aufl. dieses Buches, Rn. 358 f.
[12] Einzelheiten zB bei *Pieroth/Schlink/Kniesel*, Polizei- und Ordnungsrecht, § 26. – Zum freiwilligen *Polizeihelfer* nachfolgend Rn. 334, zum „*Querschläger*" Rn. 354 ff.
[13] BGHZ 136, 172 (174); 126, 279 (283); 117, 303 (307 f.).
[14] Fall wie in Rn. 58 und 787; ähnlich auch PrOVGE 39, 396 ff.
[15] So PrOVGE 39, 396 ff.; s. a. schon Rn. 121 ff.

§ 20. Entschädigungsansprüche

> **Beispiele:** Rechtswidrige Ablehnung einer Baugenehmigung;[16] rechtswidrige Erteilung einer Baugenehmigung zu Lasten des Nachbarn;[17] „feindliches Grün" einer Ampelanlage[18].

Die einschlägigen Gesetze vieler Bundesländer enthalten für derartige Fälle einen Ausgleichsanspruch bei *jeder* „rechtswidrigen Maßnahme" im Bereich der öffentlichen Sicherheit und Ordnung (vgl. zB § 39 I lit. b OBG NRW; § 59 II ASOG Bln; § 56 I 2 BremPolG; § 80 I 2 Nds. SOG; § 68 I 2 POG RhPf).[19] Der Begriff der „Maßnahme" ist weit zu verstehen;[20] die erwähnte rechtswidrige Inanspruchnahme des Nichtstörers ist nur eine „Maßnahme" unter vielen anderen denkbaren Maßnahmen (s. die Beispiele). Allerdings muss die Norm, gegen die die rechtswidrige Maßnahme verstößt, dem *Individualschutz* des Geschädigten und nicht nur dem Schutz von Allgemeininteressen dienen.[21] Der Schaden muss vom Schutzzweck gedeckt sein.[22] Schließlich nehmen die genannten Entschädigungsgrundlagen Gedanken des § 254 BGB in Bezug.

> **Beispielsfall** im Anschluss an *Ausgangsfall 2* zur Amtshaftung (Rn. 304): Nachbarin *N* verlangt wegen der Wertminderung ihres Grundstücks vom Landkreis, der die rechtswidrige Baugenehmigung für das Terrassenhaus erteilt hatte, nunmehr gem. § 3 I 2, 3 Nds. SOG (= erweiterter Anwendungsbereich des Nds. SOG) iVm § 80 I 2 Nds. SOG einen „angemessenen Ausgleich". Wie bei der Amtshaftung (s. Rn. 311) ist auch jetzt erheblich, ob das mit der Baugenehmigung verletzte „Gebot der Rücksichtnahme" der *N* Individualschutz vermittelt. Wie bei der Amtshaftung (Rn. 315) führt die Tatsache, dass *N* die Baugenehmigung nicht angefochten hat, zum Anspruchsverlust, jetzt im Rahmen von § 81 V 3 Nds. SOG iVm § 254 II 1 BGB.

Der polizei- und ordnungsrechtliche Anspruch verdrängt den richterrechtlichen Anspruch aus enteignungsgleichem Eingriff (Rn. 340 ff.),[23] den die Bearbeiter in Klausuren häufig ohne Weiteres zugrunde legen.

Hinzuweisen ist außerdem auf Entschädigungsregelungen, die bestimmte Aufopferungstatbestände (zB Verletzungen bei der Hilfeleistung in Unglücksfällen, bei der Verfolgung von Straftätern, beim Blutspenden) im Rahmen der gesetzlichen Unfallversicherung abwickeln (sog. *„unechte" Unfallversicherung*,[24] § 2 I Nr. 8 ff. SGB VII).[25]

334

---

[16] BGHZ 84, 292; 82, 361; 72, 273.
[17] BGHZ 86, 356.
[18] BGHZ 99, 249; s. insoweit auch schon Rn. 325.
[19] Teilweise sind die einschlägigen Gesetzesbestimmungen über die allgemeine Gefahrenabwehr hinaus ergänzend auch auf landesrechtliche und bundesrechtliche Spezialregelungen zur Gefahrenabwehr anzuwenden (s. zB § 3 I 2, 3 Nds. SOG).
[20] So jedenfalls für § 39 I lit. b OBG NRW BGHZ 117, 83 (85, mit Katalog); 99, 249 (251); 84, 292 (294); 72, 273 (275). Legaldefinition etwa in § 2 Nr. 3 Nds. SOG.
[21] BGHZ 109, 380 (393); 86, 356 (361).
[22] BGHZ 123, 191 (198). Zur parallelen Situation bei der Amtshaftung s. Rn. 312 Fn. 47.
[23] BGHZ 99, 249 (255); 72, 273.
[24] „Unecht" deshalb, weil die gesetzliche Unfallversicherung an sich den *Arbeitsunfall* betrifft, s. § 1 SGB VII.
[25] Nicht jeder der in § 2 I Nr. 8 ff. SGB VII erfassten Tatbestände ist Ausprägung des Aufopferungsgedankens. Der Versicherungsschutz für Kindergartenkinder, Schüler und Studierende etwa ist Ausdruck sozialstaatlicher Fürsorge (BGHZ 46, 327 (331)).

> **Hausarbeitsbeispiel:**[26] Landwirt L nahm auf die Bitte des Polizeibeamten P an der Verfolgung eines Messerstechers teil und wurde dabei durch einen Messerstich verletzt. Hat L Entschädigungsansprüche gegen den Staat? – Die Bearbeiter erörterten einen deliktischen Anspruch des L aus Amtspflichtverletzung des P (Rn. 304 ff.) und einen gewohnheitsrechtlichen Aufopferungsanspruch wegen Körperverletzung (s. nachfolgend Rn. 353 ff.) bzw. einen Ausgleichsanspruch des L als *Polizeihelfer*, wie er im Polizei- und Ordnungsrecht etlicher Bundesländer kodifiziert ist (s. zB § 59 III ASOG Bln, § 56 II BremPolG, § 80 II Nds. SOG). Diese Ansprüche des L gegen das Land seien im ordentlichen Rechtsweg geltend zu machen. Bei allem sahen die Bearbeiter nicht, dass L bei seiner Hilfeleistung gem. § 2 I Nr. 13 lit. c SGB VII in der gesetzlichen Unfallversicherung versichert war und also nach dem SGB VII einen Anspruch auf Heilbehandlung (vgl. § 26 I SGB VII) und auch auf Ersatz von Sachschäden (§ 13 SGB VII) gegen die Unfallkasse des Landes hat (§§ 128 I Nr. 7, 116 SGB VII). Dieser Anspruch ist eine Spezialausprägung des allgemeinen Aufopferungsanspruchs. Neben den Regelungen des SGB VII als *leges speciales* kommt der allgemeine Aufopferungsanspruch im angedeuteten Rahmen nicht mehr in Betracht. Alle anderen genannten Ansprüche sind gem. § 116 SGB X[27] im Zeitpunkt ihres Entstehens kraft Gesetzes auf die Unfallkasse des Landes übergegangen. Der damit einzig verbleibende Anspruch des L gegen die Unfallkasse ist gem. § 51 I Nr. 3 SGG vor den *Sozialgerichten* geltend zu machen.

335 Ferner können Entschädigungsansprüche im Anschluss an den *Widerruf eines rechtmäßigen begünstigenden Verwaltungsakts* (§ 49 VI VwVfG) oder Ausgleichsansprüche wegen der *Rücknahme eines rechtswidrigen Verwaltungsakts* (§ 48 III VwVfG) erheblich werden (Rn. 174 ff.). Zu erwähnen ist schließlich das „Gesetz über die Entschädigung für Strafverfolgungsmaßnahmen" (*Schönfelder (E)* Nr. 93).

III. Aufopferungsansprüche bei Eigentumseingriffen

1. Grundsätzliches

a) Enteignungsgleiche und enteignende Eingriffe

336 Aufopferungsansprüche wegen einer Eigentumsbeeinträchtigung macht der BGH nach dem Gesagten (Rn. 329) vom Vorliegen eines „enteignungsgleichen" oder „enteignenden" Eingriffs abhängig. Nach § 40 II 1 VwGO werden diese Aufopferungsansprüche im *ordentlichen Rechtsweg* geltend gemacht. Ein **enteignungsgleicher Eingriff** liegt vor, wenn ein *rechtswidriges* tatsächliches oder rechtliches Verwaltungshandeln ein Sonderopfer und damit eine „Enteignung" unmittelbar im Gefolge hat.

> **Beispiele** aus der Rechtsprechung des BGH: Wasserschäden durch rechtswidrige Hochwasserschutzanlage;[28] faktische Verhinderung einer nach öffentlichem Baurecht an sich zulässigen Bebauung;[29] Bauverzögerung wegen rechtswidriger Versagung des gemeindlichen Einvernehmens nach § 36 BauGB;[30] Kaufverzögerung durch rechtswidrige Versagung einer Grundstücksverkehrsgenehmigung[31].

---

[26] Vgl. *RG* JW 1914, 676 Nr. 4; s. zum Fall auch noch Rn. 803.
[27] Zu ihm BGHZ 135, 170.
[28] BGHZ 117, 240 (252).
[29] *BGH* NVwZ 1992, 119.
[30] BGHZ 118, 253 (255).
[31] BGHZ 136, 182.

§ 20. Entschädigungsansprüche

Der BGH hat klargestellt, dass das gleichheitswidrige „*Sonderopfer*" bereits aus der *Rechtswidrigkeit* des Handelns folgt.[32] Im Normalfall wird der Bürger mit einem Eigentumsopfer, das auf einem rechtswidrigen Verwaltungshandeln beruht, eben nicht belastet. Der enteignungsgleiche Eingriff setzt *kein Verschulden* voraus und überspielt daher das Verschuldenserfordernis der *Amtshaftung*. Wenn Verschulden *vorliegt*, können der Amtshaftungsanspruch und der Entschädigungsanspruch wegen „enteignungsgleichen" Eingriffs in Idealkonkurrenz *gleichzeitig* gegeben sein (Rn. 327).

Um einen **enteignenden Eingriff** geht es, wenn ein *rechtmäßiges* Verwaltungshandeln eine (faktische) enteignende (Neben-)Wirkung unmittelbar zur Folge hat. 337

> **Beispiele** aus der Rechtsprechung des BGH, die heute aber teilweise dogmatisch überholt sind (s. Rn. 351): Schwerer Schaden am Fahrzeug nach Heranziehung zu Hand- und Spanndiensten;[33] Abschneiden oder Erschweren von Zufahrten durch Straßenänderung;[34] Schädigungen eines Betriebes durch U-Bahn-Bau;[35] Brandschäden an geschlagenem und verkauftem Holz durch Übungsschießen;[36] Hausschäden durch Absinken des Grundwassers;[37] Beschädigung von Häusern durch Schützenpanzer;[38] Saatschäden durch Möwen wegen Mülldeponie;[39] Überflutung im Gefolge von Hochwasserschutzanlagen;[40] Immissionen hoheitlicher Anlagen[41].

b) Eigenständiger Enteignungsbegriff des BGH außerhalb von Art. 14 III GG

Wie schon in Rn. 329 angedeutet wurde, knüpfen der enteignungsgleiche und der 338 enteignende Eingriff des *BGH* an einen Enteignungsbegriff an, der sich heute grundlegend vom verfassungsrechtlichen Enteignungsbegriff des Art. 14 III GG (Rn. 538 ff., 546 ff.) unterscheidet. Unsere Rechtsordnung enthält damit *zwei verschiedene Enteignungsbegriffe*. Der verfassungsrechtliche Enteignungsbegriff des Art. 14 III GG knüpft an das staatliche *Handeln* an, der Enteignungsbegriff des *BGH* an den *Erfolg* des staatlichen Handelns. Ein **Enteignungshandeln iSd Art. 14 III GG** ist (1) final und damit vorsätzlich auf einen Zugriff gerichtet, der die nach Art. 14 I 2 GG bestimmte Eigentumsordnung individuell durchbricht. Dabei muss die Finalität einen bestimmten Inhalt haben, nämlich (2) einen konkreten Eigentumsgegenstand im Wege einer hoheitlichen Güterbeschaffung ganz oder teilweise entziehen, um so (3) ein bestimmtes öffentliches Vorhaben durchzuführen (Rn. 548 ff.). Nicht als Begriffsvoraussetzung, sondern als *Handlungs*ergebnis entsteht so ein Sonderopfer. Der auf Richterrecht beruhende **entschädigungsrechtliche Enteignungsbegriff** des *BGH* ist demgegenüber *begrifflich* auf das Vorliegen eines Sonderopfers als Handlungs*ergebnis* zentriert. Erforderlich ist dabei nur, dass das Sonderopfer in unmittelbarem rechtlichem Zusammenhang mit der hoheitlichen Maßnahme steht. Eine bestimmte finale Ausrichtung ist nicht erforderlich.

---

[32] BGHZ 58, 124 (127); 32, 208 (212).
[33] BGHZ 28, 310.
[34] BGHZ 48, 65 ff.
[35] BGHZ 57, 359.
[36] BGHZ 37, 44 ff.
[37] BGHZ 57, 370 (375).
[38] *BGH* NJW 1964, 104.
[39] *BGH* NJW 1980, 770.
[40] *BGH* DVBl 1981, 924.
[41] BGHZ 91, 20; zum Zusammenspiel mit dem öffentlichrechtlichen Abwehranspruch s. Rn. 293.

339 Ein Problem entsteht, wenn eine hoheitliche Maßnahme begrifflich sowohl als Enteignung iSd Art. 14 III GG als auch als Enteignung iSd *BGH*-Rechtsprechung angesehen werden kann.

> **Beispiel:** Grundstückseigentümer *E* hat einen behördlichen Bescheid erhalten, nach dem er den Mast einer Hochspannungsleitung zu dulden hat. Eine Entschädigung ist nicht vorgesehen. *E* fragt, ob er gleichwohl eine Entschädigung verlangen kann. – Begrifflich ist der Bescheid eine Enteignung iSd Art. 14 III GG, denn die Behörde greift auf das Grundstück im Wege einer teilweisen Entziehung für das öffentliche Vorhaben der Hochspannungsleitung zu. Gleichzeitig entsteht für *E* aber auch ein unmittelbares Sonderopfer iSd Begriffsdefinition des *BGH*.

Nach der heutigen Rechtsprechung scheidet eine Aufopferungsentschädigung wegen enteignungsgleichen oder enteignenden Eingriffs aus, wenn begrifflich eine Enteignung iSd Art. 14 III GG vorliegt. Bei einer rechtmäßigen Enteignung gilt das ohnehin, weil hinter einer rechtmäßigen Enteignung wegen der Junktim-Klausel des Art. 14 III 2 GG eine Entschädigungsregelung iSv Rn. 330 steht. Aber für eine rechtswidrige Enteignung, bei der eine Entschädigungsregelung fehlt, gilt dies ebenfalls.[42] Nach dem Wortlaut von Art. 14 III 4 GG und im systematischen Zusammenspiel von Art. 14 III 2 und 4 GG ist die Zuständigkeit der *ordentlichen* Gerichte auf die *Höhe* einer *vom Gesetzgeber spezifisch* vorzusehenden Enteignungsentschädigung begrenzt. Diese Regelung des Grundgesetzes würde unterlaufen, wenn die Zivilgerichte über die *unspezifische* allgemeine Anspruchsgrundlage eines Aufopferungsanspruchs nach §§ 74, 75 Einl. Pr.ALR auch bei Enteignungen iSd Art. 14 III GG Entschädigung wegen enteignungsgleichen Eingriffs gewähren könnten. Der Geschädigte (*E* im Beispielsfall) ist darauf verwiesen, vor dem Verwaltungsgericht schon gegen den Bescheid vorzugehen[43] (– *absolutes Primat des Verwaltungsrechtsschutzes*).

2. Aufopferungsansprüche bei rechtswidrigen enteignungsgleichen Eingriffen originär der Exekutive

Ausgangsfall:

340 Gleicher *Grundfall* wie in Rn. 304: Im Gefolge von Kabelarbeiten der Bundeswehr wird durch einen Bagger das Fundament von *G*s Haus beschädigt. Außerdem geht der Geschäftsumsatz des *G* vorübergehend signifikant zurück. Die Bauarbeiten ziehen sich über die an sich vorgesehenen drei Wochen hinaus auf vier Wochen in die Länge, weil im entscheidenden Augenblick das zu verlegende Kabel fehlt. Hat *G* Entschädigungsansprüche gegen die Bundesrepublik? (Zur amtshaftungsrechtlichen Seite des Falles s. bereits Rn. 304 ff.)

341 (1) **Spezialgesetzliche Entschädigungsregelungen** iSv Rn. 330.

Spezialgesetzliche Entschädigungsregelungen sind im *Ausgangsfall* nicht ersichtlich.

(2) **Nachteil an Eigentum.** Der BGH legt im Wesentlichen den verfassungsrechtlichen Eigentumsbegriff (Art. 14 I 1 GG) zugrunde, wie er in Rn. 543 dargestellt wird. Geschützt sind nur konkrete Vergegenständlichungen des Eigentums, nicht

---

[42] BVerfGE 58, 300 (318 f., 324) – „Nassauskiesung"; BGHZ 90, 17 (31).
[43] S. dazu BVerfGE 58, 300 (323 f.).

§ 20. Entschädigungsansprüche

das Vermögen als solches.⁴⁴ Es müssen subjektive Eigentums*rechte* beeinträchtigt sein, nicht bloße Interessen, Chancen, Hoffnungen und Erwartungen des Eigentümers.⁴⁵

Den „*eingerichteten und ausgeübten Gewerbebetrieb*" sieht der BGH nur als geschützt an, „wenn in die den Betrieb darstellende Sach- und Rechtsgesamtheit *als solche*, in den *Betrieb* als wirtschaftlichen *Organismus* eingegriffen und damit das ungestörte Funktionieren dieses Organismus unterbunden oder beeinträchtigt" wird.⁴⁶ Das rechtliche oder tatsächliche Umfeld, in dem die gewerbliche Betätigung erfolgt, ist dagegen nicht *Bestandteil* des Gewerbebetriebes.⁴⁷ Ist (nur) dieses betroffen, reicht es auch nicht aus, wenn der Gewerbebetrieb im weiteren Verlauf der Kausalkette seine Existenzfähigkeit verliert. Die hoheitlichen Einwirkungen auf den Gewerbebetrieb müssen *unmittelbar* sein (nachfolgend Rn. 344). Anderes kann gelten, wenn ein besonderer *Vertrauenstatbestand* begründet worden ist.⁴⁸ – Im *Ausgangsfall* ist das Fundament des Hauses Eigentum. Der *Umsatz* in seiner konkreten Höhe ist kein Bestandteil des eingerichteten und ausgeübten Gewerbebetriebes, sondern lediglich Gewinnchance. Bestandteil des Gewerbebetriebes ist aber der „Kontakt zur Straße". Indem die Bundeswehr diesen Kontakt erschwerte, hat sie in den Gewerbebetrieb eingegriffen.

(3) Weichenstellung zum rechtswidrigen enteignungsgleichen und nicht zum rechtmäßigen enteignenden **Eingriff.**   342

Entschädigungsansprüche aus *enteignungsgleichem* Eingriff kommen im *Ausgangsfall* in Betracht, soweit es um die *rechtswidrige* Beschädigung des Hausfundaments und um die unnötigen und damit *rechtswidrigen* Umsatzeinbußen für die vierte Woche geht.

(4) Enteignung iSd Art. 14 III GG als Ausschlusstatbestand (vgl. Rn 339)?   343

Im *Ausgangsfall* sind die Beschädigung des Fundaments und die Beeinträchtigung des Umsatzes kein finaler Zugriff der Behörde auf das Eigentum des G und schon deshalb keine Enteignung im Rechtssinne des Art. 14 III GG. Hier steht Art. 14 III GG dem Aufopferungsanspruch wegen enteignungsgleichen Eingriffs also nicht entgegen.

(5) Sonderopfer wegen rechtswidriger Eigentumsbeeinträchtigung. Bei rechtswidrigem Verwaltungshandeln liegt nach dem Gesagten (Rn. 336) ohne Weiteres das erforderliche Sonderopfer vor.

(6) Gewollter und gezielter Eingriff oder unmittelbare Auswirkung. Das „Sonderopfer" muss nach der Rechtsprechung des BGH gezielt abverlangt oder unmittelbare Auswirkung einer hoheitlichen Maßnahme sein.⁴⁹ Dabei wird das Kriterium der Unmittelbarkeit nicht mehr in einem formellen Sinne verstanden. „Nötig ist ein innerer Zusammenhang ..., d. h. es muß sich eine besondere Gefahr verwirklichen, die bereits in der hoheitlichen Maßnahme selbst angelegt ist."⁵⁰ Demgemäß sieht der BGH etwa das „feindliche Grün" von Ampelanlagen (Rn. 325) mittlerweile als   344

---

⁴⁴ *BGH* NJW 1983, 215.
⁴⁵ So BGHZ 132, 181 (186 f.) in Abgrenzung zu Art. 12 I GG; *BVerfG (Kammer)* NVwZ 1998, 271 (272). S. ferner etwa BGHZ 98, 341 (351); 92, 34 (46); 34, 188 (190); *BGH* NJW 1980, 387.
⁴⁶ So grundlegend *BGH* NJW 1990, 3260 (3262); entschädigungsrechtlich gebilligt von *BVerfG (Kammer)* NJW 1992, 36 (37).
⁴⁷ Ein Eingriff wurde daher verneint in BGHZ 45, 83 („Knäckebrot") – Herabsetzung von Schutzzöllen; *BGH* NJW 1968, 293 – Änderung der gesetzlichen Bestimmungen zur Ausrüstung von Kfz; NJW 1966, 1120 – Errichtung eines Dammes, der Fischer zu Umwegen zwingt.
⁴⁸ BGHZ 78, 41 (45); 45, 83; *BGH* NJW 1990, 3260 (3262); NJW 1983, 215; NJW 1980, 2700. S. ferner Rn. 357.
⁴⁹ S. zB BGHZ 37, 44 (47); *BGH* NJW 1984, 2516.
⁵⁰ So BGHZ 131, 163 (166).

unmittelbare Ursache für einen Autozusammenstoß an,[51] nachdem er die Unmittelbarkeit zunächst abgelehnt hatte[52].

Im *Ausgangsfall* ist die Unmittelbarkeit gegeben. – *Merke:* Ein *Unterlassen* wertet der BGH nur als Eigentumseingriff, wenn es „qualifiziert" ist, etwa dem Bürger eine Baugenehmigung vorenthalten wird, auf die er einen *Anspruch* hat.[53]

345 **(7) Mitverursachung, relatives Primat des Verwaltungsrechtsschutzes.** Nach der Rechtsprechung des BGH ist bei der Bemessung der Entschädigung in sinngemäßer Anwendung des § 254 II BGB eine Mitverursachung durch den Betroffenen insoweit zu berücksichtigen, als er die Folgen des Eingriffs nicht abgewendet oder gemindert hat.[54] Demgemäß entfällt der Entschädigungsanspruch in der Regel, wenn der durch einen (rechtswidrigen) enteignungsgleichen Eingriff Geschädigte den primären Rechtsschutz im Verwaltungsrechtsweg schuldhaft nicht gesucht hat.[55] Das gilt vor allem bei enteignungsgleichen Eingriffen durch Verwaltungsakte, wegen der Möglichkeit zum einstweiligen Rechtsschutz aber auch für Realakte.

Im *Ausgangsfall* ist kein Mitverschulden des *G* ersichtlich. Für das Fundament gilt das ohnehin. Für den Eingriff in den Gewerbebetrieb in der vierten Woche hätte auch eine einstweilige Anordnung das fehlende Rohr nicht rechtzeitig herbeischaffen können.

346 **(8) Angemessene Entschädigung.** Als Ausgleich gewährt der BGH keinen Schadensersatz, sondern bloß eine „angemessene" Entschädigung in der Gestalt des „Substanzverlustes".[56]

> **Beispiel:** Durch eine rechtswidrig verzögerte Eintragung eines neuen Eigentümers ins Grundbuch hatte der bisherige Grundstückseigentümer den Verkaufserlös noch nicht für sich nutzen können. Er musste eine teurere Zwischenfinanzierung in Anspruch nehmen. Anders als der verschuldensabhängige Amtshaftungsanspruch vermittelt der Aufopferungsanspruch wegen enteignungsgleichen Eingriffs dem bisherigen Grundstückseigentümer keinen Anspruch auf den Kreditschaden, sondern bloß auf den im konkreten Fall wesentlich niedrigeren Substanzwert des Grundstücks in der Höhe des monatsbezogenen Pachtwertes des Grundstücks.[57]

Im *Ausgangsfall* wird der Substanzverlust am Fundament durch die Handwerkerrechnung über die Reparatur abgedeckt. In der vierten Woche ist nach dem Gesagten der Kontakt zur Straße die Substanz des Gewerbebetriebes, in die rechtswidrig eingegriffen wird. Maßgebliches Indiz für den Wert dieser Substanz ist der Umsatzrückgang.[58]

347 **(9) Anspruchsgegner.** Entschädigungspflichtig ist der „Begünstigte", nämlich „der Hoheitsträger, dessen Aufgaben wahrgenommen wurden oder dem die Vorteile des Eingriffs zugeflossen sind".[59]

Im *Ausgangsfall* ist die Bundesrepublik (Bundeswehr) die Adressatin des Anspruchs.

---

[51] BGHZ 99, 249 (254).
[52] BGHZ 54, 332 (338) betr. die Amtshaftung.
[53] Zu Einzelheiten s. BGHZ 170, 260 (274); 102, 350 (364); 65, 182 (189); 58, 124; 56, 40 (42); 32, 208 (211).
[54] So BGHZ 90, 17 (31 f.); 56, 57 (64 ff.).
[55] BGHZ 113, 17 (23); 110, 12 (14 f.); 90, 17 (31 ff.). Zur parallelen Sicht des *BVerwG* s. Rn. 302a.
[56] BGHZ 175, 35 (41 f. Rn. 25); 170, 260 (274 Rn. 35); 91, 20 (30 f.).
[57] BGHZ 170, 260 (274 f. Rn. 36).
[58] S. zu allem BGHZ 57, 359 (361, 369) mwN; s. a. schon Rn. 312.
[59] So BGHZ 134, 316 (321 ff.) mit dem Hinweis, dass beide Alternativen *gleichzeitig* erfüllt sein können, womit dann *zwei* Anspruchsgegner vorhanden sind.

§ 20. Entschädigungsansprüche

3. Aufopferungsansprüche bei normativem Unrecht?

a) Legislatives Unrecht

Schon um keinen Flächenbrand für die Staatsfinanzen zu entfachen, gewährt der BGH Aufopferungsansprüche wegen eines rechtswidrigen enteignungsgleichen Eingriffs nicht bei *legislativem Unrecht* in *Parlamentsgesetzen* und auch nicht bei exekutivem Handeln, dessen Rechtswidrigkeit sich im *Vollzug* eines rechtswidrigen Gesetzes erschöpft.[60] Dogmatisch gesehen fehlt es beim legislativen Unrecht an dem für einen Aufopferungsanspruch aus enteignungsgleichem Eingriff erforderlichen *Sonderopfer*, denn anders als der rechtswidrige Einzelakt (Rn. 343) trifft die rechtswidrige Norm *alle* Adressaten *gleich*.

348

Demgemäß haben die Hauseigentümer bei einer Art. 14 I GG-widrigen Mietpreisbindung (= *Ausgangsfall 1* zur Amtshaftung bei normativem Unrecht, Rn. 320) auch keinen Entschädigungsanspruch aus enteignungsgleichem Eingriff.

b) Sonstiges normatives Unrecht

Bei rechtswidriger *untergesetzlicher* Normsetzung gesteht der BGH Entschädigungsansprüche zu.[61] Aber das mag allenfalls angemessen sein, solange sich die Norm nur an einen engen Kreis Betroffener richtet (rechtswidriger Bebauungsplan als Beispiel). Geht es um eine unübersehbare Vielzahl Betroffener, sind auch beim untergesetzlichen normativen Unrecht die Argumente „kein Flächenbrand für die Staatsfinanzen" und „kein Sonderopfer" einschlägig.[62]

349

Im *Ausgangsfall 2* zur Amtshaftung bei normativem Unrecht (rechtswidriger Bebauungsplan „Terrassenhaus", Rn. 320) ist der Anspruch aus enteignungsgleichem Eingriff zwar im Prinzip denkbar. Der Anspruch scheitert in concreto aber daran, dass N den Schaden nicht rechtzeitig abgewendet hat (§ 254 II BGB, soeben Rn. 345).

4. Aufopferungsansprüche bei rechtmäßigen enteignenden Eingriffen

Im *Ausgangsfall* geht es bei den Umsatzeinbußen für die rechtmäßigen ersten drei Wochen um einen enteignenden Eingriff.

350

Aufbaumäßig kann man die Gedankenfolge im Grundsatz in der gleichen Reihenfolge wie die Aufopferungsansprüche bei rechtswidrigen enteignungsgleichen Eingriffen (Rn. 340 ff.) abhandeln. Abwandlungen ergeben sich aber durch die nachfolgende Veränderung des Gliederungspunktes (3) und beim Gliederungspunkt (5) Sonderopfer.

(3) Rechtmäßiger enteignender Eingriff nur bei **atypischem und unvorhergesehenem Nachteil als Zufallsschaden.** Ursprünglich hatte der BGH *alle* unmittelbaren Nebenwirkungen eines rechtmäßigen Handelns im Eigentumsbereich als entschädigungspflichtige enteignende Eingriffe angesehen, soweit sie als Sonderopfer in Erscheinung traten (*Beispiele* schon in Rn. 337). Ab BGHZ 91, 20 (26)[63] fand sich in der Rechtsprechung zwar die Formulierung, es gehe um einen „meist atypischen und unvorhergesehenen Nachteil". Aber wegen des „Meist" war dies bloß beschreibend und nicht als Anspruchsvoraussetzung gemeint.[64] Insbesondere in Parallele zu

351

---

[60] Grundlegend BGHZ 100, 136 (145); ferner BGHZ 102, 350 (359, 367); *BGH* NJW 1990, 3260 (3261).
[61] So pointiert *BGH* NJW 1990, 3260 (3261) im Anschluss an BGHZ 100, 136 (147); 111, 349 (352 f.).
[62] In die gleiche Richtung *Ossenbühl/Cornils*, Staatshaftungsrecht, S. 284 f.
[63] S. ferner etwa BGHZ 99, 24 (27); 100, 136 (144); 102, 350 (361).
[64] So ausdrücklich *BGH* NJW 1986, 2423 (2424).

§ 906 II 2 BGB konnte so auch bei typischen und vorhersehbaren Eingriffen Entschädigung gewährt werden.[65]

Seit der „*Denkmalschutz-Entscheidung*" des *BVerfG* vom 2.3.1999[66] ist indessen ein grundsätzliches Umdenken angebracht. Eine gesetzliche Eingriffsermächtigung mit Enteignungscharakter im Sinne des *BGH* kann nur dann noch eine verfassungsgemäße und damit rechtmäßige Inhalts- und Schrankenbestimmung für das Eigentum (Art. 14 I 2 GG) sein, wenn das *Gesetz selbst* eine Entschädigung vorsieht (*ausgleichspflichtige Inhaltsbestimmung*, Rn. 330). Fehlt eine gesetzliche Entschädigungsregelung, handelt es sich um ein auf ein Unterlassen des Gesetzgebers zurückzuführendes *legislatives Unrecht*, für das nach Rn. 348 richterrechtliche Entschädigungsansprüche ausgeschlossen sind.

Damit reduzieren sich Aufopferungsansprüche wegen eines rechtmäßigen enteignenden Eingriffs *heute* auf Sonderopfer, die der Gesetzgeber nicht mit zu regeln braucht. Das sind Sonderopfer, die nicht typisch sind *und* die der Gesetzgeber gleichzeitig nicht voraussehen konnte. Insoweit geht es um *Zufallsschäden*.[67]

Weil typisch oder jedenfalls vorhersehbar, scheiden heute folgende der in Rn. 337 genannten *Beispiele* aus: Straßenänderungen mit dem Abschneiden oder der Erschwerung von Zufahrten, lang andauernde Straßen- oder U-Bahn-Bauarbeiten mit gravierenden Umsatzeinbußen für Gewerbetreibende. Weil wohl untypisch und unvorhersehbar, bleiben andererseits zB folgende *Beispiele* bestehen: unerwartete Hausschäden durch Grundwasserabsenkung, überraschende Saatschäden durch Möwen wegen Mülldeponie, unvorhersehbare Überflutungen im Gefolge von Hochwasserschutzanlagen, Übungsschießen der Bundeswehr mit unvorhersehbaren Brandschäden. Im *Ausgangsfall* dürften signifikante Umsatzeinbußen im Kontakt zur Straße bei bloßen Kabelarbeiten ebenfalls untypisch und unvorhergesehen sein, so dass Aufopferungsansprüche wegen enteignenden Eingriffs für die rechtmäßigen ersten drei Wochen auch hier im Ansatz möglich bleiben.

352 **(5) Sonderopfer.** Ein atypischer und unvorhersehbarer Eingriff ist nicht per se rechtswidrig und damit nicht schon wegen Rechtswidrigkeit ein Sonderopfer.[68] Eine gesetzliche Ermächtigung rechtfertigt im Grundsatz alle Eingriffe, auch atypische und unvorhersehbare Eigentumseingriffe. Entscheidend ist, ob der atypische und unvorhersehbare Eingriff nach dem Willen des Gesetzgebers[69] oder – weil sich der Wille in der Regel real nicht exakt feststellen lässt – nach dem vermutlichen Willen des Gesetzgebers, dh nach dem „vernünftigen Urteil des gerecht und billig Denkenden", dem Betroffenen entschädigungslos zugemutet werden sollte.[70] Auf dieser Linie ist die „*Opfergrenze*"[71] für ein Sonderopfer erst überschritten, wenn sich der Eingriff trotz der insoweit relevanten „Situationsgebundenheit" des jeweiligen Eigentumsgegenstandes (Art. 14 II GG)[72] als unzumutbar bzw. unverhältnismäßig und *erst deshalb* rechtswidrig darstellt.[73]

---

[65] BGHZ 91, 20 (27); weiteres Beispiel: übergroßer Flughafenlärm.
[66] BVerfGE 100, 226 (239 ff., 245); vorher schon BGHZ 100, 136 (144 f.).
[67] *Maurer/Waldhoff*, Allg. VerwR, § 27 Rn. 109.
[68] In diese Richtung aber *Maurer/Waldhoff*, Allg. VerwR, § 27 Rn. 110 ff.
[69] Grundlegend insoweit BGHZ 9, 83 (88, 92); s. ferner zB BGHZ 65, 196 (206).
[70] Modifizierend so BGHZ 17, 172 (175).
[71] BGHZ 60, 302 (307).
[72] Vgl. BGHZ 23, 30; *BGH* LM Art. 14 GG Nr. 60; LM Art. 14 (Cb) GG Nr. 5; NJW 1973, 623; BGHZ 121, 328 (336); 72, 211. Gleiche Argumentationsfigur auch in BVerwGE 94, 1 (4); BVerfGE 100, 226 (242).
[73] BGHZ 102, 350 (361): „Schwelle des enteignungsrechtlich Zumutbaren"; 105, 15 (21): „Opferschwelle"; 121, 328 (332) und 133, 271 (276): „unverhältnismäßig oder im Verhältnis zu anderen ungleich und damit unzumutbar".

§ 20. Entschädigungsansprüche

Im *Ausgangsfall* dürfte es für G noch zumutbar sein, wenn der Kontakt zur Straße als Bestandteil seines Gewerbebetriebes für (nur) drei Wochen aus zwingenden öffentlichen Gründen erschwert wird, was zu signifikanten Umsatzeinbußen führt. Hinsichtlich der *ersten* drei Wochen scheiden also Entschädigungsansprüche aus enteignendem Eingriff aus.

IV. Aufopferungsansprüche bei Schäden an nichtvermögenswerten Rechtsgütern

Wie die Aufopferungsansprüche bei vermögenswerten Rechtsgütern (Eigentum, Rn. 336 ff.) kommen auch die Aufopferungsansprüche bei grundlegenden nichtvermögenswerten Rechtsgütern (wie Leben, Gesundheit, Freiheit) im Gefolge sowohl rechtmäßigen als auch rechtswidrigen Verwaltungshandelns in Betracht.[74] Anders als der Aufopferungsanspruch bei rechtmäßigen enteignenden Eingriffen (Rn. 351) umfasst der Aufopferungsanspruch bei rechtmäßigen Eingriffen in nichtvermögenswerte Rechtsgüter *auch typische und vorhersehbare Vermögensschäden* mit Sonderopfercharakter. 353

Dieser Unterschied beruht auf der unterschiedlichen dogmatischen Struktur vom Eigentumsgrundrecht (Art. 14 I GG) einerseits und den hinter den nichtvermögenswerten Rechtsgütern stehenden Grundrechten (Art. 2 II GG) andererseits. Das Eigentum des Art. 14 I 1 GG ist gemäß Art. 14 I 2 GG eine Schöpfung der Rechtsordnung. Deshalb wird sein Einzelinhalt gemäß Art. 14 I 2 GG bis in alle Einzelheiten hinein konstitutiv durch den Gesetzgeber bestimmt (Rn. 539). Auf dieser Linie bedarf auch der Entzug von Eigentum gegen Entschädigung zwingend einer gesetzlichen Grundlage, welche die Entschädigung mit regelt. Die hinter nichtvermögenswerten Rechtsgütern stehenden Grundrechte bezeichnen Freiheiten, die von Natur aus vorhanden sind und die der Gesetzgeber nur einschränkt. Hier verbietet es das Grundgesetz nicht, Folgen dieser Einschränkung bei einem Sonderopfer über gewohnheitsrechtliche Entschädigungsansprüche nach den Aufopferungsgrundsätzen einzufangen.

Ausgangsfälle:

(1) Ein schulpflichtiges Kind *(K)* verletzt sich beim Turnunterricht so erheblich, dass ein Arm steif bleibt. Die Turnlehrerin trifft kein Verschulden. Hat K einen Entschädigungsanspruch gegen das Land?[75] 354

(2) Polizist P schießt auf einem abgelegenen Ruinengrundstück hinter einem flüchtenden Verbrecher her und hält dabei alle Vorschriften über den Schusswaffengebrauch ein. Durch einen Querschläger wird der Jugendliche X erheblich verletzt. X hatte das Ruinengrundstück für P nicht sichtbar als Abenteuerspielplatz genutzt. Hat X einen Entschädigungsanspruch gegen das Land?

Die Gedankenfolge lässt sich in ihren wichtigsten Punkten so systematisieren:[76]

---

[74] BGHZ 45, 58 (77).
[75] BGHZ 46, 327.
[76] Zur Erläuterung und Vertiefung s. insbes. *Ossenbühl/Cornils*, Staatshaftungsrecht, S. 131 ff.

(1) Spezialgesetzliche Regelung?

Sie ist im *Ausgangsfall 1* inzwischen[77] dadurch gegeben, dass § 2 I Nr. 8 lit. b SGB VII die Schüler in die gesetzliche Unfallversicherung einbezieht (s. schon Rn. 334). – Schäden für Dritte (Querschläger im *Ausgangsfall 2*) werden nur in wenigen Gesetzen zum Schutz der öffentlichen Sicherheit und Ordnung (im Zusammenhang mit dem Nichtstörer) geregelt (§ 59 I Nr. 2 ASOG Bln, Art. 70 II 1 PAG Bay, § 73 SOG M-V, § 222 LVwG SchlH). Die nachfolgenden Ausführungen zu *Ausgangsfall 2* gelten für Länder, in denen entsprechende Bestimmungen fehlen.[78]

(2) Grundlegendes nichtvermögenswertes Rechtsgut (Leben, Körper, Gesundheit, Freiheit).[79]

(3) Hoheitlicher Zwang (4) zum Wohle der Allgemeinheit.

Der hoheitliche Zwang (3) kann auch ein Realakt sein (Schuss im *Ausgangsfall 2*). Ein hoheitlicher Zwang liegt selbst vor, wenn die Behörde ein Handeln ohne Verbindlichkeit bloß psychologisch abfordert (zB Impfung ohne Impfzwang[80]). – Bei allem geht es um den hoheitlichen Zwang als solchen und um das hinter *ihm* stehende Gemeinwohl (4).

Demgemäß ist es im *Ausgangsfall 2* ohne Relevanz, dass der Querschläger, der *X* als unbeteiligten Dritten traf, nicht dem Gemeinwohl entsprach.

355 (5) Sonderopfer. Entscheidend ist, ob eine entschädigungsfreie Inanspruchnahme des Geschädigten real oder aller Vermutung nach vom Willen des Gesetzgebers abgedeckt ist oder nicht. Nach dem Stand der Grundrechtslehren kann sich das wie in Rn. 352 nur nach der Zumutbarkeit bzw. nach dem Grundsatz der Verhältnismäßigkeit bemessen.

Auf dieser Linie ist ein entschädigungspflichtiger Impfschaden eine „über das übliche Ausmaß einer Impfreaktion hinausgehende gesundheitliche Schädigung" (§ 2 Nr. 11 IfSG)). – Im *Ausgangsfall 2* (Querschläger) geht das Opfer des *X* ohne Weiteres über die Opfergrenze hinaus, die das Gesetz allen Menschen abfordert.

(6) Gewolltes und gezieltes Handeln oder unmittelbare Auswirkung.[81]

Unmittelbarkeit liegt vor, wenn sich – wie im *Ausgangsfall 2* – eine besondere Gefahr verwirklicht, die in der hoheitlichen Maßnahme angelegt ist (s. Rn. 344).

(7) Mitverursachung durch den Geschädigten.

Nach der Rechtsprechung des BGH[82] sind die Grundsätze des § 254 BGB auf den gewohnheitsrechtlichen Aufopferungsanspruch analog anzuwenden.

356 (8) Angemessene Entschädigung. Der Schadensausgleich knüpft an *materielle* Vermögensschäden an (Heilungskosten, Krankenhaus, Rehabilitation im *Ausgangsfall 2*). Den Ersatz *immaterieller Schäden* (Schmerzensgeld in *Ausgangsfall 2*) hat der BGH früher abgelehnt, weil das BGB das Schmerzensgeld auf deliktische Ansprüche nach § 823 ff. BGB begrenzte (§ 847 BGB aF).[83] Seit der Schuldrechtsmodernisierung sieht aber § 253 II BGB bei der Verletzung des Körpers, der

---

[77] BGHZ 46, 327 (Rn. 35) ist heute also positivrechtlich überholt.
[78] In der Literatur wird auch vorgeschlagen, anstelle eines Aufopferungsanspruchs die Vorschriften zum Nichtstörer analog anzuwenden (Zusammenstellung zB bei *Pieroth/Schlink/Kniesel*, Polizei- und Ordnungsrecht, § 26 Rn. 11). Allerdings fehlt es an der für eine Analogie erforderlichen Regelungslücke, weil der Aufopferungsanspruch als Gewohnheitsrecht *gilt*.
[79] BGHZ 65, 196 (206).
[80] BGHZ 31, 187; heute § 60 I 1 Nr. 1 IfSG.
[81] S. BGHZ 37, 44 (47).
[82] BGHZ 45, 290.
[83] BGHZ 45, 58 (77); 22, 43 (48); 20, 61 (68 ff.).

§ 20. Entschädigungsansprüche

Gesundheit und der Freiheit Schmerzensgeld in *allen* zivilrechtlichen Schadensersatzfällen vor, was auch bzgl. des Aufopferungsanspruchs ein Umdenken erfordert.[84]

V. Plangewährleistungsansprüche?[85]

Mit dem Stichwort der „Plangewährleistung" ist eines der zentralen Probleme moderner Staatstätigkeit angesprochen. Der Sozialstaat muss umfassend planen, wenn er seinen Aufgaben der Daseins- und Wachstumsvorsorge gerecht werden will. Insbesondere bei der Wirtschaftslenkung wird der Plan oft nicht über imperative Maßnahmen des staatlichen Eingriffs in den Individualbereich vollzogen. Vielmehr werden der Wirtschaft durch Subventionen, Steuervorteile usw. oder lediglich durch die Bereitstellung von Daten über zukünftige Entwicklungsmöglichkeiten Anreize gegeben, sich freiwillig so zu verhalten, wie es nach der jeweiligen staatlichen Planung erwünscht ist. Im Vertrauen auf die Richtigkeit und Beständigkeit des staatlichen Plans, aber durchaus um *eigene* Erwerbschancen wahrzunehmen, treffen die Unternehmen plankonforme Dispositionen. Im vorliegenden Kontext stellt sich damit die Frage, ob der Staat für die Schäden aufkommen muss, die entstehen, wenn der Plan verändert oder aufgehoben wird[86]. Der BGH hat mehrfach bekräftigt, dass ein *allgemeiner Plangewährleistungsanspruch nicht anzuerkennen* sei.[87] Fehlt es an einer *positivrechtlichen Anerkennung* eines Plangewährleistungsanspruchs (zB § 39 BauGB[88]), wird die Problematik daher zumeist über den „enteignenden" oder „enteignungsgleichen Eingriff" gelöst:[89] Wenn *durch besondere Umstände* (!) ein Vertrauenstatbestand geschaffen worden sei, müsse das betätigte Vertrauen als eigentumsrechtlich relevanter Bestandteil des eingerichteten und ausgeübten Gewerbebetriebes iSd Art. 14 GG angesehen werden, in den unmittelbar eingegriffen werde. Diese „Verdinglichung" des Vertrauens ist allerdings nicht unproblematisch.[90]

357–359

---

[84] Entsprechend zB Palandt/*Grüneberg*, BGB, § 253 Rn. 5; *Ossenbühl/Cornils*, Staatshaftungsrecht, S. 147 ff.
[85] Überblick bei *Ossenbühl/Cornils*, Staatshaftungsrecht, S. 471 ff.; *Maurer/Waldhoff*, Allg. VerwR, § 16 Rn. 26 ff., § 29 Rn. 42 ff.; Beispielsfall: RGZ 139, 177 – „Gefrierfleischfall".
[86] Beides ist in der Regel möglich. Zum Rückwirkungsproblem s. Rn. 415.
[87] BGHZ 84, 292 (297); 109, 380 (391); ebenso *BVerwG* Buchholz 406.19 Nachbarschutz Nr. 165. Entsprechende Versuche fanden sich etwa bei *Egerer*, Plangewährleistungsansprüche, 1971; *Oldiges*, Grundlagen eines Plangewährleistungsrechts, 1970.
[88] Nach BGHZ 109, 380 (391); 84, 392 (395) nicht anwendbar auf Vertrauensschäden, die entstehen, wenn sich nachträglich die *Unwirksamkeit* eines Bebauungsplans herausstellt.
[89] So insbes. auch BGHZ 78, 41 (45); 45, 87 f. („Knäckebrot"); *BGH* NJW 1983, 215; s. a. Rn. 341.
[90] Allgemein zum Verhältnis von Vertrauensschutz und Eigentumsgarantie BVerfGE 45, 142 (168).

4. Teil. Das Recht der öffentlichen Einrichtungen und Sachen[1]

§ 21. Allgemeines

Besondere Problemlagen entstehen, wenn Träger öffentlicher Verwaltung dem Bürger öffentliche Einrichtungen oder Sachen zur Benutzung zur Verfügung stellen. Dabei sind folgende *Organisationsformen* zu unterscheiden: 360
- Öffentlichrechtliche *Körperschaften* mit (definitionsgemäß) mitgliedschaftlicher Organisation (zB die staatlichen Universitäten, soweit nicht mittlerweile *Stiftungen*);
- öffentlichrechtliche *Anstalten* als (im Gegensatz zur Körperschaft)[2] nicht mitgliedschaftlich organisierte Zusammenfassungen von persönlichen und sächlichen Mitteln *mit eigener Rechtspersönlichkeit* (öffentlichrechtliche Rundfunkanstalten als Beispiel);
- öffentlichrechtliche *Anstalten ohne eigene Rechtspersönlichkeit* („unselbständige" Anstalten, staatliche Schulen als Beispiel), die auf der kommunalen Ebene (kommunale Krankenhäuser, Bäder, Bibliotheken, Schlachthöfe) entweder als voll in die Verwaltung eingegliederte „Regiebetriebe" oder als verselbständigte „Eigenbetriebe"[3] in Erscheinung treten;
- juristische Personen des *Privatrechts* (AG, GmbH), deren Gesellschaftsanteile sich in der Hand eines Trägers öffentlichrechtlicher Verwaltung befinden und die auf der kommunalen Ebene (Straßenbahn AG, Stadthallen-GmbH) „Eigengesellschaften" genannt werden;
- öffentliche Sachen im Gemeingebrauch (Straßen, Wasserzüge);
- öffentliche Sachen im Verwaltungsgebrauch (Rathaus).

All diesen öffentlichen Einrichtungen und Sachen ist gemeinsam, dass sie *einem öffentlichen Zweck gewidmet* sind.[4] Hierdurch unterscheiden sie sich von den Sachen des Finanzvermögens (städtische Brauerei, Ratskeller, staatliche Forsten), die nicht unmittelbar, sondern lediglich über ihre Erträge Verwaltungszwecke fördern und weitgehend ohne öffentlichrechtliche Überlagerungen dem *(„Fiskal"-)Privatrecht* unterstehen (Rn. 224).

§ 22. Öffentliche Einrichtungen

Ausgangsfall:

Eine „Bürgerinitiative" hatte zu einer gut besuchten Veranstaltung in der Stadthalle eingeladen und dabei starke, mit falschen Unterstellungen und Verleumdungen gewürzte 361

---

[1] Grundlegend *Papier,* Recht der öffentlichen Sachen, 3. Aufl. 1998; s. a. *Stelkens,* Die Verwaltung 46 (2013), 493. Die Terminologie ist nicht einheitlich: Teilweise wird etwa hinsichtlich der öffentlichen Einrichtungen von „Anstaltsrecht" gesprochen, teilweise der Begriff der öffentlichen Einrichtung oder der öffentlichen Sache als Oberbegriff verwendet; wie hier etwa *Burgi,* Kommunalrecht, § 16 Rn. 8; abweichend die Vorauflagen dieses Buches.
[2] Näheres zur öffentlichrechtlichen Anstalt und zu ihrer Abgrenzung von der Körperschaft bei *Wolff/Bachof/Stober/Kluth,* VerwR Bd. 2, § 86 Rn. 1 ff., 24 ff.
[3] Zur Abgrenzung dieser beiden Rechtsformen s. *Wolff/Bachof/Stober/Kluth,* VerwR Bd. 2, § 86 Rn. 36 ff.; *Burgi,* Kommunalrecht, § 17 Rn. 76.
[4] Dazu *P. Axer,* Die Widmung als Schlüsselbegriff des Rechts der öffentlichen Sachen, 1994.

Kritik an den Vorstellungen der Stadtverwaltung zur Bauleitplanung geübt. Daraufhin fasste der Stadtrat den Beschluss, die Stadthalle und andere stadteigene Räume nicht mehr für Veranstaltungen zur Verfügung zu stellen, in denen die Arbeit der Stadtverwaltung böswillig herabgesetzt werde. Unter Berufung auf diesen Beschluss wird der Bürgerinitiative die Stadthalle verweigert, als sie diese nach einem halben Jahr erneut benutzen möchte. Wie ist die Rechtslage?[1]

362 Anders als die Benutzung öffentlicher Sachen im Rahmen des *Gemein*gebrauchs (Rn. 374 ff.) bedarf die Benutzung öffentlicher *Einrichtungen* einer *Zulassung* im *Einzelfall*. Nachfolgend wird nur dieser Problemkreis der Zulassung behandelt. *Nachdem* der Bürger zur Benutzung zugelassen worden ist, befindet er sich im *Sonderrechtsverhältnis*[2] der Einrichtung. Problemkonstellationen, die sich *jetzt* ergeben, sind an anderer Stelle im Kontext mit dem „besonderen Gewaltverhältnis" dargestellt (Rn. 209 ff.).

I. Anspruch auf Zulassung zur Benutzung

1. Anspruchsgrundlage

363 Wie schon erwähnt wurde (Rn. 147), enthalten alle **Gemeindeordnungen** die Bestimmung: „Die Bewohner der Gemeinde sind im Rahmen der bestehenden Vorschriften berechtigt, die öffentlichen Einrichtungen der Gemeinde zu benutzen." Wenn es sich um eine kommunale Einrichtung handelt und ein Einwohner der Gemeinde die Benutzung erstrebt, ist *diese* Vorschrift als Anspruchsgrundlage zu prüfen.[3] Der Anspruch richtet sich grds. gegen die *Gemeinde*. Wird die Stadthalle als „Regiebetrieb" oder „Eigenbetrieb" und damit durch die Stadt als Rechtspersönlichkeit (= unselbständige Anstalt) betrieben, geht es um einen *Zulassungs*anspruch. Wird die Stadthalle dagegen als privatrechtliche GmbH mit eigener Rechtspersönlichkeit betrieben, handelt es sich um einen *Verschaffungs*anspruch. Die Gemeinde ist verpflichtet, dem Bürger über ihre zivilrechtlichen Einflussnahmemöglichkeiten auf die GmbH die Benutzung zu *verschaffen*.[4] Daneben ist auch ein Vorgehen *unmittelbar gegen die GmbH* denkbar – dann allerdings vor den ordentlichen Gerichten.[5]

Im *Ausgangsfall* dürfte der Beschluss des Stadtrates deutlich machen, dass die Stadthalle als unselbständige Anstalt unmittelbar durch die Gemeinde betrieben wird.

364 Für nicht-kommunale Einrichtungen kann sich der Benutzungsanspruch aus anderen **spezialgesetzlichen Regelungen** ergeben. Hat die Einrichtung ein *Monopol*, folgt jedenfalls daraus ein *Kontrahierungszwang*.[6] Hingegen ist Vorsicht geboten,

---

[1] Weitere „Stadthallenfälle" (Benutzung durch politische Parteien) in Rn. 578; BVerwGE 32, 333; „Schleusenfälle" in BVerwGE 39, 235; 32, 299. Weitere Klausurfälle zu öffentlichen Einrichtungen bei *Helbich/Schübel-Pfister*, JuS 2017, 520; *Enders,* JuS 2013, 54.
[2] Differenzierend *Wolff/Bachof/Stober/Kluth*, VerwR Bd. 2, § 86 Rn. 95 ff.
[3] Zum Anspruch im Rahmen eines Anschluss- und Benutzungs*zwangs* informativ zB BVerwGE 123, 159.
[4] *Burgi*, Kommunalrecht, § 16 Rn. 38 f. mwN; *Papier*, Recht der öffentlichen Sachen, 3. Aufl. 1998, S. 30; *Pappermann/Löhr/Andriske*, Recht der öffentlichen Sachen, 1987, S. 142 mwN; s. a. *OVG Lüneburg* NordÖR 2017, 285. Für ein Vorgehen unmittelbar gegen die GmbH *Ossenbühl*, DVBl 1973, 293 f.
[5] S. *BVerwG* NVwZ 1991, 59; *Geis*, Kommunalrecht, 4. Aufl. 2016, § 10 Rn. 27.
[6] Palandt/*Ellenberger*, BGB, Einf. v. § 145 Rn. 8 f.

wenn *Grundrechte* als Anspruchsgrundlage für einen Zulassungsanspruch herangezogen werden sollen. Gestützt auf *Freiheitsgrundrechte* kann ein solcher Anspruch erst nach sorgfältigen Auseinandersetzungen mit dem Problemkreis „grundrechtliche Ansprüche auf Teilhabe und staatliche Leistung" (Rn. 510 ff.) bejaht werden. Der *Gleichheitsgrundsatz* verlangt die gleiche Handhabung in gleichen Fällen und kommt daher bei einschlägiger Sachlage als Anspruchsgrundlage in Betracht (Rn. 517 ff.). Art. 21 GG und § 5 PartG eröffnen Benutzungsansprüche nicht wegen des Freiheitsstatus der *Partei*, sondern nur zur Wahrung der *Chancengleichheit*, wenn *anderen* Parteien die Benutzung eingeräumt ist.[7]

2. Widmungszweck

Jede öffentliche Einrichtung ist einem eingegrenzten Zweck *gewidmet*.[8] Ein Benutzungsanspruch kann also nur gegeben sein, wenn sich die vorgesehene Benutzung im Rahmen des Widmungsszweckes hält.[9] Ist dieser nicht schriftlich fixiert, ergibt er sich aus der Nutzungspraxis.[10]

365

3. Sonderbenutzung

Ob eine öffentliche Einrichtung von anderen Personen als von den „Destinatären" der Widmung benutzt wird, entscheidet der Träger nach seinem Ermessen. Solange der Sonderbenutzung keine Norm zugrunde liegt, die zumindest *auch* im Individualinteresse des Antragstellers besteht und ihm also ein subjektives Recht einräumt, hat der Antragsteller dabei keinen Anspruch auf fehlerfreie Ermessensausübung.[11] *Nicht*-Destinatären kommen auch die Grundrechte nicht zugute, soweit nicht ausnahmsweise einmal der Gleichheitsgrundsatz eine Gleichbehandlung gebietet.[12]

366

Der Sachverhalt des *Ausgangsfalles* (Rn. 361) lässt den Widmungszweck der Stadthalle nicht abschließend erkennen. Sicherlich ist die Halle dem Zweck gewidmet, Veranstaltungen *für* die Bürger als Destinatäre stattfinden zu lassen („panem et circenses"). In diesem Rahmen wird die Halle an die Veranstalter von kulturellen Ereignissen (Theater, Konzert, Jazz, Zirkus, Eisrevue), Sportereignissen (Sechstagerennen, Springreiten) usw. vermietet. Derartige Veranstalter sind aber *keine* Destinatäre der Widmung und damit Sonderbenutzer. Für den *Ausgangsfall* ist entscheidend, ob die Mitglieder der Bürgerinitiative die gleiche Rechtsstellung wie die anderen Veranstalter haben oder ob die Halle den Bürgern über den *Besucher*status hinaus zusätzlich auch für *Eigenbenutzungen* zu *von ihnen* bestimmten Zwecken (Sportveranstaltungen, Konzerte, Karneval in der *Eigenregie* einschlägiger örtlicher Vereine, Versammlungen usw.) gewidmet ist. Im ersten Fall hätten die Mitglieder der Bürgerinitiative keinen Benutzungsanspruch, als Sonderbenutzer nicht einmal einen Anspruch auf fehlerfreie Ermessensausübung. Im zweiten Fall ist der Benutzungsanspruch nach der Gemeindeordnung einschlägig, allerdings nur im Rahmen der nachfolgenden Eingrenzungen.

367

---

[7] BVerwGE 32, 333 (336); *BVerwG* NJW 1991, 938. Näheres in Rn. 578 ff.
[8] Dazu BVerwGE 32, 333 (337); zu Rechtfragen der Widmung s. *Helbich*, JuS 2017, 507; *Axer*, Die Widmung als Schlüsselbegriff des Rechts der öffentlichen Sachen, 1994.
[9] BVerwGE 39, 235 (237); *BVerfG (Kammer)* NdsVBl. 2007, 165 (im Zusammenhang mit § 5 I PartG). Zur Nutzung von Schulräumen durch politische Parteien *VGH München* NJW 2012, 1095.
[10] St. Rspr. der OVGe, s. zB *OVG Lüneburg* NdsVBl. 2007, 166 (167) mwN.
[11] BVerwGE 39, 235 (237); Parallele zum Drittschutz in Rn. 185 ff., 204.
[12] Fallgestaltung zB in BVerwGE 31, 368 (370).

II. Grenzen des Zulassungsanspruchs

1. Rechtliche Grenzen

368 Ein Zulassungsanspruch kann nur „im Rahmen der bestehenden Vorschriften" gegeben sein (so ausdrücklich die zitierten Gesetzesbestimmungen über den kommunalrechtlichen Benutzungsanspruch).

369 a) Eine derartige Vorschrift ist zunächst die für die öffentliche Einrichtung bestehende **Benutzungsordnung**.

> Im *Ausgangsfall* könnte der Beschluss des Stadtrates Teil der Benutzungsordnung geworden sein. Zu untersuchen ist einerseits, ob der („schlichte") Beschluss *formal gesehen* den Anforderungen genügt, die an eine Benutzungsordnung zu stellen sind. Vermutlich ist nach den einschlägigen Vorschriften des Kommunalverfassungsrechts eine kommunale Satzung erforderlich. Andererseits ist zu überprüfen, ob der Ratsbeschluss *materiellrechtlich* fehlerfrei ist. Benutzungseinschränkungen haben die grundsätzliche Entscheidung des Gesetzgebers für den Benutzungs*anspruch* im Auge zu behalten und sind also im Lichte der Bedeutung dieser Grundsatzentscheidung zu beurteilen. Außerdem ist Art. 5 I GG zu beachten. Vor diesem Hintergrund kann die Benutzung sicherlich nicht eingeschränkt werden, um missliebige Kritik abzublocken. Soweit es um die Abwehr strafbarer Handlungen (Verleumdungen) geht, würde die Benutzungsordnung im *Ausgangsfall* materiellrechtlich unbedenklich sein, *wenn* sie formell gültig zustande gekommen wäre.

370 b) Ergänzend zur Benutzungsordnung können auch **sonstige Rechtsvorschriften** den (grundsätzlichen) Zulassungsanspruch einschränken.

> Im *Ausgangsfall* kann die Zulassung abgelehnt werden, weil Behörden nicht verpflichtet sind, strafbaren Handlungen (Verleumdungen) und damit (Rn. 111 f., 126) *Gefahren für die öffentliche Sicherheit* Vorschub zu leisten; die Gemeinde ist Ordnungsbehörde iSd Gesetze über die öffentliche Sicherheit und Ordnung. Wegen des Grundsatzes der Verhältnismäßigkeit kann die Zulassung allerdings nur versagt werden, wenn erneute Verleumdungen mit hinreichender Wahrscheinlichkeit zu erwarten sind.

2. Faktische Grenzen

371 Ein Zulassungsanspruch besteht nicht, solange die Kapazität der öffentlichen Einrichtung bereits erschöpft ist. Bei drohender **Kapazitätserschöpfung** hat die Einrichtung ein Auswahlermessen. Hierfür ist die zeitliche Reihenfolge der Zulassungsanträge nur *ein* Auswahlaspekt unter anderen. Beispielsweise können dringliche Fälle (Schwerkranke für die Krankenhausaufnahme, Examenskandidaten für die Bibliotheksbenutzung) bevorzugt werden. In extremen Situationen können allenfalls die Grundrechte auf eine Kapazitäts*erweiterung* drängen (Rn. 510 ff., 517 ff.).

III. Zulassungsakt

372 Literatur und Rechtsprechung nennen zumeist drei Möglichkeiten der Zulassung:[13] den *Verwaltungsakt*, den *öffentlichrechtlichen Vertrag* oder (wie im Subventionsrecht, Rn. 234) ein *zweistufiges Verfahren*, nämlich einen Verwaltungsakt als Entscheidung über das „Ob" der Zulassung und einen privatrechtlichen Vertrag zum „Wie" der Benutzung.[14] Der Träger der Einrichtung hat die Wahl, welche dieser

---

[13] S. zB *Papier*, Recht der öffentlichen Sachen, 3. Aufl. 1998, S. 29 f.
[14] Umfassend zur Entstehung (und Beendigung) der auf Nutzung gerichteten verwaltungsrechtlichen Schuldverhältnisse *Gries/Willebrand*, JuS 1990, 103, 193.

Möglichkeiten er in der Benutzungsordnung vorsieht.[15] Der Zulassungsanspruch ist auf *den* Zulassungsakt gerichtet, den die *Benutzungsordnung* jeweils vorsieht.

Zusätzlich dürfte noch die vierte Möglichkeit bestehen, die Zulassung *rein privatrechtlich*, alleine durch den Abschluss eines privatrechtlichen Vertrages zu regeln. Dem öffentlichrechtlichen Zulassungsanspruch korrespondiert nämlich nicht *notwendig* ein Verwaltungsakt der Zulassung, wie von der hM angenommen wird. Der materiellrechtliche Zulassungsanspruch kann in jeder geeigneten Weise und damit auch (einstufig) durch den (unmittelbaren) Abschluss eines privatrechtlichen Benutzungsvertrages eingelöst werden.[16] – Wie die Zulassung im *Ausgangsfall* (Rn. 361) erfolgt, lässt der Sachverhalt nicht abschließend erkennen. Naheliegend wäre der „schlichte" Abschluss eines zivilrechtlichen Benutzungsvertrages (Mietvertrag).

IV. Prozessuales

In welchem *Rechtsweg* der Zulassungsanspruch zu verfolgen ist, richtet sich nach seiner rechtlichen Einhegung durch die Benutzungsordnung. Erfolgt die Zulassung durch Verwaltungsakt (Verpflichtungsklage) oder durch öffentlichrechtlichen Vertrag (allg. Leistungsklage, ggf. Feststellungsklage), ist der Verwaltungsrechtsweg gegeben. Bei ausschließlich zivilrechtlicher Ausgestaltung der Zulassung ist der Zivilrechtsweg einschlägig, wobei die Anspruchsgrundlage für den Abschluss des (verwaltungs-)privatrechtlichen Benutzungsvertrages der *öffentlichrechtliche* Benutzungsanspruch[17] (etwa nach der Gemeindeordnung) ist.[18] Bei einer zweistufigen Ausgestaltung (VA plus privatrechtlicher Vertrag) sind Fragen des „Ob" vor den Verwaltungsgerichten, Fragen des „Wie" vor den Zivilgerichten zu klären.[19] Wird die Einrichtung als privatrechtliche Rechtsperson (GmbH) betrieben, kommt sowohl eine allg. Leistungsklage gegen die Gemeinde vor dem Verwaltungsgericht auf *Verschaffung* der Benutzung als auch eine Klage gegen die GmbH vor dem Zivilgericht auf Abschluss des privatrechtlichen Benutzungsvertrages in Betracht.[20]

373

§ 23. Öffentliche Sachen

I. Öffentliche Sachen im Gemeingebrauch[1]

Ausgangsfall:

K möchte in der Innenkurve der Ortsdurchfahrt einer nur noch wenig befahrenen Bundesfernstraße auf dem Bürgersteig vor seiner Konditorei Tische und Stühle aufstellen und

374

---

[15] Bemühen um eine rechtliche Disziplinierung der Wahlmöglichkeit bei *v. Danwitz*, JuS 1995, 1.
[16] Auf gleicher Linie *Ossenbühl*, DVBl 1973, 291 f.
[17] *GmS-OGB* BGHZ 102, 280 (284), betont ausdrücklich, dass der öffentlichrechtliche oder privatrechtliche Charakter einer Anspruchsgrundlage nicht automatisch den Verwaltungs- oder Zivilrechtsweg begründet, sondern dass die „Natur des Rechtsverhältnisses" (283) entscheidend ist.
[18] Auf dieser Linie *BVerwG* NVwZ 1991, 59.
[19] S. näher *Burgi*, Kommunalrecht, § 16 Rn. 33 ff., 39; *Geis*, Kommunalrecht, 4. Aufl. 2016, § 10 Rn. 49 ff.
[20] S. *BVerwG* NVwZ 1991, 59.
[1] Gesamtdarstellungen zB bei *Wolff/Bachof/Stober/Kluth*, VerwR Bd. 2, § 77; *v. Danwitz* in Schoch, Bes. VerwR, 7. Kap. Straßen- und Wegerecht; *Papier*, Recht der öffentlichen Sachen, 3. Aufl. 1998. Speziell zum Straßenrecht besonders *Steiner* in ders., Bes. VerwR, IV.

über ihnen ein Schutzdach errichten, das in der Hauswand verankert werden soll. Muss K Genehmigungen einholen? Hat er ggf. einen Anspruch auf diese? Muss er für die Benutzung des Bürgersteiges bezahlen?

1. Das materiellrechtliche Rechtsgeflecht

Für den richtigen Einstieg in die Fallbearbeitung bedarf es einer klaren Unterscheidung:

a) Privatrechtliches Eigentum

375 Auch öffentliche Sachen im Gemeingebrauch stehen im Eigentum iSd BGB. Nur vereinzelt, vor allem in Hamburg, gibt es „öffentliches Eigentum".[2] Das privatrechtliche Eigentum wird überlagert und beschränkt durch die öffentlichrechtliche Zweckbestimmung der Sache.[3] Sie entsteht durch **„Widmung",**[4] eine „Allgemeinverfügung" iSv § 35 S. 2 VwVfG in der Gestalt des „dinglichen" Verwaltungsakts. Im Gefolge der Widmung hat der Eigentümer alle Einwirkungen auf die Sache unentgeltlich zu *dulden,* die das öffentliche Recht ihm zumutet. Das gilt auch für alle „außerordentlichen" straßenrechtlichen Nutzungen, wie sie nachfolgend angesprochen werden (arg. § 2 VII FStrG). Nur Einwirkungen jenseits dieses Bereiches kann der Eigentümer gemäß § 1004 I BGB abwehren.[5]

Im *Ausgangsfall* scheidet damit eine privatrechtliche Genehmigung aus.

b) Öffentlichrechtliche Sachherrschaft

376 Die öffentlichen Sachen unterstehen einer öffentlichrechtlichen „Sachherrschaft". Sie sind dem **„Gemeingebrauch"** gewidmet. Im Anschluss an den Akt der Widmung ist permanent die Verwaltungsaufgabe gestellt, den widmungsmäßigen Gebrauch der Sache aufrechtzuerhalten, also den Gemeingebrauch zu gewährleisten. Im Straßenrecht kann der Gemeingebrauch besonders durch **Sondernutzungen** beeinträchtigt werden. Zur Sondernutzung ist dann eine *öffentlichrechtliche Sondernutzungserlaubnis*[6] erforderlich (s. zB § 8 I, X FStrG). Es können öffentlichrechtliche Sondernutzungs*gebühren* erhoben werden (s. zB § 8 III FStrG[7]).

377 *Sondernutzung* ist die Benutzung einer öffentlichen Sache „über den Gemeingebrauch hinaus" (s. § 8 I 1 FStrG und die Straßengesetze der Länder).[8] Damit ist im Einzelfall eine Subsumtion unter die Begriffsmerkmale des Gemeingebrauchs angesagt, wie sie § 7 I FStrG (lesen!) und in der Regel gleichlautend die Straßengesetze der Länder festlegen (s. Rn. 384f.).

378 Weil die Straße im *Ausgangsfall* vorwiegend zu anderen Zwecken als zu denen des Verkehrs benutzt werden soll, liegt gemäß § 7 I 3 FStrG kein Gemeingebrauch vor, so dass eine Sondernutzungserlaubnis erforderlich ist. Das gilt sowohl für die Tische und Stühle als auch für das Schutzdach im „Luftraum" als Bestandteil der Straße (s. § 1 IV Nr. 2 FStrG).

---

[2] Einzelheiten bei *Wittig,* DVBl 1969, 680; s. a. BVerwGE 27, 131; BVerfGE 42, 20; 24, 367.
[3] S. BGHZ 21, 319 (327); 9, 373 (383); *Papier* in Ehlers/Pünder, Allg. VerwR, § 38 Rn. 18.
[4] Eingehend zu ihr (und zur *Einziehung*) *Wolff/Bachof/Stober/Kluth,* VerwR Bd. 2, § 75; *P. Axer,* Die Widmung als Schlüsselbegriff des Rechts der öffentlichen Sachen, 1994.
[5] BGHZ 60, 365 (370).
[6] Sie ist ein begünstigender VA (s. hierzu Rn. 142 ff.); Klausuren bei *Erzinger,* JuS 2017, 247; *Schaks,* JuS 2014, 149; *Heckel,* JuS 2011, 166; Aktenvortrag bei *Schmidt/Herbord,* JuS 2013, 547.
[7] Rechtsgrundlage ist aber nicht unmittelbar diese Vorschrift, sondern erst eine Gebührenordnung, zu deren Erlass sie ermächtigt.
[8] Beispiel: *OVG NRW* GewArch 2012, 93 – „Bier-Bike".

c) Unterhaltungspflicht

Die öffentlichen Sachen im Gemeingebrauch müssen unterhalten werden. Wegen der öffentlichen Zweckbestimmung obliegt diese Unterhaltung nicht dem privaten Eigentümer, sondern der öffentlichen Hand. Diese Verwaltungsaufgabe wird im Straßenrecht regelmäßig (etwas verkürzt) als **„Straßenbaulast"** bezeichnet (s. § 3 I FStrG mit Definition). 379

Von der Straßenbaulast her könnten sich im *Ausgangsfall* Probleme für die Reinigung des Bürgersteiges ergeben, und das nicht nur wegen der Tische und Stühle, sondern bei entsprechender Höhe der Reinigungsfahrzeuge auch wegen des Schutzdaches. Auch insoweit stellt sich die Genehmigungsfrage.

d) Verkehrspolizeiliche Gesichtspunkte

Weiter können verkehrspolizeiliche Gesichtspunkte erheblich werden. Sie dürfen nicht mit den wegerechtlichen Gesichtspunkten (Rn. 376) verwechselt werden.[9] Dort ging es um den ungestörten Gemeingebrauch als solchen. Hier geht es um *polizeiliche Gefahren*, die auf der Straße beim ungestörten Gemeingebrauch oder *zusätzlich* dann entstehen, wenn der Gemeingebrauch *selbst* auch schon (durch Sondernutzung) beeinträchtigt ist. 380

Im *Ausgangsfall* verstößt das Aufstellen der Tische und Stühle zu Lasten der Fußgänger gegen Verbote nach § 32 I StVO („Verkehrshindernisse") und § 33 I Nr. 2 StVO („Anbieten von Waren und Leistungen aller Art auf der Straße"). Damit ist *K* auf eine Ausnahmegenehmigung nach § 46 I 1 Nr. 8, 9 StVO angewiesen.

e) Sonstige öffentlichrechtliche Gesichtspunkte

Schließlich können rechtliche Gesichtspunkte relevant werden, die *keinen typischen* Bezug zum öffentlichen Sachenrecht haben. 381

Im *Ausgangsfall* benötigt *K* für das Schutzdach eventuell eine *Baugenehmigung*. Auch *gewerberechtliche*[10] Überlegungen könnten in Betracht kommen.

2. Verfahrenstechnische Vereinfachungen

Viele Falllösungen zum öffentlichen Sachenrecht sind durch das Missverständnis belastet, die Sondernutzungserlaubnis (Rn. 376 ff.), die straßenverkehrsrechtliche Genehmigung (Rn. 380) und eventuell auch noch eine straßenbaulastbezogene Genehmigung (Rn. 379) würden je eigenständig in gesonderten Genehmigungsverfahren erteilt. Stets ist *nur eine Genehmigung* einzuholen: die Sondernutzungserlaubnis (§ 8 I 2, 3 FStrG) oder – bei einer Genehmigungspflicht *auch* nach der StVO – *stattdessen* (§ 8 VI FStrG) die straßenverkehrsrechtliche Genehmigung nach § 46 StVO. Ähnlich wie bei der Planfeststellung (Rn. 221) hat das *einschlägige* Genehmigungsverfahren eine **Konzentrationsfunktion**, über welche die jeweils anderen Genehmigungsaspekte in die *eine* (externe) Behördenentscheidung mit einfließen. Soweit die Genehmigungsbehörde für die anderen Genehmigungsaspekte sachlich nicht zuständig ist, hat sie die fachlich zuständige Behörde *intern* zu beteiligen (§ 8 I 3 und § 8 VI 2, 3 FStrG). 382

---

[9] Zum Verhältnis „Straßenrecht und Straßenverkehrsrecht" umfassend *Steiner* in ders., Bes. VerwR, V. Rn. 153 ff.; s. a. *OVG Münster* NJW 2005, 3162 – motorisierte Reklameflächen. Speziell zum Verhältnis zwischen *Bundes*verkehrsrecht und *Landes*wegerecht BVerfGE 67, 299 (321) – „Laternengarage".

[10] Eine Einführung in das allg. Gewerberecht findet sich bei *Wormit*, JuS 2017, 641; Klausur bei *Linke*, JuS 2018, 259.

Im *Ausgangsfall* (Rn. 374) erfordert das *Schutzdach* eine *Sondernutzungserlaubnis* gemäß § 8 I 1 FStrG, die nach § 8 I 2 FStrG von der Gemeinde erteilt wird. Für die Probleme der Straßenbaulast (Behinderung von Reinigungsfahrzeugen durch das Schutzdach), die wegen der Konzentrationsfunktion in die Entscheidung über die Sondernutzungserlaubnis mit einfließen, ist die Gemeinde nach § 5 III FStrG selbst mit zuständig. Das Aufstellen der *Tische und Stühle* erfordert nach dem Gesagten eine *straßenverkehrsrechtliche Genehmigung*. Nach § 8 VI 2, 3 FStrG beteiligt die Straßenverkehrsbehörde die für die Sondernutzungserlaubnis „an sich" zuständige Gemeinde *intern* – und das mit *allen* für die Sondernutzungserlaubnis relevanten Aspekten, also auch für das durch Tische und Stühle verursachte Straßenbaulastproblem der Straßenreinigung.

Mängel in der *internen* Mitwirkung kann der Antragsteller nur in einem Rechtsschutzverfahren gegen die *extern* zuständige Genehmigungsbehörde rügen (Rn. 47).

3. Anspruch auf eine Erlaubnis?

383 Weil die angesprochenen Erlaubnisse im Ermessen der jeweils zuständigen Behörde stehen, geht es in der Regel nur um einen Anspruch des Antragstellers auf eine fehlerfreie Ermessensausübung. Anders als bei der Sonderbenutzung im Recht der öffentlichen Einrichtungen (Rn. 366) macht das für einen Anspruch erforderliche subjektive Recht *hier* keine Probleme. Im gegenwärtigen Kontext *existieren* Normen (zur Sondernutzung § 8 I FStrG, ansonsten § 46 StVO), die selbstverständlich das Individualinteresse des Antragstellers verfolgen. Ob eine „Ermessensreduzierung auf Null" vorliegt, die dem Antragsteller einen Anspruch auf die Erlaubnis selbst vermittelt, beurteilt sich nach den Kriterien in Rn. 161.

Im *Ausgangsfall* könnte die Behörde das Straßenreinigungsproblem zwar über eine Auflage gemäß § 36 II Nr. 4 VwVfG in den Griff bekommen (Reinigungspflicht für *K*). Aber der Gegensatz zwischen den gewerblichen Interessen des *K* und den Nutzungsinteressen der Passanten im Rahmen des Gemeingebrauchs verbleibt ohne eine „Ermessensreduzierung auf Null" in der Abwägungszuständigkeit der Behörde.

4. „Anliegernutzung" und „Kommunikativer Verkehr"

384 a) Eine „Anliegernutzung" muss genauso unter die gesetzlichen Vorschriften subsumiert werden wie jede andere Nutzung. Das gilt im Ansatz auch für Nutzungsformen, die mit der Frage nach einem *„gesteigerten Gemeingebrauch* des Anliegers"[11] diskutiert werden (Kfz-Zufahrten über Gehwege, Baugerüste, Außenauslagen von Geschäften). Die überkommene[12] Ableitung „gesteigerter" Gemeingebrauchsrechte der Anlieger *unmittelbar* aus Art. 14 I 1 GG ist nach dem heutigen Stand der Art. 14 GG-Dogmatik (Bestimmung des [Anlieger-]Eigentums „durch Gesetz", Art. 14 I 2 GG, Rn. 539) nicht mehr möglich.[13] Die Straßengesetze greifen den Anliegergebrauch nur partiell auf (s. zB § 8a FStrG). Jenseits dieser Vorschriften ist von der *allgemeinen* gesetzlichen Definition des Gemeingebrauchs (§ 7 I FStrG) auszugehen. Damit können StVO-widrige Nutzungen ohne Verkehrscharakter (Baugerüste), auch geschäftliche Nutzungen (Auslagen, Warenautomaten[14]), *von vornherein* kein Gemeingebrauch sein (§ 7 I 1, 3 FStrG). Was als „Verkehr" eingeordnet werden kann, ist definitionsgemäß Gemeingebrauch nur dann, wenn der Widmungszweck der

---

[11] BVerwGE 94, 196 (198); 64, 202 (204); 54, 1 (2); *BVerwG* NVwZ 2010, 121 (122 f.); s. a. *OVG Greifswald* NVwZ-RR 2017, 977 (978); *Sächs. OVG*, DVBl 2012, 1511; *Böhm/Gaitanides*, Fälle, Nr. 9.
[12] Zur Rspr. s. die vorausgehende Fn.; zur Literatur zB *Papier*, Recht der öffentlichen Sachen, 3. Aufl. 1998, S. 88.
[13] *BVerwG* NVwZ 1999, 1341.
[14] *OVG Greifswald* NVwZ-RR 2017, 977 (978).

Straße diese Nutzung umfasst. Die damit erforderliche *Auslegung* des dinglichen Verwaltungsakts der Widmung ist ua den Grundsätzen der „verfassungskonformen Auslegung" verpflichtet und kann insoweit in engen Grenzen Art. 14 I 1 GG Geltung verschaffen (Kfz-Zufahrten über Gehwege als *widmungsgemäßer* Gebrauch[15]). Ansonsten haben die Anliegergrundrechte (Art. 14 I 1 GG, auch Art. 12 I GG) Bedeutung erst auf der zweiten Ebene der Prüfung: beim *Ermessen* für eine Sondernutzungserlaubnis. Der Grundrechtsbezug verstärkt das *Gewicht* der Anliegerinteressen bei der Ermessensausübung, was zu einer „Ermessensreduzierung auf Null" führen *kann* (Baugerüst), aber nicht führen muss (Tische und Stühle im *Ausgangsfall*, Rn. 374).

b) Methodisch auf der gleichen Linie wie die „Anliegernutzung" kann der „**Kommunikative Verkehr**"[16] (Handzettel, Plakatgestelle und Informationsstände mit politischen oder religiösen Anliegen;[17] „Straßenkunst" wie Musikdarbietungen, Pflastermalerei oder Schauspielerei;[18] „subkulturelle" Gemeinschaftsbetätigungen wie „Trinkgelage" auf der Straße) mit seinen grundrechtlichen Verstrickungen (Art. 2 I; Art. 4 I, II; Art. 5 I, III; Art. 21 GG) bearbeitet werden. Wiederum geht es um die einschlägigen Gesetzesregelungen und nicht um die unvermittelte Anwendung der Grundrechte. Was sich selbst bei weiter Auslegung des Verkehrsbegriffs nicht als StVO-gemäßer „Verkehr" einordnen lässt (Informationsstände, Plakatgestelle), ist *von vornherein* kein Gemeingebrauch, sondern Sondernutzung.[19] Ansonsten hängt es von der *Auslegung* des Verkehrsbegriffs im konkret einschlägigen[20] Straßengesetz und *zusätzlich* (wiederum) vom Inhalt der konkreten Widmung ab, ob die Nutzung noch als Gemeingebrauch angesehen werden kann. Bei grundrechtskonformer Auslegung lässt sich allerdings als *Grundregel* formulieren: Kommunikative Betätigungen, die Straßenpassanten so gut wie gar nicht beeinträchtigen (Flugblätter, Pflastermalerei mit Kreide), sind Gemeingebrauch, intensivere Formen der persönlichen Einwirkung auf Straßenpassanten aber Sondernutzung.[21] Bei der Sondernutzungserlaubnis nimmt das *BVerwG* eine „Ermessensreduzierung auf Null" an, wenn der Antragsteller auf die Kommunikationsmöglichkeit dringlich angewiesen ist (Plakatständer der politischen Parteien im Wahlkampf)[22] oder wenn die ebenfalls grundrechtlich geschützten *anderen* Straßenbenutzer nicht „ernstlich" beeinträchtigt werden[23].

II. Öffentliche Sachen im Verwaltungsgebrauch, Hausverbot

Ausgangsfälle:

(1) X spricht an jedem zweiten Tag im Rathaus vor, um sich nach dem Stand ihres Baugenehmigungsverfahrens zu erkundigen. Jedes Mal, wenn sie erfährt, dass der Bau-

---

[15] BVerwGE 94, 136 (159).
[16] Ausdruck zB in BVerwGE 84, 71 (73); kritisch *BVerwG* NJW 1997, 406 (407).
[17] Politische Zwecke: BVerwGE 56, 24; 56, 56; 56, 63; *BVerfG (Kammer)* NVwZ 1992, 53; religiöse Zwecke: *BVerwG* NJW 1997, 406; NJW 1997, 408.
[18] BVerwGE 74, 71.
[19] BVerwGE 56, 63 (65).
[20] *BVerwG* NJW 1997, 406 (407).
[21] S. *BVerwG* NJW 1997, 406 (407).
[22] BVerwGE 56, 56 (59).
[23] BVerwGE 84, 71 (78); *BVerwG* NJW 1997, 406 (407).

antrag noch nicht abschließend bearbeitet ist, beschimpft sie die anwesenden Beamten als faul und unfähig.

(2) *Y* ist Vertreter für Büromaterialien und verhält sich ebenso wie *X*, seitdem er von der Beschaffungsstelle keine Aufträge mehr erhält.

(3) Die „Clochards" *C* und (4) *Z* pflegen das Rathaus aufzusuchen, wenn sie ihren Morgentrunk hinter sich gebracht haben. *C* schläft dann in der Eingangshalle friedlich seinen Rausch aus. *Z* eilt durch alle Gänge, klopft an die Türen und pöbelt die Beamten an.

Die Gemeinde fragt an, ob sie den genannten Personen das Betreten des Rathauses verbieten kann. Vor welchem Gericht könnten sich die Betroffenen wehren?[24]

Öffentliche Sachen im Verwaltungsgebrauch (Dienstgebäude, Fuhrpark, Ausrüstung und Waffen der Streitkräfte und der Polizei)[25] dienen der Nutzung durch die *Verwaltung* für die jeweils einschlägigen *Verwaltungsaufgaben*. Wie die *Ausgangsfälle* zeigen, können Dienstgebäude aber trotzdem der Öffentlichkeit zugänglich sein. Daraus ergibt sich vor allem das Problem eines **Hausverbotes**.

387 In Literatur und Rechtsprechung besteht Einigkeit, dass Hausverbote im Prinzip möglich sind. Umstritten sind aber die Abgrenzung zwischen einem öffentlichrechtlichen und einem privatrechtlichen Hausverbot[26] sowie der exakte Nachweis einer hinreichenden Ermächtigungsgrundlage für ein öffentlichrechtliches Hausverbot als (begriffsnotwendig) Verwaltungsakt. Hierzu einige *Pointierungen* (*kein* Aufbauschema):

388 **(1) Einschlägiges Normenregime**

In Fällen, in denen die im Gebäude ausgeübte Verwaltungsfunktion nicht berührt wird (*Ausgangsfall 3*), ist ohne Weiteres das private Hausrecht nach §§ 862, 1004 BGB einschlägig. Wird die Verwaltungsfunktion betroffen (*Ausgangsfälle 1, 2, 4*), ist nach der wohl hM wie im Straßenrecht (Rn. 375) widmungsbedingt ein ausschließlich öffentlichrechtliches Rechtsstatut einschlägig.

Aber diese Sicht ist problematisch, denn es fehlt an einer *gesetzlichen* Widmungsregelung wie im Straßenrecht,[27] die Art. 14 I 2 GG fordern würde (Rn. 539).[28] Eine Lösung auf der „sicheren" Seite des Art. 14 I 2 GG kommt zu einer *ausschließlich* öffentlichrechtlichen Betrachtung *nur* in Fällen, für die das VwVfG dem Bürger ein *Recht auf persönliche Vorsprache* bei der Behörde eingeräumt hat (*Ausgangsfall 1*). Das VwVfG schließt es offensichtlich aus, die Ausübung des Vorspracherechts gleichsam „auf kaltem Wege" über das allgemeine private Hausrecht unmöglich zu machen. Demgemäß kann das Vorspracherecht nur über öffentlichrechtliche Normen einer funktionsbezogenen Störerabwehr in seine Schranken verwiesen werden (zur Ermächtigungsgrundlage s. Rn. 389). Soweit ein Bürger die Verwaltungsfunktion *außerhalb* eines Vorspracherechts stört (*Ausgangsfälle 2, 4*), sind demgegenüber keine Normen iSd Art. 14 I 2 GG ersichtlich, die ein eigentumsrechtliches Vorgehen ausschließen. Jetzt kann die Behörde *wählen*, ob sie öffentlichrechtlich zum Schutz der Verwaltungsfunktion tätig wird (Rn. 389) oder ob sie den Störer „schlicht" über das private Hausrecht aus dem Gebäude weist.[29]

---

[24] Weitere Fälle in BVerwGE 35, 103, sowie bei *Böhm/Gaitanides*, Fälle, Nr. 25; *Zilkens*, JuS 2003, 165; s. a. *Wolff/Bachof/Stober/Kluth*, VerwR Bd. 1, § 22 Rn. 44 f.
[25] Allgemein *Papier*, Recht der öffentlichen Sachen, 3. Aufl. 1998, S. 34 mwN.
[26] Die Rspr. unterscheidet nach dem Zweck des *Besuches*, die hL nach dem Zweck des *Hausverbotes*; s. nur *Maurer/Waldhoff*, Allg. VerwR, § 3 Rn. 35 mwN.
[27] *Manssen*, JuS 1992, 745 (746 f.) unter Hinweis auf *BVerwG* NJW 1980, 2538, und *Papier*, JuS 1981, 498 (502).
[28] Die pauschale Duldungspflicht nach § 1004 II BGB reicht insoweit nicht aus.
[29] Weil die Behörde auch bei zivilrechtlicher Verwaltungstätigkeit ihre Verwaltungsfunktion wahrnimmt (Auftragsvergabe im *Ausgangsfall 2*), ist es zu kurz gegriffen, wenn BVerwGE 35, 103 das Hausrecht in derartigen Fällen *ohne Weiteres* privatrechtlich einordnet.

(2) Ermächtigungsgrundlage für ein öffentlichrechtliches Einschreiten   389

Wie stets im öffentlichen Recht geht die *speziellere Ermächtigungsgrundlage* einer allgemeineren Ermächtigungsnorm vor.

Spezialermächtigungen finden sich zB für Parlamentsgebäude in Art. 40 II 1 GG und in den Verfassungen der Länder mit der Verleihung des Hausrechts an den Parlamentspräsidenten. Die Schulgesetze der Länder ermächtigen die Schulleiter zur Ausübung des öffentlichrechtlichen Hausrechts in den Schulen. Aus § 68 III VwVfG lässt sich der allgemeine Grundsatz für ein Verwaltungsverfahren ableiten, dass der Leiter des Verfahrens störende Beteiligte von der mündlichen Teilnahme am Verfahren ausschließen kann (*Ausgangsfall 1*).

Ist das Verwaltungsverfahrensrecht nicht einschlägig (*Ausgangsfälle 2, 4*), kommt die *polizei- und ordnungsrechtliche Generalklausel* (Rn. 110 ff.) in Betracht. Störungen der Verwaltungsfunktion sind Störungen der öffentlichen Sicherheit (Rn. 111) – und das unabhängig davon, ob die Verwaltungsfunktion im Außenverhältnis zum Bürger öffentlichrechtlich oder zivilrechtlich wahrgenommen wird. Soweit die gestörte Behörde nach dem einschlägigen Landesgesetz über die öffentliche Sicherheit und Ordnung selbst Ordnungsbehörde ist (Gemeinde in den *Ausgangsfällen 2, 4*), kann sie nach der polizei- und ordnungsrechtlichen Generalklausel vorgehen.

Nur wenn weder eine Spezialermächtigung noch – mangels Zuständigkeit – die polizei- und ordnungsrechtliche Generalklausel einschlägig ist, greift das in der Literatur zumeist alleine genannte[30] vorkonstitutionelle[31] *Gewohnheitsrecht* als *lex generalis* („Anstaltspolizei" mit der Fortentwicklung zu einer „innerbehördlichen Gefahrenabwehr"[32]).[33]

(3) Rechtscharakter eines ergangenen Hausverbotes (VA oder zivilrechtliche Willenserklärung) als Weichenstellung für den *Rechtsweg* und als Bezugspunkt für die materiellrechtliche Rechtmäßigkeitsprüfung.   390

Entscheidend ist *nicht*, wie die Behörde (nach soeben (1)) hätte handeln *müssen*, sondern wie sie (in vielleicht rechtswidriger Form) gehandelt *hat* (Fehlerquelle!). Hierfür ist der *objektive Erklärungswert* (Rn. 49) des Verbotes maßgebend (Vorhandensein einer Begründung nach den Anforderungen von § 39 I VwVfG und/oder einer Rechtsbehelfsbelehrung = VA, Fehlen beider = zivilrechtliche Willenserklärung, soweit keine gegenläufigen Indizien). Erst wenn der objektive Erklärungswert nicht hinreichend deutlich ist, kann man (als Auslegungsgrundsatz) annehmen, die Behörde habe die ihr rechtlich (nur) mögliche Rechtsform gewählt (VA im *Ausgangsfall 1*, zivilrechtliche Willenserklärung im *Ausgangsfall 3*).

Stand der Behörde sowohl die öffentlichrechtliche als auch die zivilrechtliche Vorgehensweise zur Verfügung (*Ausgangsfälle 2, 4*, Rn. 388), hat sie im Zweifel die für sie „einfachere" Möglichkeit des im Ansatz nicht einmal begründungsbedürftigen zivilrechtlichen Verbotes gewählt.

---

[30] ZB bei *Papier*, Recht der öffentlichen Sachen, 3. Aufl. 1998, S. 36; *Pappermann/Löhr/Andriske*, Recht der öffentlichen Sachen, 1987, S. 164.
[31] Nach der Rspr. des *BVerfG* ist Gewohnheitsrecht trotz des Vorbehalts des Gesetzes (nur) *insoweit* hinreichend: BVerfGE 60, 215 (229). Klausur zu einer vorkonstitutionellen Ermächtigungsgrundlage bei *Kempny/Tenostendarp*, JuS 2015, 441.
[32] Dazu *Drews/Wacke/Vogel/Martens*, Gefahrenabwehr, 9. Aufl. 1986, S. 71; *E. Forsthoff*, Lehrbuch des Verwaltungsrechts, 10. Aufl. 1973, S. 55, 129.
[33] Andere Ermächtigungskonstruktionen in Lit. und Rspr. über Stichworte wie „öffentliche Einrichtung", „öffentliche Sachherrschaft", „Annex zum Dienstbetrieb" können den verfassungsrechtlichen Anforderungen an eine Ermächtigungsgrundlage nicht genügen.

5. Teil. Die Gültigkeit von Normen

§ 24. Prozessuales und typische Falleinkleidungen

I. Inzidente Normprüfung

Oft wird die Gültigkeit einer Norm nur inzidenter erheblich, etwa dann, wenn die Norm Ermächtigungsgrundlage für einen Verwaltungsakt ist: Ein Verwaltungsakt ohne gültige Ermächtigungsgrundlage ist rechtswidrig (Rn. 59 ff., 76 ff.). 391

Jedes Gericht hat sich ein eigenes abschließendes Urteil über die Gültigkeit der Norm zu bilden, auf die es für die Entscheidung ankommt. Hält das Gericht die Norm für gültig, wendet es sie ohne Weiteres an. Dabei ist das Gericht auch befugt, das Gesetz verfassungskonform auszulegen.[1] Hält das Gericht ein *Gesetz* im *formellen* Sinne (Parlamentsgesetz)[2] für *verfassungswidrig*, kann es wegen Art. 100 I GG[3] *nicht von sich aus* von der Normanwendung absehen; insoweit fehlt ihm die eigene „Verwerfungskompetenz". Das Gericht hat das Verfahren vielmehr auszusetzen und die Entscheidung des *BVerfG*, vereinzelt auch die Entscheidung eines Landesverfassungsgerichts, einzuholen (= konkrete Normenkontrolle).[4] Das BVerfG hat insoweit ein *Verwerfungsmonopol* und ist gesetzlicher Richter iSd Art. 101 I 2 GG.[5] Falls in der Fallbearbeitung die Entscheidung eines Gerichts vorzubereiten ist, müssen die Bearbeiter also eventuell einen *Vorlagebeschluss* an das BVerfG vorschlagen. Art. 100 I GG greift aber nur ein, wenn die anstehende Entscheidung *ausschlaggebend* von der Verfassungswidrigkeit der Norm abhängt.[6] Muss einer Anfechtungsklage ohnehin schon stattgegeben werden, weil der Sachverhalt sich nicht unter die Ermächtigungsgrundlage subsumieren lässt, darf das Gericht keinen Vorlagebeschluss auf seine Ansicht stützen, die Ermächtigungsgrundlage sei im Übrigen auch verfassungswidrig. Dieser prozessuale Zusam- 392

---

[1] BVerfGE 70, 134 (136); zur verfassungskonformen Auslegung s. a. Rn. 78; zu ihren Grenzen und den Folgen ihrer Überschreitung BVerfGE 138, 64 (Rn. 71 ff., 86 f.) m. Anm. *Sachs*, JuS 2015, 472.

[2] Im Unterschied zu einem Gesetz im (bloß) *materiellen* Sinne (Rechtsverordnung, Satzung), auf das Art. 100 I GG keine Anwendung findet: st. Rspr.; s. zB BVerfGE 1, 184 (189 ff.); 114, 303 (310). Für Gesetze aus der Zeit *vor Inkrafttreten des GG und für DDR-Gesetze* (BVerfGE 97, 117 (122)), gilt Art. 100 I GG nur, wenn der *nachkonstitutionelle* Gesetzgeber die Gesetzesbestimmung „in seinen Willen aufgenommen" hat; dazu (mit Kriterien) BVerfGE 11, 126 (129); 2, 124 (128 ff.); *BVerfG (Kammer)* NJW 1998, 3557. – Beim *vorläufigen Rechtsschutz* ist die Bindung der Fachgerichte an Art. 100 I GG gelockert: BVerfGE 86, 382 (389); *OVG Münster* NVwZ 2017, 807 m. Anm. *Sachs*, JuS 2017, 1036; sowie *Schenke*, JuS 2017, 1141.

[3] Einzelheiten bei *Hillgruber/Goos*, Verfassungsprozessrecht, Rn. 566 ff.; „Grundfälle" bei *Geis/O. Schmidt*, JuS 2012, 121; Klausuren bei *Barczak*, JuS 2012, 156; *Windthorst*, JuS 2012, 826.

[4] Zu den Voraussetzungen für die *erneute* Vorlage einer vom *BVerfG* bereits entschiedenen Frage s. *BVerfG (Kammer)* NJW 1999, 2581. Zur Vorlage einer verfassungswidrig unvollständigen Norm (Teilunterlassen) *BVerfG* NJW 2017, 53 (53 f.). Zu einer Sachentscheidung durch das Fachgericht im einstweiligen Rechtsschutz *OVG Münster* NVwZ 2017, 807 m. Anm. *Sachs*, JuS 2017, 1036; sowie *Schenke*, JuS 2017, 1141.

[5] BVerfGE 138, 64 (Rn. 65 ff.) m. Anm. *Sachs*, JuS 2015, 472; E 117, 330 (356).

[6] BVerfGE 79, 245 (248); 47, 146 (151); 42, 42 (49). Zu den Auswirkungen des Todes eines Verfahrensbeteiligten des Ausgangsverfahrens auf die Zulässigkeit der NK *BVerfG* NJW 2017, 53 (54 f.).

menhang kann dafür sprechen, die Frage nach der Verfassungswidrigkeit einer Ermächtigungsgrundlage (abweichend von der Struktur in Rn. 76 ff.) erst am Schluss aller Überlegungen aufzuwerfen.

II. Normenkontrollverfahren kraft subjektiven Rechts

1. Gegen Parlamentsgesetze

393 Nach Maßgabe von § 47 VwGO kann dem *Bürger* ein Normenkontrollverfahren *unmittelbar* gegen eine Norm vor dem Oberverwaltungsgericht zur Verfügung stehen. Aber § 47 VwGO gilt *nicht* für Gesetze im *formellen* Sinne *(Parlamentsgesetze).* Soweit kein Ansatz für eine inzidente Normprüfung gegeben ist, kommt gegen Gesetze im formellen Sinne nur der „außerordentliche Rechtsbehelf"[7] einer **Verfassungsbeschwerde** (Art. 93 I Nr. 4a GG iVm § 13 Nr. 8a, §§ 90 ff. BVerfGG) mit sehr engen Verfahrensvoraussetzungen (Rn. 499 ff.) in Betracht.

Obgleich der *außerordentliche* Rechtsbehelf der Verfassungsbeschwerde die Rechtsschutzgarantie des Art. 19 IV GG nicht einlöst,[8] ist die Rechtsschutzlücke unbedenklich. Nach der Rechtsprechung des *BVerfG* findet Art. 19 IV GG auf Gesetze im formellen Sinne keine Anwendung.[9]

2. Gegen untergesetzliche Normen

394 a) Gegen „im Rang *unter* dem *Landes*gesetz stehende Rechtsvorschriften" (Rechtsverordnungen, Satzungen)[10] kann der Bürger in *den* Ländern durch ein **Normenkontrollverfahren** vor dem OVG gemäß § 47 VwGO vorgehen, die von der Möglichkeit des § 47 I Nr. 2 VwGO Gebrauch gemacht haben.[11] Gegen „Satzungen, die nach den Vorschriften des Baugesetzbuchs erlassen worden sind" (= *Bebauungspläne),* bzw. gegen entsprechende „Rechtsverordnungen auf Grund des § 246 II Baugesetzbuch" (Stadtstaaten) ist die Normenkontrollklage gem. § 47 I Nr. 1 VwGO *in allen* Bundesländern gegeben.[12]

---

[7] BVerfGE 49, 252 (258).
[8] BVerfGE 79, 365 (367); 1, 332 (344); *BVerfG (Kammer)* NVwZ 1998, 169 (170); mit Art. 93 I Nr. 4a GG steht die Verfassungsbeschwerde rechtssystematisch *neben* Art. 19 IV GG.
[9] BVerfGE 95, 1 (22); 45, 297 (334); 24, 33 (49 ff.); 24, 367 (401).
[10] Zum Begriff der Rechtsvorschrift iSv § 47 I Nr. 2 VwGO ausführlich Sodan/Ziekow/ *Ziekow,* VwGO, 4. Aufl. 2014, § 47 Rn. 93 ff. Nach BVerwGE 75, 109 (118) sind *Verwaltungsvorschriften* keine Rechtsvorschriften iSv § 47 I Nr. 2 VwGO; Ausnahme bei gesetzlich angeordneter unmittelbarer Rechtswirkung nach außen: *BVerwG* NVwZ 1994, 1213. Nach BVerwGE 117, 313 (319) kann die Änderung einer Rechtsverordnung durch ein formelles Gesetz als Rechtsvorschrift gemäß § 47 I Nr. 2 VwGO angesehen werden, wenn das Gesetz nach dem Willen des Gesetzgebers materiell nur den Rang einer Rechtsverordnung haben soll.
[11] Maßgebend ist das Ausführungsgesetz zur VwGO des jeweiligen Bundeslandes. Zum Fall der „länderübergreifenden" Rechtsverordnung, wenn nur ein betroffenes Land die NK eingeführt hat, BVerwGE 154, 247. Neuere Rspr. zu § 47 VwGO bei *Schübel-Pfister,* JuS 2017, 416; Klausur bei *C. Kremer,* JuS 2012, 431.
[12] Beispiel in Rn. 304; Klausur bei *Kleider,* JuS 2011, 815. Auch auf *Flächennutzungspläne* (§ 5 BauGB) kann § 47 I Nr. 1 VwGO (entsprechende) Anwendung finden: BVerwGE 128, 382; differenzierend E 146, 40; anders noch *BVerwG* NVwZ 1991, 262; Klausur bei *Hyckel,* JuS 2015, 162.

§ 24. Prozessuales und typische Falleinkleidungen

In *Parallele* zu § 42 II VwGO[13] (Rn. 185 ff., 194 ff., 221b) ist antragsbefugt nur eine „Person, die geltend macht, durch die Rechtsvorschrift oder deren Anwendung *in ihren Rechten* verletzt zu sein oder in absehbarer Zeit verletzt zu werden" (§ 47 II 1 VwGO). Bei Bebauungsplänen ist in seinen Rechten betroffen, wer sich auf einen abwägungserheblichen privaten Belang (§ 1 VII BauGB, Rn. 432) berufen kann, soweit dieser für die Gemeinde erkennbar war.[14]

b) Gegen untergesetzliche Normen, die § 47 I VwGO *nicht* unterfallen (Rechtsverordnungen und Satzungen auf *Bundesebene*) oder für die der Landesgesetzgeber von § 47 I Nr. 2 VwGO *keinen* Gebrauch gemacht hat, muss der Bürger ebenfalls eine Rechtsschutzmöglichkeit haben. Mit der Rechtsprechung des *BVerwG*[15] und des *BVerfG*[16] ist nämlich davon auszugehen, dass die Rechtsschutzgarantie des Art. 19 IV GG gilt, wenn eine untergesetzliche exekutive Norm einen Bürger in seinen subjektiven Rechten beeinträchtigt. In Fällen, in denen der Betroffene über eine bloß inzidente Normprüfung keinen hinreichend effektiven Rechtsschutz zu erlangen vermag,[17] garantiert Art. 19 IV GG damit den Rechtsschutz *unmittelbar* gegen die untergesetzliche Norm.

Vor diesem Hintergrund erkennt das BVerwG[18] mittlerweile eine auf § 43 I VwGO gestützte **Nichtigkeitsfeststellungsklage** unmittelbar gegen untergesetzliche Normen an,[19] wenn die Voraussetzungen des § 42 II VwGO (Art. 19 IV GG) vorliegen.[20] Mit § 47 I VwGO hat der Gesetzgeber eine solche Lösung nicht „verbaut".[21] Bei § 47 I VwGO löst die subjektivrechtliche Komponente (§ 47 II 1 VwGO) ein „*objektives* Rechtsbeanstandungsverfahren"[22] mit Rechtskraftwirkung *inter omnes* (§ 47 V 2 VwGO) aus. Die Nichtigkeitsfeststellungsklage nach § 43 I VwGO ist auf ihren *subjektivrechtlichen* Ansatz (§ 42 II VwGO) beschränkt und führt bloß zur Rechtskraft *inter partes* (§ 121 VwGO).

Im Vorfeld der Nichtigkeitsfeststellungsklage lässt das BVerwG die **vorbeugende Unterlassungsklage** vor dem Verwaltungsgericht gegen die Fortführung eines eingeleiteten Normsetzungsverfahrens zu.[23] Ein *Anspruch auf Normerlass oder Normergänzung* kann nach der Rechtsprechung über eine **Feststellungsklage** geltend gemacht werden;[24] in Betracht kommt aber auch eine **allg. Leistungsklage**[25].

---

[13] BVerwGE 114, 301 (303) (Gemeinden); 107, 215 (217 f.); kritisch etwa *Schütz*, NVwZ 1999, 929; *Schmidt-Preuß*, DVBl 1999, 103.
[14] *BVerwG* NVwZ 2004, 1120; NVwZ 2007, 825 (826); entsprechend zu einem Regionalplan *BVerwG* NVwZ 2007, 229.
[15] BVerwGE 111, 276 (278 f.); 80, 355 (361) mit ausführlicher Begründung.
[16] BVerfGE 115, 81 (92 ff.).
[17] Zu dieser Einschränkung s. BVerfGE 115, 81 (93).
[18] BVerwGE 111, 276 (278 ff.); 136, 54 (57 f.).
[19] Damit ist der Weg über „verkappte" Normenkontrollklagen (Feststellungsklage auf Nichtbestehen eines individuellen Status oder einer individuellen Verpflichtung mit der inzidenten Frage nach der Gültigkeit der zugrunde liegenden Norm), auf den die Rspr. zunächst ausgewichen war (BVerwGE 51, 104 (106); *BVerwG* NJW 1983, 2208), obsolet geworden.
[20] Zur *allgemeinen* Anwendung von § 42 II VwGO auf Feststellungsklagen schon Rn. 213.
[21] BVerwGE 111, 276 (278); 136, 54 (57); BVerfGE 115, 81 (95 f.).
[22] S. *Kopp/Schenke*, VwGO, § 47 Rn. 3; *BVerwG* NVwZ 1990, 157 (158 f.). Deshalb kann das Normenkontrollgericht eine Norm auch aus Gründen für unwirksam erklären, welche die privaten Belange des Antragstellers *nicht* berühren: *BVerwG* NVwZ 2001, 431 (432).
[23] BVerwGE 54, 211 (214 ff.); 40, 323 (325 ff.).
[24] BVerwGE 152, 55; 130, 52; 80, 355; *BVerwG* NVwZ-RR 2010, 578; NVwZ 2002, 1505; NVwZ 1990, 162.
[25] *Hufen*, Verwaltungsprozessrecht, § 20 Rn. 8 mwN.

III. Abstrakte Normenkontrolle

395 Die *Bundesregierung,* eine *Landesregierung* oder *ein Viertel der Mitglieder des Bundestages* können in bestimmten Fällen die sogenannte abstrakte Normenkontrolle vor dem *BVerfG* beantragen (Art. 93 I Nr. 2 GG, § 13 Nr. 6, §§ 76 ff. BVerfGG).[26] – Im Anwendungsfeld von § 47 I VwGO kann nach Maßgabe von § 47 II 1 VwGO *jede Behörde* gegen *untergesetzliche* Normen ein Normenkontrollverfahren vor dem *Oberverwaltungsgericht* einleiten.

IV. Normprüfung aus sonstigen Anlässen

396 Mitunter interessieren sich nach der Fallgestaltung *Beteiligte* an einem Normsetzungsverfahren für die Rechtmäßigkeit einer *geplanten* Norm, weil ihnen gerade diese Funktion zukommt oder weil sie jedenfalls am Erlass rechtswidriger Normen nicht mitwirken möchten (Genehmigung von Rechtsverordnungen und Satzungen durch die Aufsichtsbehörde; Prüfungsrecht des Bundespräsidenten vor der Ausfertigung und Verkündung von Bundesgesetzen, Rn. 658 ff.). Oft verzichten die Aufgabensteller schließlich auch ganz auf jede nähere Einkleidung und fragen unvermittelt, ob eine bestimmte bereits erlassene Norm gültig sei oder eine geplante Norm gesetzt werden dürfe.

§ 25. Generell wichtige Einzelaspekte der Normprüfung

I. Bindungswirkung der Entscheidungen des BVerfG

397 Im Laufe der Jahre hat das BVerfG eine Fülle von Rechtsnormen verfassungsrechtlich überprüft. In Hausarbeiten darf nicht erneut untersucht werden, was bereits von der Bindungswirkung dieser Entscheidungen des BVerfG nach § 31 I BVerfGG erfasst ist.[1] Besondere Vorsicht ist insoweit geboten, wenn die Aufgabe einer Entscheidung des *BVerfG* nachgebildet ist. Eine erneute Entscheidung des BVerfG kommt nur in Betracht, „wenn tatsächliche oder rechtliche Veränderungen einge-

---

[26] Zu Einzelheiten etwa *Hillgruber/Goos,* Verfassungsprozessrecht, Rn. 491 ff.; „Grundfälle" bei *Geis/O. Schmidt,* JuS 2012, 121; Klausurfälle bei *Grosche,* JuS 2016, 239; *Droege/Broscheit,* JuS 2015, 633; *Hofmann,* JuS 2014, 617; *Prehn,* JuS 2014, 905; *Schulz,* JuS 2013, 910; *Huber,* JuS 2012, 140; Hausarbeit bei *Greinert,* JuS 2014, 132.

[1] Vertiefend zu § 31 I BVerfGG (und zur Gesetzeskraft nach § 31 II BVerfGG) *Hillgruber/Goos,* Verfassungsprozessrecht, Rn. 552; *Gaier,* JuS 2011, 961. BVerfGE 40, 88 erstreckt die Bindungswirkung auf die *verfassungskonforme* Auslegung *einfachen* Gesetzesrechts durch das *BVerfG*. Nach BVerfGE 77, 84 (103) hindert die Bindungswirkung nicht den *Gesetzgeber,* inhaltsgleiche Neuregelungen zu beschließen.

treten sind, die die Grundlage der früheren Entscheidung berühren und deren Überprüfung nahelegen".[2]

II. Rechtsnatur der Norm

Vor jeder Einzelprüfung müssen sich die Bearbeiter Klarheit über die Rechtsnatur der Norm verschaffen. Die Gültigkeitsvoraussetzungen von Verfassungsänderung, Gesetz, Verordnung und Satzung unterscheiden sich in mancher Einzelheit. 398

Erhebliche Fehler entstehen etwa, wenn die Worte „Verordnung" und „Satzung" synonym gebraucht und damit in der Sache gleichgesetzt werden. Eine **Verordnung** ist *staatliches* Recht, das von der *Exekutive* kraft *gesetzlicher Ermächtigung* erlassen wird. Die **Satzung** hingegen[3] ist *nichtstaatliches* Recht einer *nichtstaatlichen öffentlichrechtlichen Körperschaft* (Gemeinde, Universität usw., Rn. 637 ff.) in Selbstverwaltungsangelegenheiten. Diese eigene Rechtsetzungsgewalt (Autonomie) ist vom Staate *verliehen*. Eine Satzung wird von der *Legislative* der nichtstaatlichen Körperschaft erlassen, nicht von seiner Exekutive (also zB vom Stadtrat, nicht von der Stadtverwaltung). Von der Selbstverwaltung ist die *Auftrags*verwaltung zu unterscheiden. In ihrem Bereich setzt die nichtstaatliche Körperschaft Recht im Auftrag des *Staates*. Verwirrung entsteht leicht dadurch, dass innerhalb der Körperschaft auch insoweit zumeist die Legislative tätig wird und dass diese Rechtsakte zT ebenfalls „Satzungen" genannt werden.[4] 399

Gesetz und exekutive Rechtsverordnung vermischen sich, wenn der Gesetzgeber im Rahmen einer Gesetzesänderung gleichzeitig auch den Inhalt einer Rechtsverordnung verändert, wie es häufig geschieht. Nach dem BVerfG[5] hat eine solche Gesetzesbestimmung einen *Doppelcharakter: Formal* ist sie Gesetz, so dass sie den Regelungen des GG zum Gesetzgebungsverfahren (Rn. 407 ff.) unterliegt. *Materiell* ist die Gesetzesbestimmung das, was sie nach dem Gesetzeswortlaut nur sein will: ein Bestandteil der Rechtsverordnung. Demgemäß ist der Gesetzgeber an die sachlichen Grenzen der Verordnungsermächtigung (Art. 80 I GG, Rn. 419) gebunden. Gestützt auf die Verordnungsermächtigung darf die Exekutive das gesetzliche Implantat in der Rechtsverordnung ändern. Wie jede Bestimmung einer Rechtverordnung (Rn. 392) darf ein Gericht das gesetzliche Implantat verwerfen, ohne an Art. 100 I GG gebunden zu sein.

III. Verfassungskonforme Auslegung

Eine Norm verstößt nur dann gegen höherrangiges Recht, wenn sie nicht dem höherrangigen Recht *konform ausgelegt* werden kann (Rn. 78). 400

---

[2] So BVerfGE 87, 341 (346); zusammenfassend BVerwGE 107, 169 (171); Klausur bei *Streinz/ Herrmann/Kruis*, JuS 2011, 1106. Dem stehen Entscheidungen des *EGMR* gleich, die neue Aspekte für die Auslegung des GG enthalten: *BVerfG* NJW 2011, 1931 (1934) – Sicherungsverwahrung; s. a. Rn. 711b.
[3] Zur Gegenüberstellung s. etwa *Wolff/Bachof/Stober/Kluth*, VerwR Bd. 1, § 25 Rn. 61; BVerwGE 12, 322 (325).
[4] S. etwa § 23 S. 2 BayGO.
[5] BVerfGE 114, 196 (234 ff.) mit abweichender Meinung der Richterin *Osterloh* und des Richters *Gerhardt* (250 ff.); 114, 303 (310 ff.).

IV. Nichtigkeit rechtswidriger Normen (?)

401 Im Grundsatz gilt: Die *inhaltliche Unvereinbarkeit* einer Norm mit höherrangigem Recht einschließlich der inhaltlichen Überschreitung von Kompetenzbegrenzungen führt zur Nichtigkeit und damit zur Unanwendbarkeit einer Norm.[6] Ein *Verfahrensfehler* führt dagegen nur dann zur Nichtigkeit einer Norm, wenn er *evident* ist.[7] Insbesondere aus Gründen der Rechtssicherheit kann außerdem *spezialgesetzlich*[8] angeordnet sein, dass „an sich" relevante Fehler vorübergehend oder endgültig unerheblich sind.[9]

402 Nach §§ 31 II 2, 79 I BVerfGG und § 35 BVerfGG kann sich das BVerfG darauf beschränken, eine Norm bloß für unvereinbar mit dem Grundgesetz zu erklären, und eventuell zugleich die *vorübergehende Weitergeltung der Norm* anordnen.[10] (1) Eine bloße Unvereinbarkeitserklärung ist angezeigt, wenn der Gesetzgeber mehrere Möglichkeiten hat, den verfassungswidrigen Zustand zu beseitigen.[11] (2) *Gleichheitswidrige Begünstigungen* bleiben kraft Weitergeltungsanordnung vorübergehend bis zur Neuregelung durch den Gesetzgeber aufrechterhalten, wenn die Nichtigerklärung gesetzestechnisch nicht möglich ist, dem Anliegen des Beschwerdeführers nicht entsprechen würde oder einen Eingriff in die Gestaltungsfreiheit des Gesetzgebers enthielte[12] (Beispiel in Rn. 794). (3) Die vorübergehende Weitergeltung wird angeordnet, wenn durch die Nichtigerklärung ein *rechtliches Chaos*[13] oder ein Zustand herbeigeführt würde, der mit der Verfassung noch weniger vereinbar wäre als der gegenwärtige[14]. Gilt es so, überkommenes Recht der Verfassung anzupassen, pflegt das BVerfG dem Gesetzgeber *Karenzzeiten* einzuräumen.[15] Nach Ablauf der Karenzzeit kann die Anpassung den Gerichten zufallen.[16] (4) *Vereinzelt* trifft das *Bundesverfassungsgericht* auch *selbst Zwischenregelungen*.[17]

403 Bei der *Teil*nichtigkeit von Gesetzen und anderen Rechtsvorschriften ist der Gedanke des § 139 BGB heranzuziehen.[18] Nach der Rechtsprechung des *BVerwG* führt die Ungültigkeit eines Teils einer Norm dann nicht zu ihrer Gesamtnichtigkeit, wenn die Restbestimmung auch ohne den nichtigen Teil sinnvoll bleibt (Grundsatz der Teilbarkeit) *und* mit Sicherheit anzunehmen ist, dass sie auch ohne diesen erlassen worden wäre (Grundsatz des mutmaßlichen Willens des Normgebers).[19]

---

[6] BVerfGE 91, 148 (175); 34, 9 (25); 31, 47 (53).
[7] BVerfGE 91, 148 (175); 34, 9 (25); 31, 47 (53).
[8] Zum Erfordernis einer *gesetzlichen* Grundlage *BVerwG* DÖV 1995, 469; *BSG* MedR 2000, 51; *C. Hartmann*, DVBl 1997, 1265 (1266).
[9] Beispiele in Rn. 408 (3.), 435, 436.
[10] BVerfGE 87, 153 (177); 91, 186 (207); 99, 202 (215); 109, 190 (235, 244) mit Sondervotum der Bundesverfassungsrichter/in *Broß, Osterloh* und *Gerhardt* zu den Voraussetzungen für eine Weitergeltungsanordnung; s.a. E 87, 114 (136). Zum Ganzen auch *Blüggel*, Unvereinbarkeitserklärung statt Normenkassation durch das BVerfG, 1998; allg. zu den Entscheidungsmöglichkeiten des BVerfG *Aust/Meinel*, JuS 2014, 25 u. 113.
[11] BVerfGE 87, 153 (178); s.a. E 122, 210 (245 f.); 101, 397 (409); 99, 202 (216); 96, 260 (264); 88, 5 (17); 87, 114 (150); 85, 226 (237).
[12] St. Rspr.; zB BVerfGE 82, 126 (154 f.); 37, 260 f.; 33, 105; 32, 372 f.; 31, 1 (7 f.); 22, 349.
[13] BVerwGE 21, 1 (39 ff.) – Umsatzsteuer.
[14] BVerfGE 125, 175 (256); 87, 153 (177); 83, 130 (154).
[15] S. *BVerfG* in den vorstehenden Fußnoten. Musterbeispiel: Art. 117 GG. Gegenüber der möglicherweise unzureichenden Neuregelung kann das BVerfG keine Vollstreckungsanordnungen nach § 35 BVerfGG treffen; s. *BVerfG* NVwZ 2016, 1406 (1406 f.) m. Anm. *Sachs*, JuS 2016, 1151.
[16] BVerfGE 82, 126 (155).
[17] S. zB BVerfGE 121, 317 (376 ff.); 101, 397 (410).
[18] S. BVerwGE 82, 225 (230); *BVerwG* NVwZ 1994, 272.
[19] *BVerwG* NVwZ 1990, 159 (160); BVerwGE 82, 225 (230). Speziell zur Teilnichtigkeit von *Bebauungsplänen BVerwG* NVwZ 1994, 271; NVwZ 1994, 684; NVwZ 1992, 567.

§ 26. Die wichtigsten Gültigkeitsvoraussetzungen einer Verfassungsänderung

Ausgangsfall:[1]

Im sog. Ermächtigungsgesetz vom 24. März 1933 hieß es: „Reichsgesetze können außer in dem in der Reichsverfassung vorgesehenen Verfahren auch durch die Reichsregierung beschlossen werden."[2] Würde ein solches Ermächtigungsgesetz unter dem GG noch ergehen können? – Das Ermächtigungsgesetz würde die Verteilung der Gesetzgebungszuständigkeiten nach dem GG ändern und wäre deshalb als Verfassungsänderung an folgenden Gültigkeitsanforderungen zu messen:

404

I. Verfahren und Form der Verfassungsänderung

Insbesondere[3] sind erforderlich:

405

1. Die Zustimmung von zwei Dritteln der Mitglieder des Bundestages und zwei Dritteln der Stimmen des Bundesrates (Art. 79 II GG).
2. Die Änderung oder Ergänzung des Verfassungs*textes* (Art. 79 I 1 GG).

II. Änderungsfestes Minimum

Gem. Art. 79 III GG ist eine Verfassungsänderung nichtig, „durch welche die Gliederung des Bundes in Länder, die grundsätzliche Mitwirkung der Länder bei der Gesetzgebung oder die in den Artikeln 1 und 20 niedergelegten Grundsätze berührt werden".

406

Dem liegt die *verfassungstheoretische Unterscheidung zwischen „Verfassungsgeber" und „Verfassungsgesetzgeber"* zugrunde. Der Verfassungsgeber hat den Gesetzgeber nur ermächtigt, die Verfassung zu *ändern*, nicht aber, die Verfassung zu *vernichten*, durch Veränderung der *tragenden* Verfassungsprinzipien eine *neue* Verfassung zu schaffen. Dazu ist gemäß Art. 146 GG nur die verfassungsgebende Gewalt des *Volkes* in der Lage.[4]

Die Verfassungsänderung des *Ausgangsfalles* würde die grundsätzliche Mitwirkung der Länder bei der Gesetzgebung, das Gewaltenteilungsprinzip (Art. 20 II 2 GG) sowie das demokratische Prinzip (Art. 20 I, II GG) missachten. Sie wäre daher unzulässig.[5] – Das „Abhör-

---

[1] Fall bei *W. Martens/Guthardt-Schulz*, JuS 1971, 197; weiterer Fall bei *Berg/Dragunski*, JuS 1995, 238.
[2] Ausführlich zum Ermächtigungsgesetz *Wadle*, JuS 1983, 170.
[3] Die weiteren Erfordernisse des Gesetzgebungsverfahrens (Rn. 408 ff.) gelten auch hier.
[4] S. dazu etwa *Hesse*, Verfassungsrecht, Rn. 700 ff.; *Stern*, JuS 1985, 329; BVerfGE 84, 90 (120); allgemein *Böckenförde*, Die verfassungsgebende Gewalt des Volkes, 1986.
[5] Ausführlich *W. Martens/Guthardt-Schulz*, JuS 1971, 197. Art. 79 III GG kann allerdings nur solange normative Kraft entfalten, wie die am Verfassungsleben beteiligten Kräfte in hinreichender Breite einen aktuellen „Willen zur Verfassung" haben (zu ihm *Hesse*, Verfassungsrecht, Rn. 44). Hätte bereits die WV eine Bestimmung wie Art. 79 III GG enthalten, wäre der Weg zum Nationalsozialismus vermutlich trotzdem nicht aufgehalten worden. Vor diesem Hintergrund führt eine systematische Brücke von Art. 79 III GG zu Art. 9 II, 18, 21 II–IV GG und den anderen Vorschriften des Grundgesetzes zum Schutz gegen seine Feinde.

urteil" des *BVerfG* und sein Urteil zum „Großen Lauschangriff" interpretieren die rechtsstaatlichen Elemente des Art. 79 III GG restriktiv.⁶ Nach BVerfGE 84, 90 (121) sind die Verbürgungen der Grundrechte „insoweit einer Einschränkung grundsätzlich entzogen, als sie zur Aufrechterhaltung einer dem Art. 1 Abs. 1 und 2 GG entsprechenden Ordnung unverzichtbar sind".⁷

§ 27. Die wichtigsten Gültigkeitsvoraussetzungen eines Gesetzes

I. Verbandsmäßige Kompetenz des Gesetzgebers (Art. 70 ff. GG)

407 Entscheidend ist, ob der *Bundes*gesetzgeber oder der *Landes*gesetzgeber zuständig ist. Klausurprobleme, die hier auftauchen, werden später (Rn. 663 ff.) im Zusammenhang mit der föderalen Ordnung des GG dargestellt.

II. Gesetzgebungsverfahren für Bundesgesetze (Art. 76 ff. GG)¹

408 1. Gesetzesinitiative (Art. 76 I GG).²

2. „Erster Durchgang" im BRat bei Gesetzesinitiative der BReg (Art. 76 II GG).

3. Behandlung im BTag gemäß GO BT (1. Lesung, Ausschussberatungen, 2. und 3. Lesung).

Beachte: 1., 2. und 3. sind *keine Voraussetzungen für die Gültigkeit* eines erlassenen Gesetzes (s. Art. 78 GG).³

4. Gesetzesbeschluss (Art. 77 I 1 GG) mit der erforderlichen Mehrheit⁴.

5. Befassung des BRates (Art. 77 I 2 GG).

6. Evtl. Vermittlungsverfahren mit erneuter Beschlussfassung des BTages bei Änderungsvorschlag des Vermittlungsausschusses (Art. 77 II GG).⁵

---

⁶ BVerfGE 30, 1 (24 ff.); 109, 279 (310) m. Anm. *Sachs,* JuS 2004, 522: „eng auszulegende Ausnahmevorschrift".

⁷ Einzelkriterien zu Art. 1 I, II GG in BVerfGE 109, 279 (311). Zum föderalen Prinzip in Art. 79 III GG BVerfGE 34, 9. Vertiefend zu Art. 79 III GG insgesamt *Hain,* Die Grundsätze des GG, 1999.

¹ Detailliert dazu *Maurer,* Staatsrecht I, 6. Auflage 2010, S. 540 ff.; Überblick bei *Frenzel,* JuS 2010, 27, 119; Grundfälle bei *Bäumerich/Fadavian,* JuS 2017, 1067; Hausarbeit bei *Greinert,* JuS 2014, 132; Klausuren bei *Hofmann,* JuS 2014, 617; *Prehn,* JuS 2014, 905; *Schulz,* JuS 2013, 910; *Huber,* JuS 2012, 140; *Barczak,* JuS 2012, 156; *Stumpf,* JuS 2010, 35; *Seifarth,* JuS 2010, 790. Zu Fragen der Volksgesetzgebung *Kühling,* JuS 2009, 777.

² Der Gesetzesinitiant hat einen Anspruch darauf, dass sich das Bundestagsplenum mit der Gesetzesinitiative befasst und grundsätzlich auch über diese beschließt; hierzu näher *BVerfG* NVwZ 2017, 1108 m. Anm. *Sachs,* JuS 2017, 803.

³ BVerfGE 29, 221 (234).

⁴ S. insbes. Art. 42 II 1 GG. Allgemein zu Mehrheitserfordernissen im Staatsrecht *Kaiser,* JuS 2017, 221.

⁵ Zu Grenzen der Vorschlagsmöglichkeiten des Vermittlungsausschusses BVerfGE 125, 104 (121 ff.); 120, 56 (73 ff.); 101, 297 (306 ff.); 72, 175 (187 ff.); Klausuren bei *M. J. Huber,* JuS 2012, 140; *Seifarth,* JuS 2010, 790.

§ 27. Die wichtigsten Gültigkeitsvoraussetzungen eines Gesetzes

7. Beschluss des BRates in der Unterscheidung zwischen „zustimmungsbedürftigen Gesetzen" und bloßen „Einspruchsgesetzen" (Art. 77 IIa, III GG, Rn. 671).

8. Zurückweisung eines evtl. Einspruchs durch den BTag mit der erforderlichen Mehrheit bei „Einspruchsgesetzen" (Art. 77 IV GG; bei „Zustimmungsgesetzen" kann der BTag eine Verweigerung der Zustimmung durch den BRat *nicht* ausräumen).

9. Ausfertigung und Verkündung des Gesetzes durch den Bundespräsidenten (Art. 82 I 1 GG).

In der Regel lassen sich alle erforderlichen Einzelheiten ohne Weiteres aus der Verfassung ablesen. Eine zentrale Anknüpfung im Gesetzgebungsverfahren haben daher allenfalls Klausuren, die ein sauberes Arbeiten abverlangen oder alsbald zu Verfassungs*lücken* führen. Wie auch sonst in derartigen Fällen wird von den Bearbeitern jetzt zumeist eher *Verständnis* als detaillierte Kenntnis verlangt.

> **Beispiel:** Über Art. 81 GG (Gesetzgebungsnotstand) ist auf Initiative der Bundesregierung mit Zustimmung des Bundesrates gegen den Willen des Bundestages ein Gesetz ergangen, für das die Zustimmung des Bundesrates im Normalfall nicht erforderlich gewesen wäre. Einen Monat nach Verkündung im Bundesgesetzblatt hebt der Bundestag das Gesetz mit Zustimmung der Bundesregierung wieder auf. Der Bundesrat fragt an, ob er so „übergangen" werden dürfe. – Fast alle Bearbeiter hielten die Zustimmung des Bundesrates für erforderlich, weil er auch beim Erlass des Gesetzes mitgewirkt habe.[6] Indessen: Art. 81 GG betrifft einen Konflikt zwischen Bundestag und Bundesregierung. Deshalb liegt es nahe, den Bundesrat als „Ersatzgesetzgeber" anzusehen, der *nur* an die Stelle des Bundestages tritt, wenn sich dieser gegen ein Vorhaben der Bundesregierung sperrt. Nach dem Sachverhalt haben sich Bundesregierung und Bundestag aber geeinigt, womit der vorausgegangene Konflikt entfällt.

409

Die bisher skizzierten Anforderungen betreffen den *äußeren* Gang des Gesetzgebungsverfahrens. Es finden sich Gerichtsentscheidungen, die rechtliche Anforderungen auch an das *innere* Gesetzgebungsverfahren, an die **Methodik der Entscheidungsfindung**, stellen.[7] Derartige Vorgaben können nur überzeugen, soweit sie sich normativ in der Verfassung verankern lassen. Neben den genannten Vorschriften zum äußeren Gesetzgebungsverfahren stellen Verfassungsnormen, insbesondere die Grundrechte, aber grundsätzlich nur Anforderungen an das Entscheidungs*ergebnis*, also das fertige Gesetz. Der Entstehungsprozess ist in der parlamentarischen Demokratie denknotwendig durch das Erfordernis einer Kompromissfindung geprägt, die sich kaum durch eine Methodik der Entscheidungsfindung leiten lässt. Solange der Sachverhalt keine gegenteiligen Anhaltspunkte enthält, können die Bearbeiter in der Fallbearbeitung ohne Weiteres davon ausgehen, dass die Methodik der Entscheidungs*findung* in Ordnung war.[8]

410

---

[6] So auch ohne Weiteres *H. Schneider*, VVDStRL 8, 47.
[7] BVerwGE 34, 293 (301 ff.) (im Kontext von Rn. 427 ff.); *VerfGH NRW* DVBl 1976, 391; NJW 1976, 2209; BVerfGE 50, 50 (51) (jeweils zu Neugliederungsgesetzen); E 111, 226 (255); 106, 62 (150 ff.); 50, 290 (334); 39, 210 (226) (jeweils zur hinreichenden Ermittlung von Prognosegrundlagen); E 125, 175 (225 f.) – Hartz IV-Regelsatz; 132, 134 (162 ff. Rn. 69 ff.) – Asylbewerberleistungsgesetz (jeweils zu Berechnungsverfahren); Klausur bei *Windthorst*, JuS 2012, 826. Grundlegend die gegensätzlichen Positionen von *G. Schwerdtfeger*, FS H. P. Ipsen, 1977, S. 173 ff. einerseits; und *Schlaich*, VVDStRL 39 (1981), S. 108 ff. andererseits.
[8] Klausurfälle zur Problematik des „Gesetzgebungsoutsourcing" bei *M. R. Otto/Saurer*, JuS 2011, 235; *Lüdemann/Hermstrüwer*, JuS 2012, 57.

III. Bestimmtheitsgebot

411 Das verfassungsrechtliche Bestimmtheitsgebot folgt aus dem „**Vorbehalt des Gesetzes**" (Rn. 59).[9] Dieser liefe leer, wenn sich der Normgeber mit Leerformeln begnügen und die eigentliche inhaltliche Entscheidung der Exekutive überlassen könnte. Das Bestimmtheitsgebot gilt *unterschiedlich strikt*, je nachdem, ob das Gesetz *selbst* Rechte und Pflichten der Bürger festlegt bzw. Eingriffsermächtigungen für die Verwaltung schafft *oder* ob das Gesetz „bloß" zum Erlass einer Rechtsverordnung (Rn. 418 ff.) oder Satzung (Rn. 427 ff.) *ermächtigt*, die ihrerseits erst das Verhältnis zum Bürger normativ regeln und dann *ihrerseits* erst den strikten Anforderungen unterworfen sind.[10]

Normen, die selbst das Verhältnis des Bürgers zum Staat regeln (s. ansonsten Rn. 423, 429), „müssen so gefaßt sein, daß der Betroffene seine Normunterworfenheit und die Rechtslage so konkret erkennen kann, daß er sein Verhalten danach auszurichten vermag". Als Ausdruck der „*Wesentlichkeitstheorie*" des BVerfG (Rn. 452) erhöhen sich die Anforderungen an die Bestimmtheit „mit der Intensität, mit der auf der Grundlage der betreffenden Regelung in grundrechtlich geschützte Bereiche eingegriffen werden kann."[11] „Dies hat jedoch nicht zur Folge, daß die Norm dann überhaupt keine Auslegungsprobleme aufwerfen darf. Dem Bestimmtheitserfordernis ist vielmehr genügt, wenn diese mit herkömmlichen juristischen Methoden bewältigt werden können".[12] Bei allem hängt der Grad der jeweils zu fordernden Bestimmtheit mit von der Eigenart des geregelten Sachverhalts, insbesondere auch davon ab, in welchem Umfang der zu regelnde Sachbereich einer genaueren begrifflichen Umschreibung überhaupt zugänglich ist.[13] (Auf dieser Linie hat das BVerfG selbst die reichlich unbestimmte ausländerrechtliche Formulierung „sonstige erhebliche Belange der Bundesrepublik" noch durchgehen lassen, s. Rn. 77.)

IV. Inhaltliche Vereinbarkeit des Gesetzes mit höherrangigem Recht

412 1. Normen sind (auch) inhaltlich am Grundgesetz zu messen. Problematisch kann insbesondere sein, ob eine Norm inhaltlich gegen *Grundrechte* verstößt (s. Rn. 439 ff.).

2. Bundesrecht bricht Landesrecht (Art. 31 GG).[14]

3. Landesgesetze müssen außerdem mit der Landesverfassung übereinstimmen. Hierbei ist die Landesverfassung auch dann heranzuziehen, wenn sie inhaltsgleich dem GG entspricht.[15]

---

[9] S. dazu BVerfGE 101, 1 (34); 58, 257 (278); 56, 1 (13); 49, 89 (129); 48, 210 (221 f.); 41, 251 (266).

[10] Näheres bei *G. Schwerdtfeger*, Weiterbildungsnormen der Ärztekammern auf dem rechtlichen Prüfstand, 1989, S. 26 ff.

[11] BVerfGE 83, 130 (145); s. a. E 90, 1 (16 f.); 62, 169 (183); 58, 257 (278); 45, 400 (420); 21, 73 (79, 82); 17, 67 (82).

[12] BVerfGE 83, 130 (145).

[13] Entsprechend zB BVerfGE 76, 1 (75); 56, 1 (12 f.); 49, 89 (133); 48, 210 (222).

[14] Beispiel in BVerfGE 33, 265. Auf das Verhältnis GG – Landes*verfassungs*recht ist *nicht* Art. 31, sondern Art. 28 I GG anzuwenden: BVerfGE 36, 342 (360). Eine Ausnahme von Art. 31 GG normiert Art. 72 III 3 GG.

[15] BVerfGE 36, 342 (360). Zur Kompetenzabgrenzung zwischen *BVerfG* und den *Verfassungsgerichten der Länder* in solchen Fällen *Krause*, JuS 1975, 160. Zu den Landesgrundrechten *Lindner*, JuS 2018, 233.

V. Sonderaspekte

1. Rückwirkung von Gesetzen

Ausgangsfall:[16]

Nach dem Mitbestimmungs-Ergänzungsgesetz wurde eine „Holding-Gesellschaft" aus der paritätischen Mitbestimmung in der Montanindustrie entlassen, wenn der Montanumsatz in zwei aufeinanderfolgenden Geschäftsjahren unter 50 % gelegen hatte. Ein solches zweites Geschäftsjahr war bei der Rheinstahl-AG mit dem 31.12.1966 abgelaufen. Durch Gesetz vom 27.4.1967 wurde die Zweijahresfrist ab 31.12.1966 durch eine Fünfjahresfrist ersetzt. So verblieb Rheinstahl für weitere drei Jahre im Geltungsbereich der paritätischen Mitbestimmung. War diese „lex Rheinstahl" verfassungsgemäß?

413

Mitunter muss untersucht werden, ob eine *rückwirkende* Norm zulässig ist. Ein *absolutes* Rückwirkungsverbot gilt nur für Strafgesetze (Art. 103 II GG). Bei allen anderen Rückwirkungen ist von Fall zu Fall zu entscheiden, ob ihnen das Grundgesetz entgegensteht. Insoweit geht es einerseits um die allgemeinen Grundsätze der *Rechtssicherheit* und insbesondere des **Vertrauensschutzes** als Elemente des *Rechtsstaatsprinzips*[17] (Untersuchungsgegenstand (1) in einer „sauberen" Fallbearbeitung). Andererseits steht der **Grundrechtsschutz** (Rn. 446 ff.) in Frage (Untersuchungsgegenstand (2)), denn die Rückwirkung kann Rechtspositionen entwerten, über welche die Betroffenen ihre grundrechtlichen Freiheiten „ins Werk gesetzt" haben.[18]

Das Bundesverfassungsgericht[19] unterscheidet begrifflich zwischen *„echten"* und *„unechten" Rückwirkungen*. Die beiden Senate des *BVerfG* hatten die Begriffe ursprünglich mit unterschiedlichen Inhalten belegt, vereinen beide Ansätze aber mittlerweile:

414

Der *1. Senat* orientierte sich am *sachlichen* Anwendungsbereich der Norm.[20] „Eine echte Rückwirkung ist gegeben, wenn ein Gesetz nachträglich ändernd in *abgewickelte,* der Vergangenheit angehörende Tatbestände eingreift". „Eine unechte Rückwirkung liegt vor, wenn ein Gesetz auf gegenwärtige, noch *nicht abgeschlossene* Rechtsbeziehungen für die Zukunft einwirkt und damit zugleich die betroffene Rechtsposition nachträglich beeinträchtigt."[21] Der *2. Senat* stellte demgegenüber auf den *zeitlichen* Anwendungsbereich der Norm ab.[22] Eine „echte" Rückwirkung liegt nur dann vor, „wenn der Beginn ihres zeitlichen Anwendungsbereichs normativ auf einen Zeitpunkt festgelegt ist, der vor dem Zeitpunkt liegt, zu dem die Norm rechtlich existent, d. h. gültig geworden ist"[23] (= *„Rückbewirkung von Rechtsfolgen"*). Wenn eine Norm für die Zukunft auf Sachverhalte anwendbar ist, die vor der Verkündung der Norm im Gesetzblatt „ins Werk gesetzt" worden sind, ging es für den 2. Senat um eine *„tatbestandliche Rück-*

---

[16] BVerfGE 25, 371. Weitere Fälle bei *Glaser,* JuS 2008, 341; *Fischer,* JuS 2001, 861; *Wernsmann,* JuS 1999, 1177 u. JuS 2000, 39.
[17] S. etwa BVerfGE 132, 302 (317 Rn. 41); 101, 239 (262); 72, 200 (242); „Grundwissen" zum Vertrauensschutz bei *Voßkuhle/Kaufhold,* JuS 2011, 794; zu weiteren Anforderungen aus dem Gebot der Rechtssicherheit BVerfGE 133, 143.
[18] Dazu besonders BVerfGE 105, 17 (37); 97, 67 (79); 72, 200 (242).
[19] Der 2. Senat erst seit BVerfGE 105, 17 (36 f.).
[20] Hierzu und zum Nachfolgenden etwa BVerfGE 103, 392 (403); 101, 239 (262 f.); 95, 64 (86); 89, 48 (66); 79, 29 (45 f.); 72, 175 (196); 68, 287 (306).
[21] BVerfGE 68, 287 (306).
[22] Hierzu und zum Nachfolgenden etwa BVerfGE 127, 1; 114, 258 (300); 109, 133 (181); 105, 17 (36 ff.).
[23] BVerfGE 72, 200 (241).

anknüpfung" als „unechte Rückwirkung". In der jüngeren Rechtsprechung nennen die Senate vermehrt beide Ansätze.[24]

Weil die Rheinstahl AG bereits mit Ablauf des 31.12.1966 materiell aus der paritätischen Mitbestimmung entlassen war und das Gesetz vom 24.4.1967 rückwirkend ab 1.1.1967 galt, liegt im *Ausgangsfall* aus der Sicht beider Senate des BVerfG eine „echte" Rückwirkung vor.

415 Eine „echte Rückwirkung" in der einen oder anderen Begriffsbestimmung ist bereits nach dem *Rechtsstaatsprinzip* (Untersuchungsgegenstand (1)) *im Grundsatz unzulässig.*[25] Zulässig ist eine „echte Rückwirkung" vor dem Rechtsstaatsprinzip nur, wenn kein Vertrauenstatbestand gegeben ist,[26] wenn die Bürger mit einer Rechtsänderung rechnen mussten, wenn das bisherige Recht unklar, verworren oder verfassungswidrig war oder wenn die Rückwirkung durch *zwingende,* dem Gebot der Rechtssicherheit *übergeordnete* Gründe des gemeinen Wohles gerechtfertigt ist. Ist die Rückwirkung schon nach dem Rechtsstaatsprinzip eindeutig unzulässig, kann zur Entlastung der Darstellungen eine Grundrechtsprüfung (Untersuchungsgegenstand (2)) entfallen. Andererseits ist die Grundrechtsprüfung gleichsam als „Nagelprobe" gefordert, wenn das Rechtsstaatsprinzip der Rückwirkung nicht entgegensteht.[27]

Im *Ausgangsfall* fehlt bereits ein *Vertrauenstatbestand,* der von zentraler Bedeutung für jeden Vertrauensschutz ist (Rn. 181).[28] Die Aktionäre haben keine besonderen *Dispositionen* getroffen, aus denen ihnen jetzt rückwirkend Nachteile entstehen. Allein die *Freude* der Aktionäre, fortan mehr Einfluss im Aufsichtsrat haben zu können, reicht nicht aus.[29] Insofern fehlt es ebenfalls an einem Anknüpfungspunkt für die Grundrechtsprüfung (Untersuchungsgegenstand (2)).

Beachte: Auch eine vom Gesetzgeber als *Klarstellung* beabsichtigte und als solche bezeichnete Gesetzesänderung kann echte Rückwirkung entfalten, wenn die (gerichtliche) Auslegung ergibt, dass sie tatsächlich *konstitutiv* und nicht deklaratorisch wirkt. Insoweit ist eine „nachträgliche, klärende Feststellung des geltenden Rechts durch den Gesetzgeber ... grundsätzlich als konstitutiv rückwirkende Regelung anzusehen, wenn dadurch eine in der Fachgerichtsbarkeit offene Auslegungsfrage entschieden wird oder eine davon abweichende Auslegung ausgeschlossen werden soll."[30]

416 Die **„unechte Rückwirkung"** ist *im Grundsatz zulässig.*[31] Allerdings gilt der *Grundsatz der Verhältnismäßigkeit –* und das sowohl beim Vertrauensschutz im Rahmen des Rechtsstaatsprinzips (Untersuchungsgegenstand (1)) als auch beim grundrechtlichen Ansatz (Untersuchungsgegenstand (2)).

Wie stets beim Grundsatz der Verhältnismäßigkeit (s. Rn. 97 f., 463 ff.) geht es auch in den vorliegenden Problemzusammenhängen[32] zunächst um die Eignung und die Notwendigkeit der Maßnahme (= Rückwirkung) für das gesetzgeberische Ziel. Insoweit führt die Untersuchung für die Untersuchungsgegenstände (1) und (2) notwendig zu gleichen Ergebnissen. Unterschiedliche Untersuchungsergebnisse sind dann aber beim Grundsatz der Verhältnismäßigkeit im engeren Sinne (offensichtliche Fehlgewichtung des Gesetzgebers bei der Rechtsgüterabwägung) möglich. Im Rahmen des Rechtsstaatsprinzips (Untersuchungsgegenstand (1))

---

[24] S. zB BVerfGE 135, 1 (13 Rn. 38); 132, 302 (318 Rn. 42 f.).
[25] Hierzu und zum Nachfolgenden BVerfGE 101, 239 (263 f.); 95, 64 (86 f.); s. a. E 132, 302 (318 Rn. 42) – *1. Senat;* BVerfGE 114, 258 (300); 109, 133 (181); 105, 17 (36 ff.) – *2. Senat.*
[26] BVerfGE 97, 67 (80).
[27] BVerfGE 97, 67 (80); 72, 200 (258).
[28] Gleiche Sachlage etwa in BVerfGE 48, 416.
[29] Auf gleicher Linie BVerfGE 25, 371 (406).
[30] BVerfGE 135, 1 (14 ff. Rn. 41 ff.), Zitat LS 2.
[31] Hierzu und zum Nachfolgenden s. etwa BVerfGE 132, 302 (318 Rn. 43); 95, 64 (86); 101, 239 (263) – *1. Senat;* BVerfGE 105, 17 (36 ff.); 109, 133 (181); 114, 258 (300) – *2. Senat.*
[32] Insoweit besonders BVerfGE 101, 239 (263); 95, 64 (86).

fließt auf Seiten der Bürger nämlich allein der Aspekt der Rechtssicherheit (Vertrauensschutz)[33] in die Abwägung ein. In der Grundrechtsprüfung (Untersuchungsgegenstand (2)) verbindet sich dagegen die Tatsache, dass das Grundrecht in der Vergangenheit bereits „ins Werk gesetzt" wurde (= unechte Rückwirkung), mit der wie für die Zukunft so auch für die Vergangenheit normierten Grundrechtsbelastung *als solcher*. Diese Kumulation kann beim grundrechtlichen Ansatz (Untersuchungsgegenstand (2)) einen Verstoß gegen den Grundsatz der Verhältnismäßigkeit ergeben, der sich beim allgemeinen rechtsstaatlichen Ansatz (Untersuchungsgegenstand (1)) nicht feststellen lässt. Aus dieser Sicht ist es gerechtfertigt, wenn der 1. Senat das Problem der „unechten" Rückwirkung „vorrangig" bei den Grundrechten sieht.[34]

2. Art. 19 I GG (Einzelfallgesetz, Zitiergebot)

Einzelfallgesetze sind nach dem Grundgesetz (ebenso wie „Maßnahmegesetze") *nicht schlechthin*, sondern lediglich nach Maßgabe des Art. 19 I 1 GG unzulässig.[35] Die Norm stellt eine Konkretisierung des allgemeinen Gleichheitssatzes dar, die es dem Gesetzgeber verbietet, „aus einer Reihe gleichgelagerter Sachverhalte einen Fall herauszugreifen und zum Gegenstand einer Sonderregelung zu machen"; regelt der Gesetzgeber dagegen abschließend alle Fälle, liegt keine Willkür vor.[36] Nach seinem *Wortlaut* gilt Art. 19 I 1 GG nur für *solche* Grundrechte, die „durch Gesetz oder auf Grund eines Gesetzes *eingeschränkt* werden" können, also unter einem „*Eingriffsvorbehalt*" stehen (Rn. 449); Gleiches gilt für das „*Zitiergebot*" des Art. 19 I 2 GG[37]. Sinn und Zweck der Regelungen sprechen dagegen für einen weiteren Anwendungsbereich.[38]

417

Die „lex Rheinstahl" des *Ausgangsfalles* (Rn. 413) ist zwar in ihrer Rückwirkung ein Einzelfallgesetz. Mit Blick auf die in Betracht kommenden Grundrechte (Art. 14 I 1, Art. 12 I GG) könnte Art. 19 I 1 GG jedoch bereits seinem Wortlaut nach unanwendbar sein, da diese keinem *spezifischen* Eingriffsvorbehalt unterliegen.[39] Jedenfalls existiert aber nur ein zu regelnder Fall dieser Art, so dass die „lex Rheinstahl" von sachlichen Gründen getragen wird und kein *unzulässiges* Einzelfallgesetz darstellt.[40]

§ 28. Die wichtigsten Gültigkeitsvoraussetzungen einer Rechtsverordnung

Ausgangsfälle:

(1) Das Schulverwaltungsgesetz des Landes *X* erklärt es zur Aufgabe der (vom Kultusminister zu erlassenden) Schulordnung (= Rechtsverordnung), die Voraussetzungen der Versetzung und des Ausschlusses von der Schule zu regeln. Der seit Langem „schwache" Schüler *S* wird zweimal in der gleichen Jahrgangsstufe nicht versetzt und beim zweiten Mal entsprechend der SchulO vom weiteren Besuch der Schule ausgeschlossen. Die Nichtversetzung beruhte in beiden Fällen darauf, dass nach der SchulO *auch* die „mangelhafte"

418

---

[33] Zum Vertrauensschutz bei zeitlich befristeten Gesetzen s. BVerfGE 30, 392.
[34] BVerfGE 97, 67 (79); 72, 200 (242).
[35] So BVerfGE 25, 371 (398). „Grundfälle" zu Art. 19 I 1 GG bei *Krausnick*, JuS 2007, 991.
[36] *BVerfG* NJW 2017, 217 (242) mwN.
[37] „Grundfälle" bei *Krausnick*, JuS 2007, 1088.
[38] S. nur *Sachs*, Verfassungsrecht II Grundrechte, 3. Aufl. 2017, 10 Rn. 18 ff.
[39] *BVerfG* NJW 2017, 217 (241 f.) wendet Art. 19 I 1 GG allerdings auch auf Inhaltsbestimmungen iSd Art. 14 I 2 GG an.
[40] So BVerfGE 25, 371 (398 f.).

Note im Fach Sport zum Nachteil des S zu berücksichtigen war. Haben die Nichtversetzung und der Ausschluss von der Schule in der SchulO eine gültige Ermächtigungsgrundlage?[1]

(2) Eine „Verordnung zur Aufrechterhaltung der öffentlichen Ordnung in der Umgebung des Waldfriedhofs XY" verbietet „aufgrund der §§ 1, 27 und 29 OBG NRW" im Umkreis von 150m um den Friedhof jedes Verhalten, das die Ruhe stört, und jede Erwerbstätigkeit. So soll dem Touristenrummel entgegengewirkt werden, der seit der Beisetzung eines Prominenten vor dem Friedhof herrscht. Ist die Verordnung gültig?[2]

Die nachfolgenden Ausführungen zur Gültigkeit einer Rechtsverordnung stehen teilweise in Parallele zu den früheren Ausführungen über die Rechtmäßigkeit eines Verwaltungsakts, weil hier wie dort eine *gesetzliche Ermächtigung* Voraussetzung für das Tätigwerden der *Exekutive* ist (zum Gesetzesvorbehalt s. insoweit Rn. 59 ff., 449 ff.).

419 Art. 80 I 1 GG und entsprechende Vorschriften der Landesverfassungen gestatten dem Gesetzgeber, exekutive Instanzen zum Erlass von Rechtsverordnungen zu ermächtigen. Allerdings muss der Gesetzgeber im ermächtigenden Gesetz „Inhalt, Zweck und Ausmaß der erteilten Ermächtigung" bestimmen (Art. 80 I 2 GG) und also die *tragenden* Entscheidungen selbst treffen, hinreichende Vorgaben machen. Gesetzesvertretende Verordnungen sind *nicht* möglich. Nur die Entscheidung über die Einzelausgestaltung, die Detailregelung, kann der Gesetzgeber an die Exekutive delegieren. Für *landesrechtliche Verordnungsermächtigungen* enthalten die meisten Landesverfassungen Vorschriften, die Art. 80 I 2 GG entsprechen. Wegen des Homogenitätsgebots in Art. 28 I GG müssen die landesrechtlichen Verordnungsermächtigungen sonst jedenfalls die im Grundgesetz vorgenommene Verteilung der Gewichte zwischen Legislative und Exekutive beachten.[3] Was das im Einzelnen bedeutet, entscheidet das BVerfG in enger Anlehnung an Art. 80 I 2 GG.[4]

Weil Art. 80 I 2 GG sicherstellt, dass die tragenden Entscheidungen vom Parlament getroffen werden, ist Art. 80 I GG *Ausprägung* des Vorbehalts des Gesetzes.[5] Demgemäß koppelt Art. 80 I 1 GG den Entscheidungs*spielraum* des Verordnungsgebers möglichst eng an das Parlament zurück. Ermächtigt wird die *Spitze* der Exekutive (Bundesregierung, Bundesminister, Landesregierungen), die dem Parlament im parlamentarischen Regierungssystem *unmittelbar* verantwortlich ist. In den Ländern, in denen – wie im *Ausgangsfall 2* – Rechtsverordnungen von nur regionaler Bedeutung erforderlich werden können, lässt sich dieses Prinzip allerdings nicht durchhalten. Nach § 27 OBG NRW werden Verordnungen zum Schutz der öffentlichen Sicherheit oder Ordnung von den Ordnungsbehörden erlassen.

I. Einschlägige Ermächtigungsgrundlage

420 Die einschlägige Ermächtigungsgrundlage ist in der Verordnung zu nennen. Nach Art. 80 I 3 GG und fast allen Landesverfassungen gilt insoweit ein **Zitiergebot**. Verletzt der Verordnungsgeber das Zitiergebot, ist die Verordnung nichtig.[6]

Teilt die Klausuraufgabe den Wortlaut der Verordnung wie in den *Ausgangsfällen* ausführlich genug mit, haben die Bearbeiter ihre Untersuchung also darauf zu beschränken, ob die *angege-*

---

[1] Teilweise Fallanlehnung an BVerfGE 58, 257.
[2] Fall bei *Pappermann*, JuS 1968, 575; weiterer Fall bei *C. Kremer*, JuS 2012, 431; „Grundwissen" zur Rechtsverordnung bei *Voßkuhle/Wischmeyer*, JuS 2015, 311.
[3] Näheres zum Vorhergehenden in BVerfGE 34, 52.
[4] S. BVerfGE 58, 257 (277); 55, 207.
[5] So BVerfGE 49, 89 (127).
[6] BVerfGE 101, 1 (41).

bene Rechtsgrundlage die Verordnung trägt. Ist die Rechtsgrundlage in der Aufgabe hingegen nicht mitgeteilt, bleibt den Bearbeitern nichts anderes übrig, als *alle* (ernsthaft) in Betracht kommenden Ermächtigungsgrundlagen durchzumustern. Sie können dann nach der Lebenserfahrung davon ausgehen, dass die *einschlägige* Rechtsgrundlage in der Verordnung zitiert ist oder zitiert werden wird, falls die Verordnung noch nicht erlassen ist.

II. Formelle Voraussetzungen für den Erlass der Verordnung[7]

1. Zuständigkeit.   421
2. Ordnungsmäßiges Normsetzungsverfahren, insbesondere:
– Normsetzungsakt
– Gesetzlich vorgesehene Mitwirkung anderer Stellen[8]
– Ausfertigung und Verkündung[9].

3. Gesetzlich vorgesehene Anforderungen an den Verordnungstext, zB:
– Angabe der Ermächtigungsgrundlage (Zitiergebot, Rn. 420)
– Festlegung des örtlichen Geltungsbereiches
– Kennzeichnung der erlassenden Stelle.

Auch bei der Rechtsverordnung liegen die eigentlichen Klausurprobleme selten im Formellen. Formelle Fragen sind daher nur knapp zu behandeln. Falls der Sachverhalt keine näheren Angaben enthält, ist ohne Weiteres davon auszugehen, dass die formellen Erfordernisse erfüllt sind (Rn. 814).

III. Subsumtion unter die Ermächtigungsgrundlage

Im *Ausgangsfall 1* (Rn. 418) macht die Subsumtion der SchulO unter das Schulverwaltungsgesetz keine Schwierigkeiten. – Wie auch im *Ausgangsfall 2* sind in der Klausur am häufigsten *Polizeiverordnungen* zu überprüfen. Dann gelten die von der Polizei*verfügung* her bekannten Grundsätze des Polizeirechts (Rn. 108 ff.). Im *Ausgangsfall 2* geht es so um eine Gefahr für die *öffentlichen Ordnung* (Rn. 111). Aber während die Polizeiverfügung nur „konkrete" Gefahren abwehrt, kann eine Polizeiverordnung auch zur Abwehr *„abstrakter"* Gefahren für die öffentliche Sicherheit oder Ordnung ergehen (Rn. 119). Der Begriff „abstrakte Gefahr" korrespondiert mit der Tatsache, dass eine Polizeiverordnung als Norm generell-abstrakte Regelungen trifft. Eine abstrakte Gefahr liegt vor, wenn in einer unbestimmten Anzahl von Fällen gleicher oder ähnlicher Art die gleichen typischen Gefahren bestehen.[10] Im *Ausgangsfall 2* würden die Missstände vor dem Friedhof nicht beseitigt, wenn man den *im Augenblick* tätigen Gewer- 422

---

[7] Zu allen Einzelheiten s. zB *Wolff/Bachof/Stober/Kluth*, VerwR Bd. 1, § 28 Rn. 2 ff., § 25 Rn. 39 ff.; *Maurer/Waldhoff*, Allg. VerwR, § 13 Rn. 9 ff.; *Trips*, Das Verfahren der exekutiven Rechtsetzung, 2006.
[8] Zur komplexen Frage, welche Rechtsfolge es hat, wenn eine gesetzlich vorgesehene Anhörung von *Verbänden* oder anderen Privaten unterblieben ist, s. BVerwGE 59, 48; *Trips*, Das Verfahren der exekutiven Rechtsetzung, 2006, S. 266 ff. Zum Problem *parlamentarischer Mitwirkungsvorbehalte* zB *J. Schmidt*, Die Beteiligung des Bundestags beim Erlaß von Rechtsverordnungen, 2000.
[9] Für Rechtsverordnungen des Bundes s. Art. 82 I 2 GG sowie das Gesetz über die Verkündung von Rechtsverordnungen (*Sartorius* Nr. 70). Die Länder haben entsprechende Gesetze erlassen.
[10] Näheres zur abstrakten Gefahr und ihrer Abgrenzung zur konkreten Gefahr bei *Pieroth/Schlink/Kniesel*, Polizei- und Ordnungsrecht, § 4 Rn. 9 ff.; *Götz/Geis*, Allg. Polizei- und Ordnungsrecht, § 6 Rn. 19 ff.; *BVerwG* NJW 1970, 1892.

betreibenden die Erwerbstätigkeit vor dem Friedhof durch Polizei*verfügung* untersagte. An die Stelle der vertriebenen Händler würden andere Händler treten. Mit Blick in die Zukunft geht es daher um eine *unbestimmte* Zahl von Störungsfällen im Sinne einer abstrakten Gefahr, gegen welche die Behörde *sinnvoll* nur mit einem normativen, generell-abstrakten Verbot in Gestalt einer Verordnung einschreiten kann. Für die Ruhestörungen durch den Touristenrummel gilt das ebenso.

IV. Gültigkeit der gesetzlichen Ermächtigung[11]

1. Art. 80 I 2 GG

423 Gültigkeitsprobleme ergeben sich zumeist aus Art. 80 I 2 GG, denn hiernach muss die gesetzliche Verordnungsermächtigung nach „Inhalt, Zweck und Ausmaß" *hinreichend*[12] bestimmt sein. Ob das der Fall ist, beurteilt das BVerfG *einerseits* nach den Besonderheiten des jeweiligen *Regelungsgegenstandes*.[13] „Geringere Anforderungen sind vor allem bei vielgestaltigen Sachverhalten zu stellen oder wenn zu erwarten ist, daß sich die tatsächlichen Verhältnisse alsbald ändern werden."[14] Wie stets beim Vorbehalt des Gesetzes (Rn. 214 ff., 411) stellt das BVerfG *andererseits* – und insbesondere – aber auch auf die *Intensität* ab, mit der die Regelung, zu der das Gesetz ermächtigt, in *Grundrechte* eingreifen kann. „Greift die Regelung erheblich in die Rechtsstellung des Betroffenen ein, so müssen höhere Anforderungen an den Bestimmtheitsgrad der Ermächtigung gestellt werden, als wenn es sich um einen Regelungsbereich handelt, der die Grundrechtsausübung weniger tangiert."[15] Auf dieser gleitenden Skala *kann* die Intensität der Grundrechtsbeeinträchtigung gebieten, dass der Gesetzgeber auch Einzelheiten *abschließend selbst* zu entscheiden hat („*Totalvorbehalt*").[16] „Was der parlamentarischen Willensbildung vorbehalten ist und was durch gesetzliche Ermächtigung dem Verordnungsgeber übertragen werden darf", bestimmt das BVerfG dabei nach seiner für den Vorbehalt des Gesetzes entwickelten (s. Rn. 216) **Wesentlichkeitstheorie** (Rn. 452).[17] Weil es um die *„Intensität"* geht, „mit welcher *Grundrechte* der Regelungsadressaten betroffen werden",[18] rückt hier die *rechtsstaatlich-grundrechtliche* Seite (Rn. 216) der „Wesentlichkeitstheorie" ins Zentrum. (Dem auch „demokratischen" Ansatz der „Wesentlichkeitstheorie" würden die *prinzipiellen* Festlegungen, die dem Gesetzgeber gemäß Art. 80 I 2 GG ohnehin obliegen, *stets* genügen.)

Im *Ausgangsfall 1* (Rn. 418) stellt der zwangsweise *Ausschluss* aus der Schule eine für den weiteren Berufs- und Lebensweg des betroffenen Schülers sehr einschneidende Maßnahme dar. Demgemäß verlangt das BVerfG[19], dass der Gesetzgeber die wesentlichen Bestimmungen über die zwangsweise Schulentlassung, nämlich die rechtlichen Voraussetzungen, die Zuständigkeiten und die Verfahrensgrundsätze, *selbst* regelt. Weil im Schulverwaltungs*gesetz* entsprechende *Detail*regelungen *fehlen*, hat der *Ausschluss* aus der Schule keine gültige Rechtsgrundlage. Die *Nichtversetzung* sieht das BVerfG demgegenüber als „erheblich weniger einschnei-

---

[11] Dieser Punkt kann auch entsprechend Rn. 76 ff. vorgezogen werden; vgl. zum Aufbau jedoch ebenfalls Rn. 392.
[12] „Nicht so genau wie irgend möglich": BVerfGE 113, 167 (269).
[13] BVerfGE 113, 167 (269); 76, 1 (75); 58, 257 (277 f.).
[14] BVerfGE 58, 257 (278); s. a. E 80, 1 (22); 79, 174 (195).
[15] So BVerfGE 62, 203 (210); 58, 257 (278); s. a. E 123, 39 (78); 113, 167 (269); 80, 1 (20 f.).
[16] Hierzu und zum Nachfolgenden grundlegend BVerfGE 58, 257 (274 ff.); s. a. *Busch*, Das Verhältnis des Art. 80 I 2 GG zum Gesetzes- und Parlamentsvorbehalt, 1992.
[17] S. etwa BVerfGE 101, 1 (33 f.); 80, 124 (132); 58, 257 (274).
[18] BVerfGE 58, 257 (274).
[19] BVerfGE 58, 257 (275).

§ 28. Die wichtigsten Gültigkeitsvoraussetzungen einer Rechtsverordnung

dende Maßnahme" an. Deshalb reicht es dem BVerfG hier aus, dass die Verordnungsermächtigung lediglich den Begriff „Versetzung" enthält, mit dem das Leistungsprinzip und das Erreichen des jeweiligen Ausbildungszieles verbunden sei. Die *Einzelvoraussetzungen* der Versetzung konnte der Gesetzgeber der normativen Regelung durch den Kultusminister überlassen.[20]
– Im *Ausgangsfall 2* ist der Begriff der „öffentlichen Ordnung" in § 27 I OBG NRW durch die Konturen hinreichend bestimmt, die ihm Lehre und Rechtsprechung zum Allgemeinen Polizeirecht gegeben haben.[21]

2. Allgemeine Gültigkeitsvoraussetzungen eines Gesetzes

Daneben muss das ermächtigende Gesetz den *allgemeinen* Gültigkeitsvoraussetzungen genügen, denen *jedes* Gesetz unterliegt. Wenn dazu Anlass besteht, müssen die Bearbeiter so (aufbaumäßig vorangestellt) etwa die föderale Gesetzgebungskompetenz (Rn. 663 ff.) überprüfen. Auch ist denkbar, dass das Gesetz *inhaltlich* gegen Grundrechte verstößt (Rn. 412, 439 ff.). 424

Dass das Schulverwaltungs*gesetz* im *Ausgangsfall 1* Einschränkungs*möglichkeiten* für die Versetzung vorsieht, ist unproblematisch. Die problematische Einbeziehung der Note für das Fach Sport beruht auf der Entscheidung des *Kultusministers* im Kontext nachfolgend Rn. 425 (scharf zu trennen!). Im *Ausgangsfall 2* ist allenfalls problematisch, ob das Grundgesetz es gestattet, die Exekutive zum Schutz der öffentlichen *Ordnung* (s. Rn. 111) zu ermächtigen, wie es in der polizeilichen Generalklausel häufig geschieht.

V. Gestaltungsfreiheit des Verordnungsgebers in den Grenzen höherrangigen Rechts

Liegen die rechtlichen Voraussetzungen für die Verordnung vor, wird die Gestaltungsfreiheit des Verordnungsgebers relevant.[22] Die Gestaltungsfreiheit übt der Verordnungsgeber kraft Delegation anstelle des Gesetzgebers im *normativen* Bereich aus. Das ist qualitativ etwas anderes als die Ausübung von Verwaltungsermessen bei der Einzelfallentscheidung (Rn. 84 ff.).[23] Die Gestaltungsfreiheit des Verordnungsgebers unterliegt den gleichen Bindungen wie die Gestaltungsfreiheit des *Gesetzgebers* – nur eine Stufe „tiefer". Während die Gestaltungsfreiheit des Gesetzgebers ihre Grenzen bloß im materiellen Verfassungsrecht findet (Rn. 412), hat die Gestaltungsfreiheit des Verordnungsgebers eine *zusätzliche Grenze* im einfachen Gesetzesrecht. 425

Im *Ausgangsfall 1* (Rn. 418) ist die *verfassungsrechtliche* Bindung entscheidend. Die Einbeziehung der Note für das Fach Sport in die Versetzungsvoraussetzungen dürfte sachwidrig sein und deshalb einen Verstoß gegen Art. 12 I GG und Art. 3 I GG („Chancengleichheit") darstellen. Die Leistungsbewertung im Fach Sport hängt nämlich wesentlich mit von der körperlichen Konstitution und körperlichen Leistungsfähigkeit ab, die mit dem (auch und insbesondere) *berufs*qualifizierenden Abschluss der Schule nichts zu tun haben. – In *Ausgangsfall 2* ist die *einfachgesetzliche* Festschreibung des Grundsatzes der Verhältnismäßigkeit in § 15 OBG NRW einschlägig. Möglicherweise war der weite Umkreis von 150m *nicht notwendig*, um die Zwecke der Verordnung zu erreichen.

---

[20] BVerfGE 58, 257 (278); s. a. *BVerwG* NVwZ 1998, 859.
[21] S. BVerfGE 54, 143 (144); s. a. Rn. 110.
[22] Grundlegend *v. Danwitz*, Die Gestaltungsfreiheit des Verordnungsgebers, 1989; s. a. *Weitzel*, Justitiabilität des Rechtsetzungsermessens, 1998; *Saurer*, Die Funktionen der Rechtsverordnung, 2005.
[23] Hierzu *v. Danwitz*, Die Gestaltungsfreiheit des Verordnungsgebers, 1989, S. 33 ff.

426 Soweit das ermächtigende Gesetz *Abwägungsdirektiven* formuliert, darf das „innere" Normsetzungsverfahren (Rn. 410, 432 f.) nicht fehlerhaft gewesen sein (keine Einbeziehungs- und Abwägungsdefizite).[24]

§ 29. Die wichtigsten Gültigkeitsvoraussetzungen einer Satzung

Ausgangsfälle:

427 **(1)** Die „Kanalisationssatzung" einer Gemeinde enthält einen Anschluss- und Benutzungszwang für bebaute Grundstücke und bestimmt ua: „Als Benutzungsgebühr für die Abwasserbeseitigung hat jeder angeschlossene Gewerbetreibende monatlich 5 EUR, jeder sonstige Hauseigentümer 1 EUR pro laufendem Meter Straßenfront zu zahlen." Ist diese Bestimmung wirksam?[1]

(2) In der Stadt G sind fast nur montanabhängige Arbeitsplätze vorhanden. Ein Unternehmer der Glasindustrie *(U)* bekundet sein Interesse, in G ein Glaswerk mit 2.000 Arbeitsplätzen zu errichten. Alle Verantwortlichen der Stadt, auch alle Mitglieder des Stadtrates, lassen spontan ihre Absicht erkennen, das Vorhaben des U in jeder Beziehung zu fördern, komme was da wolle. Als einzig geeigneter Standort für das Werk kommt die „Feldmark" in Betracht. Diese ist hufeisenförmig von Wohnstraßen umgeben, in deren Rücken sich bereits Industrie befindet. Die Stadt G erlässt einen Bebauungsplan (= Satzung, § 10 I BauGB), der nunmehr auch die Feldmark als Industriegebiet ausweist. Ist dieser Bebauungsplan gültig?[2]

I. Gesetzliche Verleihung der Satzungsautonomie

428 **Merke (Fehlerquelle!):** Wegen der eingangs (Rn. 398 f.) geschilderten Unterschiede zwischen Verordnung und Satzung findet Art. 80 GG auf Satzungen keine Anwendung.[3] Die strengen Anforderungen des Art. 80 I 2 GG erklären sich daraus, dass der vom Volk gewählte staatliche Gesetzgeber in Abweichung vom Gewaltenteilungsprinzip der staatlichen Exekutive Normsetzungsbefugnisse überlässt. Bei der Verleihung der Satzungsautonomie tritt der Gesetzgeber einen Teil staatlicher Befugnisse an einen nichtstaatlichen öffentlichrechtlichen Verband ab, der diese Befugnisse dann seinerseits durch ein vom Verbandsvolk gewähltes Legislativorgan (Gemeinderat in den *Ausgangsfällen*) wahrnimmt.

429 Weil Art. 80 I 2 GG nicht gilt, ist es im Grundsatz zulässig, dass die Gemeindeordnungen (= Landesgesetze) den Gemeinden ihre Satzungsautonomie *generell* ver-

---

[24] BVerwGE 125, 384 (386) m. Anm. *Waldhoff,* JuS 2006, 1140.
[1] Fall bei *Knemeyer,* JuS 1967, 366; s. a. BVerfGE 97, 332. Weitere Klausurfälle bei *Kellner,* JuS 2008, 150; *Wollenschläger/Lippstreu,* JuS 2008, 529; *Hartmannsberger,* JuS 2006, 614. Einführung zu kommunalen Satzungen bei *Funke/Papp,* JuS 2010, 395.
[2] Ähnlich der „Gelsenkirchener Floatglasfall": BVerwGE 45, 309. Weitere Fälle bei *Goldhammer/Hofmann,* JuS 2014, 434; *Möller,* JuS 2011, 340; *Kleider,* JuS 2011, 815 (RVO).
[3] S. BVerwGE 45 (284); 6, 247 (249 ff.); *BVerwG* NVwZ 1989, 1175; BVerfGE 97, 332 (343); 33, 125 (157); 12, 319 (325).

§ 29. Die wichtigsten Gültigkeitsvoraussetzungen einer Satzung

leihen,[4] in Formulierungen wie: „Die Gemeinden können ihre Angelegenheiten durch Satzung regeln, soweit Gesetze nichts anderes bestimmen" (§ 7 I 1 GO NRW). Allerdings sind in der Fallbearbeitung zumeist *speziellere* gesetzliche Verleihungen mit teilweise detaillierten Voraussetzungen einschlägig. Das ist die Folge der **Wesentlichkeitstheorie** (Rn. 216, 423), die nach der Rspr. des BVerfG auch für die Verleihung von Satzungsautonomie gilt („Facharztbeschluss" des BVerfG[5]).

Im *Ausgangsfall 1* kommt als Verleihung bei einer Fallansiedlung in Sachsen-Anhalt § 11 I Nr. 1 lit. a), Nr. 2 lit. a), II KVG LSA in Betracht, wonach die Kommunen durch Satzung für die Grundstücke ihres Gebiets den Anschluss an die Abwasserbeseitigung anordnen sowie die Benutzung vorschreiben und Gebühren für die Benutzung festsetzen können.[6] – Im *Ausgangsfall 2* ist der Gemeinde die Satzungsautonomie durch § 10 I BauGB verliehen.[7]

430

II. Normsetzungsverfahren

1. „Äußeres" Verfahren

Zunächst müssen die Gesetzesvorschriften zum *äußeren* Ablauf des Satzungsgebungsverfahrens eingehalten sein.

431

Zu nennen sind ua: evtl. Beteiligung der Öffentlichkeit und Beteiligung anderer Behörden (§§ 3, 4 BauGB); erforderliche Mehrheit beim Satzungsbeschluss; evtl. hinreichende Begründung der Satzung (§ 9 VIII, § 10a I BauGB); Mitwirkung, evtl. Genehmigung der Aufsichtsbehörde; richtige Verkündung (§ 10 III BauGB).

Wie bei anderen Rechtsakten (Rn. 71, 408) hat allerdings nicht jeder Verstoß gegen eine solche Verfahrensvorschrift Auswirkungen auf die Wirksamkeit der Satzung (s. etwa die Sortierungen in § 214 I, II, IIa BauGB).

2. „Inneres" Verfahren, Abwägungsgebot in der Bauleitplanung

Sodann muss die (innere) *Methodik der Entscheidungsfindung* den rechtlichen Anforderungen genügt haben. Das kann eventuell auch für Gesetze (Rn. 410) und Rechtsverordnungen (Rn. 426) gelten, hat bei der Satzung aber für *Bebauungspläne* besondere Relevanz, mit dem planerischen (Rn. 221a) Abwägungsgebot nach § 1 VII BauGB.

432

Für den *Ausgangsfall 2* schrieben § 1 V, VI, § 1a BauGB und § 50 BImSchG vor, welche Belange (ua soziale Bedürfnisse, Wohnbedürfnisse und Umweltaspekte) gemäß § 2 III BauGB im Verfahren der Planung (1) als „Abwägungsmaterial" ermittelt und zunächst je für sich bewertet werden mussten (Sachverhaltsanalyse), sodann (2) in den Entscheidungsprozess einzubeziehen waren und (3) schließlich gemäß § 1 VII BauGB gegeneinander abgewogen werden mussten.[8] Es lässt sich nicht entscheiden, ob im *Ausgangsfall 2* schon (1) ein *Analysedefizit* (§ 2 III iVm § 214 I 1 Nr. 1 BauGB) und/oder (2) ein *Einbeziehungsdefizit* (§ 1 VII iVm § 214 III 2 Hs. 2 BauGB) vorliegt. Jedenfalls ist (3) ein *Abwägungsdefizit* (§ 214 III 2 Hs. 2 BauGB) gegeben, in der Gestalt einer Abwägungssperre: Weil nach dem Sachverhalt bei allen Beteiligten

433

---

[4] Art. 28 II GG *garantiert* den Gemeinden die Satzungsautonomie, verleiht diese aber nicht selbst.
[5] BVerfGE 33, 125 (157); später zB E 101, 312 (322).
[6] Einführung in das Kommunalabgabenrecht bei *Siegel,* JuS 2008, 1071.
[7] Zur Vereinbarkeit mit der Wesentlichkeitstheorie des BVerfG wegen der im Text nachfolgenden Anforderungen des BauGB an die Methodik der Entscheidungsfindung s. bereits Rn. 221a.
[8] BVerwGE 107, 1 (6 f.); 48, 56 (63); 45, 309 (314 f.); 34, 301 (309); BGHZ 66, 322. „Grundwissen" zum Planungsermessen bei *Voßkuhle,* JuS 2008, 117 (119).

von vornherein feststand, dass das Glaswerk gebaut werden sollte, wurde das Für und Wider nicht wirklich gegeneinander abgewogen.[9] – Der im ersten Eindruck verwirrende § 214 III 2 Hs. 1 BauGB ist für das *Ergebnis* einer Fallbearbeitung ohne Relevanz. Eingefügt durch das EuroparechtsanpassungsG Bau (2004) beendet diese Vorschrift bloß die überkommene Verortung des Analyseerfordernisses (1) im Abwägungsgebot, weil § 2 III, § 214 I 1 Nr. 1 BauGB die Sachverhaltsanalyse im Gefolge einer EU-Richtlinie (Rn. 713b) nunmehr als *eigenständiges* Verfahrensgebot ansehen.[10]

434 Wie auch sonst bei Planfeststellungen (Rn. 221a) sind in der Bauleitplanung alle beschriebenen Defizite nach den gleichlautenden Maßgaben von § 214 I 1 Nr. 1 und § 214 III 2 Hs. 2 BauGB nur „*erheblich*", wenn sie „offensichtlich" und möglicherweise[11] auf das *Ergebnis* des Verfahrens bzw. auf das Abwägungs*ergebnis* „von Einfluss gewesen" sind.[12] Das gilt gerade auch, wenn der *Inhalt* der fertigen Satzung (s. Rn. 438) *materiell nicht* gegen höherrangiges Recht verstößt.

Im *Ausgangsfall 2* (Rn. 427) *ist* das Abwägungsdefizit iSv § 214 III 2 Hs. 2 BauGB erheblich.

3. Rügefristen

435 Nach § 215 I BauGB werden Verletzungen bestimmter Verfahrens- oder Formvorschriften bei der Aufstellung von Bebauungsplänen, auch ein Mangel beim Abwägungsvorgang (§ 214 I 1 Nr. 1 und § 214 III 2 Hs. 2 BauGB), „unbeachtlich", „wenn sie nicht innerhalb eines Jahres ... schriftlich gegenüber der Gemeinde ... geltend gemacht worden sind". In einigen Gemeindeordnungen finden sich entsprechende Vorschriften für *alle* kommunalen Satzungen (s. zB § 10 II 1 NKomVG).

4. Nachbesserung

436 Wiederum wie bei anderen Planfeststellungen (Rn. 221b) besteht auch in der Bauleitplanung die Möglichkeit zur Nachbesserung. Gemäß § 214 IV BauGB kann ein Bebauungsplan „durch ein ergänzendes Verfahren zur Behebung von Fehlern auch rückwirkend in Kraft gesetzt werden." Bei ordnungsgemäßem Ablauf (Rn. 433) ist der sachliche Ausgang des Nachbesserungsverfahrens offen.

III. Materielle Gültigkeitsvoraussetzungen der Satzung

1. Subsumtion unter die Verleihung

437 Die Satzung darf den Rahmen der verliehenen Autonomie nicht verlassen.

Im *Ausgangsfall 1* (Rn. 427) verleiht § 11 II KVG LSA (Rn. 430) der Gemeinde nur eine Gebührenautonomie. Eine *Gebühren*satzung dürfte nicht erlassen worden sein, denn eine Gebühr ist die Gegenleistung für eine individuelle Inanspruchnahme der Verwaltung, im *Ausgangsfall 1* also für die Menge der vom einzelnen Grundstück abgeleiteten Abwässer. Diese Menge hängt von der Größe des Bauwerks, von der konkreten Nutzung, von der Zahl der Beschäftigten bzw. Bewohner, von der Größe der versiegelten Flächen und dergleichen ab, nicht aber von den Frontmetern zur Straße. Ob die „Benutzungsgebühr" als *Beitrag* (= Gegen-

---

[9] BVerwGE 45, 309 (321 f.).
[10] S. die Begr. der BReg. zum Gesetzentwurf, BT-Drs. 15/2250, S. 62.
[11] BVerwGE 64, 33 (38 f.).
[12] Zur Auslegung von § 214 III 2 BauGB insoweit grundlegend BVerwGE 64, 33 (36, 38); zu „Feinheiten" der Auslegung G. *Schwerdtfeger*, JuS 1983, 270; *BVerwG* NVwZ 1998, 956 (959). S. ferner *Martini/Finkenzeller*, JuS 2012, 126.

leistung für einen *potentiellen* Vorteil, der nicht in Anspruch genommen zu werden braucht) oder gar als örtliche *Steuer* (Rn. 689) gedeutet werden könnte,[13] ist für die Lösung ohne Interesse. Die Erhebung *derartiger* Abgaben ist in § 11 II KVG LSA nicht vorgesehen.

2. Kein Verstoß gegen höherrangiges Recht

Die Satzung darf nicht gegen ein Gesetz oder gegen Verfassungsrecht verstoßen.[14]   438

Würde man im *Ausgangsfall 1* entgegen dem Gesagten eine Gebühr bejahen, verstieße die Satzung gegen das abgabenrechtliche *Äquivalenzprinzip,* nach dem Gebühren (und Beiträge) in einem angemessenen Verhältnis zum Wert des einzelnen Vorteils stehen müssen.[15] Es ist evident, dass zB der Eigentümer eines Einfamilienhaus-Eckgrundstücks mit vielen Frontmetern zu zwei Straßen hin gegenüber dem Eigentümer eines Mehrfamilienhaus-Grundstücks mit nur kurzer Straßenfront übermäßig hohe Gebühren zu zahlen hätte.[16] – Im *Ausgangsfall 2* enthalten § 1 V, VI BauGB und § 1a BauGB keine klaren Prioritäten, welchen Belangen und Gesichtspunkten im Konfliktfall für das *Abwägungsergebnis* der Vorzug zu geben ist. Damit obliegt es in der Regel der Gemeinde, die Prioritäten im Rahmen ihrer Planungsautonomie selbst zu setzen.[17] Ein Verstoß der fertigen Satzung gegen das höherrangige Recht in § 1 V, VI, § 1a BauGB kommt daher in der Regel nicht in Betracht. Der Gerechtigkeitsmaßstab in § 1 VII BauGB verbietet lediglich extrem einseitige Lösungen, deren Ungerechtigkeit auch verfassungskräftig aus dem Grundsatz der Verhältnismäßigkeit folgt („*Abwägungsdisproportionalität*").[18] Im *Ausgangsfall 2,* wo § 50 BImSchG ergänzend hinzutritt, mag man annehmen können, die Wohnbedürfnisse kämen in ganz unvertretbarer Weise zu kurz.[19] Selbst bei einem ordnungsgemäßen Abwägungsvorgang würde hier der *Inhalt* des fertigen Bebauungsplanes gegen § 1 V, VI BauGB, § 50 BImSchG verstoßen, so dass der Bebauungsplan *auch* aus *diesem* Grunde unwirksam ist.

---

[13] Zu den Abgrenzungen s. BVerfGE 113, 128 (148); *Wolff/Bachof/Stober/Kluth,* VerwR Bd. 1, § 42 Rn. 21 ff.
[14] Zur Verletzung des rechtsstaatlichen Bestimmtheitsgebotes zB *BVerwG* NVwZ 2014, 527.
[15] *Wolff/Bachof/Stober/Kluth,* VerwR Bd. 1, § 42 Rn. 34; für Beiträge ferner BVerwGE 92, 24 (26).
[16] Fall mit Problemen nach Art. 2 I u. Art. 3 I GG in BVerfGE 97, 332.
[17] BVerwGE 45, 309 (326). Das gilt auch im Anwendungsfeld der Staatszielbestimmung des Art. 20a GG (natürliche Lebensgrundlagen): *BVerwG* NVwZ-RR 2003, 171.
[18] Zu Verstößen gegen Art. 14 I 1 GG zB *BVerwG* NVwZ 2002, 1506; BVerwGE 116, 144.
[19] BVerwGE 45, 302 (327 ff.).

6. Teil. Grundrechtsprüfung

§ 30. Allgemeines

Nach den bisherigen Ausführungen kann eine Grundrechtsprüfung insbesondere aus folgenden Gründen erforderlich werden: Eine *Norm* ist nichtig, wenn sie gegen Grundrechte verstößt (Rn. 412 ff., 425, 438). Ein *Verwaltungsakt* ist rechtswidrig, wenn die Ermächtigungsgrundlage (Norm) wegen Verstoßes (des Normgebers) gegen ein Grundrecht nichtig ist (Rn. 76 ff.) oder wenn die Verwaltung bei der Ausübung eines ihr vom Gesetzgeber eingeräumten Ermessens Grundrechte nicht beachtet hat (Rn. 94 ff.). Die Grundrechtsprüfung sauber zu beherrschen, ist für die Fallbearbeitung besonders wichtig. 439

In die Niederschrift ist eine Grundrechtsprüfung allerdings nur aufzunehmen, wenn Grundrechtsverstöße *ernsthaft in Betracht kommen*. Auch dann sollten sich die Bearbeiter aber hüten, die Aufgabe voreilig als „Grundrechtsklausur" anzusehen. Sonst versperren sie sich die Sicht auf andere Probleme, die auch einschlägig sein könnten. 440

> **Beispiel:** Darf ein Polizist den Hausflur von Mietshäusern betreten, um zu kontrollieren, ob eine PolizeiVO eingehalten wird, die unter Androhung von Bußgeld Beleuchtungspflichten statuiert? – Einige Bearbeiter dieser Examensklausur untersuchten *ausschließlich*, ob der Polizist Art. 13 GG verletzte.[1] Sie übersahen dabei den ganzen *verwaltungsrechtlichen* Unterbau des Art. 13 GG (s. Rn. 126). Ohne das „schwere Geschütz" des Verfassungsrechts zu bemühen, musste man zunächst nach einer verwaltungsrechtlichen Ermächtigungsgrundlage für den „Eingriff" des Polizisten in die Sphäre der Bewohner fragen. Eine Ermächtigungsgrundlage war nämlich so oder so erforderlich, insbesondere auch dann, wenn der Hausflur nicht grundrechtlich geschützte Wohnung iSd Art. 13 GG sein sollte.

Präsente Detailkenntnisse werden in der Klausur vor allem zu den *allgemeinen Lehren* der Grundrechte und zu den *wichtigsten* Einzelgrundrechten verlangt. Gestützt auf die wichtigsten Leitentscheidungen des BVerfG und auf die hL werden nachfolgend die für die Fallbearbeitung besonders bedeutsamen Teile der „allgemeinen Lehren"[2] sowie Art. 12 und Art. 14 GG als besonders relevante Einzelgrundrechte angesprochen, die grundrechtsdogmatisch eine Sonderstellung haben.[3] Die 441

---

[1] Zur Reichweite des Art. 13 GG BVerfGE 97, 228; 32, 54 (68 ff., 70 ff.).
[2] „Grundfälle" zu diesen bei *v. Kielmansegg*, JuS 2009, 19, 118, 216; zum Grundrechtsverzicht *Fischinger*, JuS 2007, 808; s. a. *BVerfG* NVwZ 2016, 1804 (1806 f.).
[3] Zu den anderen Einzelgrundrechten s. etwa die Reihe „Grundfälle" in der JuS: *Kahl/Ohlendorf*, JuS 2008, 682 – Art. 2 I iVm Art. 1 I GG; *Kahl*, JuS 2008, 499, 595 – Art. 2 I GG; *I. Augsberg*, JuS 2011, 28, 128 – Art. 2 II 1 GG; *K.-A. Schwarz*, JuS 2009, 315, 417 – Art. 3 GG; *Neureither*, JuS 2006, 1067 u. JuS 2007, 20 – Art. 4 I, II GG; *Magen*, JuS 2009, 995 – Art. 4 III GG; *Kober*, JuS 2006, 593, 695 – Art. 5 III GG; *Franz/Günther*, JuS 2007, 626, 716 – Art. 6 GG; *Kramer*, JuS 2009, 1090 – Art. 7 GG; *Lembke*, JuS 2005, 984, 1081 – Art. 8 GG; *Günther*, JuS 2006, 787, 873 – Art. 9 GG; *Funke/Lüdemann*, JuS 2008, 780 – Art. 10 GG; *Frenzel*, JuS 2011, 595 – Art. 11 GG; *Wißmann*, JuS 2007, 324, 426 – Art. 13 GG; *L. Hummel*, JuS 2008, 1065 – Art. 15 GG; *Meßmann/Kornblum*, JuS 2009, 688, 810 – Art. 16, 16a GG; *Bickenbach*, JuS 2007, 813, 910 – Art. 19 IV GG; *M. R. Otto*, JuS 2012, 21 – Art. 101 I 2 GG; *M. R. Otto*, JuS 2012, 412 – Art. 103 I; *Brodowski*, JuS 2012, 892 u. 980 – Art. 103 II, III, 104 GG; zur Menschenwürde *Hufen*, JuS 2010, 1; *Linke*, JuS 2016, 888.

Grundrechtsgeltung unter Privaten („Drittwirkung") wird erst im Sachzusammenhang der Rn. 558 ff. aufgegriffen. Für alles Übrige und zur Kritik an der Rechtsprechung des BVerfG muss auf die Lehrbücher und Kommentare zum Grundgesetz sowie auf Spezialabhandlungen verwiesen werden. Auf die Relevanz des materiellrechtlichen Grundrechtsschutzes für die Ausgestaltung von Verwaltungsverfahren („*Grundrechtsschutz durch Verfahren*", „*prozeduraler Grundrechtsschutz*")[4] wird an einschlägiger Stelle gesondert hingewiesen (s. insbes. Rn. 221a).

442 Die *Grundrechtsinterpretation*[5] wird beeinflusst durch die (liberal rechtsstaatliche, institutionelle oder demokratisch-funktionale) Grundrechtstheorie, welcher der Interpret jeweils anhängt. Mit diesem Problem sollten sich die Studenten beizeiten vertraut machen.[6] Allgemein formuliert das *BVerfG:* „In Zweifelsfällen ist diejenige Auslegung zu wählen, welche die juristische Wirkungskraft der Grundrechtsnorm am stärksten entfaltet."[7]

443 Die Grundrechte gelten für natürliche Personen[8] und – „soweit sie ihrem Wesen nach auf diese anwendbar sind" (Art. 19 III GG[9]) – auch für *inländische juristische Personen.* Das *BVerfG* hat aufgrund des *Anwendungsvorrangs* des Europäischen Unionsrechts (Rn. 713d) ausdrücklich eine *Anwendungserweiterung* des Art. 19 III und damit des deutschen Grundrechtsschutzes auf juristische Personen aus anderen *EU-Mitgliedstaaten* angenommen, soweit diese im Anwendungsbereich des Unionsrechts tätig werden.[10] Bei Deutschengrundrechten ist – wie im Falle von Unionsbürgern (Rn. 447) – ein deutschen (juristischen) Personen gleichwertiger Schutz zu gewährleisten: entweder über eine unionsrechtskonforme Auslegung des *persönlichen* Schutzbereichs der Deutschengrundrechte iS einer Erstreckung auf EU-Ausländer oder (vorzugswürdig) über eine unionsrechtskonforme (extensive) Auslegung

---

[4] Zusammenfassend BVerfGE 53, 30 (62 ff., 69 ff.) – Atomkraftwerk Mülheim-Kärlich; s. a. BVerfG NVwZ 2011, 486 (489); BVerfGE 90, 60 (96); 84, 34 (45 f.); 73, 280 (296); 65, 1 (49 ff.) – Volkszählung; 52, 380 – juristische Staatsprüfung. Nach BVerfGE 90, 60 (96) ist „(p)rozeduraler Grundrechtsschutz ... insbesondere dort geboten, wo die Grundrechte ihre materielle Schutzfunktion nicht hinlänglich erfüllen können. Das ist etwa der Fall, wenn ein Grundrecht keine materiellen Maßstäbe für bestimmte grundrechtsrelevante staatliche Maßnahmen zu liefern vermag und folglich auch die Ergebniskontrolle am Maßstab des Grundrechts ausfällt. Ferner kommt es dazu, wenn eine Ergebniskontrolle an materiellen Maßstäben zwar noch denkbar ist, aber erst zu einem Zeitpunkt stattfinden kann, in dem etwa Grundrechtsverletzungen nicht mehr korrigierbar sind." S. a. *Voßkuhle/Kaiser*, JuS 2011, 411 (412).
[5] Zu den *Methoden der Verfassungsinterpretation* allgemein *Böckenförde*, NJW 1976, 2090; zur „Interpretation der Grundrechte in der Rspr. des BVerfG" *Ossenbühl*, NJW 1976, 2100.
[6] Etwa anhand der Ausführungen von *Böckenförde*, NJW 1974, 1529; s. a. *Frotscher*, JuS 1994, L 65. Zur praktischen Bedeutung dieser Frage s. Rn. 490, 510 ff. Zur Prinzipientheorie der Grundrechte nach *R. Alexy: Couzinet*, JuS 2009, 603.
[7] BVerfGE 51, 97 (110).
[8] Zum Grundrechtsschutz für *Minderjährige* s. W. *Roth*, Die Grundrechte Minderjähriger im Spannungsfeld selbständiger Grundrechtsausübung, elterlicher Erziehungsrechte und staatlicher Grundrechtsbindung, 2003; Klausurfall bei *Stein/Janson/Pötzsch*, JuS 2014, 708. – Zur Grundrechtsgeltung für *Ausländer* s. zB BVerfGE 104, 337 (346); 80, 315; 78, 179 (196); 76, 1 (41 f.); *G. Schwerdtfeger*, Gutachten A zum 53. Deutschen Juristentag, 1980, A26 ff., 116 ff.
[9] „Grundfälle" bei *Krausnick*, JuS 2008, 869, 965; Klausur bei *Krämer-Hoppe*, JuS 2017, 846.
[10] Unter Berufung auf die Grundfreiheiten (Art. 26 II AEUV) und das allg. Diskriminierungsverbot wegen der Staatsangehörigkeit (Art. 18 AEUV) *BVerfG* NJW 2011, 3428 (3430 ff.) m. Anm. *Sachs*, JuS 2012, 379; NJW 2016, 1436 (1436 f.); Klausuren bei *Saurer/Rothfuß*, JuS 2017, 1099; *Kube*, JuS 2014, 726; *Bäcker*, JuS 2013, 522; *Thiemann*, JuS 2012, 735; *Streinz/Herrmann/Kruis*, JuS 2011, 1106.

§ 30. Allgemeines

des *thematischen* Schutzbereichs von Art. 2 I GG.[11] Ausländische juristische Personen aus *Drittstaaten* können sich allein auf die Verfahrensgrundrechte (zB Art. 101 I 2, 103 I GG) berufen.[12]

Nach der Rechtsprechung des *BVerfG*[13] können sich *juristische Personen des öffentlichen Rechts* mangels wesensmäßiger Anwendbarkeit (Art. 19 III GG) grundsätzlich nicht auf Grundrechte berufen, „weil der unmittelbare Bezug zum Menschen fehlt". Dies gelte jedenfalls „soweit sie öffentliche Aufgaben erfüllen".[14] Grundrechtsschutz besteht jedoch für juristische Personen des öffentlichen Rechts, die – wie die Universitäten hinsichtlich Art. 5 III GG und die Rundfunkanstalten hinsichtlich Art. 5 I GG oder die Kirchen – *unmittelbar dem Lebensbereich der Bürger zugeordnet* sind, der durch das Grundrecht geschützt wird.[15] Anerkannt ist außerdem, dass auch allen juristischen Personen des öffentlichen Rechts die Verfahrensgrundrechte zur Seite stehen.[16]

Juristische Personen des Privatrechts, die im Alleineigentum des deutschen Staates stehen (*öffentliche Unternehmen*), und von diesem beherrschte *gemischtwirtschaftliche Unternehmen* sind grundsätzlich nicht grundrechtsberechtigt, soweit sie bestimmungsgemäß öffentliche Aufgaben wahrnehmen.[17] Vielmehr unterliegen öffentliche Unternehmen[18] und nach dem *Fraport-Urteil* des *BVerfG* aus dem Jahre 2011 auch von der öffentlichen Hand beherrschte gemischtwirtschaftliche Unternehmen[19] – unabhängig von der gewählten Handlungsform und den Handlungszwecken – der Grundrechts*bindung* gemäß Art. 1 III GG (keine „Flucht ins Privatrecht"). – Dies gilt *nicht* für juristische Personen des Privatrechts, deren Anteile von einem *anderen Staat der Europäischen Union* gehalten werden. In seinem Urteil zum Atomausstieg vom 6.12.2016[20] geht das *BVerfG* unter Verweis auf die EU-Niederlassungsfreiheit und die Europarechtsfreundlichkeit des Grundgesetzes[21] davon aus, dass sich derartige erwerbswirtschaftlich tätige juristische Personen über eine unionsrechtskon-

---

[11] *BVerfG* NJW 2016, 1436 (1436 f.) m. Anm. *Ruffert*, JuS 2016, 1044.
[12] BVerfGE 64, 1 (11); 21, 362 (373); 18, 441 (447); 12, 6 (8). S. a. *M. R. Otto*, JuS 2012, 412 (413).
[13] *BVerfG* NJW 1997, 1634 (1634); BVerfGE 68, 193 (205 f.); 61, 82 (100 ff.); 45, 63 (78 f.); 21, 362 (370 f.).
[14] *BVerfG* NVwZ 2005, 572 (573); NJW 1997, 1634 (1634); BVerfGE 75, 192 (196 f.); 70, 1 (15); 68, 193 (206); 61, 82 (101); 45, 63 (78); 21, 362 (369 ff.).
[15] S. etwa BVerfGE 15, 256 (262) – Universität; E 90, 60 (87); 59, 231 (254 f.); 31, 314 (322) – Rundfunk; Klausurfall bei *Dittrich*, JuS 2014, 333; BVerfGE 70, 138 (160 f.); 30, 112 (119 f.) – Religionsgemeinschaften.
[16] BVerfGE 61, 82 (104); 45, 63 (79); 21, 362 (373); 6, 45 (49); s. a. *M. R. Otto*, JuS 2012, 412 (413). Gleiches kann für Behörden gelten: BVerfGE 138, 64 (82 ff. Rn. 52 f.) m. Anm. *Sachs*, JuS 2015, 472.
[17] *BVerfG* NJW 2016, 3153 (3154); NVwZ 2009, 1282 (1282 f.); *BVerfG (Kammerbeschluss)* NJW 1990, 1783; BVerfGE 128, 226 (245 ff.); 56, 54 (79 f.). Klausuren bei *Saurer/Rothfuß*, JuS 2017, 1099; *Droege/Wischmeyer*, JuS 2009, 706.
[18] *BVerfG* NVwZ 2018, 51 (62) m. Anm. *Sachs*, JuS 2018, 308; NJW 2016, 3153 (3154 f.) mwN; BVerfGE 128, 226 (244 f.); Klausur bei *Saurer/Rothfuß*, JuS 2017, 1099; Hausarbeit bei *Straßburger*, JuS 2015, 136.
[19] BVerfGE 128, 226 (246 f.); s. a. *BVerfG* NJW 2016, 3153 (3154 f.); zu ihrer Grundrechtsberechtigung u. -verpflichtung a. *Goldhammer*, JuS 2014, 891. Zur mittelbaren Drittwirkung, wenn Private einen öffentlichen Verkehr eröffnen und damit Orte der allg. Kommunikation schaffen, *BVerfG* NJW 2015, 2485.
[20] *BVerfG* NJW 2017, 217 (218 ff.) m. Anm. *Ludwigs*, NVwZ 2017, Beilage 1/2017, 3 ff.; Klausuren bei *Mangold/Lange*, JuS 2018, 161; *Saurer/Rothfuß*, JuS 2017, 1099; zum Grundrechtsschutz juristischer Personen in Europa *Goldhammer/Sieber*, JuS 2018, 22.
[21] „Grundwissen" zur „offenen Staatlichkeit" iSd GG bei *Voßkuhle/Kaufhold*, JuS 2013, 309.

forme Auslegung (Rn. 713e, 715d) des Art. 19 III GG ausnahmsweise auf die Eigentumsfreiheit berufen und daher eine Verfassungsbeschwerde erheben können. Andernfalls käme es zu einer mit Art. 54 I, II iVm Art. 49 I AEUV unvereinbaren Schlechterstellung gegenüber den konkurrierenden Marktteilnehmern.

444 Die nachfolgende Darstellung folgt der dogmatischen Unterscheidung zwischen *Freiheitsgrundrechten* (Rn. 446 ff.) und *Gleichheitsgrundrechten* (Rn. 491 ff.).[22] Die Freiheitsgrundrechte wehren Eingriffe der öffentlichen Hand ab, um dem Bürger eine Freiheitssphäre eigener Entscheidung und Betätigung zu erhalten. Entscheidend ist die Intensität des Eingriffs (Einzelheiten in Rn. 455 ff., 465 ff.). Die Gleichheitsgrundrechte sollen dem Bürger keinen Freiheitsraum erhalten. Sie sollen vielmehr verhindern, dass ein Bürger oder eine Gruppe von Bürgern *im Vergleich zu anderen* Bürgern *ungleich* behandelt wird. Es kommt nicht (unmittelbar) auf die Intensität des Eingriffs, sondern darauf an, wie *andere* in gleicher Situation behandelt werden oder behandelt worden sind. Wie im Einzelnen darzustellen sein wird, basiert das System der Freiheitsgrundrechte auf Art. 2 I GG, das System der Gleichheitsgrundrechte auf Art. 3 I GG.

445 Bei allem wird die grundrechtliche *Überprüfung von Gesetzen* in den Vordergrund gestellt. Für die *Ermessensverwaltung* (Rn. 439, 94 ff.) gelten die Ausführungen aber weitgehend entsprechend. Bei der Überprüfung von Gesetzen ist zu beachten, dass dem Gesetzgeber eine *Generalisierungs-, Pauschalierungs- und Typisierungskompetenz*[23] zukommt.

> **Beispiel:** In einer *Examensklausur* hatten die Bearbeiter für einen Zeitschriftenverlag (Z) ein Rechtsgutachten über die Verfassungsmäßigkeit eines gesetzlichen Werbeverbotes für Tabakerzeugnisse zu erstatten. Z war in seiner wirtschaftlichen Existenz davon abhängig, dass ein bestimmtes Tabakunternehmen ständig ganzseitige Werbeanzeigen schaltete. Viele Bearbeiter stellten sowohl im Rahmen der Freiheitsgrundrechte (Art. 12 I, Art. 5 I 2 und Art. 14 I 1 GG) als auch im Rahmen des Gleichheitsgrundsatzes (Art. 3 I GG) auf die dem Z drohende Existenzvernichtung ab. Diese Vorgehensweise war in der Korrektur zu beanstanden. Z befand sich in einer ganz atypischen wirtschaftlichen Sondersituation und konnte daher nicht als Maßstab für die Verfassungsmäßigkeit des Gesetzes dienen. „Normalerweise" kommt ein Zeitschriftenverlag nicht in Existenznöte, wenn er bloß die Tabakindustrie als Werbekunden verliert.

Weil ein Gesetz *generell-abstrakt* formuliert wird und nach Maßgabe seines Anwendungsbereichs *allgemein* gilt, kann sich der Gesetzgeber nicht auf die verschiedensten atypischen Sondersituationen einstellen. Für die verfassungsrechtliche Beurteilung ist deshalb „nicht die Interessenlage des Einzelnen (= Z) maßgebend; vielmehr ist eine *generalisierende Betrachtungsweise* geboten, die auf den betreffenden Wirtschaftszweig insgesamt abstellt.... Die Möglichkeit, daß eine gesetzliche Maßnahme im Einzelfall (bei Z) zur Existenzgefährdung oder gar -vernichtung von Betrieben führen könnte, rechtfertigt es noch nicht, sie unter dem Gesichtspunkt der Unzumutbarkeit von Verfassungs wegen zu beanstanden".[24] Relevant ist eine Beeinträchtigung nur, „wenn Gruppenangehörige nicht nur in einzelnen, aus dem Rahmen

---

[22] Zum Verständnis von Art. 3 I GG als Abwehrrecht *Sachs/Jasper,* JuS 2016, 769.
[23] S. etwa BVerfGE 126, 268 (278); 125, 260 (360, 362); 113, 167 (236) mwN; Voraussetzungen und Grenzen zB in BVerfGE 106, 166 (179); 103, 310 (319); s. a. *Osterloh,* Gesetzesbindung und Typisierungsspielräume bei der Anwendung der Steuergesetze, 1992.
[24] So BVerfGE 70, 1 (30) mwN für die Freiheitsgrundrechte (Klammerzusätze nur hier); im Wortlaut ähnlich für den Gleichheitsgrundsatz BVerfGE 126, 268 (278); 122, 210 (232); 101, 297 (309); 96, 1 (6).

fallenden Sonderkonstellationen, sondern in bestimmten, wenn auch zahlenmäßig begrenzten *typischen* Fällen" betroffen sind.²⁵

In der *Examensklausur* liegt kein derart typischer Fall vor. Daher wäre das gesetzliche Werbeverbot *nicht* nach der Situation des Z, sondern aus der Sicht „*der*" Zeitschriftenverlage, bei anderer Fragestellung auch etwa aus der Sicht „der" privaten Rundfunk- und Fernsehanstalten, „der" Kino-Unternehmen und „der" Sportvereine (Trikot- und Bandenwerbung) zu untersuchen gewesen. Über den Examensfall hinaus sollte bei der grundrechtlichen Überprüfung von Gesetzen *nicht* auf namentlich benannte *individuelle* Personen (X oder Y), sondern stets auf *abstrakte Personengruppen* („Personen *wie X* oder *Y*") abgestellt werden (Fehlerquelle!).

§ 31. Verstöße gegen Freiheitsgrundrechte (Abwehrfunktion¹)

Ausgangsfall:²

Würde ein Bundesgesetz gegen Grundrechte verstoßen, das in einer Zeit des Facharbeitermangels unter Strafandrohung jegliche „Ausreise" aus dem strukturschwachen Bundesland X in andere Bundesländer und ins Ausland verböte, um alle Facharbeiter in X zu halten? 446

I. Einschlägiges Grundrecht

1. Thematischer Schutzbereich

Gegen adressierte, *unmittelbare Eingriffe* des Staates besteht *lückenloser Grundrechtsschutz*, unabhängig davon,³ ob der Eingriff durch Rechtsakt oder „schlichthoheitlich" durch faktisches Handeln erfolgt. Zunächst ist nach einem *„benannten" Grundrecht* als lex specialis zu suchen (saubere Grundrechts*auslegung* und Sachverhalts*subsumtion*). Ist kein „benanntes" Grundrecht einschlägig, wird nach der ständigen Rechtsprechung des *Bundesverfassungsgerichts* als lex generalis das „*Auffanggrundrecht*" des Art. 2 I GG (allgemeine Handlungsfreiheit) erheblich.⁴

Mit diesem lückenschließenden Ansatz bei der allgemeinen Handlungsfreiheit in einem umfassenden Sinne hat sich das *Bundesverfassungsgericht* bei Art. 2 I GG sowohl gegen die „Per-

---

²⁵ BVerfGE 121, 317 (358).
¹ Zu den Funktionen der Grundrechte *Voßkuhle/Kaiser*, JuS 2011, 411.
² Weitere Fallbesprechungen bei *Wittschursky/Wolff*, JuS 2017, 132; *Rast*, JuS 2017, 229; *Unger/Dietz*, JuS 2017, 342; *Schmitz*, JuS 2017, 753; *Herrmann*, JuS 2017, 1093; *Kulick/Bendisch*, JuS 2017, 1181; *Froese*, JuS 2016, 33; *Linke*, JuS 2016, 520; *Payandeh*, JuS 2016, 909; *Mengeler*, JuS 2016, 997; *Sacksofsky/Nowak*, JuS 2015, 1007; *Nolte/Roggon*, JuS 2015, 801; *Simon/Lipp*, JuS 2015, 327; *Hofmann*, JuS 2014, 617; *Stein/Janson/Pötzsch*, JuS 2014, 708; *Stumpf*, JuS 2014, 1110; *Frenzel*, JuS 2013, 37; *Goldhammer/Hofmann*, JuS 2013, 322; *Bäcker*, JuS 2013, 522; *Barczak*, JuS 2012, 156; *Werkmeister/Pötters*, JuS 2012, 223; *Kadelbach/Müller/Assakkali*, JuS 2012, 1093; *M. R. Otto*, JuS 2011, 143; *M. R. Otto/Saurer*, JuS 2011, 235; *I. Augsberg/Schwabenbauer*, JuS 2011, 605; *Pollmann*, JuS 2010, 626; *Jochum*, JuS 2010, 719 u. JuS 2009, 733; Fälle zu Art. 12 I GG in Rn. 523, zu Art. 14 GG in Rn. 536.
³ S. etwa BVerwGE 90, 112 (121).
⁴ Grundlegend BVerfGE 6, 32 – „Elfes-Urteil"; 80, 137 (153 f.) – „Reiten im Walde".

sönlichkeitskerntheorie" als auch gegen den Schutz nur eines begrenzten Bereichs der Persönlichkeitsentfaltung[5] zugunsten eines „jedermann kann alles tun, was anderen nicht schadet"[6] entschieden. Dabei löst das BVerfG das *allgemeine* Persönlichkeitsrecht auch im Rahmen von Art. 2 I iVm Art. 1 I GG mehr und mehr in „benannte" *einzelne* Persönlichkeitsrechte auf, wie zB das „Grundrecht auf Gewährleistung der Vertraulichkeit und Integrität informationstechnischer Systeme".[7]

Im *Ausgangsfall* ist die Freizügigkeit *innerhalb* des Bundesgebiets durch Art. 11 GG erfasst. Die Ausreise *ins Ausland* ist als „Ausreisefreiheit" durch Art. 2 I GG garantiert.[8] Bürger, die speziell zum Zweck der Arbeitsaufnahme in andere Bundesländer reisen wollen, könnten zusätzlich oder stattdessen durch Art. 12 I GG (freie Wahl des Arbeitsplatzes) geschützt sein.[9] Für die Arbeitgeber in den anderen Bundesländern, denen die dringend benötigten Fachkräfte vorenthalten werden, sowie für überregional tätige Arbeitsvermittler kommt ebenfalls Art. 12 I GG in Betracht.

Beachte (Fehlerquelle!): Falls die *Thematik* eines benannten Grundrechts als lex specialis (Art. 11 GG hinsichtlich der internen Freizügigkeit im Bundesgebiet) einschlägig ist, darf Art. 2 I GG (hinsichtlich der internen Freizügigkeit) *nicht* mehr geprüft werden. (Die *daneben* nach Art. 2 I GG geschützte Ausreise *ins Ausland* ist ein *zweiter Sachverhalt*.) Insbesondere darf ein Verstoß gegen Art. 2 I GG auch dann nicht in Erwägung gezogen werden, wenn der Eingriff in das einschlägige benannte Grundrecht (Art. 11 GG) *zulässig*, da gerechtfertigt ist.

2. Persönlicher Schutzbereich

447 Die Frage nach dem persönlichen Schutzbereich eines Grundrechts wird insbesondere relevant bei Grundrechten, die nur für Deutsche gelten, beim Grundrechtsschutz für juristische Personen des Privatrechts, und wenn juristische Personen des öffentlichen Rechts versuchen, für sich Grundrechte in Anspruch zu nehmen (Art. 19 III GG; zu allem Rn. 443).

Im *Ausgangsfall* schützen Art. 11 I und Art. 12 I GG ausschließlich deutsche Staatsangehörige. – Im Regelungsbereich von sogenannten *Deutschengrundrechten* kann aufgrund des unionsrechtlichen allgemeinen Diskriminierungsverbotes aus Art. 18 I AEUV bzw. der EU-Grundfreiheiten (= besondere Diskriminierungsverbote, Rn. 718g) für *„EU-Ausländer"* ein erweiterter Grundrechtsschutz angezeigt sein. Dieser ist über eine unionsrechtskonforme (extensive) Auslegung (Rn. 713e) des *thematischen* Schutzbereichs von Art. 2 I GG zu gewährleisten. Eine unionsrechtskonforme Auslegung des *persönlichen* Schutzbereichs der Deutschengrundrechte iS einer Erstreckung auf EU-Ausländer bietet sich aufgrund des klaren Wortlautes dieser Grundrechtsbestimmungen nicht an[10] – auch wenn sie im Rahmen einer Klausur leichter zu handhaben sein mag.

3. Funktionaler Schutzbereich, Eingriff[11]

448 Ob der Schutzbereich eines bestimmten Grundrechts einschlägig ist, ergibt sich bei adressierten, unmittelbaren Eingriffen alleine aus der im Grundrecht angesproche-

---

[5] Richtung der abweichenden Meinung von Bundesverfassungsrichter *Grimm* in BVerfGE 80, 137 (64).
[6] So die Entwurffassung des Art. 2 I GG; s. BVerfGE 6, 32 (39).
[7] BVerfGE 120, 274; zum „Recht auf informationelle Selbstbestimmung" BVerfGE 65, 1 – Volkszählung; E 115, 166 (183) – gespeicherte Daten; zum „Recht am eigenen Bild" und „Schutz der Privatsphäre" E 101, 361 (380, 382) – Caroline von Monaco.
[8] BVerfGE 6, 32 ff.
[9] Zur Darstellung s. insoweit Rn. 802.
[10] Zusammenfassend etwa Maunz/Dürig/*Di Fabio*, GG, Art. 2 Rn. 35 mwN; *Manssen*, Staatsrecht II, 14. Aufl. 2017, Rn. 39. S. a. *BVerfG* NVwZ 2011, 486 (488 f.) m. Anm. *Hufen*, JuS 2012, 186; BVerfGE 104, 337 (346); 78, 179 (196 f.). Klausuren bei *Wrase*, JuS 2015, 926; *v. Coelln*, JuS 2009, 335.
[11] „Grundwissen" zum Grundrechtseingriff bei *Voßkuhle/Kaiser*, JuS 2009, 313.

§ 31. Verstöße gegen Freiheitsgrundrechte (Abwehrfunktion)

nen Thematik („thematischer Schutzbereich", 1.). Aber ein Grundrecht kann auch *mittelbar-faktisch, indirekt* beeinträchtigt werden,[12] so als Folge eines anderen Eingriffs gegen den Adressaten (Führerscheinentzug mit Folgen für die Berufsausübung, „Folgenbeeinträchtigung"[13]) oder aufgrund eines staatlichen Handelns gegenüber einem dritten Adressaten (Auswirkungen des an die potentiellen Arbeitnehmer gerichteten Ausreiseverbots auf Arbeitgeber in anderen Bundesländern und auf überregional tätige Arbeitsvermittler im *Ausgangsfall,* „Drittbeeinträchtigungen"). Bei mittelbaren, indirekten Beeinträchtigungen wird zusätzlich erheblich, ob die *Funktion* des thematisch an sich einschlägigen Grundrechts nach ihrem *Schutzzweck*[14] dahin geht, auch Beeinträchtigungen *derartiger* Qualität abzuwehren (Lehre vom „funktionalen Schutzbereich" der Grundrechte).[15] Jedes Grundrecht will nur vor *bestimmten, spezifischen* Gefahrensituationen schützen, nicht aber *allgemeine (Lebens-)Risiken* abwehren, die wie auf anderes kausal *auch* auf den Themenbereich eines Grundrechts „durchschlagen".[16]

Zur Diktion: In der Ausbildungsliteratur ist es weitgehend üblich, das Problem der mittelbar-faktischen, indirekten Grundrechtsbeeinträchtigung unter dem Gliederungspunkt „Grundrechtseingriff" zu behandeln, auch wenn dieser Ansatz genau genommen der Sicht des *BVerfG* widerspricht. Nach dem BVerfG „bindet" das Grundgesetz „den Schutz vor Grundrechtsbeeinträchtigungen *nicht* an den Begriff des Eingriffs oder gibt dieses inhaltlich vor. *Auch* staatliche Maßnahmen, die eine mittelbare oder faktische Wirkung entfalten, können Grundrechte beeinträchtigen."[17] Derartige Maßnahmen sind nach dem BVerfG *keine* Eingriffe. Abgesehen davon kann auch ein Grundrechtseingriff iSd Ausbildungsliteratur jedenfalls nur vorliegen, wenn das Grundrecht nach seiner Funktion gerade auch gegen eine Beeinträchtigung der jeweils vorliegenden Art schützt. Sonst geht der Eingriff grundrechtlich „ins Leere".

Viele Fälle zum funktionalen Schutzbereich finden ihre Lösung über zwei einigermaßen eindeutige und *generalisierbare Eckpunkte.* Einerseits ist der funktionale Schutzbereich eines Grundrechts regelmäßig *betroffen,* wenn das anders adressierte staatliche Handeln lenkend auch auf die mittelbare Grundrechtsbeeinträchtigung *zielt;*[18] im *Ausgangsfall* zielt das arbeitsmarktlenkende Gesetz auch auf die Arbeitgeber in den anderen Bundesländern, weil es die Arbeitgeber im Bundes-

---

[12] S. zB BVerfGE 113, 63 (76); Klausur bei *Droege,* JuS 2008, 135.
[13] Definitionen nach *Ramsauer,* VerwArch. 72 (1981), 89.
[14] BVerwGE 71, 183 (192); *BVerwG* DVBl 1994, 478 (479); *Ramsauer,* VerwArch. 72 (1981), 89 (91, 99); *Sachs,* JuS 1995, 303 (305); *Maurer,* Staatsrecht I, § 9 Rn. 47.
[15] Grundlegend *Ramsauer,* Die faktischen Beeinträchtigungen des Eigentums, 1980; *ders.,* VerwArch. 72 (1981), 89.
[16] Dazu *Ramsauer,* VerwArch. 72 (1981), 89 (100, 103). In der Sache auf der gleichen Linie BVerfGE 116, 202 (217 ff.) – hoheitliche Allgemeinverbindlicherklärung von Tarifverträgen ohne spezifischen Art. 9 III GG-Bezug; E 106, 275 (298 ff.) – marktrelevante Veränderungen im Verhältnis der gesetzlichen Krankenkassen zu den Versicherten als bloßer Reflex für die Arzneimittelhersteller (Arzneimittel-Festbeträge); E 105, 252 (265 ff.) – marktbezogene Informationen des Staates (zu glykolhaltigen Weinen) als Prägung bloß der marktwirtschaftlichen Rahmenbedingungen des Art. 12 I GG; E 105, 279 (295) – neutrale Informationen über religiöse Gemeinschaft ohne Relevanz für den Schutzbereich des Art. 4 I GG; E 98, 218 (258 f.) – Rechtschreibreform ohne spezifischen Grundrechtsbezug für die Schulbuchverlage; E 95, 267 (302 f.) – Altschuldenregelung für DDR-Vermögen ohne spezifischen Bezug zu Art. 12 I GG; E 76, 1 (42) – aufenthaltsrechtliche Beschränkungen für ausländische Verlobte mit faktischen Auswirkungen auf die Eheschließung in Deutschland ohne spezifischen Bezug zu Art. 6 I GG.
[17] BVerfGE 110, 177 (191); 105, 279 (300).
[18] S. etwa BVerwGE 110, 177 (191); 90, 112 (120); 87, 37 (42f); 75, 109 (115); 71, 183 (193 f.); *Di Fabio,* JuS 1997, 1 (5).

land *X* auf ihre Kosten bevorzugen will. Andererseits ist der funktionale Schutzbereich eines Grundrechts *nicht einschlägig*, wenn keinerlei sachliche Nähe zum Grundrecht besteht; eine Gefängnisstrafe kann nicht an Art. 14 GG gemessen werden, bloß weil der Strafgefangene sein Auto nicht benutzen kann.[19] *Probleme* machen Fälle, die *zwischen* den eindeutigen Polen angesiedelt sind. Weil es um den Schutzzweck des *konkreten* Grundrechts geht, lässt sich der funktionale Schutzbereich jetzt nur grundrechts*individuell* bestimmen.[20] Für Art. 12 I GG hat das *BVerfG* insoweit mit seiner Formel von der „objektiv berufsregelnden Tendenz" subsumtionsfähige Kriterien entwickelt (Einzelheiten in Rn. 525). Bei den sonstigen Grundrechten sind die Bearbeiter auf sich allein gestellt, zumal höchstrichterliche Rechtsprechung insoweit allenfalls punktuell, im Sinne eines case law, existiert.[21] Angesagt ist eine eigenständige ad-hoc-Argumentation, die sich nach Vorschlägen in der Lehre[22] an den (*nicht* exakt *subsumtionsfähigen* bloßen) *Topoi*[23] „sachliche Nähe zum Grundrecht", „Länge der Kausalkette", „Intensität der Grundrechtsbeeinträchtigung",[24] „Voraussehbarkeit und Inkaufnahme durch den Gesetzgeber"[25] ausrichten kann.

Im *Ausgangsfall* ist der funktionale Schutzbereich des Art. 12 I GG für mittelbar betroffene Arbeitgeber in anderen Bundesländern und für überregional tätige Arbeitsvermittler ohne Weiteres gegeben, weil das Ausreiseverbot auch auf diese Personenkreise zielt.

II. (Geschriebener) Gesetzesvorbehalt

449 Wird ein Grundrecht nachteilig *betroffen* (Rn. 446 ff.), ist es damit nicht automatisch auch *verletzt* (häufiger Anfängerfehler!). Die meisten Grundrechte unterstehen vielmehr einem (ausdrücklichen) Gesetzesvorbehalt, der es dem Gesetzgeber gestattet, die Rechtsposition des Grundrechtsträgers unter bestimmten Voraussetzungen nach seinem gesetzgeberischen Ermessen und seinen Wertungen zu beeinträchtigen.

Unter Berücksichtigung ihres Wortlauts und der Rechtsprechung des BVerfG[26] lassen sich die Gesetzesvorbehalte unterteilen in *„Eingriffsvorbehalte", „Schrankenvorbehalte", „Ausgestaltungsvorbehalte"* und *„Regelungsvorbehalte"*. Praktische Relevanz hat diese Unterscheidung in der Fallbearbeitung allenfalls für das *Zitiergebot* des Art. 19 I 2 GG und für das Verbot des *Einzelfallgesetzes* nach Art. 19 I 1 GG. Hinsichtlich beider wird verbreitet eine Geltung nur für *Grundrechtseingriffe* angenommen.[27] Diese am Wortlaut der Verfassungsnormen orientier-

---

[19] Dieses und weitere Beispiele bei *Ramsauer,* VerwArch. 72 (1981), 89 (105).
[20] Für Zurückhaltung beim Auffanggrundrecht der allgemeinen Handlungsfreiheit nach Art. 2 I GG Maunz/Dürig/*Di Fabio,* GG, Art. 2 Rn. 49.
[21] S. die nachfolgenden Fußnoten; zu Art. 9 III GG s. BVerfGE 100, 271 (283).
[22] *Ramsauer,* VerwArch. 72 (1981), 89 (99 ff.); dogmatisch weniger prononciert auch etwa *Discher,* JuS 1993, 463 (465 f.); anderes Lösungsmodell zB bei *Sachs,* JuS 1995, 303 (304 f.), der alleine an die Kausalität anknüpfen will.
[23] Griechisch für „allgemeine Gesichtspunkte"; umfassend zu topischen Ansätzen in der Argumentation *Larenz,* Methodenlehre der Rechtswissenschaft, 3. Aufl. 1975, S. 138 ff.
[24] Unbeachtliche Bagatellen, zB gelegentliche Werbebeilage zu (früher öffentlichrechtlichen) Postgiroauszügen: BVerwGE 82, 29 (30); Autobahnstaus durch Polizeikontrollen: *Kingreen/Poscher,* Grundrechte Staatsrecht II, 33. Aufl. 2017, Rn. 302.
[25] In der *Kombination* mit einer besonderen Intensität als entscheidend angesehen in BVerwGE 90, 112 (121); 87, 37 (43).
[26] S. die nachfolgenden Fußnoten sowie *Hesse,* Verfassungsrecht, Rn. 303 ff.; *Sachs,* Die Gesetzesvorbehalte der Grundrechte, JuS 1995, 693.
[27] BVerfGE 83, 130 (154); 64, 72 (79); 25, 371 (399); 24, 367 (396).

§ 31. Verstöße gegen Freiheitsgrundrechte (Abwehrfunktion)

te Auslegung ist jedoch mit Blick auf den Sinn und Zweck derselben angreifbar.[28] *Materiellrechtlich* gesehen können alle Vorbehalte die Grundrechtsträger *im Ergebnis gleichwertig* beeinträchtigen: Über den *Eingriffsvorbehalt* (Beispiel: Art. 8 II GG) „beschränkt" der Gesetzgeber die grundrechtliche Betätigung, indem er in den Bereich des Grundrechts gleichsam eingreift. Ein Grundrecht, das unter einem *Schrankenvorbehalt* steht, deckt *von vornherein*[29] nur Grundrechtsbetätigungen im Rahmen bestimmter gesetzlicher Bestimmungen, so Art. 5 I GG nur Meinungsäußerungen in den Schranken der „allgemeinen" Gesetze (Art. 5 II GG, Rn. 451). Beim *Erlass* der „allgemeinen" Gesetze disponiert der Gesetzgeber *in der Sache* nicht anders über Belange des Grundrechtsträgers als im Rahmen eines Eingriffsvorbehalts. Nicht alle Grundrechte sind wie die Meinungsfreiheit oder die Versammlungsfreiheit „natürliche" Freiheiten, die der Grundrechtsträger ohne Weiteres gebrauchen kann. Manche Grundrechte, etwa die Eigentumsgarantie, kann der Grundrechtsträger erst verwirklichen, wenn der Gesetzgeber den Grundrechtsbereich rechtlich *ausgestaltet*, zB Rechtsregeln über Inhalt und Gebrauch des Eigentums bereitgestellt hat (Art. 14 I 2 GG). Diese Rechtsregeln werden, gleichsam von innen aus dem Grundrecht heraus, über den *Ausgestaltungsvorbehalt* geschaffen. Hier wird der Gesetzgeber eher als Freund denn als Feind des Grundrechts tätig.[30] Gerade das Beispiel des Art. 14 GG zeigt indessen, dass auch Ausgestaltungen für den einzelnen Grundrechtsträger nachteilig sein können. Der *Regelungsvorbehalt* (Beispiele nach der Rspr. des BVerfG:[31] Art. 12 I 2, Art. 4 III 2 GG) steht offenbar in der Nähe des Ausgestaltungsvorbehalts und soll die Grenzen des Grundrechts ebenfalls von innen her bestimmen.[32] Am Beispiel der Berufsfreiheit zeigt sich, dass Regelungen, die auf einen Regelungsvorbehalt gestützt sind (Prüfungen als Voraussetzungen für die Berufstätigkeit), die Möglichkeiten zur Grundrechtsbetätigung behindern können. Vor diesem Hintergrund wendet das BVerfG die nachfolgend darzustellenden Maßstäbe der Grundrechtsprüfung auf alle Typen des Gesetzesvorbehalts in gleicher Weise an. Das rechtfertigt es, die dogmatischen Unterteilungen nachfolgend zu übergehen und den Eingriffsvorbehalt in den Vordergrund zu stellen.

Der Gesetzesvorbehalt kann generell sein (**einfacher Gesetzesvorbehalt**) oder von vornherein nur für bestimmte Materien und/oder nur unter bestimmten Voraussetzungen bestehen (**qualifizierter Gesetzesvorbehalt**). 450

Siehe einerseits die Versammlungsfreiheit: „Für Versammlungen unter freiem Himmel kann dieses Recht *durch* Gesetz oder *auf Grund eines Gesetzes* beschränkt werden" (Art. 8 II GG = einfacher Gesetzesvorbehalt). Siehe andererseits die Freizügigkeit: „Dieses Recht darf nur durch Gesetz oder auf Grund eines Gesetzes und *nur für die Fälle eingeschränkt werden, in denen* eine ausreichende Lebensgrundlage nicht vorhanden ist und der Allgemeinheit daraus besondere Lasten entstehen würden oder in denen es zur Abwehr einer drohenden Gefahr für den Bestand oder die freiheitliche demokratische Grundordnung des Bundes oder eines Landes, zur Bekämpfung von Seuchengefahr, Naturkatastrophen oder besonders schweren Unglücksfällen, zum Schutze der Jugend vor Verwahrlosung oder um strafbaren Handlungen vorzubeugen, erforderlich ist" (Art. 11 II GG = qualifizierter Gesetzesvorbehalt).

Das Recht auf freie Entfaltung der Persönlichkeit (Art. 2 I GG) besteht nur, soweit der Grundrechtsträger „nicht die Rechte anderer verletzt und nicht gegen die verfassungsmäßige Ordnung oder das Sittengesetz verstößt". **Merke** besonders: „Verfassungsmäßige Ordnung in diesem Sinne ist die verfassungsmäßige Rechtsordnung, d. h. die Gesamtheit der Normen, die formell und materiell der Verfassung gemäß sind."[33] Damit untersteht Art. 2 I GG einem *einfachen Gesetzesvorbehalt*, ebenso wie etwa Art. 8 II GG. Dass die einschränkenden Normen formell und materiell der Verfassung gemäß sein müssen, ist für *jeden* Gesetzesvorbehalt ohnehin selbstverständlich: Auch ein unter einem Gesetzesvorbehalt stehendes Grundrecht kann natür- 451

---

[28] S. Rn. 417; *Sachs*, Verfassungsrecht II Grundrechte, 3. Aufl. 2017, 10 Rn. 18 ff. Auch BVerfG NJW 2017, 217 (241 f.) wendet zB Art. 19 I 1 GG auf Inhaltsbestimmungen iSd Art. 14 I 2 GG an.
[29] BVerfGE 28, 282 (289).
[30] *Hesse*, Verfassungsrecht, Rn. 304 ff. Zu ungeschriebenen Ausgestaltungsvorbehalten Rn. 476.
[31] BVerfGE 28, 243 (259); 13, 97 (122); 7, 377 (404).
[32] BVerfGE 7, 377 (404).
[33] So BVerfGE 6, 32 (LS 3); st. Rspr.

lich nur durch ein Gesetz eingeschränkt werden, das seinerseits gültig ist, also nicht „formell" oder „materiell" gegen Normen der Verfassung *außerhalb* des Grundrechts verstößt. – Die Meinungsfreiheit und die Pressefreiheit finden gem. Art. 5 II GG „ihre Schranken in den Vorschriften der *allgemeinen* Gesetze" und unterstehen damit einem *qualifizierten* Gesetzesvorbehalt. Allgemein iSv Art. 5 II GG sind nur „Gesetze, die sich nicht gegen das Grundrecht an sich oder gegen die Äußerung einer bestimmten Meinung richten", die vielmehr „dem Schutz eines schlechthin, ohne Rücksicht auf eine bestimmte Meinung, zu schützenden Rechtsguts dienen".[34] Als immanente *Ausnahme* vom Verbot des „Sonderrechts" hat das BVerfG dennoch auch die meinungsbezogene Vorschrift des § 130 IV StGB (= *kein* allgemeines Gesetz) als mit Art. 5 I, II GG *vereinbar* angesehen.[35]

Im Einzelnen sind in der Fallbearbeitung folgende Punkte zu beachten:

1. Gesetz im formellen Sinne

452 *Formal gesehen* muss der Grundrechtseingriff „durch Gesetz" bzw. „auf Grund eines Gesetzes" erfolgt sein. Nach der Rechtsprechung des BVerfG[36] ist Gesetz in diesem Sinne das *Parlaments*gesetz der *staatlichen* Gesetzgebungsorgane (Bundestag, Landtage der Länder = Gesetz im *formellen* Sinne). Durch Rechtsverordnung der staatlichen Exekutive oder Satzung einer nichtstaatlichen Selbstverwaltungskörperschaft (= Gesetze im [nur] *materiellen* Sinne) kann in Grundrechte eingegriffen werden, wenn ein staatliches Parlamentsgesetz dazu ermächtigt.[37] Für die Ermächtigung zum Erlass einer *Rechtsverordnung* stellt Art. 80 GG dabei enge Zulässigkeitsvoraussetzungen auf (Rn. 419, 423). *Satzungsautonomie* kann der staatliche Gesetzgeber an Selbstverwaltungskörperschaften (Gemeinde, Universität, Ärztekammer) ohne Bindung an Art. 80 GG verleihen, soweit die Satzungsgewalt innerhalb der Körperschaft wiederum von einem *gewählten Legislativ*organ wahrgenommen wird (Gemeindeparlament, Vertreterversammlung, Rn 428 ff.) Übergreifend[38] gilt zusätzlich die „*Wesentlichkeitstheorie*" des BVerfG. Nach ihr sind umso höhere Anforderungen an die *Bestimmtheit* eines Gesetzes zu stellen, je intensiver Grundrechte betroffen werden (Rn. 411, 423, 429).

Im *Ausgangsfall* (Rn. 446) erfolgt der Grundrechtseingriff durch ein inhaltlich hinreichend bestimmtes *Gesetz*.

2. Gültigkeit des Gesetzes

453 Das Gesetz darf nicht gegen Verfassungsbestimmungen *außerhalb* der Grundrechte verstoßen. Insbesondere muss die Verteilung der Gesetzgebungskompetenzen nach Art. 70 ff. GG eingehalten sein (Rn. 663 ff.).

---

[34] BVerfGE 113, 63 (78); st. Rspr. seit E 7, 198 (209). Dass die allgemeinen Gesetze nach E 7, 198 (208 ff.) „im Lichte der Bedeutung des Grundrechts der Meinungsfreiheit" gesehen werden müssen und die Meinungsfreiheit daher nicht beliebig weit einschränken können, hat *keinen* dogmatischen Ansatz bei der *Allgemeinheit* des Gesetzes, also bei der *geschriebenen* Qualifizierung des Gesetzesvorbehalts in Art. 5 II GG (Fehlerquelle!), sondern ist eine *ungeschriebene* Qualifizierung im Kontext von Rn. 455, die vom BVerfG erstmalig im Rahmen von Art. 5 II GG angewendet worden ist, heute aber bei *jedem* Gesetzesvorbehalt mitgelesen werden muss.

[35] BVerfGE 124, 300 (327 ff.) – Wunsiedel (lesen!) m. Anm. *Hufen*, JuS 2010, 558; *Degenhart*, JZ 2010, 306; Klausuren zu § 130 StGB bei *Breder/Przygoda*, JuS 2010, 1004; *Brugger/Schaefer*, JuS 2009, 640. BVerwGE 131, 216 nahm dagegen noch ein allg. Gesetz an.

[36] Seit BVerfGE 33, 1 ff. Zum Zusammenhang mit dem „Vorbehalt des Gesetzes" s. Rn. 59.

[37] BVerfGE 54, 143 (144).

[38] S. BVerfGE 101, 1 (34); 83, 130 (152).

§ 31. Verstöße gegen Freiheitsgrundrechte (Abwehrfunktion)

Im *Ausgangsfall* mag die Kompetenz des Bundesgesetzgebers aus Art. 73 I Nr. 3 GG hergeleitet werden können.

3. Geschriebene Qualifizierungen des Gesetzesvorbehalts

Liegt ein Gesetz vor, muss außerdem untersucht werden, ob dieses Gesetz tatbestandlich die Voraussetzungen erfüllt, unter denen das Grundgesetz die gesetzliche Einschränkung des Grundrechts nur zulässt. Der Sachverhalt ist also unter den (qualifizierten) Gesetzesvorbehalt zu subsumieren. 454

Weil die Arbeitsmarktlage in Art. 11 II GG nicht genannt ist, deckt der Gesetzesvorbehalt die Beschränkung der Freizügigkeit innerhalb des Bundesgebietes im *Ausgangsfall* nicht ab. Die *interne* Ausreisesperre verstößt also gegen Art. 11 GG. *Insoweit* erweist sich das Gesetz bereits hier als nichtig. Der Gesetzesvorbehalt des Art. 2 I GG, der die Ausreise ins Ausland schützt, enthält keine einschränkenden Voraussetzungen und lässt das gesetzliche Verbot daher *nominell* zu, aber:

4. Ungeschriebene Qualifizierungen des Gesetzesvorbehalts

Kein Gesetzesvorbehalt lässt ein Grundrecht leerlaufen; gem. Art. 1 III GG binden die Grundrechte gerade auch den Gesetzgeber. Daher ist jede gesetzliche Grundrechtseinschränkung im Lichte der besonderen Bedeutung des Grundrechts zu sehen.[39] Es findet eine Wechselwirkung in dem Sinne statt, dass das Grundrecht zwar über einen Gesetzesvorbehalt durch Gesetz eingeschränkt werden darf, dieses Gesetz aber seinerseits die „wertsetzende" (Rn. 484 ff.) Bedeutung des Grundrechts berücksichtigen muss. Daraus[40] leitet das BVerfG in st. Rspr. die nachfolgend dargestellten *ungeschriebenen Qualifizierungen* ab, die bei jedem Gesetzesvorbehalt[41] mitzulesen sind:[42] Der Eingriff muss geeignet, notwendig/erforderlich und verhältnismäßig sein, um das gesetzgeberische Ziel zu fördern. 455

a) Gemeinwohlziel

aa) Als Bezugspunkt für alle Einzelprüfungen sollte zuerst das gesetzgeberische Ziel klar herausgearbeitet werden (= **isolierte Zielbetrachtung**). Selbstverständlich kann der Gesetzgeber auch mehre Ziele gleichzeitig verfolgen. Die gesetzgeberischen Ziele werden über die herkömmlichen Methoden der Gesetzesauslegung ermittelt.[43] 456

Im *Ausgangsfall* (Rn. 446) ist das Ziel, die Facharbeiter im Lande zu halten, im Sachverhalt ausdrücklich angegeben und daher nicht zu übersehen. 457

bb) In der Regel ist es nicht erforderlich, dass die Klausurbearbeiter das Ziel als solches überprüfen. Zwar muss das Ziel auf das **„Gemeinwohl"**, auf **„öffentliche** 458

---

[39] Hierzu und zum Folgenden lies BVerfGE 7, 198 (208 ff.). – Spätere Entscheidungen haben die zunächst nur zu Art. 5 GG entwickelten Grundsätze (Fn. 34) auf Art. 2 I GG erstreckt: zB E 13, 230 (235); 17, 306 (313 f.); 20, 150 (155); 29, 221 (235 ff.). Mittlerweile gelten sie für alle Grundrechte; zusammenfassend zB E 67, 157 (172 ff.).
[40] S. BVerfGE 67, 157 (172 f.).
[41] Auch die vom *BVerfG* im „Apothekenurteil" zu Art. 12 I GG entwickelte „Dreistufentheorie" (Rn. 534 f.) ist Erscheinung dieser Grundsätze: deutlich etwa BVerfGE 46, 120 (138).
[42] S. a. *Kluckert*, JuS 2015, 116; *Klatt/Meister*, JuS 2014, 193; *Michael*, JuS 2001, 148, 654, 764 mit Grundfällen zur Verhältnismäßigkeit.
[43] Dazu *Wernsmann*, NVwZ 2000, 1360, in der Auseinandersetzung mit *BVerfG (Kammer)* NJW 1998, 1776, wo das Gericht das gesetzgeberische Ziel ausgetauscht hat; s. a. *Würdinger*, JuS 2016, 1.

Interessen" gerichtet sein.⁴⁴ Aber die gesetzgeberischen Ziele liegen *automatisch* im öffentlichen Interesse.⁴⁵ Es hängt nämlich von politischen Wertungen ab, was der Einzelne für das Interesse der Allgemeinheit hält und was nicht. In der Demokratie des Grundgesetzes bestimmt das Volk durch seinen Repräsentanten, den Gesetzgeber, welche politischen Wertungen Geltung erlangen sollen und welche politischen Ziele so verwirklicht werden.⁴⁶

459 Dementsprechend kann der Gesetzgeber im „Interesse der Allgemeinheit" nicht nur Ziele verfolgen, über deren Gemeinwohlrelevanz allgemein Einverständnis besteht (Volksgesundheit), sondern auch Ziele, die wie im *Ausgangsfall* politisch umstritten sein mögen. Dann kommt es nicht auf die persönliche Wertung des Fallbearbeiters an, sondern diese sind der Entscheidung des Gesetzgebers unterworfen.⁴⁷

460 Ein gesetzgeberisches Ziel liegt nur dann *nicht* im öffentlichen Interesse, wenn es mit vorrangigen Gemeinwohlentscheidungen des *Grundgesetzes* unvereinbar ist (Beispiele: Art. 26 – Verbot des Angriffskrieges; Art. 97 I – Unabhängigkeit der Richter; Art. 102 GG – Abschaffung der Todesstrafe). Derartige Fallkonstellationen spielen in einer Klausur regelmäßig keine Rolle.

461 **cc)** Bei der *Entscheidung* zugunsten des Zieles darf der Gesetzgeber nicht von unzutreffenden tatsächlichen Gegebenheiten ausgegangen sein.⁴⁸ Ansonsten verfügt er über einen **Diagnose- und Prognosespielraum.**⁴⁹

462 Für das *Ausmaß* dieser „Einschätzungsprärogative" sind maßgebend „insbesondere die Eigenart des in Rede stehenden Sachbereichs, die Möglichkeit, sich ein hinreichend sicheres, empirisch abgestütztes Urteil zu bilden, sowie die Bedeutung der betroffenen Rechtsgüter".⁵⁰ In diesem Rahmen hat der Gesetzgeber seine Prärogative nur überschritten, „wenn seine Erwägungen so offensichtlich fehlsam sind, daß sie vernünftigerweise keine Grundlage für gesetzgeberische Maßnahmen abgeben können".⁵¹

b) Geeignetes und notwendiges Mittel

463 Das *Mittel,* das der Gesetzgeber einsetzt, muss **(1)** *geeignet* (tauglich) und **(2)** *notwendig* (/*erforderlich*) sein, um das gesetzgeberische Ziel zu fördern (= **Ziel-Mittel-Relation,** Rn. 97). „Notwendig" meint *nicht* die *politische* Angemessenheit, sondern enthält ausschließlich das „Übermaßverbot": Es darf kein *milderes* Mittel geben, das den *gleichen* Erfolg bringen würde. Bei sauberer Prüfung lösen sich hier die meisten Fälle.

Für sich allein (die Freizügigkeit *im* Bundesgebiet kann nach Rn. 454 nicht beschränkt werden) ist das Verbot der Ausreise ins Ausland im *Ausgangsfall* (Rn. 446) ohne Wirkung auf die

---

⁴⁴ St. Rspr.; s. zB BVerfGE 37, 1 (18); 30, 292 (316); 21, 245 (249); 20, 150 (157); 18, 315 (327); 4, 7 (LS 2).
⁴⁵ Das dürfte heute kaum noch bestritten werden können. Einzelheiten und weiterführende Hinweise etwa bei *W. Martens,* Öffentlich als Rechtsbegriff, 1969, S. 185 ff., 189; *Uerpmann,* Das öffentliche Interesse, 2000.
⁴⁶ Zum „Gestaltungsspielraum" des Gesetzgebers s. zB BVerfGE 101, 331 (347); 77, 308 (332).
⁴⁷ BVerfGE 13, 97 (107) – großer Befähigungsnachweis im Handwerk, Mittelstandsschutz.
⁴⁸ Beispiel: BVerfGE 36, 47 (59 ff.). S. a. E 111, 226 (255); 106, 62 (150 ff.); 50, 290 (334); 39, 210 (226).
⁴⁹ BVerfGE 111, 226 (255); 106, 62 (150 ff.); 104, 337 (348); 90, 145 (173); 83, 130 (141); 77, 84 (106); 65, 1 (55); 50, 290 (332 ff., 334). Umfassend *G. Schwerdtfeger,* FS H. P. Ipsen, 1977, S. 173 (178 ff., 181); *Horn,* Experimentelle Gesetzgebung unter dem GG, 1989; *M. Raabe,* Grundrechte und Erkenntnis, 1998.
⁵⁰ BVerfGE 83, 130 (141).
⁵¹ BVerfGE 77, 84 (106).

§ 31. Verstöße gegen Freiheitsgrundrechte (Abwehrfunktion)   193

Arbeitsmarktsituation im Bundesland X und damit *ungeeignet*,[52] so dass das Gesetz auch insoweit und damit insgesamt verfassungswidrig ist.

Auch bei der Beurteilung des Mittels hat der Gesetzgeber den soeben (Rn. 461 f.) 464 umschriebenen Beurteilungsspielraum, die *Einschätzungsprärogative*.[53] Ein Verfassungsverstoß liegt erst vor, wenn die vom Gesetzgeber gewählte Maßnahme „schlechthin ungeeignet" oder „eindeutig" nicht erforderlich ist.[54]

c) Keine Disproportionalität

Schließlich darf das Ziel (Rechtsgut), das unter Ausnutzung des Gesetzesvorbehalts 465 gefördert wird, in seiner Wertigkeit nicht außer Verhältnis zur Intensität des Eingriffs in das grundrechtlich geschützte Rechtsgut stehen (= **Ziel-Ergebnis-Relation**, *Verhältnismäßigkeit im engeren Sinne*). Ob das gesetzgeberische Ziel im rechten Verhältnis zum Grundrechtseingriff steht, ist eine Frage der *Wertung*, in der die aufeinandertreffenden Gesichtspunkte und Rechtsgüter gewichtet und gegeneinander abgewogen werden. Die Korrekturerfahrung lehrt, dass die Bearbeiter diese Wertung in der Regel fälschlicherweise *selbst* vornehmen und also eine *originär eigene* Abwägungsentscheidung treffen.

> **Klausurbeispiel:** Der Bundestag hat ein „Gesetz zur Erhöhung der Sicherheit im Straßenverkehr (Straßenverkehrssicherheitsgesetz – StVSG)" erlassen, das ua ein allgemeines Fahrverbot für Krafträder (Motorräder) enthält, wobei Übergangsvorschriften eine moderate Überführung in die neue Rechtslage garantieren. Im Rahmen von Art. 2 I GG („Freiheit des Kfz-Verkehrs") erörterten die Bearbeiter beim Grundsatz der Verhältnismäßigkeit, ob das Fahrverbot „angemessen" sei. Der *eine Teil* der Bearbeiter hielt das Verbot für angemessen. Leib und Leben seien in der Werteordnung des GG das höchste Gut. Bei Motorradunfällen seien die Todesrate und die Rate schwerer Verletzungen dramatisch höher als bei Kfz-Unfällen ohne Motorradbeteiligung, mit entsprechend höheren finanziellen Schäden für die Sozialversicherungsträger und für die betroffenen Familien. Auf der anderen Seite werde Art. 2 I GG nicht zentral betroffen. Für finanziell schlecht gestellte Verkehrsteilnehmer, die sich kein Auto leisten könnten, stehe der gut ausgebaute öffentliche Nahverkehr zur Verfügung. Der *andere Teil* der Bearbeiter kam zum gegenteiligen Ergebnis: Das Motorrad sei seit über 100 Jahren ein verbreitetes Fortbewegungsmittel. Über die reine Fortbewegung hinaus vermittle das Motorradfahren ein besonderes Freiheitsgefühl mit Fan-Charakter. Jeder Motorradfahrer wisse, dass er sich einer erhöhten Verkehrsgefahr aussetze. Es sei nicht die Aufgabe des Staates, ihn insoweit zu bevormunden. Allen finanziellen Folgen könne der Staat statt durch das Verbot über die Einführung einer Pflichtversicherung für Eigenschäden begegnen.

Derartige Abwägungen sind ungeleiteter Aktionismus. Die entscheidende *Vorfrage* ist, *wer* für die bewertende Abwägung *zuständig* ist. Nach dem Vorbehalt des Gesetzes unterfällt die Abwägung originär der Zuständigkeit des *demokratischen Gesetzgebers*,[55] nicht der Zuständigkeit des Gerichts und damit auch nicht der Zuständigkeit der Klausurbearbeiter; die Klausurbearbeiter sind keine Bundestagsabgeordneten. Der Richter und die Klausurbearbeiter sind an die Abwägung des Gesetzgebers gebunden. Sie haben die Abwägung auf weit zurückgezogener Linie nur auf die *Einhaltung letzter Grenzen* zu *überprüfen* (zur parallelen Situation beim Verwaltungsermessen s. Rn. 99).

---

[52] Weiterer Beispielsfall für mangelnde Eignung zB in BVerfGE 55, 159 (165).
[53] BVerfGE 99, 341 (352 f.); 90, 145 (173); 77, 84 (106).
[54] BVerfGE 99, 341 (353).
[55] BVerfGE 97, 169 (176); 33, 125 (159); *Hesse*, Verfassungsrecht, Rn. 320.

466 Wie das BVerfG in älteren Urteilen formuliert, darf der Richter den Entscheidungen des Gesetzgebers die Anerkennung nur versagen, „wenn sie *offensichtlich* fehlsam sind oder der Wertordnung des Grundgesetzes widersprechen".[56] In seiner jüngeren Rechtsprechung[57] stellt das BVerfG darauf ab, ob „bei der Gesamtabwägung zwischen der Schwere des Eingriffs und dem Gewicht sowie der Dringlichkeit der ihn rechtfertigenden Gründe die Grenze der Zumutbarkeit" für den Grundrechtsträger „noch gewahrt ist". Indem sich das BVerfG auf die Untersuchung *beschränkt*, ob „die *Grenze der Zumutbarkeit noch* gewahrt" ist, hält das Gericht in der Sache an seiner ursprünglichen Linie fest, die Entscheidung des Gesetzgebers nur bei „offensichtlich fehlsamer" Wertung zu korrigieren. Das ist der Maßstab auch für die Klausurbearbeiter.

> Im *Beispielsfall* hätten die Bearbeiter zunächst auf die Verteilung der Abwägungszuständigkeiten hinweisen müssen und dann nicht positiv nach der „Angemessenheit", sondern mit dem BVerfG[58] *negativ* nach einer „*Un*angemessenheit" des Motorradfahrverbotes fragen sollen. Von hierher hätten die beschriebenen Aspekte in der Gesamtabwägung wohl ergeben, dass für die Motorradfahrer die (bloße) *Grenze* der Zumutbarkeit *nicht* überschritten ist.

467 Eine grundrechtsbezogene „*Angemessenheitsprüfung*" mit einer eigenen wertenden Abwägung der Bearbeiter ist allerdings angezeigt, *wenn* es – anders als im *Beispielsfall* – um die Auslegung und einzelfallbezogene Anwendung von *unbestimmten Gesetzesbegriffen* und gesetzlichen Generalklauseln im Grundrechtsbereich geht. Im Rahmen des nach dem Bestimmtheitsgebot Zulässigen (Rn. 411) hat der Gesetzgeber nämlich *hier* die vom Grundrecht her veranlasste Abwägung nicht abschließend selbst vorgenommen. Jetzt fällt es in die *Zuständigkeit der Fachgerichte* (Verwaltungsgerichte,[59] Zivilgerichte[60]) als ebenfalls grundrechtsgebundene Staatsorgane (Art. 1 III GG), mit der Gesetzesauslegung und -anwendung die fehlende Entscheidung des Gesetzgebers in einer *eigenen* wertenden Abwägung[61] einzelfallbezogen zu substituieren.[62] In einer entsprechenden Rolle befinden sich die Bearbeiter. Eine grundrechtliche Überprüfungssituation auf zurückgezogener Linie entsteht bei der Gesetzesauslegung und -anwendung *jetzt* erst, wenn das *BVerfG* (etwa im Rahmen einer Urteilsverfassungsbeschwerde) zu untersuchen hat, ob das für die Abwägung *originär* zuständige *Fachgericht* gegen das Grundrecht *verstoßen* hat (Rn. 570).

5. Art. 19 II GG (Wesensgehaltsgarantie)

468 Die *Funktion* des Art. 19 II GG[63] wird deutlich vor dem Hintergrunde der Weimarer Verfassung. Die Grundrechte der WV liefen gegenüber dem Gesetzgeber weitgehend leer. Ob-

---

[56] BVerfGE 50, 50 (51); 24, 367 (406); s. a. schon E 13, 97 (105, 107); kritisch zB *Bettermann*, Grenzen der Grundrechte, 2. Aufl. 1976, S. 24 f.
[57] St. Rspr.; zB BVerfGE 97, 228 (260 f.); 95, 173 (183); 76, 196 (207); 68, 155 (171); 68, 272 (282); 61, 291 (312); 30, 292 (316). Kritisch etwa *Gusseck*, Die Zumutbarkeit – ein Beurteilungsmaßstab?, 1972; *Ossenbühl*, FG zum 10-jährigen Jubiläum der Gesellschaft für Rechtspolitik, 1984, S. 315. S. schließlich *Albrecht*, Zumutbarkeit als Verfassungsmaßstab, 1995.
[58] BVerfGE 99, 202 (213); 97, 169 (176); 97, 228 (260).
[59] Beispiel: *BVerfG (Kammer)* NVwZ 2000, 909.
[60] Dazu im Zusammenhang mit der „Drittwirkung" der Grundrechte Rn. 564, 569 f.
[61] BVerfGE 97, 391 (401); s. a. Rn. 564, 569. Aussagekräftig etwa die Formulierung in BVerfGE 34, 269 (287): „Die Aufgabe der Rechtsprechung kann es sogar erfordern, Wertvorstellungen, die der verfassungsmäßigen Rechtsordnung immanent ... sind, in einem Akt des *bewertenden* Erkennens, *dem auch willenhafte Elemente nicht fehlen,* ans Licht zu bringen und in Entscheidungen zu realisieren."
[62] Zu dieser Substitution bei unbestimmten Gesetzesbegriffen s. schon Rn. 80.
[63] Hierzu *Schaks*, JuS 2015, 407; „Grundfälle" bei *Krausnick*, JuS 2007, 1088 (1090 ff.).

§ 31. Verstöße gegen Freiheitsgrundrechte (Abwehrfunktion)

gleich die Grundrechte des GG nach dem klaren Wortlaut des Art. 1 III GG auch den Gesetzgeber binden, konnte es der Verfassungsgeber aus sachlichen Gründen nicht vermeiden, viele Grundrechte einem Gesetzesvorbehalt zu unterstellen und damit wiederum der Disposition des Gesetzgebers zu überantworten. Art. 19 II GG soll offenbar verhindern, dass die Grundrechte im Verhältnis zum Gesetzgeber erneut „leerlaufen". Wann ein Grundrecht „in seinem Wesensgehalt angetastet" wird, lässt sich mit den Mitteln überkommener Gesetzesexegese indessen so wenig eindeutig bestimmen, dass Art. 19 II GG *selbst* keine hinreichend exakten Aussagen enthält, wann ein gesetzlicher Grundrechtseingriff im Einzelfall noch zulässig oder schon unzulässig ist. Er gibt vielmehr nur die *Richtung* an, *dass* der Rechtsanwender ein Leerlaufen der Grundrechte zu verhindern habe. Damit oblag es der Wissenschaft und der Rechtsprechung, vor allem der Rechtsprechung des *BVerfG*, geeignete Methoden und Einzelkriterien zu entwickeln, die dem Anliegen des Art. 19 II GG genügen. Das hat das BVerfG in der soeben unter Rn. 455 ff. skizzierten Weise getan. So gesehen ist die Intention des Art. 19 II GG bereits hierdurch in wesentlichem Maße erfüllt.[64]

Ob Art. 19 II GG eine noch über die bisherigen Überlegungen unter Rn. 455 ff. hinausgehende Bedeutung hat, ist nicht abschließend geklärt, trotz der *zentralen Bedeutung* für die Grundrechts*theorie* bei der Lösung eines praktischen Falles aber auch nur selten ausschlaggebend. Einerseits steht die Ansicht[65] im Raum, jedes Grundrecht habe einen von innen her zu entwickelnden „absoluten Wesenskern"; man müsse daher vom Bestehen einer *starren* Grenze ausgehen, hinter der jeder gesetzliche Eingriff *ohne Rücksicht auf die Wichtigkeit des Rechtsguts* unzulässig werde, das mit ihm zur Geltung gebracht werden solle. An dieser Grenze würden dann auch die nach Rn. 455 ff. noch zulässigen Maßnahmen verfassungswidrig werden. **469**

Für den *Menschenwürdegehalt* in Art. 2 I GG folgte das *BVerfG*[66] diesem Ansatz: Bei *besonders schweren* Straftaten mag es dem Grundsatz der Verhältnismäßigkeit entsprechen können, wenn *heimliche* Tonbandaufnahmen im Strafverfahren gegen den Beschuldigten verwendet werden. Nach BVerfGE 34, 238 (245) ist die Verwendung solcher Tonbandaufnahmen aber evtl. gem. Art. 19 II GG *absolut* unzulässig: „Selbst überwiegende Interessen der Allgemeinheit können einen Eingriff in den absolut geschützten Kernbereich privater Lebensgestaltung nicht rechtfertigen; eine Abwägung nach Maßgabe des Verhältnismäßigkeitsgrundsatzes findet nicht statt."

Andererseits wird angenommen, die Bedeutung des Art. 19 II GG erschöpfe sich in den Ausführungen nach soeben Rn. 455 ff. Der Wesensgehalt sei gerade aus der Wechselwirkung zwischen Grundrecht und Rechtsgut zu bestimmen, das durch den Eingriff zur Geltung gebracht werden solle. Dann bestände *keine* starre Grenze. Trotzdem würde absoluter Schutz gewährt.[67] **470**

Mehr zufällig als bewusst pflegen die Fallbearbeiter zumeist von der zuerst genannten absoluten Theorie auszugehen und unter dem Einfluss *subjektiver* Wertungen dann knapp *zu behaupten*, das Wesen des Grundrechts sei beeinträchtigt oder nicht beeinträchtigt. Überzeugender kann man auf dem Boden der zuletzt genannten relativen Theorie argumentieren. Welche Theorie „richtig" ist, lässt sich in einer Klausur oder Hausarbeit nicht eigenständig begründen. Immer sollten die Bearbeiter die in Rn. 455 ff. dargestellten Möglichkeiten zur Begründung einer Verfassungswidrigkeit aber voll ausschöpfen, bevor sie sich auf Erörterungen über den Wesensgehalt einlassen. **471**

---

[64] S. dazu insbes. *Häberle*, Die Wesensgehaltsgarantie des Art. 19 II GG, 3. Aufl. 1983; *Hesse*, Verfassungsrecht, Rn. 332 ff.
[65] S. bes. v. Mangoldt/Klein/Starck/*Huber*, GG, 6. Aufl. 2010, Art. 19 Rn. 138; s. a. Rn. 488.
[66] BVerfGE 80, 367 (373); 34, 238 (245); 6, 32 (41). BVerfGE 125, 260 (322) stellt jedoch Art. 19 II GG und den Menschenwürdegehalt *nebeneinander*.
[67] Bes. deutlich *Hesse*, Verfassungsrecht, Rn. 332, im Anschluss an *Häberle*, Die Wesensgehaltsgarantie des Art. 19 II GG, 3. Aufl. 1983, S. 234 ff.; s. a. *Hufen*, Staatsrecht II Grundrechte, 6. Aufl. 2017, § 9 Rn. 29; BVerfGE 125, 260 (322); 115, 118 (165); 58, 300 (348).

III. Ungeschriebene Grundrechtsbegrenzungen

Ausgangsfälle:

472 **(1)** X erklärt am 15.1. ihren „sofortigen" Austritt aus einem Tennisclub, weil der Verein Mitglieder aufgenommen hat, mit denen X nicht im selben Club sein möchte. Der Vorstand schreibt an X, entsprechend § 39 II BGB bestimme die Vereinssatzung, dass der Austritt erst zum Jahresende wirksam werde. Wie verträgt sich § 39 II BGB mit der „negativen"[68] Vereinigungsfreiheit des Art. 9 I GG?[69]

(2) Das Schulgesetz des Bundeslandes B sieht vor, dass den Schülern Verhaltenspflichten auferlegt werden können, um das Zusammenleben und die Ordnung in der Schule aufrechtzuerhalten. Nachdem mehrere muslimische Schüler in einer Schule in B nach islamischem Ritus beten, kommt es zu heftigen Auseinandersetzungen zwischen diesen und anderen Schülern. Die Konflikte lassen sich weder durch Gespräche noch durch die Bereitstellung eines Gebetsraumes lösen. Die Schulleitung verbietet daraufhin den Schülern das Beten im Schulgebäude. Zu Recht?[70]

473 Hier geht es um Fallkonstellationen, in denen den Grundrechten ihrem Wortlaut nach *kein Gesetzesvorbehalt* beigegeben ist (Art. 4 I, II GG im *Ausgangsfall 2*)[71] oder in denen ein beigefügter Gesetzesvorbehalt (Art. 9 II GG im *Ausgangsfall 1*) den einschlägigen Sachzusammenhang nicht erfasst. Die *Ausgangsfälle* zeigen, dass in derartigen Fällen *ungeschriebene* Grundrechtsbegrenzungen in Betracht kommen müssen.

474 Literatur und Rechtsprechung konfrontierten die Studenten lange Zeit mit verschiedenen Konstruktionen, wie solche Begrenzungen zu gewinnen seien:[72] So wurde zB diskutiert, ob *alle* Grundrechte *jedenfalls* den Schranken des „Soweit-Satzes" in Art. 2 I GG unterlägen – seinerzeit wurde der damit angesprochene Begriff der „verfassungsmäßigen Ordnung" allerdings noch sehr eng ausgelegt. Das *BVerfG* hat diesen Ansatz ausdrücklich abgelehnt.[73] Dem „*einfachen*" Gesetzesvorbehalt, den das BVerfG mittlerweile im Begriff der „verfassungsmäßigen Ordnung" angelegt sieht (Rn. 451), können Grundrechte *ohne* Gesetzesvorbehalt *von vornherein nicht* unterstehen. Nach einer anderen Ansicht sollten alle Grundrechte (auch diejenigen ohne Gesetzesvorbehalt) ihre Schranke jedenfalls in den Vorschriften der „*allgemeinen*" Gesetze (= Schrankenvorbehalt des Art. 5 II GG, Rn. 451) finden.[74] – Die verschiedenen Ansätze zur Schrankenübertragung konnten sich jedoch zu Recht nicht durchsetzen, da sie der Systematik des Grundrechtsteils der Verfassung widersprechen.[75]

---

[68] BVerfGE 10, 89 (102).
[69] Parallelfall zu Art. 9 III GG in *BGH* WM 1980, 1363.
[70] Fallanlehnung an *BVerwG* NVwZ 2012, 162 m. Anm. *Muckel*, JA 2012, 235; *Enders*, JZ 2012, 363. Grundzüge des Religionsverfassungsrechts bei *Holterhus/Aghazadeh*, JuS 2016, 19, 117.
[71] Hierzu umfassend *S. Lenz*, Vorbehaltlose Freiheitsrechte, 2006.
[72] Überblicke und Kritik zB bei *Böckenförde/Greiffenhagen*, JuS 1966, 363; *Sachs*, JuS 1995, 984.
[73] BVerfGE 32, 98 (107); 30, 173 (192).
[74] *Lerche*, Verfassungsrechtliche Zentralfragen des Arbeitskampfes, 1968, S. 35 f.; *Scholz*, Koalitionsfreiheit als Verfassungsproblem, 1971, S. 335 ff.; *BAG* GS 20, 175 (225); alle für Art. 9 III GG. „*Allgemeine*" Gesetze wären danach alle Vorschriften, die sich nicht *spezifisch* gegen die einschlägige grundrechtliche Betätigung richten, diese vielmehr nur den gleichen Pflichten unterstellen wie beliebige andere Betätigungen auch.
[75] S. a. v. Münch/Kunig/*v. Münch/Kunig*, GG, 6. Aufl. 2012, Vorb. Art. 1–19 Rn. 41.

§ 31. Verstöße gegen Freiheitsgrundrechte (Abwehrfunktion)

Grundlage aller Theorie muss die Erkenntnis sein, dass sich *ungeschriebene Grund-* 475
rechtsbegrenzungen nur aus der Verfassung,[76] nicht aus vorrechtlichen Wertungen
der Bearbeiter gewinnen lassen. Mit diesem Ansatz kann man unterscheiden:

1. Grundrechtsinterne Ausgestaltungsbefugnis des Gesetzgebers

Im Zusammenhang mit dem erwähnten *ausdrücklichen* Ausgestaltungsvorbehalt 476
(Rn. 449) wurde bereits deutlich, dass bestimmte Grundrechte von innen heraus
rechtlicher Organisation bedürfen, um verwirklicht werden zu können. Zu ihnen
gehört die Vereinigungsfreiheit im *Ausgangsfall 1,* ebenso zB die Koalitionsfreiheit
des Art. 9 III GG oder die Rundfunkfreiheit des Art. 5 I 2 GG. Es entspricht dem
Wesen dieser Grundrechte, dass der Gesetzgeber die Ausgestaltungskompetenz auch
dann hat, wenn sie ihm nicht ausdrücklich verliehen worden ist.[77] Soweit die Ausgestaltung dem Grundrechtsträger Nachteile bringt, gelten für sie die am Eingriffsdenken orientierten verfassungsrechtlichen Maßstäbe, die in Rn. 449 ff. für den geschriebenen Ausgestaltungsvorbehalt dargestellt worden sind.

Wendet man diese Maßstäbe der Grundrechtsprüfung auf den *Ausgangsfall 1* an, gerät im
Rahmen des Grundsatzes der Verhältnismäßigkeit (Rn. 465) das Interesse der *X,* den Verein
sogleich zu verlassen, mit den organisatorischen Anforderungen der Vereinsfreiheit in Konflikt.
Vereine lassen sich sinnvoll nur organisieren, wenn ein Mitglied nicht kommen und gehen
kann, wie es will. Wägt man beide Belange gegeneinander ab, ist es nicht offensichtlich fehlsam,
wenn § 39 II BGB im *Ausgangsfall 1* zulässt, dass die Wirksamkeit der Kündigung um fast ein
Jahr hinausgeschoben ist. Ein Hinausschieben um drei Jahre würde demgegenüber gegen den
Grundsatz der Verhältnismäßigkeit verstoßen.[78]

2. (Externe) verfassungsimmanente Grundrechtsschranken

Im „Außenverhältnis" finden Grundrechte ohne Gesetzesvorbehalt ihre Grenze in 477
anderen Normen der Verfassung, mit denen sie kollidieren (= verfassungsimmanente
Schranken; systematische Verfassungsinterpretation, Aspekt der Einheit der Verfassung).[79] Häufig besteht ein Konflikt mit den *Grundrechten anderer Grundrechtsträger.*

Die Teilnehmer an einer Prozession dürfen zB auch unter Berufung auf Art. 4 I, II GG nicht
die durch Art. 14 I GG geschützten Vorgärten von Straßenanliegern zertrampeln.[80] Die
Grundrechte treffen hier nicht als subjektive Abwehrrechte gegen den Staat aufeinander,
sondern als Bestandteil der *objektiven* Rechtsordnung (s. Rn. 484 ff.). – Im *Ausgangsfall 2*
(Rn. 472) ist an eine Kollision der Glaubensfreiheit der muslimischen Schüler (Art. 4 I, II GG)
mit der negativen Glaubensfreiheit ihrer Mitschüler (und Lehrer) sowie dem Erziehungsrecht
der Eltern (Art. 6 II 1 GG) zu denken. Auch hier geht es nicht um die Abwehr staatlicher
Eingriffe, sondern um eine *Schutzpflicht des Staates* (Rn. 510 ff.). Diese geht jedenfalls nicht so
weit, dass der Staat Mitschüler (und Lehrer) vor jeder Begegnung mit Glaubensäußerungen
anderer bewahren müsste (hier: flüchtiges Zusammentreffen, Ausweichmöglichkeit). Das Er-

---

[76] BVerfGE 93, 1 (21) – Kruzifix; 92, 22 (41); 32, 98 (108); 30, 173 (193).
[77] *Hesse,* Verfassungsrecht, Rn. 303; *BVerfG (Kammer)* NJW 2001, 2617 – zu Art. 9 I GG;
BVerfGE 57, 299 (320); 50, 290 (354;) – zur Rundfunkfreiheit; E 94, 268 (284 f.); 93, 352
(359); 88, 103 (115); 84, 212 (228); 92, 26 (41) – alle zur Koalitionsfreiheit.
[78] Entsprechend für Art. 9 III GG *BGH* WM 1980, 1363.
[79] BVerfGE 84, 212 (228); 83, 130 (139); 28, 243 (LS 2, 261); *Hesse,* Verfassungsrecht, Rn. 312
mit Rn. 71; *M. Winkler,* Kollisionen verfassungsrechtlicher Schutznormen, 2000.
[80] Entsprechend für das Verhältnis von Art. 5 GG zu Art. 14 GG *BVerfG* NJW 1984, 1293;
zu Art. 1 I GG BVerfGE 107, 275 (283 ff.); 102, 347 (366 f.); 75, 369 (380). Allgemein
Bethge, Zur Problematik von Grundrechtskollisionen, 1977.

ziehungsrecht der Eltern kann wiederum nicht weiter reichen als die negative Glaubensfreiheit ihrer Kinder.[81]

478 Aber auch *andere Normen der Verfassung* können Begrenzungen ergeben:[82]

Im *Ausgangsfall 2* kollidiert Art. 4 I, II GG (auch) mit dem *Schulfrieden,* der verfassungsrechtlich in Art. 7 I GG zu verorten ist. Der Schulfrieden bedingt die Erfüllung des staatlichen Erziehungs- und Bildungsauftrages.[83] Ihm dient auch die wiedergegebene Regelung des Schulgesetzes, auf dem das Verbot des rituellen Gebets beruht.

479 *Entscheidend* ist, ob sich ein verfassungskräftiger Gegenaspekt in der konkreten Problemkonstellation zu Lasten des Grundrechts *durchsetzen* kann. Das beurteilt sich nach dem *Grundsatz der Verhältnismäßigkeit.* Demgemäß braucht das Grundrecht von vornherein nicht zurückzutreten, wenn die ergriffene Maßnahme nicht geeignet oder nicht notwendig ist (es gibt ein milderes Mittel), um der anderen Verfassungsnorm (gleich wirksam) Geltung zu verschaffen.[84] Sonst geht es um den Grundsatz der Verhältnismäßigkeit im engeren Sinne, aber mit einer Besonderheit: Der Gesetzgeber muss die kollidierenden Verfassungswerte nach Möglichkeit zu einem Ausgleich bringen und so eine *„praktische Konkordanz"* herstellen, die beide Verfassungswerte optimal zur Geltung bringt.[85] Erst wenn diese Möglichkeit – wie allerdings in der Regel – nicht gegeben ist, wird in der Rechtsgüterabwägung entschieden, welcher der beiden kollidierenden Verfassungswerte sich durchsetzt.[86] Wie beim Gesetzesvorbehalt (Rn. 465 ff.) ist für die Rechtsgüterabwägung – und in ihrem Vorfeld auch schon für die Herstellung praktischer Konkordanz – im Grundansatz[87] originär der *Gesetzgeber* zuständig.[88] Die Gerichte und mit ihnen die Klausurbearbeiter haben die gesetzgeberische Entscheidung wiederum bloß nach dem Kriterium einer *Un*verhältnismäßigkeit/*Dis*proportionalität/*Un*angemessenheit im Hinblick auf eine *offensichtliche Fehl*gewichtung zu *überprüfen.*

480 Diese Parallele zum Gesetzesvorbehalt besteht, obgleich *Gesetzesvorbehalt* und *verfassungsimmanente Grundrechtsschranke* in ihrem grundrechtsdogmatischen Ansatz durchaus *verschieden* sind: Über den Gesetzesvorbehalt greift der Gesetzgeber nach seiner politisch-wertenden Entscheidung in den grundrechtlich geschützten Bereich ein. Innerhalb der skizzierten Grenzen steht das Grundrecht also zu seiner Disposition. Bei verfassungsimmanenten Grundrechts*schranken* sind Grundrechts*eingriffe unzulässig.* Idealtypisch gesehen geht es nur darum, eine *vorhandene* Grenzlinie zwischen zwei Verfassungspositionen *festzustellen.* Aber die jeweilige Grenzlinie ist fließend. Sie kann nicht exakt ausgemacht werden. Klar erkennbar ist nur ein verfassungsrechtliches „Kräfteparallelogramm",[89] nicht aber eine Konfliktentscheidung unmittelbar durch die Verfassung selbst. Vor diesem Hintergrund ist die „Feststellung" der Grenzlinie eine politisch-wertende Entscheidung, die nach dem Demokratieprinzip des Grundgesetzes notwendig einer demokratisch legitimierten Entscheidungsinstanz (= Gesetzgeber im gegenwärtigen Kontext) übertragen sein muss.[90]

---

[81] Zum Ganzen *BVerwG* NVwZ 2012, 162 (164 f.); *BVerfG* NJW 2017, 381 (385); NVwZ 2015, 884 (888).
[82] S. etwa BVerfGE 81, 278 (293); 77, 170 (221). Zur (umstrittenen) Frage, ob insoweit auch *Kompetenzregelungen* relevant werden können, s. *Jarass/Pieroth,* GG, 14. Aufl. 2016, Vorb. vor Art. 1 Rn. 49; *Selk* JuS 1990, 895; bejahend BVerfGE 53, 30 (56); 41, 205 (227 f.).
[83] Hierzu *BVerwG* NVwZ 2012, 162 (166); *BVerfG* NVwZ 2015, 884 (667).
[84] BVerfGE 49, 24 (58).
[85] Dazu besonders *Hesse,* Verfassungsrecht, Rn. 317 ff.; BVerfGE 115, 205 (234); 93, 1 (21 ff.); 83, 130 (143); 69, 315 (353).
[86] S. BVerfGE 35, 202 (225).
[87] Zu Ausnahmen s. Rn. 481, 564, 569 f.
[88] S. zB BVerfGE 94, 268 (284 f.); 93, 1 (22); 49, 24 (64).
[89] *Lerche* in Isensee/Kirchhof, HStR, Bd. V, 2. Aufl. 2000, S. 790.
[90] Dazu besonders BVerfGE 93, 1 (22); 83, 130 (142); BVerwGE 109, 29 (38).

§ 31. Verstöße gegen Freiheitsgrundrechte (Abwehrfunktion)

Allerdings kann sich die bloße Überprüfungszuständigkeit des Gerichts bei verfassungsimmanenten Grundrechtsschranken bis hin zu einer *gesetzesvertretenden Grenzfeststellung* verdichten. Kriterien für entsprechende Verdichtungen sind nach der Rechtsprechung des BVerfG[91] einerseits die Intensität der Grundrechtsbeeinträchtigung und andererseits eine besondere Bedeutung des betroffenen Grundrechts. 481

Die dargelegten Grundsätze setzen sich auf der Ebene der Gesetzesauslegung und -anwendung durch die (Ermessens-)*Verwaltung* fort (Rn. 445). 482

Im *Ausgangsfall 2* (Rn. 472) ist auf der *Gesetzesebene* nicht zu beanstanden, dass der Schulfrieden grundsätzlich (verhältnismäßige) Eingriffe auch in die Glaubensfreiheit zu rechtfertigen vermag. Auch das *administrative* Verbot selbst ist nicht unverhältnismäßig: Andere Versuche der Konfliktlösung blieben erfolglos (Verbot *notwendig*, kein milderes gleich wirksames Mittel). Ein Ausgleich (praktische Konkordanz) zwischen Schulfrieden und Glaubensfreiheit der betenden Schüler war nicht möglich. Dass die Schule vor diesem Hintergrund dem Schulfrieden den Vorrang einräumte, führt *nicht* zu einer *un*angemessenen Einschränkung der Glaubensfreiheit.[92] 483

IV. Objektivrechtliche Verstärkungen des Grundrechtsschutzes

In allen vorstehenden Überlegungen wurde der Grundrechtseingriff nur unter *rechtsstaatlichen* Aspekten an seiner *Intensität* für den *individuellen* Grundrechtsträger gemessen. In Fortführung der Lehre von den *institutionellen Garantien*[93] ist heute anerkannt,[94] dass viele Grundrechte *Doppelcharakter* haben, neben subjektiven Rechten der Grundrechtsträger auch ordnungspolitische „Wert"-Entscheidungen objektiven Rechts enthalten. 484

So schützt etwa Art. 5 I GG einerseits die Meinungsfreiheit des *individuellen* Grundrechtsträgers in dessen *eigenem* Interesse, damit *er* seine Persönlichkeit voll entfalten kann (= Grundrecht im eigentlichen Wortsinn). Andererseits ist Art. 5 I GG Ausdruck einer wertenden Entscheidung des GG zugunsten der Meinungsfreiheit *als solcher* (objektivrechtliche Seite), weil sie die politische Demokratie konstituiert.[95] Art. 14 GG enthält neben dem rechtsstaatlichen Schutz des Einzeleigentums in der Hand des konkreten Grundrechtsträgers eine Institutsgarantie des Privateigentums.[96] 485

Mit der institutionellen, objektivrechtlichen Betrachtung soll in vielen Fällen, zB bei Art. 14 GG, der individuelle Freiheitsschutz „umhegt" werden;[97] die objektivrechtliche Seite dient insoweit der Verstärkung[98] des eigentlichen Grundrechtsschutzes, als sie den notwendigen Freiraum für grundrechtliche Betätigungen schafft. Damit stehen die beiden Seiten des Grundrechts in so enger Wechselbeziehung zueinander, 486

---

[91] S. dazu BVerfGE 81, 278 (289 f.); s. a. E 83, 130 (145); 66, 116 (131).
[92] So *BVerwG* NVwZ 2012, 162.
[93] Insbes. *C. Schmitt*, Freiheitsrechte und institutionelle Garantien der (Weimarer) Reichsverfassung, abgedr. in ders., Verfassungsrechtliche Aufsätze, 1958, S. 140 ff.
[94] BVerfGE 35, 79 (114); 7, 198 (205); zusammenfassend zur Rspr. *Jarass*, AöR 110 (1985), 363; *E. W. Böckenförde*, Grundrechte als Grundsatznormen, Der Staat 29 (1990), 1; *Gostomzyk*, JuS 2004, 949; s. a. *Voßkuhle/Kaiser*, JuS 2011, 411 (412 f.).
[95] BVerfGE 25, 256 (265); 7, 198 (208); 5, 85 (205).
[96] BVerfGE 31, 229 (240); 24, 367 (389); Maunz/Dürig/*Papier*, GG, Art. 14 Rn. 11 ff.; s. a. Rn. 539 f.
[97] *C. Schmitt*, Freiheitsrechte und institutionelle Garantien der (Weimarer) Reichsverfassung, abgedr. in ders., Verfassungsrechtliche Aufsätze, 1958, S. 140 (169).
[98] BVerfGE 115, 320 (358); 50, 290 (337); 35, 79 (114).

dass der Grundrechtsträger nach st. Rspr. des BVerfG[99] *hier* auch die Verletzung des *objektiven* Rechts rügen kann.[100]

487 1. Für die Praxis der Grundrechtsprüfung fließt die objektivrechtliche Seite in erster Linie[101] in die Darstellungen zum **Grundsatz der Verhältnismäßigkeit** (Rn. 465 ff., 479 ff.) ein.

> **Beispiel:**[102] Das Straßenreinigungsgesetz eines Landes verbietet das Verteilen von Handzetteln mit (a) gewerblicher Werbung und (b) politischem Inhalt, solange nicht sichergestellt ist (Unbedenklichkeitsbescheinigung), dass die Verteiler die von den Passanten weggeworfenen Zettel später auf ihre Kosten beseitigen. Bei der gewerblichen Werbung wird Art. 5 I GG eher an der Peripherie betroffen. (Anderes mag für Art. 12 I GG gelten.) Es verstößt daher nicht gegen den Grundsatz der Verhältnismäßigkeit und also nicht gegen Art. 5 I GG, wenn das Straßenreinigungsgesetz als „allgemeines" Gesetz iSv Art. 5 II GG insoweit der Sauberkeit der Straße den Vorrang gibt. Beim politischen Flugblatt ist auf Seiten des Art. 5 I GG neben der Einschränkung der *individuellen* Meinungsfreiheit des Grundrechtsträgers *zusätzlich* die angedeutete objektivrechtliche Bedeutung der Meinungsfreiheit für das Demokratieprinzip in die Waagschale zu legen. *Deshalb* ist es *hier* mit der Wertordnung des Grundgesetzes unvereinbar (Rn. 466), dass das Straßenreinigungsgesetz Art. 5 I GG zugunsten der Sauberkeit der Straße zurücktreten lässt.[103]

488 2. Teilweise wird die objektivrechtliche Seite des Grundrechtsschutzes sodann mit der **Wesensgehaltsgarantie** des Art. 19 II GG, verstanden im Sinne der skizzierten Theorie vom absoluten Wesenskern (Rn. 468 f.), gleichgesetzt. Das gilt besonders für die Eigentumsgarantie, wo der *Intensität* des *individuellen* Betroffenseins mitunter weit weniger Aufmerksamkeit gewidmet wird als der Frage, ob das Wesen *des Eigentumsinstituts* verletzt ist. Typisches Beispiel war die Diskussion um die Verfassungsmäßigkeit der paritätischen Mitbestimmung der Arbeitnehmer in Großunternehmen.[104]

489 3. Entscheidungen auf die objektivrechtliche Seite eines Grundrechts und damit (in der Formulierung des BVerfG) auf *Wert*entscheidungen zu stützen, ist häufig *problematisch*.[105] Der Urteilende läuft Gefahr, *seine* ordnungspolitischen Vorstellungen als die des Grundgesetzes auszugeben. Deshalb ist jedenfalls **besonders zu beachten:**

490 Das Grundrecht braucht nicht stets in der *ganzen Weite* seiner Auslegung, die es in seiner rechtsstaatlichen Funktion als subjektives Abwehrrecht erfahren hat, auch Ausdruck einer ordnungspolitischen Wertentscheidung des Verfassungsgebers zu sein.[106] So hat es etwa seinen guten Sinn, Art. 2 I GG in seiner Abwehrfunktion als allgemeine Handlungsfreiheit iSv „Jeder kann tun und lassen, was er will" zu interpretieren (Rn. 446). Damit wird dem Bürger *lückenloser Rechtsschutz* gegen jeden unmittelbaren staatlichen Eingriff eröffnet, weil er jetzt stets in „Rechten" iSd Art. 19 IV GG beeinträchtigt ist (Rn. 211, 213). Insoweit ist Art. 2 I GG eminenter Ausdruck des *Rechtsstaatsprinzips* als Rechtswert. Es ist aber undenkbar, dass Art. 2

---

[99] S. etwa BVerfGE 76, 1 (49 f.).
[100] Die scharfe Trennung von objektivem und subjektivem Recht (Rn. 185) wird damit nicht hinfällig.
[101] Zur Bedeutung der objektivrechtlichen Seite für das Thema „Grundrechte auf Leistung und Teilhabe" Rn. 513 ff.
[102] In Anlehnung an BVerwGE 56, 24.
[103] Entsprechend BVerwGE 56, 24.
[104] Näheres bei *G. Schwerdtfeger*, Zur Verfassungsmäßigkeit der paritätischen Mitbestimmung, 1978, S. 76 ff.
[105] S. *Böckenförde*, NJW 1974, 1533 f.
[106] Für den Bereich von Art. 14 I 2 GG s. insoweit *BVerfG (Kammer)* NJW 1998, 3264 (3265) iVm *G. Schwerdtfeger*, NVwZ 1982, 5 (8).

§ 31. Verstöße gegen Freiheitsgrundrechte (Abwehrfunktion)

I GG gleichzeitig auch ein Bekenntnis zum „Jeder kann tun und lassen, was er will" als *Rechtsgut* und damit zu einem objektiven Ordnungsprinzip enthält. Das würde das Chaos bedeuten. Daher bekennt sich Art. 2 I GG objektivrechtlich nur zum Schutz der *engeren Persönlichkeits*sphäre („Persönlichkeitskerntheorie", Rn. 446).

Institutionelle Garantien stehen in einem *bestimmten Zusammenhang* und können nicht unbesehen in einen anderen Kontext übertragen werden. Das war in den Verfassungsbeschwerden gegen das Mitbestimmungsgesetz 1976 geschehen. Ihr zentraler Ansatz war eine *wirtschaftsordnungspolitische* Ausdeutung der institutionellen Garantie des Eigentums (und anderer Grundrechte). Die Beschwerdeführer sahen in ihr die verfassungskräftige Garantie des Privateigentums als *Grundpfeiler* der *Wirtschafts*ordnung und versuchten von diesem Ausgangspunkt aus, die Verfassungswidrigkeit des Mitbestimmungsgesetzes 1976 zu begründen. Das Mitbestimmungsurteil des BVerfG[107] hat diese *wirtschafts*ordnungspolitische Ausdeutung der Grundrechte ausdrücklich verworfen und ausgeführt: „Nach ihrer Geschichte und ihrem heutigen Inhalt sind die Grundrechte in erster Linie individuelle Rechte … Die Funktion der Grundrechte als objektive Prinzipien besteht in der prinzipiellen Verstärkung ihrer Geltungskraft, hat jedoch ihre Wurzel in dieser primären Bedeutung. Sie läßt sich deshalb nicht von dem eigentlichen Kern lösen und zu einem Gefüge objektiver Normen verselbständigen, in dem der ursprüngliche und bleibende Sinn der Grundrechte zurücktritt."[108] Art. 9 III GG garantiert nach der Rechtsprechung des BVerfG das überkommene Arbeitskampf- und Tarifvertragssystem.[109] Dieses würde sich aufgrund der paritätischen Mitbestimmung tendenziell verändern. Deshalb wird in der Literatur angenommen, die paritätische Mitbestimmung verstoße gegen Art. 9 III GG. Dabei wird aber übersehen: Die objektivrechtliche Garantie des überkommenen Arbeitskampf- und Tarifvertragssystems ist *im Rahmen* der überkommenen Unternehmensverfassung, also akzessorisch zu dieser entwickelt worden. In der Literatur schlägt sie unbesehen in eine Garantie dieser Unternehmensverfassung selbst um. Das entspricht nicht dem Sinn des Art. 9 III GG. Er ist der *jeweiligen* Unternehmensverfassung akzessorisch.[110]

Wegen des Prinzips der *Einheit der Verfassung* (Rn. 477) kann ein Grundrecht keine objektivrechtlichen Festlegungen enthalten, die mit anderen Verfassungsentscheidungen unvereinbar wären. Auch aus diesem Grunde war die beschriebene Argumentation der Verfassungsbeschwerden gegen das Mitbestimmungsgesetz 1976 anfechtbar, Art. 14 I GG enthalte eine Verfassungsentscheidung zugunsten des Privateigentums als konstituierenden Elements unserer *Wirtschaftsordnung*. Aus dem Wortlaut des Art. 15 GG ergibt sich, dass eine solche Entscheidung für „Produktionsmittel" nicht bestehen kann. Dem Gesetzgeber steht es frei, „Produktionsmittel" „in Gemeineigentum oder in andere Formen der Gemeinwirtschaft" zu überführen. „Gemeineigentum" kann nach Art. 15 GG also genauso gut objektives Ordnungselement der Wirtschaftsordnung sein wie „Privateigentum". Die Entscheidung hat der Gesetzgeber zu treffen. Das Entschädigungsjunktim als Zulässigkeitsvoraussetzung der *Überführung* in Gemeineigentum erklärt sich ausschließlich rechtsstaatlich-*individualrechtlich* aus der Rechtsstellung des Eigentümers; es dient *seinem* Schutz. Das Grundgesetz hat aber das Gemeineigentum als *auf Dauer angelegtes Ordnungsprinzip* nicht deshalb für weniger *geeignet* oder „*wertvoll*" gehalten als das Privateigentum, weil bei seiner *Einführung* individuelle Eigentumsrechte beseitigt werden müssten.[111]

---

[107] BVerfGE 50, 290; zuvor bereits *G. Schwerdtfeger*, Zur Verfassungsmäßigkeit der paritätischen Mitbestimmung, 1978, S. 76 ff.

[108] BVerfGE 50, 290 (337). Mit dieser Absage an eine wirtschaftsordnungspolitische Ausdeutung der Grundrechte reicht die Bedeutung des Mitbestimmungsurteils weit über seinen Entscheidungsgegenstand hinaus.

[109] Einzelheiten und Näheres zum Nachfolgenden bei *G. Schwerdtfeger,* Zur Verfassungsmäßigkeit der paritätischen Mitbestimmung, 1978, S. 98 ff.

[110] Im Mitbestimmungsurteil (BVerfGE 50, 290 (366 ff.)) wählt das BVerfG einen anderen Ansatz, um die Vereinbarkeit des (unterparitätischen) Mitbestimmungsgesetzes 1976 mit Art. 9 III GG zu begründen.

[111] *G. Schwerdtfeger,* Zur Verfassungsmäßigkeit der paritätischen Mitbestimmung, 1978, S. 83 ff.

§ 32. Verstöße gegen Gleichheitsgrundrechte

I. Allgemeiner Gleichheitsgrundsatz (Art. 3 I GG)

Ausgangsfall:

491 § 6 RabattG verbot den Warenhäusern die Gewährung von Barzahlungsnachlässen, während Einzelhändler und Supermärkte Rabattmarken ausgeben und so die Kunden (über die Rabattbücher) an sich binden konnten. Verstieß die Benachteiligung der Warenhäuser gegen Art. 3 I GG?[1]

Verstöße gegen den Gleichheitsgrundsatz (Art. 3 I GG) werden oft unzulänglich untersucht, weil die Bearbeiter die hierfür maßgeblichen Kriterien nicht beherrschen, wie sie das Bundesverfassungsgericht ausgeformt hat. Die nachfolgenden Ausführungen konzentrieren sich auf die *Ungleichbehandlung von vermeintlich Gleichem* – die in der Fallbearbeitung häufigste Gleichheitsproblematik.

Nach der Rechtsprechung des *BVerfG* ordnet der Gleichheitssatz über die Gleichbehandlung von (wesentlich) Gleichem hinaus auch an, dass (wesentlich) Ungleiches ungleich zu behandeln sei.[2] In der Literatur wird ein solches *Differenzierungsgebot* dagegen kritisch gesehen.[3] In der Regel lässt sich eine Gleichbehandlung von vermeintlich Ungleichem ebenfalls als eine Ungleichbehandlung von vermeintlich Gleichem betrachten. Wird hingegen tatsächlich einmal eine *Gleichbehandlung von vermeintlich Ungleichem* geprüft, gelten die nachfolgenden Ausführungen mit „umgekehrtem Vorzeichen".

1. Dogmatisches

Wegen des grundsätzlichen Unterschiedes zwischen Freiheits- und Gleichheitsgrundrechten (Rn. 444) können die Probleme des Art. 3 I GG nicht mit dogmatischen Vorstellungen aus der Grundrechtsprüfung bei Freiheitsgrundrechten bewältigt werden. Insbesondere untersteht Art. 3 I GG keinem Gesetzesvorbehalt. Vielmehr gilt ohne jede Einschränkungsmöglichkeit: Wesentlich Gleiches ist gleich und wesentlich Ungleiches ungleich zu behandeln.[4] Damit ist *ausschließlich* über die *Tatbestandsmäßigkeit* zu entscheiden und also nur zu untersuchen, ob wesentlich gleiche oder wesentlich ungleiche Sachverhalte vorliegen. Die Konsequenz (Verstoß gegen Art. 3 I GG oder Vereinbarkeit mit dem Gleichheitsgrundsatz) ergibt sich dann *automatisch*. Anders als bei den Freiheitsgrundrechten ermittelt das BVerfG die Tatbestandsmäßigkeit im Rahmen von Art. 3 I GG nicht begrifflich, sondern *methodisch*.

---

[1] BVerfGE 21, 292; anschaulich auch BVerfGE 82, 126. Klausurfälle bei *Saurer/Rothfuß*, JuS 2017, 1099; *Froese*, JuS 2016, 33; *Nolte/Roggon*, JuS 2015, 801; *Kadelbach/Müller/Assakkali*, JuS 2012, 1093; Hausarbeit bei *Straßburger*, JuS 2015, 136; „Grundfälle" bei *K.-A. Schwarz*, JuS 2009, 315, 417.

[2] BVerfGE 110, 141 (167); 98, 365 (385); 86, 81 (87); 72, 141 (152); s.a. E 139, 1 (12 Rn. 38); 138, 136 (180 Rn. 121); 137, 1 (20 Rn. 47); 136, 152 (180 Rn. 66); 130, 52 (65).

[3] *Sachs*, Verfassungsrecht II Grundrechte, 3. Aufl. 2017, 15 Rn. 52 ff.; *Epping*, Grundrechte, 7. Aufl. 2017, Rn. 787 ff.

[4] St. Rspr.; s. BVerfGE 139, 1 (12 Rn. 38); 138, 136 (180 Rn. 121); 137, 1 (20 Rn. 47); 136, 152 (180 Rn. 66); 133, 377 (407 Rn. 73); 132, 72 (81 Rn. 21); 131, 239 (255); 130, 52 (65); 98, 365 (385); 79, 1 (17); 49, 148 (165).

§ 32. Verstöße gegen Gleichheitsgrundrechte

a) Im Hintergrund steht für das *BVerfG* eine **Elementelehre**.[5] Nie sind zwei Sachverhalte in jeder Beziehung völlig gleich; sonst wären sie identisch. Sie sind nur in bestimmten Elementen gleich, in anderen Elementen ungleich. Dass gleiche Elemente vorhanden sind (Warendistribution an den Endverbraucher im *Ausgangsfall*), macht die Sachverhalte *vergleichbar* und ruft Art. 3 I GG auf den Plan. Ob die gleichen Elemente aber *maßgebend* dafür sind, die Vergleichssachverhalte als wesentlich gleich anzusehen und damit rechtlich gleich zu behandeln, oder ob auch auf die ungleichen Elemente (Größe, Umfang des Warensortiments, Wirtschaftskraft usw.) abgestellt werden kann, lässt sich aus Art. 3 I GG *nicht* ablesen, hängt vielmehr von Wertungen ab. Diese Wertungen obliegen im Grundansatz dem (demokratischen) *Gesetzgeber* oder – im Rahmen der *Ermessens*verwaltung – der Exekutive. Die so jeweils zuständige staatliche Instanz hat zu entscheiden, ob sie die gleichen Elemente als prägend ansieht und die Sachverhalte deshalb gleich behandelt, oder ob sie die ungleichen Elemente ausschlaggebend sein lässt und die Sachverhalte also ungleich behandelt.

492

b) Aber Art. 3 I GG setzt der Entscheidung des Gesetzgebers bzw. der Ermessensverwaltung *Grenzen*. „Bezogen auf den jeweils in Rede stehenden Sachbereich und seine Eigenart" muss der Gesetzgeber „einen *vernünftigen, einleuchtenden Grund*" dafür haben, dass er gerade auf die ungleichen Elemente entscheidend abstellt.[6] Es muss also ein **„Legitimationszusammenhang"**[7] zwischen den ungleichen Elementen und der ungleichen Regelung vorhanden sein. Sonst werden die Vergleichssachverhalte automatisch durch die *gleichen* Elemente geprägt, womit die Ungleichbehandlung dann *willkürlich* ist und gegen den Gleichheitsgrundsatz *verstößt*.

Im Vergleich zu den *Einzelhändlern* ließ sich im *Ausgangsfall* „ein vernünftiger, einleuchtender Grund" finden, um zu Lasten der Warenhäuser auf ungleiche Elemente, insbesondere auf die unterschiedliche Wirtschaftskraft, abstellen zu können. Den Einzelhändlern wurde es in ihrer Konkurrenz mit den wirtschaftlich stärkeren Warenhäusern leichter gemacht, sich (über Rabattmarken) einen festen Kundenstamm zu erhalten (= Mittelstandsschutz). Hingegen bestand *kein* Sachgrund, die Warenhäuser im Vergleich zu den *Supermärkten* zu benachteiligen. Insoweit bestehen Unterschiede *nicht* in der Wirtschaftskraft, sondern nur etwa im Umfang des Warensortiments. Vom größeren Warensortiment der Warenhäuser her ist kein sachlicher „Legitimationszusammenhang" ersichtlich, über den sich die Benachteiligung der Warenhäuser gegenüber den Supermärkten bei der Ausgabe von Rabattmarken rechtfertigen lassen könnte. *Insoweit* war § 6 RabattG verfassungswidrig.[8]

c) Allerdings ist ein Gesetz (§ 6 RabattG) vor dem Gleichheitsgrundsatz *noch nicht verfassungsgemäß*, soweit (im Vergleich zu den Einzelhändlern) ein „*Legitimationszusammenhang*" besteht. Seit einer Entscheidung aus dem Jahre 1980[9] reicht dem BVerfG nicht mehr unbesehen *jeder* Sachgrund aus, der eine „Legitimationsbrücke" von den unterschiedlichen Elementen zur ungleichen Behandlung herstellt und die Entscheidung des Gesetzgebers nur nicht als *„willkürlich"* erscheinen lässt. Vielmehr

493

---

[5] S. etwa BVerfGE 102, 254 (299); 84, 348 (359); 83, 395 (401); 12, 341 (348); 9, 338 (349); 6, 273 (280); 3, 225 (240). Nicht in allen Entscheidungen zu Art. 3 I GG wird dieser dogmatische Einstieg sichtbar gemacht.

[6] Häufige Formulierung des *BVerfG;* s. etwa BVerfGE 83, 89 (107 f.); ähnlich zB E 106, 201 (206); 105, 73 (110); 102, 254 (299); 101, 275 (291) – Ungleichbehandlung von vermeintlich Gleichem; E 86, 81 (87); 72, 141 (152) – Gleichbehandlung von vermeintlich Ungleichem. Nähere Konkretisierungen etwa in E 71, 39 (57 ff.).

[7] BVerfGE 82, 126 (148).

[8] Zu allen Einzelheiten s. BVerfGE 21, 292. Weiteres Beispiel für das Fehlen einer sachlichen Rechtfertigung in BVerfGE 101, 151 (156 ff.).

[9] BVerfGE 55, 72 (88). Heute sollte insoweit nicht mehr von einer *„neuen Formel"* des BVerfG gesprochen werden.

betont das BVerfG die Notwendigkeit einer **Gewichtung nach dem Grundsatz der Verhältnismäßigkeit**.[10] Demgemäß müssen *Unterschiede* von *solcher Art* und *solchem Gewicht* bestehen, dass sie die ungleiche Behandlung rechtfertigen können.[11] In der Abwägung zwischen der Grundrechtsbeeinträchtigung und dem gesetzgeberischen Ziel (Grundsatz der Verhältnismäßigkeit im engeren Sinne, Rn. 465) müssen „*Ungleich*behandlung und rechtfertigender Grund ... in einem angemessenen Verhältnis zueinander stehen".[12]

In den Einzelheiten hat das *BVerfG* seinen Umgang mit dem Grundsatz der Verhältnismäßigkeit bei Art. 3 I GG bis in letzte Verästelungen hinein ausziseliert. In einer *Hausarbeit* kann deshalb eine eingehendere Rechtsprechungsanalyse erforderlich werden. Für eine *Klausur* reicht als *Groborientierung*:

Wertungsaspekte für die Gewichtung ergeben sich nicht nur aus Art. 3 I GG selbst, sondern ergänzend auch aus anderen Grundrechten[13] und Verfassungsnormen[14]. Aus Art. 3 I GG heraus unterscheidet das BVerfG zwischen „*personenbezogenen*" (Warenhäuser und Einzelhändler im *Ausgangsfall*) und „*sachbezogenen*" bzw. „*verhaltensbezogenen*" Ungleichbehandlungen (unterschiedliche Mehrwertsteuersätze für vermeintlich „gleiche" Produkte, die alle von den gleichen Unternehmern vertrieben werden). Wegen des Wortlauts von Art. 3 I GG („alle Menschen") und vor dem Hintergrund der Wertungsmethodik in Art. 3 II 1, III GG ist der Gleichheitsgrundsatz „umso strikter, je mehr eine Regelung den Einzelnen als Person betrifft, und umso offener für gesetzgeberische Gestaltungen, je mehr allgemeine, für rechtliche Einwirkungen zugängliche Lebensverhältnisse" bloß sachverhaltsbezogen oder verhaltensbezogen geregelt werden.[15] Je nach Regelungsgegenstand und Differenzierungsmerkmalen ergeben sich so „unterschiedliche Grenzen für den Gesetzgeber, die vom bloßen Willkürverbot bis zu einer strengen Bindung an Verhältnismäßigkeitserfordernisse reichen".[16] – Die Gewichtung aus Art. 3 I GG heraus spielt auch bei der „*Systemkonsequenz*"[17] eine Rolle: Die Gründe für eine *isolierte* Durchbrechung eines vom Gesetzgeber gewählten Ordnungsprinzips müssen nicht bloß eine sachliche Rechtfertigung haben[18] (= Rn. 492), sondern „in ihrem Gewicht der Intensität der Abweichung von der zu Grunde gelegten Ordnung entsprechen."[19]

Beachte besonders (erhebliche Fehlerquelle!): Das Gewicht der *Unterschiede* zwischen den Vergleichstatbeständen (Gewicht der unterschiedlichen Wirtschaftskraft von Warenhäusern und Einzelhändlern im *Ausgangsfall*) ist etwas *anderes* als das Gewicht des *Eingriffs* (in die wirtschaftliche Dispositionsfreiheit der Warenhäuser) bei der Verhältnismäßigkeitsprüfung im Rahmen eines Freiheitsgrundrechts (Art. 12 I GG). Je *weniger* gewichtig die *Unterschiede* in den Vergleichselementen sind und je mehr sich die Vergleichssachverhalte daher annähern,[20] desto gewichtiger muss

---

[10] So Bundesverfassungsrichter *Katzenstein* in BVerfGE 74, 9 (30).
[11] Ständige Formulierung seit BVerfGE 55, 72 (88); s. etwa E 132, 72 (81 f. Rn. 21); 129, 49 (68 f.); 124, 199 (220); 112, 368 (401); 107, 205 (213 f.); 99, 341 (355 f.); *BVerfG* NVwZ 2011, 1316 (1317).
[12] Zusatz in BVerfGE 106, 166 (177); 82, 126 (146); s. a. E 99, 165 (178); *BVerfG* NVwZ 2011, 1316.
[13] Betont in BVerfGE 91, 346 (363); 82, 126 (146); 62, 256 (274); *BVerfG* NVwZ 2011, 1316 (1317); Beispiele in BVerfGE 89, 69 (89); 79, 212 (218); 65, 104 (113); 62, 256 (274); 60, 123 (134); 37, 342 (353 f.); 36, 330.
[14] BVerfGE 45, 388 – Sozialstaatsprinzip.
[15] BVerfGE 101, 297 (309); s. a. E 124, 199 (220); 101, 151 (155); 99, 88 (94); 96, 1 (6); *BVerfG* NVwZ 2011, 1316 (1317).
[16] BVerfGE 133, 377 (407 Rn. 74); 131, 239 (256); 116, 135 (160 f.); 92, 26 (51 f.); 88, 87 (96 f.).
[17] BVerfGE 124, 199 (223); 101, 151 (155); 99, 88 (95); 93, 121 (136); Beispiel in Rn. 612. Zum Problem allgemein *Peine*, Systemgerechtigkeit, 1985.
[18] S. insoweit BVerfGE 104, 74 (87).
[19] BVerfGE 59, 36 (49); s. a. E 102, 64 (91); 66, 214 (223).
[20] Beispiel für eine solche Gewichtsprüfung in BVerfGE 98, 49 (63 ff.).

§ 32. Verstöße gegen Gleichheitsgrundrechte

das gesetzgeberische Ziel sein, um eine Ungleichbehandlung *gleichwohl* rechtfertigen zu können.

Im *Ausgangsfall* mit seiner personenbezogenen Ungleichbehandlung bestehen zwischen Warenhäusern und Einzelhändlern *große* und gewichtige Unterschiede in der Wirtschaftskraft, so dass der legitimierende Grund für die Ungleichbehandlung nicht besonders gewichtig zu sein brauchte. Damit *konnte* der Gedanke des Mittelstandsschutzes die ungleiche Behandlung der Warenhäuser gegenüber den Einzelhändlern vor Art. 3 I GG rechtfertigen, ohne dass die Ungleichbehandlung der Warenhäuser offensichtlich fehlsam (Rn. 466) war.

d) Merke zusätzlich: Dem Gleichheitsgebot untersteht nur der *jeweilige* Hoheitsträger in *seinem Kompetenzbereich*[21] (Beispiel: abweichende Regelungen in den Landesgesetzen verschiedener Bundesländer zur gleichen Thematik). – Eine *„Gleichheit im Unrecht"* gibt es in der Regel nicht.[22] Der Gleichheitsgrundsatz taugt also nicht, das Gesetz über ein rechtswidriges Verwaltungshandeln „auszuhebeln".

2. Gleichheitsprüfung in der Fallbearbeitung

(1) Ansatz 494
– Rechtliche Ungleichbehandlung von vermeintlich Gleichem.
– Rechtliche Gleichbehandlung von vermeintlich Ungleichem (s. bereits Rn. 491).

(2) Elementelehre
– Kurze Skizzierung der Rechtsprechung des BVerfG.
– *Zusammenstellung* der gleichen und ungleichen Elemente.

(3) Willkürprüfung
– Sachlicher Grund für die Anknüpfung an eines der ungleichen Elemente als Legitimationsbrücke?

(4) Gewichtung des Sachgrundes nach dem **Grundsatz der Verhältnismäßigkeit**
– Verhältnis zwischen Sachgrund und Gewicht der Unterschiede als *maßgebende* Relation.
– Wertungsprärogative des Gesetzgebers bzw. der Ermessensverwaltung.
– *Offensichtliche* Fehlgewichtung?

(5) Ergebnis
– Bei willkürlicher (3) oder fehlgewichteter (4) Anknüpfung an die ungleichen Elemente rechtliche Ungleichbehandlung von wesentlich gleichen Sachverhalten als Verstoß gegen Art. 3 I GG.
– Andernfalls kein Verstoß gegen Art. 3 I GG.

Beachte: In der *Ausbildungsliteratur* wird zunehmend ein Gliederungspunkt (2) „(Verfassungs)rechtlich *relevante Ungleichbehandlung*" empfohlen.[23] Über diesen Gliederungspunkt sollen *von vornherein* Fallkonstellationen aussortiert werden, die nicht vergleichbar sind. Maßstab ist die Frage, ob sich für die nach (1) rechtlich unterschiedlich behandelten Personen, Personengruppen oder Sachverhalte als Bezugspunkt ein *„gemeinsamer Oberbegriff"* finden lässt. Diese Vorgehensweise ist aus drei Gründen verfehlt. Erstens geht das *BVerfG* den *begrifflichen* Umweg über einen „gemeinsamen Oberbegriff" *nicht*, sondern knüpft in der dargestell-

---

[21] BVerfGE 79, 127 (158); 76, 1 (73); 42, 20 (27); 21, 54 (68). Klausur bei *Wollenschläger/Lippstreu*, JuS 2008, 529.
[22] BVerwGE 34, 278; 5, 1 (8). Ausnahmekonstellation in *VGH Mannheim* DVBl 1972, 186 m. Anm. *Götz; Randelzhofer*, JZ 1973, 536; *Berg*, JuS 1980, 418.
[23] S. etwa die Darstellungen bei *Kingreen/Poscher*, Grundrechte Staatsrecht II, 33. Aufl. 2017, Rn. 518 ff.

ten Weise gleichsam *pur* an *tatsächliche* Unterschiede an, eben an die unterschiedlichen Elemente. Zweitens lässt sich aus Gründen der Logik für zwei Sachverhalte, die auch nur *ein* gleiches Element aufweisen, *stets* ein gemeinsamer Oberbegriff benennen. So gesehen ist die Frage nach einem gemeinsamen Oberbegriff nur ein unnötiger Umweg für die Ausscheidung von Sachverhalten, die *keinerlei* Gemeinsamkeit haben und für die deshalb niemand eine Prüfung von Art. 3 I GG ernsthaft in Betracht ziehen würde; die Beispielsfälle, welche die Ausbildungsliteratur nennt, liegen in *diesem* Bereich. Ansätze, die für eine Prüfung von vornherein eindeutig ausscheiden, werden in einer Fallbearbeitung *schlicht weggelassen*. Keines der herkömmlichen Schemata aus beliebigen Bereichen enthält *hierfür* einen Schemapunkt. Für ein Schema zu Art. 3 I GG sollte nichts anderes gelten. Drittens lehrt die *Korrekturerfahrung*, dass die Frage nach einem gemeinsamen Oberbegriff mit erheblichen *Gefahren* verbunden ist, denn die begriffliche Phantasie der Bearbeiter stößt an Grenzen. Infolgedessen werden immer wieder Sachverhalte als von vornherein „nicht vergleichbar" deklariert und damit einer Gleichheitsprüfung *entzogen*, für die auf der Linie des *BVerfG* eine detaillierte Prüfung von Art. 3 I GG erforderlich *ist*.

II. Spezielle Gleichheitsregelungen

495 Neben Art. 3 I GG finden sich im Grundgesetz *Spezialausprägungen* des Gleichheitsgrundsatzes. Sie alle engen die angedeuteten Auswahlmöglichkeiten des Gesetzgebers zwischen den gleichen und ungleichen Vergleichselementen ein, im Einzelnen in unterschiedlicher Dichte. Gegenpol zu Art. 3 I GG ist insoweit die **egalitäre Wahlrechtsgleichheit**. Während Art. 3 I GG im Prinzip die Anknüpfung an *jedes* der (verschiedenen) gleichen und ungleichen Vergleichselemente gestattet, erklärt Art. 38 I 1, II GG ausschließlich *ein* Element für wesentlich: die deutsche Staatsbürgerschaft (s. a. Art. 20 II GG).[24] Alle Unterschiede in Besitz, Bildung, politischem Interesse, Intelligenz usw. sind also bereits *von Verfassungs wegen* ausgeschieden.[25] Die anderen Spezialausprägungen des Gleichheitssatzes liegen auf der Skala *zwischen* den beiden Gegenpolen. **Art. 3 III 1 GG**[26] verbietet (in einem *Negativkatalog*) nur, *entscheidend* gerade an die in ihm genannten Ungleichheiten anzuknüpfen. Soweit auf *andere* Ungleichheiten abgestellt wird, die *daneben* bestehen, kann die Ungleichbehandlung rechtmäßig sein:[27] Trotz Art. 3 III 1 GG („Geschlecht") gibt es Mutterschutz nur für die Frau.[28] Für Menschen mit Behinderung **(Art. 3 III 2 GG)** gelten eigenständige Grundsätze.[29] **Art. 33 II GG** verengt für den Zugang zum öffentlichen Dienst die Vergleichskriterien zu einer „*Positivliste*"[30] (Eignung, Befähigung und fachliche Leistung, s. a. Art. 33 III GG). Unterschiede zwischen den Bewerbern

---

[24] Die lex specialis-Funktion des Art. 38 I 1 GG schließt einen überlagernden Rückgriff auf Art. 3 I GG aus: BVerfGE 99, 1 (10); *Tietje*, JuS 1999, 957.
[25] S. BVerfGE 41, 399 (413) – *formale* Gleichheit; 40, 296 (317).
[26] BVerfGE 138, 296 – Kopftuchverbot; 84, 9 – Ehenamen; 52, 369 (374) – Hausarbeitstag; Klausurfälle bei *Scherer*, JuS 2015, 914; *Hofmann*, JuS 2014, 617; allgemein *Lehner*, JuS 2013, 410.
[27] S. zB BVerfGE 6, 389 (422); 5, 9 (12); 5, 17 (21); 3, 225.
[28] Zur Erläuterung s. Rn. 496a.
[29] BVerfGE 96, 288 (301): Nur Benachteiligungen sind verboten, Bevorzugungen aber erlaubt. Eine rechtliche Schlechterstellung ist alleine möglich, wenn behinderungsbezogene Besonderheiten das zwingend erfordern: BVerfGE 99, 341 (356) – Testamentserrichtung; *BVerfG (Kammer)* NJW 2004, 2150 – kein Schöffenamt für Blinde wegen Unmittelbarkeit der Hauptverhandlung.
[30] BVerwGE 81, 22 (24); s. a. *OVG Münster* NVwZ 2017, 807.

§ 32. Verstöße gegen Gleichheitsgrundrechte

dürfen grundsätzlich nur berücksichtigt werden, soweit sie im Bereich dieser Positivliste angesiedelt sind.[31]

Beispiel:[32] Ein Assessor mit Berliner Examen bewirbt sich um Einstellung in den bayerischen Ziviljustizdienst. Er wird abgelehnt, weil grundsätzlich nur Bewerber eingestellt würden, die in Bayern ihr Examen gemacht hätten. Ist diese Begründung mit Art. 33 II GG vereinbar? – Solange sich ein hinreichend gewichtiger sachlicher Grund dafür finden lässt, kann eine Ungleichbehandlung im Rahmen des Art. 3 I GG an *alle* Ungleichheiten angeknüpft werden. Falls Art. 3 I GG einschlägig *wäre*, würde damit möglicherweise das ungleiche Element „Examensort" erheblich werden können (Schaffung eines Anreizes, in Bayern Examen zu machen; Verwaltungserleichterung, weil aus der genaueren Kenntnis der Maßstäbe die eigene bayerische Examensbenotung am aussagekräftigsten ist). Stattdessen ist aber die *lex specialis* des Art. 33 II GG[33] heranzuziehen. Es ist also ausschließlich auf Unterschiede innerhalb der Positivliste „Eignung, Befähigung und fachliche Leistung" abzustellen. Zur Befähigung und fachlichen Leistung hat der Examensort von vornherein keine Verbindung. Aber auch über die Eignung sagt er nichts aus: Im Bereich des *Zivil*rechts sind Spezialkenntnisse, die nur in der bayerischen Ausbildung vermittelt würden, nicht erforderlich. Also ist die angeführte Begründung verfassungswidrig.

Sind Eignung, Befähigung und fachliche Leistung zweier Beamter im Wesentlichen *gleich* zu beurteilen, können das *Lebensalter* und das *Dienstalter* über die praktische Erfahrung als *Eignungs*aspekte Berücksichtigung finden,[34] wegen Art. 33 III GG aber nicht *Religionszugehörigkeiten*[35].

496

III. Insbesondere: Gleichberechtigung von Mann und Frau

Ausgangsfälle:

(1) Das FeuerschutzG des Landes *X* sieht eine Pflicht zum Feuerwehrdienst vor, der jeder *männliche* Gemeindeeinwohner vom vollendeten 18. bis zum vollendeten 60. Lebensjahr untersteht. Ist dieses Gesetz verfassungsgemäß?[36]

496a

(2) § 8 LandesgleichstellungsG bestimmt für die Landesverwaltung des Landes *Y:* „Sind Frauen in einzelnen Bereichen unterrepräsentiert, hat die Dienststelle sie bei der Vergabe von Ausbildungsplätzen, Einstellung, Anstellung und beruflichem Aufstieg bei Vorliegen von gleicher Eignung, Befähigung und fachlicher Leistung (Qualifikation) bevorzugt zu berücksichtigen, sofern nicht in der Person eines Mitbewerbers liegende Gründe überwiegen." Ist diese Regelung mit dem Gleichheitsgrundsatz vereinbar?[37]

---

[31] Andere Gesichtspunkte sind nur berücksichtigungsfähig, wenn sie ihrerseits Verfassungsrang haben oder sich leistungsbezogen kein Vorsprung von Bewerbern ergibt; s. *BVerwG* NVwZ 2013, 80 (82) mwN.
[32] In Anlehnung an BVerwGE 68, 109.
[33] Zum Verhältnis Art. 33 II/Art. 12 I GG s. Rn. 526; zur Ablehnung „*radikaler*" Bewerber s. Rn. 572.
[34] BVerwGE 80, 123.
[35] BVerwGE 81, 22.
[36] S. zum Fall BVerfGE 92, 91.
[37] S. § 8 S. 1 BundesgleichstellungsG 2001 (BGBl. I S. 3234), das mittlerweile durch das Bundesgleichstellungsgesetz vom 24.4.2015 (BGBl. I S. 642) ersetzt wurde. Weitere Klausurfälle bei *Wittschursky/Wolff*, JuS 2017, 132; *Riegner/Schnitzer*, JuS 2014, 1003.

Lässt man den öffentlichen Dienst (= *Ausgangsfall 2*) zunächst außer Betracht, ist die maßgebliche *Einstiegsnorm* in Gleichberechtigungsfragen nach der Rechtsprechung des *Bundesverfassungsgerichts* **Art. 3 III 1 GG** als lex specialis,[38] nicht (mehr) Art. 3 II 1 GG[39]. „An das Geschlecht anknüpfende differenzierende Regelungen[40] sind mit Art. 3 III GG nur vereinbar, soweit sie zur Lösung von Problemen, die *ihrer Natur nach* nur *entweder* bei Männern *oder* bei Frauen auftreten können, zwingend erforderlich sind, oder eine Abwägung mit kollidierendem Verfassungsrecht sie ausnahmsweise legitimiert".[41] „Geschlechtsbezogene Zuschreibungen, die allenfalls als statistische eine Berechtigung haben mögen (Geschlechterstereotype), und tradierte Rollenerwartungen" können dagegen nicht zur Rechtfertigung dienen.[42]

Im *Ausgangsfall 1* beruht das Gesetz auf der Annahme, dass Frauen wegen ihrer körperlichen Konstitution für den Feuerwehrdienst nicht geeignet seien. Diese Annahme trifft nicht zu.[43] Also verstößt die Differenzierung nach dem Geschlecht gegen Art. 3 III 1 GG.

Beachte: Art. 3 III 1 GG „schützt nicht nur Männer vor Diskriminierungen wegen ihres männlichen Geschlechts und Frauen vor Diskriminierungen wegen ihres weiblichen Geschlechts, sondern schützt auch *Menschen*, die sich diesen *beiden Kategorien* in ihrer geschlechtlichen Identität *nicht* zuordnen, vor Diskriminierungen wegen dieses weder allein männlichen noch allein weiblichen Geschlechts."[44]

496b Als Erweiterung zu Art. 3 III 1 GG stellt **Art. 3 II 2 GG** im Sinne eines *sozialen Grundrechts* bzw. als *Staatszielbestimmung* (Rn. 597) ein Gleichstellungsgebot (typischerweise[45]) zugunsten der Frauen auf, das sich nicht auf die *rechtliche* Gleichberechtigung beschränkt, sondern „auf die gesellschaftliche Wirklichkeit erstreckt".[46] Soweit Art. 3 III 1 GG (auch) die Männer vor rechtlicher Diskriminierung schützt, *kollidiert* Art. 3 III 1 GG mit Art. 3 II 2 GG. „Im Wege einer Abwägung mit kollidierendem Verfassungsrecht" sieht das BVerfG „den Gesetzgeber berechtigt, faktische Nachteile, die typischerweise Frauen treffen, durch begünstigende Regelungen auszugleichen",[47] auch wenn diese Begünstigungen alleine für Frauen gelten. Wie bei kollidierenden Verfassungsnormen üblich (Rn. 477 ff.), vollzieht sich die Abwägung nach dem Grundsatz der Verhältnismäßigkeit iSd Herstellung von praktischer Konkordanz.

Im *Ausgangsfall 1* ist schon der *Tatbestand* des Art. 3 II 2 GG nicht einschlägig. Es ist nicht ersichtlich, dass mit der Beschränkung der Feuerwehrdienstpflicht auf Männer faktische, typischerweise Frauen treffende Nachteile (aus anderen Lebensbereichen) durch eine Frauen *be-*

---

[38] Grundlegend insoweit BVerfGE 92, 91 (109).
[39] So noch BVerfGE 74, 163 (179), wo aber die Identität der Prüfungsmaßstäbe nach Art. 3 II 1 und Art. 3 III 1 GG betont wird.
[40] Zu geschlechtsneutral formulierten Regelungen, die Frauen aufgrund rechtlicher oder tatsächlicher Umstände benachteiligen und daher „einer unmittelbaren Benachteiligung wegen des Geschlechts besonders nahe" kommen, BVerfGE 132, 72 (97 f. Rn. 57 ff.) m. Anm. *Sachs*, JuS 2013, 474.
[41] So *BVerfG* NJW 2009, 661; s. a. BVerfGE 132, 72 (97 f. Rn. 58); 114, 357 (364); 92, 91 (109); 85, 191 (207).
[42] *BVerfG* NJW 2009, 661 – Kosmetika für Strafgefangene; s. a. schon E 85, 191 (208 f.).
[43] So BVerfGE 92, 91 (109 ff.).
[44] *BVerfG* NJW 2017, 3643 (LS) – dritter positiver Geschlechtseintrag im Personenstandsrecht.
[45] Auch eine Förderung von Männern ist möglich; vgl. § 8 I 5 BGleiG.
[46] BVerfGE 92, 91 (109); vorher schon E 85, 191 (207). Klausur bei *Müller-Franken*, JuS 2005, 723.
[47] So BVerfGE 92, 91 (109); s. a. E 85, 191 (207); 74, 163 (180); *VGH Rh.-Pf.*, NVwZ 2014, 1089 – Einwirkung auf Wahlentscheidung zwecks Frauenförderung.

günstigende Regelung ausgeglichen werden sollen.⁴⁸ Dagegen hat das *BVerfG* zB für eine die Frauen begünstigende Regelung des Rentenrechts die Legitimation durch Art. 3 II 2 GG anerkannt.⁴⁹

Für den öffentlichen Dienst (*Ausgangsfall 2*) ist Art. 33 II GG als lex specialis (Rn. 495 f.) die maßgebliche Einstiegsnorm. Wie zu Art. 3 III 1 GG dürfte Art. 3 II 2 GG Kollisionsnorm auch zu Art. 33 II GG sein und den Gesetzgeber daher *auch* ermächtigen, die „Positivliste" des Art. 33 II GG für den gleichen Zugang zum öffentlichen Dienst zu modifizieren. **497**

Im *Ausgangsfall 2* wäre es wohl unverhältnismäßig, wenn die weibliche Bewerberin bei gleicher Qualifikation *automatisch* bevorzugt würde.⁵⁰ Zu entscheiden ist, ob die „Öffnungsklausel" im „Sofern-Satz" des Gesetzestextes eine andere Beurteilung gestattet.⁵¹

§ 33. Prozessuales zum Grundrechtsschutz

I. Geltendmachung von Grundrechtsverletzungen im „normalen" Rechtsweg

Grundrechtsverletzungen werden wie alle anderen Rechtsverletzungen in *dem* Rechtsbehelfsverfahren gerügt, das gegen die staatliche Maßnahme nach den herkömmlichen Grundsätzen jeweils zulässig ist. Ist ein Verwaltungsakt ergangen, muss der Verstoß gegen ein Grundrecht also im Widerspruchsverfahren und anschließend mit einer (Anfechtungs-)Klage vor dem Verwaltungsgericht geltend gemacht werden. Das Verwaltungsgericht prüft, ob die *normative* Ermächtigungsgrundlage des Verwaltungsakts gegen das Grundrecht verstößt oder ob die *Behörde* mit ihrer *Ermessens*betätigung gegen das Grundrecht verstoßen hat (Rn. 439). Nimmt das Verwaltungsgericht an, die Ermessensbetätigung oder eine *untergesetzliche* ermächtigende Norm verstoße gegen das Grundrecht, ist es in der Lage, daraus unmittelbar selbst die Konsequenzen für den Ausgang des Rechtsstreits zu ziehen. Verstößt nach Ansicht des Verwaltungsgerichts eine *parlamentsgesetzliche* Ermächtigungsgrundlage gegen das Grundrecht, muss das Gericht das Verfahren aussetzen und gem. Art. 100 I GG die Entscheidung des Bundesverfassungsgerichts einholen (Rn. 392). **498**

II. Verfassungsbeschwerde als außerordentlicher Rechtsbehelf

Die auf die Verletzung von Grundrechten gestützte *Verfassungsbeschwerde* etwa gegen Normen, Verwaltungsakte oder Urteile (Art. 93 I Nr. 4a GG iVm §§ 13 Nr. 8a, 90 ff. BVerfGG¹) ist kein zusätzlicher Rechtsbehelf zum fachgerichtlichen **499**

---

⁴⁸ BVerfGE 92, 91 (112).
⁴⁹ BVerfGE 74, 163 (179 f.) – vorzeitiges Altersruhegeld.
⁵⁰ *OVG-Rspr.* JuS 1996, 837 Nr. 2; für das unionsrechtliche Diskriminierungsverbot *EuGH* NJW 1995, 3109. S. a. die Gesetzesbegründung der BReg zu § 8 BGleiG, BR-Drs. 636/14 v. 29.12.2014, S. 99 f.
⁵¹ In der GG-Rspr. offen; durch *EuGH* NJW 1997, 3429 so zugelassen.
¹ Zu *landesrechtlichen* Verfassungsbeschwerden s. *Pestalozza,* Verfassungsprozeßrecht, 3. Aufl. 1991, §§ 22 ff.; zur Überprüfungskompetenz der Landesverfassungsgerichte nur bei „Inhaltsgleichheit" eines Landesgrundrechts mit einem Grundrecht des GG (Art. 142 GG) und zum eventuellen Vorrang von einfachem Bundesrecht (Art. 31 GG) s. BVerfGE 96, 231 (242 ff.); 96, 345 (364 ff.); *Klein/Haratsch,* JuS 2000, 209; *Enders,* JuS 2001, 462. – Zur „*Kommunalverfassungsbeschwerde*" (Art. 93 I Nr. 4b GG) s. später Rn. 742.

Verfahren, sondern ein außerordentlicher Rechtsbehelf,[2] der nur *äußerst selten* zum *Erfolg* führt.[3] Die außerordentliche Qualität der Verfassungsbeschwerde äußert sich in ihren engen Voraussetzungen (nachfolgend), wobei das BVerfG die *Subsidiarität* zugunsten der Fachgerichte (Art. 94 II 2 GG iVm § 90 II BVerfGG, nachfolgend Rn. 505 f.) und die engen weiteren Voraussetzungen für die *Annahme* einer an sich zulässigen Verfassungsbeschwerde durch das BVerfG (Art. 94 II 2 GG iVm § 93a II BVerfGG, nachfolgend Rn. 508) ausdrücklich herausstellt.[4]

In der Ausbildungsliteratur und demzufolge in den studentischen Fallbearbeitungen werden Verfassungsbeschwerden immer wieder *Erfolg*saussichten bescheinigt, ohne dass auf die Annahmefähigkeit der Beschwerde eingegangen worden ist. Ohne eine Prüfung der Annahmevoraussetzungen steht der Erfolg jedoch *in der Realität* in den Sternen.

III. Zulässigkeit einer Verfassungsbeschwerde

Ausgangsfall:[5]

500 Ein Landesgesetz statuiert bestimmte Unterlassungspflichten. Die zuständige Ordnungsbehörde ist der Auffassung, X halte sich an eine dieser Pflichten nicht. Weil der Gesetzesverstoß als Störung der öffentlichen Sicherheit anzusehen sei (Rn. 62, 111 f.), gebietet die Ordnungsbehörde der X auf der Grundlage der polizei- und ordnungsrechtlichen Generalklausel durch Verfügung, das Gesetz nunmehr einzuhalten. X hält das Gesetz für nichtig, weil nur eine *Bundes*kompetenz bestehe, die Materie zu regeln. Außerdem trägt X vor, die Ordnungsbehörde habe den Sachverhalt *falsch subsumiert;* sie verstoße nicht gegen das Gesetz. Unter Berufung auf Art. 2 I GG erhebt X Verfassungsbeschwerde (1) gegen das Gesetz und (2) gegen die ordnungbehördliche Verfügung. Wie wird das BVerfG entscheiden?

1. Gegenstand

501 Die Verfassungsbeschwerde[6] ist *jedermann* gegen jeden *Akt öffentlicher Gewalt* möglich (Art. 93 I Nr. 4a GG, § 90 I BVerfGG), insbesondere gegen Normen, gegen Verwaltungsakte und als „Urteilsverfassungsbeschwerde" gegen Urteile.[7]

---

[2] BVerfGE 107, 395 (413) *(Plenum);* 51, 130 (139).
[3] Von den im Jahr 2016 entschiedenen Verfassungsbeschwerden (5906) sind 97,85 % (5779) bereits nicht angenommen worden; die Erfolgsquote lag bei 1,98 % (117): *BVerfG,* Jahresstatistik 2016 (A. IV. 1., 2.), abrufbar unter http://www.bundesverfassungsgericht.de/DE/Verfahren/Jahresstatistiken/2016/statistik_2016_node.html.
[4] BVerfGE 115, 81 (92); 107, 395 (414).
[5] Weitere Fälle bei *Rast,* JuS 2017, 229; *Herrmann,* JuS 2017, 1093; *Saurer/Rothfuß,* JuS 2017, 1099; *Kulick/Bendisch,* JuS 2017, 1181; *Lange,* JuS 2016, 50; *Froese,* JuS 2016, 33; *Linke,* JuS 2016, 520; *Mengeler,* JuS 2016, 997; *Nolte/Roggon,* JuS 2015, 801; *Stein/Janson/Pötzsch,* JuS 2014, 708; *Kube,* JuS 2014, 726; *Goldhammer/Hofmann,* JuS 2013, 322; *Lüdemann/Hermstrüwer,* JuS 2012, 57; *Thiemann,* JuS 2012, 735; *von Weschpfennig,* JuS 2011, 61; *Jochum,* JuS 2010, 719; „Grundfälle" bei *Geis/Thirmeyer,* JuS 2012, 316; zum Einstieg *Krüger,* JuS 2014, 790.
[6] Ausführliche Darstellung etwa bei *Hillgruber/Goos,* Verfassungsprozessrecht, Rn. 72 ff.; *Schlaich/Korioth,* Das Bundesverfassungsgericht, Rn. 194 ff.
[7] Politische Parteien üben keine öffentliche Gewalt aus; s. *BVerwG* BayVBl. 2014, 172 – Mitgliederabstimmung über Koalitionsvertrag.

Mithin kommt im *Ausgangsfall* die Verfassungsbeschwerde (1) gegen das Landesgesetz und die Verfassungsbeschwerde (2) gegen die Ordnungsverfügung in Betracht.

2. Geltendmachung einer eigenen Grundrechtsbeeinträchtigung

Der Beschwerdeführer muss eine *eigene Grundrechtsbeeinträchtigung* oder die *eigene Beeinträchtigung* eines der in Art. 93 I Nr. 4a GG, § 90 I BVerfGG genannten *„grundrechtsgleichen" Rechte* geltend machen. Parallel zu § 42 II VwGO (Rn. 195 f.) muss die Beeinträchtigung nach der hinreichend substantiierten Darlegung des Beschwerdeführers möglich erscheinen *(Möglichkeitstheorie).*[8] Auf andere Verfassungsverstöße und auf die Verletzung von Rechtsnormen, die keinen Verfassungsrang haben, kann die Verfassungsbeschwerde nicht gestützt werden. Trotzdem können andere Verfassungsverstöße im Rahmen von Grundrechtsbeeinträchtigungen indirekt relevant sein.[9]

502

Im *Ausgangsfall* begründet die fehlende Landeskompetenz für das Gesetz im Rahmen von (1) und mittelbar auch im Rahmen von (2) eine Verletzung des Art. 2 I GG. Wie jedes andere Grundrecht kann auch Art. 2 I GG nur durch ein *gültiges* Gesetz eingeschränkt werden, nicht aber durch ein (aus außerhalb des Art. 2 I GG liegenden Gründen) verfassungswidriges Gesetz (Rn. 451). Materiellrechtlich kann parallel dazu auch die *falsche Auslegung* einfachen Gesetzesrechts bzw. die *fehlerhafte Subsumtion* unter gültige Gesetze durch die Ordnungsverfügung im Rahmen von (2) eine Grundrechtsverletzung darstellen. Art. 2 I GG ist durch das Gesetz nur *soweit* eingeschränkt, wie das Gesetz reicht. Trotzdem ist die auf eine falsche Auslegung oder Subsumtion gestützte Verfassungsbeschwerde (2) *insoweit* im Grundsatz nicht zulässig. Auf der Ebene des einfachen Gesetzesrechts ist das *BVerfG keine „Superrevisionsinstanz".*[10]

503

Auf gleicher Linie kann das BVerfG bei einer (vorliegend nicht gegebenen) Urteilsverfassungsbeschwerde im Regelfall nur untersuchen, ob eine Maßnahme mit der Auslegung, die das einfache Gesetzesrecht in den Vorinstanzen erfahren hat, Grundrechten widerspricht. Die *Auslegung selbst* überprüft das BVerfG nur ausnahmsweise, mit der Frage, „ob die angegriffene Entscheidung Auslegungsfehler erkennen läßt, die auf einer grundsätzlich unrichtigen Auffassung von der Bedeutung eines Grundrechts, insbesondere vom Umfang seines Schutzbereichs beruhen und die in ihrer Bedeutung für den konkreten Rechtsfall von einigem Gewicht sind".[11] Darüber hinaus prüft das BVerfG mit Blick auf das in Art. 3 I GG verankerte *Willkürverbot*, ob eine fachgerichtliche Entscheidung eine offensichtlich einschlägige Norm nicht berücksichtigt, den Inhalt einer Norm in krasser Weise missversteht oder sonst in nicht mehr nachvollziehbarer Weise anwendet.[12]

3. Gegenwärtige und unmittelbare Beeinträchtigung

Nach ständiger Rechtsprechung des BVerfG[13] ist eine Verfassungsbeschwerde des Weiteren nur zulässig, wenn der Beschwerdeführer selbst gegenwärtig und unmittelbar betroffen ist. Dies gilt zwar für jede Verfassungsbeschwerde,[14] ist jedoch in aller Regel nur bei einer Verfassungsbeschwerde gegen eine Norm von realer Bedeutung.

504

---

[8] S. etwa BVerfGE 94, 49 (84); 89, 155 (171); 81, 347 (355); 64, 367 (375). Zu gleichwohl offenen Einzelfragen s. *Hartmann*, JuS 2003, 897.
[9] St. Rspr. seit BVerfGE 6, 32 (41).
[10] St. Rspr.; s. zB BVerfGE 32, 311 (316); 30, 173 (196 f.); 18, 85 (92 f.).
[11] BVerfGE 53, 30 (61) mwN; s. a. E 89, 214 (230); st. Rspr. Näheres in Rn. 570.
[12] *BVerfG* NJW 2016, 3153 (3154) m. Anm. *Waldhoff,* JuS 2017, 286; BVerfGE 96, 189 (203); 89, 1 (13 f.).
[13] Seit BVerfGE 1, 97 (101); zusammenfassend etwa E 97, 157 (164); 71, 305 (334); 70, 35 (50); 60, 360 (369).
[14] Zur Verfassungsbeschwerde gegen eine Gerichtsentscheidung s. insoweit BVerfGE 53, 30 (48).

Die Gegenwärtigkeit und die Unmittelbarkeit sind *ungeschriebene Begriffe des Verfassungsprozessrechts*.[15] – *Gegenwärtig* ist der Beschwerdeführer beeinträchtigt, wenn das Gesetz wie bei der vorliegenden Verfassungsbeschwerde (1) *aktuelle* Handlungs- oder Unterlassungspflichten statuiert oder bereits *aktuell zukunftsgerichtete Dispositionen* erfordern kann. Wird sich das Gesetz nur *virtuell*, alleine in der Zukunft, auswirken, fehlt eine gegenwärtige Beeinträchtigung[16] (zB spätere Krankenversicherung für Rentner bei einem erst 30jährigen Beschwerdeführer). – *Unmittelbarkeit* bedeutet, dass „die bekämpfte Beschwer bereits durch die normative Regelung geschaffen wird und nicht erst", wie durch eine Baugenehmigung, „infolge eines gesonderten *(Vollziehungs-)Akts* der öffentlichen Gewalt entsteht".[17] Die Unterlassungspflicht ist im *Ausgangsfall* (1) unmittelbar, weil das angegriffene Landesgesetz sie schon selbst konstituiert. Die Ordnungsverfügung (2) greift diese Verpflichtung bloß auf und macht sie so vollstreckbar (Rn. 128 ff.).

4. Subsidiarität der Verfassungsbeschwerde

505 a) Gemäß § 90 II 1 BVerfGG muss zunächst der **fachgerichtliche Rechtsweg erschöpft** sein, der gegen den angegriffenen Rechtsakt *als solchen* gegeben ist.[18] Dazu gehört selbst noch die Beschwerde gegen eine Nichtzulassung der Berufung oder der Revision (s. zB § 124a IV und § 133 VwGO). Von einem Rechtsweg muss grundsätzlich auch dann Gebrauch gemacht werden, wenn seine Statthaftigkeit zweifelhaft ist.[19]

Im *Ausgangsfall* hätte *X* die ordnungsbehördliche Verfügung durch Widerspruch bzw. im Verwaltungsrechtsweg anfechten können. Die Verfassungsbeschwerde gegen die Verfügung (2) ist also unzulässig. Unmittelbar gegen das Landesgesetz selbst (1) kann *X* hingegen nicht anderweitig vorgehen (Rn. 393 ff.). Die in § 47 VwGO erwähnte Normenkontrolle vor dem Oberverwaltungsgericht bzw. die vom *BVerwG* und *BVerfG* zugelassene Klage auf Feststellung der Nichtigkeit einer Norm (Rn. 394) betrifft nur *exekutive* Rechtsnormen, die im Range *unter* einem Parlamentsgesetz stehen.

506 b) Aber es geht nicht nur um den Rechtsweg unmittelbar gegen den verletzenden Rechtsakt als solchen. § 90 II 1 BVerfGG verlangt ein erschöpfendes Vorgehen gegen die „Verletzung" auch in indirekter, mittelbarer Weise, denn diese Norm ist die Verankerung[20] eines **allgemeinen Grundsatzes der Subsidiarität**. Dieser Grundsatz umschreibt die *funktionelle „Aufgabenverteilung zwischen Bundesverfassungsgericht und Fachgerichten".*[21] Das *BVerfG* soll mit Fallgestaltungen befasst werden, die durch die Fallanschauung der Fachgerichte in tatsächlicher und rechtlicher Hinsicht bereits optimal aufbereitet sind.[22] Das mittelbare Vorgehen vor den Fachgerichten muss zwar für den Beschwerdeführer „zumutbar" sein.[23] Aber an der Zumutbarkeit fehlt es nur in wenigen Konstellationen (dazu sogleich). Ist die Verfassungsbeschwerde wie in der Regel subsidiär, kann das BVerfG die Subsidiarität

---

[15] BVerfGE 70, 35 (51).
[16] Zur Gegenüberstellung von aktuellem und virtuellem Betroffensein s. zB BVerfGE 60, 360 (371).
[17] BVerfGE 79, 174 (187 f.); s. a. E 90, 128 (135 f.); 101, 54 (74).
[18] Das gilt auch für den vorgelagerten verfassungsrechtlichen Eilrechtsschutz, s. *BVerfG* JuS 2014, 189 mwN, m. Anm. *Sachs*. Im Verhältnis zur *Landesverfassungsbeschwerde* ist die Verfassungsbeschwerde vor dem BVerfG *nicht* subsidiär, § 90 III BVerfGG iVm *BVerfG (Kammerbeschluss)* NJW 1996, 1464.
[19] BVerfGE 91, 93 (106); *BVerfG (Kammer)* NJW 2002, 3387. Zu den verwaltungsprozessualen Rechtsmitteln *Geis/Thirmeyer*, JuS 2013, 517 u. 799.
[20] BVerfGE 122, 50 (60); 107, 395 (414) *(Plenum)*.
[21] BVerfGE 74, 69 (75); s. a. E 107, 395 (414) *(Plenum)*; allg. zur Subsidiarität *Peters/Markus*, JuS 2013, 887.
[22] BVerfGE 74, 69 (75).
[23] BVerfGE 126, 112 (134); 74, 69 (74); 71, 305 (335 ff.).

nur unter den engen Voraussetzungen des § 90 II 2 BVerfGG mit einer „Vorabentscheidung" durchbrechen (dazu nachfolgend unter c)).[24]

In der Fallbearbeitung ist die allgemeine Subsidiarität der Verfassungsbeschwerde vor allem beim Vorgehen gegen unmittelbar anwendbare *Parlamentsgesetze* (Rn. 504) zu untersuchen. Wie der *Ausgangsfall* zeigt, ist es dem Bürger möglich, gegen das Gesetz zu verstoßen und so ein justiziables Vorgehen der Verwaltung zu provozieren. Ferner ist es denkbar, mit dem Gesetzesverstoß nur zu drohen und bei Beharren der Verwaltung auf dem Gesetz eine Unterlassungsklage gegen die Verwaltung zu erheben. Handelt es sich dagegen um eine straf- oder bußgeldbewehrte Norm, ist es dem Adressaten *nicht* zuzumuten, zunächst eine Zuwiderhandlung zu begehen, um sein Grundrecht vorab durch die Anfechtung eines Strafentscheids zu verteidigen.[25] Unzumutbar kann ein Rechtsmittel ferner sein, wenn ihm eine gesicherte Rechtsprechung der Fachgerichte entgegensteht.[26]

Die Möglichkeit einer ungeschriebenen *Gegenvorstellung* fällt nach der neueren Rechtsprechung des *BVerfG* nicht unter die allg. Subsidiarität, weil der rechtsstaatliche Grundsatz der Rechtsmittelklarheit nicht eingehalten werde.[27] Als Reaktion auf die entsprechende *Plenumsentscheidung* ist (nur) eine fachgerichtliche Anhörungsrüge in rechtsklarer Weise gesetzlich geregelt worden (§ 152a VwGO, § 321a ZPO). Wird dennoch eine Gegenvorstellung eingelegt, setzt weder diese noch die daraufhin ergehende gerichtliche Entscheidung die Monatsfrist des § 93 I 1 BVerfGG erneut in Gang.[28]

Eher selten sind in der Fallbearbeitung Verfassungsbeschwerden gegen eine letztinstanzlich abgelehnte *einstweilige Anordnung eines Fachgerichts* relevant. Wegen des Subsidiaritätsprinzips können mit einer solchen Verfassungsbeschwerde keine Grundrechtsverstöße geltend gemacht werden, die auch für das insoweit primäre Hauptsacheverfahren relevant sind. Der Beschwerdeführer kann aber einen Grundrechtsverstoß rügen, der *ausschließlich* die letztinstanzliche Ablehnung der einstweiligen Anordnung betrifft (Fehler bei der Besetzung des Gerichts, Art. 101 I 2 GG; kein hinreichendes rechtliches Gehör, Art. 103 I GG).[29] Beim rechtlichen Gehör geht heute allerdings die erwähnte Anhörungsrüge vor (§ 152a VwGO, § 321a ZPO).

c) Als **Durchbrechung des Subsidiaritätsgrundsatzes** kann das BVerfG unter den engen rechtlichen Voraussetzungen des **§ 90 II 2 BVerfGG** nach seinem Ermessen vorab entscheiden. Das gilt *erstens,* wenn die Verfassungsbeschwerde von *allgemeiner Bedeutung* ist, nämlich in der Sache für einen größeren Kreis von Personen grundsätzliche verfassungsrechtliche Fragen anspricht.[30] Ob sich das BVerfG auf die allgemeine Bedeutung stützt, entscheidet es nach seinem Ermessen über eine Abwägung mit den Gesichtspunkten, die im Einzelfall für eine Einhaltung der an sich einschlägigen Subsidiarität sprechen. Geht es im Zusammenhang mit der Verfassungsbeschwerde auch um die Ermittlung und Würdigung des Sachverhalts oder um die Auslegung einfachgesetzlicher Vorschriften, verzichtet das BVerfG bei seiner Abwägung in der Regel auf eine Vorabentscheidung.[31]

Zweitens ist eine Vorabentscheidung des BVerfG rechtlich möglich, wenn dem Beschwerdeführer durch das vorangestellte fachgerichtliche Verfahren ein schwerer und unabwendbarer Nachteil als *Verzögerungs*schaden entstehen könnte. Ein *schwe-*

---

[24] BVerfGE 107, 395 (414) *(Plenum).*
[25] BVerfGE 97, 157 (167); 81, 70 (82).
[26] BVerfGE 104, 65 (71); 70, 180 (186).
[27] BVerfGE 107, 395 (408, 416 f.) *(Plenum).*
[28] BVerfGE 122, 190 (LS 1, 199 ff.).
[29] Entsprechend zum Ganzen BVerfGE 104, 65 (71); 86, 15 (22 f.); 79, 275 (279).
[30] BVerfGE 84, 90 (116); 101, 54 (74) – Wiedervereinigung; 102, 197 (210) – Spielbanken; 108, 370 (386) – Übertragung von Postdienstleistungen.
[31] BVerfGE 86, 382 (388).

rer Verzögerungsschaden ist zB der zwischenzeitliche Untergang eines Gewerbebetriebes. Aber *unabwendbar* ist der Nachteil im Grundsatz erst, wenn der Beschwerdeführer ein fachgerichtliches Verfahren auf einstweiligen Rechtsschutz versucht hat, wobei die Fachgerichte insoweit an Art. 100 I GG nicht gebunden sind und also auch wegen der Verfassungswidrigkeit eines *Gesetzes* einschreiten können.[32] Erst nach erfolglosem Abschluss des vorläufigen fachgerichtlichen Verfahrens oder wenn sich dieses Verfahren zu sehr in die Länge zieht, ist für die Vorabentscheidung des *BVerfG* Raum. Das auch jetzt noch verbleibende Ermessen des BVerfG wird nunmehr auf die Vorabentscheidung gedrängt, weil die Fachgerichte die Fallkonstellation bestmöglich aufbereitet haben.[33]

5. Rechtsschutzbedürfnis, Zeitablauf

507 Wegen des Subsidiaritätsgrundsatzes und wegen der Dauer des späteren verfassungsgerichtlichen Verfahrens ist das mit der Verfassungsbeschwerde verfolgte Begehren häufig durch Zeitablauf *erledigt,* wenn das BVerfG entscheidet. Insbesondere dieser Zeitablauf wirft die Frage nach einem Fortbestehen des *Rechtsschutzinteresses* auf.[34] Das BVerfG befasst sich mit der Sache einerseits noch, wenn der Beschwerdeführer ein *Fortsetzungsfeststellungsinteresse* analog § 113 I 4 VwGO (Rn. 54) hat.[35] Andererseits besteht das Rechtsschutzbedürfnis in Fällen besonders tiefgreifender und folgenschwerer Grundrechtsverstöße fort.[36]

6. Frist und Begründung

Die Verfassungsbeschwerde ist binnen eines Monats, gegen Gesetze binnen eines Jahres zu erheben (Einzelheiten in § 93 BVerfGG). In den Fällen des § 90 II 1 BVerfGG (Subsidiarität) knüpft die Monatsfrist an die letztinstanzliche Gerichtsentscheidung an. Diese Frist gilt wegen § 90 II 1 BVerfGG auch, wenn mit der letztinstanzlichen Gerichtsentscheidung gleichzeitig der dieser Entscheidung zugrunde liegende frühere Rechtsakt (VA, Gesetz usw.) angegriffen wird.

Gemäß §§ 23 I 2, 92, 93 I 1 BVerfGG muss die Verfassungsbeschwerde *innerhalb der Beschwerdefrist* hinreichend begründet werden. Nach der Rechtsprechung des BVerfG können den Beschwerdeführer insoweit erhebliche *Substantiierungs- und Darlegungslasten* treffen, vor allem, wenn er anwaltlich vertreten ist.[37]

7. Einstweilige Anordnung des BVerfG

Nach § 32 BVerfGG kann das BVerfG eine *einstweilige Anordnung* treffen.[38]

---

[32] Zu Art. 100 I GG insoweit BVerfGE 86, 382 (389).
[33] S. wiederum BVerfGE 86, 382 (388 ff.).
[34] Zusammenfassend dazu und zum Nachfolgenden *BVerfG (Kammer)* NJW 2002, 3691.
[35] BVerfGE 79, 275 (280).
[36] BVerfGE 81, 138 (140 f.); 76, 1 (38 f.); 74, 163 (172 f.). Zum fortbestehenden Rechtsschutzbedürfnis trotz Todes des Beschwerdeführers BVerfGE 124, 300 (318 f.): Einzelfallentscheidung; zur konkreten NK *BVerfG* NJW 2017, 53 (54 f.).
[37] S. etwa den Überblick bei *Kreuder,* NJW 2001, 1243 (1246 ff.).
[38] Zu den Einzelvoraussetzungen s. zB *BVerfG* NJW 2013, 1293 mwN; s. a. *Bäcker,* JuS 2013, 119; Klausuren bei *Scherer,* JuS 2015, 914; *Stumpf,* JuS 2014, 1110; *Hübler/Teetzmann,* JuS 2013, 1014. Zum strengen Maßstab für die vorläufige Aussetzung des Vollzugs einer Rechtsnorm, die zwingende Vorgaben des EU-Rechts umsetzt, BVerfGE 121, 1 (18 f.).

IV. Annahmeverfahren

Gemäß § 93a I BVerfGG bedarf die Verfassungsbeschwerde der Annahme zur Entscheidung. Nach Maßgabe von § 93b BVerfGG entscheidet über die Annahme in der Regel nicht der mit acht Bundesverfassungsrichtern besetzte zuständige Senat des Gerichts, sondern eine mit drei Senatsmitgliedern besetzte Kammer des Senats. Die Ablehnung der Annahme bedarf keiner Begründung und ist unanfechtbar (§ 93d I 2, 3 BVerfGG).

508

Nach der Rechtsprechung des BVerfG ist Voraussetzung für die Annahme jedenfalls, dass die Verfassungsbeschwerde hinreichende Erfolgsaussichten hat.[39] Schon deshalb nimmt das BVerfG unzulässige Verfassungsbeschwerden nicht zur Entscheidung an.[40] Aber nach dem Gesagten (Rn. 499) werden auch *zulässige* Verfassungsbeschwerden nur unter den engen Voraussetzungen von § 93a II lit. a) oder lit b) BVerfGG zur Entscheidung angenommen.

Die „grundsätzliche verfassungsrechtliche Bedeutung" (§ 93a II lit. a) BVerfGG) setzt voraus, dass „über die Beantwortung der verfassungsrechtlichen Frage ... ernsthafte Zweifel bestehen". „An ihrer Klärung muß zudem ein über den Einzelfall hinausgehendes Interesse bestehen".[41] – „Zur Durchsetzung der in § 90 Abs. 1 genannten Rechte" ist die Annahme „angezeigt" (§ 93a II lit. b) BVerfGG), „wenn die geltend gemachte Verletzung von Grundrechten oder grundrechtsgleichen Rechten besonderes Gewicht hat oder den Beschwerdeführer in existentieller Weise betrifft".[42]

Nach diesen Maßstäben können entgegen der üblichen Praxis streng genommen auch in der *Fallbearbeitung* die wahren Erfolgsaussichten nur beurteilt werden, wenn untersucht wurde, ob eine für zulässig befundene Verfassungsbeschwerde als annahmefähig angesehen werden kann (= regelmäßiger Auslassungsfehler, s. Rn. 499).

V. Begründetheit der Verfassungsbeschwerde

Manche Bearbeitungen werden fehlerhaft, weil sie den in Rn. 502 f. abgesteckten *Rahmen einer zulässigen Verfassungsbeschwerde* verlassen. So dürfen Grundrechte, die der Beschwerdeführer nicht *benannt* hat, nicht geprüft werden (str.[43]). Die Darstellung darf sich außerdem nicht in Ausführungen verlieren, die nur für eine *„Superrevisionsinstanz"* Bedeutung hätten (Rn. 503).

509

Im *Ausgangsfall* dürfte im Rahmen der Verfassungsbeschwerde gegen die ordnungsbehördliche Verfügung nach Erschöpfung des Rechtsweges und bei Vorliegen der Annahmevoraussetzungen nicht geprüft werden, ob *X* gegen das Gesetz verstoßen hat, die Vorinstanzen also richtig subsumiert haben.

---

[39] BVerfGE 90, 22 (26).
[40] S. etwa *BVerfG (Kammer)* NVwZ 1998, 1286; NJW 2001, 1482 (1483).
[41] BVerfGE 90, 22 (25).
[42] BVerfGE 90, 22 (25).
[43] S. *Hillgruber/Goos*, Verfassungsprozessrecht, Rn. 256 f.

§ 34. Grundrechtliche Ansprüche auf Schutz, Teilhabe und staatliche Leistung?

Ausgangsfälle:

510 **(1)** Die private Ersatzschule P muss in absehbarer Zeit ihren Unterricht einstellen, weil sie einen ihrer Gesellschafter hat auszahlen müssen und daher über keine liquiden Mittel mehr verfügt, anstehende Erhöhungen der Personalkosten aufzufangen. Unter Berufung auf Art. 7 IV 1 GG verlangt sie vom Staat eine Erhöhung der Subventionen, die sie auch erhält. Zu Recht?[1]

(2) Obgleich im Studienfach Humanmedizin an deutschen Hochschulen für ca. 43.000 Bewerber lediglich ca. 9.000 Studienplätze zur Verfügung stehen, weiten die Bundesländer die Zahl der Studienplätze nicht signifikant aus. Ist dieser Zustand mit dem Recht der Abiturienten vereinbar, ihre Ausbildungsstätte frei zu wählen (Art. 12 I GG), und sind Länder und Hochschulen in der Gestaltung des Auswahlverfahrens frei?[2]

(3) Nach § 1906 BGB aF war eine ärztliche Behandlung gegen den natürlichen Willen von Betreuten, denen schwerwiegende gesundheitliche Beeinträchtigungen drohten, die aber die Notwendigkeit der erforderlichen ärztlichen Maßnahme nicht erkannten oder nicht nach dieser Einsicht handeln konnten, unter keinen Umständen möglich, sofern sie nicht geschlossen untergebracht werden konnten. Entsprach diese Rechtslage dem Verfassungsrecht?[3]

511 Hier geht es um Fälle, in denen die Grundrechte in ihrer klassischen liberalstaatlichen Funktion als *Abwehr*rechte gegen staatliche *Eingriffe* unergiebig sind.

Im Zusammenhang mit den *Ausgangsfällen 1 u. 2* würde Art. 7 IV GG insoweit nur besagen, dass der Staat die privaten Ersatzschulen nicht durch *Eingriffe* beseitigen dürfte, und Art. 12 I GG, dass der Staat den Zugang zu *vorhandenen* Ausbildungsplätzen nicht einschränken könnte, solange dort *freie* Studienplätze bereitstehen. Im *Ausgangsfall 3* stellte eine – nach § 1906 BGB aF nicht zulässige – Behandlung zwar *selbst* einen Eingriff in das Grundrecht aus Art. 2 II 1 (sowie Art. 2 I iVm Art. 1 I GG) dar (dazu Rn. 520 ff.); verfassungsrechtliche Zweifel ergaben sich jedoch aufgrund der Schutzbedürftigkeit der Betreuten gerade aus ihrem *Ausbleiben*.

Entscheidend ist in allen Fällen, ob die Grundrechte – über ihre Abwehrfunktion hinaus – auch Ansprüche auf staatliches *Handeln* und/oder auf *Teilhabe* an staatlichen Leistungen, die das dem Grundrechtsträger aus *eigener* Kraft Mögliche *abstützen* (*Ausgangsfall 1*) oder *erweitern* (*Ausgangsfall 2*), sowie auf *Schutz*[4] gegenüber Dritten oder gar sich selbst (*Ausgangsfall 3*) vermitteln. Diese Frage beschäftigt die Grundrechtstheorie seit Jahrzehnten.[5] Auch in der Rechtsprechung des BVerfG

---

[1] Ähnliche Fälle in BVerwGE 27, 360; 23, 347; Parallelfälle zu Art. 5 III GG in *BVerwG* NJW 1980, 718; *VGH Mannheim* NJW 2004, 624.

[2] *BVerfG* NJW 2018, 361 m. Anm. *Hufen*, JuS 2018, 305; s. aus den 1970er Jahren die N. c.-Urteile BVerfGE 33, 303; 43, 291; s. a. BVerfGE 66, 155 (179); 85, 36 (54, 56 ff.).

[3] S. BVerfGE 142, 313 m. Anm. *Sachs*, JuS 2016, 1147; s. a. E 128, 282 (317 ff.). Fall zu § 90a HGB aF in Anlehnung an BVerfGE 81, 242 in der 14. Aufl.; vgl. a. *BVerfG (Kammer)* NJW 2006, 596.

[4] Zum Schutzanspruch gegen Drittgenehmigungen (Baugenehmigung) s. insoweit bereits Rn. 192 ff.

[5] S. schon *W. Martens* (zurückhaltend) u. *Häberle* (für „grundrechtssichernde Geltungsfortbildung"), VVDStRL 30 (1972), 7 ff.; s. a. *Böckenförde*, NJW 1974, 1535 ff.; *Breuer*, FG 25 Jahre BVerwG, 1978, S. 89 ff.; *Pietzcker*, Drittwirkung – Schutzpflicht – Eingriff, FS Dürig, 1990, S. 345; *P. Unruh*, Zur Dogmatik der grundrechtlichen Schutzpflichten, 1996; *Krings*, Grund und Grenzen grundrechtlicher Schutzansprüche, 2003; *Voßkuhle/Kaiser*, JuS 2011, 411.

§ 34. Grundrechtliche Ansprüche auf Schutz, Teilhabe und staatliche Leistung?

finden sich entsprechende Ansätze. Wiederum ist zwischen Freiheits- (Rn. 512 ff.) und Gleichheitsgrundrechten (Rn. 517 ff.) zu unterscheiden. Etwa vorhandene Ansprüche finden regelmäßig in den Grundrechten anderer Grundrechtsträger (teilweise auch in eigenen Grundrechten, s. *Ausgangsfall 3*) oder darin ihre Grenze, dass der Staat mit seinen knappen finanziellen Mitteln auch andere Staatsaufgaben zu erledigen hat (Rn. 520 ff.).

I. Ansprüche aus Freiheitsgrundrechten

1. Schutzanspruch aus Art. 1 I 2 GG

Nach der positivrechtlichen Regelung in Art. 1 I 2 GG muss der Staat jedenfalls *zum Schutz der Menschenwürde* handeln. Das gilt im Rahmen aller Grundrechte, *soweit* sie Ausdruck der Menschenwürde iSd Art. 1 I GG sind.[6]   512

Entsprechend haben die Urteile des *BVerfG* zu § 218 StGB[7] aus Art. 2 II 1 iVm Art. 1 I GG die Verpflichtung des Gesetzgebers hergeleitet, das ungeborene Kind zu schützen. Hinzu treten weitere Urteile zum Lebens- und Gesundheitsschutz nach Art. 2 II 1 GG iVm Art. 1 I GG.[8] Im Rahmen von Art. 2 I GG wird die „engere" Persönlichkeitssphäre vom Schutzanspruch aus Art. 1 I 2 GG erfasst.[9] Das Betreiben einer privaten Ersatzschule (*Ausgangsfall 1*) und eine Hochschulausbildung (*Ausgangsfall 2*) sind hingegen keine Essentials der Menschenwürde im Sinne von Art. 1 I GG; ebenso wenig kann die Menschenwürde regelmäßig die Durchführung einer ärztlichen Behandlung (*Ausgangsfall 3*) gebieten.

2. Konstruktion über die objektivrechtliche Seite der Grundrechte

Wird Art. 1 I GG nicht angewendet, konstruiert das *BVerfG* in Einzelfällen[10] Teilhabe- und Leistungsansprüche sowie auch Schutzansprüche[11] über die bereits skizzierte (Rn. 484 ff.) objektivrechtliche Seite der Grundrechte: Wenn das Grundgesetz die   513

---

[6] Zum Zusammenspiel des Art. 1 mit den anderen Grundrechten s. Maunz/Dürig/*Herdegen*, GG, Art. 1 I Rn. 26; zur Menschenwürde allgemein *Hufen*, JuS 2010, 1; zum Schutz der Menschenwürde im unionsrechtlichen Kontext s. Rn. 717d.

[7] BVerfGE 88, 203 (LS 1); 39, 1 (LS 1).

[8] BVerfGE 115, 320 (346 f.) – Rasterfahndung; 79, 174 (201) – Lärmschutz; 49, 24 (53); 46, 160 (164) – Schleyer-Entführung; BVerwGE 109, 28 (38) – Sommersmog; *BVerfG*, NJW 2015, 150 m. Anm. *Sachs*, JuS 2015, 376 – Anspruch auf Strafverfolgung; NJW-RR 2016, 193 (194) – ärztliche Sicherungs- u. Zwangsmaßnahmen; s. a. *BVerfG* NVwZ 2013, 1006 (1008 f.) – presserechtlicher Auskunftsanspruch; NVwZ 2010, 702 mit Klausur *von Weschpfennig*, JuS 2011, 61 – kernphysikalische Experimente.

[9] S. zB BVerfGE 99, 185 (195); 97, 125 (146); 73, 118 (201). Zum Recht auf Kenntnis der Abstammung *BVerfG* NJW 2016, 1939 (1940 ff.) m. Anm. *Wellenhofer*, JuS 2016, 1032; BVerfGE 117, 202 (225 ff.); 96, 56 (63 ff.); 90, 263 (270 ff.); 79, 256 (268 ff.).

[10] Noch tastend BVerfGE 33, 303 (329 ff., 333) – n. c.; klar dann E 87, 1 (35) – Kindererziehungszeiten in der Rentenversicherung; 35, 79 (114 ff.) – Hochschulurteil; 39, 1 (41); 49, 89 (141 f.); 123, 148 (178) – finanzielle Förderung von Religionsgemeinschaften; 136, 338 (362 ff. Rn. 55 ff.) – Hochschulorganisation; *BVerfG (Kammer)* NVwZ 2015, 1370 (1373 ff.); NVwZ 2016, 675 (676, 678) – Akkreditierung von Hochschulstudiengängen; s. a. *BVerwG* NVwZ 2016, 1113 (1115) – Zulassung zur Promotion.

[11] S. *BVerfG* NJW 2017, 53 (55 ff.) m. Anm. *Sachs*, JuS 2016, 1147 zu Art. 2 II 1 GG; NVwZ 2016, 675 (676, 678) zu Art. 5 III 1 GG; E 125, 39 (77 ff.) zu Art. 4 I, II GG iVm Art. 139 WV; E 141, 1 (33 f.) zu Art. 2 I GG; E 114, 1 (37); 92, 26 (46) u. 81, 242 (256) zu Art. 12 I GG; E 89, 214 (231 ff.); 53, 30 (57 ff.) zu atomrechtlichen Genehmigungsverfahren; E 49, 89 (140 ff.); *BVerfG (Kammer)* NJW 1998, 3261 (3265) zu Art. 14 I GG. S. a. *Voßkuhle/Kaiser*, JuS 2011, 411 (412).

Existenz bestimmter grundrechtlich genannter Handlungen und Rechtsgüter als ordnungspolitisch erwünscht und wertvoll anerkannt hat, müssen die staatlichen Organe im Rahmen ihrer Zuständigkeit dafür sorgen, dass diese Existenz möglich ist.

Wegen der angedeuteten (Rn. 485) konstitutiven Bedeutung der Meinungsfreiheit für das Funktionieren der Demokratie kann der Staat so zB verpflichtet sein, Gefahren abzuwehren, die einem freien Pressewesen aus der Bildung von Meinungsmonopolen erwachsen.[12] Sieht man in Art. 7 IV 1 GG eine Entscheidung objektiven Rechts zugunsten der privaten Ersatzschule als Alternative zur staatlichen Schule,[13] kommt im *Ausgangsfall 1* die Verpflichtung des Staates in Betracht, private Ersatzschulen gegen eine Existenzgefährdung abzusichern. Sähe man in Art. 12 I GG eine objektivrechtliche Verfassungsentscheidung zugunsten einer optimalen Ausbildung, müsste der Staat diese Entscheidung in die Verfassungswirklichkeit umsetzen und im *Ausgangsfall 2* ausreichende Ausbildungskapazitäten schaffen.[14] Nach BVerfGE 142, 313 verpflichtet die in Art. 2 II 1 GG enthaltene objektive Wertentscheidung den Gesetzgeber, hilfsbedürftigen Menschen in der im *Ausgangsfall 3* beschriebenen Situation notfalls auch gegen ihren natürlichen Willen Schutz durch ärztliche Versorgung zu gewähren.

514 Auch hier kann der Einstieg über die objektive Ordnung indessen wieder (s. schon Rn. 489 f.) mit dem Problem belastet sein, dass dem Einfluss subjektiver Wertungen des Verfassungsinterpreten Tür und Tor geöffnet ist.

So fragt sich im *Ausgangsfall 1* etwa, wie die objektivrechtliche Entscheidung zugunsten der privaten Ersatzschule *im Einzelnen* aussieht. Liegt eine institutionelle Garantie vor, kann den Staat von vornherein keine Verpflichtung zur spezifischen Unterstützung einer *einzelnen* Schule treffen, solange nicht das Gros aller privaten Ersatzschulen und erst damit die *Institution als solche* in der Existenz bedroht wird.[15] Ist hingegen der *überkommene Bestand* an privaten Ersatzschulen garantiert, kommt eine Subventionsverpflichtung in Betracht, ist aber von der Frage abhängig, welche finanzielle *Eigen*kraft Art. 7 IV GG dem Träger einer *privaten* (!) Ersatzschule abverlangt.[16]

Wie stets, wenn es um *Wertungen* geht (s. Rn. 99, 465, 569 f.), ist auch jetzt die *staatliche Kompetenzordnung* zu beachten. Auf dieser Linie entscheidet die Verwaltung (*Ausgangsfall 1*) kraft ihres Ermessens oder der Gesetzgeber (*Ausgangsfälle 2 und 3*) kraft seiner Wertungszuständigkeit, was die objektive Grundrechtsordnung im Einzelnen gebietet. Grundrechts*widrig* ist die Entscheidung erst dann, wenn sie die Grundrechtsordnung *evident* missachtet.[17]

515 Besteht eine (objektivrechtliche) Verpflichtung des Staats (= „Verfassungsauftrag") zum Handeln, ist weiterhin problematisch, ob dem ein *(klagbares) subjektives Recht* des einzelnen Grundrechtsträgers auf Leistung, Teilhabe oder Schutz korrespondiert. Anders als bei der Abwehrfunktion der Grundrechte gegen staatliche Eingriffe (Rn. 486) hält das *BVerfG* eine solche Entsprechung hier wohl nicht für vorgegeben, von Fall zu Fall aber für möglich.[18]

3. Sozialstaatliche Neuinterpretation der Grundrechte

516 Schließlich besteht die Möglichkeit, die Grundrechte (ohne den Umweg über ihre objektivrechtliche Seite) *sozialstaatlich (neu)* zu interpretieren. In diesem Sinne sind

---

[12] BVerfGE 20, 162 (176).
[13] So BVerfGE 112, 74 (83); 90, 107 (114); 75, 40 (61); 27, 195 (201).
[14] Offengelassen in BVerfGE 33, 303 (333); im Erg. verneint in *BVerfG* NJW 2018, 361 (363) m. Anm. *Hufen*, JuS 2018, 305.
[15] So BVerwGE 79, 154 (158); BVerfGE 112, 74 (84); 90, 107 (117); 75, 40 (67).
[16] Einzelheiten in BVerwGE 27, 360 (365 f.); in der Sache aufgegeben in E 79, 154.
[17] S. *BVerfG (Kammer)* NJW 1998, 3264 (3265).
[18] So in BVerfGE 125, 39 (73 ff.); E 123, 148 (183); 99, 185 (195); 43, 291 (314); 35, 79 (116); 33, 303 (332 f.).

§ 34. Grundrechtliche Ansprüche auf Schutz, Teilhabe und staatliche Leistung?

die Grundrechte nicht (nur) liberalstaatliche *(rechtliche)* Ausgrenzungen, sondern *reale* Freiheitsgewährleistungen. Die faktischen Voraussetzungen realer Freiheitsbetätigungen sind heute weitgehend nicht mehr gegeben, wenn der Sozialstaat sie nicht durch seine Sozialleistungen und Maßnahmen der Daseinsvorsorge ersetzt. Dem kann ein grundrechtlicher Anspruch auf diese Leistungen entsprechen.[19] Im *Ausgangsfall 2* könnte auch auf dieser Grundlage (im Rahmen von nachfolgend Rn. 520 ff.) ein Anspruch auf Ausweitung der Hochschulkapazitäten erwogen werden.[20] Dass auch hier wieder ein Einfallstor für subjektive Wertvorstellungen des Verfassungsinterpreten besteht, liegt auf der Hand.

II. Ansprüche aus dem Gleichheitsgrundsatz

Ansprüche auf Leistung und Teilhabe können im Gleichheitsgrundsatz (Art. 3 I GG) ihren Ansatz finden, wenn dem Grundrechtsträger eine Leistung, Teilhabe oder Schutz vorenthalten wird, die der Staat *anderen* Bürgern gewährt. 517

Im *Ausgangsfall 2* (Rn. 510)[21] könnte eine Verpflichtung der Länder, die Kapazitäten zu erweitern, auch deshalb erwogen werden, weil die abgewiesenen Studienbewerber gegenüber den Inhabern der Studienplätze gleichheitswidrig diskriminiert sein könnten. Im *Ausgangsfall 3* kann sich ein Gleichheitsverstoß (Art. 3 I, ggf. Art. 3 III 2 GG) daraus ergeben, dass eine Möglichkeit der Zwangsbehandlung nur für *untergebrachte* nicht entscheidungsfähige Personen vorgesehen war.

Trotz bestehender Gleichheiten gestattet es der Gleichheitsgrundsatz indessen, auf gleichzeitig bestehende Ungleichheiten abzustellen, wenn dafür ein sachlich einleuchtender Grund von hinreichendem Gewicht vorhanden ist (Rn. 491 ff.). Schon deshalb scheitert in den meisten Fällen ein Gleichheitsanspruch auf Leistung und Teilhabe. 518

Im *Ausgangsfall 2* haben zwar alle Studienbewerber die *Hochschulreife* (= gleiches Element). Der Notendurchschnitt der Abiturzeugnisse ist aber ungleich. Daher ist man auch im *Ausgangsfall 2* zunächst geneigt anzunehmen, unter Gleichheitsgesichtspunkten sei es *nicht* sachwidrig, wenn Studienkapazitäten nur für die Abiturienten mit gutem Notendurchschnitt zur Verfügung gestellt würden.

Aber auf bestehende Unterschiede darf insoweit nicht abgestellt werden, als sie nach Wertungen des GG irrelevant sind (s. Rn. 493). Solche Wertungen finden sich gerade in der objektivrechtlichen Seite der Freiheitsgrundrechte. An sie ist daher typischerweise auch die Argumentation im Rahmen der Gleichheitsprüfung entscheidend rückgekoppelt.[22] 519

---

[19] Zu einem verfassungsunmittelbaren Anspruch auf Krankenversorgung aus Art. 2 I iVm Art. 20 I, 28 I 1 u. Art. 2 II 1 GG BVerfGE 115, 25 (41 ff.); *BVerfG* NJW 2017, 2096 (2097 f.); zum Anspruch auf Gewährleistung eines menschenwürdigen Existenzminimums aus Art. 1 I iVm Art. 20 I GG BVerfGE 125, 175 (222 ff.); Klausurfall bei *Windthorst*, JuS 2012, 826. Grundlegend *Häberle*, VVDStRL 30, 69 ff.; kritisch W. *Martens*, VVDStRL 30, 28 ff.; *Böckenförde*, NJW 1974, 1535 ff., 1538. S. a. BVerwGE 134, 1 (7 ff.); 115, 32 (36 f.); 102, 142 (146 f.).

[20] Andeutungen in dieser Richtung in BVerfGE 33, 303 (331 f.); beschränkt auf die Frage der Ausgestaltung der Zulassungsregeln *BVerfG* NJW 2018, 361 (362 f., 365) m. Anm. *Hufen*, JuS 2018, 305.

[21] S. im Ansatz *BVerfG* NJW 2018, 361 (362 f.); weitere Beispiele in BVerwGE 55, 349; und Rn. 794.

[22] Exemplarisch BVerfGE 87, 1 (36 f.) – Kindererziehungszeiten in der Rentenversicherung.

Zum *Ausgangsfall 2* besagt die in Art. 12 I GG enthaltene objektivrechtliche Entscheidung, dass *jeder,* der zum Hochschulstudium in der Lage ist (Abitur = Hochschul*reife*), studieren kann (in den Grenzen von nachfolgend Rn. 520 ff.). Das Abhängigmachen der Kapazitäten von der Abitur*note* würde gegen diese (Wert-)Entscheidung verstoßen. Damit prägt primär die Hochschulreife (= *gleiches* Element) die Vergleichstatbestände, so dass auch Art. 3 I GG auf eine Ausweitung der Kapazität drängen könnte.[23]

III. Anspruchsschranken

520 Bei allen angedeuteten Ansätzen ist die Verpflichtung des Staates zur Gewährung von Leistung, Teilhabe oder Schutz indessen nicht *absolut.* Auch jetzt finden die Grundrechte über den *Gesetzesvorbehalt* und in *anderen Normen der Verfassung* ihre Schranken.

Der verfassungskräftige Schutzanspruch des ungeborenen Kindes gegen Abtreibung findet seine Schranke im Grundrecht der Mutter auf freie Entfaltung ihrer Persönlichkeit.[24] In den *Ausgangsfällen 1 u. 2* (Rn. 510) stößt die Verpflichtung des Staates, für die Erhaltung von privaten Ersatzschulen zu sorgen und dem n. c. entgegenzuwirken, auf die Pflicht, mit den knappen staatlichen Finanzmitteln auch alle anderen Staatsaufgaben wahrnehmen zu müssen.[25] Im *Ausgangsfall 3* stehen der (eine Zwangsbehandlung stützenden) objektivrechtlichen Dimension des Art. 2 II GG die *Abwehrfunktion* dieses Grundrechts sowie des allg. Persönlichkeitsrechts des *Betreuten* aus Art. 2 I iVm Art. 1 I GG gegenüber.[26]

521 Es bestehen also *Zielkonflikte.* Wie sie zu lösen sind, entscheiden *grundsätzlich* wiederum (s. Rn. 514) die dafür *zuständigen* staatlichen Instanzen nach *ihrer* politischen Wertung, *nicht* das *BVerfG* und auch nicht die Fallbearbeiter.[27] Dabei sind hinsichtlich der Verantwortungsverteilung zwischen Legislative und Exekutive besonders die Anforderungen des Gesetzesvorbehalts zu beachten.[28]

522 Wegen der Zielkonflikte kann ein Grundrecht in der Regel nur bewirken, dass die staatlichen Organe den grundrechtlichen Anspruch auf Teilhabe, Leistung oder Schutz in ihre Überlegungen mit *einzubeziehen* haben. Dieser lenkt also die *Methodik* der *Entscheidungsfindung.*[29] Lediglich in Ausnahmefällen ist der Staat verpflichtet, dem Grundrechtsanspruch gegenüber kollidierenden Aspekten im Entscheidungs*ergebnis* den Vorzug zu geben, so zulasten anderer Grundrechtsträger bei Verstößen gegen den *Grundsatz der Verhältnismäßigkeit.*[30] Die kollidierenden Belange von Verfassungsrang können dann wiederum die Gestaltung der *materiellen und verfahrensrechtlichen Voraussetzungen* des Anspruchs prägen.

Die unterschiedlichen Darlegungen der Mehrheit und der überstimmten Minderheit des *1. Senats des BVerfG* in den § 218-Urteilen[31] zeigen, wie schwierig die Beurteilung sein kann, ob ein

---

[23] *BVerfG* NJW 2018, 361 (362 ff.); BVerfGE 43, 291 (345); 33, 303 (331) ziehen Art. 3 I GG nur heran, um den Anspruch der Abiturienten auf Teilhabe an *vorhandenen Kapazitäten* zu begründen; ebenso BVerwGE 134, 1 (7 ff.); 115, 32 (36 f.); 102, 142 (146 f.).
[24] BVerfGE 88, 203 (254); 39, 1 (42).
[25] *BVerfG* NJW 2018, 361 (363) unter Verweis auf *EGMR* NVwZ 2014, 929 (930) – Tarantino ua/Italien; BVerfGE 112, 74 (84 f.); 90, 107 (116); 75, 40 (68); 33, 303 (335).
[26] BVerfGE 142, 313 (339 ff. Rn. 74 ff.).
[27] BVerfGE 112, 74 (84 f.) – Ersatzschulen; 96, 330 (340) – Ausbildungsförderung; 87, 1 (35 f.); 83, 130 (142); 81, 242 (255, 261); 46, 160 (164); 39, 44; 33, 303 (333 f.); 27, 253 (283); BVerwGE 109, 29 (38) – Sommersmog.
[28] S. insbes. *BVerfG* NJW 2018, 361 (364).
[29] Näheres zu einer solchen Konstellation in Rn. 432 ff.
[30] Dazu etwa BVerfGE 115, 320 (358 f.); Einzelheiten zur Überprüfung in Rn. 463 ff., 479 ff.
[31] BVerfGE 88, 203 (254 ff. einerseits, 338 ff. andererseits); 39, 1 (44 ff. einerseits, 73 ff. andererseits).

solcher Ausnahmefall vorliegt oder nicht. Im *Ausgangsfall 1* ist kein (absoluter) Subventionsanspruch gegeben, solange die privaten Ersatzschulen nicht auf breiter Front in existenzgefährdende Schwierigkeiten geraten.[32] Im *Ausgangsfall 2* hat das BVerfG einen Anspruch auf Schaffung weiterer Studienplätze verneint. Solange nicht genügend Studienplätze für alle Bewerber geschaffen werden können (Rn. 520), muss allerdings das *Vergabeverfahren* dem grundrechtlichen Teilhaberecht aus Art. 12 I iVm Art. 3 I GG genügen: primäre Orientierung am Kriterium der Eignung (Maßgeblichkeit nicht nur der Abiturnote), Regelung der für die Vergabe knapper Studienplätze wesentlichen Fragen durch den Gesetzgeber.[33] Im *Ausgangsfall 3* erforderte die besondere Hilfs- und Schutzbedürftigkeit der Betreuten eine gesetzliche Regelung zu ihrem Schutz, deren Ausgestaltung auch den kollidierenden Grundrechten gerecht werden musste (s. § 1906a BGB nF).[34]

§ 35. Besonderheiten bei wichtigen Einzelgrundrechten

I. Art. 12 I GG

Ausgangsfälle:[1]

(1) Für den Straßenbau wird ein Geschäftsgrundstück enteignet. Geschäftsinhaberin *E* fühlt sich zu alt, um ihr Geschäft (mithilfe der Enteignungsentschädigung) an anderer Stelle neu aufbauen zu können. Sie befürchtet den „Pensionärstod". Kann *E* die Enteignung unter Berufung auf Art. 12 I GG mit Erfolg anfechten? 523

(2) Gemäß §§ 1 I, 6, 7, 45 III HwO kann ein zulassungspflichtiges Handwerk wie das Klempnerhandwerk *selbständig* nur betreiben, wer (von Ausnahmen abgesehen) eine *Meister*prüfung abgelegt und in ihr auch betriebswirtschaftliche und kaufmännische Kenntnisse nachgewiesen hat. Klempnergeselle *G* möchte einen eigenen Betrieb eröffnen, scheitert in der Meisterprüfung aber an den betriebswirtschaftlichen und kaufmännischen Prüfungsanforderungen. Ist die HwO in diesen Anforderungen mit Art. 12 I GG vereinbar?

1. Schutzbereich des Art. 12 I GG

a) „Unter **Beruf** ist jede auf Erwerb gerichtete Tätigkeit zu verstehen, die auf Dauer angelegt ist und der Schaffung und Aufrechterhaltung einer Lebensgrundlage dient."[2] Dabei gehört zur Berufsfreiheit „nicht nur die berufliche Praxis selbst, sondern auch jede Tätigkeit, die mit der Berufsfreiheit zusammenhängt und dieser 524

---

[32] BVerfGE 112, 74 (84); 75, 40 (68).
[33] *BVerfG* NJW 2018, 361.
[34] BVerfGE 142, 313 (342 ff. Rn. 82 ff.).
[1] Weitere Klausurfälle bei *Rast*, JuS 2017, 229; *Goerlich/Zimmermann*, JuS 2017, 446; *Krämer-Hoppe*, JuS 2017, 846; *Wrase*, JuS 2015, 926; *Kube*, JuS 2014, 726; *Frenzel*, JuS 2014, 1014; *Goldhammer/Hofmann*, JuS 2013, 704; *Lüdemann/Hermstrüwer*, JuS 2012, 57; *Streinz/Herrmann/Kruis*, JuS 2011, 1106; umfassend zu Art. 12 I GG *Nolte/Tams*, JuS 2006, 31, 131, 218; s.a. *Mann/Worthmann*, JuS 2013, 385.
[2] St. Rspr.; s. zB BVerfGE 102, 197 (212). Ob *rechtswidriges* berufliches Tun von Art. 12 I GG erfasst wird, ließ BVerfGE 98, 265 (297) – Schwangerschaftsabbruch, im Grundsatz offen. Maßgeblich können aber normenhierarchisch lediglich grundgesetzliche Wertungen sein; s. a. BVerfGE 115, 276 (300 f.); *Hufen*, Staatsrecht II Grundrechte, § 35 Rn. 7 f.

dient".³ Ob die Berufsfreiheit *thematisch* einschlägig ist, lässt sich deshalb in der Regel eindeutig entscheiden, so auch in den *Ausgangsfällen*.

> **Merke:** Das *BVerfG*⁴ hat den im Gesetzeswortlaut *personalen* Ansatz des Art. 12 I GG (*Berufs*freiheit) zu der *allgemeinen*, auch *juristischen* Personen zugänglichen (s. Art. 19 III GG) „Freiheit, eine Erwerbszwecken dienende Tätigkeit, insbesondere ein Gewerbe zu betreiben", fortentwickelt. Damit ist die in der Fallbearbeitung häufig relevante *„Wirtschaftsfreiheit"* heute in der lex specialis des Art. 12 I GG angesiedelt.⁵ Auf Art. 2 I GG darf daher nur zurückgegriffen werden, wenn Art. 12 I GG *tatbestandlich* nicht einschlägig ist⁶ (Beispiel: *gelegentliches* wirtschaftliches Handeln).

525 b) In seinem **funktionalen Schutzbereich** (Rn. 448) kommt Art. 12 I GG „in aller Regel als Maßstabsnorm nur für solche Bestimmungen in Betracht, die sich gerade auf die berufliche Betätigung beziehen und diese unmittelbar zum Gegenstand haben".⁷ *Zusätzlich* sind an Art. 12 I GG nach seinem Schutzzweck aber auch Vorschriften zu messen, die „infolge ihrer Gestaltung in einem engen Zusammenhang mit der Ausübung eines Berufs stehen und – objektiv – eine berufsregelnde Tendenz deutlich erkennen lassen".⁸

Im *Ausgangsfall 1* haben die einschlägigen Enteignungsnormen keinen irgendwie berufsregelnden Charakter. Es geht *ausschließlich* um die Inanspruchnahme des *Grundstücks*. Der (funktionale) Schutzbereich des Art. 12 I GG ist der *E* also nicht eröffnet.⁹ (Ebensowenig eröffnet das Stichwort „Pensionärstod" der *E* den funktionalen Schutzbereich des Art. 2 II 1 GG.) – Im *Ausgangsfall 2* ist Art. 12 I GG auch funktional gesehen ohne Weiteres einschlägig.

526 > **Merke:** Bei unternehmerischer wirtschaftlicher Betätigung tritt neben Art. 12 I GG regelmäßig auch Art. 14 I GG ins Blickfeld. Nach BVerfGE 30, 292 (335) gibt es in der *Konkurrenz*¹⁰ zwischen Art. 12 I GG und Art. 14 I GG Fälle, in denen vom funktionalen Schutzbereich her *nur* Art. 12 I GG oder *nur* Art. 14 GG Anwendung findet: „Greift ... ein Akt der öffentlichen Gewalt eher in die Freiheit der ... Erwerbs- und Leistungstätigkeit ein, so ist der Schutzbereich des Art. 12 Abs. 1 GG berührt; begrenzt er mehr die Innehabung und Verwendung vorhandener Vermögensgüter, so kommt der Schutz des Art. 14 GG in Betracht." In der Praxis lässt das *BVerfG* die Einzelabgrenzung aber regel-

---

³ BVerfGE 94, 372 (389) – Außendarstellung, geschäftliche und berufliche Werbung.
⁴ BVerfGE 102, 197 (213); 97, 228 (253); 50, 290 (363); 30, 292 (312); 22, 380 (383); 21, 261 (266).
⁵ Zur ursprünglichen Verortung in der lex generalis des Art. 2 I GG durch die Literatur und das BVerwG s. etwa BVerwGE 65, 167 (174); 60, 154 (158); offen gelassen in E 71, 183 (189); differenzierend *Friehe*, JuS 1981, 868.
⁶ Methodik in BVerfGE 98, 218 (258 f.).
⁷ BVerfGE 13, 181 (185).
⁸ So BVerfGE 37, 1 (17); 13, 181 (185 f.); s. a. E 98, 218 (258); 97, 228 (254); 95, 267 (302); 82, 209 (233 f.); 75, 108 (153 f.); 46, 120 (137 f.); BVerwGE 87, 37 (42); 65, 167 (173); Hausarbeit bei *Ogorek*, JuS 2013, 811.
⁹ Vergleichbare Konstellationen in BVerfGE 52, 42 (53); 21, 73 (85); 15, 235 (239); 10, 354 (362 f.). – Art. 12 I GG schützt seiner Funktion nach ferner nicht gegen staatliche Konzessionierung eines neuen Konkurrenten: BVerwGE 65, 167 (173); 10, 122 (123); BVerfGE 34, 252 (256); Hinzutreten des Staates als Konkurrent: BVerwGE 39, 329 (336 f.); BVerfGE 24, 236 (251); Rechtschreibreform mit Belastungen für Schulbuchverlage: BVerfGE 98, 218 (258 f.); marktbezogene Informationen des Staates: BVerfGE 105, 252 (265 ff.) mit Eingrenzungen; Arzneimittel-Festbeträge in der gesetzlichen Krankenversicherung mit Marktauswirkungen für die Arzneimittelhersteller: BVerfGE 106, 275 (298 ff.). S. a. schon Rn. 448.
¹⁰ Allgemein zu Normenkonkurrenz und Normenkollision *Barczak*, JuS 2015, 969.

> mäßig dahinstehen,[11] sobald beide Ansätze zum gleichen Ergebnis führen. Außerdem können beide Grundrechte auch nebeneinander anwendbar sein.[12]
> Der *Zugang zum öffentlichen Dienst* wird durch die *lex specialis* des Art. 33 II GG (Rn. 495 f., 572 f.) vermittelt, wobei der Zugang nur insoweit offensteht, als die öffentlichrechtliche Körperschaft kraft ihrer Organisationsgewalt Stellen zur Verfügung stellt.[13] Auf den Zugang zu einem „staatlich gebundenen Beruf" (zB zum Notariat) findet Art. 12 I GG zwar Anwendung, aber auch nur nach Maßgabe der staatlichen Organisationsgewalt und in Anlehnung an die für den öffentlichen Dienst geltenden Grundsätze.[14]

2. Berufswahl oder Berufsausübung?

Nach dem Wortlaut von Art. 12 I 2 GG steht die Berufs*ausübung* unter einem Gesetzesvorbehalt, die Berufs*wahl* aber nicht. Dies legt es in der Fallbearbeitung nahe, zunächst zu bestimmen, ob die öffentliche Hand in die Berufs*wahl* eingreift oder „nur" die Berufs*ausübung* regelt. 527

Im *Ausgangsfall 2* nahm ein Teil der Bearbeiter an, die HwO regle in den zitierten Bestimmungen die Berufsausübung. Das Handwerk eines Klempners könne G auch ohne die Meisterprüfung – wie bisher im Angestelltenverhältnis – ausüben. Ein anderer Teil der Bearbeiter sah die Berufs*wahl*möglichkeit eingeschränkt, weil G schließlich selbständig habe werden wollen. Diese Begründungen hingen in der Luft, weil sie ihre *Prämissen* nicht offenlegten und nicht diskutierten, wie es in einer *wissenschaftlichen* Fallbearbeitung erforderlich ist:

Entscheidend für die Abgrenzung zwischen Berufswahl und Berufsausübung ist der **Berufsbegriff.** 528

Ist „Beruf" die Tätigkeit als *Handwerker,* wird in der Tat nur die Berufsausübung betroffen. Sind selbständiger und unselbständiger Handwerker *verschiedene* Berufe, greift die HwO mit den genannten Prüfungsvoraussetzungen in die Freiheit der Berufswahl ein.

Der Beruf bestimmt sich zunächst nach den „traditionellen oder sogar rechtlich fixierten Berufsbildern". *Auch untypische Betätigungen*[15] können aber ein eigenständiger Beruf sein, soweit sie nicht „nach der allgemeinen Verkehrsauffassung entsprechend einer natürlichen Betrachtung" (noch) als Ausübung eines *typischen* Berufs erscheinen.[16]

Im *Ausgangsfall 2* ist die selbständige Ausübung des Handwerks „(n)ach der geschichtlich gewordenen Struktur des Handwerkstandes"[17] in der Verkehrsauffassung ein *eigenständiger* Beruf (= Eingriff in die Berufs*wahl*freiheit).

3. Regelung der Berufsausübung

a) Weil die Berufsausübung gem. Art. 12 I 2 GG „durch Gesetz oder auf Grund eines Gesetzes" geregelt wird, ist entsprechend den Ausführungen in Rn. 452 ein Parlamentsgesetz erforderlich („Parlamentsvorbehalt"). 529

---

[11] S. dazu insbes. BVerfGE 50, 290 (361 f.).
[12] BVerfGE 143, 246 (391 f. Rn. 390 f.); 128, 1 (36 ff.); 110, 141 (166 f.); 50, 290 (361 f.); s. a. *Sachs,* Verfassungsrecht II Grundrechte, 3. Aufl. 2017, 24 Rn. 59.
[13] BVerfGE 7, 377 (398).
[14] BVerfGE 110, 304 (321); 80, 257 (263, 265); 73, 280 (292 f., 295).
[15] Grundlegend BVerfGE 16, 147 (163 f.); 13, 97 (106); 7, 377 (397). Zu Einzelanforderungen s. etwa E 77, 84 (105).
[16] BVerfGE 16, 147 (164); zu dieser Einschränkung s. a. E 48, 376 (388).
[17] BVerfGE 13, 97 (105).

530 **b)** Materiellrechtlich gesehen beurteilt sich nach den in Rn. 449 ff. dargestellten Grundsätzen („Grundrechte mit Gesetzesvorbehalt") über den Grundsatz der Verhältnismäßigkeit[18] (Rn. 455 ff.), ob die Berufsausübung verfassungsgemäß geregelt worden ist (s. a. Rn. 535).

Ein Eingehen auf die „Dreistufentheorie" (Rn. 534) ist in diesem Rahmen an sich nicht notwendig, in der praktischen Rechtsanwendung allerdings häufig anzutreffen.

4. Eingriff in die Berufswahl und Wirkungsweise der „Dreistufentheorie"

531 Weil die – im *Ausgangsfall 2* einschlägige – Berufs*wahl*freiheit nach dem Wortlaut von Art. 12 I GG *nicht* unter einem Gesetzesvorbehalt steht, würden sich gesetzliche Einschränkungen an sich nur über die in Rn. 472 ff. dargestellten Grundsätze („ungeschriebene Grundrechtsbegrenzungen") „konstruieren" lassen. Das *Bundesverfassungsgericht* geht aber einen anderen Weg:

532 Im „**Apothekenurteil**"[19] zieht das BVerfG die Freiheit der Berufs*wahl* (Art. 12 I 1 GG) und die Freiheit der Berufs*ausübung* (Art. 12 I 2 GG) zu einem *einheitlichen Grundrecht der „Berufsfreiheit"* zusammen und unterstellt dieses Grundrecht *insgesamt* dem Gesetzesvorbehalt des Art. 12 I 2 GG (= *erster* Bedeutungskomplex des „Apothekenurteils").

533 Damit würden an sich auch Eingriffe in die Berufswahl unmittelbar nach den in Rn. 449 ff. dargestellten Grundsätzen („Grundrechte mit Gesetzesvorbehalt") geprüft werden können. Im *Ausgangsfall 2* käme es „schlicht" darauf an, ob der (intensive) Eingriff in die Freiheit der Berufswahl vor dem „Grundsatz der Verhältnismäßigkeit" (im weiteren Sinne) gerechtfertigt werden könnte.

534 Seit dem „Apothekenurteil" prüft das *BVerfG* den Verhältnismäßigkeitsgrundsatz im Rahmen von Art. 12 I GG indessen in besonderem Gewande:[20] über die „**Dreistufentheorie**" (= *zweiter* Bedeutungskomplex des „Apothekenurteils"). Nach der Dreistufentheorie[21] ist **(1)** die Berufs*ausübung* schon beschränkbar, „soweit vernünftige Erwägungen des Gemeinwohls es zweckmäßig erscheinen lassen" (= Kontext Rn. 530). **(2)** Die Freiheit der Berufs*wahl* ist durch *subjektive* Zulassungsvoraussetzungen einschränkbar „zum Schutz besonders wichtiger (,überragender') Gemeinwohlgüter". **(3)** Einschränkungen der Berufs*wahl* durch *objektive* Zulassungsbedingungen sind nur möglich, wenn „nachweisbare oder höchstwahrscheinliche schwere Gefahren für ein überragend wichtiges Gemeinschaftsgut diesen Eingriff legitimieren können". Insoweit geht es um die „*Proportionalität*" des Grundrechtseingriffs in der Rechtsgüterabwägung. Aber auch die Frage nach einem „*milderen Mittel*" wird im „Apothekenurteil" in die „Dreistufentheorie" integriert: Eine Regelung auf der intensiveren Eingriffsstufe ist nur zulässig, wenn sich auf der vorhergehenden Stufe keine gleich wirksame Regelung treffen lässt.[22]

Nach der Korrekturerfahrung prägen sich die Klausurbearbeiter die „Dreistufentheorie" zumeist *nur* mit den *vorstehend* dargestellten Aussagen des BVerfG ein. Je nachdem, ob die Bearbeiter im *Ausgangsfall 2* einen Eingriff in die Berufs*wahl* oder in die Berufs*ausübung* angenommen hatten (Rn. 527), stellten sie darauf ab, ob „besonders wichtige Gemeinwohlgüter" (Berufswahl, subjektive Zulassungsvoraussetzung) oder ob „einfache" Gründe des

---

[18] S. zB BVerfGE 94, 372 (390 ff.).
[19] BVerfGE 7, 377 (lesen!).
[20] Weitere Entscheidungen zB BVerfGE 77, 84 (105); 76, 171 (191); 75, 246 (267); 70, 1 (28).
[21] BVerfGE 7, 377 (405 ff.); kritisch *J. Ipsen*, JuS 1990, 634.
[22] BVerfGE 7, 377 (408).

§ 35. Besonderheiten bei wichtigen Einzelgrundrechten

Gemeinwohls (Berufsausübung) die genannten Prüfungsvoraussetzungen der HwO rechtfertigen konnten. Unabhängig von der Frage, ob *begrifflich* gesehen die Berufswahl oder die Berufsausübung eingeschränkt wird, ist die materielle *Intensität* der Grundrechtsbetroffenheit indessen gleich: Es handelt sich um einen *besonders* intensiven Eingriff in die Möglichkeiten zum beruflichen Fortkommen. Nach den *allgemeinen* Grundrechtslehren (Rn. 465 ff.) bilden die Zulässigkeitsvoraussetzungen für Grundrechtseingriffe nach dem Grundsatz der Verhältnismäßigkeit eine *gleitende Linie:* Je intensiver der Grundrechtseingriff ist, umso gewichtiger und dringlicher müssen die ihn rechtfertigenden Gemeinwohlgründe sein. Nach diesen Lehren wäre der besonders intensive Eingriff in die Berufsfreiheit im *Ausgangsfall 2* nur zulässig, wenn er durch wichtige Gemeinwohlgüter legitimiert werden könnte. In der angedeuteten Art, wie *Ausgangsfall 2* bearbeitet worden ist, würde die „Dreistufentheorie" von den allgemeinen Grundrechtslehren *abweichen*. Für die Zulässigkeit des Grundrechtseingriffs bestände keine steigende Linie, sondern eine Stufung mit abrupten Übergängen: Was begrifflich als Berufsausübung eingeordnet wird, wäre aus „einfachen" Erwägungen des Gemeinwohls zulässig, auch wenn der Grundrechtseingriff besonders intensiv ist; erst wenn begrifflich ein Eingriff in die Berufs*wahl* vorliegt, wären die angedeuteten hohen Anforderungen an den Grundrechtseingriff zu stellen – *„Begriffsjurisprudenz"* par excellence. Eine genauere Analyse ergibt, dass das *BVerfG* auch im Rahmen der „Dreistufentheorie" die „gleitende Linie" praktiziert.[23]

Die „Dreistufentheorie" ist für das *BVerfG* nur eine Art *grobkörnige „Vorsortierung"* mit *prinzipiellen* Aussagen. In einem zweiten Schritt wendet das BVerfG auf jeder Stufe strikt den **Grundsatz der Verhältnismäßigkeit** an.[24] Je nach der Intensität der Grundrechtsbetroffenheit hebt das BVerfG innerhalb der einzelnen Stufe die Anforderungen an das Gewicht und die Dringlichkeit der eingriffslegitimierenden öffentlichen Interessen gleitend an. *Am Ende der jeweils unteren Stufe gehen die Anforderungen gleitend in die Anforderungen über, die nach der „Dreistufentheorie" für die höhere Stufe zu stellen sind.* Gleichzeitig stellt das BVerfG auch die Frage nach dem „milderen Mittel" (zusätzlich) *innerhalb* der einzelnen Stufen. Das alles gilt ohnehin für die Stufe der Berufs*ausübung* (s. Rn. 530), aber auch für die Stufen der *Berufswahl*.[25]

535

Wenn man im *Ausgangsfall 2* (unzutreffend) einen Eingriff (bloß) in die Berufs*ausübung* annimmt, kommt dieser Eingriff wegen der Intensität seiner Auswirkungen auf die berufliche Fortentwicklung des Handwerkers einem Eingriff in die Freiheit der Berufswahl jedenfalls nahe.[26] Deshalb sind an seine Zulässigkeit so oder so die gleichen Anforderungen zu stellen wie bei dem (vorliegenden) Eingriff in die Freiheit der Berufs*wahl*. Weil die Prüfungsanforderungen auf die persönliche Qualifikation des Berufsanwärters abstellen, geht es um *subjektive* Zulassungsvoraussetzungen für die Berufswahl. Nach dem BVerfG[27] dient die Meisterprüfung dem Schutz des Handwerks als *Berufsstand* mit spezifischen Funktionen im Wirtschaftsleben und mit seiner geschlossenen Stellung im sozialen Gefüge (Mittelstand). Von hierher kann man die Erhaltung des selbständigen Handwerks als ein „besonders wichtiges Gemeinschaftsgut" ansehen, mit der Folge, dass die Meisterprüfung auch auf die geforderten betriebswirtschaftlichen und kaufmännischen Kenntnisse erstreckt werden darf.

---

[23] Vereinzelt hat es deshalb das *BVerfG* dahingestellt gelassen (und lassen können), ob ein Eingriff in die Berufswahl oder in die Berufsausübung vorliegt; s. zB BVerfGE 33, 125 (161).
[24] St. Rspr; andeutungsweise schon das „Apothekenurteil" BVerfGE 7, 377 (405 f.); dann deutlich E 81, 70 (89); 81, 156 (188); 77, 84 (107); 76, 196 (207); 72, 26 (31); 71, 162 (173); 68, 272 (282); 30, 292 (315 ff.).
[25] S. schon BVerfGE 7, 377 (405); ferner E 102, 197 (213 ff.); 87, 287 (316).
[26] Argumentationsfigur in BVerfGE 77, 84 (106); 33, 125 (161); 30, 292 (313); 25, 1 (12).
[27] BVerfGE 13, 97 (118) – „Großer Befähigungsnachweis", bestätigt in *BVerfG* GewArch 2000, 240 (241); BVerwGE 113, 70 (72).

II. Art. 14 GG

Ausgangsfälle:[28]

536 **(1)** *K* betrieb auf seinem Grundstück seit 1936 eine Kiesbaggerei bis in den Grundwasserbereich hinein („Nassauskiesung"). Die Befugnis, in die Grundwasserbereiche einzudringen, stand ihm nach dem Preußischen Wassergesetz von 1913 ohne Weiteres zu. Nach dem WHG[29] berechtigt das Grundeigentum nicht mehr zum Eindringen in das Grundwasser. Vielmehr ist eine Erlaubnis erforderlich, die nach dem pflichtgemäßen (Bewirtschaftungs-)*Ermessen* der zuständigen Behörde erteilt wird (jetzt § 12 II WHG). Die Übergangsvorschrift des § 17 WHG aF garantierte allerdings, dass *K* die Kiesbaggerei 17 Jahre über das Inkrafttreten des WHG hinaus fortsetzen konnte. War das WHG insoweit mit Art. 14 GG vereinbar?[30]

(2) Ein baudenkmalwürdiges Gebäude wird durch Verwaltungsakt unter Denkmalschutz gestellt. Wegen der baurechtlichen Einschränkungen, die damit kraft Gesetzes verbunden sind, hat Eigentümerin *E* keine realistische Möglichkeit mehr, das Grundstück wirtschaftlich zu nutzen. Das DenkmalschutzG des einschlägigen Bundeslandes enthält eine sogenannte „salvatorische Klausel", nach der das Land eine „angemessene Entschädigung" zu leisten hat, „wenn die bisher rechtmäßige Nutzung eines Grundstücks nicht mehr fortgesetzt werden kann und hierdurch die wirtschaftliche Nutzbarkeit insgesamt erheblich beschränkt wird." Muss sich *E* auf diese Entschädigungsmöglichkeit einlassen, oder kann sie sich mit Erfolg gegen die Unterschutzstellung wehren?[31]

537 Art. 14 GG ist das *wohl „schwierigste" Grundrecht*. Die dogmatische Struktur des Art. 14 GG ist erst verhältnismäßig spät durch das *Bundesverfassungsgericht* entfaltet worden, vor allem in der dem *Ausgangsfall 1* zugrunde liegenden „Nassauskiesungsentscheidung" vom 15.7.1981.[32] Dabei hat das BVerfG mit den bis dahin herrschenden Vorstellungen gebrochen.

Befangen in Vorstellungen aus der Weimarer Zeit (Art. 153 WV),[33] wurde ursprünglich versucht, den *Eigentumsschutz* über den *Enteignungs*begriff zu vermitteln. Deshalb war stereotype Frage, ob ein Eigentumseingriff *noch* (entschädigungslose) „Inhaltsbestimmung" iSv Art. 14 I 2 oder *schon* (entschädigungspflichtige, der Junktim-Klausel unterworfene) „Enteignung" iSv Art. 14 III GG sei. Zu dieser Abgrenzung wurden in Literatur und Rechtsprechung verschiedene *Enteignungstheorien* angeboten (Einzelakttheorie des *RG*, Zumutbarkeits-/Schweretheorie des *BVerwG*, modifizierte „Sonderopfertheorie" des *BGH*, „Privatnützigkeitstheorie", „Schutzwürdigkeitstheorie", „Substanzminderungstheorie"). Entsprechend hatten die Gerichte die Entscheidung auch in den *Ausgangsfällen* über die zweipolige Fragestellung „Inhaltsbestimmung oder schon Enteignung" gesucht.[34] Das *BVerfG* wendet sich gegen diese Fragestellung und stellte die Dogmatik des Art. 14 GG insgesamt auf neue Grundlagen.[35] Das *BVerwG* und der *BGH* sind dem gefolgt.[36]

---

[28] Weitere Klausuren bei *Krämer-Hoppe*, JuS 2017, 846; *Lüdemann/Hermstrüwer*, JuS 2012, 57; Grundfälle bei *Jochum/Durner*, JuS 2005, 220, 320, 412.
[29] Zunächst § 1a III Nr. 1 iVm § 2 I, 3 I Nr. 6 WHG 1960/1976; mittlerweile § 4 III Nr. 1 iVm § 8 I, § 9 I Nr. 5 WHG (*Sartorius* Nr. 845).
[30] Hierzu BVerfGE 58, 300; *G. Schwerdtfeger*, JuS 1983, 104.
[31] Fallanlehnung an BVerfGE 100, 226; vergleichbare Klausur bei *Fischer*, JuS 2005, 52.
[32] BVerfGE 58, 300.
[33] S. näher *G. Schwerdtfeger*, Die dogmatische Struktur der Eigentumsgarantie, 1983, S. 7 ff.
[34] Zum *Ausgangsfall 1* s. insoweit *BGH* NJW 1978, 2290.
[35] S. *G. Schwerdtfeger*, JuS 1983, 104; *Battis*, NuR 1983, 102 (103 ff.); *Sproll*, JuS 1995, 1080.
[36] BVerwGE 84, 361 (365 ff.); BGHZ 99, 24 (28 f.).

§ 35. Besonderheiten bei wichtigen Einzelgrundrechten

Eigentums*schutz* wird durch die Eigentums*garantie* des Art. 14 I 1 GG und *nicht* über den Enteignungsbegriff des Art. 14 III GG vermittelt. Art. 14 III GG *ermächtigt* den Gesetzgeber zu Eigentumseingriffen. „Inhaltsbestimmung (Art. 14 I 2 GG), Legalenteignung und Administrativenteignung sind jeweils *eigenständige Rechtsinstitute*" zur Regelung von Eigentumsfragen, „die das Grundgesetz deutlich voneinander absetzt".[37]

538

Im Einzelnen: Eigentum ist eine Schöpfung der Rechtsordnung. Sein *Einzel*inhalt ist nicht unmittelbar durch Art. 14 I 1 GG fixiert, sondern wird gem. Art. 14 I 2 GG (mit Richtung in die Zukunft) *konstitutiv* durch den (einfachen) Gesetzgeber bestimmt.[38] Das geschieht entsprechend dem Gesetzesbegriff *generell-abstrakt*. In diesem Rahmen enthält Art. 14 I 1 GG zwei verschiedene Gewährleistungen. Als „*Institutsgarantie*" verpflichtet Art. 14 I 1 GG den Gesetzgeber im Sinne einer Verfassungsdirektive *objektivrechtlich*-institutionell,[39] den Eigentumsinhalt nach bestimmten Strukturprinzipien auszugestalten (Rn. 552). Als *subjektivrechtliche* Bestandsgarantie schützt Art. 14 I 1 GG das *konkrete* Eigentum in der Hand eines *konkreten* Eigentümers. Eine *Enteignung* kann nur vorliegen, wenn in *bestandsgeschütztes* Eigentum eingegriffen wird. Aber nicht jeder Eingriff in bestandsgeschütztes Eigentum ist eine „Enteignung", die auf Art. 14 III GG gestützt werden müsste. In seinem Anwendungsbereich ermächtigt auch Art. 14 I 2 GG zu Eingriffen in bestandsgeschütztes Eigentum.[40]

539

Wie sich am *Ausgangsfall 1* (Rn. 536) für Länder zeigt, in denen die Regelung des WHG kraft *vorkonstitutionellen* Landesrechts schon immer galt, gibt es Gesetze, die trotz eigentumsnachteiliger Regelungen *nicht* in die Bestandsgarantie eingreifen:[41] Ein Recht, das Grundwasser in Anspruch zu nehmen, gehörte in diesen Ländern noch *nie* zum „Bestand" des (konkreten) Grundeigentums. Insoweit ist *allein* erheblich, ob die Regelung des WHG mit der objektivrechtlich-institutionellen „Sollstruktur" des Eigentums, also mit der „Institutsgarantie" des Art. 14 I 1 GG, übereinstimmt oder ob diese Sollstruktur verlangt, dass die Inanspruchnahme des Grundwassers dem Grundstückseigentum „zugeschlagen" wird (Einzelheiten in Rn. 552). Für den ehemals Preußischen Rechtskreis ist *diese* Frage natürlich *ebenfalls* gestellt. Für *diesen* Rechtskreis muss aber *zusätzlich* geprüft werden, ob das WHG durch seine *Neuregelung auch* in *bestandsgeschütztes* Eigentum (des *K*) eingreift und *insoweit* zulässig ist (Einzelheiten in Rn. 553 ff.).

540

Aufgabe der nachfolgenden Darstellung ist es, diese Grundsätze des *BVerfG* in ein „*Denkschema*" umzusetzen, mit dessen Hilfe Art. 14 GG in der Fallbearbeitung hinreichend „sauber" geprüft werden kann. Wie alle früheren Ausführungen zur Grundrechtsprüfung konzentrieren sich auch die nachfolgenden Darstellungen dabei auf die Verfassungsmäßigkeit eigentumsregelnder *Gesetze*.

541

Im *Ausgangsfall 1* geht es in der Sache *ausschließlich* um diesen Ansatz, also um die nachfolgend nur erörterte Frage, ob die gesetzliche Regelung mit Art. 14 I 1 GG vereinbar ist. Im *Ausgangsfall 2* hat es der Gesetzgeber der *Exekutive* überlassen, nach ihrem *Ermessen* im *Einzelfall* zu entscheiden, ob *sie* die eigentumsnachteiligen Maßnahmen ergreift. In derartigen Fällen muss *zusätzlich* zu der Vereinbarkeit der gesetzlichen Ermächtigung (DenkmalschutzG) mit Art. 14 I 1 GG untersucht werden, ob ihre rechtlichen Voraussetzungen erfüllt sind (= Subsumtion) und ob die Behörde ermessensfehlerfrei von der gesetzlichen Ermächtigung Gebrauch gemacht hat.

542

---

[37] BVerfGE, 58, 300 (331).
[38] BVerfGE 58, 300 (334 f.); BVerwGE 106, 228 (234). Demgemäß kann zB der viel erörterte *baurechtliche Bestandsschutz* nicht unmittelbar aus Art. 14 I 1 GG hergeleitet werden, sondern nur nach der *Gesetzeslage* beurteilt werden: *BVerfG (Kammer)* NVwZ 2005, 203; NVwZ 2001, 424; BVerwGE 106, 228 (233). Gleiches gilt für den „gesteigerten" straßenrechtlichen Anliegergebrauch; s. Rn. 384.
[39] Näheres zur objektivrechtlich-institutionellen Seite der Grundrechte *allgemein* bereits in Rn. 484 ff., 513 ff.; speziell zu Art. 14 I 1 GG s. Rn. 485 f.
[40] S. etwa BVerfGE 83, 201 (212); 72, 9 (22 ff.).
[41] Weitere Beispielsfälle in BVerfGE 97, 228 (264 f.); 58, 137 (144); 52, 1 (28).

1. Art. 14 GG als einschlägiges Grundrecht

543 a) Als **Eigentum iSv Art. 14 I 1 GG** werden herkömmlich neben dem Sacheigentum andere dingliche Rechte, schuldrechtliche Ansprüche, geldwerte Forderungen („Geldeigentum"[42]) und sonstige *vermögenswerte Rechte* angesehen,[43] nicht aber das Vermögen als solches,[44] „das selber kein Recht, sondern den Inbegriff aller geldwerten Güter einer Person darstellt"[45].

Allerdings misst das *BVerfG* Steuereingriffe an Art. 14 I 1 GG, weil Steuern an den „Hinzuerwerb" von konkreten Einkommen (Arbeitseinkommen, Zinsen) als vermögenswerte Rechtspositionen anknüpfen.[46] Die **Garantie des Erbrechts** in Art. 14 I 1 GG bezieht sich *insgesamt* auf das Vermögen als solches.[47]

Wesentliche Gesichtspunkte für das Vorliegen einer geschützten Eigentumsposition sind ua die eigene Arbeitsleistung und der eigene Vermögensaufwand,[48] die Verfügungsbefugnis[49] sowie die Funktionsgleichheit eines subjektiven Rechts mit überkommenen Vergegenständlichungen des Eigentums in der Existenzsicherung[50]. Vor allem nach diesen Kriterien beurteilt sich auch, inwieweit Rechtspositionen als Eigentum anzusehen sind, die *auf öffentlichem Recht beruhen*.[51]

544 Ob der **„eingerichtete und ausgeübte Gewerbebetrieb"** als Eigentum iSv Art. 14 I 1 GG angesehen werden kann, hat das *BVerfG* immer wieder dahingestellt gelassen.[52] Es hat jedoch unterstrichen, dass der Schutz eines „eingerichteten und ausgeübten Gewerbebetriebes" jedenfalls „nicht weiter gehen (könne) als der Schutz, den seine wirtschaftliche Grundlage genießt".[53] Außerdem würde der Schutz des Gewerbebetriebes „nicht bloße (Umsatz- und Gewinn-) Chancen und tatsächliche Gegebenheiten umfassen ... wie die bestehenden Geschäftsverbindungen, den erworbenen Kundenstamm oder die Marktstellung".[54] Damit ist für einen Schutz des Gewerbebetriebes *als solchen,* der über den Schutz *ohnehin* geschützter Bestandteile hinausführen würde, keine sachliche Substanz mehr vorhanden.[55]

545 b) Bei nicht zielgerichteten, mittelbaren Eigentumsbeeinträchtigungen kann im Einzelfall zweifelhaft sein, ob der **funktionale Schutzbereich** (Rn. 448) des Art. 14 I GG eröffnet ist.[56] Nach der Korrekturerfahrung wird die Heranziehung des Art. 14

---

[42] BVerfGE 97, 350 (370 f.).
[43] S. zB BVerfGE 112, 93 (107); 83, 201 (208 f.); 68, 193 (222). Zum Besitzrecht des Mieters als Eigentum BVerfGE 89, 1 (5); *BVerfG (Kammer)* NJW 2000, 2658 (2659).
[44] St. Rspr.; s. zB BVerfGE 95, 267 (300); 77, 84 (118); 65, 196 (206).
[45] BVerfGE 95, 267 (300) mit der Ausnahme „*erdrosselnder*" Geldleistungspflichten.
[46] BVerfGE 115, 97 (110 ff.) – Einkommen- und Gewerbesteuer; 93, 121 (137 f.) – Vermögensteuer; 87, 153 (169).
[47] BVerfGE 93, 165 (172 ff.) – Erbschaftsteuer.
[48] BVerfGE 53, 257 (291) mwN; *BVerfG* NJW 2017, 217 (223) mwN – Atomausstieg (atomrechtliche Genehmigung, Reststrommengen).
[49] *BVerfG* NJW 2017, 217 (223) mwN – Atomausstieg (atomrechtliche Genehmigung, Reststrommengen).
[50] BVerfGE 53, 257 (290).
[51] S. die vorhergehenden Fußnoten sowie etwa BVerfGE 72, 175 (193 ff.) – kein Eigentumsschutz für einseitige staatliche Zinsvergünstigungen; 69, 272; 70, 101 – Rentenanwartschaften; 48, 403 (412).
[52] S. etwa *BVerfG* NJW 2017, 217 (223 f.) mwN; BVerfGE 105, 252 (278); 87, 363 (394); 77, 84 (118); 68, 193 (223); 51, 193 (221).
[53] BVerfGE 58, 300 (353); s. a. *BVerfG* NJW 2017, 217 (223).
[54] BVerfGE 77, 84 (118); s. a. E 105, 252 (278); *BVerfG* NJW 2017, 217 (223).
[55] Dazu grundlegend *R. Schmidt,* Eigentumsschutz für Gewerbebetriebe als Begrenzung umweltrechtlicher Standardverschärfungen?, 2001, S. 96 ff.
[56] Einzelheiten dazu bei *Ramsauer,* Die faktischen Beeinträchtigungen des Eigentums, 1980. Für die Abgrenzung zum funktionalen Schutzbereich des Art. 12 I GG s. Rn. 526.

GG insoweit regelmäßig davon abhängig gemacht, ob ein „*Eingriff*" in die *Bestandsgarantie* des Art. 14 I 1 GG vorliegt. Das ist *zu kurz gegriffen*, denn nach dem Gesagten (Rn. 539 f.) steuert Art. 14 I 1 GG den Gesetzgeber auch *objektivrechtlich-institutionell* – und das *unabhängig* von einem Eingriff, mit Richtung *in die Zukunft*. Deshalb sollte man besser von einer für Art. 14 I 1 GG „relevanten Regelung" sprechen.

In den *Ausgangsfällen* ist Art. 14 I 1 GG ohne Weiteres einschlägig, da Sacheigentum betroffen ist.

2. Inhaltsbestimmung oder Enteignung?

Weil die Inhaltsbestimmung (Art. 14 I 2 GG) und die Enteignung (Art. 14 III GG) eine je eigenständige Qualität haben („**Trennungstheorie**" des *BVerfG*), kann eine Inhaltsbestimmung *nur* auf Art. 14 I 2 GG gestützt werden. Eine vor Art. 14 I 2 GG verfassungswidrige Inhaltsbestimmung *bleibt* eine Inhaltsbestimmung und schlägt auch dann nicht in eine Enteignung um, wenn sie das Eigentum total entwertet (zB kostenintensive Beseitigungspflicht für „Altlasten")[57]. Umgekehrt ist eine Enteignung an die besonderen Voraussetzungen des Art. 14 III GG gebunden, auch wenn sie nur wenig intensiv in bestandsgeschütztes Eigentum eingreift (zB Grunddienstbarkeit für Leitungsmasten über einem brachliegenden, wertlosen Grundstück). 546

In der Abgrenzung zwischen Inhaltsbestimmung und Enteignung geht es um eine Legalenteignung, wenn das Gesetz – wie im *Ausgangsfall 1* – unmittelbar anwendbar ist. Enthält das Gesetz – wie im *Ausgangsfall 2* – nur eine Ermächtigung für die Exekutive, ist die Frage nach einer *Administrativ*enteignung gestellt.[58] 547

Die **Abgrenzung** zwischen Inhaltsbestimmung und Enteignung macht in der Regel keine Schwierigkeiten, wenn sich die Bearbeiter auf den *grundsätzlichen* Unterschied zwischen Inhaltsbestimmung und Enteignung[59] konzentrieren und *zu ihm* plastische Vorstellungen haben. *Ausgangspunkt* ist stets die *Zielrichtung (Finalität)* des Gesetzes.[60] Die **Inhaltsbestimmung** „ist auf die Normierung objektivrechtlicher Vorschriften gerichtet, die den Inhalt des Eigentumsrechts vom Inkrafttreten des Gesetzes an *für die Zukunft* in *allgemeiner* Form bestimmen".[61] Demgemäß versteht das GG „unter Inhaltsbestimmung die *generelle und abstrakte* Festlegung von Rechten und Pflichten durch den Gesetzgeber."[62] Eine **Enteignung** iSd Art. 14 III GG setzt die Inhaltsbestimmung nach Art. 14 I 2 GG voraus,[63] denn die Enteignung „zielt darauf ab, entgegenstehende Rechtspositionen zu *überwinden*";[64] die nach Art. 14 I 2 GG bestimmte Eigentumsordnung wird punktuell durchbrochen. Demgemäß ist die Enteignung etwas *Außerordentliches*. Der Staat erscheint als *deus ex machina*. Im Sinne dieser Charakterisierungen ist finales *Wesensmerkmal* der Enteignung der staatliche *Zugriff* auf das Eigentum des Einzelnen, auf konkrete subjektive Eigentumspositionen.[65] 548

---

[57] BVerfGE 102, 1 (16 f.); 100, 226 (240); 79, 174 (192); 58, 300 (320); 52, 1 (27 f.).
[58] BVerfGE 100, 226 (240); 58, 300 (330 f.); 52, 1 (27).
[59] S. *Rozek*, Die Unterscheidung von Eigentumsbindung und Enteignung, 1998.
[60] S. etwa („gerichtet auf ...") BVerfGE 72, 66 (76); 100, 226 (240); 102, 1 (15); 112, 93 (109).
[61] So BVerfGE 72, 66 (76) s. a. E 102, 1 (16); 58, 137 (144 f.); 58, 300 (330); 52, 1 (27).
[62] Ständige Formulierung; s. zB BVerfGE 102, 1 (17); 72, 66 (76).
[63] Vertiefend hierzu und zum Nachfolgenden *Rozek*, Die Unterscheidung von Eigentumsbindung und Enteignung, 1998, S. 212 ff., 276 f.
[64] BVerfGE 70, 191 (200); BVerwGE 94, 1 (5).
[65] S. BVerfGE 102, 1 (15 f.); 100, 226 (239 f.); 79, 174 (191); 74, 264 (280); 72, 66 (76); 71, 137 (143); 70, 191 (199 f.); *BVerfG* NJW 2017, 217 (224); BGHZ 185, 44 (52).

549 Bereits nach diesen Grundcharakterisierungen erweisen sich so gut wie alle Fallgestaltungen, bei denen früher die Einordnung als Enteignung diskutiert worden ist, heute als Inhaltsbestimmungen.

Auch in den *Ausgangsfällen* (Rn. 536) geht es um Inhaltsbestimmungen. Dass die zukunftsgerichtete Neubestimmung des Eigentumsinhalts im *Ausgangsfall 1* im ehemals preußischen Rechtskreis die bisherigen Grundwasserbefugnisse abschafft, ist in seiner Finalität *nicht* im Sinne eines Zugriffs auf die punktuelle Durchbrechung der Eigentumsordnung gerichtet, sondern auf eine (generell-abstrakte) Umgestaltung derselben. Im *Ausgangsfall 2* ist der Inhalt der Eigentümerbefugnisse für Baudenkmäler durch das Denkmalschutzrecht als besonderes Eigentumsstatut in allgemeiner Form festgelegt. Der Verwaltungsakt der Unterschutzstellung ist final darauf gerichtet, das *allgemeine* Rechtsstatut für Baudenkmäler konkret in Kraft zu setzen, und bezweckt ebenfalls nicht, die allgemeine Eigentumsordnung als Zugriff nur auf das konkrete Baudenkmal punktuell zu durchbrechen.[66] – Auf der gleichen Linie ist etwa auch die Inanspruchnahme des Zustandsstörers bei der Gefahrenabwehr (Rn. 121) Ausdruck einer Inhaltsbestimmung des Eigentums[67] und selbst bei einer Eigentumsvernichtung (Tötung seuchenverdächtiger Tiere) keine Enteignung.[68]

550 In den Fällen, in denen (1) ein *Zugriff* im beschriebenen Sinne vorliegt, besteht Anlass, die *weiteren Merkmale einer Enteignung* durchzumustern: Die Enteignung ist (2) (als Kehrseite des Zugriffs) *auf die vollständige oder teilweise Entziehung konkreter subjektiver Eigentumspositionen iSd Art. 14 I 1 GG gerichtet*.[69] Sie ist (3) „beschränkt auf solche Fälle, in denen *Güter hoheitlich beschafft* werden, mit denen ein *konkretes,* der Erfüllung öffentlicher Aufgaben dienendes *Vorhaben* durchgeführt werden soll."[70]

In seinem Urteil zum Atomausstieg vom 6.12.2016 hat das *Bundesverfassungsgericht* nach einer vorausgegangenen uneinheitlichen Rechtsprechung die *Güterbeschaffung* zugunsten der öffentlichen Hand oder „des sonst Enteignungsbegünstigten" als *zwingende Voraussetzung* des Enteignungsbegriffs bestätigt.[71] Das Gericht stützt sich primär auf *„funktionale Gründe des Eigentumsschutzes"*: Der *Ausweitung* des verfassungsrechtlichen Eigentums*begriffs* müsse ein weiter Gestaltungsspielraum des Gesetzgebers bei der Bestimmung von *Inhalt und Schranken* des Eigentums entsprechen; ein Eigentumsentzug ohne Güterbeschaffung beziehe sich in der Regel auf *„bemakeltes"* Eigentum, für das aufgrund der Sozialpflichtigkeit iSd Art. 14 II GG *keine Entschädigungspflicht* (iSd Art. 14 III GG) angezeigt sei; außerdem ermögliche das Kriterium der Güterbeschaffung eine *klare Abgrenzung* zur Inhaltsbestimmung.

Zugriffe (1) und Eigentumsentziehungen (2), aber keine Enteignungen sind etwa die strafrechtliche *Konfiskation* der *„instrumenta sceleris"*,[72] die *Zwangsversteigerung* von Eigentum im privaten Interesse,[73] die *Baulandumlegung* als Ausgleich privater Interessen[74] und auch jeder andere Ausgleich privater Interessen[75]. Es fehlt jeweils die Güterbeschaffung für ein konkretes Verwaltungsprojekt (3).

---

[66] *Rozek*, Die Unterscheidung von Eigentumsbindung und Enteignung, 1998, S. 234; BVerfGE 100, 226 (240).
[67] BVerfGE 102, 12 (16 f.) – Altlasten.
[68] BVerfGE 20, 351 (359).
[69] BVerfGE 134, 242 (289); 112, 93 (109); 102, 1 (15 f.); 100, 226 (239 f.); 72, 66 (76); 71, 137 (143); 70, 191 (199 f.); *BVerfG* NJW 2017, 217 (224).
[70] BVerfGE 104, 1 (10); s. a. E 112, 93 (109); *BVerfG* NJW 2017, 217 (224 f.).
[71] *BVerfG* NJW 2017, 217 (224 f.) m. Anm. *Sachs*, JuS 2017, 569 ff.; *Ludwigs*, NVwZ 2017, Beilage 1/2017, 3 ff.; Klausur bei *Mangold/Lange*, JuS 2018, 161.
[72] BVerfGE 110, 1 (24); 22, 387 (422).
[73] BVerfGE 20, 351 (359).
[74] BVerfGE 104, 1 (10).
[75] BVerfGE 112, 93 (109).

§ 35. Besonderheiten bei wichtigen Einzelgrundrechten

Für eine Enteignung verbleibt im Wesentlichen das Umfeld der „*klassischen Enteignung*", bei welcher der Staat ein Grundstück oder bewegliches Vermögen durch Rechtsakt mit der Übertragung dinglicher Rechte (Eigentum, Bestellung einer Grunddienstbarkeit) in Anspruch nimmt, weil er es positiv für einen Verwaltungszweck einsetzen oder zur Verfügung stellen will[76] (Straßenbau, Eisenbahnbau, Leitungsmasten).

551

3. Verfassungsmäßigkeit einer Inhaltsbestimmung nach Art. 14 I 2 GG

a) In der **Zukunftsrichtung:** Vereinbarkeit des Gesetzes mit der **objektivrechtlich-institutionellen** Sollstruktur des Eigentums gemäß Art. 14 I 1 und Art. 14 II GG.

552

Von der Eigentumsseite her verpflichtet Art. 14 I 1 GG den Gesetzgeber, das Eigentum dem Berechtigten rechtlich *zuzuordnen*[77] und *„privatnützig"* so auszugestalten, dass es in der Hand des Rechtsträgers „als Grundlage privater Initiative und in eigenverantwortlichem privatem Interesse von Nutzen sein" kann;[78] der Eigentümer muss die *„grundsätzliche Verfügungsbefugnis"* über den Eigentumsgegenstand erhalten.[79] Als Gegengewicht enthält auch Art. 14 II GG eine „verbindliche Richtschnur", eine „Leitlinie" für den inhaltsbestimmenden Gesetzgeber,[80] wenn auch inhaltlich nicht konkretisiert und daher auf wesentlich abstrakterer Ebene als Art. 14 I 1 GG. Beide normativen Elemente des Sozialmodells stehen in einem „dialektischen Verhältnis".[81] Der Gesetzgeber muss beiden Elementen „in *gleicher* Weise Rechnung tragen"[82] und sie in „ein *ausgewogenes* Verhältnis bringen"[83]. Hierbei hat der Gesetzgeber einen „relativ weiten Gestaltungsbereich".[84] Ob der Gesetzgeber die Grenze seiner Gestaltungsfreiheit überschritten hat, beurteilt das *BVerfG* im Rahmen von Art. 14 I 2 GG[85] nach den gleichen Grundsätzen, nach denen es stets entscheidet, wenn kollidierende Verfassungsgüter zum Ausgleich zu bringen sind (s. Rn. 479 f.): nach dem Grundsatz der Verhältnismäßigkeit.[86]

Im *Ausgangsfall 1* (Rn. 536) ist es *nicht* fehlgewichtet im Sinne eines *Verstoßes* gegen den Grundsatz der Verhältnismäßigkeit, wenn das WHG den Grundstückseigentümern die privatnützige Verfügungsbefugnis über das Grundwasser vorenthält; die Allgemeinheit ist darauf angewiesen, dass eine angemessene Qualität des Grundwassers gesichert bleibt. Objektivrechtlich-institutionell[87] gesehen ist es auch im *Ausgangsfall 2* nicht unverhältnismäßig, dass die Nutzung des Grundeigentums im Interesse des Denkmalschutzes eingeschränkt wird. Die eigentlichen *Probleme* liegen in beiden *Ausgangsfällen* bei der *subjektivrechtlichen* Bestandsgarantie (nachfolgend b)).

b) Im **Gegenwartsbezug:** Vereinbarkeit der Umgestaltung mit der **Bestandsgarantie** des Art. 14 I 1 GG.

553

---

[76] S. etwa BVerfGE 42, 265 (299); 38, 175 (179 f.); 20, 351 (359); BVerfGE 56, 249 (271 f. – abw. M. Richter *Böhmer*).
[77] BVerfGE 42, 263 (293, 299).
[78] BVerfGE 52, 1 (31); s. a. E 58, 300 (345).
[79] BVerfGE 52, 1 (31); 58, 300 (345).
[80] BVerfGE 115, 97 (113); 37, 132 (140); 25, 112 (117).
[81] BVerfGE 37, 132 (140).
[82] BVerfGE 52, 1 (29); s. a. E 115, 97 (114); 102, 1 (17); BVerwGE 106, 228 (235).
[83] BVerfGE 100, 226 (241); 52, 1 (29); s. a. E 115, 97 (114); 102, 1 (17); 25, 112 (118).
[84] BVerfGE 42, 263 (294).
[85] Insoweit etwa BVerfGE 102, 1 (16 f.); 100, 226 (240 f.); 58, 137 (148); 55, 249 (258); 52, 1 (29).
[86] BVerfGE 115, 97 (114).
[87] Beispiel für einen *Verstoß* gegen die genannten objektivrechtlich-institutionellen Verfassungsdirektiven: BVerfGE 52, 1 (32 ff.) – Kleingarten.

Gegenüber dem umgestaltenden Gesetzgeber schützt Art. 14 I 1 GG den Bestand des Eigentums in *der* Gestalt, die ihm die inhaltsbestimmenden Gesetze bisher (konstitutiv) gegeben haben. Ob und wie der Gesetzgeber in diesen Bestand über Art. 14 I 2 GG durch eine Umkonstituierung eingreifen darf, beurteilt sich nach den allgemeinen Grundrechtslehren (Rn. 455 ff.), insbesondere wiederum nach dem Grundsatz der Verhältnismäßigkeit.[88]

Im *Ausgangsfall 1* (Rn. 536) macht der Grundsatz der Verhältnismäßigkeit Probleme, weil den Grundstückseigentümern im ehemals preußischen Rechtskreis die aktuell in Anspruch genommene Grundstücksbefugnis der Nassauskiesung total entzogen wird.[89] Im *Ausgangsfall 2* wird die Rechtsposition des Betroffenen unter Verstoß gegen den Grundsatz der Verhältnismäßigkeit so weitgehend eingeschränkt, dass sie „den Namen Eigentum nicht mehr verdient".[90]

554 Scheint der Grundsatz der Verhältnismäßigkeit entgegenzustehen, ist zu untersuchen, ob das Gesetz **Zusatzregelungen** enthält, über welche die Unverhältnismäßigkeit beseitigt wird. Das kann vorrangig durch Ausnahme- und Befreiungsvorschriften oder durch Übergangsvorschriften geschehen.[91] Bei einem *Eigentumsentzug ohne Güterbeschaffung* muss sich der Gesetzgeber nach dem Urteil des *BVerfG* zum Atomausstieg (Rn. 550) stets die Frage stellen, ob Ausgleichsregelungen vorzusehen sind.[92]

Im *Ausgangsfall 1* sah das *BVerfG* den Eingriff in die Bestandsgarantie so wegen der 17jährigen Übergangsvorschrift des § 17 WHG aF noch als verfassungsmäßig an.[93] Im *Ausgangsfall 2* enthält das Gesetz keine Ausnahmevorschrift, nach der die Unterschutzstellung als Baudenkmal wegen ihrer extrem ungünstigen Wirkung für das Eigentum rechtswidrig wäre.

555 Stattdessen steht *Ausgangsfall 2* für viele Gesetze, in denen der Gesetzgeber einen Ausgleich über **salvatorische Entschädigungsklauseln** als **ausgleichspflichtige Inhaltsbestimmungen** sucht (s. a. Rn. 330). Art. 14 I 1 GG ist jedoch eine *Bestandsgarantie* für den Eigentumsgegenstand und nicht bloß eine Wertgarantie. Deshalb hält das *BVerfG* eine gesetzliche Entschädigung zur Wahrung der Verhältnismäßigkeit in der Einengung überkommener Vorstellungen[94] nur „ausnahmsweise" für möglich, nämlich nur dann, wenn ein substanzerhaltender „Ausgleich im Einzelfall nicht oder nur mit unverhältnismäßigem Aufwand möglich" ist.[95] *Verwaltungsverfahrensrechtlich* muss der Gesetzgeber aus Rechtsschutzgründen vorsehen, dass mit einem die Eigentumsbeschränkung aktualisierenden Verwaltungsakt zugleich über einen dem belasteten Eigentümer zu gewährenden Ausgleich jedenfalls dem Grunde nach entschieden wird.[96]

Im *Ausgangsfall 2* ist das DenkmalschutzG demgemäß trotz der salvatorischen Entschädigungsklausel verfassungswidrig, weil es keinerlei Ausgleichs- und Befreiungsklauseln enthält

---

[88] S. BVerfGE 112, 93 (109 ff.).
[89] Nach BVerfGE 83, 201 (212 f.) ist das „in Art. 14 III GG zum Ausdruck kommende Gewicht des Eigentumsschutzes zu beachten", wenn „sich der Eingriff für den Betroffenen *wie* eine (Teil- oder Voll-)Enteignung *auswirkt*, ohne im Rechtssinne eine Enteignung zu sein; auf gleicher Linie BVerfGE 102, 1 (23); *BVerfG (Kammer)* NVwZ 2002, 1365; *BVerfG* NJW 2017, 217 (224, 225 f.); BVerwGE 94, 1 (5 ff.).
[90] BVerfGE 100, 226 (243).
[91] Dazu grundlegend BVerfGE 100, 226 (244 ff.).
[92] *BVerfG* NJW 2017, 217 (224, 225 f., 242).
[93] BVerfGE 58, 300 (348 ff.).
[94] Zu ihnen im Anschluss an BVerfGE 58, 137 (145, 147, 149 f.) etwa BVerwGE 94, 1 (5); 84, 361 (367 ff.); BGHZ 133, 271 (274); 121, 328 (332).
[95] BVerfGE 100, 226 (245 f.).
[96] BVerfGE 100, 226 (246).

und die Entschädigung verwaltungsverfahrensrechtlich nicht in der beschriebenen Weise unterfüttert.[97]

4. Verfassungsmäßigkeit einer Enteignung iSd Art. 14 III GG

Geht es in der Abgrenzung zwischen Inhaltsbestimmung und Enteignung (soeben 2.) (ausnahmsweise, s. Rn. 549, 551) um eine Enteignung, muss das Gesetz, das die Exekutive ermächtigt, den besonders strikten Einzelanforderungen des Art. 14 III GG[98] genügen, insbesondere den Tatbestand der rechtlich zugelassenen Enteignung *selbst* bestimmen[99] und Art und Ausmaß der Entschädigung *selbst* regeln („Junktim-Klausel" des Art. 14 III 2 GG).

556

> **Merke:** Eine *Legalenteignung* ist nur in *seltenen Ausnahmefällen* zulässig. Wegen des Grundsatzes der Verhältnismäßigkeit und damit der Eigentümer besseren Rechtsschutz erhält, kann der Gesetzgeber „normalerweise" nur die Exekutive zu einer Administrativenteignung ermächtigen.[100]

557

---

[97] Lösung auf der Linie von BVerfGE 100, 226 (244 ff., 247).
[98] Zu dem vom Gesetzgeber zu bestimmenden Gemeinwohlziel iSd Art. 14 III 1 GG BVerfGE 134, 242 (292 ff. Rn. 169 ff.).
[99] BVerfGE 74, 264 (286 ff.); BVerwGE 84, 361 (364 f.).
[100] Näheres in BVerfGE 59, 1 (22); 45, 297 (331 ff.); 24, 367 (398 ff.).

7. Teil. Streitigkeiten zwischen Privaten mit öffentlichrechtlicher Überlagerung

Ausgangsfälle:

(1) K hat von V ein „schlüsselfertiges" Haus zum Festpreis gekauft und übereignet erhalten. Später verlangt die Gemeinde von K „als Eigentümer" die in einer Gemeindesatzung vorgesehene einmalige Anschlussgebühr für den Anschluss an die Kanalisation. K zahlt und verklagt V auf Erstattung des Betrages. Dieser wendet ua ein, die Gemeinde habe die Anschlussgebühr aus bestimmten Gründen gar nicht verlangen dürfen.

(2) Autorin A, die sich schon mehrfach sehr kritisch mit der Art der Berichterstattung in der Tageszeitung T auseinandergesetzt hat, lässt sich unter falschem Namen beim T-Verlag als Redakteurin anstellen. Unter dem Titel „Tatsachenmanipulation bei der T" veröffentlicht A sodann im Selbstverlag ein Buch, in dem sie Diskussionen aus den Redaktionskonferenzen wörtlich wiedergibt. **(a)** Kann der T-Verlag der A den Vertrieb des Buches gerichtlich untersagen lassen? **(b)** Hätte eine Verfassungsbeschwerde Aussicht auf Erfolg, wenn das letztinstanzliche Gericht das Rechtsschutzsuchen des T-Verlages ablehnen sollte?[1]

§ 36. Zivilrechtliche Einkleidung

Wie in jeder zivilrechtlichen Klausur ist auch hier zunächst nach der *privatrechtlichen* Anspruchsgrundlage zu suchen. Erst über sie findet man den öffentlichrechtlichen Einstieg. Ist der Fall ausdrücklich als öffentlichrechtliche Arbeit ausgegeben worden, haben die Schwerpunkte der Bearbeitung im Zweifel auf den öffentlichrechtlichen Fragen zu liegen. Andererseits mindert es den Wert auch einer öffentlichrechtlichen Arbeit, wenn die zivilrechtlichen Ansätze fehlerhaft oder unsauber dargestellt sind.

Im *Ausgangsfall 1* (Examenshausarbeit) war es wie in einer „reinen" Zivilrechtsarbeit nötig, zunächst sauber die Anspruchsgrundlagen darzustellen: Durch Vertragsauslegung zu gewinnender vertraglicher Erstattungsanspruch (§§ 311 I, 241 BGB)? Nicht erfüllter (vertraglicher) Freistellungsanspruch, der sich jetzt gemäß §§ 280 I, III, 281 I, II BGB in einen Schadensersatzanspruch wandelt? Rechtsmängelhaftung gemäß §§ 435, 437 Nr. 3 BGB (= Schadensersatz, weil das Haus „schlüsselfertig" und damit frei von Abgaben verkauft war)? Erst im Rahmen dieser Anspruchsgrundlagen wird erheblich, ob ein öffentlichrechtlicher Anspruch der Gemeinde bestand.

Im *Ausgangsfall 2* geht es erstens um einen *vertraglichen* Unterlassungsanspruch des *T-Verlages* „unter dem Gesichtspunkt von (nachwirkenden) Treuepflichten" der A.[2] Im Zusammenhang mit der Treuepflicht ist zu erörtern, dass sowohl der T-Verlag als auch A Träger von

---

[1] Fallanlehnung an BGHZ 80, 25 iVm BVerfGE 66, 116 (Springer/Wallraff).
[2] BGHZ 80, 25 (28).

Grundrechten (Art. 5 I GG) sind. Ein zweiter Einstieg führt über den (deliktischen) Schutz des „eingerichteten und ausgeübten Gewerbebetriebes", den der *BGH* als „sonstiges Recht" im Sinne von § 823 I BGB ansieht und der deshalb in Analogie zu § 1004 I BGB durch den „quasi-negatorischen Unterlassungsanspruch" geschützt ist.[3] Dabei wendet der *BGH* §§ 823 I, 1004 BGB auf den eingerichteten und ausgeübten Gewerbebetrieb zur „lückenausfüllenden Ergänzung" und damit bloß im Sinne eines „offenen" Haftungstatbestandes an, „dessen Inhalt und Grenzen sich erst aus einer Interessen- und Güterabwägung mit der im Einzelfall konkret kollidierenden Interessensphäre anderer ergeben".[4] Hier ist die Frage gestellt, ob und wie die Grundrechtspositionen der Beteiligten für die Abwägung im Rahmen des zivilrechtlichen Haftungstatbestandes relevant sind. Auf der gleichen Linie geht es drittens um einen Unterlassungsanspruch des *T-Verlages* aus § 1004 I BGB analog iVm § 826 BGB mit dem ebenfalls „offenen" Tatbestand einer Sittenwidrigkeit.

Die Einzelfälle, in denen privatrechtliche Streitigkeiten öffentlichrechtlich überlagert sind, lassen sich nicht systematisieren. Anderes gilt allerdings für *privatrechtliche Fälle mit Grundrechtsbezug*, wie sie durch den *Ausgangsfall 2* repräsentiert sind.

§ 37. Sonderproblem „Drittwirkung der Grundrechte"

562 Mit dem *Ausgangsfall 2* (Rn. 558, 561) ist die Frage nach einer „Drittwirkung" der Grundrechte angesprochen.[1] Die nachfolgenden Ausführungen ergänzen damit die Darstellungen zur Grundrechtsprüfung im 6. Teil des Werkes.

I. Stand der Dogmatik

563 Die Grundrechte vermitteln dem Bürger subjektive Rechte gegenüber dem Staat und allen anderen öffentlichrechtlichen Körperschaften, abgesehen von Art. 9 III 2 GG aber nicht gegen andere Privatpersonen. Demgemäß sind die Grundrechte *„staatsgerichtet", nicht „drittgerichtet"*.[2] Nach der Rechtsprechung des *Bundesverfassungsgerichts* kann die Staatsrichtung der Grundrechte aber *mittelbar* eine *Drittwirkung* auf den Privatrechtsverkehr zur Folge haben. Der Weg führt über die *unbestimmten Gesetzesbegriffe*,[3] über die *Generalklauseln*[4] und über die *„offenen" Normen des Zivilrechts*,[5] wie sie im *Ausgangsfall 2* im Zusammenhang mit § 1004 BGB analog skizziert worden sind.

564 Dogmatischer *Ausgangspunkt* ist die *Grundrechtsbindung des Gesetzgebers*. Auch der Zivilgesetzgeber ist an die Grundrechte gebunden. An sich ist es die Aufgabe des Gesetzgebers, unter Beachtung seiner Grundrechtsbindung mit privatrechtlichen

---

[3] Dazu Palandt/*Herrler*, BGB, § 1004 Rn. 4; s. a. schon Rn. 284.
[4] BGHZ 138, 311 (318); s. a. BGHZ 80, 25, (27).
[1] Vertiefend etwa *Rüfner* in Isensee/Kirchhof, HStR, Bd. IX, 3. Aufl. 2011, § 197 Rn. 83 ff.; zu Aufbauproblemen in der Falllösung *I. Augsberg/Viellechner*, JuS 2008, 406; s. a. *Voßkuhle/Kaiser*, JuS 2011, 411 (412); Klausurfälle bei *Stinner*, JuS 2015, 616; *Dittrich*, JuS 2014, 333; *Frenzel*, JuS 2013, 37; *Goldhammer/Hofmann*, JuS 2013, 322.
[2] BVerfGE 66, 116 (135).
[3] BVerfGE 101, 361 (391) – „berechtigtes Interesse" in § 23 II KunstUrhG; 97, 125 (153) – „angemessener Umfang" der presserechtlichen Gegendarstellung.
[4] BVerfGE 7, 230 – § 1004 II BGB; 114, 339 (347) – § 823 II BGB iVm § 193 StGB; 73, 261 (269) – §§ 133, 157 BGB; zu §§ 138, 242 BGB BVerfGE 90, 27 (33); 89, 214 (232); 81, 242 (256); *BVerfG (Kammer)* NJW 2000, 2658.
[5] BVerfGE 66, 116 (138); s. a. E 99, 185 (196); 97, 391 (403).

§ 37. Sonderproblem „Drittwirkung der Grundrechte"

Normen über kollidierende Privatinteressen nach seinen Wertungen zu entscheiden und so durch Gesetz grundrechtliche Drittwirkungen zu erzeugen. Das Problem liegt darin, dass sich der Gesetzgeber trotz des Bestimmtheitsgebotes unbestimmter Gesetzesbegriffe, Generalklauseln und „offener" Normen bedienen darf und die wertende Konfliktentscheidung so nicht punktgenau selbst trifft (Rn. 467). Hier fällt es in die *Zuständigkeit der Zivilgerichte* als ebenfalls grundrechtsgebundene Staatsorgane (Art. 1 III GG), mit der Gesetzesauslegung und -anwendung die fehlende Entscheidung des Gesetzgebers zu substituieren und unter „interpretationsleitender" Berücksichtigung ihrer Grundrechtsbindung abwägend und wertend zu einer Entscheidung zu kommen, die dann Drittwirkung hat.[6]

Auch bei Fragen der *Vertragsauslegung,* die ebenfalls mit dem *Ausgangsfall 2* (Rn. 558) angesprochen sind (nachwirkende vertragliche Treuepflicht?), geht es in der Sache um eine grundrechtsgeleitete *Gesetzes*auslegung und -anwendung. Weil die Vertragspartner als Privatpersonen nicht an die Grundrechte gebunden sind, können sie in den Grenzen der §§ 134, 138 BGB zwar „grundrechtswidrige" Verträge schließen.[7] Deshalb muss bei der Vertragsauslegung *zunächst* erkundet werden, ob sich ein entsprechender Wille der Parteien mit hinreichender Deutlichkeit feststellen lässt. Ist das nicht der Fall, „greifen" aber die *gesetzlichen* Vorschriften der §§ 133, 157, 242 BGB, deren Generalklauseln dann ihrerseits grundrechtsgeleitet ausgelegt und angewendet werden müssen.[8] 565

Für den **Anspruchsteller** geht es in der Regel nicht um die klassische Abwehrfunktion, sondern um die *Schutzfunktion* der Grundrechte, wie sie dem Einzelnen für die „Menschenwürde-Grundrechte" über das subjektivrechtliche Schutzgebot des Art. 1 I 2 GG (Rn. 512)[9] und sonst über die objektivrechtliche Seite der Grundrechte (Rn. 513 ff.)[10] mit dem in ihr enthaltenen Schutzauftrag[11] zugutekommt. 566

Im *Ausgangsfall 2* (Rn. 558, 561) scheidet die Abwehrfunktion des Art. 5 I 2 GG aus, weil es nicht der Staat, sondern die Privatperson *A* ist, die in die Redaktionsarbeit des *T-Verlages* eingedrungen ist und die Ergebnisse dieses Eindringens veröffentlicht.[12] Schutz gegen *A* durch das Zivilgericht in Substitution für den Gesetzgeber kann der *T*-Verlag als *juristische* Person zwar nicht über den Schutz der *Menschen*würde nach Art. 1 I 2 GG, aber über die objektivrechtliche Seite des Art. 5 I 2 GG (Rn. 485) erlangen.

Beim **Anspruchsgegner** ist andererseits die *Abwehrfunktion* der Grundrechte angesprochen. Wie der Gesetzgeber[13] greift nämlich bei Rechtsgüterkollisionen auch der Richter in die Grundrechte der anderen Seite (Art. 5 I 1, 2 GG der *A* im *Ausgangsfall 2*) ein, wenn er dem Schutzbegehren der einen Seite (*T*-Verlag) nachgibt.

II. Gedankenführung in der Fallbearbeitung

1. Die Darstellung eines „Drittwirkungsfalles" beginnt naturgemäß mit seiner **zivilrechtlichen Einkleidung** und zweckmäßigerweise mit einem kurzen (!) Hinweis auf 567

---

[6] BVerfGE 114, 339 (348); 101, 361 (388); 99, 185 (196); 81, 242 (256); 7, 198 (207).
[7] Dazu *Hesse,* Verfassungsrecht, Rn. 356.
[8] Dazu BVerfGE 93, 352 (361); 90, 27 (33); 73, 261 (269); *BVerfG (Kammer)* NJW 2000, 2658; Beispiel in BGHZ 151, 389 (392 ff.).
[9] Zur Drittwirkung s. etwa BVerfGE 114, 339 (346 f.); 99, 185 (194 f.).
[10] St. Rspr. für die Drittwirkung seit dem „Lüth-Urteil" BVerfGE 7, 198 (205 ff.); s. zB BVerfGE 101, 361 (388); 97, 125 (145); 81, 242 (256); 73, 261 (269); 66, 116 (135).
[11] Zur Drittwirkung s. etwa BVerfGE 81, 242 (256).
[12] BVerfGE 66, 116 (135); Beispiele für die gleiche Grundsituation schon in Rn. 190.
[13] Dazu BVerfGE 81, 242 (255).

den grundrechtsdogmatischen Ansatz, wie beides für den *Ausgangsfall 2* in Rn. 561 schon angedeutet worden ist.

568 **2.** Dann sind die **einschlägigen Grundrechte** im Einzelnen herauszuarbeiten.

Im *Ausgangsfall 2* (Rn. 558, 561) geht es auf Seiten des *T-Verlages* um den Kern der Pressefreiheit des Art. 5 I 2 GG. Die „Vertraulichkeit der Redaktionsarbeit" ist eine der „notwendigen Bedingungen der Funktion einer freien Presse".[14] Auf Seiten der *A* schützen weder Art. 5 I 1 GG noch Art. 5 I 2 GG die *Beschaffung* der Information durch *Erschleichen*. Gleichwohl ist die *Verbreitung* der beschafften Information in den Schutzbereich des Art. 5 I 1, 2 GG einzubeziehen, wobei allerdings der Unrechtsgehalt der Beschaffung das Gewicht des Grundrechtsschutzes erheblich mindert.[15]

569 **3. Kollidierende Grundrechtspositionen** sind „fallbezogen"[16] nach dem Grundsatz der Verhältnismäßigkeit gegeneinander **abzuwägen**. Seltener geht es dabei um die „Zweck-Mittel-Relation" mit der Eignung und der Notwendigkeit (Rn. 463 f.) einer Einschränkung der Grundrechtsposition des Anspruchstellers. Im Zentrum steht regelmäßig der Grundsatz der Verhältnismäßigkeit im engeren Sinne (Rn. 465 ff.). Anders als bei der bloßen *Überprüfung* von Gesetzen (Rn. 466, 479) ist das Zivilgericht und sind mit ihm die Klausurbearbeiter insoweit nicht auf das Kriterium einer *offensichtlichen Fehl*gewichtung beschränkt. Weil das Zivilgericht die fehlende Abwägung des Gesetzgebers substituiert (Rn. 564), hat es vielmehr *originär* die gleiche *„volle"* Wertungszuständigkeit wie der Gesetzgeber (Rn. 467).[17]

Das gilt im *Ausgangsfall 2* (Rn. 558, 561) für die Fallvariante (a) (gerichtliche Untersagung der Buchveröffentlichung). Weil die Pressefreiheit des *T-Verlages* mit dem Redaktionsgeheimnis im Kern betroffen wird und die Art. 5 I 1, 2 GG-Position der *A* wegen der Art der Informationsbeschaffung schwach ist, können die Bearbeiter in der Fallvariante (a) nach *ihrer* Wertung die Ansicht darlegen, die Grundrechtsposition des *T-Verlages* setze sich in der Abwägung durch. Dieses Abwägungsergebnis ist auch dann noch möglich, wenn man die Grundrechtsposition der *A* über eine Sachverhalts*ergänzung* verstärkt und etwa annimmt, in den Redaktionskonferenzen seien gravierende journalistische Manipulationen sichtbar geworden, an denen die Öffentlichkeit ein erhebliches Interesse hat.[18] *Jedenfalls* bei dieser Sachverhalts*ergänzung* können die Bearbeiter im Rahmen der Abwägungszuständigkeit des Zivilgerichts aber auch zum gegenteiligen Ergebnis kommen, wenn sie nach ihren verfassungsrechtlichen Wertungen eine besondere Gewichtung der Belange der Öffentlichkeit für angemessen halten.

III. Eingeschränkte Überprüfungskompetenz des Bundesverfassungsgerichts

570 Die Abwägungssituation ändert sich, wenn im Rahmen einer Urteilsverfassungsbeschwerde das *BVerfG* mit den Grundrechtsfragen befasst wird (*Ausgangsfall 2,* Fallvariante (b)). Wie bei der Frage nach der Verfassungsmäßigkeit eines Gesetzes geht es für das BVerfG auch jetzt bloß um die rechtliche *Überprüfung* der Abwägungsentscheidung durch das für die Abwägung originär zuständige Zivilgericht. Vergleichbar mit der Überprüfung von Gesetzen (Rn. 466, 479) kann das Bundesverfassungsgericht jetzt nicht *seine* Grundrechtsabwägung an die Stelle der Abwägung des Gerichts setzen. Vielmehr greift das BVerfG nur bei einer *offensichtlichen Fehl*gewichtung ein. Demgemäß liegt ein Grundrechtsverstoß, „der zur Beanstan-

---

[14] BVerfGE 66, 116 (134) mit eingehender Erläuterung.
[15] Zur Erläuterung s. insoweit auch BVerfGE 66, 116 (137 f.).
[16] BVerfGE 90, 27 (33).
[17] S. BVerfGE 97, 391 (401); 99, 185 (196); 90, 27 (33); *BVerfG (Kammer)* NJW 1997, 386 (387).
[18] Zu dieser Variante BVerfGE 66, 116 (140 ff.).

§ 37. Sonderproblem „Drittwirkung der Grundrechte"

dung der angegriffenen Entscheidungen führt, ... nur dann vor, (1) wenn *übersehen* worden ist, daß bei Auslegung und Anwendung der verfassungsmäßigen Vorschriften des Privatrechts Grundrechte zu beachten waren; (2) wenn der Schutzbereich der zu beachtenden Grundrecht *unrichtig oder unvollkommen bestimmt* (3) oder ihr *Gewicht unrichtig* eingeschätzt worden ist, so daß darunter die Abwägung der beiderseitigen Rechtspositionen im Rahmen der privatrechtlichen Regelung leidet, und die Entscheidung (des Zivilgerichts) auf diesem Fehler beruht".[19] Allerdings verstärkt das BVerfG seine Überprüfung, „je nachhaltiger ... eine zivilgerichtliche Entscheidung grundrechtsgeschützte Voraussetzungen freiheitlicher Existenz und Betätigung verkürzt".[20] „In Fällen höchster Eingriffsintensität" hält sich das BVerfG für befugt, die vom Zivilgericht „vorgenommene Wertung durch seine eigene zu ersetzen".[21]

Auf dieser Linie würde das *BVerfG* die letztinstanzliche Gerichtsentscheidung im *Ausgangsfall 2,* Variante (b) aufheben und zur erneuten Abwägung an das Zivilgericht zurückverweisen, wenn das Zivilgericht die Informationsbeschaffung durch das „Einschleichen" der *A* etwa bloß als formale Inkorrektheit statt als schweren Verstoß gegen den Kern der Pressefreiheit des *T-Verlages* einordnete und die Klage des *T-Verlages* deshalb abwies.[22]

---

[19] So (ohne die Klammerzusätze und Hervorhebungen) BVerfGE 101, 361 (388); s. a. BVerfGE 97, 391 (401); 95, 28 (37); *BVerfG (Kammer)* NJW 2000, 2658 (2659).
[20] So BVerfGE 66, 116 (131); s. a. BVerfGE 83, 130 (145); 81, 278 (289).
[21] BVerfGE 42, 143 (149); zusammenfassend zu allem *Hermes,* VVDStRL 61 (2002), 119 (145 f.) mwN.
[22] Aufhebungsgrund in BVerfGE 66, 166 (142 f.).

8. Teil. Recht der politischen Parteien

§ 38. Verfassungsrechtlicher Grundstatus

Gemäß Art. 21 I 1 GG wirken die Parteien bei der politischen Willensbildung des Volkes mit. Nach der Rechtsprechung des *BVerfG* gehören sie damit *nicht* zu den Staatsorganen. „Sie sind vielmehr frei gebildete, im *gesellschaftlich-politischen* Bereich wurzelnde Gruppen", die dazu berufen sind, „in den Bereich der institutionalisierten Staatlichkeit hineinzuwirken", aber „selbst nicht zu diesem Bereich gehören".[1] Dementsprechend sind die Parteien – nach eigener Wahl – rechtsfähige (§ 21 BGB) oder nicht rechtsfähige (§ 54 BGB) Vereine des *bürgerlichen* Rechts.[2] Wegen ihrer besonderen Funktion (s. Art. 21 I 1 GG) haben sie aber einen verfassungsrechtlichen Status. Dieser bewirkt, dass sie sowohl in ihrem Verhältnis zum *Staat* (Rn. 572 ff.) als auch *intern* in ihrem Verhältnis zu den Mitgliedern (Rn. 587 ff.)[3] weitgehend nach anderen Grundsätzen zu beurteilen sind als sonstige Vereinigungen. Insofern ist Art. 21 GG lex specialis zu Art. 9 GG.

571

§ 39. Rechtsstellung der Parteien in ihrem Verhältnis zum Staat

I. Freiheitsstatus, Parteienprivileg

Ausgangsfall:[4]

Junglehrer J ist die Ernennung zum Beamten auf Lebenszeit verweigert worden, weil er nicht „die Gewähr dafür biete, dass er jederzeit für die freiheitliche demokratische Grundordnung im Sinne des GG eintrete" (s. § 7 I Nr. 2 BeamtStG, der mit § 7 I Nr. 2 BBG übereinstimmt). J sei nämlich führendes Mitglied der „Liga zur Förderung der Demokratie in der Bundesrepublik", die verfassungswidrige Ziele verfolge. J hält die Abweisung für

572

---

[1] Grundlegend BVerfGE 20, 56 (100 f.). S. ferner etwa *Ipsen*, DVBl 2009, 552. Die verfassungsrechtlich verankerte Funktion der Parteien prägt auch das Recht der Parteienfinanzierung; s. §§ 18 ff. PartG im Anschluss an BVerfGE 121, 108; 111, 382; 85, 264; 73, 40; 73, 1; 52, 63; s. a. *v. Arnim*, DVBl 2011, 1278; außerdem Art. 21 III, IV GG nF im Anschluss an *BVerfG* NJW 2017, 611 – NPD-Verbotsverfahren.
[2] Die insoweit bestehenden Unterschiede wurden durch die Rechtsprechung und den Gesetzgeber weitestgehend aufgehoben; s. zB BGHZ 43, 316 (319 f.); §§ 3, 37 PartG, § 50 II ZPO.
[3] Zu zwischen Parteien einer Regierungskoalition geschlossenen Koalitionsvereinbarungen s. die 11. Aufl. (Rn. 591 ff.); außerdem *Maurer*, Staatsrecht I, § 14 Rn. 23 ff.; *Schulze-Fielitz*, JA 1992, 332; Fallbesprechungen bei *Büge/Pauly*, JuS 1987, 643; *Kilian*, VR 1987, 350.
[4] In Anlehnung an BVerfGE 39, 334; *BVerwG* NJW 1975, 1135; weiterer Fall bei *Dau/Mein*, JuS 2016, 430. Zur Nutzung von Schulräumen durch politische Parteien VGH München NJW 2012, 1095 m. Anm. *Waldhoff*, JuS 2012, 383.

rechtswidrig. Wie ihm sei auch vielen anderen Mitgliedern der Liga der Eintritt in den Staatsdienst verweigert worden. Das habe der Liga erheblich geschadet und sei ein Verstoß gegen Art. 21 II, IV GG, wonach „über die Frage der Verfassungswidrigkeit" einer Partei das *BVerfG* entscheide. Ist dieses Vorbringen relevant?

573 Beim „Einstieg" in den Fall kann davon ausgegangen werden, dass § 7 I Nr. 2 BeamtStG verfassungsgemäß ist: Solange es nicht lediglich um Ausbildungsverhältnisse[5] im öffentlichen Dienst geht, ist Maßstabsnorm nicht Art. 12 I GG, sondern Art. 33 II GG als lex specialis für die Übernahme in das Beamtenverhältnis (Rn. 526). Im Rahmen des Art. 33 II GG geht es um die „Eignung". Was unter „Eignung" im Einzelnen zu verstehen ist, wird durch Art. 33 V GG vorgegeben: § 7 I Nr. 2 BeamtStG und § 7 I Nr. 2 BBG konkretisieren insoweit einen verfassungsrechtlich verankerten „hergebrachten Grundsatz des Berufsbeamtentums".[6] Die Probleme des *Ausgangsfalles* liegen in der *Sonderfrage*, ob *daraus* auf eine mangelnde Eignung iSd § 7 I Nr. 2 BeamtStG geschlossen werden darf, dass der Bewerber einer Vereinigung angehört bzw. sich in ihr betätigt, die bisher *nicht verboten* worden ist.

574 1. Wegen ihrer besonderen Funktion ist die **politische Partei** gegenüber anderen Vereinigungen **privilegiert**: Gem. Art. 21 IV GG kann sie – im rechtlichen und administrativen Bereich – nur als verboten behandelt werden, wenn das *BVerfG (konstitutiv)* ihre (in Art. 21 II GG näher definierte) Verfassungswidrigkeit *festgestellt* hat.[7] Bekannt sein sollte das Urteil des BVerfG vom 17. Januar 2017 im *zweiten NPD-Verbotsverfahren:*[8] Das Gericht bejahte zwar ein auf die Beseitigung der bestehenden freiheitlichen demokratischen Ordnung gerichtetes politisches Konzept der Partei, auf dessen Zielverwirklichung sie planvoll und qualifiziert hinarbeite; es fehle jedoch – mit Blick auf das Tatbestandsmerkmal „darauf *ausgehen*" – an konkreten Anhaltspunkten von Gewicht, die es zumindest möglich erscheinen lassen, dass dieses Handeln zum Erfolg führt (sog. *Potentialität* – Rechtsprechungsänderung!).[9]

Die durch das Urteil entstandene Kluft zwischen einer (bloßen) *Ausrichtung* auf verfassungsfeindliche Ziele (s. Art. 21 III GG nF) und dem für die Verfassungswidrigkeit erforderlichen „*Ausgehen*" (Art. 21 II GG) nutzte der *verfassungsändernde* Gesetzgeber zur Einführung eines gestuften Sanktionssystems: Art. 21 III, IV GG nF ermöglicht nun unterhalb des Parteiverbots auf einer ersten Stufe den (ebenfalls vom BVerfG zu entscheidenden) Ausschluss einer verfassungsfeindlichen Partei von staatlicher Finanzierung, steuerlichen Begünstigungen und Zuwendungen, der einfachgesetzlich näher geregelt wird.[10] Eine ausschließlich einfachgesetzliche Regelung war wegen des bis dato uneingeschränkten Parteienprivilegs nicht möglich.[11]

Andere Vereinigungen, „deren Zwecke oder deren Tätigkeit ... sich gegen die verfassungsmäßige Ordnung richten", können demgegenüber gem. Art. 9 II GG ohne

---

[5] Hierzu BVerfGE 39, 334; *BVerwG* NJW 1975, 1135.
[6] So BVerfGE 39, 334 (351 f.).
[7] Einzelheiten zum Feststellungsverfahren (§§ 13 Nr. 2; 43 ff. BVerfGG) bei *Hillgruber/Goos*, Verfassungsprozessrecht, Rn. 683 ff.; s. a. *Stiehr*, JuS 2015, 994. Ein Antrag einer politischen Partei auf Feststellung ihrer Verfassungs*konformität* ist unzulässig; s. BVerfGE 133, 100.
[8] Das erste Verfahren war 2003 wegen der Einbeziehung von V-Leuten eingestellt worden: BVerfGE 107, 339; dazu *Michaelis*, NVwZ 2003, 943; *Ipsen*, JZ 2003, 485; s. a. BVerfGE 5, 85 – KPD; 2, 1 – SRP.
[9] *BVerfG* NJW 2017, 611 m. Anm. *Sachs*, JuS 2017, 377.
[10] S. Gesetz zur Änderung des Grundgesetzes (Artikel 21) vom 13.7.2017, BGBl. I S. 2346; Gesetz zum Ausschluss verfassungsfeindlicher Parteien von der Parteienfinanzierung vom 18.7.2017, BGBl. I S. 2730: s. insbes. § 13 Nr. 2a, § 43 I, § 46 I, § 46a BVerfGG nF, § 18 VII 2 PartG nF.
[11] S. *BVerfG* NJW 2017, 611 (629 Rn. 625).

Weiteres als verboten behandelt werden. Das Vorgehen gegen sie ist lediglich durch *einfaches Gesetzesrecht* erschwert; gemäß § 3 I VereinsG ist zuvor (deklaratorisch) ein *exekutives* Verbot durch die dafür zuständige Verbotsbehörde (§ 3 II VereinsG) erforderlich.[12]

Im *Ausgangsfall* ist damit zunächst zu untersuchen, ob die Liga als *Partei* iSd Art. 21 GG angesehen werden kann. Nur dann könnte der verfassungsgebotene[13] Inhalt des § 7 I Nr. 2 BeamtStG vom Parteienprivileg her *verfassungsimmanent* eingeschränkt sein, solange das *BVerfG* die Verfassungswidrigkeit der Liga nicht festgestellt hat. Der *einfachgesetzliche* Verbotsvorbehalt des § 3 I VereinsG hätte demgegenüber nicht die Kraft, die *verfassungsgebotene* Einstellungsvoraussetzung des § 7 I Nr. 2 BeamtStG zu modifizieren.

2. Nach der ständigen Rechtsprechung des BVerfG[14] konkretisiert § 2 I 1 PartG (lesen!) den **Parteibegriff** des Art. 21 I GG auf der Grundlage von Art. 21 V GG in verfassungsgemäßer Weise. Deshalb kann in der Fallbearbeitung – *unter Verweis auf dieses Normverhältnis* – auf die einfachgesetzliche Definition zurückgegriffen werden. 575

Im *Ausgangsfall* könnten vor allem folgende Begriffsmerkmale problematisch sein: Bundes- oder *wenigstens Landesebene* als Bereich der politischen Betätigung mit dem *Ziel*, für den Bundestag oder einen Landtag *zu kandidieren* (kommunale Wählervereinigungen, „Rathausparteien" und Europaparteien sind danach *keine* Parteien iSd Art. 21 GG[15]); nach dem Gesamtbild der tatsächlichen Verhältnisse (ua Umfang und Festigkeit der Organisation, Mitgliederzahl) ausreichende Gewähr für die *Ernsthaftigkeit dieser Zielsetzung*. Für die weiteren Überlegungen mag zugunsten des *J* davon ausgegangen werden, dass die Liga eine politische Partei im angedeuteten Sinne ist.

3. Das **Entscheidungsmonopol des BVerfG** schließt *jedes* administrative Einschreiten gegen die Aktivitäten einer politischen Partei aus,[16] soweit sie sich allgemein erlaubter Mittel bedient.[17] Demgemäß verbietet das Parteienprivileg des Art. 21 IV GG nF auch, *rechtlich* gegen *Mitglieder einer politischen Partei* einzuschreiten, soweit sie die Parteiziele verfolgen.[18] 576

Hierauf stützt *J* im *Ausgangsfall* seine Argumentation. Der *Extremistenbeschluss* des *BVerfG* löst den Konflikt zwischen (nunmehr) Art. 21 IV und Art. 33 II, V GG indessen zugunsten der letzteren Norm und verweist insofern auf die Sicherung des Verfassungsstaates vor Gefahren aus dem Kreis seiner Beamten.[19] Es kommt gemäß Art. 33 II, V GG auf die *materielle* Eignung des *konkreten* Bewerbers an. Diese hängt nicht davon ab, ob eine Partei durch das BVerfG verboten ist oder nicht.[20] 577

---

[12] S. BVerfGE 80, 244 (253 f.); BVerwGE 134, 275; 80, 299 – „Hell's Angels"; 55, 175.
[13] BVerfGE 39, 334 (351 f.).
[14] BVerfGE 111, 382 (409); 91, 262 (266 f.); 91 276 (284) – auch zum Parteibegriff im Gründungsstadium einer politischen Gruppierung; in diese Richtung bereits E 3, 383 (403).
[15] Zu kommunalen Wählervereinigungen BVerfGE 121, 108 (118 ff.) – Recht auf Chancengleichheit gem. Art. 3 I iVm Art. 9 I, 28 I 2 GG; E 79, 379 (384 f.); 69, 92 (104); 6, 367 (372 f.).
[16] Fall dazu bereits in Rn. 104, 106.
[17] BVerfGE 107, 339 (362); 47, 198 (228); 12, 296 (304 f.); *BVerfG (Kammer)* NJW 2001, 2076.
[18] BVerfGE 63, 266 (308) – abw. M. Bundesverfassungsrichter *Simon;* 47, 130 (139); 17, 155 (166 f.); 13, 46 (52 f.); 13, 123 (126); 12, 296 (305 ff.).
[19] BVerfGE 39, 334; s. a. *BVerfG* NVwZ 2002, 847; BVerwGE 114, 258; *BVerwG* NJW 1975, 1135 (1139 ff.).
[20] Zur Bedeutung der Parteizugehörigkeit bei der Beobachtung von Abgeordneten durch den Verfassungsschutz BVerfGE 134, 141 (182 f. Rn. 123, 189 f. Rn. 141).

II. Gleichheitsstatus, Chancengleichheit

Ausgangsfall:[21]

578 Die Stadt X ist bereit und in der Lage, für den Bundestagswahlkampf an (nur) 12 Abenden ihre Stadthalle zur Verfügung zu stellen. Einzige Interessenten sind die 3 in Fraktionsstärke im BTag vertretenen Parteien C (für 6 Abende), F (für 4 Abende) und S (für 7 Abende). Weil F und S klar zu erkennen gegeben haben, dass sie nach der Wahl ihre bisherige Regierungskoalition fortsetzen möchten, wenn sie zusammen eine regierungsfähige Mehrheit erreichen, beabsichtigt Stadtdirektor St, F und S zusammen ebenso viele Abende zu überlassen wie C, nämlich C 6 Abende, F 2 Abende und S 4 Abende. Als Partei S davon erfährt, wird sie bei St vorstellig und weist darauf hin, dass sie bei der letzten Bundestagswahl 45 % aller Stimmen erhalten habe, C hingegen nur 40 % und F nur 8 %. Daher könne sie jetzt nicht mit 4 Abenden abgespeist werden. Wie soll St sich verhalten?[22]

579 1. Gem. § 5 I 1 PartG sollen alle Parteien *(formal)* gleichbehandelt werden, „wenn ein Träger öffentlicher Gewalt den Parteien Einrichtungen zur Verfügung stellt oder andere öffentliche Leistungen gewährt". Das deckt sich mit der Rechtsprechung des *BVerfG*, die aus der egalitär-formalen Wahlrechtsgleichheit der einzelnen Staatsbürger (Art. 38 I 1 GG, Rn. 495) darauf schließt, *im Grundsatz* sei auch den politischen Parteien eine *formale* Chancengleichheit eingeräumt, und diese normativ in Art. 21 I iVm Art. 3 I GG verankert.[23]

Im *Ansatz* muss daher für den *Ausgangsfall* von einer Aufteilung 4: 4: 4 und damit von nur 4 Abenden für die S ausgegangen werden.

580 2. Gemäß § 5 I 2 PartG kann der Umfang der Gewährung aber „nach der *Bedeutung* der Parteien bis zu dem für die Erreichung ihres Zwecks erforderlichen Mindestmaß abgestuft werden". Auch insoweit ist § 5 I PartG Ausdruck der Rechtsprechung des *BVerfG*, wonach der Staat die vorgefundene Wettbewerbslage nicht verfälschen darf[24]. Wird die formale Gleichheit so modifiziert, bewirkt der Gleichheitsgrundsatz indessen, dass die Bedeutung *jeder* Partei zu berücksichtigen ist.

581 Hieran knüpfen im *Ausgangsfall* die Bedenken der S an. Gesetzliche Aussagen zu den Kriterien, nach denen die Bedeutung einer Partei zu bemessen ist, finden sich in § 5 I 3 („insbesondere" Wahlergebnisse)[25] und in § 5 I 4 PartG (Vertretensein im Bundestag mit Fraktionsstärke, was der F im *Ausgangsfall* mindestens halb so viele Abende wie für jede andere Partei garantieren würde). St bemisst die Bedeutung im *Ausgangsfall* nach der *Funktion*, die C als einziger im BTag vertretenen *Oppositionspartei* im politischen Kräftespiel zukommt, indem er der an die Regierung strebenden C ebenso viele Abende zugesteht wie S und F *zusammen*, die *gemeinsam* bestrebt sind, die Regierungsmehrheit zu behalten. Ob die „Bedeutung" der Parteien so bestimmt werden kann, ist (im Anschluss an eine saubere Subsumtion unter § 5 I

---

[21] Zum Recht der öffentlichen Einrichtungen s. Rn. 361 ff. Weitere Klausurfälle bei *Hornung/Schmidt*, JuS 2015, 343; *Hornung/Kammermeier*, JuS 2012, 931.
[22] Zur Zuteilung von Plakatflächen BVerwGE 47, 293; zur Zuteilung von Sendezeiten BVerfGE 67, 149; 63, 251 mwN; 7, 99; BVerwGE 87, 270; 75, 67.
[23] S. zB *BVerfG* NVwZ 2015, 1361 (1362 f.); NVwZ 2012, 33 (35); BVerfGE 111, 382 (398); 24, 300 (340 f.); 14, 121 (132 f.); 1, 208 (242). S. bereits *Jülich*, Chancengleichheit der politischen Parteien, 1967; *Kißlinger*, Das Recht auf politische Chancengleichheit, 1998.
[24] S. nur *BVerfG* NVwZ 2015, 1361 (1362 f.) mwN.
[25] Zur Berücksichtigung der Erfolgsaussichten bei anstehenden Wahlen BVerfG NJW 2002, 2939 – TV-Duell.

§ 39. Rechtsstellung der Parteien in ihrem Verhältnis zum Staat

PartG) das eigentliche Problem des Falles. Weil sich in § 5 I 2 PartG die Rechtsprechung des *BVerfG* niedergeschlagen hat (s. soeben), müssten sich die Bearbeiter einer Hausarbeit dem Problem einerseits über eine sorgfältige Analyse der Rechtsprechung dieses Gerichts zu den Modifizierungen der formalen Chancengleichheit nähern.[26] Andererseits hätten die Bearbeiter aber auch (in fallbezogener Einkleidung) zu versuchen, die *verfassungsrechtliche Stellung der Opposition* zu ergründen.[27] Folgen die Bearbeiter im Prinzip dem Ansatz des *St*, stoßen sie auf das weitere Problem, wie die Bedeutung von *F* und *S* in ihrem internen Verhältnis zueinander zu gewichten ist. Immerhin geht es beiden Parteien nicht zuletzt auch darum, sich *innerhalb* der Koalition eigenständig zu profilieren und deshalb *je für sich* möglichst viele Wählerstimmen zu gewinnen.

III. Trennung von Partei- und Regierungsamt

Ausgangsfall:

Bundesumweltministerin *U* ist empört: Die neu gegründete Partei der Grellen *G*, deren Vertreter zuletzt in verschiedene Landtage eingezogen sind, werben im Bundestagswahlkampf verstärkt mit – nach Auffassung der *U* – „umweltzerstörerischen" Wahlversprechen, wie einem Neubau von Kernkraftwerken und einer vollständigen Steuerfreiheit für Kraftstoffe. Da die Umfragewerte für *G* kontinuierlich steigen, sieht *U* dringenden Handlungsbedarf. Sie verschickt über den E-Mail-Verteiler ihres Ministeriums, in den sich Interessierte eintragen können, eine Nachricht, in der sie die wahlberechtigten Bürgerinnen und Bürger als ihre Umweltministerin dazu auffordert, auf gar keinen Fall die *G* zu wählen. Andernfalls drohe eine „ökologische Apokalypse". Steht ihr dies zu? Wie wäre die Aussage zu bewerten, wenn *U* diese im Rahmen eines Interviews einer Frauenzeitschrift unter dem Titel „*U* privat" unter Bezugnahme auf ihre Überzeugung als Mitglied der *P*-Partei tätigte? 582

Die besondere Stellung der politischen Parteien zwischen Gesellschaft und Staat und die damit verbundenen Abgrenzungsschwierigkeiten werden besonders anschaulich in der Person von Regierungsmitgliedern, die gleichzeitig Vertreter einer Partei sind. Als Regierungsmitglieder sind sie Vertreter des Staates und – gerade im Wahlkampf, aber auch darüber hinaus – den Parteien gegenüber zu Neutralität (Art. 21 I iVm Art. 3 I, s. Rn. 578 ff.) verpflichtet.[28] Als Parteimitglieder und Privatpersonen können sie sich wiederum auf ihre Grundrechte berufen, insbesondere auf ihre Meinungsfreiheit (Art. 5 I 1 Alt. 1 GG). Nach der Rspr. des *BVerfG* ist für die Bindung an das Neutralitätsgebot entscheidend, ob ein Regierungsmitglied für sein Handeln 583

---

[26] BVerfGE 34, 160 (164); 24, 300 (335); 14, 121 (137) beurteilen die Bedeutung einer Partei ua nach ihrer „Beteiligung an den Regierungen in Bund und Ländern". Entsprechendes hat dann wohl auch für die Opposition zu gelten.

[27] S. BVerfGE 142, 25 m. Anm. *Sachs*, JuS 2016, 764; *Ingold*, Das Recht der Oppositionen, 2015; *H.P. Schneider*, Die parlamentarische Opposition im Verfassungsrecht der Bundesrepublik Deutschland, 1974; sowie Rn. 621; Klausur bei *Holterhus*, JuS 2016, 711. Im Anschluss an die HmbVerf existieren mittlerweile in fast allen Landesverfassungen Regelungen zur Opposition: Art. 16a BayVerf; Art. 38 III, 49 IV BlnVerf; Art. 55 II BbgVerf; Art. 78 BremVerf; Art. 24 HmbVerf; Art. 26 M-VVerf; Art. 19 II NVerf; Art. 85b RhPfVerf; Art. 40 SächsVerf; Art. 48 LSAVerf; Art. 12 SchlHVerf; Art. 59 ThürVerf; s. a. *Cancik*, Parlamentarische Opposition in den Landesverfassungen, 2000.

[28] *BVerfG* NVwZ 2015, 209 (211 ff.) in Abgrenzung zum Bundespräsidenten (s. a. BVerfGE 136, 323 (334 ff. Rn. 30 ff.) m. Anm. *Sachs*, JuS 2014, 956); NVwZ-RR 2016, 241 (242); Urt. v. 27.2.2018, Az. 2 BvE 1/16 (BMBF-Pressemitteilung „Rote Karte für die AfD"), Rn. 44 ff., 70 ff.

„die *Autorität des Amtes* oder die damit verbundenen *Ressourcen* in spezifischer Weise in Anspruch" nimmt.[29]

Im *Ausgangsfall* handelt *U* nach dieser Unterscheidung bei Versendung der E-Mail klar unter Inanspruchnahme ihres Amtes und der Ressourcen des Ministeriums und damit wegen Verletzung des für Regierungsmitglieder geltenden strikten Neutralitätsgebotes verfassungswidrig – auch eine Berufung auf Art. 20a GG kann diese Einwirkung auf den Wahlkampf nicht rechtfertigen. *U*'s Stellungnahme im Rahmen des Interviews ist dagegen von ihrer Meinungsfreiheit gedeckt.

584 Die vom *BVerfG* vorgegebene Abgrenzung kann in der Realität schwierig sein, insbesondere soweit es um den Rückgriff auf die „Autorität des Amtes" geht. Aufgrund der – vom Grundgesetz vorgesehenen (Art. 21 I 1 GG) – parteipolitischen Überformung des parlamentarischen Regierungssystems wird im Zweifel eine Äußerung als Parteimitglied anzunehmen sein.[30]

IV. Prozessuales

585 1. Bereits in ihrem Verhältnis zum Staat sind verschiedene Rechtsschutzmöglichkeiten der politischen Parteien zu unterscheiden.[31] Soweit die Rechte der politischen Partei durch *Verwaltungsbehörden* beeinträchtigt werden, kann die Partei von den herkömmlichen Rechtsmitteln Gebrauch machen, die auch jedem Bürger zur Verfügung stehen (§ 3 PartG). Nach Erschöpfung des **(Verwaltungs-)Rechtswegs** kommt ggf. eine **Verfassungsbeschwerde** (Art. 93 I Nr. 4a GG) in Betracht.

Als Verein des bürgerlichen Rechts kann sich die Partei nach Maßgabe des Art. 19 III GG auf *Grundrechte* berufen. Im *Ausgangsfall* (Rn. 578) wäre an der in Art. 3 I iVm Art. 21 I GG verankerten Chancengleichheit anzusetzen.[32]

586 2. Verletzt dagegen ein *Verfassungsorgan* den verfassungsrechtlichen Status der politischen Partei gemäß Art. 21 I GG, kann diese nach ständiger Rechtsprechung des *BVerfG*[33] ausschließlich als „anderer Beteiligter" iSd Art. 93 I Nr. 1 GG eine **Organklage** erheben.

§ 40. Streitigkeiten innerhalb politischer Parteien

Ausgangsfälle:

587 **(1)** Im Ortsverband X der Y-Partei wurden die 20 Delegierten für die Kreisdelegiertenversammlung aufgrund eines vorherigen Beschlusses des Wahlkörpers nach dem sog. Blockwahlsystem gewählt: Jeder Wähler musste 20 (von 36) Kandidaten ankreuzen. Bezeichnete er weniger Kandidaten, war sein Stimmzettel insgesamt ungültig. Wähler A

---

[29] *BVerfG* NVwZ 2015, 209 (213); NVwZ-RR 2016, 241 (242); Urt. v. 27.2.2018, Az. 2 BvE 1/16 (BMBF-Pressemitteilung „Rote Karte für die AfD"), Rn. 64 ff., 68 f., 80.
[30] Vgl. a. *BVerfG* NVwZ 2015, 209 (215); noch weitergehend in seiner Kritik an der Rspr. *Payandeh*, Der Staat 55 (2016), 519 ff.
[31] Zur 2012 eingeführten *Nichtanerkennungsbeschwerde* gemäß Art. 93 I Nr. 4c GG, §§ 13 Nr. 3a, 96a ff. BVerfGG s. zB BVerfGE 134, 121 u. 124; *BVerfG* NVwZ 2017, 1450.
[32] *BVerfG* NdsVBl. 2007, 165; s. a. *BVerfG* NJW 2002, 2939 – TV-Duell.
[33] *BVerfG* NVwZ 2015, 1361 (1362); BVerfGE 109, 275 (278); 73, 40 (65); 44, 125 (137); 20, 134 (140); deutlich bereits E 4, 27 (30 f.). Fallbesprechung bei *Höfling*, Staatsorganisationsrecht, Fall 9.

§ 40. *Streitigkeiten innerhalb politischer Parteien*

hält die Wahl für rechtswidrig. Er sei Angehöriger der parteiinternen Opposition, die aus Personalmangel nur 16 Kandidaten habe aufstellen können. Um diese Kandidaten zu wählen, habe er zusätzlich 4 ihm nicht genehmen Kandidaten seine Stimme geben müssen und dadurch deren Wahlchancen zulasten seiner eigenen Kandidaten erhöht. In der einschlägigen Wahlordnung der Y-Partei heißt es: „Sollen durch einen Wahlgang mehrere gleichartige Wahlämter besetzt werden, so sind die Kandidaten mit der höchsten Stimmenzahl gewählt." Kann A die Wahl mit Erfolg anfechten?[1]

(2) B ist Journalistin und setzt sich in einer führenden Wochenzeitung allwöchentlich sehr kritisch mit der Regierungspolitik auseinander, obgleich sie selbst Mitglied der Y-Partei ist, welche die Regierung stellt. Nachdem mehrere Warnungen nicht gefruchtet haben, schließt die Y-Partei die B wegen „parteischädigenden Verhaltens" aus der Partei aus. Kann B sich mit Erfolg hiergegen wehren?[2]

I. Materiellrechtlicher Einstieg

Materiellrechtlich sollte die Lösung vom *einfachen* Gesetzesrecht her entwickelt werden. Als lex specialis ist zunächst das **PartG** durchzumustern. Enthält es keine Regelungen, sind aufgrund der Rechtsform der politischen Parteien (Rn. 571) ergänzend die vereinsrechtlichen Bestimmungen der **§§ 21 ff. BGB** heranzuziehen (die der *BGH* trotz des Wortlauts von § 54 BGB weitgehend auch auf den nichtrechtsfähigen Verein anwendet[3]). 588

Nach § 15 I PartG fassen die Organe ihre Beschlüsse mit einfacher Mehrheit. Im *Ausgangsfall 1* gestaltet das *Blockwahlsystem* die Mehrheitswahl in einer Weise aus, die von § 15 I PartG nicht mehr gedeckt sein dürfte. Gem. § 40 (iVm § 32 I 3) BGB hätte § 15 I PartG möglicherweise durch eine Partei*satzung* abgeändert werden können. Die einschlägige Satzung (Wahlordnung) sieht das angewendete Blockwahlsystem aber auch nicht vor. Also war die Blockwahl bereits aus formellen Gründen rechtswidrig.[4] – Für *Ausgangsfall 2* bestimmt § 10 IV PartG: „Ein Mitglied kann nur dann aus der Partei ausgeschlossen werden, wenn es vorsätzlich gegen die Satzung oder erheblich gegen Grundsätze oder Ordnung der Partei verstößt und ihr damit schweren Schaden zufügt."[5] Eine (ausdrückliche) Satzungsbestimmung, gegen die B verstoßen haben könnte, ist nicht ersichtlich. Ein parteiinterner Grundsatz, nach dem es Parteimitgliedern verboten ist, die Politik der staatlichen Regierung (im Unterschied zur Parteipolitik, zu Parteiprogrammen usw.) zu kritisieren, lässt sich ebenfalls nicht nachweisen. 589

II. Verfassungsrechtliche Überlagerungen

1. Neben dem PartG ist **Art. 21 I 3 GG** zu beachten, wonach die innere Ordnung der Parteien „demokratischen Grundsätzen entsprechen" muss.[6] 590

---

[1] Fallanlehnung an *BGH* NJW 1974, 183.
[2] Verwandter Fall bei *Kotzur*, JuS 2001, 54. Zur Verweigerung der Mitgliedschaft (§ 10 I PartG) BGHZ 101, 193. Zum Verhältnis der Parlaments*fraktion* zu ihren Mitgliedern s. Rn. 617 f.
[3] Näheres dazu bei Palandt/*Ellenberger*, BGB, § 54 Rn. 1. Das VereinsG normiert dagegen das *öffentliche* Vereinsrecht.
[4] So jedenfalls *BGH* NJW 1974, 183 (185). § 15 I HS 2 PartG regelt den Fall der Abweichung in Form einer „erhöhten Stimmenmehrheit".
[5] Näheres dazu in *BGH* NJW 1994, 2610; BGHZ 75, 158; 73, 275; allgemein *Risse*, Der Parteiausschluß, 1985; *Ortmann*, Verfassungsrechtliche Probleme von Parteizugang und Parteiausschluß, 2001; *Roßner*, ZG 2008, 335.
[6] Dazu *Trautmann*, Innerparteiliche Demokratie, 1975.

Im *Ausgangsfall 1* lässt sich ein zweiter Argumentationsstrang gegen die Blockwahl an den demokratischen Grundsatz der Wahlrechts*gleichheit* (s. Art. 38 I 1 GG) knüpfen:[7] Bei Wahlen nach dem Mehrheitswahlsystem (dazu gehört die Blockwahl) müssen die abgegebenen Stimmen den *gleichen Zählwert* haben.[8] Dabei geht es nicht allein um eine numerische Zählung; die Stimmen müssen auch die Chance haben, auf das Wahlergebnis einzuwirken.[9] Der gleiche Zählwert ist im *Ausgangsfall 1* nicht gegeben. Angehörige von Minderheitsgruppierungen, die nicht in der Lage sind, 20 Kandidaten aufzustellen, entwerten ihre Stimmabgabe vielmehr dadurch, dass sie neben ihren Kandidaten weitere Kandidaten fördern müssen, die mit ihren eigenen konkurrieren. Nach der Rechtsprechung des *BVerfG* vermögen zwar *verfassungskräftige* Gegengesichtspunkte die Wahlrechtsgleichheit bis zu einem gewissen Grad einzuschränken. Ob die zugunsten der Blockwahl angeführten Gründe (möglichst breite Beteiligung der Mitglieder an der Parteiwillensbildung und Vermeidung von Zufallsmehrheiten) aber in diesem Sinne verfassungskräftig sind, ist schon zweifelhaft. Weil konkurrierende Verfassungsbestimmungen nach dem Grundsatz der praktischen Konkordanz möglichst so gegeneinander auszubalancieren sind, dass kein Gesichtspunkt *ganz* zurücktritt (s. Rn. 479), ist im *Ausgangsfall 1* aber jedenfalls die (vorliegende) *lupenreine* Blockwahl unzulässig.[10] Die automatische Begünstigung „fremder" Kandidaten lässt zudem Zweifel an der Verwirklichung des demokratischen Grundsatzes der Wahlrechts*freiheit* (s. Art. 38 I 1 GG) aufkommen.[11]

591 2. Schließlich gelten auch innerhalb politischer Parteien die **Grundrechte**. Politische Grundrechte, die im Zusammenhang mit den Demokratievorstellungen des GG stehen (vor allem Art. 5 GG, Rn. 485, 487), werden dabei durch Art. 21 I 3 GG in das Parteienrecht transformiert[12] (= dogmatische Parallele zu Art. 9 III 2 GG, Rn. 563). Die anderen Grundrechte wirken nach den Grundsätzen der „Drittwirkungslehre" (Rn. 562 ff.) (wie in *jedem* privatrechtlichen Verein) in der politischen Partei.

Käme im *Ausgangsfall 2* ein Verstoß gegen die „Grundsätze der Partei" in Betracht, wäre zugunsten der *B* die Pressefreiheit (Art. 5 I 2 GG), möglicherweise auch die Berufsfreiheit (Art. 12 I GG) heranzuziehen.

592 Die Grundrechte sind im Einzelfall nach den Grundsätzen der praktischen Konkordanz (Rn. 479) gegen das (aus Gründen der Funktionsfähigkeit iSd Art. 21 I GG) verfassungskräftige Interesse der Partei abzuwägen, eine auf demokratischen Beschlüssen beruhende Parteilinie durchzusetzen.[13]

Im *Ausgangsfall 2* würde spätestens diese Abwägung ergeben, dass *B* nicht aus der Partei ausgeschlossen werden durfte.

III. Prozessuales

593 Weil es sich um vereinsrechtliche Streitigkeiten handelt (Rn. 571), ist für *innerparteiliche* Auseinandersetzungen der Rechtsweg zu den **Zivilgerichten** gegeben.[14]

---

[7] So auch *BGH* NJW 1974, 183, der allerdings keinen Anwendungsfall speziell der Wahlrechts*gleichheit* gegeben sieht.
[8] St. Rspr. des *BVerfG*, s. Rn. 611 f.; ein gleicher *Erfolgs*wert scheidet bei Mehrheitswahlen dagegen aus.
[9] Dazu *Maurer*, Staatsrecht I, § 13 Rn. 24: „gleicher Erfolgschancenwert" als Präzision des Ausdrucks „Zählwert". Der *Erfolgs*wert wird dagegen (nur) beim Verhältniswahlsystem relevant.
[10] Vom *BGH* NJW 1974, 183 überzeugend dargelegt.
[11] Im Ergebnis ablehnend *BGH* NJW 1974, 183. Beispiele zu den verschiedenen Wahlrechtsgrundsätzen in Rn. 613.
[12] *Wolfrum*, Die innerparteiliche demokratische Ordnung, 1974, S. 134 ff.
[13] Einzelkriterien dazu bei *Lengers*, Rechtsprobleme bei Parteiausschlüssen, 1973, S. 114 ff.; *Wolfrum*, Die innerparteiliche demokratische Ordnung, 1974, S. 138 ff.
[14] *BGH* NJW 1994, 2610; BGHZ 73, 275; *VGH Mannheim* NJW 1977, 72.

Im *Ausgangsfall 1* kann A eine (negative) Feststellungsklage (§ 256 I Var. 2 ZPO) erheben, dass die Wahl ungültig ist. – Im *Ausgangsfall 2* kommt ebenfalls eine Feststellungsklage in Bezug auf die fortbestehende Mitgliedschaft bzw. die Ungültigkeit des Ausschlusses in Betracht. Dem steht nicht entgegen, dass der Ausschluss parteiintern durch ein „Schiedsgericht" (§§ 10 V, 14 PartG) ausgesprochen worden ist, denn ein Parteischiedsgericht ist nicht ohne Weiteres auch ein Schiedsgericht iSd §§ 1025 ff. ZPO.[15] Allerdings besteht nur eine beschränkte Kontrolldichte der Zivilgerichtsbarkeit.[16]

---

[15] Hierzu *Lengers*, Rechtsprobleme bei Parteiausschlüssen, 1973, S. 189 f.; *Schiedermair*, AöR 104 (1979), 200; *OLG Köln* NVwZ 1991, 1116; *OLG Frankfurt* NJW 1970, 2250. Gem. § 1055 ZPO hat der Spruch eines Schiedsgerichts „die Wirkung eines rechtskräftigen gerichtlichen Urteils".
[16] *BVerfG* NJW 2002, 2227 mwN: „Missbrauchs- und Evidenzkontrolle".

9. Teil. Weitere Fälle aus dem Staatsrecht (insbesondere organisatorischer Bereich)

§ 41. Allgemeines

I. Aufgabenstellung, Bedeutung der tragenden Verfassungsprinzipien, Staatszielbestimmungen

Mehrere wichtige Bereiche des Staatsrechts sind bereits früher erörtert worden, so die Gültigkeitsvoraussetzungen von Normen und das Gesetzgebungsverfahren (Rn. 407 ff.), Grundrechtsfragen (Rn. 439 ff.) sowie zuletzt das Parteienrecht (Rn. 571 ff.). Diese Bereiche können hier ausgeklammert bleiben. Gleiches gilt für die staatsrechtlichen Mitwirkungsbefugnisse von Bundestag und Bundesrat beim Abschluss völkerrechtlicher Verträge (Rn. 692 ff.) und im Zusammenhang mit der Europäischen Union (Rn. 710 ff.), die Gegenstand späterer Ausführungen sein werden.

Die *tragenden Verfassungsprinzipien* aus Art. 20 I, 28 I GG (Republik, Demokratie, Sozialstaat, Bundesstaat, Rechtsstaat) sind mitunter Gegenstand von *Themenarbeiten*. Im Rahmen der *Fallbearbeitung* werden die tragenden Verfassungsprinzipien in aller Regel nur *inzidenter* erheblich.[1]

Das wurde für das *Rechtsstaatsprinzip* im Zusammenhang mit der Rücknahme rechtswidriger Verwaltungsakte (Rn. 178 ff.) sowie bei der Rückwirkung von Gesetzen (Rn. 413 ff.) deutlich. Das *Sozialstaatsprinzip* kann etwa für die Grundrechtsexegese (s. Rn. 516) und beim Verwaltungsermessen (s. Rn. 101) fruchtbar gemacht werden. Als „verfassungsänderungsfestes Minimum" werden alle tragenden Verfassungsprinzipien im Rahmen von Art. 79 III GG relevant (Rn. 111, 406, 838). Der Begriff der „freiheitlichen demokratischen Grundordnung" hat Bedeutung im Rahmen des erwähnten Parteienverbots sowie für die erörterte Abweisung „radikaler" Bewerber im öffentlichen Dienst (Rn. 572 ff.).

Schon diese Beispiele zeigen, dass die Studenten auch in der *Fallbearbeitung* vertiefte Kenntnisse zu den tragenden Verfassungsprinzipien haben müssen. (Für die *mündliche* Prüfung gilt das ohnehin.)

Die erforderlichen Kenntnisse *hier* zu vermitteln, würde indessen den Rahmen der Schrift sprengen. Es geht um Grundfragen von Staat und Gesellschaft, die nur in einer Spezialabhandlung angemessen aufgegriffen werden könnten. Zum Einstieg kann daher nur auf die umfassenden Literaturlisten verwiesen werden, die in allen Lehrbüchern und Kommentaren zu den tragenden Verfassungsprinzipien enthalten sind.

Die tragenden Verfassungsprinzipien werden herkömmlich auch „*Staatszielbestimmungen*" genannt. Staatszielbestimmungen *speziellerer Art* sind Art. 3 II 2 GG (Förderung der Gleichberechtigung von Frauen und Männern, Rn. 496b) und

---

[1] Klausur zum Demokratieprinzip bei *Grosche*, JuS 2016, 239; zu den „Staatsstrukturprinzipien in der Fallbearbeitung" *Kees*, JA 2008, 795; zum Demokratieprinzip *Pieroth*, JuS 2010, 473. „Grundwissen" zur demokratischen Legitimation *Voßkuhle/Kaiser*, JuS 2009, 803; zum Rechtsstaatsprinzip *Voßkuhle/Kaufhold*, JuS 2010, 116; zum Bundesstaatsprinzip *Voßkuhle/Kaufhold*, JuS 2010, 873; zum Sozialstaatsprinzip *Voßkuhle/Wischmeyer*, JuS 2015, 693.

Art. 20a GG (Schutz der natürlichen Lebensgrundlagen und Tierschutz[2]). Insbesondere mit Art. 3 II 2, der 1994 in das Grundgesetz aufgenommen worden ist, spricht das Grundgesetz nunmehr doch noch den Themenbereich *sozialer Grundrechte* an;[3] „an sich" hat das Grundgesetz auf die Aufnahme sozialer Grundrechte (Recht auf Wohnung, Recht auf Arbeit usw.) verzichtet und als Surrogat die Sozialstaatsklausel des Art. 20 I GG formuliert.[4]

In erster Linie ist es der *Gesetzgeber,* der die Staatszielbestimmungen bzw. die sozialen Grundrechte umzusetzen hat.[5] Entstehen Konflikte mit anderen Verfassungsbestimmungen, können Art. 3 II 2 GG, Art. 20a GG oder die Sozialstaatsklausel ein Gesetz legitimieren, das ohne ihre Existenz verfassungswidrig wäre.[6] Von Art. 3 II 2 GG, von Art. 20a GG und von der Sozialstaatsklausel her besteht die Möglichkeit zu einer staatszielkonformen Auslegung von Gesetzen.[7] Schließlich sind diese Staatszielbestimmungen Kriterien für die Handhabung von Verwaltungsermessen bei der Anwendung einschlägiger Gesetze nach Maßgabe der Ermessenslehre (Rn. 84 ff.).[8]

598 Die nachfolgenden Ausführungen behandeln den *organisatorischen Teil des Staatsrechts,* also die *Staatsorgane* und das *Verhältnis von Bund und Ländern.* Klausuren aus diesem Bereich sind häufig besonders unbeliebt. Studenten und Examenskandidaten haben gerade auch hier nicht immer ausreichende Vorstellungen von dem, was sie erwartet. Auch fehlen Lösungsschemata. Nachfolgend soll versucht werden, die Vorstellungslücken zu schließen, indem ein möglichst weit gefächerter, gleichwohl notwendig unvollständiger *Überblick* über Fälle aus Originalklausuren zu den *wichtigsten Themenkreisen* gegeben wird.[9] Hingegen ist es nicht möglich, im bisherigen Umfang bis in viele Einzelheiten hinein die Gedankenfolgen zu abstrahieren, die für typische Fallgestaltungen immer wiederkehren. Staatsrechtliche Aufgaben haben häufig Konflikte zum Gegenstand, die lediglich *einmal* in der Verfassungswirklichkeit vorgekommen sind, aus diesem aktuellen Anlass dann eine gewisse Zeit lang durch die Klausuren geistern, später aber nur selten wieder auftauchen, weil mittlerweile andere Konflikte aktueller sind.[10]

---

[2] Hierzu *R. Faller,* Staatsziel „Tierschutz", 2005; zur Bedeutung des Art. 20a GG bei wissenschaftlichen Tierversuchen etwa *BVerwG* NVwZ 2014, 450 m. Anm. *Hufen,* JuS 2014, 953. Zur praktischen Relevanz von Art. 20a GG s. auch etwa Sachs/*Murswiek,* GG, 7. Aufl. 2014, Art. 20a Rn. 33 ff.; *Schmidt-Bleibtreu/Hofmann/Hopfauf,* GG, 13. Aufl. 2014, Art. 20a; Maunz/Dürig/*Scholz,* GG, Art. 20a; *Westphal,* JuS 2000, 339; mit Bezug zum Tierschutz *Caspar/Geissen,* NVwZ 2002, 913.

[3] Entsprechende Einordnung des Art. 20a GG bei *Hesse,* Verfassungsrecht, Rn. 208.

[4] Dazu grundlegend mit allen Nachw. aus der Entstehungsgeschichte des GG *W. Weber,* Der Staat 4 (1965), 409. Die Ausdeutungen der Grundrechte als Teilhabe- und Leistungsrechte (Rn. 510 ff.) führen soziale Grundrechte gleichsam „durch die Hintertür" ein.

[5] S. den Wortlaut von Art. 20a GG sowie für die Sozialstaatsklausel BVerfGE 102, 254 (298); 100, 271 (284).

[6] Zu Art. 3 II 2 GG s. Rn. 496b; zu Art. 20a GG s. etwa die Fallgestaltung in *BVerwG* NJW 1995, 2648.

[7] S. *BVerwG* NJW 1995, 2648.

[8] Zur verfassungsrechtlichen Bedeutung von Staatszielbestimmungen *Schladebach,* JuS 2018, 118.

[9] Fallbezogene Darstellungen auch bei *v. Münch/Mager,* Staatsrecht I, 8. Aufl. 2015; *Höfling,* Fälle zum Staatsorganisationsrecht.

[10] Beispiele aus der Vergangenheit: nach dem Rücktritt von Bundeskanzler *Brandt* die Erörterungen von *Arndt, Schweitzer* und *Röttger,* JuS 1974, 622; 1975, 358; nach der Auflösung des 9. Deutschen Bundestages und im Anschluss an die hierzu ergangene Entscheidung des BVerfG (E 62, 1) *Küchenhoff,* JuS 1983, 948; im Zusammenhang mit der früheren Rotation der „Grünen" Nds. StGH NJW 1985, 2319 m. Anm. *Stoll,* JuS 1987, 25; zur Festlegung der Nationalhymne durch den BPräs nach der Wiedervereinigung *Hultzsch,* JuS 1992, 583; zu Abstimmungsproblemen im BRat beim ZuwanderungsG *Kramer,* JuS 2003, 645 iVm BVerfGE 106, 310.

§ 41. Allgemeines

Wichtiger als die Kenntnis vieler Lösungsschemata zu vergangenen Streitfällen ist hier die *Fähigkeit, bisher unbekannte Konflikte in den Griff zu bekommen*, auch wenn sie in noch nicht ausreichend beackertes Neuland führen: Die Bearbeiter müssen in der Lage sein, sich auch ohne den Rückhalt eines Schemas mithilfe von *Grundkenntnissen* und durch *eigenständige* Überlegungen zu den einschlägigen Fragen und zu ihrer Lösung vorzutasten. Das wird nachfolgend mit geübt werden. Die Leser sollten jeden Fall zunächst selbst durchdenken und ihre Lösung anschließend mithilfe der Lösungsandeutungen überprüfen und vertiefen. 599

Unbedingt zu empfehlen (!) ist auch, dass Examenskandidaten das *aktuelle politische Geschehen* verfolgen (Zeitungslektüre) und ständig unter staats*rechtlichen* Aspekten „mitdenken" sowie etwa einschlägige Entscheidungen des *BVerfG* nachlesen.

II. Bearbeitungshinweise

Immerhin lassen sich einige allgemeingültige Bearbeitungshinweise voranstellen. Sie sollen den Bearbeitern vor Augen führen, wie auch staatsrechtliche Fälle mit *juristischer Methode*, nicht durch unverbindliche Ausführungen zu lösen sind. 600

Ausgangsfälle:

Der Bundespräsident weigert sich, **(1)** den vom Bundestag ordnungsgemäß gewählten Bundeskanzler, **(2)** einen vom Bundeskanzler vorgeschlagenen Bundesminister zu ernennen,[11] weil er ihre politischen Vorstellungen nicht teilt. **(3)** Der Bundespräsident verweigert die Ausfertigung eines Gesetzes, weil es politisch verfehlt sei. **(4)** Der Bundespräsident befürwortet in einem Zeitungsinterview in seiner Funktion als Bundespräsident die Bildung einer neuen Regierung. Handelt er jeweils rechtmäßig?

1. Suche nach einer positivrechtlichen Regelung

Zunächst ist stets zu prüfen, ob die aufgeworfene Frage positivrechtlich *eindeutig geregelt* ist. Soweit es um die Befugnisse eines Verfassungsorgans – etwa des Bundespräsidenten – geht, ist einmal der Abschnitt des Grundgesetzes durchzumustern, der diesem Verfassungsorgan gewidmet ist (in den *Ausgangsfällen* Art. 54 ff. GG). Sodann kann sich die Regelung auch unter den Vorschriften für ein anderes Verfassungsorgan (Bundestag, Bundesregierung) befinden, mit dessen Befugnissen das Handeln des Verfassungsorgans (Bundespräsident) im Zusammenhang steht. 601

Die Mitwirkung des Bundespräsidenten bei der Ernennung von Bundesbeamten und Bundesrichtern findet sich so im Abschnitt über den Bundespräsidenten (Art. 60 I GG), seine Mitwirkung bei der Ernennung von Mitgliedern der Bundesregierung hingegen im Abschnitt über die Bundesregierung (Art. 63 II 2, 64 I GG).

Der klare Wortlaut des Art. 63 II 2 GG ergibt, dass der Bundeskanzler im *Ausgangsfall 1* ernannt werden *muss*. Der Bundespräsident hat hier kein „politisches Prüfungsrecht". Im *Ausgangsfall 2* enthält Art. 64 GG keine klare Entscheidung zum *Umfang* der Prüfungsbefugnis des Bundespräsidenten *(Auslegungsproblem)*.[12] *Ausgangsfall 3* ist im Grundgesetz (Art. 82 I 1) 602

---

[11] Fall bei *Arndt*, JuS 1991, L 28; zur Minister*entlassung* Rn. 796; weiterer Fall bei *Jochum*, JuS 2014, 350.
[12] Überblick über die verschiedenen Ansichten zB bei Maunz/Dürig/*Herzog*, GG, Art. 64 Rn. 12 ff.

zwar nicht expressis verbis angesprochen, aber doch eindeutig entschieden: Das politische Prüfungsrecht bei der Ausfertigung von Gesetzen käme einem Vetorecht gleich; als *Grundfrage* des Verhältnisses zwischen Parlament und Staatsoberhaupt wäre das Vetorecht notwendig *ausdrücklich* erwähnt, wenn es bestünde. In weniger zentralen Fragen ist andererseits aber durchaus auch eine *ungeschriebene* Kompetenz denkbar. Um sie geht es im *Ausgangsfall 4 (Verfassungslücke);* Art. 5 GG (freie Meinungsäußerung) ist hier nicht einschlägig.[13]

2. Auslegungsschwierigkeiten und Verfassungslücken

603 Bei *Auslegungsschwierigkeiten* oder beim Vorliegen einer *Verfassungslücke* kann die Entscheidung in einer Klausur insbesondere über Rückschlüsse aus anderen Verfassungsvorschriften und/oder aus grundlegenden Zusammenhängen der Verfassung gewonnen werden.[14] Von den Klausurbearbeitern wird auch im Staatsrecht nicht erwartet, dass sie eine Streitfrage bis in alle Verästelungen der Argumentation hinein kennen; sie sollen nur *Verständnis* zeigen.[15]

604 Dabei lassen sich die Gedankengänge zB so ordnen:

(1) Was spricht **für** die in Anspruch genommene Kompetenz?

Im *Ausgangsfall 2* deutet der *Wortlaut* des Art. 64 I GG auf ein politisches Prüfungsrecht hin: Die Minister werden „auf Vorschlag" des Bundeskanzlers ernannt; nach dem allgemeinen Sprachgebrauch braucht ein Vorschlag nicht akzeptiert zu werden. Dementsprechend heißt es in Art. 64 I GG auch nicht wie in Art. 63 II 2 GG „ist zu ernennen", sondern „werden ernannt" (*systematischer* Kontext). – Im *Ausgangsfall 4* ist zB zu überlegen, ob sich aus den Aufgaben des Bundespräsidenten bei der Kanzlerwahl (Art. 63 GG) Rückschlüsse auf die in Anspruch genommene Befürwortungsbefugnis ziehen lassen. Andernfalls ist die Natur des Amtes zu durchleuchten.

(2) Was spricht **gegen** die in Anspruch genommene Kompetenz?

Im *Ausgangsfall 2* würde der Bundespräsident über die Zurückweisung des Ministers das ihm durch Art. 63 II 2 GG verwehrte Ziel auf „kaltem Wege" erreichen können: Ohne die Mitarbeiter seiner „*ersten Garnitur*" im Kabinett ist dem Bundeskanzler die Erfüllung seiner Aufgaben erheblich erschwert, eventuell unmöglich. Ferner sprechen Art. 63 und Art. 67 GG sehr stark für ein *rein parlamentarisches* Regierungssystem. Für *Ausgangsfall 4* könnte sich parallel argumentieren lassen, im *parlamentarischen* Regierungssystem dürfe kein anderes *Staatsorgan* Druck auf das Parlament ausüben, wenn es um die Neubildung einer Regierung gehe.

(3) Das **Ergebnis** ist eindeutig, wenn sich *nur* Gründe für eine Kompetenz oder *keine* Gründe für die Kompetenz haben finden lassen. Bestehen sowohl Gründe für als auch gegen die Kompetenz, haben die Bearbeiter sie gegeneinander abzuwägen; dabei zeigt sich dann einmal mehr die Relativität juristischer Entscheidung.

In den *Ausgangsfällen 2* und *4* dürften die Gründe überwiegen, welche *gegen* die vom Bundespräsidenten in Anspruch genommenen Kompetenzen sprechen (str.).

3. Kategorien der Allgemeinen Staatslehre als Argumentationshilfe?

605 *Besondere Vorsicht* ist geboten, wenn mit Kategorien der allgemeinen Staatslehre argumentiert werden soll.

In den *Ausgangsfällen* wäre es etwa verfehlt, Rückschlüsse daraus zu ziehen, dass der Bundespräsident „pouvoir neutre" oder „Hüter der Verfassung" sei bzw. nicht sei. Inwieweit dem

---

[13] S. a. BVerfGE 136, 323.
[14] Umfassend zur Methode der Verfassungsinterpretation zB *Hesse*, Verfassungsrecht, Rn. 49 ff.; *Maurer*, Staatsrecht I, § 1 Rn. 47 ff.
[15] Beispiel schon in Rn. 409 im Zusammenhang mit Art. 81 GG.

§ 42. Zusammensetzung und interne Probleme der Staatsgewalten

Bundespräsidenten solche Aufgaben zukommen, ergibt sich erst aus der Verfassung, um deren Auslegung es gerade geht, nicht umgekehrt.

Weiteres Beispiel: Muss eine Behörde ein Gesetz ausführen, das sie für verfassungswidrig hält? – Neben anderen, später (Rn. 656) anzudeutenden Überlegungen zur Lösung dieses im Grundgesetz nicht eindeutig geregelten Falles pflegt nach der Korrekturerfahrung ein Teil der Bearbeiter auszuführen: Aus dem Gewaltenteilungsprinzip ergebe sich, dass nur das Bundesverfassungs*gericht* (über Art. 93 I Nr. 2 GG: abstrakte Normenkontrolle auf Antrag insbesondere der Bundesregierung) die Ungültigkeit eines Gesetzes feststellen dürfe, die Bundesbehörde aber bis dahin den Willen der Legislative auszuführen habe. Ein anderer Teil der Bearbeiter argumentiert umgekehrt: Gewaltenteilung sei stets verbunden mit gegenseitiger Hemmung und Kontrolle der Gewalten; als Gegengewicht zum Bundestag dürfe die Bundesexekutive verfassungswidrige Gesetze nicht ausführen. Derartige Beweisführungen übersehen: Die (in Art. 20 II 2 GG angesprochene) Kategorie der Gewaltenteilung iSd allgemeinen Staatslehre ist so weit,[16] dass ihr *beide* Lösungen gerecht werden. *Entscheidend* ist allein, wie die Gewaltenteilung im Grundgesetz *im Einzelnen* verwirklicht ist.[17] Will man das Gewaltenteilungsprinzip heranziehen, ist es also erforderlich, sämtliche im Grundgesetz enthaltenen Regelungen der Gewaltenteilung und Gewaltenkontrolle daraufhin durchzumustern, ob sich aus ihnen eine bestimmte Tendenz des Verfassungsgebers entnehmen lässt, die dann auch für die Lückenschließung im *Beispielsfall* fruchtbar gemacht werden kann.

606

§ 42. Zusammensetzung und interne Probleme der Staatsgewalten

Die Fälle aus diesem Bereich lassen sich häufig nur lösen, wenn neben dem Verfassungstext einschlägige Gesetze und Rechtsverordnungen (etwa: BWahlG, BWO, WahlPrG, PUAG) oder die Geschäftsordnungen der einzelnen Organe (Bundestag, Bundesrat, Bundesregierung) herangezogen werden. Wie stets ist dabei von der *speziellsten Regelung* (Geschäftsordnung, Verordnung, Gesetz) auszugehen. Die Verfassung bleibt zunächst im Hintergrund, bekommt später aber oft als höherrangige Norm (Verfassungsverstoß?), als Auslegungsmaßstab oder bei der Lückenfüllung Bedeutung.

607

I. Parlament[1]

1. Wahlen

Ausgangsfall:

Könnte durch Änderung des BWahlG das Mehrheitswahlrecht eingeführt werden, oder wäre dafür eine Verfassungsänderung erforderlich?

608

---

[16] BVerfGE 9, 268 (279 f.).
[17] Grundsatzaussagen dazu in BVerfGE 95, 1 (15 f.).
[1] Zum Gesetzgebungsverfahren s. Rn. 408 ff.; zum Parlament als „Zentralorgan der Demokratie" *Morlok/Hientzsch*, JuS 2011, 1.

609 a) Im Ansatz sind zwei **Wahlsysteme** zu unterscheiden.[2] Die *Mehrheitswahl* ist eine *Persönlichkeitswahl:* Der Kandidat, der die (relativ oder absolut) meisten Stimmen auf sich vereint, zieht in das Parlament ein. Die Wählerstimmen für die unterlegenen Kandidaten sind (faktisch) im Parlament nicht vertreten. Die *Verhältniswahl* ist eine *Listenwahl:* Die Parlamentssitze werden nach dem Verhältnis der Stimmen verteilt, die für die einzelnen Listen abgegeben sind. Es fallen keine Wählerstimmen „unter den Tisch". Die Zusammensetzung des Parlaments ist ein genaues Spiegelbild der Vorstellungen der Wähler. Das BWahlG enthält eine *„personalisierte"* Verhältniswahl:

610 Mit einer *Erststimme* wählen die Wähler nach dem Mehrheitswahlsystem einen „Direktkandidaten" (§ 5 BWahlG); (auch) dieser ist *rechtlich* gesehen Repräsentant des Volkes (Art. 38 I 2 GG) und damit ebenfalls derjenigen Wähler, deren Erststimme „erfolglos" war. Mit der *Zweitstimme* wird eine Liste mit den auf ihr befindlichen Kandidaten gewählt (§ 6 BWahlG).[3] Die Sitzverteilung im BTag richtet sich dann entscheidend nach dem Verhältnis der auf die verschiedenen Listen abgegebenen „Zweitstimmen" und wird seit der Bundestagswahl 2009 nach dem *Sainte-Laguë/Schepers*-Verfahren berechnet[4] (s. § 6 II BWahlG). Gewählte Direktkandidaten muss sich jede Partei auf ihre Liste anrechnen lassen (§ 6 IV 3 BWahlG). Wenn eine Partei allerdings mehr Direktkandidaten durchbringt, als Abgeordnetensitze auf ihre Liste entfallen, erhöht sich die Zahl ihrer Abgeordneten und damit die Gesamtzahl der Abgeordneten um diese „Überhangmandate" (§ 6 IV 2, V BWahlG).[5]

611 b) Das Grundgesetz schreibt *kein* bestimmtes Wahl*system* vor. Vielmehr umfasst die dem Bundesgesetzgeber in Art. 38 III GG anvertraute Aufgabe der Gestaltung des Wahlrechts bereits die *Auswahl* des Wahlsystems.[6] Entscheidender Maßstab für die verfassungsrechtliche Beurteilung eines Wahlsystems ist Art. 38 I 1 GG und damit insbesondere die bereits erwähnte (Rn. 495) egalitäre **Wahlrechtsgleichheit**[7].

Aus ihr ergibt sich auch die Problematik des *Ausgangsfalles.* Im Mehrheitswahlsystem hat jede Stimme zwar den gleichen *Zähl*wert, aber nicht den gleichen *Erfolgswert.*

612 Vor allem im Zusammenhang mit der *5 %-Klausel* hat das *BVerfG* immer wieder betont, die Wahlrechtsgleichheit verlange neben dem gleichen *Zähl*wert auch den gleichen *Erfolgs*wert der Stimmen.[8] Nur *verfassungskräftige* Gegengründe gestatteten es, in engen Grenzen Ausnahmen zuzulassen,[9] so zB die Funktionsfähigkeit der zu wählenden Volksvertretung im Falle der 5 %-Klausel (die das BVerfG in Bezug auf das *Europäische* Parlament gerade nicht durch kleine Parteien beeinträchtigt sieht[10]). Aber das gilt nur innerhalb eines *Verhältniswahlsystems,* das neben dem Zählwert entscheidend eben gerade auch auf den *Erfolgs*wert abstellt (Systemkonsequenz als gleichheitsgemäße Selbstbindung des Gesetzgebers [Rn. 493], der sich für das Verhältniswahlsystem entschieden hat). Da die *Grund-*

---

[2] Hierzu näher BVerfGE 95, 335 (353 f.); *Maurer,* Staatsrecht I, § 13 Rn. 17 ff.
[3] Die von den Kommunalwahlen bekannte Möglichkeit einer Auswahl zwischen den jeweiligen Listenkandidaten hat der Wähler nach dem BWahlG nicht.
[4] Zur Gestaltungsfreiheit des Gesetzgebers bzgl. des Verteilungsverfahrens s. BVerfGE 79, 169 (170 f.).
[5] Zur Problematik s. BVerfGE 95, 335 (357 ff.); 79, 169 (170 f.).
[6] BVerfGE 121, 266 (296); 95, 335 (349); 3, 19 (24).
[7] Zu ihr *Lampert,* JuS 2011, 884.
[8] *BVerfG* NVwZ 2012, 33 (34); BVerfGE 120, 82 (102 f.); 1, 208 (244); s. a. E 124, 1 (18); 121, 266 (295 f.); 95, 408 (417) – Grundmandatsklausel; E 95, 335 (353) u. 79, 169 (170) – Überhangmandate.
[9] Zusammenfassend *BVerfG* NVwZ 2012, 33 (35 f.) mwN.
[10] BVerfGE 129, 300 (Nichtigerklärung von § 2 Abs. 7 EuWG) m. Anm. *Morlok/Kühr,* JuS 2012, 385; *Sachs,* JuS 2012, 477; *Lembcke/Peuker/Seifarth,* DVBl 2012, 401; nachfolgend zur 3 %-Sperrklausel BVerfGE 135, 259 m. Anm. *Sachs,* JuS 2014, 572.

entscheidung für ein Wahl*system* aber gemäß Art. 38 III GG beim Gesetzgeber liegt (Rn. 611),[11] kann er sich auch für die Mehrheitswahl entscheiden. Im System der Mehrheitswahl kommt es dann nur darauf an, dass alle Stimmen den gleichen *Zählwert* haben.[12]

c) Auch die weiteren in Art. 38 I 1 GG normierten **Wahlrechtsgrundsätze**[13] können in der Fallbearbeitung eine Rolle spielen. Hier mögen einige Entscheidungen des *BVerfG* Orientierung geben: 613

Das sog. *negative Stimmgewicht* verstößt gegen die Wahlrechtsgleichheit und die *Unmittelbarkeit* der Wahl.[14] Die alte Gesetzeslage konnte dazu führen, dass eine Zweitstimme ihre Wirkung in der Mandatsverteilung nicht zu Gunsten, sondern zu Lasten der gewählten Partei entfaltete. Die Bekanntgabe des vorläufigen Ergebnisses einer Wahl vor der *Nachwahl* in einem Wahlkreis verstößt weder gegen die Wahlrechtsgleichheit noch gegen die Grundsätze der *freien* und *geheimen* Wahl; mögliche Beeinträchtigungen sind jedenfalls durch die Grundsätze der *Allgemeinheit* der Wahl, der *Öffentlichkeit* der Wahl sowie der *Chancengleichheit* von Parteien und Wahlbewerbern gerechtfertigt.[15] Den Grundsatz der *Öffentlichkeit* der Wahl leitet das *BVerfG* aus den verfassungsrechtlichen Grundentscheidungen für Demokratie, Republik und Rechtsstaat (Art. 38 iVm Art. 20 I, II GG) her. Gegen diesen verstieß die Bundeswahlgeräteverordnung, weil sie bei der Verwendung von *Wahlcomputern* weder eine wirksame Kontrolle der Wahlhandlung noch eine zuverlässige Nachprüfbarkeit des Wahlergebnisses gewährleistete.[16] Der Grundsatz der Allgemeinheit der Wahl rechtfertigt zudem die Einschränkung der Grundsätze der freien und geheimen Wahl sowie der Öffentlichkeit der Wahl, die mit der Möglichkeit einer *Briefwahl* (ohne Angabe von Gründen) verbunden sind.[17]

d) Von zunehmender Bedeutung und daher auch für die Pflichtfachkandidaten relevant ist die vom *BVerfG* postulierte **abwehrrechtliche Dimension des Wahlrechts** – insbesondere bzgl. der Übertragung nationaler Kompetenzen auf die Europäische Union. Art. 38 I 1 (iVm Art. 20 I, II, 79 III) GG schützt die wahlberechtigten Bürger auch „vor einem *Substanzverlust* ihrer im verfassungsrechtlichen Gefüge maßgeblichen *Herrschaftsgewalt* durch weitreichende oder gar umfassende Übertragungen von Aufgaben und Befugnissen des Bundestages, vor allem auf supranationale Einrichtungen".[18] 614

---

[11] BVerfGE 95, 335 (349, 354).
[12] BVerfGE 124, 1 (18); 121, 266 (295 f.); 120, 82 (103); 95, 335 (353). Beispiel für einen Gleichheitsverstoß in diesem Rahmen in Rn. 590.
[13] Hierzu *Voßkuhle/Kaufhold*, JuS 2013, 1078; *Burkiczak*, JuS 2009, 805; Klausuren bei *Hornung/Kemmermeier*, JuS 2012, 931; *M. R. Otto*, JuS 2009, 925; Hausarbeit bei *Kümper*, JuS 2015, 1087; zur Anwendung auf Kommunalwahlen BVerwGE 151, 179 m. Anm. *Waldhoff*, JuS 2015, 1145; zur freien Wahl im europäischen Kontext *Laufs*, JuS 2013, 788.
[14] BVerfGE 121, 266; beachte: „Die Möglichkeit der Entstehung von Überhangmandaten allein führt nicht zum Auftreten von negativem Stimmgewicht" (275). Am 3.12.2011 trat die daraufhin vorgenommene Änderung des BWahlG in Kraft (19. Gesetz zur Änderung des BWahlG, BGBl. 2011 I S. 2313); BVerfGE 131, 316 hat auch die Neuregelung für unzureichend erachtet. Es folgte eine erneute Änderung des Wahlgesetzes zum 9.5.2013 (22. Gesetz zur Änderung des BWahlG, BGBl. 2013 I S. 1082).
[15] BVerfGE 124, 1. Verletzt wurde die Allgemeinheit der Wahl dagegen durch die Anknüpfung der Wahlberechtigung der Auslandsdeutschen an einem früheren dreimonatigen Daueraufenthalt im Bundesgebiet, s. BVerfGE 132, 39.
[16] BVerfGE 123, 39.
[17] BVerfGE 134, 25 (29 ff. Rn. 11 ff.).
[18] *BVerfG* NJW 2011, 2946 (2948) – Griechenlandhilfe (m. Anm. *Sachs*, JuS 2012, 271), unter Verweis auf BVerfGE 89, 155 (172) – Maastricht u. E 123, 267 (330) – Lissabon; zu letzterem Urteil auch Rn. 711c. Zur Integrationsverantwortung des BTages *Engels*, JuS 2012, 210.

Wenn das BVerfG ausführt, dass der Gewährleistungsgehalt des Wahlrechts die Grundsätze des Demokratiegebots iSv Art. 20 I, II GG umfasst, die Art. 79 III als Identität der Verfassung garantiert,[19] schafft es gewissermaßen ein *„grundrechtsgleiches Recht auf Demokratie"*. Dieses schützt vor einer *Aushöhlung der Kompetenzen* des Bundestages und damit des zuvörderst demokratisch legitimierten Staatsorgans – beispielsweise seiner Haushaltsautonomie. Im Kontext des Unionsrechts hat Art. 38 I 1 GG eine doppelte Kontrollrichtung: zum einen in Bezug auf Defizite der durch die europäische Integration im Kompetenzumfang betroffenen *innerstaatlichen* Demokratie, zum anderen aber auch in Bezug auf Defizite der demokratischen Legitimation der *Europäischen Union* selbst.[20]

2. Rechtsstellung der Abgeordneten,[21] Fraktionen

615 a) Zu den **Befugnissen des Abgeordneten** gemäß Art. 38 I 2 GG[22] zählen vor allem das Rederecht und das Stimmrecht, die Beteiligung an der Ausübung des Frage- und Informationsrechts des Parlaments,[23] das Recht, sich an den vom Parlament vorzunehmenden Wahlen zu beteiligen und parlamentarische Initiativen zu ergreifen, das Recht, sich mit anderen Abgeordneten zu einer Fraktion[24] oder Gruppe[25] zusammenzuschließen, sowie die prinzipielle Möglichkeit, in einem der Parlamentsausschüsse mitwirken zu können[26]. Diese Rechte des einzelnen Abgeordneten finden ihre *Grenzen* in anderen Rechtsgütern von Verfassungsrang, insbesondere in der Repräsentationsfunktion und Funktionsfähigkeit des Bundestages.[27] Mit seinem repräsentativen Status verbunden sind als Kehrseite auch **Pflichten** des Abgeordneten. So muss „jeder einzelne Abgeordnete in einer Weise und in einem Umfang an den parlamentarischen Aufgaben (teilnehmen), die deren Erfüllung gewährleistet."[28] *Im Einzelnen* obliegt es der *Autonomie* des Bundestages (Art. 40 I 2 GG), die Erledigung seiner Aufgaben auf der Grundlage des Prinzips der Beteiligung *aller* Abgeordneten zu organisieren.[29] Demgemäß sind es zumeist strittige Regelungen der Geschäftsordnung oder strittige Fragen ihrer Anwendung (Rn. 619 ff.), die den verfassungsrechtlichen Status des Abgeordneten relevant werden lassen.

616 Die **Fraktionen** werden im Grundgesetz nur an versteckter Stelle (Art. 53a I 2 GG) angesprochen. Ihre Rechtsstellung und ihre allgemeinen Aufgaben ergeben sich aus

---

[19] *BVerfG* NJW 2011, 2946 (2950) – Griechenlandhilfe (m. Anm. *Sachs*, JuS 2012, 271), unter Verweis auf BVerfGE 123, 267 (340).

[20] BVerfGE 123, 267 (331); s. a. Rn. 711c.

[21] S. a. *du Mesnil de Rochemont/Müller*, JuS 2016, 504, 603 u. JuS-Extra 2016, 15 (Fälle); weitere Fälle bei *Jürgensen/Sokolov*, JuS 2018, 36; *Rademacher/Marsch*, JuS 2017, 992; *Haug/Schmid*, JuS 2013, 440.

[22] Art. 38 I 2 GG ist nicht auf Mitglieder der Bundesversammlung übertragbar, s. BVerfGE 136, 277 (312 ff. Rn. 99 ff.).

[23] Hierzu etwa BVerfGE 139, 194; 137; 185; *BVerfG* NVwZ 2018, 51 m. Anm. *Sachs*, JuS 2018, 308; NVwZ 2017, 1364. Zum Fragerecht der Abgeordneten auch *Harks*, JuS 2014, 979.

[24] Zusammenfassend zum Vorstehenden BVerfGE 80, 188 (218); s. a. E 124, 161 (188 ff.) zum Frage- und Informationsrecht; E 96, 264 (284 ff.) zum Rederecht; Fallbesprechung zur Fraktionsbildung bei *Höfling*, Staatsorganisationsrecht, Fall 12.

[25] BVerfGE 96, 264 (278) – PDS im BTag; 84, 304 (322).

[26] BVerfGE 80, 188 (221 ff.) – fraktionsloser Abgeordneter; s. a. BVerfGE 130, 318 – „9er-Gremium" nach § 3 III StabMechG aF.

[27] BVerfGE 130, 318 (348); 118, 277 (324 f.); 80, 188 (219); zum Schutz der freiheitlichen demokratischen Grundordnung E 134, 141 (179 ff. Rn. 112 ff.); Klausurfall bei *Holterhus*, JuS 2014, 233.

[28] BVerfGE 118, 277 (325) – Offenlegung von Nebeneinkünften; Klausur bei *Lange/Thiele*, JuS 2008, 518.

[29] So BVerfGE 102, 224 (235); 80, 188 (218).

§ 42. Zusammensetzung und interne Probleme der Staatsgewalten   259

§§ 45 ff. AbgG; ihre Einzelbefugnisse werden in der Geschäftsordnung des Bundestages geregelt. Weil es sich um einen Zusammenschluss von *Abgeordneten* handelt, bestimmt das *Bundesverfassungsgericht* den *verfassungsrechtlichen* Status der Fraktion von Art. 38 I 2 GG (und nicht von Art. 21 GG) her.[30]

b) Zur Sicherung ihrer in Art. 38 I 2 GG genannten Unabhängigkeit räumen   617
Art. 46–48 GG (lesen!) den Abgeordneten besondere Rechte ein. Die **Immunität** (Art. 46 II GG)[31] und die **Indemnität** (Art. 46 I GG)[32] dienen dabei auch der Funktionsfähigkeit des Bundestages. Einzelheiten zu dem in Art. 48 III GG vorgesehenen Anspruch auf *Entschädigung*[33] sind im AbgG geregelt, ebenso wie weitere Vorkehrungen zur Stärkung der Unabhängigkeit der Abgeordneten. In der Fallbearbeitung geht es zumeist um *Konflikte*, in welche die Unabhängigkeit des Abgeordneten gerät,[34] besonders beim **Fraktionszwang**[35].

> **Beispielsfälle:** Bundestagsabgeordneter *T* hat sich dem Fraktionszwang widersetzt. **(1)** Die Fraktion schließt ihn deshalb aus[36] und zieht ihn aus den Ausschüssen zurück, in die sie ihn gemäß § 57 II 1 GO BT entsandt hatte. **(2)** Die Fraktion reicht eine von *T* schon vor seiner Wahl zum Bundestag unterschriebene Erklärung ein, mit der er auf sein Abgeordnetenmandat verzichtet. **(3)** Seine Partei verlangt von *T* 30 000 EUR aufgrund eines abstrakten Schuldanerkenntnisses (§ 781 BGB), das *T* vor der Wahl unterschrieben hatte. Sind diese Sanktionen rechtmäßig?

Das *Bundesverfassungsgericht* bezeichnet eine „gewisse *Bindekraft* der Fraktionen   618
im Verhältnis zum einzelnen Abgeordneten" in einer repräsentativen Demokratie als *notwendig*.[37] Im Grundsatz sind Sanktionen zur Durchsetzung von Fraktions*disziplin* daher zulässig, soweit sie sich auf das *Innenverhältnis* der Fraktion zu ihrem Mitglied beschränken. In die Rechtsstellung als *Abgeordneter* („Vertreter des ganzen Volkes", Art. 38 I 2 GG) darf die Fraktion aber nicht eingreifen. Im Einzelnen kann es schwierig sein, zu bestimmen, wann genau die Grenze zwischen einer „fraktionsinternen" Sanktion und einem mit Art. 38 I 2 GG unvereinbaren *Zwang* überschritten ist.

Im *Beispielsfall 1* ist die Sanktion wohl zulässig;[38] im *Fall 2* ist sie unzulässig. Einfachgesetzlich sieht § 46 I 1 Nr. 4, III BWahlG für den Verzicht auf das Abgeordnetenmandat ein strenges Formerfordernis vor (Erklärung zur Niederschrift des Bundestagspräsidenten, eines deutschen Notars oder einer berechtigten Auslandsvertretung), das eine im Voraus abgegebene Verzichtserklärung ausschließt. Im *Fall 3* dürfte die Sanktion jedenfalls deshalb unzulässig sein, weil die Höhe der Verpflichtung den *T unüberwindbar* zwingen könnte, von einer *eigenen* Entscheidung iSd Art. 38 I 2 GG abzusehen.

---

[30] S. BVerfGE 102, 224 (238); 84, 304 (322); 80, 180 (220 f.); s. a. E 124, 161 (188).
[31] Zu den (eingeschränkten) Rechten des Abgeordneten bei Aufhebung durch den BTag s. BVerfGE 104, 310 (325 ff.); Fallbesprechung bei *Höfling*, Staatsorganisationsrecht, Fall 10.
[32] Zu ihrer Wirkung s. etwa BVerwGE 83, 1; BGHZ 75, 384; Fallbesprechung bei *Erbguth/Stollmann*, JuS 1993, 488.
[33] Insoweit *grundlegend* zum Status des Abgeordneten BVerfGE 40, 296; zum (geschichtlichen) Hintergrund E 118, 277 (341 ff.). – Nebeneinkünfte.
[34] Fallbesprechung bei *Kielmannsegg*, JuS 2006, 323.
[35] Zu Fraktionsdisziplin und -zwang Maunz/Dürig/*Klein*, GG, Art. 38 Rn. 203, 214 ff.; s. a. *VerfGH BW* JuS 2018, 89 m. Anm. *Sachs*; Klausuren bei *Jürgensen/Sokolov*, JuS 2018, 36; *Haug/Schmid*, JuS 2013, 440.
[36] Weitere Fallbesprechungen hierzu bei *Kotzur*, JuS 2001, 54; *Weber/Eschmann*, JuS 1990, 659.
[37] BVerfGE 118, 277 (329) unter Verweis auf E 10, 4 (14); s. a. E 102, 224 (239 f.).
[38] Zur Verfassungswidrigkeit eines angedrohten Fraktionsausschlusses BVerfGE 10, 4 (15).

3. Geschäftsordnungsautonomie[39] des Parlaments

Ausgangsfall:

619 Um einen eilbedürftigen wichtigen Gesetzentwurf zügig verabschieden zu können, beschließt der Bundestag, über den Gesetzentwurf nicht länger als acht Stunden zu debattieren und den im Bundestag vertretenen drei Fraktionen sowie der Bundesregierung eine Redezeit von je zwei Stunden einzuräumen. Der Bundeskanzler, die überstimmte Oppositionsfraktion X (= größte Fraktion des BTages), ein Mitglied der X-Fraktion und ein fraktionsloser Abgeordneter halten den Beschluss für rechtswidrig. Welche Ansicht vertreten Sie?[40]

620 a) Aufgrund seiner Geschäftsordnungsautonomie (Art. 40 I 2 GG) hat sich der Bundestag eine **Geschäftsordnung** (= *autonome Satzung*)[41] gegeben. Die Zulässigkeit von Maßnahmen im Aufgabenbereich des Bundestages beurteilt sich zunächst nach dieser.

Der Beschluss des *Ausgangsfalles* zur Dauer der Debatte und zur Verteilung der Redezeiten auf die Fraktionen findet seine Grundlage in § 35 GO BT. Die Mitglieder der Bundesregierung müssen gem. § 43 GO BT aber – ohne Redezeitbeschränkung – „jederzeit gehört werden". Eine Abweichung von der Geschäftsordnung „mit Zweidrittelmehrheit der anwesenden Mitglieder des Bundestages" kommt gem. § 126 GO BT nur in Betracht, „wenn die Bestimmungen des Grundgesetzes dem nicht entgegenstehen". Auch (schon) nach dem Grundgesetz (Art. 43 II 2 GG) müssen die Mitglieder der Bundesregierung aber „jederzeit gehört werden". Für die Mitglieder der Bundesregierung ist der Beschluss also ohne Weiteres rechtswidrig.

621 b) Die Geschäftsordnung und die Ausübung des Ermessens, das die Geschäftsordnung dem Bundestag, seinem Präsidenten und dem Ältestenrat einräumt, dürfen nicht gegen das **Grundgesetz** verstoßen.

Im *Ausgangsfall* verstößt der Bundestag bei der Verteilung der Redezeit gegen Art. 38 I 2 GG, soweit der *fraktionslose* Abgeordnete unberücksichtigt bleibt.[42] Für den beschwerdeführenden *Abgeordneten* der X-Fraktion ist die schematische Gleichsetzung der Fraktionen (je zwei Stunden Redezeit) ein Verstoß gegen die *Chancengleichheit* aller Abgeordneten. Als Mitglied einer größeren Fraktion hat er rechnerisch geringere Chancen, im Rahmen der Fraktions-Redezeit von zwei Stunden das Wort ergreifen zu können, als ein Mitglied einer kleineren Fraktion. – Aus dieser Situation ergibt sich auch für die *Fraktion X* selbst das Problem der *Chancengleichheit* (Art. 38 I 2 iVm Art. 3 I GG[43]). Daneben tritt die Funktion der *Opposition* im parlamentarischen Regierungssystem. Obgleich die Opposition im Grundgesetz (anders als in den meisten Landesverfassungen) nicht ausdrücklich als solche genannt ist, mag ihr das Grundgesetz besondere Funktionen zugewiesen haben (s. Rn. 581). Bei einem wichtigen Gesetzesvorhaben kann die Oppositionsfraktion X ihre politische Aufgabe gegen die „geballte" Redezeit der beiden Regierungsfraktionen von vier Stunden und gegen das Rederecht der Mitglieder der Bundesregierung in der kurzen Zeit von zwei Stunden nicht hinreichend wirksam wahrnehmen.

---

[39] Zur umfassenderen „*Parlamentsautonomie*" s. BVerfGE 102, 224 (235); *Rau*, JuS 2001, 755.
[40] Fallanlehnung an BVerfGE 10, 4. Weitere Fallbesprechungen zu Rederecht und -zeit bei *Queng*, JuS 1998, 610; *Weber/Eschmann*, JuS 1990, 659.
[41] Hierzu näher BVerfGE 80, 188 (218 f.); 44, 308 (314 f.); vertiefend *Haug*, Bindungsprobleme und Rechtsnatur parlamentarischer Geschäftsordnungen, 1994; Klausur bei *Haug/Schmid*, JuS 2013, 440.
[42] S. BVerfGE 80, 188 (218).
[43] Zur Verankerung der Fraktion in Art. 38 I 2 GG s. bereits Rn. 616.

§ 42. Zusammensetzung und interne Probleme der Staatsgewalten

4. Parlamentsausschüsse, Untersuchungsausschüsse

Ausgangsfall:

Die Oppositionsfraktion O hat gerüchteweise erfahren, dass die Abgeordnete A der X-Partei nur deshalb (mit knapper Mehrheit der Erststimmen) in den Bundestag gewählt wurde, weil in das Wählerverzeichnis (§§ 14 ff. BWO) der entsprechenden Gemeinde allein Anhänger der X-Partei eingetragen worden waren. Zur näheren Aufklärung beantragt die O-Fraktion die Einsetzung eines Untersuchungsausschusses. Die Mehrheitsfraktion X möchte die Einsetzung auf jeden Fall verhindern. Kann sie das?[44]

a) Kraft seiner Organisationsgewalt kann das Parlament durch Mehrheitsbeschluss **Ausschüsse** einsetzen. Das *Grundgesetz* selbst schreibt die Ausschüsse für Angelegenheiten der EU (Art. 45), für auswärtige Angelegenheiten und für Verteidigung (Art. 45a) sowie den Petitionsausschuss (Art. 45c) vor.[45] Der **Untersuchungsausschuss** (Art. 44 GG) nimmt eine Sonderstellung ein: Er *muss* auf Antrag eines *Viertels* der Mitglieder des Bundestages eingesetzt werden (§ 1 I PUAG, Art. 44 I 1 GG), ist mithin eine „Waffe" der *Opposition*[46] als *Minderheit*.[47]

Falls die O-Fraktion im *Ausgangsfall* mindestens ein Viertel der Mitglieder des Bundestages hinter sich hat, kann die X-Fraktion den Untersuchungsausschuss allein mit ihrem Übergewicht an Stimmen also nicht verhindern.

b) Ein Parlamentsausschuss kann nur **Aufgaben** wahrnehmen, die auch das *Parlament selbst* wahrnehmen dürfte.[48]

Aus Gründen der *Gewaltenteilung* kann das Parlament und mit ihm ein Untersuchungsausschuss die Regierung nicht in ihrem „Kernbereich exekutiver Eigenverantwortung" ausforschen; das schließt einen nicht ausforschbaren „Initiativ-, Beratungs- und Handlungsbereich" ein.[49] – Im *Ausgangsfall* gehört die Tatsachenermittlung zur Wahlprüfung[50]. Für diese ist der Bundestag zuständig (Art. 41 I GG).

c) Ein Parlamentsausschuss kann nur eingesetzt werden, wenn **organisatorische Vorschriften** der Verfassung oder eines Gesetzes dem nicht entgegenstehen.

Eine Wahlprüfung erfolgt *nur* auf fristgerecht eingelegten *Einspruch* (mindestens) eines Wahlberechtigten, eines Wahlleiters oder des Präsidenten des Bundestages (§ 2 WahlPrG). Ein solcher Einspruch fehlt im *Ausgangsfall*. Darüber hinaus weist § 3 WahlPrG die Vorbereitung der Entscheidung des Bundestages ausdrücklich dem (ständig bestehenden) *Wahlprüfungsausschuss* zu. Daraus ergibt sich, dass im *Ausgangsfall* vorrangig vor einem (ad hoc gebildeten) Untersuchungsausschuss der Wahlprüfungsausschuss zuständig ist (s. a. § 49 BWahlG). Die X-Fraktion kann die Einsetzung des Untersuchungsausschusses daher als mögliche Umgehung der gesetzlichen Vorgaben verweigern.

---

[44] Fallbesprechungen zu Untersuchungsausschüssen bei *Höfling*, Staatsorganisationsrecht, Fall 11; *Degenhart*, Klausurenkurs im Staatsrecht II, 7. Aufl. 2015, Fall 7; s. außerdem *Hebeler/Schulz*, JuS 2010, 969 („Prüfungswissen").

[45] Überblick zu den ständigen Parlamentsausschüssen einer Legislaturperiode auf www.bundestag.de. Klausur zur Einsetzung eines Hauptausschusses bei *Straßburger*, JuS 2015, 714.

[46] BVerfGE 49, 70.

[47] Zum Beweiserhebungsrecht s. § 17 PUAG sowie BVerfGE 105, 197 (221 ff.); zu den verfassungsimmanenten Grenzen *Steinmetz*, JuS 2013, 792.

[48] BVerfGE 77, 1 (44); s. a. E 124, 78 (118 f.).

[49] Hierzu grundlegend BVerfGE 67, 100 (139); s. a. E 124, 78 (120 ff.); 110, 199 (215); *BVerfG* NVwZ 2018, 51 (57) m. Anm. *Sachs*, JuS 2018, 308. *BVerfG* NVwZ 2017, 137 (142) erweitert die gewaltenteilige Begrenzung auf die Gewährleistung einer funktionsgerechten und organadäquaten Aufgabenwahrnehmung (142 ff.); m. Anm. *Möllers*, JZ 2017, 271.

[50] Hierzu *Lackner*, JuS 2010, 307.

5. Prozessuales

626 Für Streitigkeiten *innerhalb* des Bundestages steht die **Organklage** (Art. 93 I Nr. 1 GG, §§ 13 Nr. 5, 63 ff. BVerfGG) zur Verfügung (Rn. 654). Diese kann gemäß Art. 93 I Nr. 1 GG auch von *„anderen Beteiligten"* (als den obersten Bundesorganen) erhoben werden, „die durch dieses Grundgesetz oder in der Geschäftsordnung eines obersten Bundesorgans mit *eigenen* Rechten ausgestattet sind",[51] so von einem einzelnen *Bundestagsabgeordneten*[52] oder von einer *Fraktion*,[53] die auch Teil des Bundestages iSd § 63 BVerfGG ist. In seiner jüngeren Rechtsprechung erkennt das BVerfG zudem über die Prozessstandschaft einer Fraktion für den Bundestag einen *In-sich-Organstreit* gegen diesen selbst an (s. Rn. 654).

627 Für Streitigkeiten nach dem PUAG ist der *BGH* zuständig (§ 36 PUAG), sofern es um die „verfahrensrechtliche Überprüfung der Ausschussarbeit im Einzelnen" geht; über verfassungsrechtliche Fragen (s. a. § 2 III 2, § 18 III, § 36 I Hs. 2, II PUAG) entscheidet das *BVerfG*, das im Wege des Organstreits auch von der qualifizierten *Minderheit* iSd Art. 44 I 1 GG angerufen werden kann.[54] – Gegen die Entscheidung des *Bundestages* im *Wahlprüfungsverfahren* (§ 1 I WahlPrG, Art. 41 I GG)[55] ist die **Wahlprüfungsbeschwerde** an das *BVerfG* zulässig (§ 13 Nr. 3, § 48 BVerfGG; Art. 41 II GG).[56]

628 Vermittelt durch die abwehrrechtliche Dimension des Art. 38 I 1 (iVm Art. 20 I, II, 79 III) GG können *wahlberechtigte Bürger* im Rahmen einer **Verfassungsbeschwerde** vom *BVerfG* klären lassen, ob die *Kompetenzen des Bundestages* – insbesondere durch die Übertragung nationaler Kompetenzen auf die Europäische Union – *ausgehöhlt* werden.[57] Nach der neueren Rechtsprechung des *BVerfG* steht auch dem einzelnen *Bundestagsabgeordneten* die Verfassungsbeschwerde offen, wenn er die Verletzung seines verfassungsrechtlichen Status aus Art. 38 I 2 GG (und Art. 46, 47 GG als dessen Ausprägung) durch ein *Nicht-Verfassungsorgan* geltend macht, so dass eine Organklage unzulässig ist.[58]

---

[51] Der Wortlaut des – normenhierarchisch nachrangigen – § 63 BVerfGG ist enger (lesen!), insbesondere hinsichtlich der Aufzählungen und des Begriffs *„Teile* dieser Organe", worunter nach hM nicht der einzelne Abgeordnete fällt.

[52] BVerfGE 124, 161 (184); 10, 4 (10 f.); 2, 143 (164); 108, 251 (270), auch zur Zulässigkeit einer Verfassungsbeschwerde (266 ff.); hierzu a. *BVerfG* BayVBl. 2011, 601 m. Anm. *Sachs*, JuS 2011, 1141. Klausuren bei *Jürgensen/Sokolov*, JuS 2018, 36; *Straßburger*, JuS 2015, 714; *Haug/Schmid*, JuS 2013, 440. Zur Unzulässigkeit der Prozessstandschaft für den BTag BVerfGE 117, 359 (367) mwN. Auch politische Parteien sind „andere Beteiligte" idS; s. *BVerfG* NVwZ 2015, 1361 (1362); BVerfGE 84, 290 (298); 82, 322 (335); 1, 208 (223 ff.); Rn. 586. Einen Sonderrechtsbehelf von Abgeordneten gegen Maßnahmen und Entscheidungen des Bundestagspräsidenten nach § 44a AbgG zum BVerwG sieht § 50 I Nr. 5 VwGO vor.

[53] BVerfGE 124, 161 (187); 70, 324 (350); zur Prozessstandschaft für den Bundestag E 124, 78 (106); 100, 266; 67, 100 (123); Klausur bei *Stumpf*, JuS 2010, 35. Zum Rechtsschutz *innerhalb* einer Fraktion *Kürschner*, JuS 1996, 306.

[54] Zum Ganzen BVerfGE 124, 78 (104 ff.) mwN; zur „Fraktion im Ausschuss" E 105, 197 (220); zur Sonderkonstellation eines abgesenkten Einsetzungsquorums in der 18. WP (§ 126a I Nr. 1 S. 1 GO BT) *BVerfG* NVwZ 2017, 137 (138 ff.) m. Anm. *Sachs*, JuS 2017, 185.

[55] In den Ländern wird die Wahlprüfung teilweise durch *Gerichte* vorgenommen; zu den verfassungsrechtlichen Anforderungen s. BVerfGE 103, 111; *W. Schmidt*, JuS 2001, 545.

[56] Näheres bei *Hillgruber/Goos*, Verfassungsprozessrecht, Rn. 747 ff.; einschlägig zB BVerfGE 59, 199; 66, 369; 79, 169 (173); 89, 243; Fallbesprechung bei *Seiler*, JuS 2005, 1107.

[57] BVerfGE 134, 366 (380 Rn. 17, 396 Rn. 51); 129, 124 (167 f.); 123, 267 (328 ff.); 89, 155 (171 ff.); Klausur bei *Schiffbauer*, JuS 2017, 1190.

[58] BVerfGE 134, 141 (169 f. Rn. 83 ff.) m. Anm. *Sachs*, JuS 2014, 284 zu Art. 46 GG; s. a. BVerfGE 108, 251 (266) zu Art. 47 GG; Klausur bei *Kulick/Bendisch*, JuS 2017, 1181.

§ 42. Zusammensetzung und interne Probleme der Staatsgewalten

II. Regierung

1. Wahl des Bundeskanzlers

Beispielsfall:[59] Nach Art. 63 I GG wird der Bundeskanzler „auf Vorschlag des Bundespräsidenten vom Bundestage ... gewählt". Als der Bundespräsident dem Bundestag fünf Wochen nach der Bundestagswahl immer noch keinen Bundeskanzler vorgeschlagen hat, wählt der Bundestag mit den Stimmen der Mehrheit seiner Mitglieder (s. Art. 63 II 1 GG)[60] die Parteivorsitzende der X-Partei zur Bundeskanzlerin. Ist die Wahl gültig? – Nach Art. 63 III, IV GG kann der Bundestag unabhängig von einem Vorschlag des Bundespräsidenten *jedenfalls* einen Bundeskanzler wählen, nachdem der vom Bundespräsidenten vorgeschlagene Kanzlerkandidat in der Abstimmung des Bundestages durchgefallen ist. Diese Regelung zeigt, dass der Bundeskanzler „Kanzler des Parlaments" und nicht „Kanzler des Bundespräsidenten" ist.[61] Demgemäß kann eine „Blockade" des Bundespräsidenten durch Nichtausübung seines Vorschlagrechts die Kanzlerwahl nicht unmöglich machen (= einschränkende Auslegung des Art. 63 I GG). Ungelöst ist aber die Frage, unter welchen (engen) Einzelvoraussetzungen eine Kanzlerwahl ohne Vorschlag des Bundespräsidenten möglich ist.[62]

629

2. Zuständigkeitsverteilung innerhalb der Regierung (monokratisches Prinzip, Kollegialprinzip, Ressortprinzip)

Ausgangsfall:

Zwischen dem Bundespräsidenten und der Bundeskanzlerin ist aus aktuellem Anlass der Umfang der Kompetenzen des Bundespräsidenten streitig geworden. Deshalb bittet der Bundespräsident den Bundesminister X, der nach der Geschäftsverteilung innerhalb der Bundesregierung für derartige Vorgänge an sich zuständig ist, um ein Rechtsgutachten. Aufgrund eines Kabinettsbeschlusses verweist X den Bundespräsidenten an die Bundeskanzlerin. Diese sei für die Richtlinien der Politik verantwortlich und habe es sich vorbehalten, den Bundespräsidenten im Streitfall selbst gutachtlich zu belehren. Wie ist die Rechtslage?[63] – Es soll davon ausgegangen werden, dass eine Rechtsgrundlage für das Ersuchen des Bundespräsidenten zu finden ist (Art. 35 I GG?, ungeschriebener Anspruch des BPräs auf Unterstützung durch die BReg?). Damit konzentrieren sich die Überlegungen auf die Zuständigkeiten im Bereich der Regierung. Auszugehen ist vom *Ressortprinzip* (Art. 65 S. 2 GG), nach dem jeder Bundesminister seinen Geschäftsbereich „selbständig und unter eigener Verantwortung" leitet. Entscheidend ist, ob diese Situation durch die Intervention der Bundeskanzlerin und des Kabinetts oder über eine Vereinbarung mit X verändert worden ist.

630

a) Zuständigkeit des Bundeskanzlers (monokratisches Prinzip)

(1) Im parlamentarischen Regierungssystem des Grundgesetzes wird nur der Bundeskanzler vom Parlament gewählt (Art. 63 GG). Er sucht sich dann *seinerseits* die

631

---

[59] Fallanlehnung an *Höfling*, Staatsorganisationsrecht, Fall 13.
[60] Allgemein zu Mehrheitserfordernissen im Staatsrecht *Kaiser*, JuS 2017, 221.
[61] Formulierung bei *Höfling*, Staatsorganisationsrecht, Fall 16, S. 141.
[62] Umfassend zu allem *Höfling*, Staatsorganisationsrecht, Fall 13.
[63] Weitere Klausurbeispiele bei *Staebe*, JuS 1998, L 4; *Windirsch*, JuS 1995, 527.

Minister aus (Art. 64 GG). Dem entspricht es, dass der Bundeskanzler auch den Geschäftsbereich der Bundesminister festlegt (§ 9 S. 1 GO BReg.).

Hierunter fallen indessen nur *generelle* Regelungen (Festlegung „in den *Grundzügen*"), nicht aber Ausnahmeregelungen für einen konkreten Einzelfall. Ebensowenig wie gegen die Entlassung kann ein Bundesminister sich zwar gegen eine *generelle* Veränderung seines Geschäftsbereichs wehren; eine *Einzelregelung* wie im *Ausgangsfall* bedeutet aber einen Eingriff in das *Ressortprinzip* (Rn. 634).

632 **(2) Richtlinienkompetenz** des Bundeskanzlers (§ 1 GO BReg; Art. 65 S. 1 GG).

Zwar ist das *Ressortprinzip* durch die Richtlinienkompetenz eingeschränkt (s. Art. 65 S. 2 GG). Aber eine „Richtlinie der *Politik*" (!) kann weder die *rechtliche* Auseinandersetzung mit dem Bundespräsidenten noch die *Organisation* im Bereich der Regierung zum Gegenstand haben.[64]

b) Zuständigkeit der Bundesregierung (Kollegialprinzip)

633 Gemäß § 9 S. 2, §§ 15 ff. GO BReg,[65] Art. 65 S. 3 GG entscheidet die Bundesregierung als Kollegialorgan ua über gewisse „Meinungsverschiedenheiten". Dort geht es aber auch nur um *generelle* Fragen der Organisation oder um politische Probleme.

Im *Ausgangsfall* hat also auch der Kabinettsbeschluss die ursprüngliche Zuständigkeit nicht verändert. Es bleibt bei der

c) Zuständigkeit des Bundesministers (Ressortprinzip)

634 Art. 65 S. 2 GG.

d) Übertragung einer Aufgabe durch Vereinbarung?

635 Die Ressortverteilung bringt den Ministern nicht nur Rechte, sondern auch Pflichten *(Ressortverantwortung)*. Aus ihnen kann sich *X* jedenfalls im *Ausgangsfall* nicht lösen, weil dadurch der Bundespräsident als *Außenstehender* benachteiligt würde.

III. Verwaltung[66]

Ausgangsfall:

636 Die Bundesregierung erwägt, ein (der Bundesministerin für Bildung und Forschung nachgeordnetes) Energie-Bundesamt (Bundesoberbehörde) zu errichten. Das Amt soll Nutzen, Schaden, Effektivität und Zukunftsaussichten der verschiedenen Energieträger unabhängig erforschen, die Entwicklung neuer Technologien unterstützen und *die* Technologien und Umstrukturierungen subventionieren, die es nach dem jeweiligen Forschungsstand für besonders nützlich hält. Was ist von dieser Überlegung zu halten? Könnte das Vorhaben auch über eine bundesunmittelbare Körperschaft oder Anstalt des öffentlichen Rechts oder in privatrechtlicher Form durch eine GmbH verwirklicht werden? – Die in der Fallbearbeitung zumeist relevante *föderale Kompetenzabgrenzung* (Verwaltungskompetenz des Bundes oder der Länder) wird erst in Rn. 672 ff. behandelt. Hier wird *ungeprüft* davon ausgegangen, dass der Bund gem. Art. 87 III GG die Verwaltungskompetenz in Anspruch nehmen kann.

---

[64] Näheres zur Richtlinie bei Maunz/Dürig/*Herzog*, GG, Art. 65 Rn. 2 ff.
[65] Zur Geschäftsordnungsautonomie der BReg und zur Zulässigkeit von Entscheidungen im Umlaufverfahren s. BVerwGE 89, 121 (124 ff.).
[66] „Die Verwaltung und ihr Recht" im Überblick bei *Frenzel*, JuS 2016, 1075.

§ 42. Zusammensetzung und interne Probleme der Staatsgewalten

1. Träger der Verwaltung

a) Träger der Verwaltung sind die **juristischen Personen des öffentlichen Rechts**, nämlich: der Bund und die Bundesländer als *staatliche* öffentlichrechtliche Körperschaften; *nichtstaatliche* öffentlichrechtliche Körperschaften wie die Gemeinden und Kreise (= Gebietskörperschaften, Rn. 721 ff.), Sozialversicherungsträger, Universitäten, Kammern (Industrie- und Handelskammern, Handwerkskammern, Ärztekammern, Rechtsanwaltskammern usw.); öffentlichrechtliche Anstalten mit eigener Rechtspersönlichkeit (Rn. 360) wie etwa die (öffentlichrechtlichen) Rundfunkanstalten; öffentlichrechtliche Stiftungen (Beispiel: Stiftung Preußischer Kulturbesitz). 637

b) Bund und Ländern, also den staatlichen Körperschaften, werden die materiellen **Verwaltungskompetenzen** unmittelbar durch das Grundgesetz zugewiesen (s. Art. 83 ff., 30 GG). *Sonstigen öffentlichrechtlichen Körperschaften, Anstalten und Stiftungen* mit eigener Rechtspersönlichkeit kommen Verwaltungskompetenzen erst zu, nachdem sie ihnen vom Staate „**verliehen**" worden sind.[67] Dem Staat *verbleibt* jedenfalls eine *Rechtsaufsicht*.[68] 638

c) Schließlich ist es möglich, dass **juristische Personen des Privatrechts** Verwaltungsaufgaben wahrnehmen. Das geschieht in der Regel in den Formen des Privatrechts (= Anwendungsfall des Verwaltungsprivatrechts, Rn. 224, 360).[69] Nur wenn sie mit der Wahrnehmung von Hoheitsbefugnissen „**beliehen**" sind,[70] können „Private" auch in den Formen des öffentlichen Rechts handeln, etwa Verwaltungsakte erlassen (Beispiel: Technische Überwachungsvereine). 639

Im *Ausgangsfall* sind verschiedene Varianten zu erörtern: die Wahrnehmung der Verwaltungsaufgabe durch den Bund (= Staat, Bundesoberbehörde), die Wahrnehmung durch eine nichtstaatliche öffentlichrechtliche Körperschaft oder Anstalt und die Wahrnehmung durch eine privatrechtliche GmbH.

2. Gliederung der Verwaltung

a) Juristische Personen handeln durch ihre **Organe** (eine Aktiengesellschaft etwa durch den Vorstand, den Aufsichtsrat oder die Hauptversammlung). Die Organe der juristischen Personen des öffentlichen Rechts nennt man im Bereich der Exekutive „**Behörden**".[71] 640

Im *Ausgangsfall* (Rn. 636) würde die Bundesrepublik durch die Behörde „Energie-Bundesamt" handeln. Betraute man eine öffentlichrechtliche Körperschaft oder Anstalt mit der Verwaltungsaufgabe des Energie-Bundesamtes, wären die Organe dieser Rechtspersönlichkeit die „Behörden".

Der (verhältnismäßig eindeutige) Behördenbegriff ist vom *mehrdeutigen Amtsbegriff* abzugrenzen.[72] „Amt" wird teilweise als Synonym für „Behörde" gebraucht (Finanzamt, Umweltbundes- 641

---

[67] Zur Verleihung von Satzungsautonomie s. bereits Rn. 428 ff.; zum „institutionellen" Gesetzesvorbehalt s. Rn. 649.
[68] Näheres zur „Kommunalaufsicht" in Rn. 737, 761 ff.; zur *Rechtsaufsicht* über andere öffentlichrechtliche Körperschaften s. etwa *OVG Münster* NJW 1981, 640.
[69] Auch öffentlichrechtliche Körperschaften, Anstalten und Stiftungen können im Rahmen des Verwaltungsprivatrechts privatrechtlich handeln.
[70] Ausführlich *Wolff/Bachof/Stober/Kluth*, VerwR Bd. 2, § 90. Zur Frage, ob der beliehene Private *selbst* Verwaltungsträger ist oder bloß als Behörde (Rn. 640) der *beleihenden* öffentlichrechtlichen Körperschaft angesehen werden kann, sowie zu den Konsequenzen dieser Unterscheidung (etwa im Zusammenhang mit Art. 34 GG) s. *U. Stelkens*, NVwZ 2004, 304.
[71] *Wolff/Bachof/Stober/Kluth*, VerwR Bd. 1, § 6 Rn. 33 ff.; *Burgi* in Ehlers/Pünder, Allg. VerwR, § 8 Rn. 28 ff.
[72] S. zum Nachfolgenden *Burgi* in Ehlers/Pünder, Allg. VerwR, § 8 Rn. 30.

amt, Energie-Bundesamt im *Ausgangsfall*). „Amt" kann stattdessen aber auch einen unselbständigen Teil einer Behörde bezeichnen (Ordnungsamt, Stadtsteueramt, Wirtschaftsamt als Teile der kommunalen Behörde „Der Oberbürgermeister").[73] „Amt" ist schließlich unter organisationsrechtlichen, haushaltsrechtlichen oder beamtenrechtlichen Gesichtspunkten der Dienstposten oder die Dienststellung, die der einzelne Mitarbeiter im öffentlichen Dienst innehat.

642 b) In der staatlichen Verwaltung stehen in der Regel viele Behörden auf gleicher Stufe **horizontal** nebeneinander, teils mit unterschiedlichen fachlichen (Beispiel: Ministerien), teils mit unterschiedlichen örtlichen Zuständigkeiten (Beispiel: mehrere „Regierungspräsidenten" bzw. „Bezirksregierungen" als staatliche Mittelbehörden der meisten Flächenstaaten).[74]

Im *Ausgangsfall* (Rn. 636) würden neben dem „Energie-Bundesamt" für andere Materien viele bereits vorhandene „Bundesämter" (zB Umweltbundesamt, Bundeskartellamt, Kraftfahrt-Bundesamt, Statistisches Bundesamt) zu nennen sein. Der Zuständigkeitsbereich dieser (aus den Ministerien ausgegliederten) Bundesoberbehörden erstreckt sich auf das gesamte Bundesgebiet.

643 c) **Vertikal** ist die Staatsverwaltung im Bunde und in den meisten Flächenstaaten (Besonderheiten gelten für die Stadtstaaten Berlin, Bremen und Hamburg sowie für Niedersachsen, das Saarland, Schleswig-Holstein [Rn. 763], Brandenburg und Mecklenburg-Vorpommern) im Prinzip dreistufig aufgebaut: *Ministerium* (zB Bundesministerium für Verkehr und digitale Infrastruktur), *Mittelbehörden* (zB Generaldirektion Wasserstraßen und Schifffahrt), *Unterbehörden* (zB Wasserstraßen- und Schifffahrtsämter).[75] Für viele Materien sparen sich der Bund und die Länder aber den *eigenen* „Verwaltungsunterbau" und lassen die Funktionen von Mittel- und/ oder Unterbehörden (Bund) oder nur von Unterbehörden (Länder) durch *andere* öffentlichrechtliche Körperschaften (der Bund durch die Bundesländer, die Länder durch die Kreise und Gemeinden) *in ihrem Auftrag* und damit nach ihren Weisungen durchführen (*Auftragsverwaltung* als *mittelbare Staatsverwaltung*).[76] In einigen Bundesländern ist der Kreisvorsteher für die staatlichen Verwaltungsmaterien allerdings untere *staatliche* Behörde („Organleihe", Rn. 738 f.).

Eine Bundesoberbehörde *(Ausgangsfall)* hat keinen Verwaltungsunterbau.

644 d) *In sich* sind die Behörden zumeist *monokratisch* organisiert („Der Bundesminister der Finanzen", „Der Regierungspräsident", „Der Oberbürgermeister" usw.). Die Behörde ist also mit der Person des Behördenleiters identisch. Die Beamten und Angestellten in der Behörde handeln im Auftrag („i. A.") des Behördenleiters, der Vertreter des Behördenleiters zeichnet „i. V." (in Vertretung). Aber auch *kollegiale* **Behördenorganisationen** kommen vor, so vor allem bei Selbstverwaltungskörperschaften des öffentlichen Rechts („Der Magistrat", Rn. 730).

Im *Ausgangsfall* würde eine kollegiale Organisationsform den wissenschaftlichen Anliegen am besten entsprechen.

3. Hierarchisches Prinzip

645 Im parlamentarischen Regierungssystem des Grundgesetzes ist die Exekutive über die Regierung an das Parlament rückgekoppelt (s. Art. 65 GG).[77] Aus diesem Grun-

---

[73] S. Rn. 644. Wenn insoweit das falsche Amt handelt, liegt kein Zuständigkeitsmangel vor; s. Rn. 75.
[74] Näheres bei *Burgi* in Ehlers/Pünder, Allg. VerwR, § 9 Rn. 1 ff., 12 ff. mit Schaubildern in Rn. 7, 18.
[75] Näheres bei *Burgi* in Ehlers/Pünder, Allg. VerwR, § 9 Rn. 1 ff., 12 ff.
[76] Näheres in Rn. 674, 679, für die Kommunen in Rn. 737, 761 ff.
[77] Dazu BVerfGE 49, 89 (124 f.).

§ 42. Zusammensetzung und interne Probleme der Staatsgewalten

de unterliegt die untergeordnete Behörde den Verwaltungsvorschriften (Verwaltungsverordnungen) und Einzelanweisungen der übergeordneten Behörde; nur über die Weisungshierarchie kann die Regierung ihre Verantwortung gegenüber dem Parlament wahrnehmen.

Ministerielle Verwaltungsvorschriften und Einzelweisungen ergehen zumeist als „Erlass", „Allgemeine Verwaltungsvorschrift" oder „Richtlinie". Interne Regelungen *anderer* Behörden heißen „Verfügungen", „Anordnungen", „Richtlinien", „Dienstanweisungen". Inhaltlich können die Verwaltungsvorschriften und Einzelanweisungen sämtliche Tätigkeiten und Funktionen der Verwaltung betreffen. Neben der *Organisation* und den *Verfahren* steuern sie insbesondere auch die *Gesetzesauslegung* und das *Ermessen* der untergeordneten Behörde.[78]

Das Hierarchieprinzip findet in der Einzelbehörde seine Fortsetzung.

Statt Weisungen zu erteilen, ist die übergeordnete Instanz im Prinzip auch befugt, die Angelegenheit an sich zu ziehen. Allerdings hat dieses *„Selbsteintrittsrecht"* nach den einschlägigen Normen besondere Voraussetzungen (Gefahr im Verzuge, Erfolglosigkeit einer konkreten Einzelweisung).[79] Soweit über Angelegenheiten von politischem Gewicht zu entscheiden ist,[80] kann es wegen der Verantwortlichkeit der Regierung weisungsfreie *(„ministerialfreie")* Räume nur in Fällen geben, die vom Grundgesetz oder von einer einschlägigen Landesverfassung zugelassen worden sind. 646

Im Bereich des Bundes ist insoweit die Bundesbank zu nennen (§ 12 BBankG, Art. 88 GG).

Soweit nicht der später zu behandelnde Selbstverwaltungsbereich in Betracht kommt, muss sich der Staat bei der Übertragung staatlicher Aufgaben auf Selbstverwaltungskörperschaften und rechtsfähige Anstalten und Stiftungen des öffentlichen Rechts das Aufsichts- und Weisungsrecht vorbehalten („Auftragsverwaltung", Rn. 677 ff.). 647

Im *Ausgangsfall* (Rn. 636) mag dem Energie-Bundesamt oder auch einer Körperschaft oder Anstalt des öffentlichen Rechts und der privatrechtlichen GmbH über Art. 5 III GG eine unabhängige (= weisungsfreie) Forschungskompetenz eingeräumt werden können.[81] Auf die zweite Aufgabe, die Subventionierung, kann diese Unabhängigkeit aber nicht erstreckt werden. Die Bundesministerin hat vielmehr ein Weisungsrecht.

Bei *privatrechtlicher Organisationsform* (GmbH im *Ausgangsfall*) nimmt der Staat über die Instrumentarien des Gesellschaftsrechts Einfluss. 648

4. Organisationsgewalt[82]

Fallwichtig ist verhältnismäßig häufig, wer die Befugnis hat, Behörden zu errichten und aufzulösen, vorhandenen Behörden Kompetenzen zuzuteilen oder zu entziehen, durch Schaffung nichtstaatlicher Verwaltungsträger Kompetenzen aus der staatlichen Verwaltung auszugliedern. Wem im Einzelfalle diese Organisationsgewalt zukommt, ist durch sorgfältige Analyse des Grundgesetzes (auf Bundesebene) oder der 649

---

[78] Umfassend *Möstl* in Ehlers/Pünder, Allg. VerwR, § 20 Rn. 16 ff.; s. a. *T. Sauerland*, Die Verwaltungsvorschrift im System der Rechtsquellen, 2005; „Grundwissen" bei *Voßkuhle/Kaufhold*, JuS 2016; Klausuren bei *Frank*, JuS 2018, 56; *Schröder*, JuS 2015, 235.
[79] Einzelheiten bei *Wolff/Bachof/Stober/Kluth*, VerwR Bd. 2, § 83 Rn. 43 ff.; *Maurer/Waldhoff*, Allg. VerwR, § 21 Rn. 49.
[80] Eingrenzung durch BVerfGE 83, 130 (150); 22, 106 (113); 9, 268 ff.; allgemein *E. Klein*, Die verfassungsrechtliche Problematik des ministerialfreien Raumes, 1974; *W. Müller*, JuS 1985, 497.
[81] BVerfGE 35, 79.
[82] S. zu ihr auch schon Rn. 210, 214, 217.

einschlägigen Landesverfassung (auf Landesebene) zu ermitteln.[83] In Betracht kommen: der/die Bundeskanzler/in bzw. Ministerpräsident/in eines Landes (etwa für die Schaffung von Ministerien, Art. 64 GG, Rn. 631); die Regierung als Kollegialorgan; der Gesetzgeber (s. Art. 87 III GG); Verwaltungsinstanzen. Wenn es an hinreichend eindeutigen verfassungsrechtlichen *Spezial*regelungen fehlt, ist der *„institutionelle" Gesetzesvorbehalt*, ein organisatorischer Gesetzesvorbehalt, zu beachten.[84] Nach ihm sind organisatorische Maßnahmen, die die institutionelle und politisch-soziale Grundordnung des Staates betreffen, dem Parlament vorbehalten.[85] Ansonsten verlangt das Grundgesetz aus institutioneller Sicht aber *nicht*, dass die Behördenzuständigkeiten und das Verwaltungsverfahren bis in alle Einzelheiten durch Gesetz geregelt werden.[86] Stets hat das Parlament über den Haushaltsplan Einflussnahmemöglichkeiten.

650 Im *Ausgangsfall* (Rn. 636) kann das Bundesamt als Bundesoberbehörde gem. Art. 87 III GG nur durch Bundesgesetz, nicht durch die Regierung errichtet werden. Dass im *Ausgangsfall* trotzdem die Bundesregierung entsprechende Überlegungen anstellt, steht im Zusammenhang mit ihrem Recht zur Gesetzesinitiative aus Art. 76 I GG. In gleicher Weise können gem. Art. 87 III GG auch bundesunmittelbare Körperschaften und Anstalten des öffentlichen Rechts errichtet werden (= Varianten im *Ausgangsfall*). Soweit die Wahl auch der privatrechtlichen Rechtsform zulässig ist, wird die GmbH in der weiteren Variante des *Ausgangsfalles* nach den Vorschriften des GmbH-Gesetzes errichtet. Weil Art. 87 III GG Schutzvorschrift zugunsten der *Länder* ist (Art. 87 III GG als *föderaler* Gesetzesvorbehalt), muss allerdings geprüft werden, ob bei der GmbH-Lösung auf der Linie von Art. 87 III GG *zusätzlich* ein Bundes*gesetz* erforderlich wird.

IV. Rechtsprechung[87]

Ausgangsfall:

651 Durch Gesetz ist eine handwerkliche Berufsgerichtsbarkeit eingeführt worden, deren Träger die Handwerkskammern sind. Die Gerichte werden besetzt mit vom Staate ernannten Berufsrichtern und von der Vollversammlung gewählten Mitgliedern der Kammer (Handwerkern). Sie sollen standeswidriges Verhalten von Handwerkern (Beispiele: überhöhte Preise, Einsatz von „Lehrlingen" für ausbildungsfremde Zwecke) disziplinarisch ahnden. Die Vorschriften über das Verfahren sind der StPO nachempfunden. Rechtsbehelfe gegen die Entscheidungen sind ausdrücklich ausgeschlossen. Ist das Gesetz gültig?

1. Rechtsprechung oder Verwaltung?

652 Ist die Berufsgerichtsbarkeit im *Ausgangsfall* keine Rechtsprechung, sondern Verwaltung, verstößt das Gesetz mit dem Ausschluss aller Rechtsbehelfe gegen Art. 19 IV GG als Garantie eines gerichtlichen Rechtsschutzes. Üben die Berufsgerichte Rechtsprechung aus, macht zwar Art. 19 IV GG keine Probleme. Jetzt müssen die Berufsgerichte aber den grundgesetzlichen Anforderungen an ein Gericht genügen (dazu 2.).

---

[83] Ausführlich dazu *Wolff/Bachof/Stober/Kluth*, VerwR Bd. 2, § 81 Rn. 20 ff.; s. a. *Burgi* in Ehlers/Pünder, Allg. VerwR, § 8 Rn. 1 ff.
[84] Zusammenfassend *Schmidt-Aßmann*, Verwaltungsorganisation zwischen parlamentarischer Steuerung und exekutivischer Organisationsgewalt, FS H. P. Ipsen, 1977, S. 333; *Burmeister*, Herkunft, Inhalt und Stellung des institutionellen Gesetzesvorbehalts, 1991.
[85] Verleihung von Hoheitsgewalt an Private als Beispiel: *OVG Münster* NJW 1980, 1406.
[86] BVerfGE 40, 237 (250).
[87] Zur besonderen Rechtsstellung des BVerfG s. *Schlaich/Korioth*, Das Bundesverfassungsgericht, Rn. 1 ff.

§ 43. Gewaltenteilung und Gewaltenverzahnung

Art. 92 GG geht von einem materiellen Begriff der Rechtsprechung aus. „Um Rechtsprechung in einem materiellen Sinn handelt es sich, wenn bestimmte hoheitsrechtliche Befugnisse bereits durch die Verfassung Richtern zugewiesen sind oder es sich von der Sache her um einen traditionellen Kernbereich der Rechtsprechung handelt".[88] Hierzu gehören keine disziplinarischen Maßnahmen *(Ausgangsfall)*. „Daneben ist rechtsprechende Gewalt im Sinne des Art. 92 GG auch dann gegeben, wenn der *Gesetzgeber* für einen Sachbereich, der nicht schon materiell dem Rechtsprechungsbegriff unterfällt, eine Ausgestaltung wählt, die bei funktioneller Betrachtung nur der rechtsprechenden Gewalt zukommen kann."[89]

Insbesondere wegen der StPO-Komponente hat der Gesetzgeber im *Ausgangsfall* eine derartige Ausgestaltung gewählt.

2. Grundgesetzliche Anforderungen an ein Gericht

Ein Berufsgericht ist kein unzulässiges *Ausnahmegericht* (Art. 101 I 1 GG), sondern ein *Gericht für besondere Sachgebiete* (Art. 101 II GG).[90] Art. 92 GG fordert jedoch ein *staatliches* Gericht („Gerichte der *Länder*"). Soweit nichtstaatliche Körperschaften Träger sind, muss jedenfalls die personelle Besetzung vom Staat entscheidend bestimmt sein. Im *Ausgangsfall* werden die Beisitzer (Handwerker) ohne staatliche Beteiligung bestellt. Ferner gehört es „zum Wesen der richterlichen Tätigkeit nach dem Grundgesetz ..., dass sie durch einen nichtbeteiligten Dritten in persönlicher und sachlicher Unabhängigkeit ausgeübt wird".[91] Bei den Beisitzern ist die *sachliche Unabhängigkeit* (Art. 97 I GG) nicht gewährleistet, weil nicht ausgeschlossen ist, dass Mitglieder anderer Kammerorgane zu Richtern gewählt werden. Daraus ergibt sich zugleich ein Verstoß gegen die Gewaltenteilung (Art. 20 II 2 GG).[92]

653

§ 43. Gewaltenteilung[1] und Gewaltenverzahnung

I. Prozessuales

In prozessualer Hinsicht kann bei Streitigkeiten zwischen obersten Bundesorganen[2] (oder anderen Beteiligten, „die durch dieses Grundgesetz oder in der Geschäftsordnung eines obersten Bundesorgans mit eigenen Rechten ausgestattet sind") über den Umfang ihrer sich aus dem Grundgesetz ergebenden Rechte und Pflichten ein **Organstreitverfahren** vor dem BVerfG eingeleitet werden (Art. 93 I Nr. 1 GG, § 13 Nr. 5, §§ 63 ff. BVerfGG).[3]

654

---

[88] BVerfGE 103, 111 (137).
[89] BVerfGE 103, 111 (137).
[90] So zusammenfassend BVerfGE 71, 162 (178).
[91] BVerfGE 103, 111 (140).
[92] BVerfGE 26, 186 (197 f.).
[1] „Grundwissen" bei *Voßkuhle/Kaufhold*, JuS 2012, 314.
[2] Begriffsbestimmung in *BVerfG* NVwZ 2016, 1701 (1702) zur (nicht parteifähigen) G10-Kommission, m. Anm. *Sachs*, JuS 2017, 479; zur Bundesversammlung BVerfGE 136, 277 (299 f. Rn. 59 f.).
[3] Einzelheiten bei *Hillgruber/Goos*, Verfassungsprozessrecht, Rn. 303 ff.; „Grundfälle" bei *Geis/H. Meier*, JuS 2011, 699; Falllösungen bei *Kulick/Mayer*, JuS 2016, 929; *Ruffert/Löbel*, JuS 2016, 1088; *Ketterer/Sauer*, JuS 2012, 524; *Stumpf*, JuS 2010, 35. Für Innerorganstreitigkeiten s. bereits Rn. 626. Zur *einstweiligen Anordnung* (§ 32 BVerfGG) bei der Organklage BVerfGE 89, 38; 88, 173; Klausurfälle bei *Rademacher/Marsch*, JuS 2017, 992; *Jochum*, JuS 2014, 350.

Beachte: Das Organstreitverfahren dient gemäß § 64 I BVerfGG dem Schutz der *Rechte* der Staatsorgane im Verhältnis zueinander, nicht einer allgemeinen Verfassungsaufsicht durch das *Bundesverfassungsgericht*.[4] Deshalb genügt zur Begründetheit des Verfahrens ein objektiver Verfassungsverstoß nicht aus; dieser muss zugleich eine Rechtsverletzung beim Antragsteller bewirken.

Das *BVerfG* erkennt mittlerweile in gefestigter Rechtsprechung auch die *prozessstandschaftliche* Geltendmachung von Rechten des Deutschen Bundestages durch (typischerweise Oppositions-)Fraktionen *gegenüber diesem selbst* an.[5] Vor allem im Kontext des europäischen Integrationsprozesses kann der Bundestag in der Konsequenz durch seine Untergliederungen dazu angehalten werden, sich nicht seiner Befugnisse und Verantwortung zu entledigen. Diese Konstruktion eines *In-sich-Organstreits* kann allerdings nicht überzeugen, da sie – klar ergebnisorientiert – die kontradiktorische Natur dieses Verfahrens auflöst.[6]

II. Das parlamentarische Regierungssystem

655 **Beispielsfall:**[7] Der Bundestag fordert die Bundesregierung in einer „Entschließung" auf, diplomatische Beziehungen mit dem Staat *X* aufzunehmen. Ist die Entschließung zulässig, und ist die Bundesregierung an sie gebunden? – Es handelt sich um einen sog. *schlichten Parlamentsbeschluss*, nicht um einen Gesetzesbeschluss (Fehlerquelle!). Eine ausdrückliche Kompetenz des Bundestages ist nicht vorhanden. Die Befugnis lässt sich aber aus Art. 63, 67 I GG (parlamentarisches Regierungssystem) herleiten: Wenn der Bundestag den Kanzler wählt und durch das konstruktive Misstrauensvotum abwählen kann, muss er auch die Möglichkeit haben, seine politischen Vorstellungen (vor einer Abwahl) kundzutun (um dem Kanzler zB Gelegenheit zu geben, seine Politik rechtzeitig zu korrigieren). So übt die Empfehlung *politischen* Druck aus. Andererseits wird die Bundesregierung nicht *rechtlich verpflichtet*, weil die *endgültige Entscheidung allein* in *ihre* Kompetenz fällt (Arg. aus Art. 65 GG).

III. Die Bindung der Exekutive an das Gesetz, „Verwerfungskompetenz"?

Ausgangsfall:

656 Muss eine Behörde ein Gesetz ausführen, das sie für verfassungswidrig hält?[8]

Nach Art. 20 III GG ist die vollziehende Gewalt an die Gesetze gebunden. Ob das auch für Gesetze gilt, welche die Exekutive für verfassungswidrig hält, oder ob der

---

[4] So BVerfGE 100, 266 (268).
[5] BVerfGE 123, 267 (338 f.); 132, 195 (237 f. Rn. 102, s. a. 247 Rn. 125); 135, 317 (395 Rn. 150); 142, 25 (49 f. Rn. 67); Klausurfall bei *Holterhus*, JuS 2016, 711.
[6] Hierzu *A. Schwerdtfeger*, Krisengesetzgebung, 2018, § 5 I. 1. b), § 11 VI. 1. b).
[7] Besprechung mit allen Einzelheiten bei *M. Schröder*, JuS 1967, 321; ganz parallel der Fall bei *Böckenförde*, JuS 1968, 375. S. a. Rn. 624 (Untersuchungsausschuss, Eigenbereich der Regierung). Zu parlamentarischen Informationsansprüchen gegenüber der Bundesregierung etwa BVerfGE 139, 194; 137, 185; 124, 161. Zu dem (vom BVerfG entwickelten) Parlamentsvorbehalt für Streitkräfteeinsätze etwa BVerfGE 140, 160 m. Anm. *Sachs*, JuS 2016, 94; E 121, 135; 90, 286.
[8] S. schon Rn. 606; weitere Fallbesprechung bei *C. Kremer*, JuS 2012, 431 (RVO).

§ 43. Gewaltenteilung und Gewaltenverzahnung

Exekutive jetzt eine *Verwerfungskompetenz* zukommt, ist in der Rechtsprechung nicht abschließend geklärt. In der Literatur wird die Verwerfungskompetenz teils verneint, teils bejaht, häufig von bestimmten Einzelvoraussetzungen abhängig gemacht[9] – ein Ansatzpunkt insbesondere für Hausarbeiten. In einer Klausur, in der nur die Normtexte zur Verfügung stehen, könnte die Problematik auf folgender Linie bearbeitet werden:

Insbesondere die beamtenrechtliche Remonstrationspflicht (§ 63 II BBG, § 36 II BeamtStG) bewirkt, dass sich die Verwerfungsfrage nicht für den einzelnen Beamten oder für den Leiter einer nachgeordneten Behörde, sondern auf der ministeriellen Ebene stellt. Nach Art. 93 I Nr. 2 GG kann die Regierung das BVerfG mit einer abstrakten Normenkontrolle befassen. Entscheidend ist, ob die Regierung oder der zuständige Minister ein Gesetz *anstelle* des BVerfG *selbst* verwerfen darf, über eine entsprechende Weisung an die nachgeordneten Behörden. Die zentrale Norm ist Art. 20 III GG, nicht Art. 93 I Nr. 2 GG oder Art. 100 I GG.[10] Es fällt auf, dass Art. 20 III GG die *Verfassungs*bindung nur für den Gesetzgeber pointiert und für die „vollziehende (!) Gewalt" stattdessen die Bindung an das „*Gesetz*" hervorhebt. Aus diesen Betonungen kann man schließen, dass es nur die Aufgabe des *Gesetzgebers* ist, sich um die Verfassungsmäßigkeit der zu erlassenden Gesetze zu kümmern, während die Exekutive die ergangenen Gesetze dann ohne eine erneute verfassungsrechtliche Überprüfung und ohne eigene Verwerfungskompetenz bloß zu vollziehen hat. Zwar ist ein verfassungswidriges Gesetz nichtig und daher im Ansatz[11] nicht vollziehbar. Auch ergibt sich aus Art. 20 III GG indirekt, dass die Exekutive *wie* an das Gesetz *erst recht* an das Grundgesetz gebunden ist. Aber im Problemzusammenhang *steht nicht fest, dass* das Gesetz verfassungswidrig *ist*; es handelt sich bloß um die Rechts*ansicht* der vollziehenden Gewalt. Weil Art. 20 III GG gerade die *Gesetzes*bindung besonders betont und die Verfassungsbindung bloß indirekt mitschwingen lässt, kann sich die Exekutive von ihrer Gesetzesbindung nicht aufgrund einer bloßen Rechts*ansicht* lösen. Das würde der Exekutive die Verfügungsgewalt über ihre Gesetzesbindung eröffnen.[12] Art. 93 I Nr. 2 GG hat der Regierung einen *verfahrensrechtlichen* Weg eingeräumt, über den sie im Problemzusammenhang versuchen kann, sich aus der Gesetzesbindung zu befreien.[13] Dieser *verfahrensrechtliche* Ansatz steht in Parallele zu dem auch verfahrensrechtlichen Weg, den Art. 100 I GG für die in Art. 20 III GG ebenfalls bloß mit ihrer *Gesetzes*bindung erwähnten Gerichte zur Verfügung stellt.

IV. Konflikte mit dem Bundespräsidenten

1. Fallmaterial

Der Bundespräsident nimmt öffentlich gegen die Politik der Bundeskanzlerin Stellung[14] oder befürwortet in einem Zeitungsinterview die Bildung einer neuen Regierung (*Ausgangsfall 4* aus

---

[9] Umfassende Überblicke bei *M. Wehr,* Inzidente Normverwerfung durch die Exekutive, 1998, S. 62 ff.; *Gril,* JuS 2000, 1080; s. a. *Ehlers* in Ehlers/Pünder, Allg. VerwR, § 2 Rn. 125 ff.; *Wolff/Bachof/Stober/Kluth,* VerwR Bd. 1, § 28 Rn. 23 ff. Zum unionsrechtlichen Kontext s. a. Rn. 713 f.

[10] Isoliert gesehen führen diese Vorschriften in der Sache nicht weiter. Art. 93 I GG formuliert bloß eine katalogartige Zusammenstellung der vor dem BVerfG *möglichen* Verfahren. An Art. 100 I GG lässt sich eine Argumentation sowohl *für* (Schluss a maiore ad minus) als auch *gegen* eine Verwerfungskompetenz (Umkehrschluss) anknüpfen; s. *Gril,* JuS 2000, 1080 (1082 f.).

[11] Modifikationen durch die Rspr. des BVerfG, s. Rn. 401 ff.

[12] Mit Unterschieden in der Begründung wird der Exekutive eine Verwerfungskompetenz *im Ergebnis* zunehmend abgesprochen, s. zB *M. Wehr,* Inzidente Normverwerfung durch die Exekutive, 1998, S. 62 ff.; *Gril,* JuS 2000, 1080.

[13] Entsprechende Sicht bei *Schmidt-Aßmann* in Isensee/Kirchhof, HStR, Bd. II, 3. Aufl. 2004, § 26 Rn. 45.

[14] Klausur bei *Staebe,* JuS 1998, L 4.

Rn. 600). Er unterlässt es nach einer Bundestagswahl gezielt, dem Bundestag nach Art. 63 I GG einen Kanzler vorzuschlagen.[15] Er ergreift Initiativen in der Personalauswahl.[16] Er will die Nationalhymne ändern.[17]

2. Insbesondere: Prüfungsrechte des Bundespräsidenten

658 Statistisch gesehen ist das sog. *Prüfungsrecht* des Bundespräsidenten ein besonders wichtiges Klausurthema. Das erfordert es, dem Prüfungsrecht in Ergänzung zu den Ausführungen in Rn. 600 ff., die sich nur mit dem politischen Prüfungsrecht beschäftigt haben, nochmals Aufmerksamkeit zu widmen.

a) Rechtliches Prüfungsrecht

Ausgangsfälle:

659 Der Bundespräsident weigert sich, ein Bundesgesetz auszufertigen und zu verkünden (Art. 82 I 1 GG), weil **(1)** das Gesetz noch nicht gegengezeichnet worden sei, **(2)** der Bundesrat nicht mitgewirkt habe, **(3)** das Gesetz inhaltlich gegen das Grundgesetz, insbesondere gegen ein Grundrecht verstoße.[18]

aa) Wie jedes Staatsorgan hat auch der Bundespräsident die im Grundgesetz genannten rechtlichen Voraussetzungen seines eigenen Handelns *selbst* zu prüfen.

Im *Ausgangsfall 1* darf der Bundespräsident das Gesetz daher erst *nach* Gegenzeichnung ausfertigen und verkünden (so ausdrücklich Art. 82 I 1 GG). Derartige Fälle sind unproblematisch.

660 **bb)** Ferner hat der Bundespräsident *fremde* Akte rechtlich zu überprüfen, soweit das Grundgesetz ihn dem klaren Wortlaut nach gerade deshalb einschaltet.

Gemäß Art. 82 I 1 GG hat der Bundespräsident die *„nach den Vorschriften dieses Grundgesetzes zustande gekommenen Gesetze"* auszufertigen. Er muss[19] also prüfen, ob die Vorschriften über das Gesetzgebungs*verfahren* eingehalten sind (formelles Prüfungsrecht). Im *Ausgangsfall 2* verweigert er die Ausfertigung zu Recht, weil nach Maßgabe von Art. 77 GG der Bundesrat hätte mitwirken müssen.

661 **cc)** *Streit* besteht, inwieweit der Bundespräsident ein rechtliches Prüfungsrecht hat, das über diese klar geregelten Fälle hinausgeht.

Muss er im *Ausgangsfall 3* das Gesetz ausfertigen, obgleich er es für verfassungswidrig hält (*materielles* Prüfungsrecht[20])? Muss er auf Vorschlag der Exekutive einen Beamten ernennen, obgleich dieser weder Deutscher noch Staatsangehöriger eines EU-Mitgliedstaates oder eines anderen der in § 7 I Nr. 1 BBG genannten Staaten ist und daher ohne „dringendes dienstliches Bedürfnis" gemäß § 7 III BBG nicht zum Beamten ernannt werden darf?

Die Überlegungen vollziehen sich auf *zwei* Ebenen: *Einerseits* ist an die Funktion anzuknüpfen, die der Bundespräsident im konkreten Falle hat, in dem das Grundgesetz ihn einschaltet.

---

[15] *Höfling*, Staatsorganisationsrecht, Fall 13; s. bereits Rn. 629.
[16] *Masing/Wißmann*, JuS 1999, 1204.
[17] *Naumann*, JuS 2000, 786.
[18] Weitere Klausurfälle bei *Stumpf*, JuS 2010, 35; *Sauer*, JuS 2007, 641; *Nolte/Tams*, JuS 2006, 1088.
[19] Zu „Aufweichungen" in der Staatspraxis s. Fn. 23.
[20] Umfassender Überblick etwa bei Maunz/Dürig/*Butzer*, GG, Art. 82 Rn. 115 ff.

§ 44. Das Verhältnis von Bund und Ländern

Bedeutet „Ausfertigung" im *Ausgangsfall 3* auch Beurkundung einer *materiellen* Verfassungsmäßigkeit?[21] Welche Funktionen sind der „Ausfertigung" sinnvollerweise neben der Zuständigkeit des Bundestages/Bundesrates, der „Gegenzeichnung"[22] und der Funktion des BVerfG zuzuweisen?

Andererseits ist die allgemeine Stellung des Bundespräsidenten zu berücksichtigen.

Kann ihm als höchstem Staatsorgan zugemutet werden, an Handlungen mitzuwirken, die er für verfassungswidrig hält? Setzt die Formulierung des Amtseides (Art. 56 GG: „das Grundgesetz ... wahren und *verteidigen*") das Bestehen eines materiellen Prüfungsrechts voraus? Nur die Überlegungen auf *dieser* Ebene haben generelle Bedeutung für das materiellrechtliche Prüfungsrecht. – Einige Bundespräsidenten haben materiellrechtliche Überprüfungen vorgenommen, sich in der Kompetenzabgrenzung zum BVerfG aber nur dann für verpflichtet angesehen, die Ausfertigung zu verweigern, wenn nach ihrer Auffassung ein offenkundiger und zweifelsfreier Verstoß gegen die Verfassung vorlag.[23]

b) Politisches Prüfungsrecht

Insoweit werden die Ausgangsfälle in Rn. 600 mit den methodischen Lösungshinweisen in Rn. 601 ff. in Bezug genommen.

662

§ 44. Das Verhältnis von Bund und Ländern[1]

I. Die Verteilung der Gesetzgebungskompetenzen[2]

1. Überprüfungsprogramm für Bundesgesetze

Ausgangsfall:[3]

Wie ist eine Novelle zum Straßenverkehrsgesetz (Bundesgesetz) verfassungsrechtlich zu beurteilen, durch die Anlagen der Außenwerbung innerhalb geschlossener Ortschaften verboten werden, wenn sie im Einzelfall zu einer Gefährdung des Verkehrs führen?

663

---

[21] Der Wortlaut des Art. 82 GG spricht wohl eher für eine auf die *formelle* Verfassungsmäßigkeit beschränkte Beurkundung; s. aber Maunz/Dürig/*Butzer*, GG, Art. 82 Rn. 161 f.
[22] Zu ihrer Funktion *Maurer*, Die Gegenzeichnung nach dem GG, FS K. Carstens, 1984, Band 2, S. 701.
[23] Mit diesem Ansatz ist 1986 das Gesetz zur Sicherung der Neutralität der Bundesanstalt für Arbeit bei Arbeitskämpfen ausgefertigt worden. Bei der Ausfertigung des StHG 1981 hat Bundespräsident *Carstens* sogar sein formelles Prüfungsrecht nur auf zurückgezogener Linie wahrgenommen, s. BVerfGE 61, 149 (161); ebenso Bundespräsident *Rau* beim ZuwanderungsG 2002. Andererseits hat Bundespräsident *von Weizsäcker* 1991 ein Gesetz zur Privatisierung der Flugsicherung wegen „zweifelsfreier" Unvereinbarkeit mit dem GG nicht ausgefertigt, ebenso Bundespräsident *Köhler* 2006 ein Gesetz zur Neuregelung der Verbraucherinformation (Verstoß gegen Art. 84 I 7 GG).
[1] „Grundwissen" zum Bundesstaatsprinzip bei *Voßkuhle/Kaufhold*, JuS 2010, 873.
[2] Zum Standort im Rahmen einer umfassenden Normprüfung s. Rn. 407 ff; Grundfälle bei *Bäumerich*, JuS 2018, 123.
[3] S. BVerwG DÖV 1968, 284 f.; BVerfGE 32, 319. Weitere Fälle bei *Greinert*, JuS 2014, 132; *Hofmann*, JuS 2014, 617; *Kube*, JuS 2014, 726; *Prehn*, JuS 2014, 905; *Schulz*, JuS 2013, 910; *Barczak*, JuS 2012, 156; *Windthorst*, JuS 2012, 826.

(1) Zuständigkeitsvermutung zugunsten der Länder (Art. 70 I GG)

Wegen Art. 70 I GG muss die Untersuchung auf die Frage konzentriert werden, ob das Grundgesetz dem *Bund* eine einschlägige Gesetzgebungskompetenz verleiht.[4]

664 ### (2) Bundeskompetenz gemäß Art. 73 I, 74 I GG?

Im *Ausgangsfall* kommt keine *ausschließliche* Bundeskompetenz (Art. 73 I GG) in Betracht, wohl aber die *konkurrierende* Kompetenz für „den Straßenverkehr" nach Art. 74 I Nr. 22 GG. Von dieser Kompetenz werden sicherlich verkehrspolizeiliche Regelungen erfasst, dh Vorschriften, die sich mit den eigentlichen Verkehrsvorgängen befassen. Darum geht es bei der an die Verkehrsteilnehmer adressierten Außenwerbung nicht. Aber:

Ein Kompetenztitel bedarf eventuell der *Auslegung*. „Ausschlaggebend" hierfür „ist der Regelungszusammenhang. Eine Teilregelung, die bei isolierter Betrachtung einer Materie zuzurechnen wäre, für die der Bundesgesetzgeber nicht zuständig ist, kann gleichwohl in seine Kompetenz fallen, wenn sie mit dem kompetenzbegründenden Schwerpunkt der Gesamtregelung derart eng verzahnt ist, daß sie als Teil dieser Gesamtregelung erscheint."[5]

Beim Kompetenztitel „Straßenverkehr" *(Ausgangsfall)* geht es um die *durch* den Verkehr bewirkten Gefahren für die öffentliche Sicherheit. Aber entsprechende Verkehrsgefahren entstehen auch, wenn die Autofahrer durch Werbung von außerhalb des Straßenraumes abgelenkt werden. Deshalb sind Regelungen zur Außenwerbung mit dem „Straßenverkehr" derart eng verzahnt, dass sie unter Art. 74 I Nr. 22 GG subsumiert werden können[6].

665 In noch fortbestehenden Zweifelsfällen ist an die „*Kompetenz kraft Sachzusammenhangs*" bzw. an die „*Annex-Kompetenz*" zu denken, eine *ungeschriebene* Kompetenz *jenseits* der Auslegung, die das BVerfG als „Zugriff auf eine den Ländern zustehende Materie" charakterisiert. Eine derartige Kompetenz ist (nur) gegeben, „wenn das Übergreifen unerläßliche Voraussetzung für die Regelung der zugewiesenen Materie ist".[7] Selten kommt schließlich noch eine ungeschriebene „*Kompetenz aus der Natur der Sache*" in Betracht. Sie kann „nur dann angenommen werden, wenn gewisse Sachgebiete, weil sie ihrer Natur nach eine eigenste, der partikularen Gesetzgebungszuständigkeit a priori entrückte Angelegenheit des Bundes darstellen, vom Bund und nur von ihm geregelt werden können"[8] (Beispiel: Deutsches Kulturinstitut, Rn. 695).

666 ### (3) Eventuell: Zusatzvoraussetzungen bei konkurrierender Bundeskompetenz (Art. 72 II GG)

Im rechtlichen Ausgangspunkt kann der Bund seine konkurrierende Gesetzgebungskompetenz ohne weitere Voraussetzungen wahrnehmen. Art. 72 II GG enthält aber einen Ausnahmekatalog. *Insoweit* hat der Bund das Gesetzgebungsrecht nur, „wenn und soweit die Herstellung gleichwertiger Lebensverhältnisse im Bundesgebiet oder die Wahrung der Rechts- oder Wirtschaftseinheit im gesamtstaatlichen Interesse eine bundesgesetzliche Regelung erforderlich macht".

Das BVerfG legt die Voraussetzungen des Art. 72 II GG eng aus.[9] Im *Ausgangsfall* ist Art. 74 I Nr. 22 GG im Katalog des Art. 72 II GG genannt. Bei enger Auslegung der Vorschrift machen weder die Herstellung gleichwertiger Lebensverhältnisse noch die Wahrung der Rechtseinheit

---

[4] BVerfGE 98, 265 (299).
[5] BVerfGE 98, 265 (299). S. a. E 97, 228 (251 f.); 97, 332 (342 f.).
[6] S. BVerfGE 40, 371 (380); 32, 319 (326).
[7] BVerfGE 98, 265 (299).
[8] BVerfGE 26, 246 (257).
[9] Zu Einzelheiten s. BVerfGE 140, 65; 112, 226 (244, 348); 111, 226 (252 ff.); 106, 62 (135 ff.).

eine bundesgesetzliche Regelung über die Außenwerbung in geschlossenen Ortschaften „erforderlich". Die Novelle zum StVG verstößt dann gegen Art. 72 II GG.

> **Merke:** Im Rahmen von Art. 72 II GG (und von Art. 72 IV GG, lesen!) eröffnet Art. 93 I Nr. 2a GG iVm § 76 II BVerfGG (und Art. 93 II GG iVm § 96 BVerfGG) dem BRat und den Bundesländern eine *spezifische* Möglichkeit für eine *Normenkontrolle* durch das BVerfG (zur Normenkontrolle allgemein Rn. 685).

2. Überprüfungsprogramm für Landesgesetze

(1) Zuständigkeitsvermutung zugunsten der Länder (Art. 70 I GG). **667**

(2) Ausschließliche Bundeskompetenz (Art. 73 I GG)? – Beides wie gehabt.

(3) **Entgegenstehendes Bundesgesetz als Kompetenzsperre?** – Im Bereich der konkurrierenden Gesetzgebung (Art. 74 I GG) haben die Länder das Recht zur Gesetzgebung nur, „solange und soweit der Bund von seiner Gesetzgebungszuständigkeit nicht durch Gesetz Gebrauch gemacht hat" (Art. 72 I GG)[10] (Ausnahme nachfolgend (4)). Dabei hat der Bundesgesetzgeber von seiner Gesetzgebungskompetenz nicht nur dann Gebrauch gemacht, wenn er den einschlägigen Tatbestand ausdrücklich aufgreift. Die Kompetenzsperre greift auch, wenn das *„absichtsvolle Unterlassen"* einer Bundesregelung über die herkömmlichen Methoden der Gesetzesauslegung „hinreichend erkennbar" ist.[11]

Würde im *Ausgangsfall* nicht der Bund, sondern ein *Land* das Gesetz erlassen haben, müssten die Bearbeiter das Straßenverkehrsrecht (= Bundesrecht) im Wege der Auslegung daraufhin bewerten, ob die Außenwerbung in geschlossenen Ortschaften bundesrechtlich abschließend geregelt ist. Nach seinem *Wortlaut* ermächtigt § 6 I Nr. 3 lit. g) StVG bloß zu einem Verbot der Werbung, soweit der Verkehr *außerhalb* geschlossener Ortschaften gefährdet wird (§ 33 I Nr. 3 StVO). Aber damit könnte sich der Bundesgesetzgeber gleichzeitig im Sinne eines „absichtsvollen Unterlassens" *gegen* ein Werbeverbot *innerhalb* geschlossener Ortschaften entschieden haben, zumal eine Vermutung dafür besteht, dass ein Gesetzgeber eine Materie, die er in Anspruch nimmt (Werbung), erschöpfend und abschließend regelt.[12] Bei der Auslegung des § 6 I Nr. 3 lit. g) StVG muss indessen berücksichtigt werden, dass die Werbung in geschlossenen Ortschaften herkömmlich landesgesetzlich geregelt wird. Nach der Rechtsprechung prägt *dieser* Aspekt das Auslegungsergebnis so stark, dass § 6 I Nr. 3 lit. g) StVG die Landeskompetenz *offenhält*.[13]

(4) **Landeskompetenz zur Abweichung von Bundesgesetzen (Art. 72 III GG).**[14] – **668**
Bei den Regelungsgegenständen handelt es sich um Materien aus der früheren *Rahmenkompetenz* des Bundes, s. Rn 670. Hingewiesen sei besonders auf Art. 72 III 3

---

[10] Wird das Bundesrecht später aufgehoben, bleiben landesrechtliche Normen, die *vorher* erlassen worden sind, trotzdem ungültig: BVerfGE 29, 11. Es fehlte schon die *Kompetenz*; für die *materiellrechtliche* Kollisionsregel des Art. 31 GG ist kein Raum vorhanden: BVerfGE 36, 342 (363 f.). Beispiele für konkurrierende Gesetzgebungskompetenzen, von denen der Bundesgesetzgeber nicht abschließend Gebrauch gemacht hat: BVerfGE 138, 261 (Arbeitszeitrecht); *BVerfG* NJW 2015, 44 (strafrechtliche Sanktionierung von Schulpflichtverletzungen); BVerwGE 141, 329 (Strafverfolgungsvorsorge).
[11] BVerfGE 98, 265 (300 f.); s. a. schon E 32, 319 (327 f.).
[12] So BVerfGE 7, 244 (259).
[13] So für den *Ausgangsfall* BVerfGE 32, 319.
[14] Zur Abweichungsgesetzgebung umfassend etwa *Harling*, Das materielle Abweichungsrecht der Länder, 2011; *L. Beck*, Die Abweichungsgesetzgebung der Länder, 2009; *Degenhart*, DÖV 2010, 422; *Franzius*, NVwZ 2008, 492; Klausur bei *Palm*, JuS 2007, 751. Zum Parallelfall des Art. 84 I 2 GG s. Rn. 675.

GG, der eine Ausnahme von Art. 31 GG normiert, denn ein späteres *Landes*gesetz geht einem früheren *Bundes*gesetz vor.

3. Föderalismusreform 2006 und Fortgeltung überkommener Gesetze

669 Die Verteilung der Gesetzgebungskompetenzen zwischen Bund und Ländern ist seit Inkrafttreten des Grundgesetzes zweimal wesentlich verändert worden: durch die Verfassungsreform 1994 und durch die Föderalismusreform 2006.[15] In *staatsrechtlichen* Klausuren geht es in aller Regel um die verfassungsrechtliche Überprüfung von (zumeist fiktiven) Gesetzesvorhaben oder Gesetzen, die – wie das Gesetz im *Ausgangsfall* – gerade erst verabschiedet worden sind und daher nach der heutigen Verteilung der Gesetzgebungskompetenzen zu beurteilen sind. In *verwaltungsrechtlichen* Klausuren haben es die Bearbeiter grundsätzlich mit einem Gesetz aus der Zeit *vor* Inkrafttreten der Föderalismusreform 2006 oder sogar aus der Zeit vor der Verfassungsreform 1994 zu tun, zB als Ermächtigungsgrundlage für einen Verwaltungsakt (Rn. 59) bzw. für eine Rechtsverordnung (Rn. 420). Hier können die Klausurbearbeiter die Kompetenzfrage übergehen. Ob der Bund das Gesetz *seinerzeit* erlassen durfte, *kann nicht* geprüft werden, weil den Bearbeitern der frühere Grundgesetzestext nicht mehr vorliegt. Ob der Bundesgesetzgeber *heute* noch die Gesetzgebungskompetenz hätte, ist irrelevant, denn:

Recht, das als *Bundesrecht* erlassen worden ist, heute aber nicht mehr als Bundesrecht erlassen werden könnte, gilt gemäß Art. 125a I GG als Bundesrecht fort, solange und soweit es nicht durch Landesrecht ersetzt worden ist.[16]

Dass Art. 125a I GG insoweit nur Gesetze nach Art. 74 I GG (konkurrierende Bundeskompetenz) und nach Art. 75 GG (aufgehobene bloße Rahmenkompetenz des Bundes) nennt, nicht aber Gesetze nach Art. 73 I GG (ausschließliche Bundeskompetenz), hat einen einfachen Grund: Die Föderalismusreform hat nur den Katalog des Art. 74 I GG zu Lasten des Bundes ausgedünnt und dem Bund teilweise Kompetenzen aus dem Bereich des früheren Art. 75 GG genommen. Bei Art. 73 I GG ist die umgekehrte Situation gegeben. Dort sind es die *Länder*, die Kompetenzen an den Bund abgegeben haben. Hier ist die Regel des Art. 125a I GG mit umgekehrtem Vorzeichen einschlägig:

Recht, das als *Landesrecht* erlassen worden ist, wegen Änderung des Art. 73 GG aber nicht mehr als Landesrecht erlassen werden könnte, gilt als Landesrecht fort, solange und soweit es nicht durch Bundesrecht ersetzt worden ist (Art. 125a III GG).

670 Die erwähnte **Rahmenkompetenz** des Bundes nach Art. 75 GG aF war keine Vollkompetenz, sondern beschränkte sich auf Vorgaben an die Länder, die für Landesgesetze noch einigen Raum ließen; nur in Ausnahmefällen durften die Rahmenvorschriften auch unmittelbar geltende Regelungen enthalten. Mit der Aufhebung des Art. 75 GG hat die Föderalismusreform dem Bund die Art. 75-Materien nur teilweise genommen (= Anwendungsfeld des *Art. 125a I GG*, s. soeben). Für die meisten der Art. 75-Materien hat die Reform die Rahmenkompetenz zu einer Vollkompetenz des Bundes in der Gestalt einer konkurrierenden Bundeskompetenz aufgestockt (Art. 74 I Nr. 27–33 GG). Insoweit gilt das Rahmenrecht des Bundes nach *Art. 125b I GG* fort, solange und soweit der Bund seine neue Vollkompetenz nicht in Anspruch nimmt. Nur für diese zur Vollkompetenz des Bundes aufgewerteten Rahmenmaterien des Art. 75 GG aF gilt Art. 72 III GG mit der schon vorgestellte Möglichkeit der Länder, vom Bundesgesetz abweichende Regelungen zu treffen (Rn. 668); der Katalog des Art. 72 III 1 GG entspricht dem Katalog des Art. 74 I Nr. 28–33 GG. Der aus rechtsdogmatischer Sicht zunächst überraschende Art. 72 III GG ist die Kompensation dafür, dass die Länder zu den Materien des Art. 72 III 1 GG schon unter der Rahmenkompetenz des Bundes Gesetzgebungskompetenzen hatten.

---

[15] Überblick bei *Selmer*, JuS 2006, 1052.
[16] Das gilt zB (in Bayern) für das LadSchlG (*Sartorius* Nr. 805), s. Rn. 202. Klausurfall zum Versammlungsrecht bei *M. R. Otto*, JuS 2011, 143.

II. Der Bundesrat im Gesetzgebungsverfahren

Ausgangsfall:[17]

Ein Bundesgesetz, das mit Zustimmung des Bundesrates ergangen ist, verpflichtet die 671 Länder, sozial schwache Bürger in bestimmten Fällen mit eigenen Mitteln finanziell zu unterstützen. Der Bundestag hat ein Änderungsgesetz verabschiedet, das die Anspruchsvoraussetzungen verändert, nach einem finanzwissenschaftlichen Gutachten aber keine finanziellen Mehrbelastungen für die Länder zur Folge hat. Finanzwissenschaftliche Gutachten anderer Autoren erwarten indessen Mehrbelastungen. Deshalb ruft der Bundesrat den Vermittlungsausschuss an. Dieser spricht sich für das Änderungsgesetz aus. Nunmehr verweigert der Bundesrat mit der Mehrheit seiner Stimmen die „Zustimmung" zum Änderungsgesetz. Der Bundestag bestätigt das Gesetz mit der Mehrheit seiner Mitglieder. Nach Gegenzeichnung wird das Änderungsgesetz vom Bundespräsidenten ausgefertigt und im Bundesgesetzblatt verkündet. Kann der Bundesrat mit Erfolg etwas unternehmen?

Wie der *Ausgangsfall* führen die meisten Gesetzgebungsfälle mit Beteiligung des Bundesrates auf die Unterscheidung zwischen **„Einspruchsgesetzen"** (Art. 77 III GG) und **„Zustimmungsgesetzen"** (Art. 77 IIa GG). Einen Einspruch kann der BRat nur nach Durchführung eines Vermittlungsverfahrens einlegen (Art 77 II, III GG). Der BTag hat die Möglichkeit, den Einspruch zu überstimmen (Art. 77 IV GG). Die Verweigerung einer erforderlichen Zustimmung durch den BRat ist endgültig. Der Bundesrat ist nicht verpflichtet, vorher den Vermittlungsausschuss anzurufen (Art. 77 IIa GG). Aber die *Möglichkeit*, das Vermittlungsverfahren in Anspruch zu nehmen, hat der BRat *auch* hier – BTag und BReg (mit Blick auf die Konsequenz einer möglichen Verweigerung der Zustimmung des BRates) *nur* hier (Art. 77 II 4 GG).

Im *Ausgangsfall* ist entscheidend, ob das Änderungsgesetz zustimmungsbedürftig ist oder ob dem BRat bloß das Einspruchsrecht zustand, denn eine Zustimmung des BRates liegt nicht vor. Zwar mag in der Verweigerung der Zustimmung bei einer klausurmäßigen Bearbeitung ein Einspruch iSd Art. 77 III GG gesehen werden können.[18] Aber durch seinen erneuten Beschluss hat der BTag diesen Einspruch dann mit der gemäß Art. 77 IV 1 GG erforderlichen Mehrheit[19] zurückgewiesen.

Die Zustimmung des Bundesrates ist nur in den Fällen erforderlich, die das Grundgesetz nennt. Sonst ist der BRat auf die Möglichkeit zum Einspruch beschränkt. **Zustimmungsbedürftig** sind vor allem Bundesgesetze, welche die *finanzielle Situation der Länder* betreffen, so bestimmte Steuergesetze (Art. 105 III GG) und bestimmte Gesetzes über das Tragen finanzieller Lasten durch die Länder (Art. 104a IV [*Ausgangsfall*], Art. 104a V 2, Art. 104a VI 4, Art. 104b II 1 GG sowie Art. 91a II, Art. 74 II GG). Nur *punktuell* sind *weitere* Bundesgesetze zustimmungsbedürftig, so bestimmte Regelungen zur *verwaltungsmäßigen Ausführung von Bundesrecht* (Art. 73 II, Art. 84 I 6, Art. 84 V 1, Art. 85 I 1, Art. 87 III 2, Art. 87b II, Art. 87c, Art. 87d II, Art. 87e V, Art. 87f I GG).

---

[17] Weitere Klausurfälle bei *M. J. Huber*, JuS 2012, 140; *André/Rauber*, JuS 2011, 425.
[18] Dagegen BVerfGE 37, 363 (396); s. a. § 30 GO BRat.
[19] Allgemein zu Mehrheitserfordernissen im Staatsrecht *Kaiser*, JuS 2017, 221.

> **Merke:** Nach BVerfGE 37, 363 ist ein Änderungsgesetz nicht allein deshalb zustimmungsbedürftig, weil das *ursprüngliche* Gesetz wie im *Ausgangsfall* mit Zustimmung des Bundesrates ergangen ist.[20] Maßgebend ist, ob das Änderungsgesetz *selbst* von *seinem* Regelungsinhalt her der Zustimmung bedarf. Im *Ausgangsfall* ist entscheidend, ob durch das Änderungsgesetz für die Länder „Ausgaben entstehen" (Art. 104a IV GG). Die zusätzlichen Gutachten belegen jedenfalls, dass die Länder insoweit mit einem *Risiko* belastet werden. Nach dem Sinn des Art. 104a IV GG dürfte bereits dieses Risiko ausreichen, um die Zustimmungsbedürftigkeit des Gesetzes zu begründen.

Prozessual kann einerseits der BRat beim BVerfG die „*Organklage*" nach Art. 93 I Nr. 1 GG gegen den Bundespräsidenten erheben (§ 13 Nr. 5, §§ 63 ff. BVerfGG); ohne die Zustimmung des BRates darf der BPräs ein zustimmungsbedürftiges Gesetz nicht ausfertigen und verkünden (Art. 82 I 1 GG, Rn. 660). Andererseits kann eine Landesregierung (nicht der BRat als solcher) beim BVerfG die „*abstrakte*" *Normenkontrolle* beantragen (Art. 93 I Nr. 2 GG, § 13 Nr. 6, §§ 76 ff. BVerfGG).

III. Die föderale Verteilung der Verwaltungskompetenzen

Ausgangsfall:

672 Nach § 1 I, II VwVfG regelt das Verwaltungsverfahrensgesetz des Bundes die Verwaltungstätigkeit der Behörden des Bundes und der *Länder*, soweit die Länder Bundesrecht ausführen. Für die Verwaltungstätigkeit der Länder hat das VwVfG aber gleichwohl keine Relevanz. Gemäß § 1 III VwVfG wird das VwVfG insoweit durch die Verwaltungsverfahrensgesetze der Länder verdrängt. In den Kernbereichen stimmen die Landesgesetze wörtlich mit dem VwVfG überein (Rn. 30). In manchen Randbereichen driften die Landesgesetze aber auseinander. Könnte der Bundesgesetzgeber § 1 III VwVfG aufheben, damit für die Ausführung von Bundesgesetzen dann einheitlich das VwVfG gilt?

Die föderale Verteilung der *Verwaltungs*kompetenzen beurteilt sich nach Art. 83 ff. GG,[21] nicht nach Art. 70 ff. GG (häufiger Anfängerfehler!). Zur Verwaltungstätigkeit gehört nicht nur das *Verwalten* als faktisches Geschehen, sondern auch der Erlass verbindlicher Regelungen und Anordnungen für das Verwalten. Insoweit geht es um die *Einrichtung der Behörden*, um die Ausgestaltung des *Verwaltungsverfahrens* mit Außenwirkung für den Bürger *(Ausgangsfall)*, um interne *allgemeine Verwaltungsvorschriften* zum Verwaltungsablauf im Detail, zur Gesetzesauslegung und zur Ermessensausübung sowie um *Einzelweisungen* in der Verwaltungshierarchie (Rn. 645).

(1) Zuständigkeitsregel zugunsten der Länder (Art. 30 GG). – Natürlich führen die Länder ihre *Landesgesetze* aus.[22] Die Länder führen aber auch die *Bundesgesetze* aus, soweit das Grundgesetz nichts anderes bestimmt oder zulässt (Art. 83 GG). Demgemäß reicht die Verwaltungskompetenz des Bundes nicht so weit wie seine

---

[20] S. a. BVerfGE 48, 127 (177).
[21] Zur Ausführung der Bundesgesetze durch die Länder *Voßkuhle/Kaiser*, JuS 2017, 316; *Maurer*, JuS 2010, 945; Klausurfall bei *Frenzel*, JuS 2014, 1014; Grundfälle bei *Frenzel*, JuS 2012, 1082.
[22] Bundesbehörden können kein Landesrecht anwenden (BVerfGE 21, 312 (325)), solange es nicht in einem Bundesgesetz in Bezug genommen ist (E 48, 240 (244); 47, 285 (311 ff.)).

§ 44. Das Verhältnis von Bund und Ländern

Gesetzgebungskompetenz. Die Zuständigkeitsregel zugunsten der Länder gilt auch für die *gesetzesfreie* Verwaltung.[23]

(2) Bundeseigene Verwaltung (Art. 86 GG). – Die Gegenstände der bundeseigenen Verwaltung ergeben sich aus Art. 87 ff. GG (lesen!). Weil hier eigene Bundesbehörden tätig werden, stehen alle Verwaltungskompetenzen automatisch dem Bund zu. 673

(3) Landesverwaltung im Auftrage des Bundes (Art. 85 GG). – Gegenstände der Auftragsverwaltung sind zB die Bundesfernstraßen (Art. 90 III GG nF mit Ausnahme der Bundesautobahnen) oder kraft Entscheidung des dazu befugten Bundesgesetzgebers teilweise die Kernenergie (Art. 87c GG, § 24 AtG). Weil es sich bei der Auftragsverwaltung um Landesverwaltung handelt, liegen alle Verwaltungskompetenzen bei den Ländern, auch die Einrichtung der Behörden und die Ausgestaltung des Verwaltungsverfahrens (Art. 83, 85 I GG, Ausnahmen über nachfolgend (5)). Der Bund hat aber das Recht, das Handeln der Landesverwaltungen über allgemeine Verwaltungsvorschriften und über Einzelweisungen zu steuern (Art. 85 II 1, III GG). 674

(4) Landesverwaltung in der Gestalt „eigener Angelegenheiten" (Art. 84 GG). – Liegen (2) und (3) nicht vor, führen die Länder die Bundesgesetze als „eigene Angelegenheit" aus (Art. 83 GG). Wie schon unter (3) liegen alle Verwaltungskompetenzen bei den Ländern (Art. 30, 84 I GG). Der Bund kann auch hier allgemeine Verwaltungsvorschriften erlassen (Art. 84 II GG). Nur Einzelweisungen stehen dem Bund nicht zu (Ausnahmen über nachfolgend (5)).

(5) Überlagerungsmöglichkeiten durch Bundesgesetz. – Im Rahmen von (3) und (4) hat der Bundes*gesetzgeber* die Möglichkeit, in Abweichung vom Gesagten Landesbehörden einzurichten und das Verwaltungsverfahren der Länder zu regeln (Art. 84 I, 85 I GG) sowie im Rahmen von (4) dem Bund für besondere Fälle die Befugnis zu Einzelweisungen zu verleihen (Art. 84 V 1 GG). 675

Im *Ausgangsfall* könnte der Bundesgesetzgeber § 1 III VwVfG aufheben, so dass die Landesbehörden jetzt das VwVfG des Bundes anzuwenden hätten (§ 1 II VwVfG). Für den Bereich (4) ergibt sich die Möglichkeit zur Aufhebung aus Art. 84 I 2 GG. Aber gemäß Art. 84 I 2 GG wären die Länder in der Lage, ihre Verwaltungsverfahrensgesetze anschließend wieder in Kraft zu setzen.[24] Zu erwarten wäre ein unsinniges Ping-Pong. Für den Bereich (3) (Auftragsverwaltung) fehlt in der Ermächtigung an den Bundesgesetzgeber (Art. 85 I GG) das Stichwort „Verwaltungsverfahren". Zwar ergänzt das *BVerfG*[25] den Verfassungswortlaut über einen einleuchtenden Erst-recht-Schluss, nach dem die Regelungsbefugnis des Bundesgesetzgebers bei der dem Bund näherstehenden Auftragsverwaltung (3) nicht weniger weit gehen kann als bei der Ausführung von Bundesgesetzen als eigene Landesangelegenheit (4). Aber das würde auch bei (3) nur zu dem angedeuteten Ping-Pong führen. Die Voraussetzungen für eine bundeseinheitliche Regelung ohne Abweichungsmöglichkeit für die Länder (Art. 84 I 5 GG) liegen nicht vor. Damit ist die Gesetzesüberlegung im *Ausgangsfall* wenig sinnvoll.

Ohne wesentliche Relevanz für die studentische Fallbearbeitung sind die **Gemeinschaftsaufgaben** nach Art. 91a GG (Verbesserung der regionalen Wirtschaftsstruktur, der Agrarstruktur und des Küstenschutzes). Es handelt sich um Aufgaben der *Länder*, an deren Erfüllung der Bund verwaltungsmäßig und finanziell mitwirkt. Gemeinsame Planungsausschüsse verabschieden verbindliche Rahmenpläne, welche die Länder dann ausführen.[26] Das Zusammenwirken von Bund und Ländern bei den 676

---

[23] Klausur bei *Losch/Grübl*, JuS 1990, 307 – Vergabe von Fördermitteln durch den Bund.
[24] Näher zu dieser Abweichungsbefugnis der Länder in BVerwGE 150, 129 m. Anm. *Sachs*, JuS 2015, 188.
[25] BVerfGE 26, 338 (385); str., s. *Maurer*, Staatsrecht I, § 18 Rn. 16.
[26] Zu Einzelheiten und zur Vertiefung s. etwa *Frowein* und *v. Münch*, VVDStRL 31, 13 ff.

Gemeinschaftsaufgaben des Art. 91a GG ist obligatorisch. Fakultativ können Bund und Länder über Art. 91b GG zusätzlich ein Zusammenwirken bei der Forschungsförderung und im Pisa-Bereich vereinbaren.

IV. Bundesaufsicht bei der Ausführung von Bundesgesetzen

Ausgangsfall:

677 Die Straßenbaubehörde des Landes X beabsichtigt, an der Ausfahrt einer Bundesfernstraße ab 1. Januar einen Wegweiser zu der ab 1. Juni in S stattfindenden Bundesgartenschau anzubringen. Das Bundesverkehrsministerium weist das Land X an, den Wegweiser erst ab 1. Juni aufzustellen, da dieser vorher irreführend und daher unzweckmäßig sei. Ist diese Weisung rechtmäßig?[27]

1. Rechtsaufsicht

678 Die Länder unterstehen der Rechtsaufsicht des Bundes (Art. 84 III 1, 85 IV 1 GG) nur, soweit sie („als eigene Angelegenheit" oder „im Auftrage des Bundes") Bundesgesetze ausführen. Anders als das Land über die Kommunen (Rn. 737, 766) übt der Bund keine allgemeine Rechtmäßigkeitskontrolle über das Handeln der Länder aus.

2. Fachaufsicht mit Weisungsmöglichkeiten

679 Über die Rechtmäßigkeitskontrolle hinaus berechtigt die Fachaufsicht den Bund zum Eingreifen aus *Zweckmäßigkeits*erwägungen (Art. 85 IV GG) mit der Möglichkeit zu fachlichen Weisungen (Art. 85 III GG).[28] Die Fachaufsicht ist typisches Merkmal der *Auftragsverwaltung:* Die Länder unterstehen der Fachaufsicht des Bundes, soweit sie Bundesgesetze im Auftrag des Bundes ausführen (Art. 85 GG).

Gemäß Art. 90 III GG verwalten die Länder die Bundesstraßen des Fernverkehrs, die keine Bundesautobahnen sind, im Auftrage des Bundes. Im *Ausgangsfall* ist die Weisung damit zulässig. Seit der Grundgesetzänderung vom Juli 2017 wird die Verwaltung der Bundes*autobahnen* dagegen gemäß Art. 90 II 1 GG nF grundsätzlich in Bundesverwaltung geführt.

3. Aufsichtszuständigkeiten und Aufsichtsmittel

680 Mittel der **Rechtsaufsicht** sind die in Art. 84 III 2 und Art. 85 IV 2 GG genannten Informationsrechte sowie das Recht, bei Rechtsverletzungen Abhilfe zu verlangen. Die Rechtsaufsicht obliegt der *Bundesregierung* als Kollegialorgan (Art. 84 III 1 GG, Rn. 633), nicht dem für die Sache zuständigen Fachminister. Kommt das Land dem Verlangen nach Abhilfe nicht nach, so beschließt auf Antrag der Bundesregierung oder des Landes der Bundesrat, ob das Land das Recht verletzt hat *(Mängelrüge);*[29] gegen diesen Beschluss kann das *Bundesverfassungsgericht* angerufen werden (Art. 84 IV GG). Wenn sich die genannten Mittel als unzureichend erweisen, steht der Bundesregierung (mit Zustimmung des Bundesrates) als äußerstes Mittel der *Bundeszwang* (Art. 37 GG) zur Verfügung.

---

[27] Weiterer Fall bei *Kisker,* JuS 1995, 717.
[28] Zu den Einzelanforderungen s. BVerfGE 104, 249 (265 ff.); 81, 310 (330); *N. Janz,* Das Weisungsrecht nach Art. 85 III GG, 2003. Klausuren bei *Kahl/Brehme,* JuS 2005, 917; *Maierhöfer,* JuS 2004, 598.
[29] Zu den viel weiter gehenden Möglichkeiten der *Kommunalaufsicht* s. Rn. 769.

§ 44. Das Verhältnis von Bund und Ländern

Im Rahmen der **Fachaufsicht** werden die fachlichen Weisungen von den zuständigen Ministern erteilt (Ressortprinzip, Rn. 634). Kommt ein Land einer fachlichen Weisung nicht nach, liegt darin ein Rechtsverstoß. Zur Durchsetzung der Weisung sind nunmehr die beschriebenen Mittel der *Rechtsaufsicht* gegeben.

V. Bundesfreundliches Verhalten im Gleichordnungsverhältnis

Ausgangsfall:[30]

Die meisten Gemeinden eines Bundeslandes haben die Vorbereitungen für eine „Volksbefragung" abgeschlossen, in der alle wahlberechtigten Bürger mit „Ja" oder „Nein" zu einem wichtigen Gesetzgebungsvorhaben der Bundesregierung Stellung nehmen sollen. Die Bundesregierung verlangt vom Land, es solle gegen die Gemeinden einschreiten, damit die Willensbildung im Bundestag nicht präjudiziert werde. Wie ist dieses Verlangen rechtlich zu bewerten?   681

1. Die vorher behandelten Aufsichtsbefugnisse des Bundes, in deren Rahmen die Länder dem Bunde unterstehen („Über-Unterordnungsverhältnis"), sind auf die Ausführung von Bundesgesetzen beschränkt. Wie ausgeführt wurde, übt der Bund keine allgemeine Rechtmäßigkeitskontrolle über das Handeln der Länder aus. Die Länder sind vielmehr eigenständig, dem Bunde **gleichgeordnet**.   682

Im *Ausgangsfall* entspringt das Verlangen keiner Aufsichtsbefugnis, sondern Bund und Land stehen sich auf gleicher Ebene gegenüber.

2. Die Länder können im konkreten Einzelfall aber Pflichten gegenüber dem Bund haben. (Umgekehrt haben sie natürlich auch Rechte gegenüber dem Bund.) Fehlt es an einer ausdrücklichen Verfassungsvorschrift, ist an die ungeschriebene, aus dem Wesen des Bundesstaates entwickelte **Pflicht zu bundesfreundlichem Verhalten**[31] zu denken. In (bloß) akzessorischer Funktion moderiert, variiert oder ergänzt diese Pflicht anderweitig begründete Rechtsverhältnisse und Rechtspflichten.[32]   683

Das „Verlangen" der Bundesregierung ist im *Ausgangsfall* als Ermahnung zu bundesfreundlichem Verhalten anzusehen; es geht um die Moderierung eines durch Art. 28 III GG begründeten Rechtsverhältnisses zwischen dem Bund und dem einschlägigen Land.[33] In Anlehnung an BVerfGE 8, 122 ff. hängt die materielle Rechtslage davon ab, (a) ob die Gemeinden entsprechend Art. 28 II 1 GG eine Kompetenz zu dieser Volksbefragung haben, (b) ob bei fehlender Kompetenz erhebliche Belange des Bundes verletzt werden und (c) ob sich daraus eine Pflicht des Landes gegenüber dem Bunde zum Einschreiten gegen die Gemeinden im Wege der Kommunalaufsicht ergibt.   684

VI. Prozessuales

Spezifische Klagemöglichkeiten vor dem BVerfG in Sonderkonstellationen sind vorstehend bereits mitbehandelt worden (Rn. 666, 671). *Allgemein* gilt: Für Streitig-   685

---

[30] Fallanlehnung an BVerfGE 8, 122 – Volksbefragungen zur Atombewaffnung.
[31] St. Rspr. seit BVerfGE 1, 117 (131); s. zB E 104, 249 (269); 81, 310 (337); *Bauer*, Die Bundestreue, 1992; Hausarbeit bei *Ruffert/Löbel*, JuS 2016, 1088.
[32] Dazu BVerfGE 104, 238 (247 f.); 103, 81 (88); 95, 250 (266); 42, 103 (117).
[33] Weiterer Anwendungsfall der Bundestreue in Rn. 706.

keiten zwischen Bund und Ländern in „materiellen *Verfassungsrechts*verhältnissen"[34] ist die **Bund-Länder-Klage** (Art. 93 I Nr. 3 GG, § 13 Nr. 7, §§ 68 ff. BVerfGG; s. a. Art. 93 I Nr. 4 GG, § 13 Nr. 8, §§ 71 ff. BVerfGG) gegeben.[35] Sie kann vom Bund *und* von einem Land erhoben werden.[36] Geht es um die Gesetzgebungskompetenz, ist anstelle der Bund-Länder-Klage *auch*[37] ein Antrag auf **abstrakte Normenkontrolle** (Art. 93 I Nr. 2, Nr. 2a GG; § 13 Nr. 6, Nr. 6a, §§ 76 ff. BVerfGG) möglich.

VII. Föderale Finanzverfassung

Ausgangsfall:

686 Ein Landesgesetz über Vergnügungssteuern gestattet den Gemeinden, durch Satzung eine Spielautomatensteuer einzuführen. Ist dieses Gesetz gültig?[38] – Der Landesgesetzgeber kann den Gemeinden an sich Satzungsautonomie verleihen, ohne dabei den Bindungen aus Art. 80 GG unterworfen zu sein (Rn. 428 ff.). Hier ist der Fall unter finanzverfassungsrechtlichen Gesichtspunkten zu durchleuchten. Dabei können lediglich einige *Grundstrukturen* der Finanzverfassung skizziert werden,[39] die allen Examenskandidaten geläufig sein sollten, nicht nur denen eines einschlägigen Schwerpunktbereichs.

1. Verteilung des Steueraufkommens

687 Neben der föderalen Gesetzgebungskompetenz (Rn. 689) und der föderalen Verwaltungskompetenz (Rn. 690 f.) ist für die Abgabenerhebung drittens erheblich, wer die Abgaben im Verhältnis von Bund, Ländern und Gemeinden *erhält*. Nach Maßgabe von Art. 104a I GG tragen der Bund und die Länder sowie die Gemeinden (Art. 28 II GG) gesondert die Ausgaben, die sich aus der Wahrnehmung ihrer Aufgaben ergeben. Daher musste das Grundgesetz sie alle mit eigenen Finanzerträgen ausstatten.

688 Art. 106 GG verteilt *bestimmte* Steuern nach der Steuer*art* auf *Bund* (Art. 106 I GG), *Länder* (Art. 106 II GG) und *Gemeinden* (Art. 106 VI GG). Das Aufkommen der Einkommensteuer, der Körperschaftsteuer und der Umsatzsteuer, also der wichtigsten Steuern, steht dem Bund

---

[34] BVerfGE 95, 250 (262). Zur Länderklage vor dem *BVerwG* nach § 50 I Nr. 1 VwGO bei *nicht* verfassungsrechtlichen Streitigkeiten s. Rn. 708.
[35] Einzelheiten bei *Hillgruber/Goos*, Verfassungsprozessrecht, Rn. 400 ff.; Hausarbeit bei *Ruffert/Löbel*, JuS 2016, 1088; Klausuren bei *Prehn*, JuS 2014, 905; *Herrmann/Hofmann*, JuS 2012, 543.
[36] Antragsteller oder Antragsgegner kann für den Bund nur die Bundesregierung, für ein Land nur die Landesregierung sein: *BVerfG* NVwZ 2011, 1512 m. Anm. *Sachs*, JuS 2012, 274; s. a. § 68 BVerfGG.
[37] Zum Zusammenspiel beider Verfahrensarten s. *Fischer*, JuS 2003, 137 (138, 140); *Seitz*, JuS 2001, L 76 (78).
[38] S. a. *BVerfG (Kammer)* NVwZ 1997, 573.
[39] S. zu ihnen auch etwa *Schwarz/Reimer*, JuS 2007, 119. – Einstieg in das Sonderproblem der „Lenkungssteuern", die mit der Sachkompetenz anderer Kompetenzträger für den gelenkten Sachbereich in Konflikt geraten können, über BVerfGE 98, 106 (118 ff.) – rechtsstaatliche *Widerspruchsfreiheit der Rechtsordnung*; *Jarass*, JuS 1998, 1096. – Zu den eingeschränkten Voraussetzungen für „nicht-steuerliche Abgaben", wie *Sonderabgaben*, zusammenfassend BVerfGE 113, 128 (146 f.). Ablehnung eines allg. „Steuererfindungsrechts" außerhalb von Art. 105, 106 GG durch *BVerfG* NJW 2017, 2249 (Kernbrennstoffsteuer) m. Anm. *Selmer*, JuS 2018, 188.

und den Ländern nach Maßgabe von Art. 106 III GG *gemeinsam* zu. Diese *„Gemeinschaftssteuern"* werden nach festen, teils in der Verfassung, teils im Gesetz geregelten Schlüsseln (Art. 106 III, V, Va GG) auf Bund und Länder sowie eingeschränkt auf die Gemeinden *aufgeteilt.* (Im horizontalen Verhältnis der Länder zueinander erhält jedes Land mit gewissen Modifikationen das von den Finanzbehörden auf seinem Gebiet vereinnahmte *örtliche Aufkommen* [Art. 107 I GG]. Das so entstehende Gefälle zwischen finanzstarken und finanzschwachen Ländern wird über einen horizontalen Finanzausgleich ausgeglichen [Art. 107 II GG][40].)

Für den *Ausgangsfall* weist Art. 106 VI 1 GG das Aufkommen der örtlichen Verbrauch- und Aufwandsteuern und damit[41] der Vergnügungssteuer für Spielautomaten den *Gemeinden* zu. Von der Steuerertragshoheit her bestehen gegen das Landesgesetz also keine Bedenken, wenn es die Spielautomatensteuer in die Kassen der Gemeinden fließen lässt.

2. Gesetzgebungskompetenz für Steuern

Weil in Rechte der Bürger eingegriffen wird, muss die Steuererhebung (parlaments-) gesetzlich geregelt sein (Rn. 59, 449 ff.). Für die föderale Verteilung der Gesetzgebungskompetenz enthält Art. 105 GG Spezialregelungen, die Art. 73 ff. GG vorgehen. Ein Vergleich zwischen Art. 105 GG und Art. 106 GG zeigt dabei, dass die Gesetzgebungskompetenz nicht mit der Steuerertragshoheit korrespondiert, Bund und Länder also nicht je für sich die Steuergesetze über „ihre" Steuern machen. Unter anderem um der Steuergerechtigkeit willen, etwa um „Steueroasen" zu vermeiden, schafft Art. 105 I, II GG einen Überhang in der Gesetzgebungskompetenz des Bundes.

689

Für die örtlichen Verbrauch- und Aufwandsteuern und damit im *Ausgangsfall* haben die Länder eine *ausschließliche* Gesetzgebungskompetenz in ihrem Verhältnis zum Bund (Art. 105 IIa GG).[42] Im *Ausgangsfall* hat das Land diese Kompetenz nicht abschließend selbst wahrgenommen, sondern der „Legislative" der *Gemeinde* übertragen. Wegen Art. 28 II GG ist das nicht zu beanstanden.[43]

3. Steuerverwaltung

Anders als die Steuergesetzgebung deckt sich die Verwaltung der Steuern (Beispiel: Steuereinziehung durch Steuerbescheide = Verwaltungsakte) im Prinzip mit der Verteilung des Steueraufkommens: Die gem. Art. 106 II GG ganz den *Ländern* zufließenden Steuern werden von den Ländern als eigene Angelegenheiten verwaltet (Art. 108 II GG, Rn. 674). Die dem *Bund* ganz (Art. 106 I GG) oder teilweise (Art. 106 III GG) zufließenden Steuern werden teils vom *Bund* (Art. 108 I GG, Rn. 673), teils von den Ländern *im Auftrage des Bundes* (Art. 108 III GG, Rn. 674) verwaltet. Das alles geschieht nach dem *Gesetz über die Finanzverwaltung* organisatorisch in einer *Mischverwaltung von Bundes- und Länderbehörden,* die in Einzelheiten aber nur den Schwerpunktbereichskandidaten geläufig zu sein braucht.

690

Art. 108 IV 2 GG gestattet es den Ländern, außerhalb dieses Systems den *Gemeinden* die Verwaltung der ihnen allein zufließenden Steuern zu überlassen. Damit ist das Landesgesetz im *Ausgangsfall* auch nicht zu beanstanden, soweit es den Gemeinden das Recht zugesteht, die nach ihrer Steuersatzung zu erhebende Steuer durch Steuerbescheide selbst einzuziehen.

691

---

[40] Letzte Änderung durch das Gesetz zur Änderung des Grundgesetzes vom 13.7.2017, BGBl. I S. 2347.
[41] S. etwa BVerfGE 31, 119 (127 f.); *BVerfG (Kammer)* NVwZ 1997, 573; *BVerwG* NVwZ 1994, 902.
[42] BVerfGE 40, 56; *BFH* NVwZ 1990, 903.
[43] BVerwGE 6, 247 ff.; *BVerfG (Kammer)* NVwZ 1997, 573 (574).

10. Teil. Vertragliche Außenbeziehungen von Bund und Ländern

§ 45. Staatsrechtliche Voraussetzungen völkerrechtlicher Verträge

Ein völkerrechtlicher Vertrag bindet nur die beteiligten *Staaten*. Um Wirkungen in der nationalen Rechtsordnung zu zeitigen und damit möglicherweise auch für den einzelnen Bürger, bedarf es der **Transformation** des Vertrages *in innerstaatliches Recht* durch die zuständigen staatlichen Organe – zumeist durch den Gesetzgeber (s. Rn. 696).[1] Ob ein völkerrechtlicher Vertrag *gültig* ist, beurteilt sich ausschließlich nach *Völkerrecht*.[2] Auf einem anderen Blatt steht, ob das Staatsorgan, das den Vertrag *mit (externer) Vertretungsmacht* abgeschlossen hat, nach dem einschlägigen Staatsrecht *intern* zum Abschluss des Vertrages berechtigt war. Fehler aus diesem Bereich haben auf die Gültigkeit des Vertrages grundsätzlich keinen Einfluss.[3] Die staatsrechtlichen Fragen zu völkerrechtlichen Verträgen gehören zur Pflichtfachmaterie „Staatsrecht III".[4]

I. Grundsätzliches

Ausgangsfall:[5]

Die Bundeskanzlerin bittet den Bundespräsidenten, gemäß Art. 59 I GG ein mit der Regierung des Nachbarstaates N ausgehandeltes Kulturabkommen abzuschließen (= zu ratifizieren[6]), nach dem (1) die Bundesrepublik in der Hauptstadt des Nachbarstaates ein „Deutsches Kulturinstitut" einrichten darf und (2) die Sprache des Nachbarstaates Pflichtfach in jeder höheren Schule der Bundesrepublik werden soll. Der Bundespräsident verweigert die Ratifikation, weil die Kulturhoheit bei den Ländern liege und der Bundestag nicht zugestimmt habe. – Einkleidung für die Lösung ist das rechtliche Prüfungsrecht des Bundespräsidenten.

Art. 59 I GG betrifft die völkerrechtliche Vertretungsmacht im *Außenverhältnis* zu den anderen Völkerrechtssubjekten, sagt aber nichts zu der Frage, wer *innerstaatlich* über den Abschluss des Vertrages zu *entscheiden* hat. Soweit der Bund zuständig ist

---

[1] Klausurfall bei *Funke/Papp*, JuS 2009, 246.
[2] S. insbesondere das Wiener Übereinkommen über das Recht der Verträge vom 23.5.1969 (WÜV, *Sartorius II* Nr. 320).
[3] S. BVerwGE 50, 137 (142 f.); s. a. Art. 46 WÜV: Ausnahme bei offenkundiger Verletzung einer innerstaatlichen Rechtsvorschrift von grundlegender Bedeutung.
[4] Informative Gesamtdarstellung bei *Schweitzer/Dederer*, Staatsrecht III, 11. Aufl. 2016; *Sauer*, Staatsrecht III, 4. Aufl. 2016; zur „offenen Staatlichkeit" iSd GG *Voßkuhle/Kaufhold*, JuS 2013, 309.
[5] Weitere Klausurfälle bei *Stendel*, JuS 2016, 822; *Herrmann/Hofmann*, JuS 2012, 543; *Stumpf/Goos*, JuS 2009, 40.
[6] Zum Begriff s. etwa *Schweitzer/Dederer*, Staatsrecht III, 11. Aufl. 2016, Rn. 349 ff.

(Art. 32 GG), liegt die *interne politische* Entscheidung im Bereich der Regierung[7] (im GG nicht ausdrücklich geregelt); gemäß Art. 59 II GG müssen aber eventuell andere Bundesorgane (ebenfalls intern) zustimmen.

Die Zuständigkeit des Bundes ist *Voraussetzung* für das Außenhandeln des Bundespräsidenten, die Zustimmung des Bundestages auch, falls sie erforderlich ist. Beides darf, genauer: *muss* der Bundespräsident also prüfen (s. Rn. 659 ff.).

II. Zuständigkeit des Bundes (Art. 32 GG)

695 Für das *Deutsche* (nicht Bayerische, Niedersächsische usw.) *Kulturinstitut* ist der Bund im *Ausgangsfall* „aus der Natur der Sache" zuständig. Ob die *Fremdsprachenregelung* in die Zuständigkeit des Bundes fällt, hängt von der Auslegung des Art. 32 III GG ab: Nach einer („zentralistischen") Ansicht eröffnet Art. 32 I GG (in Umkehrung des Art. 30 GG) eine grundsätzliche Zuständigkeit des Bundes. Dann haben die Länder gemäß Art. 32 III GG nur eine konkurrierende Kompetenz *neben* der des Bundes. Eine andere („föderalistische") Ansicht nimmt eine *ausschließliche* Zuständigkeit der Länder an, weil der Bund keine Möglichkeit habe,[8] die innerstaatliche Durchführung der Verträge (bei Art. 32 III GG unbestritten Ländersache) sicherzustellen.[9] In einer *Hausarbeit* müsste das „*Lindauer Abkommen*" entdeckt[10] und in seiner Bedeutung erfasst werden, eine Art „Vergleich" zwischen Bund und Ländern in der Streitfrage. Im Lindauer Abkommen haben die Länder dem Bund die Abschlusskompetenz zugestanden.[11] Der Bund hat sich aber verpflichtet, die Zustimmung der Länder einzuholen. Solange im *Ausgangsfall* nicht nach dem Lindauer Abkommen verfahren worden ist, darf der Bundespräsident jedenfalls die Fremdsprachenregelung nicht ratifizieren.[12]

III. Mitwirkung von Bundesorganen, Zustimmungsgesetz (Art. 59 II GG)

696 An Art. 59 II GG[13] zeigt sich, ob die Klausurbearbeiter auch eine ihnen unbekannte Vorschrift sinnvoll anwenden können, wenn sie gewisse Grundkenntnisse haben.

Im *Ausgangsfall* nahmen viele Bearbeiter an, es würden „die politischen Beziehungen des Bundes" geregelt, weil „Außenpolitik" gemacht werde. Diese Begründung *kann nicht* richtig sein. Andernfalls wäre für *jeden* völkerrechtlichen Vertrag die Zustimmung des Bundestags erforderlich; die Kasuistik in Art. 59 II GG wäre sinnlos. Nur gewisse Grundentscheidungen, durch welche die „Existenz des Staates, seine territoriale Integrität, seine Unabhängigkeit, seine Stellung und sein maßgebliches Gewicht in der Staatengemeinschaft berührt

---

[7] BVerwGE 90, 286 (358) – friedenssichernde Bundeswehreinsätze; 68, 1 (109) – Raketenstationierung; 60, 162 (176 f.).
[8] S. BVerfGE 6, 309 – Konkordatsurteil.
[9] Überblick über die Streitfrage bei Maunz/Dürig/*Nettesheim*, GG, Art. 32 Rn. 60 ff.
[10] Abgedruckt etwa bei *Schweitzer/Dederer*, Staatsrecht III, 11. Aufl. 2016, Rn. 309; Maunz/Dürig/*Nettesheim*, GG, Art. 32 Rn. 72.
[11] Zu Einzelfragen der rechtlichen Konstruktion s. Maunz/Dürig/*Nettesheim*, GG, Art. 32 Rn. 61 ff.; *Bücker/Köster*, JuS 2005, 976 (mit Einbeziehung der „Ständigen Vertragskommission der Länder").
[12] Zur (zweifelhaften) Verfassungsmäßigkeit des Lindauer Abkommens zB *Schweitzer/Dederer*, Staatsrecht III, 11. Aufl. 2016, Rn. 311 f.; *Sauer*, Staatsrecht III, 4. Aufl. 2016, § 4 Rn. 15.
[13] Grundlegend für die Exegese BVerfGE 90, 286 (358); 1, 351 ff.; *BVerfG* NJW 2002, 1559; s. a. *Trüe*, JuS 1997, 1092. Zur Beteiligung des Bundesrats (Ostverträge) *Frowein*, JuS 1972, 241.

werden",[14] betreffen „die politischen Beziehungen des Bundes". Ferner waren manche Bearbeiter des *Ausgangsfalls* der Ansicht, der Vertrag beziehe sich „auf Gegenstände der Bundesgesetzgebung", weil die auswärtigen Angelegenheiten gem. Art. 73 I Nr. 1 GG der ausschließlichen Gesetzgebung des Bundes unterlägen. Sie übersahen: Art. 73 GG betrifft das Bund-Länder-Verhältnis, das für den *Ausgangsfall* speziell durch Art. 32 GG (Rn. 695) geregelt ist. Bei Art. 59 II GG geht es hingegen um das Verhältnis zwischen (Bundes-)*Exekutive* und (Bundes-)*Legislative*.[15] Mit der (rechtzeitigen) Zustimmung der Legislative zum Vertragsschluss über Gegenstände der (Bundes-)*Gesetzgebung* soll vermieden werden, dass der Bund völkerrechtliche Verpflichtungen eingeht, die er nicht erfüllen kann. Dieser Fall träte ein, wenn für den innerstaatlichen Vollzug im Einzelfall eine *Transformation*[16] des Völkerrechts in innerstaatliches Recht erforderlich ist, die hierfür zuständigen Gesetzgebungsorgane sich aber später sperrten. Also sind „Gegenstände der Bundesgesetzgebung" iSd Art. 59 II GG nur betroffen, wenn die völkerrechtliche Verpflichtung erst über eine Transformation in innerstaatliches Recht durch den Gesetzgeber erfüllt werden kann.[17] – Im *Ausgangsfall* ist es der Exekutive ohne Mitwirkung des Gesetzgebers möglich, das Kulturinstitut zu errichten, solange ausreichende Mittel im Haushaltsplan vorhanden sind. Die Fremdsprachenregelung wird durch die *Länder* transformiert. Auch insoweit ist daher nicht noch die Zustimmung eines weiteren *Bundes*organs erforderlich.

Das Zustimmungsgesetz (auch „Vertragsgesetz"; nicht zu verwechseln mit dem Zustimmungsgesetz iSd Rn. 671) zu einem völkerrechtlichen Vertrag iSd Art. 59 II 1 GG stellt zugleich den *Rechtsanwendungsbefehl* für diesen dar. Der Rechtsanwendungsbefehl bewirkt die *innerstaatliche Geltung* des völkerrechtlichen Vertrages und bestimmt seinen *innerstaatlichen Rang:* im Fall des Art. 59 II 1 GG den eines einfachen Bundesgesetzes.[18] In der Konsequenz gilt im Verhältnis zu anderen einfachen Bundesgesetzen der *lex-posterior-Grundsatz*.[19]

In *prozessualer Hinsicht* ist besonders zu beachten, dass Zustimmungsgesetze zu völkerrechtlichen Verträgen bereits *vor* ihrer Ausfertigung und Verkündung durch das BVerfG auf ihre Verfassungsmäßigkeit hin überprüft werden können (abstrakte Normenkontrolle, Organstreitverfahren, Verfassungsbeschwerde – ggf. im einstweiligen Rechtsschutz gem. § 32 BVerfGG).[20] Hierdurch wird verhindert, dass die Bundesrepublik durch den Abschluss völkerrechtlicher Verträge im Außenverhältnis Verpflichtungen eingeht, die sie aus verfassungsrechtlichen Gründen nicht realisieren kann.

---

[14] BVerfGE 90, 286 (359).
[15] Ein einzelner *Abgeordneter* kann eine Verletzung des Beteiligungsrechts des Bundestages nicht im Organstreit geltend machen: BVerfGE 117, 359 (368 f.).
[16] Begrifflich sind Zustimmung und Transformation zu trennen, obgleich sie regelmäßig in *einem* Gesetz erfolgen; s. zu allem Maunz/Dürig/*Nettesheim*, GG, Art. 59 Rn. 90, 93 ff.
[17] Art. 59 II Satz 2 GG betrifft völkerrechtliche Verträge, die ohne Mitwirkung der (Bundes-)*Legislative* schon von der (Bundes-)*Exekutive* selbst in innerstaatliches Recht transformiert werden können, etwa über den Erlass interner Verwaltungsvorschriften für die unteren Behörden. Wie zB Art. 84 II, 85 II GG zeigen, gibt es Fälle, in denen hieran noch andere Organe (Bundesrat) beteiligt sind. Auch diese Organe müssen *vor* der Ratifizierung zustimmen.
[18] S. nur BVerfGE 141, 1 (18 ff. Rn. 43 ff.) – treaty override (lesen!); *Sauer*, Staatsrecht III, 4. Aufl. 2016, § 6 Rn. 13 ff., auch zur *unmittelbaren Anwendbarkeit* und *Einklagbarkeit* völkerrechtlicher Vertragsregelungen (= Auslegungsfrage) – zum Unionsrecht insoweit Rn. 713d ff.
[19] BVerfGE 141, 1 (20 ff. Rn. 49 ff.) m. Anm. *Sachs*, JuS 2016, 571. Besonderheiten gelten im menschenrechtlichen Kontext, insbesondere zur EMRK; s. Rn. 711b.
[20] S. BVerfGE 1, 396 (410 ff.); 36, 1 (15); 123, 267 (329); *Hillgruber/Goos*, Verfassungsprozessrecht, Rn. 147, 365b, 508. Im Kontext der vorläufigen Anwendung von CETA BVerfGE 143, 65 m. Anm. *Ruffert*, JuS 2016, 1141.

§ 46. Staatsverträge und Verwaltungsabkommen im Bundesstaat, gemeinsame Ländereinrichtungen

Ausgangsfälle:

(1) In der ständigen Konferenz der Kultusminister haben die Kultusminister der Länder vereinbart, die Gesamtschulen in das überkommene dreigliedrige Schulsystem mit getrennten Schultypen (zurück) zu überführen. Im Land X ist die Gesamtschule im Schulgesetz gesetzlich festgeschrieben. Ein Gesetzentwurf der Landesregierung zur Änderung des Schulgesetzes findet im Landtag keine Mehrheit. Kann Schülerin S, deren sehnlichster Wunsch es nach den Vorstellungen ihrer Eltern ist, ein „herkömmliches" Gymnasium besuchen zu können, die Gesetzesänderung erzwingen? Haben die anderen Bundesländer diese Möglichkeit?[1]

(2) Referendar R aus Schleswig-Holstein hat sich vor dem „Gemeinsamen Prüfungsamt" der Länder Bremen, Hamburg und Schleswig-Holstein mit Sitz in Hamburg der Zweiten Juristischen Staatsprüfung unterzogen und ist durchgefallen. Vor welchem VG (Schleswig oder Hamburg) kann er Anfechtungsklage erheben? Findet er mit dem Vorbringen Gehör, er sei von einer falschen Prüfungskommission geprüft worden, weil der Kommission nur ein Prüfer aus Schleswig-Holstein angehört habe?[2]

I. Beteiligte

1. Hier geht es um Verträge *innerhalb* des Bundesstaates. Sie gehören zur Pflichtfachmaterie „Staatsrecht". Die nachfolgenden Ausführungen konzentrieren sich auf Vereinbarungen, die – wie in den *Ausgangsfällen* – zwischen den Ländern als Gliedstaaten des Bundes und damit **horizontal** abgeschlossen werden.[3] Die Darstellungen sind aber weitgehend auch auf Verträge übertragbar, die – **vertikal** – zwischen dem Bund und einem oder mehreren Ländern zustande kommen.[4]

2. Vertragsparteien sind stets die Länder (und ggf. der Bund) als Körperschaften des öffentlichen Rechts (= juristische Personen), *nicht* das Organ (Kultusminister im *Ausgangsfall 1*), durch das die öffentlichrechtliche Körperschaft im Außenverhältnis gehandelt hat (Fehlerquelle!). Das Organ kann im *Außenverhältnis* nicht Träger eigener Rechte und Pflichten sein (Rn. 637, 640). Allerdings ist denkbar, dass sich die öffentlichrechtliche Körperschaft nur *eingeschränkt* für den Kompetenzbereich des handelnden Organs und nicht *umfassend* für den Kompetenzbereich aller Organe gebunden hat.

Demgemäß könnten sich die Länder im *Ausgangsfall 1* eingeschränkt dahingehend gebunden haben, dass die *Kultusminister* das in *ihrer* Macht Stehende zu tun haben, um die Gesamt-

---

[1] Fallanlehnung an BVerfGE 45, 400 (421); weitere Klausurfälle bei *von Detten/Frenzel*, JuS 2010, 811; *Degenhart*, Klausurenkurs im Staatsrecht II, 7. Aufl. 2015, Fall 4.
[2] S. a. BVerwGE 60, 162 – Kündigung NDR; 54, 29 – NDR; 50, 137 – Vergabe von Studienplätzen; 23, 194 – Filmbewertungsstelle; 22, 299 – ZDF.
[3] Zu diesen auch *Bortnikov*, JuS 2017, 27; *Schladebach*, VerwArch 2007, 238.
[4] S. bereits *Grawert*, Verwaltungsabkommen zwischen Bund und Ländern, 1967, mit Zusammenstellung entsprechender Verwaltungsabkommen (S. 299 ff.).

§ 46. Staatsverträge und Verwaltungsabkommen im Bundesstaat

schulen zu beseitigen (= Initiative für den Gesetzentwurf an das Parlament); das Handeln des Parlaments als *anderen* Landesorgans ist von der Vereinbarung dann nicht erfasst.

3. Wie völkerrechtliche Verträge zeitigen auch Staatsverträge und Verwaltungsabkommen *zwischen* den Ländern erst einmal keine Wirkungen *in* den Ländern. Insofern bedarf es auch hier der **Transformation** in „*Binnenrecht*" durch das innerstaatlich zuständige Organ, zumeist durch den Gesetzgeber. 701

Vor diesem Hintergrund kann die Vereinbarung der Kultusminister der S im *Ausgangsfall 1* ohne einen Rechtsanwendungsbefehl von vornherein keinen (einklagbaren) Anspruch gegen das Land *X* vermitteln. Im *Ausgangsfall 2* ist Rechtsgrundlage für den Verwaltungsakt (Nichtbestehen der Prüfung) nicht die (bis in alle Einzelheiten gehende) „Übereinkunft" zwischen den genannten Ländern „über ein gemeinsames Prüfungsamt und die Prüfungsordnung", sondern das *Gesetz* des Landes *Schleswig-Holstein,* das den Inhalt der Übereinkunft als schleswig-holsteinisches Prüfungsrecht in innerstaatliches Recht transformiert hat.

II. Staatsverträge und Verwaltungsabkommen

Die Vereinbarungen zwischen Gliedstaaten des Bundes sind entweder „Staatsverträge" oder „Verwaltungsabkommen". Die *Begriffsabgrenzung* ist in Literatur und Rechtsprechung nicht abschließend geklärt.[5] Solange das Wort „Staatsvertrag" nicht als *Rechtsbegriff* in entscheidungserheblicher Weise gebraucht wird, ist eine vertiefte Einordnung des konkreten Vertrages in der Fallbearbeitung verfehlt. 702

Parallel zur Abgrenzung nach Art. 59 II 1 u. 2 GG drängt sich eine Differenzierung danach auf, ob die geregelte Materie einem Gesetzesvorbehalt unterliegt – dann Staatsvertrag, andernfalls Verwaltungsabkommen.[6] Alternativ könnte an der in Rn. 699 f. angedeuteten Unterscheidung zwischen *absoluter* Bindung des Landes mit *allen* seinen Organen einschließlich des Gesetzgebers (= Staatsvertrag) und *relativen* Bindungen nur für den Kompetenzbereich der Exekutive (= Verwaltungsabkommen) angeknüpft werden.[7]

III. Staatsinterne Abschlussvoraussetzungen

Wie beim völkerrechtlichen Vertrag (Rn. 694, 696) darf das nach der Landesverfassung im *Außenverhältnis* zum Vertragspartner vertretungsberechtigte Organ (= Parallele zu Art. 59 I GG) den Vertrag nur abschließen, wenn *innerstaatlich* dafür die Voraussetzungen vorliegen. Die politische Entscheidung über den Vertragsschluss obliegt nach dem Staatsrecht aller Länder der Regierung[8] oder – im Rahmen der jeweiligen Ressortzuständigkeit – einem Regierungsmitglied (zB dem Kultusminister). Ob innerstaatlich *außerdem* ein anderes Landesorgan, vor allem das Landesparlament, zustimmen muss, beurteilt sich nach Vorschriften der Landesverfassung, die in Parallele zu Art. 59 II GG stehen. Die Zustimmung des Gesetzgebers ist erforderlich, wenn wegen des Gesetzesvorbehalts (Rn. 59) eine gesetzgeberische Transformation in innerstaatliches Recht erforderlich ist, um den Vertrag zu erfüllen (nach der vorgeschlagenen Abgrenzung in Rn. 702 also stets bei *Staatsverträgen*). 703

---

[5] Vgl. schon *Grawert,* Verwaltungsabkommen zwischen Bund und Ländern, 1967, S. 31 ff.
[6] *Bortnikov,* JuS 2017, 27 (27 f.) mwN; *Schladebach,* VerwArch 2007, 238 (240); *Rudolf* in Isensee/Kirchhof, HStR, Bd. VI, 3. Aufl. 2008, § 141 Rn. 59.
[7] Vgl. *H. Schneider,* VVDStRL 19 (1961), 1 (8 ff.).
[8] BVerwGE 60, 162 (176 f.).

Weil im *Ausgangsfall 2* (Rn. 697) das Prüfungswesen *gesetzlich* geregelt werden muss, durften die im Außenverhältnis Abschlussberechtigten den Vertrag über das gemeinsame Prüfungsamt und die Prüfungsordnung *aus der Innenperspektive* nicht abschließen, bevor „ihr" Landesparlament (wie geschehen) zugestimmt hatte. Im *Ausgangsfall 1* wäre zum Vollzug des Vertrages unabhängig vom Gesetzesvorbehalt allein schon deshalb ein Parlamentsgesetz (Änderungsgesetz zum Schulgesetz) erforderlich, weil die Gesamtschule bisher *gesetzlich* vorgeschrieben ist. Also durfte (und wollte) der Kultusminister das Land *aus der Innenperspektive* nicht *absolut,* sondern nur nach Maßgabe des in Rn. 699 Gesagten zur Abschaffung der Gesamtschule verpflichten, solange das Parlament nicht zugestimmt hatte.

IV. Zulässigkeit = Gültigkeit einer Vereinbarung

704 1. Die Länder können untereinander Verträge nur schließen, soweit sie im Verhältnis zum Bund über die **Kompetenz** für die zu regelnde Materie verfügen.

705 Im *Ausgangsfall 2* (Rn. 697) ist gemäß § 52 Nr. 3 S. 2 VwGO das *VG Schleswig* örtlich zuständig.[9] Eine Vereinbarung zwischen den genannten Ländern, wonach in Anknüpfung an den Sitz des Gemeinsamen Prüfungsamtes das *VG Hamburg* als zuständiges Gericht bestimmt würde, wäre nichtig. Weil der Bund die örtliche Zuständigkeit der Verwaltungsgerichte im Rahmen von Art. 74 I Nr. 1 GG selbst abschließend geregelt hat, ist die konkurrierende Kompetenz der Länder gem. Art. 72 I GG gesperrt.[10]

706 2. Auch alle **weiteren Gültigkeitsvoraussetzungen** bemessen sich im *staatsrechtlichen* Ansatz *ausschließlich* nach *nationalem Verfassungsrecht;* für die Anwendung von Völkerrecht bleibt kein Raum.[11] Anders als völkerrechtliche Verträge (Rn. 692) sind (föderale) Staatsverträge und Verwaltungsabkommen insbesondere auch dann *ungültig,* wenn sie abgeschlossen worden sind, obgleich nach *Landes*verfassungsrecht die Zustimmung des Landesparlaments erforderlich war.[12] Das folgt aus dem engen Zusammenschluss der Gliedstaaten im Bundesstaat in Verbindung mit dem ungeschriebenen (Rn. 683) bundesstaatlichen Verfassungsgrundsatz der gegenseitigen Rücksichtnahme („Bundestreue").[13]

707 Im *Ausgangsfall 2* hätte die Vereinbarung über das Gemeinsame Prüfungsamt also ohne die (erfolgte) Zustimmung der Landesparlamente auch im *Außenverhältnis* der beteiligten Länder keine Verpflichtungen herbeigeführt. Weil die von den Kultusministern geschlossene Vereinbarung im *Ausgangsfall 1* ohne Zustimmung des Landtages das Land *X* nicht hätte absolut verpflichten können, gebietet eine *gültigkeitsorientierte* Vertragsauslegung, dass nur der Kultusminister in der angedeuteten Weise gebunden werden sollte.

V. Prozessuales

708 Entsteht Streit über vertragliche Pflichten aus einem Staatsvertrag oder Verwaltungsabkommen, steht den Vertragspartnern entweder die Länderklage nach § 50 I Nr. 1 VwGO vor dem *BVerwG* oder die Länderklage nach Art. 93 I Nr. 4 GG iVm § 13

---

[9] BVerwGE 40, 205.
[10] BVerfGE 37, 191 (198 f.).
[11] BVerfGE 34, 216 (231); BVerwGE 50, 137 (151).
[12] BVerwGE 50, 137 (143) mwN: wenn die Zustimmung später wegfällt, bleibt der Vertrag allerdings gültig; s. a E 60, 162.
[13] BVerwGE 50, 143 (152); auf das Demokratieprinzip des Art. 20 I, II GG verweisend *Bortnikov,* JuS 2017, 27 (29); *Degenhart,* Klausurenkurs im Staatsrecht II, 7. Aufl. 2015, Rn. 316, 335.

Nr. 8, §§ 71 f. BVerfGG vor dem *BVerfG* zur Verfügung. Entscheidend ist, ob es sich im Einzelfall nach dem *Gegenstand* der vertraglichen Regelung[14] um eine „verfassungsrechtliche" (Art. 93 I Nr. 4 GG) oder um eine „nichtverfassungsrechtliche" (§ 50 I Nr. 1 VwGO) Streitigkeit handelt. Ein verfassungsrechtlicher Vertrag liegt nur vor, wenn er „das Verhältnis der Länder im verfassungsrechtlichen Gefüge regelt".[15]

Gegenstand der *Ausgangsfälle* (Rn. 697) sind *Verwaltungsaufgaben:* die *Organisation* von Schule und Prüfung. Dass der Kultusminister im *Ausgangsfall 1* auch als Mitglied der Regierung und damit als Verfassungsorgan angesprochen ist (Verpflichtung, im Parlament einen Gesetzesvorschlag einzubringen), ist nur Mittel, um das verwaltungsrechtliche Grundanliegen des Vertrages zu fördern. Auch dass im *Ausgangsfall 2* ein gemeinsames Prüfungsamt mehrerer Länder geschaffen wird, verleiht der Vereinbarung keinen verfassungsrechtlichen Charakter.[16] Verfassungsrechtliche Vereinbarungen sind beispielsweise das „Lindauer Abkommen" (Rn. 695)[17] und Staatsverträge über Gebietsänderungen[18].

VI. Gemeinsame Ländereinrichtungen

Im *Ausgangsfall 2* (Rn. 697) ist durch Vereinbarung der beteiligten Länder eine gemeinsame Einrichtung mit eigenen Verwaltungskompetenzen geschaffen worden. Vergleichbare gemeinsame Ländereinrichtungen sind das ZDF,[19] der NDR[20] und die ZVS[21]. 709

Gemeinsame Ländereinrichtungen sind im Prinzip zulässig, soweit „die im Grundgesetz verankerten Grundlagen der bundesstaatlichen Ordnung nicht beeinträchtigt werden".[22] Sie sind *keine* „dritte Ebene" zwischen dem Bund und den Ländern, sondern üben die hoheitlichen Befugnisse der beteiligten Länder aus.

Demgemäß ist der Bescheid des Gemeinsamen Prüfungsamtes über das Nichtbestehen der Prüfung im *Ausgangsfall 2* ein Verwaltungsakt *schleswig-holsteinischen* Rechts nach dem schleswig-holsteinischen Transformationsgesetz. Dass das Gemeinsame Prüfungsamt gleichzeitig auch Organ der *anderen* beteiligten Länder ist, steht dem nicht entgegen. Indem das Prüfungsamt als Organ der *anderen* Länder schleswig-holsteinisches Recht anwendet, handelt es sich um einen Fall der „*Organleihe*"[23] zugunsten von Schleswig-Holstein. Also ist *R* im *Ausgangsfall 2* nicht von einer falschen Prüfungskommission geprüft worden. *R* hatte auch keinen Anspruch darauf, dass die Kommission *personell* mit Prüfern aus Schleswig-Holstein besetzt war.

---

[14] BVerfGE 42, 103 (112, 114); BVerwGE 60, 162 (172 f.); 50, 124 (129).
[15] BVerwGE 60, 162 (173); BVerfGE 62, 295 auch für die Abgrenzung zum zivilrechtlichen Vertrag.
[16] Ebenso für die ZVS BVerfGE 42, 103 (112, 114); BVerwGE 50, 137.
[17] BVerfGE 42, 103 (113).
[18] S. BVerfGE 22, 221; 34, 216; vgl. a. Art. 29 VII 1, VIII GG.
[19] Insoweit grundlegend BVerwGE 22, 299.
[20] BVerwGE 60, 162; 54, 29.
[21] BVerwGE 50, 137.
[22] BVerwGE 23, 194 (197).
[23] Näheres zu ihr in BVerfGE 63, 1 (31); *BVerwG* DÖV 1976, 319; s. a. Rn. 738 f.

11. Teil. Europäisches Unionsrecht im Pflichtfachbereich

§ 47. Ausbildungsrelevanz

Mittlerweile weisen fast alle Gebiete des deutschen Rechts Berührungen mit dem Europäischen Unionsrecht auf. Manche Rechtsgebiete werden durch das Unionsrecht entscheidend geprägt. Vor diesem Hintergrund sind in allen Bundesländern jedenfalls die *fachspezifischen* Überlagerungen des deutschen Rechts durch ihre *„europarechtlichen Bezüge"* Bestandteil der Pflichtfächer des *deutschen* Bürgerlichen Rechts, Strafrechts, Öffentlichen Rechts und Verfahrensrechts (§ 5a II 3 DRiG). Darüber hinaus zählt das Europarecht in einigen Bundesländern selbst zu den Pflichtfächern.[1] Die Juristenausbildungsverordnungen enthalten teilweise nähere Konkretisierungen der prüfungsrelevanten Aspekte.[2] *Klausurrelevant* sind für Pflichtfachkandidaten vor allem Fälle, die ihre Anknüpfung im *deutschen* Recht haben. Insbesondere in der *mündlichen Prüfung* bieten sich darüber hinaus auch Verständnisfragen zu den wesentlichen Strukturen und Besonderheiten des Unionsrechts sowie zu aktuellen Entwicklungen an. – Die nachfolgenden Ausführungen beschränken sich vor diesem Hintergrund auf das, was für die *Pflichtfachkandidaten* ausreichend, bei einem intensiveren Eindringen in die klausurrelevanten Bezüge des öffentlichen Rechts zum Europarecht aber auch notwendig ist.[3]

Für die klausurrelevanten Bereiche wird die Grundfallmethode des Buches beibehalten. Dass die Ausgangsfälle zumeist Originalentscheidungen des *EuGH* nachgebildet oder „nachempfunden" sind, entspricht der europarechtlichen Prüfungspraxis. In solchen Fällen kann es für die Klausurbearbeiter im Pflichtfachbereich *nicht* um ein „Nachbeten" der häufig vielschichtigen Begründungen der Originalentscheidung aus einem „eingepaukten" Wissen heraus gehen, sondern um eine *eigenständige* Darstellung mithilfe der in einer Klausur verfügbaren *Mittel* (Gesetzestext und *allgemeine* Kenntnisse).

§ 48. Grundsätzliches und Institutionelles

I. Die Europäische Union nach dem Vertrag von Lissabon

1. Mit dem Inkrafttreten des *Vertrages von Lissabon* am 1. Dezember 2009 hat die Europäische Union eine neue Struktur erhalten. – *Zuvor* konnte sie bildlich als

---

[1] S. zB § 1 II Nr. 1 lit. d) JAPO RhPf: „Kernbereiche des Europarechts"; § 14 III Nr. 6 SächsJAPO: „Europarecht in Grundzügen".
[2] S. zB Punkt D. der Anlage zu § 1 II Nr. 1 JAPO RhPf; § 14 III Nr. 6 SächsJAPO.
[3] Für Einzelfragen und für wissenschaftliche Arbeiten s. etwa die gängigen (aktuellen!) Lehrbücher zum Europarecht sowie zB *Calliess/Ruffert* (Hrsg.), EUV/AEUV, Kommentar, 5. Aufl. 2016; *Grabitz/Hilf/Nettesheim*, Das Recht der Europäischen Union, Kommentar, Stand: 62. EL Juli 2017. – Als *Anschauungsmaterial* zB *Musil/Burchard*, Klausurenkurs im Europarecht, 4. Aufl. 2016. – Der Zugang zu den Rechtsquellen des Unionsrechts und zur Rechtsprechung des Gerichtshofs der Europäischen Union wird vermittelt über www.eur-lex.europa.eu.

Tempelkonstruktion mit drei Säulen veranschaulicht werden: Die **Europäische Gemeinschaft**[1] mit dem Vertrag zur Gründung der Europäischen Gemeinschaft[2] (amtliche Abkürzung jeweils EG) war eine *supranationale Organisation* der Mitgliedstaaten. Sie bildete den Kern der ersten Säule der rechtlichen Tempelkonstruktion.[3] Die gemeinsame Außen- und Sicherheitspolitik (GASP) sowie die polizeiliche und justizielle Zusammenarbeit in Strafsachen (PJZS) stellten die beiden *intergouvernementalen* Säulen dar. Das verbindende Dach bildete die *Europäische Union* als völkerrechtlicher Zusammenschluss derselben Mitgliedstaaten mit dem Vertrag über die Europäische Union[4] (amtliche Abkürzung jeweils EU).

711a **2.** Der *Vertrag von Lissabon* hat zu grundlegenden Änderungen des bestehenden Vertragswerks geführt[5] – sowohl inhaltlich als auch bzgl. der Begrifflichkeiten, was beim Gebrauch älterer Literatur zu berücksichtigen ist! Die Grundlage der Europäischen Union bilden *nunmehr* (gleichrangig) der *Vertrag über die Europäische Union (EUV)* und der *Vertrag über die Arbeitsweise der Europäischen Union (AEUV)* (Art. 1 III 1, 2 EUV; Art. 1 II AEUV). Vereinfacht gesagt, enthält der EUV die Grundentscheidungen und wesentlichen Grundsätze des Unionsrechts sowie die Vorschriften zur GASP (Art. 23 ff.), während der AEUV gemäß seinem Art. 1 I die Arbeitsweise der Union sowie die Bereiche, die Abgrenzung und die Einzelheiten der Ausübung ihrer Zuständigkeiten festlegt. Die **Europäische Union** erlangt Rechtspersönlichkeit (Art. 47 EUV) und tritt an die Stelle der *Europäischen Gemeinschaft,* deren Rechtsnachfolgerin sie ist (Art. 1 III 3 EUV). Letztere existiert damit nicht mehr,[6] so dass es *falsch* wäre, weiterhin von der Europäischen *Gemeinschaft* oder dem Europäischen *Gemeinschafts*recht zu sprechen (Fehlerquelle!). Stattdessen hat nunmehr die *„neue" Union supranationalen Charakter,* soweit ihr von den Mitgliedstaaten *Zuständigkeiten übertragen* wurden bzw. werden (vgl. Art. 1 I EUV). Auch die ehemals intergouvernementale PJZS wurde supranational ausgestaltet (s. die Regelungen zum Raum der Freiheit, der Sicherheit und des Rechts, Art. 67 ff. AEUV). Dagegen bleiben im Bereich der *GASP intergouvernementale Entscheidungsstrukturen* bestehen, so dass für sie weiterhin besondere Bestimmungen und Verfahren gelten (Art. 24 I UAbs. 2 EUV).

Rückblick:[7] Eine erste umfassende Reform der Gemeinschaftsordnung – ua erhebliche Kompetenzzuwächse – brachte 1986 die *Einheitliche Europäische Akte.* Der *Vertrag von Amsterdam* (1997) hat den *EU-Vertrag von Maastricht* (1992) fortentwickelt. Mit dem *Vertrag von Nizza* (2000) sind die Union und die Gemeinschaft auf die Osterweiterung vorbereitet worden, vor allem über institutionelle Veränderungen im EG-Vertrag. Der von den Staats- und Regierungschefs der Mitgliedstaaten im Jahre 2004 in Rom unterzeichnete *Vertrag über eine Verfassung*

---

[1] Früher Europäische Wirtschaftsgemeinschaft (EWG).
[2] Bis zum Vertrag von Maastricht 1992 „EWG-Vertrag" als einer der zwei „Römischen Verträge" von 1957. Auf dem zweiten Vertrag beruht die Europäische Atomgemeinschaft (EAG). Die mit Vertrag von 1951 gegründete Europäische Gemeinschaft für Kohle und Stahl (EGKS, auch „Montanunion") ist – fünfzig Jahre nach ihrem Inkrafttreten – im Jahre 2002 ausgelaufen. Die Gründungsstaaten der drei Gemeinschaften waren neben der Bundesrepublik Deutschland Frankreich, Italien, Belgien, Luxemburg und die Niederlande.
[3] Neben der EAG und – bis 2002 – der EGKS.
[4] Vertrag von Maastrich 1992; s. a. BVerfGE 89, 155 (158 f.).
[5] Umfassend *Calliess,* Die neue Europäische Union nach dem Vertrag von Lissabon, 2010; einen Überblick über die wichtigsten Neuerungen geben zB *F. Mayer,* JuS 2010, 189; *Herrmann,* Jura 2010, 161.
[6] Demgegenüber bleibt die (nicht prüfungsrelevante) EAG weiterhin als eigenständige supranationale Organisation neben der Union bestehen.
[7] Zur Entwicklung der Europäischen Gemeinschaften und der Europäischen Union ausführlich zB *Herdegen,* Europarecht, § 4.

für Europa ist nicht in Kraft getreten. Er wurde bei Volksabstimmungen in Frankreich und den Niederlanden abgelehnt. Der *Vertrag von Lissabon* (2007) verzichtete in der Folge zwar auf „Verfassungssymbolik"; wesentliche Inhalte des Verfassungsvertrages wurden jedoch übernommen.

3. *Außerhalb* der Europäischen Union steht der **Europarat** (Satzung in *Sartorius II* Nr. 110) mit der *Europäischen Konvention zum Schutze der Menschenrechte und Grundfreiheiten* (EMRK, *Sartorius* Nr. 1003).[8] Die EMRK ist ein völkerrechtlicher Vertrag, der 1950 von den Mitgliedern des Europarates unterzeichnet worden ist und dem nicht nur alle (noch) 28 EU-Mitgliedstaaten, sondern insgesamt 47 europäische Staaten beigetreten sind. Auf der EMRK beruht der *Europäische Gerichtshof für Menschenrechte* (*EGMR*, Verfahrensordnung in *Sartorius II* Nr. 137). Art. 6 II 1 EUV nF sieht nunmehr vor, dass auch die Europäische Union selbst der EMRK beitritt, was im Bereich des Grundrechtsschutzes eine komplexe Verschränkung der verschiedenen Schutzsysteme (EMRK, EU-Grundrechtecharta) und Gerichtsbarkeiten (EGMR, EuGH) bewirkt.[9] Allerdings hat der EuGH im Jahr 2014 in einem Gutachten gemäß Art. 218 XI AEUV festgestellt, dass der Entwurf des Beitrittsabkommens unvereinbar mit besonderen Merkmalen des Unionsrechts ist,[10] was den Beitritt vorerst auf unbestimmte Zeit verzögern dürfte.

711b

Der Bundesgesetzgeber hat die EMRK durch sein Zustimmungsgesetz in deutsches Recht transformiert, so dass die Konvention in der Bundesrepublik an sich als einfaches Gesetzesrecht gilt.[11] Nach der Rechtsprechung des *BVerfG* ist sie allerdings über Art. 20 III GG bei der Auslegung und Anwendung des deutschen Rechts – auch der Grundrechte und des sonstigen Verfassungsrechts[12] – zu berücksichtigen. Entsprechendes gilt für die Entscheidungen des *EGMR* über *Individualbeschwerden* (Art. 34 EMRK) von Bürgern.[13] Eine Missachtung dieser Berücksichtigungspflicht kann im Rahmen einer Verfassungsbeschwerde als Verstoß gegen das in seinem Schutzbereich berührte Grundrecht iVm dem Rechtsstaatsprinzip gerügt werden.[14] Lässt sich eine Kollision zwischen nationalem (Verfassungs-)Recht und der EMRK in ihrer Auslegung durch den EGMR nicht durch Auslegung auflösen, ist der Gesetzgeber in der Pflicht.[15]

---

[8] Näheres zu Europarat und EMRK zB bei *Herdegen*, Europarecht, §§ 2, 3; *Meyer-Ladewig*, Europäische Menschenrechtskonvention, Handkommentar, 4. Aufl. 2017; *Grabenwarter/Pabel*, Europäische Menschenrechtskonvention, 6. Aufl. 2016.
[9] Zum Grundrechtsschutz im Spannungsfeld von GG, EMRK und EU-Grundrechtecharta *Ludwigs/Sikora*, JuS 2017, 385.
[10] *EuGH (Plenum)*, Gutachten 2/13 v. 18.12.2014, ABl. C 65 v. 23.2.2015, S. 2, m. Anm. Streinz, JuS 2015, 567. S. zuvor *EuGH*, Gutachten 2/94 v. 28.3.1996, Slg. 1996, I-1759, EuZW 1996, 307, m. Anm. *Ruffert*, JZ 1996, 623.
[11] S. zB BVerfGE 111, 307 (316 f.) – Görgülü; E 120, 180 (200) – Caroline von Hannover; E 82, 106 (114); 74 358 (370); 19, 342 (347); *BVerfG* NJW 2011, 1931 (1935) – Sicherungsverwahrung; s. a. Rn. 696; *Payandeh*, JuS 2009, 212; allg. zum Verhältnis der deutschen Rechtsordnung zum Völkerrecht *Schmahl*, JuS 2013, 961.
[12] BVerfGE 111, 307 (317 ff.) – Görgülü: Dies ist „Ausdruck der Völkerrechtsfreundlichkeit des Grundgesetzes"; E 120, 180 (200 f.) – Caroline von Hannover; *BVerfG* NJW 2011, 1931 (1935) – Sicherungsverwahrung; s. a. schon E 83, 119 (128); 74, 358 (370). „Grundwissen" zur „offenen Staatlichkeit" iSd GG bei *Voßkuhle/Kaufhold*, JuS 2013, 309. S. dagegen zu einem *treaty override* (außerhalb des Menschenrechtskontexts) BVerfGE 141, 1; Klausur bei *Hindelang/Berger*, JuS 2017, 604.
[13] Im Einzelnen BVerfGE 111, 307 (323 ff.) – Görgülü; *BVerfG* NJW 2011, 1931 (1935 f.) – Sicherungsverwahrung; NJW 2005, 1765; 2005, 2685 (2688); *Meyer-Ladewig/Petzold*, NJW 2005, 15; s. a. schon E 82, 106 (120); 74 358 (370); Klausurfälle bei *Herrmann*, JuS 2017, 1093; *Schaks*, JuS 2014, 630; *Hindelang/Berner*, JuS 2013, 925; Hausarbeit bei *Flügge*, JuS 2012, 716.
[14] BVerfGE 111, 307 (329 f.) – Görgülü; E 120, 180 (218) – Caroline von Hannover; s. a. schon E 6, 32 (41). Zum Ganzen *Cammareri*, JuS 2016, 791; *Sauer/Grundhewer*, JuS 2016, 813 (813 f.).
[15] S. BVerwGE 149, 117 – Beamtenstreik, m. Anm. *Hufen*, JuS 2016, 88.

II. Rechtsnatur und Aufgaben der EU

711c 1. Die Europäische Union ist eine *supranationale Organisation,* **kein Staat**[16]. Insoweit mangelt es bereits an *einem* europäischen Staats*volk* als Zurechnungsobjekt der demokratischen Legitimation von Staatsgewalt. Darüber hinaus fehlt die erforderliche Staats*gewalt* selbst. So besitzt die Union keine eigenständige „Kompetenz-Kompetenz"; sie ist vielmehr darauf angewiesen, dass die Mitgliedstaaten Zuständigkeiten auf sie übertragen.[17] Die ursprüngliche Übertragung der deutschen Hoheitsbefugnisse auf die Europäische (Wirtschafts)Gemeinschaft beruhte auf Art. 24 I GG[18]; heute ist Art. 23 I 2 (iVm Art. 59 II 1) GG als die speziellere Norm einschlägig. Zu den sich aus Art. 23 I iVm Art. 79 III GG ergebenden Grenzen der Kompetenzübertragung hat das *BVerfG* in seinem *Urteil zum Vertrag von Lissabon* Stellung genommen. Die dort aufgezeigte *verfassungsrechtliche* Perspektive muss auch den *Pflichtfach*studenten bekannt sein:

Nach Art. 23 I, 20 I, II iVm Art. 79 III GG darf a) weder „die europäische Integration zu einer Aushöhlung des demokratischen Herrschaftssystems in Deutschland führen", noch darf b) „die supranationale öffentliche Gewalt für sich genommen grundlegende demokratische Anforderungen verfehlen". Im *Pflichtfachbereich* interessiert vor allem Aspekt a): „(D)er das Volk repräsentierende Deutsche Bundestag und die von ihm getragene Bundesregierung (müssen) einen gestaltenden Einfluss auf die politische Entwicklung in Deutschland behalten". Insbesondere muss der Bundestag „eigene Aufgaben und Befugnisse von substantiellem politischem Gewicht" behalten.[19] Als besonders sensible Bereiche für die demokratische Selbstgestaltungsfähigkeit eines Verfassungsstaates nennt das BVerfG insofern (1) das Strafrecht, (2) das (polizeiliche und militärische) Gewaltmonopol, (3) das Budgetrecht, (4) das Sozialstaatsprinzip sowie (5) kulturell besonders bedeutsame Entscheidungen etwa im Familienrecht, Schul- und Bildungssystem oder über den Umgang mit religiösen Gemeinschaften.[20] Das BVerfG nimmt insofern „zur Wahrung des unantastbaren Korngehalts der Verfassungsidentität des Grundgesetzes" eine „*Identitätskontrolle*" für sich in Anspruch. Diese erstreckt es über den originären Ansatzpunkt des *Zustimmungsgesetzes* zu *Primärrechtsänderungen* hinaus ebenfalls auf *Sekundärrechtsakte* der Unionsorgane (die zudem einer „*ultra vires*"-Kontrolle unterliegen, s. Rn. 714).[21]

711d 2. Nach der Rechtsprechung des *BVerfG* ist die Europäische Union ein **Staatenverbund,**[22] aus dem die Mitgliedstaaten gemäß Art. 50 EUV nF auch austreten können – wie das Beispiel des Brexit veranschaulicht. Der EUV stellt nach seinem Art. 1 II „eine neue Stufe bei der Verwirklichung einer *immer engeren Union der Völker*

---

[16] S. nur BVerfGE 89, 155 (181, 184, 188); *Herdegen,* Europarecht, § 5 Rn. 16 ff. Zum völkerrechtlichen Staatsbegriff, insbesondere der „Drei-Elemente-Lehre" Georg Jellineks, *Herdegen,* Völkerrecht, 16. Aufl. 2017, § 8 Rn. 2 ff.
[17] S. hierzu BVerfGE 123, 267 (348 ff.) – Lissabon; 89, 155 (192 ff.) – Maastricht.
[18] Klausur hierzu (NATO) bei *Stumpf/Goos,* JuS 2009, 40.
[19] BVerfGE 123, 267 (356) – Lissabon; s. a. E 89, 155 (207) – Maastricht, sowie bereits Rn. 614, 628. Zur Integrationsverantwortung des BTages etwa *Engels,* JuS 2012, 210.
[20] BVerfGE 123, 267 (359 ff.) – Lissabon.
[21] BVerfGE 123, 267 (353 ff.) – Lissabon; s. a. E 134, 366 (382 ff. Rn. 22 ff., 392 ff. Rn. 36 ff.; 418 Rn. 102 f.) – OMT-Vorlagebeschluss; 142, 123 (174 f. Rn. 82 ff., 209 f. Rn. 166 f.) – OMT-Urteil; *BVerfG* NJW 2017, 2894 (2896, 2903 f.) – PSPP-Vorlagebeschluss; BVerfGE 143, 65 (93 ff. Rn. 51 ff.) – CETA; Klausur bei *Schiffbauer,* JuS 2017, 1190; s. a. Rn. 717d. Zur Abgrenzung der verschiedenen Kontrollarten (einschließlich Grundrechtskontrolle) *A. Schwerdtfeger,* EuR 2015, 290.
[22] BVerfGE 123, 267 (348) – Lissabon; 89, 155 (181, 188, 190) – Maastricht; s. a. *BVerfG* NJW 2011, 3428 (3431); Calliess/Ruffert/*Calliess,* Art. 1 EUV Rn. 27 ff.; *Herdegen,* Europarecht, § 5 Rn. 21 f.

Europas dar". Art. 2 S. 1 EUV nennt als grundlegende *Werte* der Europäischen Union „die Achtung der Menschenwürde, Freiheit, Demokratie, Gleichheit, Rechtsstaatlichkeit und die Wahrung der Menschenrechte". *Ziel* der Union ist es gemäß Art. 3 I EUV, „den Frieden, ihre Werte und das Wohlergehen ihrer Völker zu fördern". Auch wenn die Errichtung eines Binnenmarktes (Art. 3 III UAbs. 1 S. 1 EUV) sowie einer Wirtschafts- und Währungsunion (Art. 3 IV EUV) nach wie vor zentrale Aspekte der Europäischen Union darstellen, geht sie weit über diese und eine rein wirtschaftliche Ausrichtung hinaus. Das verdeutlichen insbesondere die zahlreichen Politikfelder, für welche die Mitgliedstaaten der Union im AEUV Zuständigkeiten übertragen haben – von der Zollunion und der Währungspolitik der Euro-Staaten über den Binnenmarkt sowie den Raum der Freiheit, der Sicherheit und des Rechts bis hin zu Umwelt, Verbraucherschutz, Verkehr und Energie.

III. Die Organe der Europäischen Union

Als *Organe* der Europäischen Union nennt Art. 13 I UAbs. 2 EUV das Europäische Parlament, den Europäischen Rat, den (Minister)Rat, die Europäische Kommission, den Gerichtshof der Europäischen Union sowie die Europäische Zentralbank (EZB)[23] und den Rechnungshof.   712

1. Das *politische Leitorgan* der Union ist der **Europäische Rat** (Art. 15 EUV, Art. 235 f. AEUV). In ihm kommen die Staats- und Regierungschefs der Mitgliedstaaten sowie der Präsident des Europäischen Rates und der Präsident der Kommission zusammen. „Der Europäische Rat gibt der Union die für ihre Entwicklung erforderlichen *Impulse* und legt die *allgemeinen politischen Zielvorstellungen und Prioritäten* hierfür fest" (Art. 15 I 1 EU). Gesetzgeberisch wird er dagegen *nicht* tätig (Art. 15 I 2 EU).   712a

> **Merke:** Der *Europäische Rat* darf nicht mit dem außerhalb der Union stehenden *Europarat* (Rn. 711b) oder mit dem *(Minister-)Rat* (= weiteres Organ der EU, s. sogleich Rn. 712d) verwechselt werden (Fehlerquelle!).

2. Die **Kommission** (Art. 17 EUV, Art. 244 ff. AEUV) ist der *Motor der Union;* sie ist die *Vertreterin der Unionsinteressen.* Die Kommission besteht aus je einem Staatsangehörigen jedes Mitgliedstaates – einschließlich ihres Präsidenten und des Hohen Vertreters der Union für Außen- und Sicherheitspolitik (Art. 17 IV, V EUV[24]). Die Kommissionsmitglieder müssen volle Gewähr für ihre *Unabhängigkeit* bieten, damit die Kommission insgesamt ihre Tätigkeit in voller Unabhängigkeit auszuüben vermag (Art. 17 III UAbs. 2, 3 EUV).   712b

Die Kommission nimmt zum einen *Exekutivfunktionen* wahr (Art. 17 I EUV). Ihr obliegt der Vollzug des Unionsrechts, sofern er nicht – wie zumeist – Sache der

---

[23] Die EZB rückte im Kontext der europäischen Finanz- und Staatsschuldenkrise vermehrt in den Fokus (auch) der Rechtsprechung; s. BVerfGE 134, 366 – OMT-Vorlagebeschluss; *EuGH,* Urt. v. 16.6.2015, Rs. C-62/14 – Gauweiler ua, NJW 2015, 2013; BVerfGE 142, 123 – OMT-Urteil; *BVerfG* NJW 2017, 2894 (2896, 2903 f.) – PSPP-Vorlagebeschluss.
[24] Eine an sich beabsichtigte Verkleinerung der Kommission ab 1.11.2014 erfolgte aufgrund eines gegenteiligen Beschlusses des Europäischen Rates gemäß Art. 17 IV UAbs. 1 letzter Hs. nicht: Beschluss 2013/272/EU des Europäischen Rates vom 22.5.2013 über die Anzahl der Mitglieder der Europäischen Kommission, ABl. L 165 vom 18.6.2013, S. 98.

Mitgliedstaaten ist (s. Art. 291 I AEUV). Als „Hüterin der Verträge" überwacht sie die Anwendung des Unionsrechts. Zum anderen hat die Kommission im *Rechtsetzungsverfahren* grundsätzlich das *Initiativrecht* (Art. 17 II EUV). Ihre demokratische Legitimation erhält die Kommission über das Europäische Parlament. Dieses wählt auf Vorschlag des Europäischen Rates den Kommissionspräsidenten und erteilt dem vom Rat vorgeschlagenen Kollegium ein Zustimmungsvotum (Art. 17 VII EUV).

712c 3. Das **Europäische Parlament** (Art. 14 EUV, Art. 223 ff. AEUV) stellt die *Vertretung der Unionsbürger* (dh der Staatsangehörigen aller Mitgliedstaaten, Art. 9 S. 2 EUV, Art. 20 I AEUV, lesen!) dar. Es setzt sich zusammen aus – maximal 750 (plus seinen Präsidenten) – (Unions)Bürgern aller Mitgliedstaaten, die in allgemeiner, unmittelbarer, freier und geheimer Wahl gewählt werden (Art. 14 II, III EUV). Das auf diese Weise demokratisch legitimierte[25] Parlament fungiert gemeinsam mit dem (Minister)Rat als *Gesetzgeber* und übt gemeinsam mit diesem die *Haushaltsbefugnisse* aus (Art. 14 I 1 EUV). Seine Rolle ist durch den Vertrag von Lissabon insbesondere insofern gestärkt worden, als nunmehr das Mitentscheidungsverfahren (gemeinsame Annahme eines Rechtsaktes durch Parlament und Rat) als „ordentliches Gesetzgebungsverfahren" vorgesehen ist (Art. 289 I, 294 AEUV; Rn. 714b).

712d 4. Der **Rat** (Art. 16 EUV, Art. 237 ff. AEUV) verkörpert das *föderale Element* in der Union. Er setzt sich aus je einem Vertreter jedes Mitgliedstaats *auf Ministerebene* zusammen (Art. 16 II EUV).

Der Rat tagt gemäß Art. 16 VI UAbs. 1 EUV in verschiedenen Zusammensetzungen. Die Bundesrepublik entsendet grundsätzlich den jeweils fachlich zuständigen Bundesminister. In der Praxis werden auch die *Staatssekretäre* des Bundes zur Teilnahme an der Beschlussfassung zugelassen.[26] „Wenn im Schwerpunkt ausschließliche Gesetzgebungsbefugnisse der Länder auf den Gebieten der schulischen Bildung, der Kultur oder des Rundfunks betroffen sind", entsendet die Bundesrepublik einen (vom Bundesrat benannten) *Landes*minister (Art. 23 VI 1 GG, § 6 II EUZBLG). – *Staatsintern* wird die Verhandlungsposition der Bundesrepublik für die Ratssitzungen im Grundsatz von der Bundesregierung festgelegt. Aber wie vor dem Abschluss völkerrechtlicher Verträge (Rn. 696) räumt das GG dem Bundestag und dem Bundesrat interne Mitwirkungsrechte ein. Die Einzelheiten finden sich für den Bundestag in Art. 23 II, III GG mit dem „Gesetz über die Zusammenarbeit von Bundesregierung und Deutschem Bundestag in Angelegenheiten der EU" (EUZBBG, *Sartorius* Nr. 96) und für den Bundesrat in Art. 23 II, IV–VII GG mit dem „Gesetz über die Zusammenarbeit von Bund und Ländern in Angelegenheiten der EU" (EUZBLG, *Sartorius* Nr. 97). Daneben tritt das in der Folge des Lissabon-Urteils des BVerfG erlassene Integrationsverantwortungsgesetz (IntVG, *Sartorius* Nr. 98).

Der Rat fungiert wiederum gemeinsam mit dem Parlament als *Gesetzgeber* und übt gemeinsam mit diesem die *Haushaltsbefugnisse* aus (Art. 16 I 1 EUV). Zu seinen Aufgaben gehört auch die Festlegung der Politik (Art. 16 I 2 EUV). Die demokratische Legitimation des Rates folgt aus der staatsrechtlichen Verantwortung der Minister gegenüber ihren *nationalen* Parlamenten.[27]

712e 5. Der **Gerichtshof der Europäischen Union** (EuGH, Art. 19 EUV, Art. 251 ff.) „sichert die Wahrung des Rechts bei der Auslegung und Anwendung der Verträge"; er umfasst den Gerichtshof, das Gericht und Fachgerichte[28] (Art. 19 I UAbs. 1

---

[25] Zur „demokratischen Abstützung der Politik der EU" durch das Parlament bereits unter dem Vertrag von Maastricht s. BVerfGE 89, 155 (184 ff.).
[26] Hierbei handelt es sich um Gewohnheitsrecht: s. *Herdegen*, Europarecht, § 7 Rn. 19; *Haratsch/Koenig/Pechstein*, Europarecht, Rn. 243.
[27] S. hierzu BVerfGE 89, 155 (184 ff.) – Maastricht.
[28] Bis zum 1.9.2016: Gericht für den öffentlichen Dienst der EU.

EUV). Der Gerichtshof besteht aus einem Richter je Mitgliedstaat; für das Gericht erhöht sich die Zahl stufenweise auf zwei Richter je Mitgliedstaat[29] (Art. 19 II EUV). Die Entscheidungen des Gerichtshofs werden durch (derzeit elf) Generalanwälte vorbereitet, die „öffentlich in völliger Unparteilichkeit und Unabhängigkeit begründete Schlussanträge" zu (anspruchsvollen) Rechtssachen stellen (Art. 19 II EUV, Art. 252 AEUV[30]).

Die zumeist ausführlich begründeten Schlussanträge werden publiziert und sind wichtige Erkenntnisquellen zum bisherigen Stand der Rechtsprechung und für die Auslegung der Entscheidung. Auch für das Gericht besteht die – bislang nicht genutzte – Möglichkeit der Unterstützung durch Generalanwälte (Art. 254 I 2 AEUV).

IV. Das Unionsrecht in seiner Wirkung für Unionsbürger

Ausgangsfall:

Eine Verordnung des (Minister)Rates enthält den in Art. 28 I, 31 AEUV vorgesehenen „Gemeinsamen Zolltarif gegenüber dritten Ländern". Zuständig für die Erhebung der Außenzölle nach diesem Tarif sind die Zollämter der EU-Mitgliedstaaten. In einem bestimmten Handelssegment bringt die Höhe der Zölle die deutschen Importeure in spezifische Schwierigkeiten. Deshalb setzt der deutsche Gesetzgeber die entsprechenden Zölle für Einfuhren nach Deutschland herab. Gleichwohl erlässt ein deutsches Zollamt einen Abgabenbescheid auf der Basis der EU-Verordnung. Zu Recht?

713

1. Rechtsquellen

a) Die (für die Fallbearbeitung) wichtigsten Rechtsquellen des Unionsrechts lassen sich in *primäres* und *sekundäres* Unionsrecht unterteilen. – Dem in der *Normenhierarchie* über dem Sekundärrecht stehenden **Primärrecht** sind vor allem die Verträge der EU zuzuordnen, also EUV und AEUV (einschließlich ihrer Protokolle und Anhänge, Art. 51 EUV). Rechtlich gleichrangig ist nunmehr auch die *Charta der Grundrechte der EU* (Art. 6 I UAbs. 1 EUV). Neben dem *Vertragsrecht* zählen aber auch *Gewohnheitsrecht* (zB die Zulassung von Staatssekretären zur Beschlussfassung im Ministerrat, Rn. 712d) sowie vom EuGH entwickelte *allgemeine Rechtsgrundsätze* (zB der Grundsatz des Vertrauensschutzes, Rn. 719a) zum Primärrecht.

713a

b) Das **Sekundärrecht** bilden die von den *Unionsorganen* nach Maßgabe des höherrangigen Primärrechts erlassenen Rechtsakte (= *abgeleitetes* Recht), die Art. 288 AEUV aufzählt. Von diesen haben *Verordnungen* und *Richtlinien normativen Charakter*. Eine *Verordnung (Ausgangsfall)* gilt gemäß Art. 288 II AEUV „*unmittelbar* in jedem Mitgliedstaat". Sie bedarf daher nicht der aus dem Völkerrecht bekannten Transformation in nationales Recht (Rn. 692). Dagegen sind *Richtlinien* (Art. 288 III AEUV) an die Mitgliedstaaten gerichtet und müssen von diesen in innerstaatli-

713b

---

[29] S. Art. 1 II Verordnung (EU, Euratom) 2015/2422 des Europäischen Parlaments und des Rates vom 16.12.2015 zur Änderung des Protokolls Nr. 3 über die Satzung des Gerichtshofs der Europäischen Union, ABl. L 341 vom 24.12.2015, S. 14.
[30] S. Beschluss 2013/336/EU des Rates vom 25.6.2013 zur Erhöhung der Zahl der Generalanwälte des Gerichtshofs der Europäischen Union, ABl. L 179 vom 29.6.2013, S. 92.

ches Recht umgesetzt werden.³¹ Dabei ist das zu erreichende Ziel verbindlich; Form und Mittel der Zielerreichung können hingegen die Mitgliedstaaten wählen. Wird eine Richtlinie innerhalb der gesetzten Frist nicht ordnungsgemäß umgesetzt, kann sie unter bestimmten Voraussetzungen (nur) *zugunsten* der Bürger bzw. Unternehmen unmittelbare Wirkung entfalten (Rn. 713i ff., wichtig!). Der dritte *verbindliche* Sekundärrechtsakt ist – seit dem Vertrag von Lissabon – der *Beschluss* (Art. 288 IV AEUV). Er vereint zwei Handlungsformen: die vormalige individualgerichtete Entscheidung,³² die nur an bestimmte Adressaten gerichtet und für diese verbindlich ist (S. 2), sowie sonstige – bislang nicht von dem primärrechtlich vorgesehenen Katalog erfasste – verbindliche Rechtsakte.³³ *Nicht verbindliche* Sekundärrechtsakte sind die *Empfehlungen und Stellungnahmen*³⁴ (Art. 288 V AEUV).

713c c) Des Weiteren kann seit dem Vertrag von Lissabon – nach der Entstehung des jeweiligen (abgeleiteten) Rechtsaktes – zwischen **Gesetzgebungsakten** und *sonstigen Rechtsakten* unterschieden werden. Gesetzgebungsakte sind diejenigen Verordnungen, Richtlinien und Beschlüsse, die gemäß dem ordentlichen oder einem besonderen Gesetzgebungsverfahren (Rn. 714b) angenommen werden (Art. 289 AEUV). (Exekutive) Rechtsakte der Kommission *ohne Gesetzescharakter* sind *delegierte Rechtsakte* (Art. 290 AEUV) und *Durchführungsrechtsakte* (Art. 291 II–IV AEUV).³⁵

In Form von *delegierten Rechtsakten* (Art. 290 AEUV) kann die Kommission nicht wesentliche Vorschriften eines Gesetzgebungsaktes *ergänzen* und *abändern*. Gemäß Art. 290 I AEUV sind die *wesentlichen* Aspekte dem „delegierenden" Gesetzgebungsakt selbst vorbehalten. Insofern kann eine Parallele zur Konkretisierung eines deutschen Parlamentsgesetzes durch Rechtsverordnung gezogen werden. *Durchführungsrechtsakte* (Art. 291 II–IV AEUV – in Sonderfällen auch des Rates) können den (mitgliedstaatlichen) Vollzug verbindlicher Rechtsakte regeln. Da in beiden Fällen der abgeleitete Rechtsakt auf einem bereits abgeleiteten Basisrechtsakt beruht, wird teilweise vereinfachend auch von **Tertiärrecht** gesprochen.³⁶

2. Anwendungsvorrang von unmittelbar anwendbarem Unionsrecht

713d a) Das Europäische Unionsrecht ist weder klassisches Völkerrecht noch nationales Recht. Vielmehr ist es eine eigenständige *„supranationale" Rechtsordnung*, welche die Mitgliedstaaten durch die Übertragung eigener Hoheitsrechte geschaffen haben (Rn. 711c).³⁷ Um ihre *einheitliche* Geltung und Anwendung in allen EU-Mitgliedstaaten und damit ihre Wirksamkeit zu gewährleisten, muss das Unionsrecht *im*

---

[31] Gemäß der seit 1990 bestehenden, in jeder Richtlinie festgehaltenen Hinweispflicht (zB Art. 10 II Umweltinformationsrichtlinie 2003/4/EG) findet sich ein entsprechender Verweis nun in jedem Umsetzungsgesetz (zB Umweltinformationsgesetz, *Sartorius* Nr. 294). Zu den Wirkungen von EU-Richtlinien umfassend *Herrmann/Michl*, JuS 2009, 1065.
[32] Beispiel in Rn. 715, *Ausgangsfall 2*.
[33] S. im Einzelnen Calliess/Ruffert/*Ruffert*, Art. 288 AEUV Rn. 85 ff.
[34] Beispiel in Rn. 720.
[35] Hierzu näher *Sydow*, JZ 2012, 157; Calliess/Ruffert/*Ruffert*, Art. 288 AEUV Rn. 4, 10 ff.; Art. 290, 291 AEUV.
[36] Kritisch *Sydow*, JZ 2012, 157 (158); Calliess/Ruffert/*Ruffert*, Art. 288 Rn. 11 AEUV im Kontext des Rangverhältnisses von abgeleitetem Unionsrecht.
[37] Hierzu und zum Nachfolgenden *EuGH*, Urt. v. 15.7.1964, Rs. 6/64 – Costa/ENEL, Slg. 1964, 1253 (1269 ff.); Urt. v. 17.12.1970, Rs. 11/70 – Internationale Handelsgesellschaft, Slg. 1970, 1125 Rn. 3; BVerfGE 85, 191 (204); 75, 223 (244); 73, 339 (374 f.). S. a. schon *H. P. Ipsen*, Europäisches Gemeinschaftsrecht, 1972, S. 255 ff.

§ 48. *Grundsätzliches und Institutionelles*

Kollisionsfall Vorrang vor allen mitgliedstaatlichen Rechtsordnungen haben. Dabei handelt es sich um einen **Anwendungsvorrang**.[38] Entgegenstehendes nationales Recht tritt zurück, wenn es mit Unionsrecht kollidiert. Es bleibt aber *gültig* und ist daher in allen Fällen *ohne* Bezug zum Unionsrecht auch nach wie vor anzuwenden. Im Grundsatz[39] verdrängt das supranationale Unionsrecht selbst das nationale Verfassungsrecht.[40]

Vor diesem Hintergrund können herkömmliche *völkerrechtliche Vorstellungen keine Geltung* beanspruchen. Es wäre *unzutreffend* anzunehmen, durch die Zustimmung des deutschen Gesetzgebers zu den Verträgen sowie insbesondere zu Art. 189 II EWG-Vertrag (heute Art. 288 II AEUV) seien das primäre Unionsrecht sowie antizipiert und blanco alle EU-Verordnungen in deutsches Recht transformiert worden. Im *Ausgangsfall* (Rn. 713) findet daher auch die *lex-posterior-Regel keine Anwendung;* die Verordnung stellt *kein deutsches Recht* dar, das durch das spätere Bundesgesetz hätte aufgehoben werden können.

b) Der Anwendungsvorrang des Unionsrechts **wirkt** für den innerstaatlichen Rechtsanwender **in zweifacher Weise**.[41] Gewissermaßen *präventiv* müssen Behörden und Gerichte das einschlägige nationale Recht soweit wie möglich *unionsrechtskonform auslegen*: Von mehreren möglichen Auslegungen ist diejenigen zu wählen, die im Einklang mit dem Unionsrecht steht. So lässt sich ggf. bereits eine Normenkollision abwenden. Ist eine unionsrechtskonforme Auslegung – insbesondere aufgrund der Wortlautgrenze – nicht möglich, muss das dem Unionsrecht entgegenstehende nationale Recht *unangewandt* bleiben (Anwendungsvorrang ieS; zur Verwerfungspflicht der *Verwaltung* s. zudem Rn. 713f). Gestützt werden können diese gegenüber der Union bestehenden mitgliedstaatlichen Pflichten auf Art. 4 III EUV (sog. Unionstreue).

713e

c) Da der Anwendungsvorrang nur im Konfliktfall zwischen nationalem und Unionsrecht zum Zuge kommt, muss die entsprechende *Vorschrift des Unionsrechts* im konkreten Fall **unmittelbar anwendbar** sein.[42] Nur dann können ihr die Rechtsanwender, also vor allem die mitgliedstaatlichen Behörden und Gerichte, unmittelbar Rechtsfolgen entnehmen, ohne dass es einer weiteren Konkretisierung bedarf. *Voraussetzung* der unmittelbaren Anwendbarkeit einer unionsrechtlichen Norm ist, dass diese *hinreichend genau* und *unbedingt* ist.[43] Dem stehen grundsätzlich Bedingungen-, Ermessens- und Gestaltungsspielräume entgegen.

713f

Was die unmittelbare Anwendbarkeit *primärrechtlicher Normen* angeht, ist der *EuGH* recht großzügig. So nahm der Gerichtshof an, dass Art. 18 I EG (nunmehr Art. 21 I AEUV) unmittelbar anwendbar ist, obwohl diese Norm das Recht der Unionsbürger auf Freizügigkeit

---

[38] *EuGH*, Urt. v. 9.3.1978, Rs. 106/77 – Simmenthal II, Slg. 1978, 629 Rn. 17 ff.; Urt. v. 22.10.1998, verb. Rs. C-10/97 bis C-22/97 – IN. CO. GE.'90 Srl, Slg. 1998, I-6307 Rn. 20 f.; BVerfGE 123, 267 (398, 400 ff.) – Lissabon; 85, 191 (204); 75, 223 (244).

[39] Zu Einschränkungen durch das *BVerfG* s. Rn. 711c, 714 (Identitäts- und ultra-vires-Kontrolle) sowie Rn. 717d (Grundrechte).

[40] *EuGH*, Urt. v. 17.12.1970, Rs. 11/70 – Internationale Handelsgesellschaft, Slg. 1970, 1125 Rn. 3; s. a. schon Urt. v. 15.7.1964, Rs. 6/64 – Costa/ENEL, Slg. 1964, 1253 (1270).

[41] S. *EuGH*, Urt. v. 4.2.1988, Rs. 157/86 – Murphy, Slg. 1988, 673 Rn. 11 betreffend Art. 119 EWG-Vertrag (nunmehr Art. 157 AEUV); hierzu auch Calliess/Ruffert/*Ruffert*, Art. 1 AEUV Rn. 21, 24; *Haratsch/Koenig/Pechstein*, Europarecht, Rn. 179 ff., 189 ff., 398 ff.

[42] So ausdrücklich BVerfGE 123, 267 (401 f.) – Lissabon. Insofern besteht ein Unterschied zwischen der unmittelbaren Geltung und der unmittelbaren Anwendbarkeit; instruktiv hierzu und zum Folgenden *Haratsch/Koenig/Pechstein*, Europarecht, Rn. 182, 371 f.

[43] S. nur *EuGH*, Urt. v. 5.2.1963, Rs. 26/62 – van Gend & Loos, Slg. 1963, 3 (25); Urt. v. 15.3.2012, Rs. C-135/10 – SCF Consorzio Fonografici, Rn. 43 ff.

im Hoheitsgebiet der Mitgliedstaaten *„vorbehaltlich* der in den Verträgen und in den Durchführungsvorschriften vorgesehenen *Beschränkungen und Bedingungen"* gewährt.[44] *Verordnungen* sind aufgrund ihrer wesensmäßigen unmittelbaren *Geltung* (Art. 288 II 2 AEUV) zumeist darauf angelegt, auch unmittelbar *anwendbar* zu sein. Es gelten jedoch die genannten Voraussetzungen.

In der *Fallbearbeitung* werden es die Studenten in aller Regel mit unmittelbar anwendbaren Normen des Unionsrechts zu tun haben, da sich andernfalls die Problematik des Anwendungsvorrangs nicht stellt – so auch im *Ausgangsfall* (Rn. 713): Die EU-Verordnung (Gemeinsamer Zolltarif) enthält die Warenklassifikation und die Zollsätze, die auf die jeweilige Warenart Anwendung finden. Aufgrund dieser klaren Zuordnungsmöglichkeit ist von der hinreichenden Genauigkeit und Unbedingtheit der einschlägigen Norm und damit ihrer unmittelbaren Anwendbarkeit auszugehen. Vorliegend ist zu beachten, dass eine *Normverwerfung durch die Verwaltung* in Frage steht (s. bzgl. innerstaatlicher Normen bereits Rn. 606, 656). Während der *EuGH* eine Verwerfungspflicht auch der Verwaltung ohne Weiteres bejaht,[45] wird diese unter Berufung auf die Gesetzesbindung der Verwaltung und die ihr fehlende Vorlagemöglichkeit an den EuGH in Deutschland kontrovers diskutiert.[46] Der Anwendungsvorrang des supranationalen Unionsrechts und der ihm zugrunde liegende Gedanke der effektiven, einheitlichen Anwendung des Unionsrechts in den Mitgliedstaaten gebieten jedoch eine Normverwerfungskompetenz auch der Verwaltung.[47] Das Zollamt hat damit zu Recht das (evident unionsrechtswidrige) deutsche Gesetz unangewandt gelassen (aufgrund des vorgegebenen Zollsatzes bestand keine Auslegungsmöglichkeit) und den Abgabenbescheid auf der Basis der EU-Verordnung erlassen.

713g **d)** Das *intergouvernementale Recht* der **GASP** ist mangels Supranationalität weder unmittelbar anwendbar, noch genießt es einen Anwendungsvorrang; vielmehr erschöpft es sich grds. in seinen *zwischenstaatlichen, völkerrechtlichen Wirkungen.*[48]

3. Begründung von Rechten durch Unionsrecht

713h Eine andere – *von der unmittelbaren Anwendbarkeit zu unterscheidende* (Fehlerquelle!) – Frage ist, ob eine unionsrechtliche Norm natürlichen oder juristischen Personen **Rechte verleiht,** auf die sich diese insbesondere gegenüber der Verwaltung oder vor Gericht berufen können. Voraussetzung für die Geltendmachung von Rechten ist nach dem Gesagten zwar die unmittelbare Anwendbarkeit der entsprechenden Norm; umgekehrt begründet aber nicht jede unmittelbar anwendbare Norm des Unionsrechts Einzelrechte. Ob dies der Fall ist, muss anhand einer *Auslegung* der jeweiligen Norm ermittelt werden. Eine Individualberechtigung kann sich dabei bereits aus dem *Wortlaut* der Norm ergeben (zB Art. 21 I AEUV) oder ist anhand anderer Auslegungsmethoden – insbesondere nach *Sinn und Zweck* – zu ermitteln (zB Art. 30, 34 AEUV)[49]. Das Unionsrecht

---

[44] *EuGH,* Urt. v. 17.9.2002, Rs. C-413/99 – Baumbast, Slg. 2002, I-7091 Rn. 84 ff.; Klausurfall bei *Hindelang/Berner,* JuS 2014, 812.

[45] *EuGH,* Urt. v. 22.6.1989, Rs. 103/88 – Fratelli Costanzo, Slg. 1989, 1839 Rn. 32 f.; Urt. v. 29.4.1999, Rs. C-224/97 – Ciola, Slg. 1999, I-2517 Rn. 30; Urt. v. 13.1.2004, Rs. C-453/00 – Kühne & Heitz, Slg. 2004, I-837 Rn. 20 ff.; Urt. v. 9.9.2003, Rs. C-198/01 – CIF, Slg. 2003, I-8055, Rn. 48 f.

[46] S. nur Calliess/Ruffert/*Ruffert,* Art. 288 AEUV Rn. 73 f. mwN; Einbindung in eine Klausur bei *Thomale,* JuS 2010, 339; *Musil/Burchard,* Klausurenkurs im Europarecht, 4. Aufl. 2016, Fall 6, insbes. Rn. 208.

[47] IErg ebenso BVerwGE 87, 154 (158 f.); *OVG Saarlouis* NVwZ-RR 2008, 95 (98 ff.) – DocMorris.

[48] *Haratsch/Koenig/Pechstein,* Europarecht, Rn. 60 ff.; 1282.

[49] *EuGH,* Urt. v. 5.2.1963, Rs. 26/62 – van Gend & Loos, Slg. 1963, 3 (25 ff.); Urt. v. 22.3.1977, Rs. 74/76 – Iannelli, Slg. 1977, 557 Rn. 13.

kann insoweit grundsätzlich (zur Richtlinie s. Rn. 713k) auch *horizontal* zwischen Privaten *wirken*.[50]

Beachte: Im Grundsatz kennt das Unionsrecht ebenfalls die aus dem nationalen Recht bekannten *Auslegungmethoden*[51] der grammatikalischen (Wortlaut), systematischen, teleologischen (Sinn und Zweck) sowie der historischen Auslegung. Allerdings gelten Besonderheiten: Der Wortlaut kann bei Abweichungen in den unterschiedlichen Sprachfassungen der Rechtsquellen an Bedeutung verlieren. Die historische Auslegung spielt ohnehin mangels aufschlussreicher Materialien und der Dynamik des Unionsrechts eine nur geringe Rolle. Dagegen erlangt die teleologische Auslegung eine zusätzliche Komponente und damit ein gesteigertes Gewicht. Hiermit ist die Ermittlung des *effet utile* angesprochen, der „nützlichen Wirkung"; dem Unionsrecht soll – integrationsfreundlich – zu einer optimalen Wirksamkeit verholfen werden. Mit dem Ansatz beim effet utile kann die Auslegung in eine *Rechtsfortbildung*[52] umschlagen. Wichtige Beispiele hierfür sind die vom *EuGH* entwickelten Institute der unmittelbaren Richtlinienwirkung (Rn. 713i ff.) und der unionsrechtlich begründeten Staatshaftung der Mitgliedstaaten (Rn. 716 ff.). Kritisch muss eine Rechtsfortbildung insofern betrachtet werden, als zwischen der Wahrnehmung von – auf der Grundlage des Art. 23 I 2 GG – begrenzt eingeräumten Hoheitsbefugnissen (s. a. Rn. 711c) und einer Vertragsänderung (Art. 48 EUV) zu unterscheiden ist. Eine Auslegung darf in ihrem Ergebnis nicht einer Vertragserweiterung gleichkommen.[53]

4. Sonderfall: Unmittelbare Wirkung von Richtlinien

Ausgangsfall:[54]

Eine EU-Richtlinie sieht vor, dass Industrieunternehmen zur weiteren Verringerung ihrer Treibhausgasemissionen einen anhand dieser Emissionen zu berechnenden Betrag in „Fonds für eine gesunde Umwelt" einzahlen müssen. Aus diesen sollen zum einen Maßnahmen zum Umweltschutz finanziert werden. Außerdem sollen Menschen, die an schweren Atemwegserkrankungen leiden, einen – dem Anhang der Richtlinie zu entnehmenden – Zuschuss zu den Kosten neuartiger Behandlungsmethoden aus dem Fonds beantragen können, die nicht von den Krankenkassen übernommen werden. Deutschland lässt die Umsetzungsfrist tatenlos verstreichen. Könnte Patientin P für eine Behandlung iSd Richtlinie unter Berufung auf diese den vorgesehenen Zuschuss vor Gericht einfordern?

713i

a) Eine Richtlinie bedarf nach ihrer Konzeption – im Gegensatz zu einer Verordnung – zunächst der Umsetzung in das innerstaatliche Recht, um Wirkungen zu entfalten (Rn. 713b), was gegen ihre unmittelbare Anwendbarkeit spricht. Der *EuGH* billigt dennoch auch Richtlinienbestimmungen eine sog. **unmittelbare Wirkung**[55] zu, wenn sie *innerhalb der gesetzten Frist nicht ordnungsgemäß umgesetzt* wurden und die *allgemeinen Voraussetzungen* für eine unmittelbare Anwendbarkeit (Genauigkeit, Unbedingtheit) vorliegen. Zur Begründung verweist der EuGH ua auf

713j

---

[50] *EuGH*, Urt. v. 8.4.1976, Rs. 43/75 – Defrenne, Slg. 1976, 455 Rn. 38 ff. zu Art. 157 AEUV.
[51] Hierzu auch *Haratsch/Koenig/Pechstein*, Europarecht, Rn. 474 f.; *Herdegen*, Europarecht, § 8 Rn. 83 ff.
[52] Zu dieser allg. *Meier/Jocham*, JuS 2016, 392.
[53] BVerfGE 89, 155 (210) – Maastricht, in Bezug auf Aufgaben und Befugnisse.
[54] Weiterer Klausurfall bei *Kleider*, JuS 2011, 815 in Anlehnung an *EuGH*, Urt. v. 12.5.2011, Rs. C-115/09 – Trianel, NVwZ 2011, 801 m. Anm. *A. Schwerdtfeger*, EuR 2012, 80.
[55] Zu dieser umfassend etwa *Haratsch/Koenig/Pechstein*, Europarecht, Rn. 387 ff.; *Herdegen*, Europarecht, § 8 Rn. 55 ff.; *Herrmann/Michl*, JuS 2009, 1065.

das unionsrechtliche Prinzip des *effet utile,* nach welchem dem Unionsrecht zu möglichst großer Wirksamkeit verholfen werden muss (Rn. 713h).[56]

Folgender Gedankengang ist in der *Falllösung* sinnvoll:

(1) *Nicht ordnungsgemäße Umsetzung* der Richtlinie in das deutsche Recht *innerhalb der gesetzten Frist*[57]. – Im *Ausgangsfall* wurde die Richtlinie innerhalb der Frist gar nicht umgesetzt.

(2) *Keine* Möglichkeit zu einer *richtlinienkonformen Auslegung*[58] des deutschen Rechts. – Im *Ausgangsfall* wurde bereits kein Fonds geschaffen, so dass ein gegen diesen gerichteter Zuschussanspruch im Wege der richtlinienkonformen Auslegung nicht konstruierbar ist.

(3) Die Richtlinie muss in ihrer einschlägigen Regelung *inhaltlich hinreichend genau* und *unbedingt* sein. – Im *Ausgangsfall* fehlt es an hinreichend konkreten Vorgaben für die einzurichtenden Fonds und damit hinsichtlich des Schuldners; den Mitgliedstaaten verbleibt ein Gestaltungsspielraum, der grundsätzlich gegen die Unbedingtheit spricht. Daher kann sich *P* vor Gericht nicht unmittelbar auf die Richtlinie berufen.

713k **b)** Anhand des Wesens der Richtlinie und des Grundsatzes von Treu und Glauben (teilweise wird auch der Sanktionsgedanke bemüht) lassen sich **(4)** die möglichen **personalen Konstellationen** der unmittelbaren Richtlinienwirkung bestimmen: *Zu Lasten des Staates* ist die *(vertikale)* Direktwirkung *zulässig.* Der Staat kann dem Bürger nicht entgegenhalten, dass er seine Umsetzungspflicht verletzt hat.[59] Dagegen ist eine *(umgekehrt vertikale)* Direktwirkung *zu Lasten eines Bürgers unzulässig;* der Staat kann sich nicht auf Richtlinienbestimmungen berufen, die er selbst nicht in innerstaatliches Recht umgesetzt hat.[60] Noch weitergehend ist auch die *(horizontale)*

---

[56] S. zB *EuGH,* Urt. v. 4.12.1974, Rs. 41/74 – van Duyn, Slg. 1974, 1337 Rn. 12; Urt. v. 5.4.1979, Rs. 148/78 – Ratti, Slg. 1979, 1629 Rn. 18 ff.; Urt. v. 19.1.1982, Rs. 8/81 – Becker, Slg. 1982, 53 Rn. 21 ff., 29; Urt. v. 20.9.1988, Rs. 190/87 – Moormann, Slg. 1988, 4689 Rn. 22 ff. Das *BVerfG* hat die Rechtsprechung des *EuGH* als zulässige „Rechtsfortbildung" angesehen, die sich im Rahmen von Art. 24 I GG (jetzt Art. 23 I 2 GG) hält: BVerfGE 75, 223 (241 ff.); 85, 191 (203 ff.).

[57] Schon *vor* Ablauf der Umsetzungsfrist darf ein Mitgliedstaat keine Regelungen treffen, die das Richtlinienziel ernstlich in Frage stellen: *EuGH,* Urt. v. 18.12.1997, Rs. C-129/96 – Inter-Environnement Wallonie, Slg. 1997, I-7411 Rn. 40 ff., insbes. 45 = NVwZ 1998, 385; Urt. v. 14.9.2006, Rs. C-138/05, Slg. 2006, I-8339 Rn. 42 – Stichting Zuid-Hollandse Milieufederatie; Urt. v. 15.4.2008, Rs. C-268/06, Slg. 2008, I-2483 Rn. 92 – Impact. Gestützt wird diese „Vorwirkung" auf Art. 4 III EUV iVm Art. 288 III AEUV und die jeweilige Richtlinie selbst.

[58] S. zB *EuGH,* Urt. v. 24.1.2012, Rs. C-282/10 – Dominguez, Rn. 23 ff.; zu dieser auch *EuGH,* Urt. v. 10.4.1984, Rs. 14/83 – von Colson und Kamann, Slg. 1984, 1891; Rs. 79/83 – Harz, Slg. 1984, 1921; Urt. v. 13.11.1990, Rs. C-106/89 – Marleasing, Slg. 1990, I-4135; Urt. v. 9.3.2004, verb. Rs. C-397/01 bis 403/01 – Pfeiffer, Slg. 2004, I-8835; Urt. v. 3.5.2005, verb. Rs. C-387/02, C-391/02, C-403/02 – Berlusconi, Slg. 2005, I-3565; *Reimer,* JZ 2015, 910; *Kühling,* JuS 2014, 481; *Herrmann/Michl,* JuS 2009, 1065 (1068 ff.); am Beispiel des § 241a BGB *Köhler,* JuS 2014, 865. Auch die richtlinienkonforme Auslegung wird gestützt auf Art. 288 III AEUV und Art. 4 III EUV.

[59] ZB *EuGH,* Urt. v. 5.4.1979, Rs. 148/78 – Ratti, Slg. 1979, 1629 Rn. 21 f.; Urt. v. 19.1.1982, Rs. 8/81 – Becker, Slg. 1982, 53 Rn. 24. Unerheblich ist, in welcher Eigenschaft der Staat dem Bürger gegenübertritt; s. *EuGH,* Urt. v. 24.1.2012, Rs. C-282/10 – Dominguez, Rn. 38 f. (Staat als Arbeitgeber); Urt. v. 12.12.2013, Rs. C-425/12 – Portgás, ECLI:EU: C:2013:829, Rn. 23 f.

[60] *EuGH,* Urt. v. 8.10.1987, Rs. 80/86 – Kolpinghuis Nijmegen, Slg. 1987, 3969 Rn. 9 f.; Urt. v. 3.5.2005, verb. Rs. C-387/02, C-391/02, C-403/02 – Berlusconi, Slg. 2005, I-3565 Rn. 73 ff.; Urt. v. 12.12.2013, Rs. C-425/12 – Portgás, ECLI:EU:C:2013:829, Rn. 22 ff.

§ 49. Entstehung und Ausführung von Unionsrecht

Direktwirkung zwischen Bürgern (= Drittwirkung) und damit wiederum *zu Lasten eines Bürgers unzulässig.*[61] Hiervon zu unterscheiden sind allerdings *(zulässige) bloß negative Auswirkungen* der vertikalen Direktwirkung zu Lasten eines anderen Bürgers.[62]

Im *Ausgangsfall* würde die Richtlinie *zu Gunsten* der *P* wirken, allerdings zum Nachteil des Fonds – wenn ein solcher bereits losgelöst von der Richtlinie bestünde. Insofern wäre seine Organisationsform entscheidend und damit die Zuordnung zum staatlichen Bereich.[63] Hier wirkt die unzureichende inhaltliche Normstruktur der Richtlinie fort, die einer unmittelbaren Berufung auf die Richtlinie entgegensteht.

Die *Begründung von Rechten Einzelner* ist auch für die unmittelbare Richtlinienwirkung *keine Voraussetzung*, sondern vielmehr eine *mögliche Folge* derselben.[64] Ob eine unmittelbar anwendbare Richtlinienbestimmung Rechte Einzelner begründet, ist wiederum durch Auslegung zu ermitteln (s. bereits Rn. 713h). Die damit ebenfalls mögliche *objektive* Richtlinienwirkung[65] ist aber für die *Fallbearbeitung* mangels eines betroffenen (Rechtsschutz suchenden) Bürgers kaum relevant.

§ 49. Entstehung und Ausführung von Unionsrecht

I. Erlass von Sekundärrecht[1]

1. System der begrenzten Einzelermächtigung und Subsidiarität

a) Für die **verbandsmäßige Kompetenz** der EU – in Abgrenzung zu ihren Mitgliedstaaten – gilt gemäß Art. 5 I 1 EUV (s. a. Art. 7 AEUV) der Grundsatz der *begrenzten Einzelermächtigung*, dh die Union wird nur innerhalb der Grenzen der Zuständigkeiten tätig, die ihr die Mitgliedstaaten in den Verträgen übertragen haben (Art. 5 II EUV; s. a. Art. 4 I EUV). Das *BVerfG* nimmt in diesem Zusammenhang die Kompetenz in Anspruch, zu prüfen, ob ein Unionsrechtsakt aus dem so vorgegebenen Rahmen „*ausbricht*" („*ultra vires*"-Kontrolle).[2]

714

Das Unionsrecht kennt mit Art. 352 AEUV auch eine *Kompetenzergänzungsnorm*, die unter engen Voraussetzungen eine Ausweitung der verbandsmäßigen Unionskompetenz im Zusammenwirken von Kommission, Rat und Europäischem Parlament ermöglicht.[3] Allerdings begründet sie keine *Kompetenz-Kompetenz* und ist *eng auszulegen*.

---

[61] *EuGH*, Urt. v. 14.7.1994, Rs. C-91/92 – Faccini Dori, Slg. 1994, I-3325 Rn. 19 ff.; Urt. v. 7.1.1996, Rs. C-192/94 – El Corte Inglés SA, Slg. 1996, I-1281 Rn. 15 ff.; Urt. v. 24.1.2012, Rs. C-282/10 – Dominguez, Rn. 42; Urt. v. 5.10.2004, verb. Rs. C-397/01 bis C-401/01 – Pfeiffer, Slg. 2004, I-8835 Rn. 108 f. – auch hier ist hingegen eine richtlinienkonforme Auslegung angezeigt, Rn. 110 ff.
[62] *EuGH*, Urt. v. 7.1.2004, Rs. C-201/02 – Wells, Slg. 2004, I-723 Rn. 56 ff.
[63] Zu als Arbeitgeber handelnden staatlichen Stellen *EuGH*, Urt. v. 26.2.1986, Rs. 152/84 – Marshall, Slg. 1986, 723 Rn. 48 ff.
[64] S. a. *Haratsch/Koenig/Pechstein*, Europarecht, Rn. 389.
[65] *EuGH*, Urt. v. 11.8.1995, Rs. C-431/92 – Großkrotzenburg, Slg. 1995, I-2189 Rn. 26, 39 f.
[1] Klausuren bei *Kühling/Klar*, JuS 2012, 1111; *Bast*, JuS 2011, 1095.
[2] Zu Einzelheiten der Kontrolle *BVerfG* NJW 2017, 2894 (2895 f.) mwN; BVerfGE 126, 286 (302 ff.); 142, 123 (200 ff.); E 143, 65 (93 ff. Rn. 51 ff.); Klausur bei *K. Koch/Ilgner*, JuS 2011, 540; s. a. E 123, 267 (353 ff.) mwN – Lissabon. Zur Grundrechts-, ultra vires- und Identitätskontrolle *A. Schwerdtfeger*, EuR 2015, 290.
[3] Zu dieser BVerfGE 123, 267 (393 ff.) – Lissabon.

Seit dem Vertrag von Lissabon unterscheidet Art. 2 AEUV zwischen verschiedenen Zuständigkeitsarten. Hierzu zählen – parallel zum nationalen Recht (Art. 71–74 GG) – insbesondere die *ausschließlichen* (Art. 2 I, Art. 3 AEUV) und die (mit den Mitgliedstaaten) *geteilten Kompetenzen* (Art. 2 II, Art. 4 AEUV) der Union.

Für die *Ausübung* sämtlicher Zuständigkeiten der Union gilt gemäß Art. 5 I 2 EUV der Grundsatz der *Verhältnismäßigkeit* (Art. 5 IV EUV). Daneben gilt (nur) in den Bereichen, die *nicht* in die *ausschließliche* Zuständigkeit der Union fallen (Fehlerquelle!), auch der Grundsatz der *Subsidiarität* (Art. 5 III EUV, lesen!).[4] Dieser weist in die gleiche Richtung wie Art. 72 II GG im deutschen Verfassungsrecht und wurde durch den Vertrag von Lissabon *prozedural verstärkt*[5].

> **Beispiel:** Im *Ausgangsfall* aus Rn. 713i kommt eine geteilte Zuständigkeit der Union für den Bereich „Umwelt" gemäß Art. 4 II lit. e), Art. 191 f. AEUV in Betracht. Zwar dienen die vorgesehenen Fondszuschüsse zu Heilbehandlungskosten auch dem Gesundheitsschutz (vgl. Art. 168 V AEUV); der *Schwerpunkt* der Richtlinie liegt aufgrund ihrer *Zielrichtung* (Verminderung von Treibhausgasemissionen) und ihres *Inhalts*[6] (weitestgehend Maßnahmen des Umweltschutzes) aber im Bereich der Umweltpolitik. Zu unterscheiden ist zudem zwischen den Ermächtigungsgrundlagen des Art. 192 I und II AEUV. Da „Vorschriften überwiegend steuerlicher Art" iSd Art. 192 II UAbs. 1 lit. a) AEUV nur Steuern im engeren Sinne umfassen, dürfte hier Art. 192 I AEUV einschlägig sein.[7] Mit Blick auf den Subsidiaritätsgrundsatz können die grenzüberschreitenden Auswirkungen von Emissionen ein Tätigwerden der Union rechtfertigen. Hinsichtlich der konkreten Ausgestaltung in Form vorgegebener Verwendungen der Fondsgelder wäre dagegen eine genaue Prüfung der Richtlinie anhand der Grundsätze der Subsidiarität und der Verhältnismäßigkeit angezeigt.

714a b) Auch hinsichtlich der Abgrenzung der Organkompetenzen zwischen den Unionsorganen setzt sich der Grundsatz begrenzter Einzelermächtigung fort. Art. 13 II 1 EUV bestimmt, dass jedes Organ (lediglich) „nach Maßgabe der ihm in den Verträgen zugewiesenen Befugnisse nach den Verfahren, Bedingungen und Zielen, die in den Verträgen festgelegt sind", handelt. Dabei geben die Einzelermächtigungen oftmals auch die *Handlungsform* vor.

Im *Ausgangsfall* sind das Europäische Parlament und der Rat gemeinsam zuständig. Eine bestimmte Handlungsform wird durch Art. 192 I AEUV nicht vorgegeben, so dass auch eine Richtlinie auf dieser Grundlage erlassen werden kann.

2. Rechtsetzungsverfahren

714b a) Seit dem Vertrag von Lissabon ist zwischen **Gesetzgebungsverfahren** und *sonstigen Rechtsetzungsverfahren* sowie in der Folge zwischen Gesetzgebungsakten und

---

[4] S. ferner das Protokoll Nr. 2 zum Vertrag von Lissabon über die Anwendung der Grundsätze der Subsidiarität und der Verhältnismäßigkeit, *Sartorius II* Nr. 147.

[5] Zu Einzelheiten der *Subsidiaritätsrüge* der nationalen Parlamente bereits im Rahmen des Rechtsetzungsverfahrens und der *Subsidiaritätsklage* in Form einer Nichtigkeitsklage s. Art. 12 lit. b) EUV iVm Art. 6 f., 8 Protokoll Nr. 2 zum Vertrag von Lissabon (vorausgehende Fn.); für die Bundesrepublik s. zudem Art. 23 Ia GG, §§ 11, 12 IntVG. Zur Subsidiaritätsklage *Shirvani*, JZ 2010, 753.

[6] Zur Maßgeblichkeit von (objektiv zu bestimmendem) Ziel und Inhalt *EuGH*, Urt. v. 29.3.1990, Rs. C-62/88 – Griechenland/Rat, Slg. 1990, I- 1527 Rn. 13 ff.; Urt. v. 26.1.2006, Rs. C-533/03 – Kommission/Rat, Slg. 2006, I-1025 Rn. 43 mwN.

[7] Zur Frage einer Unionskompetenz für Pkw-Hersteller treffende „Emissionsüberschreitungsabgaben" *Schmidt-Kötters/Held*, NVwZ 2009, 1390.

§ 49. Entstehung und Ausführung von Unionsrecht

sonstigen Rechtsakten (Rn. 713c) zu unterscheiden (Art. 289 III AEUV). Die *Gesetzgebungsverfahren* unterteilen sich wiederum in das *ordentliche* Gesetzgebungsverfahren (Art. 289 I, 294 AEUV) auf der einen und *besondere* Gesetzgebungsverfahren (Art. 289 II AEUV) auf der anderen Seite. Welches Verfahren Anwendung findet, ist der jeweiligen Ermächtigungsnorm zu entnehmen; Art. 293 ff. AEUV enthalten weitere Verfahrensvorgaben.

Art. 289 I AEUV macht nunmehr die *gemeinsame Annahme* einer Verordnung, Richtlinie oder eines Beschlusses *durch Rat und Europäisches Parlament* auf *Vorschlag der Kommission* zum „ordentliches Gesetzgebungsverfahren" und damit zum Regelfall (früher: Verfahren der Mitentscheidung). Das Verfahren selbst ist in Art. 294 AEUV geregelt. Demgegenüber erfolgt die Annahme in den besonderen Gesetzgebungsverfahren lediglich durch eines dieser beiden Organe (Rat/Parlament) mit bloßer Beteiligung des anderen. Der Ablauf der besonderen Gesetzgebungsverfahren und der sonstigen Rechtsetzungsverfahren ist in der jeweiligen Ermächtigungsnorm vorgesehen.

> **Beispiel:** Im *Ausgangsfall* aus Rn. 713i findet gemäß Art. 192 I AEUV das ordentliche Gesetzgebungsverfahren Anwendung. Dabei erfolgt die Annahme durch Rat und Europäisches Parlament erst *nach Anhörung des Wirtschafts- und Sozialausschusses sowie des Ausschusses der Regionen* (*beratende Einrichtungen* der Union gemäß Art. 300 ff. AEUV).

b) Besonderheiten gelten wiederum für die intergouvernementale **GASP**, in deren Rahmen zB keine Gesetzgebungsakte erlassen werden können (Art. 24 I UAbs. 2 S. 2 EUV). – Die Verfahren zur **Änderung der vertraglichen Grundlagen der Union** sind Art. 48 EUV zu entnehmen.

II. Vollzug von Unionsrecht durch Verwaltungsbehörden

Ausgangsfälle:

(1) In einem besonders „guten" Weinjahr haben die europäischen Winzer eine außerordentlich große Traubenernte eingefahren. Um den europäischen Weinmarkt vor einem Überangebot an Tafelweinen und einem damit einhergehenden Verfall der Preise zu schützen, hat die EU eine Verordnung erlassen, nach der eine bestimmte Quote der Trauben zu Weinbrand destilliert werden muss. Für die Umlegung der Quote auf die einzelnen Winzer enthält die EU-Verordnung eine VA-Ermächtigung für die Mitgliedstaaten. Als die deutschen Behörden entsprechende Bescheide erlassen, legen Hunderte deutscher Winzer Widerspruch ein, um die Ernte unter dem Schutz der aufschiebenden Wirkung des § 80 I 1 VwGO in vollem Umfang für Tafelweine verwenden zu können. Dürfen die deutschen Behörden das so hinnehmen?[8]

(2) In der Bundesrepublik hat eine deutsche Behörde dem Unternehmen U eine „verlorene" Überbrückungsbeihilfe von 15 Mio. EUR gewährt, weil nur so 500 Arbeitsplätze erhalten werden konnten. Bei dieser Subvention handelt es ich um eine „staatliche Beihilfe" iSv Art. 107 ff. AEUV (lesen!). Wegen der Eilbedürftigkeit der Hilfeleistung verzichtete die Behörde auf das vor der Bewilligung an sich durchzuführende „Notifizie-

---

[8] Fallanlehnung an *EuGH*, Urt. v. 10.7.1990, Rs. C-217/88 – Tafelwein, Slg. 1990, I-2879.

rungsverfahren" nach Art. 108 III AEUV, das der Kommission die Beurteilung der Zulässigkeit einer Beihilfe nach Art. 107 AEUV ermöglicht. Als die Kommission von dem Geschehen aus der Presse erfährt, erlässt sie einen an die Bundesrepublik gerichteten Beschluss (Art. 108 II, 288 IV AEUV). In diesem stellt sie fest, dass die Beihilfe mit dem Binnenmarkt unvereinbar ist (= feststellender Teil), und gibt der Bundesrepublik auf, den Bewilligungsbescheid unverzüglich aufzuheben (= gebietender Teil). Als die deutsche Behörde den Bescheid daraufhin nach § 48 VwVfG zurücknimmt, beruft sich U (a) auf die fehlende Rechtswidrigkeit der Beihilfe iSd § 48 I VwVfG, (b) auf den Schutz seines Vertrauens nach § 48 II VwVfG und (c) auf die Tatsache, dass die Rücknahmefrist des § 48 IV 1 VwVfG abgelaufen sei. Haben diese Einwände Erfolg?[9]

1. Direkter und indirekter Vollzug

715a Die *EU* führt ihr Recht nur in wenigen Sachbereichen *selbst* aus, insbesondere durch die Kommission (*direkter* Vollzug).[10] In der Regel obliegt die Ausführung des EU-Rechts den *Mitgliedstaaten* mit *ihren* Behörden (*indirekter* Vollzug; s. a. Art. 291 I AEUV).[11]

Weiter lässt sich der *direkte Vollzug* unterteilen in eine unions*interne* (Eigenverwaltung, zB Personalverwaltung durch das jeweils zuständige Organ) und eine unions*externe* Komponente (Verhältnis zu den Mitgliedstaaten, zB Art. 105 AEUV – Kartellrecht). Der *indirekte Vollzug* kann unmittelbar anwendbares Unionsrecht zum Gegenstand haben (*unmittelbarer* indirekter Vollzug) oder sich auf nationales Umsetzungsrecht beziehen (*mittelbarer* indirekter Vollzug). – Im *Ausgangsfall 1* und auch im *Ausgangsfall* aus Rn. 713 handelt es sich um unmittelbaren indirekten Vollzug.

Die im Ansatz klare Trennung zwischen dem Vollzug durch die Union selbst und durch die Mitgliedstaaten wird zunehmend durch die verschiedensten Formen eines *kooperativen* Vollzugs überlagert.[12]

Im *Ausgangsfall 2* ist die intensivste Form einer Kooperation einschlägig, eine *Mischverwaltung*. Im Verhältnis zum Bürger liegt die Ausführung des Unionsrechts (Art. 107 AEUV) mit der Bewilligung einer Subvention oder ihrer Rücknahme zwar federführend bei den Mitgliedstaaten. Die Entscheidung, ob eine Subvention nach den Maßstäben des Art. 107 AEUV „mit dem Binnenmarkt unvereinbar" ist und daher aufgehoben werden muss, hat Art. 108 II AEUV aber der Kommission übertragen.

2. Der mitgliedstaatliche (indirekte) Vollzug

715b Im Rahmen des mitgliedstaatlichen Vollzuges führt die Bundesrepublik das Unionsrecht naturgemäß in *eigener* Verantwortung und damit im Ansatz nach dem *deutschen Verwaltungsverfahrensrecht* aus. Aber das Unionsrecht nimmt vielfach (erheblichen) steuernden Einfluss, wobei insbesondere das vom *EuGH* entwickelte *Effek-*

---

[9] Vereinfachte Fallanlehnung an BVerwGE 106, 328 im Gefolge von *EuGH*, Urt. v. 20.3.1997, Rs. C-24/95 – Alcan, Slg. 1997, I-1591; als Abschluss *BVerfG (Kammer)* NJW 2000, 2015; Klausur bei *Faßbender*, JuS 2016, 538. Zu *vertraglichen* Beihilfen *EuGH*, Urt. v. 11.11.2015, Rs. C-505/14 – Klausner Holz, ECLI:EU:C:2015:742 m. Anm. *Ruffert*, JuS 2016, 660; *Stievi/Werner*, JuS 2006, 106 mit *BGH*-Rspr. Eine Einführung in das Europäische Beihilfenrecht findet sich bei *v. Carnap-Bornheim*, JuS 2013, 215; Klausuren bei *Hesse/Sacher*, JuS 2017, 1015; *Ludwig*, JuS 2011, 917.
[10] Hierzu *Kment*, JuS 2011, 211.
[11] Zum Folgenden zB *Sydow*, JuS 2005, 97, 202; *Pünder*, JuS 2011, 289 (293 f.).
[12] Dazu insbes. *Schmidt-Aßmann*, EuR 1996, 270; s. a. *Pache* VVDStRL 66 (2007), 106 (126 ff.).

tivitätsprinzip zu beachten ist:[13] Hiernach darf die *Wirksamkeit* des Unionsrechts durch das nationale Verwaltungsverfahrensrecht *nicht praktisch unmöglich gemacht* oder *übermäßig erschwert* werden.

Daneben gebietet das – vom *EuGH* stets in einem Atemzug mit dem Effektivitätsprinzip genannte – *Äquivalenzprinzip*, dass unionsrechtliche Sachverhalte nicht weniger günstig behandelt werden als gleichartige rein nationalrechtliche Sachverhalte (auch „Diskriminierungsverbot").[14]

a) Die *wichtigste Steuerungsform* sind **EU-Richtlinien,** die den Mitgliedstaaten neben ihren materiellen Regelungen in bestimmten Sachbereichen die Einzelheiten der nationalen Verwaltungsverfahren detailliert vorgeben. Das jeweilige deutsche Gesetz übernimmt die entsprechenden unionsrechtlichen Vorgaben als *deutsche* Spezialregelungen zum *deutschen* VwVfG. Für den Bürger wird der unionsrechtliche Bezug nur über das Gebot zu einer *richtlinienkonformen Auslegung* des deutschen Rechts[15] relevant, wobei wiederum der *effet utile* eine besondere Bedeutung gewinnt (Rn. 713h, 713j).

715c

Ein *Beispiel* ist das Umweltinformationsgesetz (UIG, *Sartorius* Nr. 272), das die Umweltinformationsrichtlinie 2003/4/EG umsetzt: s. zB zu Präzisierungen des Antrags auf Zugang zu Umweltinformationen § 4 II UIG mit Art. 3 III der RL, zur Frist zur Auskunftserteilung § 3 III UIG mit Art. 3 II der RL, zu den Ablehnungsgründen §§ 8 f. UIG mit Art. 4 der RL.

b) Soweit es an einschlägigen unionsrechtlichen Steuerungen in Form konkreter Vorgaben für das Verwaltungsverfahren fehlt, müssen die Mitgliedstaaten die effektive Ausführung des Unionsrechts von sich aus im Rahmen des „klassischen" nationalen Verfahrensrechts sicherstellen. Der *Anwendungsvorrang* des Unionsrechts gebietet (präventiv) zunächst eine **Öffnung der Gesetzesauslegung und -anwendung** (Rn. 713e). Die deutschen Behörden und Gerichte müssen versuchen, den supranationalen Anforderungen im Rahmen *unbestimmter Gesetzesbegriffe*[16] durch *unionsrechtskonforme Auslegung,* im Rahmen von *Abwägungen* (etwa beim Grundsatz der Verhältnismäßigkeit oder beim Vertrauensschutz) und über *Ermessensspielräume* Rechnung zu tragen.

715d

In *Ausgangsfall 1* verhindert die aufschiebende Wirkung eine effektive Durchsetzung der unionsrechtlich vorgegebenen Destillieraktion (= Verstoß gegen das *Effektivitätsprinzip*) und verschafft den deutschen Winzern einen unionsrechtswidrigen Wettbewerbsvorteil gegenüber den Winzern in anderen Mitgliedstaaten. Gemäß § 80 II 1 Nr. 4, III VwGO können die deutschen Behörden jedoch die sofortige Vollziehung ihrer Quotierungsbescheide anordnen. Aufgrund des *Unionsinteresses* an einer wirksamen, einheitlichen Anwendung und Durchsetzung des Unionsrechts liegt die Durchführung der Destillieraktion im *öffentlichen Interesse* iSv § 80 II 1 Nr. 4, III VwGO. Dieses ist von so großem Gewicht, dass das Anordnungsermessen der Behörden (und das Ermessen der Gerichte in anschließenden Verfahren nach § 80 V

---

[13] ZB *EuGH*, Urt. v. 16.12.76, Rs. 33/76 – Rewe, Slg. 1976, 1989 Rn. 5; Urt. v. 15.9.1998, Rs. C-231/96 – Edis, Slg. 1998, I-4951 Rn. 34 ff.; Urt. v. 15.4.2010, Rs. C-542/08 – Barth, Slg. 2010, I-3189 Rn. 17; Urt. v. 11.11.2015, Rs. C-505/14 – Klausner Holz, ECLI:EU: C:2015:742, Rn. 40 – jeweils auch zum Äquivalenzprinzip.
[14] Beispiel für einen Verstoß in *EuGH*, Urt. v. 26.1.2010, Rs. C-118/08 – Transportes Urbanos, Slg. 2010, I-635 Rn. 33 ff. (unionsrechtlicher Staatshaftungsanspruch), m. Anm. *Streinz,* JuS 2010, 835.
[15] Zur richtlinienkonformen Auslegung bei „überschießender Umsetzung" *Mittwoch,* JuS 2017, 296.
[16] Zur Auslegung von § 134 BGB im Lichte des Art. 56 AEUV *BVerfG* NJW 2016, 3163 (3156) m. Anm. *Waldhoff,* JuS 2017, 286.

VwGO) zu Lasten der deutschen Winzer auf Null reduziert ist.[17] – Was im *Ausgangsfall 2* den Einwand (a) (keine Rechtswidrigkeit iSv § 48 I VwVfG) anbelangt, kann den Beihilfevorschriften des Unionsrechts nur zur vollen Wirksamkeit verholfen werden, wenn auch ihre Einhaltung bei der Beurteilung der Rechtswidrigkeit des VA Beachtung findet. Insofern kann und muss der Begriff *rechtswidrig* im Rahmen einer unionsrechtskonformen Auslegung auch iSv *unionsrechtswidrig* verstanden werden. Die Beurteilung, ob eine mit dem Binnenmarkt unvereinbare Beihilfe iSv Art. 107 AEUV gegeben ist, obliegt nach Art. 108 II AEUV der Kommission.[18] Der feststellende Teil ihrer Entscheidung hat *konstitutive* Wirkung – auch im Rahmen des § 48 I VwVfG. Hinsichtlich Einwand (b) (Vertrauensschutz) ist ebenfalls eine unionsrechtskonforme Auslegung und Anwendung des § 48 II VwVfG möglich. Das Unionsrecht steht der Berücksichtigung von berechtigtem Vertrauen zwar nicht entgegen, soweit das Vertrauen *durch Unionsorgane* (mit)verursacht wurde.[19] Allerdings muss einem sorgfältigen Wirtschaftsunternehmen das unionsrechtliche Notifizierungsverfahren für Beihilfen (Art. 108 III AEUV) bekannt sein, so dass insoweit *kein schutzwürdiges Vertrauen* begründet werden kann. Die Bearbeiter könnten vor diesem Hintergrund bereits den Ausschlusstatbestand des § 48 II 3 Nr. 3 Alt. 2 VwVfG bejahen. Andernfalls muss die Abwägung nach § 48 II 1 VwVfG aufgrund des *gesteigerten öffentlichen Rücknahmeinteresses* und der *fehlenden sicheren Vertrauensgrundlage* zu Lasten des *U* ausfallen[20] (ebenso wie das abschließende Ermessen nach § 48 I 1 VwVfG auf Null reduziert ist). – Nach der Rechtsprechung des *EuGH* kann ein Mitgliedstaat sogar verpflichtet sein, einen unionsrechtswidrigen Verwaltungsakt aufzuheben, der aufgrund einer bestätigenden letztinstanzlichen Gerichtsentscheidung bestandskräftig geworden ist.[21] Im deutschen Recht ist insoweit bei § 51 V iVm § 48 VwVfG (Rn. 37) anzusetzen.[22]

715e c) Ist eine Öffnung der Auslegung und Anwendung des deutschen Verwaltungsverfahrensrechts nicht ausreichend, um dem Unionsrecht zur *vollen Wirksamkeit* zu verhelfen, greift der *Anwendungsvorrang* des Unionsrechts ieS (Rn. 713d ff.). Das nationale Recht wird *partiell* durch das Unionsrecht *überlagert;* Letzteres kommt im Verhältnis zwischen Bürger und deutschem Staat **unmittelbar** zur **Anwendung**.

Im *Ausgangsfall 2* verdeutlicht Einwand (c) (Verfristung) eine nicht durch unionsrechtskonforme Auslegung zu verhindernde *Kollision* von Unionsrecht und nationalem Recht: Der Wortlaut des § 48 IV 1 VwVfG legt die Verfristung eindeutig fest und würde damit die Rücknahme des Beihilfebescheids nach einer (verfehlten) rein nationalen Betrachtung *ausschließen*. Dagegen schreibt der Kommissionsbeschluss die Rücknahme *zwingend* vor, ohne dass eine Verfristung nach nationalem Recht zu berücksichtigen wäre[23]. Wegen des *Anwendungsvorranges* des (hinreichend genauen und unbedingten) *unmittelbar anwendbaren Kommissions-*

---

[17] *EuGH*, Urt. v. 10.7.1990, Rs. C-217/88 – Tafelwein, Slg. 1990, I-2879. Zum (umgekehrten) Fall des einstweiligen Rechtsschutzes „gegen" Unionsrecht, dessen Gültigkeit zweifelhaft ist, *EuGH*, Urt. v. 21.2.1991, verb. Rs. C-143/88 u. C-92/89 – Zuckerfabrik Süderdithmarschen, Slg. 1991, I-415 Rn. 23 ff.; Urt. v. 9.11.1995, Rs. C-465/93 – Atlanta, Slg. 1995, I-3761 Rn. 35 ff. *Umfassend* zu den Anforderungen an den *einstweiligen Rechtsschutz* bei der mitgliedstaatlichen Anwendung von Unionsrecht zB Sodan/Ziekow/*Puttler*, VwGO, 4. Aufl. 2014, § 80 Rn. 7 ff., § 123 Rn. 16 ff.; s. a. *L. Hummel*, JuS 2011, 704 (706 f.).
[18] S. zur – eingeschränkten – Bindungswirkung der Eröffnungsentscheidung der Kommission nach Art. 108 III 2 AEUV *BGH* EuZW 2017, 312 m. Anm. *Ruffert*, JuS 2017, 1130; anders zuvor BVerwGE 156, 199.
[19] *EuGH*, Urt. v. 16.12.2010, Rs. C-537/08 P – Kahla, Sgl. 2010, I-12917, Rn. 63 ff.; s. a. *EuG*, Urt. v. 16.7.2014, Rs. T-309/12 – Zweckverband Tierkörperbeseitigung/Kommission, ECLI:EU:T:2014:676, Rn. 235 ff.
[20] So BVerwGE 106, 328 (336).
[21] *EuGH*, Urt. v. 13.1.2004, Rs. C-453/00 – Kühne & Heitz, Slg. 2004, I-837 Rn. 23 ff.; Urt. v. 12.2.2008, Rs. C-2/06 – Kempter, Slg. 2008, I-411 Rn. 34 ff.; s. a. *Ruffert* in Ehlers/Pünder, Allg. VerwR, § 24 Rn. 17 f.
[22] BVerwGE 135, 137 (145 ff.); Klausuren bei *Krönke*, JuS 2012, 347; *Kanitz/Wendel*, JuS 2008, 58.
[23] Lediglich Art. 17 Beihilfeverfahrensverordnung (EU) 2015/1589 sieht eine Frist von zehn Jahren für die Befugnisse der *Kommission* zur Beihilfenrückforderung vor.

§ 49. Entstehung und Ausführung von Unionsrecht

beschlusses wird § 48 IV 1 VwVfG *suspendiert;* die negativen Auswirkungen für *U* sind für die unmittelbare Anwendbarkeit irrelevant (s. Rn. 713k).

III. Staatshaftungsanspruch bei Verletzung von Unionsrecht

Ausgangsfall:

Gleicher *Grundfall* wie in Rn. 713i: Könnte Patientin *P* den in der nicht umgesetzten Richtlinie vorgesehenen Zuschuss zu ihren Behandlungskosten als Schadensersatz vom deutschen Staat einfordern? 716

1. Wenn deutsche Legislativorgane, Behörden oder Gerichte Unionsrecht nicht beachtet haben, kann den Geschädigten seit der *Francovich-Entscheidung* des *EuGH* ein **unionsrechtlicher Staatshaftungsanspruch** zustehen.[24] Der *EuGH*[25] und ihm folgend der *BGH*[26] leiten den Anspruch aus dem Wesen der durch die Verträge (nunmehr EUV und AEUV) geschaffenen Rechtsordnung ab, die auch dem Einzelnen Rechte verleiht. Erneut geht es insoweit darum, die volle Wirksamkeit *(effet utile)* des Unionsrechts und der durch dieses begründeten Rechte zu gewährleisten (s. a. Art. 4 III EUV). Der unionsrechtliche Staatshaftungsanspruch gilt als *allgemeiner Rechtsgrundsatz* des Unionsrechts und kann auch in Fällen gegeben sein, in denen das *deutsche* Staatshaftungsrecht weder Schadensersatz noch Entschädigung gewährt: Anders als im deutschen Recht (Rn. 320 ff., 348 f.) kommt ein unionsrechtlicher Staatshaftungsanspruch nämlich *auch bei normativem Unrecht* in Betracht. Zudem setzt er – anders als der Amtshaftungsanspruch nach § 839 I 1 BGB (Rn. 313) – *kein Verschulden* voraus. 716a

Im *Ausgangsfall* steht einem Amtshaftungsanspruch der *P* (allein) nach § 839 BGB iVm Art. 34 GG entgegen, dass die Nichtumsetzung der Richtlinie durch den Gesetzgeber *normatives Unrecht* darstellt. Damit rückt der unionsrechtliche Staatshaftungsanspruch in den Fokus.

2. Der unionsrechtliche Staatshaftungsanspruch hat – in Anlehnung an die Haftung der Union gemäß Art. 340 II AEUV – die folgenden **Voraussetzungen:** 716b

(1) eine *mitgliedstaatliche* Instanz muss gegen *Unionsrecht* verstoßen;

(2) die verletzte Norm des Unionsrechts muss *bezwecken,* dem Einzelnen *Rechte zu verleihen;*

---

[24] Zur unterbliebenen/fehlerhaften Umsetzung von Richtlinien *EuGH,* Urt. v. 19.11.1991, verb. Rs. C-6/90 u. C-9/90 – Francovich, Slg. 1991, I-5357 Rn. 31 ff.; Urt v. 26.3.1996, Rs. C-392/93 – British Telecommunications, Slg. 1996, I-1631 Rn. 37 ff.; zur Verletzung des Primärrechts durch die Legislative *EuGH,* Urt. v. 5.3.1996, verb. Rs. C-46/93 u. C-48/93 – Brasserie du Pêcheur, Slg. 1996, I-1029 Rn. 20 ff.; zu einer unionsrechtswidrigen Verwaltungspraxis *EuGH,* Urt. v. 23.5.1996, Rs. C-5/94 – Lomas, Slg. 1996, I-2553 Rn. 23 ff.; zur Judikative *EuGH,* Urt. v. 30.9.2003, Rs. C-224/01 – Köbler, Slg. 2003, I-10239 Rn. 30 ff.; Urt. v. 13.6.2006, Rs. C-173/03 – Traghetti del Mediterraneo, Slg. 2006, I-5177 Rn. 30 ff.; Urt. v. 9.9.2015, Rs. C-160/14 – Fereira da Silva e Brito, ECLI:EU:C:2015:565, Rn. 46 ff.; Klausur bei *Thomale,* JuS 2010, 339.

[25] Zur genaueren Ableitung und zu den nachfolgenden Einzelheiten grundlegend *EuGH,* Urt. v. 19.11.1991, verb. Rs. C-6/90 u C-9/90 – Francovich, Slg. 1991, I-5357 Rn. 31 ff.; Urt. v. 5.3.1996, verb. Rs. C-46/93 u. C-48/93 – Brasserie du Pêcheur, Slg. 1996, I-1029 Rn. 37 ff.; aus der neueren Rspr. Urt. v. 25.11.2010, Rs. C-429/09 – Fuß, Rn. 45 ff.; Urt. v. 9.9.2015, Rs. C-160/14 – Fereira da Silva e Brito, ECLI:EU:C:2015:565, Rn. 46 ff.

[26] BGHZ 162, 49 (51 f.); 146, 153 (158 ff.); 134, 30 (36).

(3) der Verstoß gegen das Unionsrecht muss „*hinreichend qualifiziert*" sein, dh die nationale Instanz muss die durch das Unionsrecht gesetzten Grenzen „*offenkundig und erheblich*" überschritten haben:[27]

Mögliche Anhaltspunkte sind insoweit das Maß an Klarheit und Genauigkeit der verletzten Vorschrift, der Umfang des der nationalen Instanz zustehenden Ermessensspielraums, Vorsatz- und Verschuldensaspekte, das Vorliegen einschlägiger EuGH-Rechtsprechung bzw. im Falle eines Gerichts die Verletzung seiner Vorlagepflicht gemäß Art. 267 III AEUV;

(4) aus dem Verstoß muss *unmittelbar kausal* ein *Schaden* resultieren.

716c 3. Während die Grundlage des Anspruchs also unmittelbar im Unionsrecht liegt, hat der Mitgliedstaat die **Folgen** des von ihm verursachten Schadens „*im Rahmen des nationalen Haftungsrechts*" zu beheben, wobei erneut das *Effektivitätsprinzip* zu beachten ist (ebenso wie das Äquivalenzprinzip, Rn. 715b).[28]

Nationaler Rahmen für die Verwirklichung der unionsrechtlich begründeten Staatshaftung ist in Deutschland in der Regel der – ggf. unionsrechtlich modifizierte – Amtshaftungsanspruch.[29] Damit können *zusätzlich* zu den unionsrechtlichen Haftungsvoraussetzungen insbesondere folgende Fragen relevant werden: (5) andere Ersatzmöglichkeit, § 839 I 2 BGB (Rn. 314); (6) schuldhafter Nichtgebrauch von Rechtsmitteln, § 839 III BGB[30] (Rn. 315); (7) Mitverursachung, § 254 BGB[31] (Rn. 315); (8) Verjährung (§§ 195, 199 BGB)[32]. Gemäß Art. 34 GG haftet wie bei der Amtshaftung (9) *die* deutsche Körperschaft, deren Beamter (Rn. 308) gegen das Unionsrecht verstoßen hat (Rn. 316).[33]

Im *Ausgangsfall* liegt der Verstoß gegen Unionsrecht (1) in der unterbliebenen Richtlinienumsetzung durch den (Landes-)Gesetzgeber. Die Richtlinie bezweckt (2), Patienten wie *P* Rechte zu verleihen, denn sie sollen aus den einzurichtenden Fonds Zuschüsse beantragen können. Auch ein hinreichend qualifizierter Verstoß (3) gegen die aus der Richtlinie selbst und aus Art. 288 III AEUV resultierende Umsetzungspflicht liegt vor, wenn der Mitgliedstaat innerhalb der Umsetzungsfrist *keinerlei* Maßnahmen trifft, obwohl dies zur Erreichung des Richtlinienziel erforderlich wäre. Der der *P* zu ersetzende unmittelbar kausale Schaden (4) liegt in der Höhe des nach der Richtlinie vorgesehenen Zuschusses zu den Behandlungskosten.

§ 50. (Weitere) Rechte der Unionsbürger

I. Bindungen der Unionsorgane an Grundrechte

Ausgangsfall:

717 Gleicher *Grundfall* wie in Rn. 713 (Gemeinsamer Zolltarif): Kann der betroffene deutsche Importeur *I* geltend machen, die EU-Verordnung verstoße in bestimmter Weise gegen den Gleichheitsgrundsatz, um sich gegen den Abgabenbescheid zur Wehr zu setzen?[1]

---

[27] Dazu im Einzelnen *EuGH*, Urt. v. 5.3.1996, verb. Rs. C-46/93 u. C-48/93 – Brasserie du Pêcheur, Slg. 1996, I-1029 Rn. 55 ff.; Urt. v. 30.9.2003, Rs. C-224/01 – Köbler, Slg. 2003, I-10239 Rn. 53 ff.

[28] S. nur *EuGH*, Urt. v. 19.11.1991, verb. Rs. C-6/90 u. C-9/90 – Francovich, Slg. 1991, I-5357 Rn. 42 f.; Urt. v. 9.9.2015, Rs. C-160/14 – Fereira da Silva e Brito, ECLI:EU:C:2015:565, Rn. 50 ff.

[29] Zu den Einzelheiten *C. Dörr*, EuZW 2012, 86.

[30] Hierzu *EuGH*, Urt. v. 24.3.2009, Rs. C-445/06 – Danske Slagterier, Slg. 2009, I-2119 Rn. 58 ff.; BGHZ 156, 294 (297 f.).

[31] Zu einer Schadensminderungspflicht des Geschädigten *EuGH*, Urt. v. 5.3.1996, verb. Rs. C-46/93 u. C-48/93 – Brasserie du Pêcheur, Slg. 1996, I-1029 Rn. 84 f.

[32] Hierzu *EuGH*, Urt. v. 24.3.2009, Rs. C-445/06 – Danske Slagterier, Slg. 2009, I-2119 Rn. 32 ff.

[33] BGHZ 161, 224 (234 ff.).

[1] Weiterer Klausurfall bei *Kühling/Drechsler*, JuS 2017, 335.

§ 50. *(Weitere) Rechte der Unionsbürger*

1. Bindung an die Europäischen Grundrechte[2]

a) Als supranationaler Staatenverbund, der über *eigene Hoheitsrechte* verfügt, setzt die Europäische Union Recht, das natürliche und juristische Personen in den Mitgliedstaaten *unmittelbar berechtigen oder verpflichten* kann. Es ist daher nur konsequent, die Organe dieser „Rechtsgemeinschaft"[3] zum Schutze des Einzelnen ebenso wie die staatliche Gewalt ihrer Mitgliedstaaten an Grundrechte zu binden. Seit dem Vertrag von Lissabon gilt insofern die **Charta der Grundrechte der Europäischen Union**[4] als *verbindliches Primärrecht* (Art. 6 I UAbs. 1 EUV) für die Organe, Einrichtungen und sonstigen Stellen der Europäischen Union (Art. 51 I EU-GRCh).

717a

Erarbeitet wurde die EU-Grundrechtecharta von einem „Konvent" unter dem Vorsitz des früheren deutschen Bundespräsidenten *Roman Herzog*. Das Europäische Parlament, der Rat und die Kommission proklamierten sie feierlich im zeitlichen Zusammenhang mit dem Vertrag von Nizza (2000). In der Folge nahmen die Unionsgerichte in einzelnen Entscheidungen bereits auf die noch unverbindliche Charta Bezug, um den Gewährleistungsgehalt von Grundrechten der EU zu bestimmen.[5]

b) Seit 1969 hatte der *EuGH* die Grundrechte der Europäischen Union bereits als *allgemeine Rechtsgrundsätze* (und damit ungeschriebenes Primärrecht) – rechtsvergleichend – den **gemeinsamen Verfassungsüberlieferungen der Mitgliedstaaten** sowie der (von allen EU-Mitgliedstaaten ratifizierten) **EMRK** (Rn. 711b) in ihrer Auslegung durch den *EGMR* entnommen.[6] Diese Rechtsprechung findet weiterhin ihren Niederschlag in Art. 6 III EUV (lesen!).

717b

Gemäß Art. 6 II 1 EUV tritt die Union nunmehr zudem selbst der EMRK bei, womit den Unionsbürgern eine zusätzliche Rechtsschutzmöglichkeit in Form der *Individualbeschwerde* vor dem *EGMR* (Art. 34 EMRK) eröffnet würde.[7] Allerdings ist der Beitritt aufgrund des EuGH-Gutachtens aus dem Jahre 2014 zum Entwurf des Beitrittsabkommens in der nahen Zukunft nicht zu erwarten (s. Rn. 711b).

Eine weitgehende *Kohärenz* zwischen den verschiedenen Rechts(erkenntnis-)quellen wird insbesondere dadurch bewirkt, dass die *EMRK* in ihrer Auslegung durch den *EGMR* einen *verbindlichen Mindeststandard* auch für die EU-Grundrechtecharta vorgibt (Art. 52 III, 53 EU-GRCh). Zudem sind die Charta-Grundrechte *im Einklang mit den gemeinsamen Verfassungsüberlieferungen* der Mitgliedstaaten auszulegen (Art. 52 IV EU-GRCh). Die Studenten sollten sich in der *Fallbearbeitung* aufgrund der neuen primärrechtlichen Verbindlichkeit der EU-Grundrechtecharta (*Sartorius* Nr. 1002) unter Verweis auf Art. 6 I UAbs. 1 EUV vorrangig auf diesen Grundrechtskatalog stützen.[8] – Im *Ausgangsfall* geht es so um einen Verstoß

---

[2] S. etwa *W. Schroeder*, EuZW 2011, 462; *Manger-Nestler/Noack,* JuS 2013, 503.
[3] *EuGH*, Urt. v. 23.4.1986, Rs. 294/83 – Les Verts, Slg. 1986, 1339 Rn. 23; Urt. v. 3.9.2008, verb. Rs. C-402/05 P u. 415/05 P – Kadi, Slg. 2008, I-6351 Rn. 281, 316; s. a. Art. 2 EUV, wonach sich die Union ua auf die Werte der Rechtsstaatlichkeit und die Wahrung der Menschenrechte gründet.
[4] Hierzu etwa *J. Meyer,* Charta der Grundrechte der Europäischen Union, Kommentar, 4. Aufl. 2014; *Jarass,* Charta der Grundrechte der Europäischen Union, Kommentar, 3. Aufl. 2016; *Calliess/Ruffert* (Hrsg.), EUV/AEUV, EU-GRCh.
[5] *EuGH,* Urt. v. 3.9.2008, verb. Rs. C-402/05 P u. C-415/05 P – Kadi, Slg. 2008, I-6351 Rn. 335; *EuG,* Urt. v. 3.5.2002, Rs. T-177/01 – Jégo-Quéré, Slg. 2002, II-2365 Rn. 42, 47; Urt. v. 30.1.2002, Rs. T 54/99 – max.mobil, Slg. 2002, II-313 Rn. 48, 57.
[6] S. nur *EuGH,* Urt. v. 12.11.1969, Rs. 29/69 – Stauder, Slg. 1969, 419 Rn. 7; Urt. v. 14.5.1974, Rs. 4/73 – Nold, Slg. 1974, 491 Rn. 13.
[7] Die völkerrechtlichen Voraussetzungen des Beitritts wurden mit Art. 17 des Protokolls Nr. 14 zur EMRK geschaffen: Gemäß Art. 59 II EMRK kann nun auch die Europäische Union der Konvention beitreten, was zuvor nur Staaten, nämlich Mitgliedern des Europarates, vorbehalten war (Art. 59 I 1 EMRK).
[8] S. zB *EuGH,* Urt. v. 9.11.2010, verb. Rs. C-92/09 u. 93/09 – Schecke, Rn. 45 ff., m. Anm. *Streinz,* JuS 2011, 278.

der EU-Verordnung zum Gemeinsamen Zolltarif gegen den unionsrechtlichen Gleichheitsgrundsatz, den Art. 20 EU-GRCh ausdrücklich normiert.

717c c) Die **Methodik der Grundrechtsprüfung** handhabt der *EuGH* im Wesentlichen in der gleichen Weise wie das *BVerfG*, namentlich mit der zentralen Stellung des Grundsatzes der *Verhältnismäßigkeit*,[9] den Art. 52 I 2 EU-GRCh ausdrücklich festschreibt. Auch eine *Drittwirkung* der Grundrechte mittels grundrechtskonformer Auslegung von Sekundärrecht, das Pflichten für Private statuiert, ist nach der Rechtsprechung möglich.[10]

2. Bedeutung der Grundrechte des Grundgesetzes

717d Aus der *Sicht des Unionsrechts* genießt dieses auch vor nationalem Verfassungsrecht *Anwendungsvorrang* (Rn. 713d) – und somit vor den deutschen Grundrechten, die hiernach die *Unionsorgane nicht binden* können. Aus der *Sicht des deutschen Verfassungsrechts* folgt der Anwendungsvorrang aus der verfassungsrechtlichen Ermächtigung in Form der Zustimmungsgesetze, die einen *Rechtsanwendungsbefehl* für das Unionsrecht enthalten (Art. 23 I 2 GG).[11] Allerdings enthält Art. 23 I 2 GG (zuvor Art. 24 I GG) keine Ermächtigung, „die *Identität* der geltenden Verfassung der Bundesrepublik Deutschland durch Einbruch in die sie konstituierenden Strukturen" aufzuheben, zu denen auch der Grundrechtsschutz gehört.[12] Andererseits wirkt nach Art. 23 I 1 GG die Bundesrepublik bei der Entwicklung der EU mit, die einen dem „Grundgesetz im wesentlichen vergleichbaren Grundrechtsschutz gewährleistet". Nach Auffassung des *BVerfG* ist „mittlerweile im Hoheitsbereich der Europäischen (Union) ein Maß an Grundrechtsschutz erwachsen, das nach Konzeption, Inhalt und Wirkungsweise dem Grundrechtsstandard des Grundgesetzes im wesentlichen gleichzuachten ist".[13] Demgemäß überprüft das BVerfG das Unionsrecht grundsätzlich „nicht mehr am Maßstab der Grundrechte des Grundgesetzes"; Verfassungsbeschwerden und Vorlagen nach Art. 100 I GG sind unzulässig.[14] Anderes gilt, wenn es dem Beschwerdeführer bzw. dem Gericht gelingt, *„im Einzelnen dar(zu)legen, dass der jeweils als unabdingbar gebotene Grundrechtsschutz (auf Unionsebene unter Berücksichtigung der EuGH-Rechtsprechung) generell nicht gewährleistet ist"*[15] – ein reichlich aussichtsloses Unterfangen. Darüber hinaus hat das BVerfG mit seinem Beschluss zum Europäischen Haftbefehl vom 15. Dezember 2015 jedoch deutlich gemacht, dass es im Rahmen der *Identitätskontrolle* durchaus noch eine *einzelfallbezogene Grundrechtskontrolle* von Unionsrechtsakten vornimmt, sofern die *Menschenwürde* betroffen ist; denn diese ist gemäß Art. 1 I iVm Art. 79 III GG der Verfassungsidentität zuzuordnen (s. Art. 21 I 3 GG).[16]

---

[9] S. etwa *EuGH*, Urt. v. 13.7.1989, Rs. 5/88 – Wachauf, Slg. 1989, 2609 Rn. 18; s. a. Art. 5 I 2, IV EUV.

[10] S. etwa *EuGH*, Urt. v. 13.5.2014, Rs. C-131/12 – Google/Costeja González, m. Anm. *Streinz*, JuS 2014, 1140. Zum Grundrechtsschutz juristischer Personen *Goldhammer/Sieber*, JuS 2018, 22.

[11] Zu den unterschiedlichen Perspektiven auch *Polzin*, JuS 2012, 1 (2 f.).

[12] BVerfGE 37, 271 (279 f.) – Solange I; s. a. E 73, 339 (375 f.) – Solange II. Weitergehend zu den Grenzen der Europäischen Integration mit Blick auf Art. 23 I iVm Art. 79 III GG insbes. E 123, 267 – Lissabon; *A. Schwerdtfeger*, EuR 2015, 290.

[13] BVerfGE 73, 339 (378 ff.) – Solange II; 102, 147 (162) – Bananenmarktordnung.

[14] BVerfGE 73, 339 (387) – Solange II; 102, 147 (163) – Bananenmarktordnung; 125, 260 (306); *BVerfG* NJW 2011, 3428 (3429).

[15] So BVerfGE 102, 147 (161, 164).

[16] BVerfGE 140, 317 (Schuldgrundsatz) m. Anm. *Sachs*, JuS 2016, 373; *Schönberger*, JZ 2016, 422; *Eßlinger/Herzmann*, Jura 2016, 852; s. a. Rn. 711c.

§ 50. (Weitere) Rechte der Unionsbürger

Im *Ausgangsfall* kann sich *I* daher nicht auch noch auf den allgemeinen Gleichheitsgrundsatz des Art. 3 I GG berufen, sondern über Art. 6 I UAbs. 1 EUV *allein* Art. 20 EU-GRCh anführen.

II. Bindungen der Mitgliedstaaten an Grundrechte

1. Für die Mitgliedstaaten gilt die **EU-Grundrechtecharta** gemäß ihrem Art. 51 I 1 „ausschließlich bei der *Durchführung* des Rechts der Union" und damit insbesondere bei der *legislativen Umsetzung* (insbesondere von Richtlinien) und dem *administrativen Vollzug* (insbesondere von Verordnungen) von Unionsrecht. Bereits in seiner vorausgegangenen Rechtsprechung hatte der *EuGH* eine Bindung der Mitgliedstaaten an die Unionsgrundrechte angenommen.[17] Die genaue Reichweite der mitgliedstaatlichen Bindung wird kontrovers diskutiert[18] – vor allem seitdem der *EuGH* hierfür in seinem Urteil *Åkerberg Fransson* bereits ein Handeln im „Geltungsbereich des Unionsrechts" ausreichen ließ.[19]   717e

2. Nach Auffassung des *BVerfG* sind die staatlichen Organe der Bundesrepublik an die Unionsgrundrechte gebunden, soweit sie *zwingende Vorgaben* des Unionsrechts umsetzen.[20] Sofern das Unionsrecht den Mitgliedstaaten bei der Umsetzung von Unionsrecht dagegen *Spielräume* belässt, sind sie weiterhin an die **Grundrechte des Grundgesetzes** gebunden. *In diesem Umfang* sind auch Verfassungsbeschwerden und Vorlagen nach Art. 100 I GG *zulässig.*[21]   717f

III. Bindungen der Bundesrepublik an die Grundfreiheiten[22]

Ausgangsfälle:

(1) Nach früherer Gesetzeslage durfte in Deutschland unter der Bezeichnung „Bier" nur ein Erzeugnis vertrieben werden, das nach dem Bier-Reinheitsgebot von 1516 gebraut   718

---

[17] *EuGH*, Urt. v. 13.7.1989, Rs. 5/88 – Wachauf, Slg. 1989, 2609 Rn. 19; Urt. v. 24.3.1994, Rs. C-2/92 – Bostock, Slg. 1994, I-955 Rn. 16; Urt. v. 10.7.2003, verb. Rs. C-20/00 u. C-64/00 – Booker Aquacultur, Slg. 2003, I-7411 Rn. 88; s. a. Urt. v. 18.6.1991, Rs. C-260/89 – ERT, Slg. 1991, I-2925 Rn. 43 zu nationalen Maßnahmen, die Grundfreiheiten beschränken. Klausurfälle bei *Krenn*, JuS 2013, 428; *Kühling/Klar*, JuS 2012, 1111; Hausarbeit bei *Flügge*, JuS 2012, 716; „Grundwissen" bei *Voßkuhle/Wischmeyer*, JuS 2017, 1171.
[18] S. etwa *Nusser*, Die Bindung der Mitgliedstaaten an die Unionsgrundrechte, 2011; *Honer*, JuS 2017, 409.
[19] *EuGH (Große Kammer)*, Urt. v. 26.2.2013, Rs. C-617/10 – Åkerberg Fransson, Rn. 16 ff. m. Anm. *Streinz*, JuS 2013, 568; deutliche Kritik äußert BVerfGE 133, 277 (316 Rn. 91); s. nachfolgend *EuGH*, Urt. v. 8.5.2013, Rs. C-87/12 – Ymeraga, Rn. 40 ff.; Urt. v. 6.3.2014, Rs. C-206/13 – Siragusa, Rn. 20 ff.; Urt. v. 27.3.2014, Rs. C-265/13 – Marcos, Rn. 28 ff.; Urt. v. 10.7.2014, Rs. C-198/13 – Hernández, Rn. 32 ff.; dazu *Thym*, DÖV 2014, 941; zur Bindung bei Einschränkung von Grundfreiheiten *EuGH*, Urt. v. 30.4.2014, Rs. C-390/12 – Pfleger, Rn. 31 ff.; s. a. *Haratsch/Koenig/Pechstein*, Europarecht, Rn. 679 ff.; *Herdegen*, Europarecht, § 8 Rn. 37 ff.
[20] BVerfGE 118, 79 (95 ff.) mwN. Zum Ganzen a. *Sauer/Grundhewer*, JuS 2016, 813 (814 f.).
[21] BVerfGE 125, 260 (306 f.); 121, 1 (15); *BVerfG* NJW 2011, 3428 (3429); NJW 2012, 45 zur konkreten Normenkontrolle: Ob ein derartiger Umsetzungsspielraum besteht, muss ggf. im Rahmen einer Vorlage an den *EuGH* nach Art. 267 I AEUV (Rn. 720b ff.) geklärt werden.
[22] Hierzu umfassend *Ruffert*, JuS 2009, 97; s. a. *Manger-Nestler/Noack*, JuS 2013, 503; zur Fallbearbeitung *Sauer*, JuS 2017, 310.

worden war. Brauereien in anderen Mitgliedstaaten der EU produzieren „Biere" mit (lebensmittelrechtlich unbedenklichen) Zusatzstoffen, die dem deutschen Reinheitsgebot nicht genügen und daher in Deutschland nicht vertrieben werden durften. Der *EuGH* hat das deutsche Vertriebsverbot für derartige „Biere" als Verstoß gegen das Unionsrecht angesehen.[23] Prüfen Sie den Fall „schulmäßig" durch.

(2) Der belgische Fußballprofi *P* war mit seinem Einverständnis von seinem deutschen Verein *V* für eine Transfersumme von 1.000.000 EUR an den deutschen Verein *K* verkauft worden. Bei den Spielen seines neuen Vereins saß er über einen längeren Zeitraum auf der Bank, (a) zunächst, weil *K* die Transfersumme nicht an *V* bezahlt hatte und *P* deshalb nach den Statuten des für den Ligabetrieb zuständigen Fußballverbandes für *K* noch nicht spielberechtigt war, (b) später, weil *K* nach den gleichen Statuten nur 3 Ausländer gleichzeitig auf dem Spielfeld einsetzen durfte. Ist *P* Unrecht geschehen?[24]

718a 1. Vor dem Hintergrund der von Beginn an entscheidenden *wirtschaftlichen Ausrichtung des Europäischen Integrationsprozesses* spielen die EU-Grundfreiheiten (auch „Marktfreiheiten") insofern eine entscheidende Rolle – auch in der Fallbearbeitung –, als sie die *Grundlage des EU-Binnenmarktes* (Art. 3 III 1 EUV, Art. 26 ff. AEUV) bilden. Gemäß Art. 26 II AEUV umfasst dieser „einen Raum ohne Binnengrenzen, in dem der freie Verkehr von **Waren, Personen, Dienstleistungen** und **Kapital** gemäß den Bestimmungen der Verträge gewährleistet ist." Im Einzelnen geht es also um

- den grenzüberschreitenden *„freien Warenverkehr"* (Art. 28 ff. AEUV) mit dem Verbot von Binnenzöllen (Art. 30 AEUV), dem Verbot von mengenmäßigen Beschränkungen (Art. 34 f. AEUV) und – in der Praxis und Fallbearbeitung vor allem relevant – dem Verbot aller Abgaben und *Maßnahmen „gleicher Wirkung"* (Art. 30, 34 f. AEUV);
- die *„Freizügigkeit"* (Art. 45 ff. AEUV) mit der Freizügigkeit der *Arbeitnehmer* (Art. 45 AEUV) sowie der Niederlassungsfreiheit von *Selbständigen* (Art. 49 AEUV) und *Unternehmen* (Art. 54 AEUV) im Hoheitsgebiet der EU-Mitgliedstaaten;
- den *„freien Dienstleistungsverkehr"* (Art. 56 ff.), wobei sowohl der Leistungserbringer (aktive DL-Freiheit) als auch der Leistungsempfänger (passive DL-Freiheit), aber auch die Dienstleistung selbst (KorrespondenzDL) die Grenze überschreiten kann; ebenfalls können sich Leistungserbringer und -empfänger gemeinsam zur Leistungserbringung in einen dritten Mitgliedstaat begeben („Reiseleiterfälle");[25]
- den freien *„Kapital- und Zahlungsverkehr"* (Art. 63 ff. AEUV).[26]

718b 2. Im *Unterschied* zu den *EU-Grundrechten,* die in erster Linie Relevanz für die *Unionsorgane* haben (Rn. 717a, 717e f.), richten sich die *Grundfreiheiten* des AEUV vor allem an die **Mitgliedstaaten.** Die Bestimmungen über die Grundfreiheiten sind *unmittelbar anwendbar* und begründen *subjektive Rechte* für die Betroffenen.[27]

718c 3. *Methodisch* kehrt bei den Grundfreiheiten manches wieder, was von der Grundrechtsprüfung her bekannt ist, so dass ein ähnlicher **Prüfungsaufbau** gewählt werden kann:

---

[23] *EuGH*, Urt. v. 12.3.1987, Rs. 178/84 – Reinheitsgebot für Bier, Slg. 1987, 1227.
[24] Fallanlehnung an *EuGH*, Urt. v. 15.12.1995, Rs. C-415/93 – Bosman, Slg. 1995, I-4921; weiterer Fall bei *Otto/Hein*, JuS 2014, 529; s. a. den Sonderfall bei *Saurer/Rothfuß*, JuS 2017, 1099.
[25] Zum weiten Anwendungsbereich im Einzelnen *Haratsch/Koenig/Pechstein*, Europarecht, Rn. 1003 ff. mit Rechtsprechungsnachweisen.
[26] Klausuren bei *Krenn*, JuS 2013, 428; *Streinz/Herrmann/Kruis*, JuS 2011, 1106; *Thomale*, JuS 2010, 339 (jeweils Niederlassungsfreiheit); *von Detten/Frenzel*, JuS 2010, 811 (Dienstleistungsfreiheit); *Neumann*, Jura 2009, 704 (Kapitalverkehrsfreiheit); *Pollmann*, JuS 2010, 626 (zollgleiche Abgabe); *Groh*, JuS 2008, 723 (Arbeitnehmerfreizügigkeit).
[27] S. zB *BVerfG* NJW 2016, 3163 (3156) m. Anm. *Waldhoff*, JuS 2017, 286.

§ 50. (Weitere) Rechte der Unionsbürger 317

(1) Kein vorrangiges EU-Sekundärrecht

Vor allem in den Bereichen von Freizügigkeit und freiem Dienstleistungsverkehr sind zahlreiche Verordnungen und Richtlinien vorhanden, welche die Grundfreiheiten im Einzelnen *ausgestalten*, wie insbesondere Art. 46 ff. und Art. 50 ff. AEUV dies vorsehen.[28] In der Pflichtfachklausur müssten die Studenten ggf. das (ihnen zur Verfügung gestellte) einschlägige Sekundärrecht – unter Berücksichtigung der (höherrangigen) primärrechtlichen Wertungen – *auslegen* und prüfen, inwieweit dieses abschließende Regelungen trifft[29]. Damit eine unmittelbare Prüfung der Grundfreiheiten des AEUV möglich ist, dürfte aber in der Regel kein Sekundärrecht anwendbar oder aber dessen Prüfung ausgeschlossen sein. So wird auch hier für beide *Ausgangsfälle* angenommen, dass in der Klausur kein einschlägiges Sekundärrecht ersichtlich ist.

(2) Schutzbereich der Grundfreiheit

(a) Sachlicher Schutzbereich   718d

Wie in jeder Fallbearbeitung muss zunächst anhand einer *Auslegung* des *Normtextes* (AEUV) und einer sauberen *Subsumtion* unter diesen ermittelt werden, welche Grundfreiheit thematisch einschlägig ist.

Art. 57 AEUV enthält zB bereits einige Begriffsmerkmale der *Dienstleistung*, und Art. 45 AEUV führt geschützte Komponenten der *Arbeitnehmerfreizügigkeit* auf. – Im *Ausgangsfall 2* fällt das Spiel des professionellen Fußballspielers *P* (= Arbeitnehmer) in den Schutzbereich der Arbeitnehmerfreizügigkeit (Art. 45 AEUV). Im *Ausgangsfall 1* hat das Bier einen Geldwert und kann daher ohne Weiteres *Gegenstand von Handelsgeschäften* sein; es ist folglich eine *Ware* iSd Art. 28 ff.[30] Art. 28 II AEUV stellt zudem klar, dass es auf die Herkunft der Ware nicht ankommt, solange sie sich in den Mitgliedstaaten im freien Verkehr befindet.

Ggf. erfolgt eine Abgrenzung der verschiedenen (in Betracht kommenden) Grundfreiheiten voneinander. Während zB der *Arbeitnehmer* eine *unselbständige* Tätigkeit für einen anderen auf dessen Weisungen ausführt, haben *Niederlassungs-* und *Dienstleistungsfreiheit* eine *selbständige* Tätigkeit zum Gegenstand. Dabei setzt die *Niederlassung* eine längerfristige *Eingliederung* in das Wirtschaftsleben des Zielstaates voraus, während die *Dienstleistungserbringung* einen *vorübergehenden* Charakter hat.

Arbeitnehmerfreizügigkeit sowie Niederlassungs- und Dienstleistungsfreiheit kennen zudem (eng auszulegende) *Bereichsausnahmen* für die *Beschäftigung in der öffentlichen Verwaltung* (Art. 45 IV AEUV) bzw. die *Ausübung öffentlicher Gewalt* (Art. 51 I, 62 AEUV),[31] auf welche die Bestimmungen der jeweiligen Grundfreiheit keine Anwendung finden.

(b) Grenzüberschreitendes Element   718e

In *räumlicher* Hinsicht ist aufgrund der Zielrichtung der Grundfreiheiten stets ein grenzüberschreitender Sachverhalt erforderlich. Auf *rein innerstaatliche Sachverhal-*

---

[28] S. etwa die Überblicke bei *Herdegen*, Europarecht, § 16 Rn. 16 ff., 36, § 17 Rn. 8 ff.
[29] So reicht der (Prüfungs-)Vorrang des spezielleren Sekundärrechts nur so weit, wie tatsächlich eine *abschließende* Regelung getroffen wurde.
[30] Zum Begriff der (grds. körperlichen) Ware etwa *EuGH*, Urt. v. 10.12.1968, Rs. 7/68 – Kunstschätze, Slg. 1968, 634 (642); bejahend für Abfall *EuGH*, Urt. v. 9.7.1992, Rs. C-2/90 – Wallonischer Abfall, Slg. 1992, I-4431 Rn. 26 ff.; bejahend für (nicht körperliche) Elektrizität *EuGH*, Urt. v. 27.4.1994, Rs. C-393/92 – Almelo, Slg. 1994, I-1477 Rn. 28. Zu den wesentlichen Begrifflichkeiten im Rahmen der Grundfreiheiten übersichtlich zB *Sauer*, JuS 2017, 310 (314).
[31] S. zB *EuGH*, Urt. v. 10.9.2014, Rs. C-270/13 – Haralambidis/Casilli, Rn. 42 ff. (Präsident Hafenbehörde), EuZW 2014, 946 m. Anm. *Streinz*, JuS 2015, 469; Urt. v. 9.3.2017, Rs. C-342/15 – Piringer, Rn. 54 f. (Notar), NJW 2017, 1455 m. Anm. *Streinz*, JuS 2017, 1132; Urt. v. 24.5.2011, Rs. C-54/08 – Kommission/Deutschland, Rn. 84 ff. (Notar), NJW 2011, 2941 m. Anm. *Streinz*, JuS 2011, 851.

te finden die Grundfreiheiten *keine Anwendung*. Der *EuGH* ist in der Anerkennung eines grenzüberschreitenden Bezuges allerdings großzügig.[32]

Im *Ausgangsfall 2* ist ausreichend, dass *P* als *Belgier* im *deutschen* Verein *K* seinen Beruf als Fußballprofi ausüben will. Dass er bereits zuvor in Deutschland spielte, beseitigt diesen grenzüberschreitenden Bezug nicht.

718f (c) **Persönlicher Schutzbereich**

Auch hinsichtlich der aus den Grundfreiheiten *Berechtigten* ist zu unterscheiden: Hierunter fallen stets die *Staatsangehörigen der EU-Mitgliedstaaten* – so der Belgier *P* im *Ausgangsfall 2*. Die Niederlassungsfreiheit (Art. 54 AEUV) und die Dienstleistungsfreiheit (Art. 62 iVm Art. 54 AEUV) berechtigen darüber hinaus *mitgliedstaatliche Gesellschaften*. Warenverkehr sowie Kapital- und Zahlungsverkehr weisen dagegen keinen personalen Bezug auf, sondern knüpfen allein an den zwischenstaatlichen Verkehr an. Auf sie können sich daher auch *Drittstaatsangehörige* berufen.

(3) Eingriff

718g (a) **Diskriminierung**

Eingriffe in die Grundfreiheiten mit *personalem Bezug* (Arbeitnehmerfreizügigkeit, Niederlassungsfreiheit, Dienstleistungsfreiheit) können zunächst in Form einer *(offenen) Diskriminierung* erfolgen, wenn eine unterschiedliche Behandlung unmittelbar auf die *Staatsangehörigkeit* gestützt wird (s. Art. 45 II, 49 I, 56 I AEUV). EU-Ausländer werden dann im Vergleich zu Inländern benachteiligt. Von *versteckten/ mittelbaren* Diskriminierungen spricht man, wenn an ein Kriterium angeknüpft wird, das *typischerweise* zu einer Benachteiligung von (EU-)Ausländern führt. Beispiele sind der Wohnsitz oder Sprachkenntnisse.

Im *Ausgangsfall 2* wird *P* nur durch die Ausländerquote (b) (offen) diskriminiert. Die Entrichtung der Transfersumme (a) ist hingegen auch bei deutschen Spielern Voraussetzung für die Spielberechtigung und daher nicht diskriminierend.

Die in den Grundfreiheiten enthaltenen Diskriminierungsverbote sind *spezielle* und damit *vorrangige Ausprägungen* des *allgemeinen Diskriminierungsverbotes* aus Gründen der Staatsangehörigkeit iSd Art. 18 I AEUV.[33] In der Praxis wird das allg. Diskriminierungsverbot zumeist über den Anknüpfungspunkt der unionsbürgerlichen *Freizügigkeit* (Art. 21 I AEUV) aktiviert (Art. 18 I AEUV: „in ihrem (der Verträge) Anwendungsbereich"). Rechte anlässlich eines Aufenthalts in einem fremden Mitgliedstaat können einem Unionsbürger aus einem anderen Mitgliedstaat nur *gerechtfertigter* Weise vorenthalten werden, wenn diese Diskriminierung „auf *objektiven, von der Staatsangehörigkeit* der Betroffenen *unabhängigen* Erwägungen beruht" und dem *Grundsatz der Verhältnismäßigkeit* genügt.[34] Auf diese Weise schafft das Unionsrecht *derivate Teilhaberechte* in beachtlichem Umfang.[35]

718h (b) **Beschränkungen**

Die *Warenverkehrsfreiheit* schützt nach dem Wortlaut von Art. 34 f. AEUV vor *Beschränkungen* im zwischenstaatlichen Warenverkehr. Gleiches gilt gemäß Art. 63 I, II AEUV für die Freiheit des Kapital- und Zahlungsverkehrs.

---

[32] S. hierzu *Papadileris,* JuS 2011, 123.
[33] S. zB *EuGH,* Urt. v. 16.12.2010, Rs. C-137/09 – Josemans, Rn. 51 f. (Coffeeshops); Klausurfall bei *Hindelang/Berner,* JuS 2014, 812.
[34] *EuGH,* Urt. v. 15.3.2005, Rs. C-209/03 – Bidar, Slg. 2005, I-2119 Rn. 54.
[35] S. etwa *EuGH,* Urt. v. 20.9.2001, Rs. C-184/99 – Grzelczyk, Slg. 2001, I-6193 Rn. 30 ff. (Sozialleistung Existenzminimum); Urt. v. 18.11.2008, Rs. C-158/07 – Förster, Slg. 2008, I-8507 Rn. 35 ff. (Unterhaltsstipendium für Studierende); Urt. v. 13.4.2010, Rs. C-73/08 – Bressol, Slg. 2010, I-2735 Rn. 30 ff. (Zugang zum Hochschulstudium); Klausur bei *Pechstein/Kubicki,* Jura 2008, 871.

§ 50. (Weitere) Rechte der Unionsbürger

Im *Ausgangsfall 1* liegt keine „*mengenmäßige* Einfuhrbeschränkung" vor, auch nicht in ihrer intensivsten Form, einem vollständigen Einfuhrverbot. Das als „Bier" bezeichnete Getränk darf nämlich in die Bundesrepublik *eingeführt* werden.

Wegweisend für das Verständnis von Beschränkungen der Grundfreiheiten war die Definition der **Maßnahme gleicher Wirkung** (wie mengenmäßige Einfuhrbeschränkungen) iSd Art. 34 AEUV durch den *EuGH*. Nach der sog. *Dassonville*-Formel fällt hierunter „jede Handelsregelung der Mitgliedstaaten, die geeignet ist, den innergemeinschaftlichen Handel *unmittelbar* oder *mittelbar, tatsächlich* oder *potentiell* zu behindern".[36] In der *Keck*-Entscheidung[37] schränkte der EuGH diese Formel allerdings wieder ein. Hiernach sind *Verkaufsmodalitäten*, die für *alle* betroffenen Wirtschaftsteilnehmer gelten und den Absatz der inländischen Erzeugnisse sowie derjenigen aus anderen Mitgliedstaaten *rechtlich wie tatsächlich in gleicher Weise berühren*, keine Maßnahmen gleicher Wirkung. Grundlage dieser Rechtsprechung ist die *Zielsetzung* der Grundfreiheiten: Diese sollen den beschränkungsfreien *zwischenstaatlichen* Verkehr und damit den Marktzugang gewährleisten. Ist dieser Marktzugang geglückt, gelten auf dem jeweiligen mitgliedstaatlichen Markt für alle die gleichen Marktbedingungen. Entscheidend ist damit, ob der Marktzugang erschwert wird; (nur) dann liegt eine Maßnahme gleicher Wirkung vor.[38]

Auf der gleichen Linie fallen solche Maßnahmen *nicht* unter Art. 34 AEUV, deren handelsbeschränkende Wirkungen „*zu ungewiss und zu mittelbar*" sind.[39] – Im *Ausgangsfall 1* geht es um die *Bezeichnung* der Ware und damit um eine *produktbezogene* Regelung (im Gegensatz zur Verkaufsmodalität). Sie betrifft die *Verkehrsfähigkeit* der Ware und erschwert den *Zugang* des nicht nach dem Reinheitsgebot gebrauten „Bieres" zum deutschen Markt. Eine Maßnahme gleicher Wirkung ist gegeben.

Der *EuGH* entnimmt darüber hinaus auch den *anderen Grundfreiheiten* – teilweise über den Vertragstext hinaus – ein umfassendes Beschränkungsverbot.[40] Als Beschränkung auf der Linie der *Dassonville*-Formel ist bei den übrigen Grundfreiheiten jede nationale Maßnahme anzusehen, „die die Ausübung der durch den Vertrag garantierten grundlegenden Freiheiten behindern oder weniger attraktiv machen" kann (*Gebhard*-Formel).[41] Im Unterschied zu den deutschen Grundrechten (Rn. 448) richten sich die EU-Grundfreiheiten also *ohne Weiteres* auch gegen mittelbare und faktische Eingriffe.

---

[36] *EuGH*, Urt. v. 11.7.1974, Rs. 8/74 – Dassonville, Slg. 1974, 837 Rn. 5. S. zu Maßnahmen gleicher Wirkung wie mengenmäßige *Ausfuhr*beschränkungen *EuGH (Große Kammer)*, Urt. v. 21.6.2016, Rs. C-15/15 – New Valmar BVBA, ECLI:EU:C:2016:464, m. Anm. *Ruffert*, JuS 2017, 1035.
[37] *EuGH*, Urt. v. 24.11.1993, verb. Rs. C-267/91 u. C-268/91 – Keck, Slg. 1993, I-6097 Rn. 11 ff. Zum Ganzen auch *Haratsch/Koenig/Pechstein*, Europarecht, Rn. 836 ff.
[38] Deutlich etwa *EuGH*, Urt. v. 19.10.2016, Rs. C-148/15 – Deutsche Parkinson Vereinigung, ECLI:EU:C:2016:776, Rn. 23; Urt. v. 10.2.2009, Rs. C-110/05 – Kommission/Italien, Slg. 2009, I-519, Rn. 56 ff.; s. a. Urt. v. 26.4.2012, Rs. C-456/10 – ANETT, ECLI:EU:C:2012:241.
[39] *EuGH*, Urt. v. 7.4.2011, Rs. C-291/09 – Guarnieri, Rn. 17 mwN; Anm. von *Streinz*, JuS 2011, 1138.
[40] S. etwa *EuGH*, Urt. v. 15.12.1995, Rs. C-415/93 – Bosman, Slg. 1995, I-4921 Rn. 96 f. (Arbeitnehmerfreizügigkeit); Urt v. 30.11.1995, Rs. C-55/94 – Gebhard, Slg. 1995, I-4165 Rn. 37 (Niederlassungsfreiheit); Urt. v. 3.12.1974, Rs. C-33/74 – van Binsbergen, Slg. 1974, 1299 Rn. 10 ff.; Urt. v. 9.3.2017, Rs. C-342/15 – Piringer, Rn. 49; (Dienstleistungsfreiheit). Die Freiheit des Kapital- und Zahlungsverkehrs enthält dagegen bereits nach dem Wortlaut des Art. 63 I, II AEUV ein einheitliches Beschränkungsverbot.
[41] *EuGH*, Urt. v. 30.11.1995, Rs. C-55/94 – Gebhard, Slg. 1995, I-4165 Rn. 37.

Ob bei den anderen Grundfreiheiten parallel zur Warenverkehrsfreiheit ebenfalls eine *Einschränkung* der *Gebhard*-Formel in Anlehnung an die *Keck*-Rechtsprechung und damit eine Konzentration auf Markt*zugangs*beschränkungen angezeigt ist, ist bislang nicht abschließend geklärt, liegt aber aufgrund des parallelen Verständnisses der Beschränkungen nahe.[42]

Im *Ausgangsfall 2* ist die Anknüpfung der Spielberechtigung an die Zahlung der Transfersumme (a) eine Beschränkung der Arbeitnehmerfreizügigkeit iSd Art. 45 AEUV, da sie sich auf den Zugang zum Arbeitsmarkt (hier: in Deutschland) bezieht.[43]

718i (c) Funktionen

Die Grundfreiheiten haben nicht lediglich eine *Abwehrfunktion,* welche die Mitgliedstaaten – wie im *Ausgangsfall 1* – zu Unterlassungen verpflichten können. Ähnlich den nationalen Grundrechten (Rn 510, 513) können die Grundfreiheiten iVm Art. 4 III UAbs. 2 EUV die Mitgliedstaaten auch zu einem aktiven Handeln verpflichten, zu **Schutzmaßnahmen** gegen Eingriffe Privater.

> **Beispiel:** So hat der *EuGH* eine Handlungspflicht Frankreichs angenommen, als lang anhaltende gewaltsame Proteste französischer Bauern gegen landwirtschaftliche Erzeugnisse aus anderen Mitgliedstaaten den freien Warenverkehr mit Obst und Gemüse erheblich beeinträchtigten.[44]

718j (d) Adressaten

Verpflichtungs*adressaten* können neben den Mitgliedstaaten (und den EU-Organen, s. Rn. 718b) auch *private Einrichtungen* sein, die über eine besondere *kollektive Macht* verfügen, insbesondere indem sie autonomes Recht setzen („*intermediäre Gewalten"*)[45] – so der Fußballverband die Statuten im *Ausgangsfall 2.* Der *Arbeitnehmerfreizügigkeit* kommt darüber hinaus umfassend für alle *privatrechtlichen* „Arbeitsbedingungen" eine **horizontale Drittwirkung** (Rn. 713h) zu.[46] Hier zeigt sich eine gewisse Parallele zum (in der Sache engeren) Art. 9 III 2 GG (Rn. 563).

(4) Rechtfertigung des Eingriffs

718k (a) Geschriebene Rechtfertigungsgründe

Die einschlägigen Normen des AEUV zählen Gründe auf, die einen Eingriff (Diskriminierungen und Beschränkungen) in die Grundfreiheiten rechtfertigen können. Im Rahmen der Arbeitnehmerfreizügigkeit, der Niederlassungsfreiheit und der Dienstleistungsfreiheit sind das allein Gründe der *öffentlichen Ordnung, Sicherheit und Gesundheit* (Art. 45 III, 52 I, 62 AEUV). Im Rahmen der Warenverkehrsfreiheit treten weitere Rechtfertigungsgründe hinzu (Art. 36 AEUV).

---

[42] Hierzu etwa *Sauer,* JuS 2017, 310 (312 f.); im Einzelnen *Haratsch/Koenig/Pechstein,* Europarecht, 941 f., 989, 1033 ff. mit Rechtsprechungsnachweisen.
[43] *EuGH,* Urt. v. 15.12.1995, Rs. C-415/93 – Bosman, Slg. 1995, I-4921 Rn. 100 ff.
[44] *EuGH,* Urt. v. 9.12.1997, Rs. C-265/95 – Bauernproteste, Slg. 1997, I-6959 Rn. 30 ff.; s. a. Urt. v. 12.6.2003, Rs. C-112/00 – Schmidberger, Slg. 2003, I-5659 Rn. 57 ff.
[45] *EuGH,* Urt. v. 12.12.1974, Rs. 36/74 – Walrave, Slg. 1974, 1405 Rn. 16 ff.; Urt. v. 15.12.1995, Rs. C-415/93 – Bosman, Slg. 1995, I-4921 Rn. 82 ff.; Urt. v. 11.12.2007, Rs. C-438/05 – Viking Line, Slg. 2007, I-10779 Rn. 32 ff.; Klausurfall bei *Otto/Hein,* JuS 2014, 529. Zur Warenverkehrsfreiheit vgl. *EuGH,* Urt. v. 12.7.2012, Rs. C-171/11 – DVGW, Rn. 17 ff. m Anm. *Streinz,* JuS 2013, 182.
[46] *EuGH,* Urt. v. 6.6.2000, Rs. C-281/98 – Angonese, Slg. 2000, I-4139 Rn. 31 ff.

§ 50. (Weitere) Rechte der Unionsbürger

Art. 64 f. AEUV enthalten besondere Rechtfertigungsgründe für die Freiheit des Kapital- und Zahlungsverkehrs. – In den *Ausgangsfällen* sind keine geschriebenen Rechtfertigungsgründe einschlägig.

(b) Ungeschriebene Rechtfertigungsgründe　　　　　　　　　　　　　　　　　　　　　　　718l

Gleichsam als Ventil für die weite Definition der „Maßnahme gleicher Wirkung" iSd Art. 34 AEUV durch die Dassonville-Formel (bzw. der Beschränkung iSd Gebhard-Formel betreffend die anderen Grundfreiheiten) hat der *EuGH* in seiner *Cassis*-Entscheidung die Warenverkehrsfreiheit (zusätzlich zu den geschriebenen Rechtfertigungsgründen) einer *ungeschriebenen Schranke* unterstellt. Diese hat er anschließend auf die anderen Grundfreiheiten übertragen: *Nichtdiskriminierende Beschränkungen* können hiernach auch gerechtfertigt sein, soweit sie *„notwendig sind, um zwingenden Erfordernissen gerecht zu werden"*; solche „zwingenden Gründen des Allgemeininteresses" sind zB eine wirksame steuerliche Kontrolle, die Lauterkeit des Handelsverkehrs und der Verbraucherschutz.[47] Ob diese ungeschriebenen Rechtfertigungsgründe auch bei *Diskriminierungen* eingreifen, ist der EuGH-Rechtsprechung bislang nicht eindeutig zu entnehmen. *Hiergegen* spricht ihre Funktion, dem *weiten Beschränkungs*begriff Grenzen zu setzen. *Für* eine Erstreckung der ungeschriebenen Rechtfertigungsgründe auch auf *versteckte* Diskriminierungen können dagegen Abgrenzungsschwierigkeiten zwischen diesen und Beschränkungen angeführt werden.[48]

Im *Ausgangsfall 1* steht hinter dem Verkehrsverbot der ungeschriebene Rechtfertigungsgrund des *Verbrauchschutzes* (Irreführung der deutschen Verbraucher durch Verkauf des anders gebrauten Getränkes als „Bier"). Im *Ausgangsfall 2* sind keine Gründe des *Allgemein*interesses ersichtlich, die darauf drängen könnten, (a) die Spielberechtigung eines Spielers von der Zahlung der vereinbarten Transfersumme an seinen „alten" Verein abhängig zu machen. Die Ausländerklausel (b) ist als *offene* Diskriminierung jedenfalls nicht durch ungeschriebene Gründe zu rechtfertigen.[49] Damit ist *P* durch die Regelungen des Fußballverbandes Unrecht geschehen.

(c) EU-Grundrechte als Rechtfertigungsgründe　　　　　　　　　　　　　　　　　　　　718m

Nach der Rechtsprechung des *EuGH* können auch die EU-Grundrechte einen Eingriff in die Grundfreiheiten rechtfertigen,[50] was aufgrund ihres ebenfalls primärrechtlichen Ranges (Rn. 717a, 717b) einleuchtet.

(d) Grundsatz der Verhältnismäßigkeit　　　　　　　　　　　　　　　　　　　　　　　　718n

Als *Schranken-Schranke* müssen sowohl Diskriminierungen als auch Beschränkungen dem Verhältnismäßigkeitsgrundsatz genügen, um (aus geschriebenen oder ungeschriebenen Gründen) gerechtfertigt zu sein. Hier kann auf die aus der Grund-

---

[47] *EuGH*, Urt. v. 20.2.1979, Rs. 120/78 – Cassis de Dijon, Slg. 1979, 649 Rn. 8; Urt. v. 30.11.1995, Rs. C-55/94 – Gebhard, Slg. 1995, I-4165 Rn. 37.
[48] Zum Streitstand etwa *Haratsch/Koenig/Pechstein*, Europarecht, Rn. 841; *Ehlers*, in ders., Europäische Grundrechte und Grundfreiheiten, 4. Aufl. 2014, § 7 Rn. 119.
[49] Die Prüfung in *EuGH*, Urt. v. 15.12.1995, Rs. C-415/93 – Bosman, Slg. 1995, I-4921 Rn. 121 ff., legt allerdings nahe, dass der Gerichtshof bei rein privatnützigen Maßnahmen auch andere sachliche Rechtfertigungsgründe in Betracht zieht: s. *Haratsch/Koenig/Pechstein*, Europarecht, Rn. 848. Im Ergebnis verneint aber auch der Gerichtshof eine Rechtfertigung.
[50] *EuGH*, Urt. v. 12.6.2003, Rs. C-112/00 – Schmidberger, Slg. 2003, I-5659 Rn. 74; s. a. Urt. v. 11.12.2007, Rs. C-438/05 – Viking Line, Slg. 2007, I-10779 Rn. 45; Klausurfall bei *Otto/Hein*, JuS 2014, 529.

rechtsprüfung geläufigen Kriterien, insbesondere die *Eignung* und die *Erforderlichkeit* für den verfolgten *Zweck*, zurückgegriffen werden.[51]

Im Falle eines Eingriffs in die Grundfreiheiten zum Schutze von *EU-Grundrechten* (= Rechtfertigungsgrund) hat zwischen den kollidierenden Werten ein möglichst schonender Ausgleich iS einer *praktischen Konkordanz* zu erfolgen. Die EU-Grundrechte können darüber hinaus auch selbst eine *Schranken-Schranke* bilden.[52] – Im noch verbliebenen *Ausgangsfall 1* gebietet die Gefahr einer Irreführung der Verbraucher kein allgemeines Verkehrsverbot. Als *milderes Mittel* ist ein Flaschenaufdruck oder Gaststättenhinweis „Gebraut nach dem Reinheitsgebot von 1516" ausreichend und daher allein unionsrechtskonform.

§ 51. Prozessuales

I. Kontrolle der Unionsorgane

1. Nichtigkeitsklage[1]

719 Auch nach Inkrafttreten des Vertrages von Lissabon bleibt der Bereich der *GASP* weitestgehend von einer unionsgerichtlichen Kontrolle *ausgeschlossen* (Art. 275 AEUV). Dagegen können die übrigen Handlungen der Unionsorgane sowie von Einrichtungen und sonstigen Stellen der Union (zB Agenturen) vor dem Gerichtshof bzw. dem Gericht (s. Art. 256 I 1 AEUV iVm Art. 51 EuGH-Satzung) gemäß Art. 263 AEUV mit der *Nichtigkeitsklage* auf ihre Rechtmäßigkeit hin überprüft werden. *Gerügt* werden können die Unzuständigkeit, eine Verletzung wesentlicher Formvorschriften, eine Verletzung der Verträge oder einer bei seiner Durchführung anzuwendenden Rechtsnorm (– Auffangtatbestand) sowie ein Ermessensmissbrauch (Art. 263 II AEUV). Art. 263 VI AEUV sieht eine *Klagefrist* von zwei Monaten vor. Hinsichtlich der *Klageberechtigten* ist in dreifacher Hinsicht zu unterscheiden:

719a a) Die Mitgliedstaaten sowie das Europäische Parlament, der Rat und die Kommission sind ohne Weiteres vor dem *Gerichtshof*[2] klageberechtigt (**Art. 263 II AEUV,** „**privilegierte Kläger**"). Auf das nationale Verfassungsrecht übertragen, liegen Assoziationen zur Organklage, zur Bund-Länder-Klage und – aufgrund der *objektiven Kontrollfunktion* – zur abstrakten Normenkontrolle nach Art. 93 I Nr. 1, 2, 3 GG nahe.[3]

Beispiele: Im *Ausgangsfall 2* aus Rn. 715 (unionsrechtswidrige Beihilfegewährung) hätte die *Bundesrepublik* im Rahmen einer Nichtigkeitsklage nach Art. 263 II AEUV geltend machen können, der Kommissionsbeschluss zur Beihilfenrückforderung sei rechtswidrig, weil die Rücknahme des Bewilligungsbescheides den (auch) unionsrechtlichen Grundsatz des Vertrauensschutzes verletze. Möglicher Klagegrund wäre insofern der Auffangtat-

---

[51] S. etwa *EuGH*, Urt. v. 12.3.1987, Rs. 178/84 – Reinheitsgebot für Bier, Slg. 1987, 1227 Rn. 44 ff.; Urt. v. 31.3.1993, Rs. C-19/92 – Kraus, Slg. 1993, I-1663 Rn. 32. Erwägungen der *Angemessenheit* werden in der Rspr. zumeist schon im Rahmen der Erforderlichkeit verwertet.
[52] *EuGH*, Urt. v. 18.6.1991, Rs. C-260/89 – ERT, Slg. 1991, I-2925 Rn. 43; Urt. v. 30.4.2014, Rs. C-390/12 – Pfleger, Rn. 31 ff. m. Anm. *Ruffert*, JuS 2014, 662.
[1] Klausurfälle bei *Kühling/Drechsler*, JuS 2017, 335; *Krenn*, JuS 2013, 428; *Kühling/Klar*, JuS 2012, 1111.
[2] Für mitgliedstaatliche Klagen ist teilweise das *Gericht* zuständig (Art. 51 EuGH-Satzung).
[3] Klausur zum entsprechenden „Verwerfungsmonopol" des *EuGH* sowie zum Verhältnis zwischen Nichtigkeits- und Vertragsverletzungsklage bei *Bast*, JuS 2011, 1095.

§ 51. Prozessuales

> bestand der „*Verletzung der Verträge* …", der entgegen seinem missverständlichen Wortlaut auch *ungeschriebenes* Primärrecht (und Sekundärrecht) beinhaltet. Der Klagegrund des *Ermessensmissbrauchs* erfasst dagegen lediglich die Verfolgung *subjektiv rechtswidriger Zwecke*.[4] Hier zeigt sich beispielhaft, dass das Unionsrecht *autonome Rechtsbegriffe* verwendet, deren Bedeutung häufig nicht durch eine bloße Übernahme des deutschen Begriffsverständnisses ermittelt werden kann. – Erinnert sei hier zudem nochmals an die durch den Vertrag von Lissabon geschaffene besondere Möglichkeit der *Subsidiaritätsklage* eines Mitgliedstaates im Namen seines nationalen Parlaments (Rn. 714).

b) Der *subjektive Rechtsschutz* tritt stärker in den Vordergrund bei den übrigen Klageberechtigten. Der Rechnungshof, die EZB und der Ausschuss der Regionen müssen als **„teilprivilegierte Kläger"** vor dem *Gerichtshof* gemäß **Art. 263 III AEUV** eigene (vom Vertrag verliehene) Rechte geltend machen.   719b

> **Beispiel:** Im *Ausgangsfall* aus Rn. 713i (EU-Richtlinie „Fonds für eine gesunde Umwelt") könnte ein „Übergehen" des Ausschusses der Regionen durch Europäisches Parlament und Rat zu einer Nichtigkeitsklage desselben gemäß Art. 263 III AEUV unter Berufung auf sein Anhörungsrecht iSd Art. 192 I AEUV führen. Klagegrund wäre dann die *Verletzung wesentlicher Formvorschriften*.

c) Bei Nichtigkeitsklagen von *natürlichen und juristischen Personen* nach **Art. 263 IV AEUV**, die vor dem *Gericht* zu erheben sind, steht der subjektive Rechtsschutz ganz im Mittelpunkt.[5] Diese **„nicht privilegierten Kläger"** können sich lediglich gegen (1) an sie gerichtete oder (2) sie unmittelbar und individuell betreffende Handlungen sowie gegen (3) Rechtsakte mit Verordnungscharakter, die sie unmittelbar betreffen und keine Durchführungsmaßnahmen nach sich ziehen, richten.   719c

Zu den Begrifflichkeiten (2 u. 3): Durch das Erfordernis des *unmittelbaren* Betroffenseins werden Handlungen ausgeschieden, die nicht selbst in den Interessenkreis des Klägers eingreifen, sondern erst noch eines nicht bereits vollständig determinierten Durchführungsaktes bedürfen. *Individuell* betrifft eine Handlung den Kläger nur, wenn sie ihn „wegen bestimmter persönlicher Eigenschaften oder besonderer, ihn aus dem Kreis aller übrigen Personen heraushebender Umstände berührt"; er muss *in ähnlicher Weise individualisiert* werden *wie der Adressat* eines adressatengerichteten Beschlusses.[6] Normen betreffen den Einzelnen in der Regel nur als Mitglieder einer *Allgemeinheit* und damit *nicht individuell*. Der Verzicht des Art. 263 IV Var. 3 AEUV auf das Kriterium der individuellen Betroffenheit stellt daher eine bemerkenswerte Erweiterung des Individualrechtsschutzes (in Form einer Normenkontrolle) durch den Vertrag von Lissabon dar. Allerdings reicht diese nicht so weit, wie ihr Wortlaut glauben lässt: *Nicht jede Verordnung* ist erfasst (Fehlerquelle!). Vielmehr ist ein *„Rechtsakt mit Verordnungscharakter"* nach der Rechtsprechung von *EuGH* und *EuG* jede Handlung mit *allgemeiner Geltung* mit *Ausnahme* der *Gesetzgebungs*akte (Rn. 713c).[7]

---

[4] Zu diesen beiden und den übrigen Klagegründen s. Calliess/Ruffert/*Cremer*, Art. 263 AEUV Rn. 94 ff. mit Rechtsprechungsnachweisen.

[5] Zum Individualrechtsschutz in der EU s. a. *Mächtle*, JuS 2015, 28.

[6] So die „*Plaumann-Formel*" des *EuGH*, Urt. v. 15.7.1963, Rs. 25/62, Slg. 1963, 213 (238).

[7] *EuG*, Beschl. v. 6.9.2011, Rs. T-18/10 – Inuit Tapiriit Kanatami, Rn. 56 = EuZW 2012, 395 (398) (auch zu den sonstigen Begrifflichkeiten); bestätigt durch *EuGH*, Urt. v. 3.10.2013, Rs. C-583/11 P – Inuit Tapiriit Kanatami, Rn. 51 ff. m. Anm. *Streinz*, JuS 2014, 184; s. a. *Haratsch/Koenig/Pechstein*, Europarecht, Rn. 519.

Insgesamt unterscheidet sich die *Klagebefugnis* nach Art. 263 IV AEUV aufgrund ihrer Ausrichtung an einer *tatsächlichen Betroffenheit* deutlich von der am *Schutznormgedanken* orientierten Konzeption des § 42 II VwGO (Rn. 186 f.).

Im *Ausgangsfall 2* aus Rn. 715 (unionsrechtswidrige Beihilfegewährung) hätte auch *U* eine Nichtigkeitsklage nach Art. 263 IV Var. 2 AEUV gegen den Kommissionsbeschluss erheben können.[8]

2. Untätigkeitsklage

719d *Unterlassen* es die Unionsorgane oder die Einrichtungen und sonstigen Stellen der Union unter Verletzung der Verträge, einen Beschluss zu fassen, ist nach Maßgabe des Art. 265 AEUV eine *Untätigkeitsklage* auf *Feststellung* dieser Vertragsverletzung statthaft. Mit der deutschen (allg.) Leistungsklage bzw. der Verpflichtungsklage kann die Untätigkeitsklage aufgrund ihrer (eingeschränkten) Urteilswirkung nicht verglichen werden (s. aber Art. 266 AEUV).

3. Grundrechtsschutz vor dem EGMR

719e Der von Art. 6 II 1 EUV vorgesehene Beitritt der Union zur EMRK würde zu einer Erweiterung der Rechtsschutzmöglichkeiten des *Einzelnen* außerhalb des Gerichtshofs der EU in der Form einer *Individualbeschwerde* vor dem *EGMR* führen (Art. 34 EMRK) (Rn. 717b). Aber auch eine *Staatenbeschwerde* (Art. 33 EMRK) durch einen *Mitgliedstaat* wäre denkbar.

II. Kontrolle der Mitgliedstaaten

1. Vertragsverletzungsverfahren

720 Auch die Mitgliedstaaten unterliegen auf Unionsebene einer gerichtlichen Kontrolle. Als „Hüterin des Unionsrechts" kann die Kommission gemäß Art. 258 AEUV[9] ein *Vertragsverletzungsverfahren* einleiten, das – anders als der Wortlaut des Art. 258 I AEUV zunächst vermuten lässt – Verstöße gegen das *gesamte Unionsrecht* zum Gegenstand haben kann. Nach Anhörung des Mitgliedstaates (auf ein sog. Mahnschreiben der Kommission hin) gibt die Kommission eine mit Gründen versehene Stellungnahme iSd Art. 288 V AEUV ab. Dieses *Vorverfahren* grenzt den Streitgegenstand ein. Kommt der Mitgliedstaat der Stellungnahme nicht nach, kann die Kommission eine Klage vor dem *EuGH* auf Feststellung der (durch das Vorverfahren eingegrenzten) „Vertragsverletzung" erheben (Art. 258 II AEUV).[10] Der Mitgliedstaat ist verpflichtet, die sich aus dem *Feststellungsurteil* ergebenden Maßnahmen zu ergreifen; tut er dies nicht, kann die Kommission ein weiteres Vertragsverletzungsverfahren einleiten, das zur *Verhängung eines Pauschalbetrages und/oder Zwangsgeldes* durch den *EuGH* führen kann (Art. 260 I, II AEUV).[11]

---

[8] *EuGH*, Urt. v. 24.2.1987, Rs. 310/85 – Deufil, Slg. 1987, 901; BVerwGE 106, 328 (335); Klausur bei *Ludwig*, JuS 2011, 917.
[9] Sonderregelungen finden sich in Art. 108 II UAbs. 2, Art. 114 IX, Art. 348 II AEUV.
[10] Klausur bei *Bast*, JuS 2011, 1095; allgemein zum Vertragsverletzungsverfahren auch *Gurreck/Otto*, JuS 2015, 1079.
[11] S. zB *EuGH*, Urt. v. 22.10.2013, Rs. C-95/12 – Kommission/Deutschland (VW-Gesetz).

§ 51. Prozessuales

Bei einer Verletzung der Pflicht zur *Umsetzung einer in einem Gesetzgebungsverfahren erlassenen Richtlinie* – wie sie im *Ausgangsfall* aus Rn. 713i (EU-Richtlinie „Fonds für eine gesunde Umwelt") gegeben ist – kann dieses scharfe Schwert gemäß Art. 260 III AEUV bereits im (ersten) Vertragsverletzungsverfahren nach Art. 258 AEUV zum Einsatz kommen. – Gemäß Art. 259 AEUV ebenfalls möglich, in der Praxis aber von geringer Bedeutung, ist die Klage eines anderen *Mitgliedstaates* (unter Einschaltung der Kommission).

2. Rechtsschutz vor den nationalen Gerichten

Natürliche und juristische Personen können Rechtsschutz gegenüber unionsrechtswidrigem Verhalten ihres Mitgliedstaates (primär) *vor den nationalen Gerichten* suchen. So erfolgt der *indirekte Vollzug* des Unionsrechts durch die Mitgliedstaaten in der Regel in Form eines Verwaltungsakts iSd § 35 VwVfG, der zum Gegenstand einer Klage vor den Verwaltungsgerichten gemacht werden kann. Die Zulässigkeitsvoraussetzungen bemessen sich dann grundsätzlich nach der VwGO, wobei erneut insbesondere das *Effektivitätsprinzip* zu berücksichtigen ist. So kann es zB erforderlich sein, § 42 II VwGO (und die jeweilige Norm, die EU-Recht umsetzt,) unionsrechtskonform iS einer – gegenüber einer rein nationalrechtlichen Betrachtung – weiterreichenden Klagebefugnis auszulegen.[12] Auch soweit unionsrechtswidrigem Verhalten eines Mitgliedstaates bereits auf der *materiellrechtlichen* Ebene *automatisch* entgegengewirkt wird – wie im Fall der unmittelbaren Richtlinienwirkung (Rn. 713i ff.) oder des unionsrechtlichen Staatshaftungsanspruchs (Rn. 716 ff.) –, können die Betroffenen ihre so begründeten Rechte vor den deutschen Gerichten einklagen.

720a

> **Beispiel:** Im *Ausgangsfall* aus Rn. 713i (EU-Richtlinie „Fonds für eine gesunde Umwelt") müsste P ihren Schaden in Höhe des nach der Richtlinie vorgesehenen Zuschusses zu den Behandlungskosten im Rahmen eines Amtshaftungsanspruchs (§ 839 BGB/Art. 34 GG) vor dem *Landgericht* geltend machen (§ 71 II Nr. 2 GVG).

III. Das Vorabentscheidungsverfahren

1. Das **Scharnier** zwischen den Gerichten der Mitgliedstaaten und dem *EuGH* bildet das Vorabentscheidungsverfahren gemäß Art. 267 AEUV. Stellen sich einem – im *konkreten* Fall – *letztinstanzlichen* nationalen Gericht *entscheidungserhebliche* Fragen zur *Auslegung* des Unionsrechts oder zur *Gültigkeit* von Handlungen der Organe, Einrichtungen oder sonstigen Stellen der Union,[13] muss dieses hierzu die (bindende) Vorabentscheidung des Gerichtshofs einholen (Art. 267 III

720b

---

[12] S. hierzu *Kopp/Schenke*, VwGO, § 42 Rn. 152 ff.; *Maurer/Waldhoff*, Allg. VerwR, § 8 Rn. 16; im Kontext der Richtlinienumsetzung *A. Schwerdtfeger*, Der deutsche Verwaltungsrechtsschutz unter dem Einfluss der Aarhus-Konvention, 2010, S. 214 ff. S. a. *EuGH*, Urt. v. 25.7.2008, Rs. C-237/07 – Janecek, Slg. 2008, I-6221.
[13] Wurden die einschlägigen unionsrechtlichen Vorschriften bereits vom Gerichtshof ausgelegt (sog. *acte éclairé*) oder ist ihre Anwendung derart offenkundig, dass für vernünftige Zweifel kein Raum bleibt (sog. *acte claire*), entfällt mangels klärungsbedürftiger Frage die Vorlagepflicht; zu den Anforderungen an die Annahme eines *acte claire* EuGH, Urt. v. 9.9.2015, Rs. C-160/14 – Fereira da Silva e Brito, ECLI:EU:C:2015:565, Rn. 38 ff., m. Anm. *Streinz*, JuS 2016, 472.

AEUV).[14] Die übrigen nationalen Gerichte haben ein Vorlage*recht* (Art. 267 II AEUV).

720c 2. Über den Wortlaut von Art. 267 AEUV hinaus besteht die *Pflicht* zur Vorlage für *jedes* Gericht, das eine Handlung der Organe, Einrichtungen oder sonstigen Stellen der Union für *nichtig* hält oder *vernünftige Zweifel*[15] an ihrer *Gültigkeit* hat. In Parallele zu Art. 100 I GG bei deutschen *Gesetzen* hat der *EuGH* nämlich für *alle* Handlungen der Organe, Einrichtungen und sonstigen Stellen der Union ein **Verwerfungsmonopol** (vgl. Art. 263 f. AEUV).[16]

> **Beispiele:**[17] Wenn im *Ausgangsfall* aus Rn. 713, 717 (Gemeinsamer Zolltarif) das Finanzgericht einen Verstoß der EU-Verordnung gegen Art. 20 EU-GRCh ernsthaft in Betracht zieht, kann es den Abgabenbescheid (aufgrund einer vermeintlich primärrechtswidrigen Rechtsgrundlage = EU-Verordnung) dennoch nicht ohne Weiteres aufheben. Vielmehr muss das Gericht wegen des *Verwerfungsmonopols* des *EuGH* zunächst gemäß Art. 267 dessen Vorabentscheidung einholen. Kann das Gericht hingegen keinen Verstoß gegen Unionsrecht erkennen, weist es die Klage *im Einklang mit* der dem Abgabenbescheid zugrunde liegenden *EU-Verordnung* – ohne Vorlage – ab.
>
> Auch in dem *Ausgangsfall 2* aus Rn. 715 (unionsrechtswidrige Beihilfegewährung) zugrunde liegenden Verfahren hatte das *BVerwG* zu mehreren Einzelfragen eine Vorabentscheidung des *EuGH* eingeholt.

720d 3. Verletzt ein Gericht seine Vorlagepflicht oder „überspielt" ein Gericht die *ergangene* Vorabentscheidung des *EuGH* in einem konkreten Verfahren, kann ein Verstoß gegen **Art. 101 I 2 GG** vorliegen (*EuGH* als „gesetzlicher Richter"), den das *BVerfG* überprüft.[18] Im Grundrechtsbereich ist *dies* das notwendige Korrelat für den Verzicht des *BVerfG* auf eine eigene Grundrechtsprüfung (Rn. 717d).[19] Außerdem ist ein (unionsrechtlicher) Staatshaftungsanspruch denkbar (s. Rn. 716 ff.).[20] Auf Unionsebene kommt ein Vertragsverletzungsverfahren (Rn. 720) wegen Missachtung des Art. 267 AEUV in Betracht.

---

[14] Das gilt nicht für Verfahren des einstweiligen Rechtsschutzes, da diese nicht dazu dienen, Rechtsfragen von grundsätzlicher Bedeutung *endgültig* zu klären: EuGH, 24.5.1977, Rs. 107/76 – Hoffmann-La Roche, Slg. 1977, 957 Rn. 5 f.; Urt. v. 27.10.1982, verb. Rs. 35/82 u. 36/82 – Morson, Slg. 1982, 3723 Rn. 8 ff.; *BVerfG* NVwZ 2005, 1303; NVwZ 1992, 360; Klausurfall bei *Kühling/Klar*, JuS 2012, 1111. Zum Verhältnis zwischen EuGH-Vorlage und Vorlage nach mitgliedstaatlichem Verfassungsrecht *EuGH*, Urt. v. 22.6.2010, verb. Rs. C-188/10 u. C-189/10 – Melki u. Abdeli, Rn. 31 ff.; Urt. v. 11.9.2014, Rs. C-112/13, Rn. 28 ff., EuZW 2014, 950, m. Anm. *Ruffert*, JuS 2015, 374.

[15] *EuGH*, Urt. v. 6.10.1982, Rs. 283/81 – CILFIT, Slg. 1982, 3415 Rn. 16 ff.; s. a. BVerfGE 82, 159 (193).

[16] *EuGH*, Urt. v. 22.10.1987, Rs. 314/85 – Foto-Frost, Slg. 1987, 4199 Rn. 15 ff.

[17] Klausur bei *Lange*, JuS 2016, 50; allgemein *Mächtle*, JuS 2015, 314.

[18] BVerfGE 135, 155 (230 f.); 82, 159 (194 ff.); 73, 339 (369); *BVerfG* NJW 2016, 3163 (3157); NJW 2011, 1427 (1431 f.); NJW 2010, 3422 (3427 f.); Beschl. v. 19.12.2017, Az. 2 BvR 424/17 (juris); s. a. *M. Schröder*, EuR 2011, 808 (813 ff.); Klausuren bei *Saurer/Rothfuß*, JuS 2017, 1099; *Lange*, JuS 2016, 50; *Thiemann*, JuS 2012, 735; *K. Koch/Ilgner*, JuS 2011, 540 (544 f.); *Ludwig*, JuS 2011, 917; *Thomale*, JuS 2010, 339.

[19] *BVerfG (Kammer)* NJW 2001, 1267.

[20] Hierzu *EuGH*, Urt. v. 9.9.2015, Rs. C-160/14 – Fereira da Silva e Brito, ECLI:EU:C:2015:565, Rn. 46 ff. m. Anm. *Streinz*, JuS 2016, 472.

12. Teil. Die kommunalen Gebietskörperschaften

§ 52. Allgemeiner Überblick

I. Ausbildungsrelevanz

In fast allen Bundesländern gehören (zumindest) die „Grundzüge des Kommunalrechts" zum Pflichtfachbereich. Gleichwohl wird das Kommunalrecht in der Examensvorbereitung eher stiefmütterlich behandelt. Das kann sich schon in „normalen" verwaltungsrechtlichen Arbeiten „rächen".

Naturgemäß sind es in vielen Fällen kommunale Behörden, die dem Bürger gegenübertreten. Wenn sich die Bearbeiter nicht sicher sind, wie diese kommunale Behörde *organisationsrechtlich* einzuordnen ist, kann die ganze Fallbearbeitung schief oder ungenau werden.

Außerdem ist es nicht unüblich, „rein" kommunalrechtliche Arbeiten auszugeben. Als Grundlage sowohl für die verwaltungsrechtliche als auch für die kommunalrechtliche Fallbearbeitung wird nachfolgend zunächst ein knapper und grobkörniger Überblick gegeben. Die Leser sollten ihn durch Eigenarbeit verfeinern[1] und mithilfe der Gesetzestexte auf das Bundesland ausrichten, in dem sie studieren oder ihr Examen ablegen möchten.[2] Anschließend werden kommunalrechtliche Problembereiche behandelt, die besonders falltächtig sind. Andere Problembereiche wurden schon früher dargestellt, so die kommunale Rechtsetzung (Satzungen, Rn. 427 ff.), die Bedeutung der Selbstverwaltungsgarantie für den verwaltungsrechtlichen Drittschutz (Rn. 191), die öffentlichen Einrichtungen der Gemeinden (Rn. 360 ff.), die Einbettung der Gemeinden in die föderale Finanzverfassung (Rn. 686 ff.), die Abgabenhoheit der Gemeinden (Rn. 427 ff.).

II. Die verschiedenen kommunalen Körperschaften

In den *„Stadtstaaten" Berlin* und *Hamburg* werden staatliche und gemeindliche Tätigkeit nicht getrennt. Die Organe des Staates (Land Berlin, Land Hamburg) nehmen also gleichzeitig die Funktionen einer Kommunalverwaltung wahr (Stadt Berlin, Stadt Hamburg). Auf Bezirksebene ist zwar kommunales Gedankengut verwirklicht. Rechtlich gesehen haben auch die bezirklichen Instanzen aber staatlichen Charakter. Im Land *Bremen* existieren die Gemeinden Stadt Bremen und Stadt Bremerhaven. Aber nur die Stadt Bremerhaven hat selbständige Gemeindeorgane. Die Organe der Stadt Bremen sind mit den Organen des Landes Bremen teilidentisch.[3]

In allen anderen Ländern der Bundesrepublik werden die „Angelegenheiten der örtlichen Gemeinschaft" von nichtstaatlichen, aber öffentlichrechtlich organisierten

---

[1] Zum Einlesen *Röhl* in Schoch, Bes. VerwR, 1. Kap. Kommunalrecht; *Seewald* in Steiner, Bes.VerwR, S. 1 ff.; *Rennert*, JuS 2008, 29, 119, 211.
[2] Zur Vertiefung *Wolff/Bachof/Stober*, VerwR Bd. 2, §§ 96, 97, 98; *Burgi*, Kommunalrecht; *Geis*, Kommunalrecht, 4. Aufl. 2016.
[3] BVerfGE 9, 268 (290).

kommunalen Gebietskörperschaften (s. a. Rn. 360) mit eigener Rechtspersönlichkeit wahrgenommen. Das sind vor allem die *Gemeinden*. Die *Kreise* treten hinzu.

724 Zu nennen sind ferner: die *Gesamtgemeinden* zur überregionalen Wahrnehmung bestimmter Aufgaben der Mitgliedsgemeinden (Niedersachsen: „Samtgemeinden"; Rheinland-Pfalz: „Verbandsgemeinden"; Bayern: „Verwaltungsgemeinschaften"; Schleswig-Holstein: „Ämter"; in den „neuen" Bundesländern: „Verwaltungsgemeinschaften", „Ämter", „Verwaltungsverbände", „Verbandgemeinden"; Baden-Württemberg: „Gemeindeverwaltungsverbände");[4] die *Zweckverbände*[5] (zB Planungsverbände gem. § 205 BauGB; Wasser- und Bodenverbände nach dem WasserverbandsG;[6] Sparkassen- und Giroverbände); die *höheren Gemeindeverbände* (zB Landschaftsverbände Westfalen-Lippe und Rheinland; Bayerische Bezirksverbände; Oldenburgische und Ostfriesische Landschaft).[7] Einzelheiten zu *diesen* Körperschaften müssen nachfolgend unberücksichtigt bleiben.

III. Gemeinden und Kreise

725 Ein Kreis umfasst das Gebiet etlicher („kreisangehöriger") Gemeinden. Die Verteilung der Kompetenzen ergibt sich im Einzelnen aus den Gemeindeordnungen und Kreisordnungen der Länder sowie aus zahlreichen Fachgesetzen. Der zuständigkeitsverteilende Gesetzgeber hat das *„verfassungsrechtliche Aufgabenverteilungsprinzip"* des Art. 28 II 1 GG zu berücksichtigen, nach dem „alle Angelegenheiten der örtlichen Gemeinschaft" im Grundsatz den *Gemeinden* zufallen.[8] Demgegenüber sichert Art. 28 II 2 GG den *Kreisen* keinen bestimmten Aufgabenbereich.[9]

726 In die *Gemeindekompetenz* fallen etwa: die *Existenzaufgaben* (Beleuchtung, Grünflächen, Friedhöfe); wirtschaftliche, soziale, kulturelle *Einrichtungen* (der „Daseinsvorsorge"), soweit sie nicht die Leistungsfähigkeit der örtlichen Gemeinschaft übersteigen; die *Bauleitplanung* (§ 2 I 1 BauGB); die *Wirtschaftsförderung*;[10] die *Selbstorganisation*.

727 Typische *Kreisaufgaben* sind etwa: der Nahverkehr; die Unterhaltung von weiterführenden Schulen, Krankenhäusern, Altenheimen; die Entwicklung der Kreisstruktur (Wirtschaftsförderung, Kreisstraßen); die Unterstützung leistungsschwacher Gemeinden.

728 Eine *„Kreisfreie Stadt"* nimmt für ihr Gebiet gleichzeitig die Kompetenzen eines Kreises und einer Gemeinde wahr. Eine *„Selbständige Stadt"* gehört zwar dem Kreis an, erledigt aber einen gesetzlich festgelegten Teil der Kreisaufgaben anstelle des Kreises.

IV. Binnenorganisation

1. Die Organe

729 Die Gemeinden und Kreise sind demokratisch organisiert (s. Art. 28 I 2 GG). Die Bürger der Gemeinden wählen einerseits *Gemeindevertretungen* (Gemeinderat,

---

[4] Einzelheiten bei *Burgi*, Kommunalrecht, § 20 Rn. 3 ff.; *Wolff/Bachof/Stober/Kluth*, VerwR Bd. 2, § 98 Rn. 88 ff.
[5] *Wolff/Bachof/Stober/Kluth*, VerwR Bd. 2, § 98 Rn. 44 ff.; *BVerwG* NVwZ 1985, 271.
[6] BGBl. 1991 I S. 405.
[7] *Wolff/Bachof/Stober*, VerwR Bd. 2, § 98 Rn. 116 ff.
[8] So grundlegend BVerfGE 79, 127; zu Einzelheiten s. Rn. 740 ff.
[9] BVerfGE 83, 363 (383); 79, 127 (150). Allg. zu den Kreisen *Pielow/Groneberg*, JuS 2014, 794.
[10] S. dazu BVerwGE 84, 236 (239).

§ 52. Allgemeiner Überblick

Stadtrat, Stadtverordnetenversammlung), andererseits eine *Kreisvertretung* (Kreistag).¹¹

Die Bürger oder die Gemeindevertretung wählen den *Gemeindevorsteher* (Bürgermeister/Oberbürgermeister – *monokratisches Prinzip*, s. Rn. 631, 644) oder einen *Gemeindevorstand* (Magistrat in Hessen und Bremerhaven, teilweise auch in Rheinland-Pfalz, Schleswig-Holstein und in den „neuen" Bundesländern möglich – *Kollegialprinzip*, s. Rn. 633, 644). Entsprechend wählt der Kreistag – evtl. unter Mitwirkung des Staates – den *Kreisvorsteher* (Landrat). Der Gemeindevorsteher/Gemeindevorstand bzw. der Kreisvorsteher leitet die Verwaltung der Gemeinde oder des Kreises („Der Bürgermeister", „Der Magistrat", „Der Landrat" als Behörde, s. Rn. 644).   730

In den meisten Bundesländern ist der Gemeindevorsteher in Personalunion *gleichzeitig Vorsitzender der Gemeindevertretung*. In anderen Bundesländern werden die Funktionen des Vorsitzenden der Gemeindevertretung (Ratsvorsitzender, Bürgervorsteher, Stadtverordnetenvorsteher, Stadtpräsident) und des Gemeindevorstehers von verschiedenen Personen wahrgenommen.   731

In der Magistratsverfassung besteht das *Kollegium* des Gemeindevorstandes (Magistrat) aus dem Bürgermeister/Oberbürgermeister als Vorsitzendem und den *Beigeordneten* (Stadträten). Mit je gleichem Stimmrecht wirken der Bürgermeister/Oberbürgermeister und die Beigeordneten an den Entscheidungen des Kollegiums mit. Gleichzeitig leiten die Beigeordneten einzelne Verwaltungsdezernate der Kommune nach den Vorgaben und in Vertretung des Kollegiums (Magistrats) in eigener Verantwortung (*Ressortprinzip*, s. Rn. 630, 634). Auch im *monokratischen* System (Gemeindevorsteher) kommen Beigeordnete vor. Hier leiten die Beigeordneten ein ihnen zugewiesenes Verwaltungsressort in Eigenverantwortung nach den Vorgaben und in Vertretung des *Gemeindevorstehers*.¹² Der Gemeindevorsteher/Kreisvorsteher und die Beigeordneten sind *Wahlbeamte „auf Zeit"* und als solche von den auf Lebenszeit bestellten „Laufbahnbeamten" der Kommune zu unterscheiden.   732

2. „Gewaltenteilung"

Zwischen dem Gemeindevorsteher/Gemeindevorstand bzw. Kreisvorsteher als Leiter der Verwaltung auf der einen Seite und dem Gemeinderat/Kreistag auf der anderen Seite besteht bei der Rechtsetzung die „klassische" Gewaltenteilung.¹³ Das *autonome Recht* der Gemeinde/des Kreises (Satzungen, Rn. 399) setzt der Gemeinderat/Kreistag. Anders als in der „klassischen" Gewaltenteilung ist der Gemeinderat/Kreistag indessen auch an der Verwaltung der Gemeinde/des Kreises beteiligt – und das in wesentlichem Umfang. Einzelheiten ergeben sich aus den einschlägigen Gesetzen. Vor allem die „*Geschäfte der laufenden Verwaltung*" und die *Fremdverwaltung (Auftragsverwaltung*, Rn. 737) erledigt der Gemeindevorsteher/Gemeindevorstand/Kreisvorsteher in *seiner alleinigen* Kompetenz.   733

Zur laufenden Verwaltung und damit zu den *eigenständigen Kompetenzen des Gemeindevorstehers/Gemeindevorstands/Kreisvorstehers* gehören Geschäfte, die mehr oder minder regelmäßig wiederkehren und zugleich nach Größe, Umfang des Verwaltungsaufwandes und Finanzkraft der Gemeinde sachlich geringere Bedeutung haben. Der Gemeindevorsteher/Gemeindevorstand/Kreisvorsteher vertritt die Gemeinde ferner nach außen.¹⁴ – Im *Verhältnis*   734

---

¹¹ Art. 28 I 3 GG sieht das *kommunale Ausländerwahlrecht* nur für EU-Ausländer vor. Klausur zum Kommunalwahlrecht bei *Greve/Schärdel*, JuS 2009, 531.
¹² Näheres zu allem bei *Burgi*, Kommunalrecht, § 13 Rn. 1 ff.; *Röhl* in Schoch, Bes. VerwR, 1. Kap. Rn. 87 ff.
¹³ Klausur zum Handeln des unzuständigen Organs bei *Heckel*, JuS 2011, 166.
¹⁴ Zur Reichweite seiner Vertretungsmacht im Außenverhältnis BGHZ 213, 30 m. Anm. *Waldhoff*, JuS 2017, 94.

zum Rat hat der Gemeindevorsteher/Gemeindevorstand/Kreisvorsteher Kompetenzen in der Vorbereitung und Ausführung der Ratsbeschlüsse, bei Eilentscheidungen, bei Aufgaben, die ihm vom Rat übertragen worden sind, und in der Verpflichtung, rechtswidrige Ratsbeschlüsse zu rügen. – Als *Leiter der Verwaltung* hat der Gemeindevorsteher/Gemeindevorstand/Kreisvorsteher die Organisationshoheit bzgl. aller Ämter und die Weisungsbefugnis gegenüber allen Beamten der Verwaltung. Gleichzeitig ist er Dienstvorgesetzter der Beamten der Kommune.[15]

735 Der *Rat* ist für die Entscheidung über alle sonstigen Angelegenheiten der Verwaltung zuständig, soweit das Gesetz nichts anderes bestimmt. Auf den Gemeindevorsteher/Gemeindevorstand/Kreisvorsteher kann der Rat einen Teil seiner Entscheidungsbefugnisse (mit der Möglichkeit des jederzeitigen Rückrufs) übertragen; die Gemeindeordnungen enthalten Kataloge von Verwaltungsgeschäften, die nicht übertragbar sind.

736 Zwischen dem Gemeindevorsteher/Gemeindevorstand/Kreisvorsteher und dem Rat steht zB in Niedersachsen der *Verwaltungsausschuss* und in Rheinland-Pfalz der *Stadtvorstand*. Diese Organe nehmen gewisse Kompetenzen aus den beschriebenen Zuständigkeitsbereichen des Gemeindevorstehers/Gemeindevorstandes/Kreisvorstehers und des Rates wahr.[16]

V. Selbstverwaltung und Fremdverwaltung

Ausgangsfälle:

737 Der Kreisvorsteher des Kreises X lehnt **(1)** einen Antrag auf Wirtschaftsförderung nach dem Wirtschaftsförderungsprogramm des Kreises, **(2)** einen Bauantrag ab. Gegen wen hätte der Antragsteller nach erfolglosem Widerspruchsverfahren die Klage zu richten?

1. Die kommunalen Körperschaften haben Selbstverwaltungsautonomie in den ihnen ausdrücklich zur **Selbstverwaltung** übertragenen Angelegenheiten *und* – ohne besonderen Kompetenztitel (s. Rn. 746) – in allen Angelegenheiten der örtlichen Gemeinschaft (Rn. 746, 766), die nicht durch Gesetz bereits anderen Trägern öffentlicher Verwaltung übertragen sind (= „Allzuständigkeit"). Insofern unterstehen die kommunalen Körperschaften (nur) der staatlichen *Rechtsaufsicht* als Aufsicht über die *Rechtmäßigkeit* ihres Handelns (= *Kommunalaufsicht*).[17] Wie bereits angedeutet wurde (Rn. 643), bedient sich der Staat der kommunalen Körperschaften aber auch für die Verwaltung *seiner* (staatlichen) Aufgaben. Diese **Fremdverwaltung** wird in der Form der *Auftragsverwaltung* wahrgenommen („übertragener Wirkungskreis" in Bayern und Niedersachsen; „Weisungsaufgaben" in Baden-Württemberg und Hessen; „Pflichtaufgaben zur Erfüllung nach Weisung" in Nordrhein-Westfalen und Schleswig-Holstein). Wie bei den Selbstverwaltungsaufgaben nehmen die Gemeinden und Kreise die „Fremdverwaltungsangelegenheiten" im *Außenverhältnis* zum Bürger im *eigenen Namen* wahr. Im Innenverhältnis zum Land (Staat) unterstehen sie aber nicht nur der Rechtsaufsicht, sondern auch der *Fachaufsicht*.[18] Die Aufsichtsbehörde kann – wie in der staatlichen Behördenhierarchie – fachliche Weisungen erteilen. Allerdings kann das Weisungsrecht gesetzlich eingeschränkt sein, zB

---

[15] Zu Einschränkungen durch die Rechtsstellung der Beigeordneten s. Rn. 732.
[16] Einzelheiten bei *Schmidt-Jortzig*, Kommunalrecht, 1982, Rn. 290 ff.; *Burgi*, Kommunalrecht, § 13 Rn. 8.
[17] Näheres zu den verschiedenen Formen der Staatsaufsicht über Kommunen bei *Knemeyer*, JuS 2000, 521; *Burgi*, Kommunalrecht, § 8 Rn. 26 ff.
[18] Näheres bei *Knemeyer*, JuS 2000, 521; *Burgi*, Kommunalrecht, § 8 Rn. 34 ff.

nur allgemeine Anordnungen zulassen.[19] Im Extremfall kann eine Fremdverwaltungsaufgabe sogar als „Selbstverwaltungsangelegenheit" ausgestaltet sein; dann entfällt die Möglichkeit zu fachlicher Weisung ganz.

Im *Ausgangsfall 1* handelt es sich um eine Selbstverwaltungsangelegenheit. Daher ist der Kreis zu verklagen. Im *Ausgangsfall 2* (Bauaufsicht) handelt es sich um eine Fremdverwaltungsangelegenheit. Wenn sie (wie in Hessen, Nordrhein-Westfalen und Niedersachsen) als Auftragsangelegenheit ausgestaltet ist, muss die Klage auch hier gegen den Kreis als für die Verwaltung *zuständigen Auftragnehmer* gerichtet werden.

2. Von der Auftragsverwaltung zu unterscheiden sind die (vor allem auf der Kreisebene vorkommenden) Fälle, in denen der Kreisvorsteher als **„untere staatliche Verwaltungsbehörde"** eingeschaltet wird. Hier ist es *nicht der Kreis als juristische Person*, der die staatliche Aufgabe durch *sein* Organ (Kreisvorsteher) in Fremdverwaltung *für* den Staat wahrnimmt. Vielmehr ist es der *Staat selbst*, der seine eigene Aufgabe durch den Kreisvorsteher als *sein staatliches* Organ ausführt. Der Kreisvorsteher ist für *diese* Verwaltungsaufgabe Organ des *Landes*, nur für die Selbstverwaltungsaufgaben und Auftragsangelegenheiten Organ des *Kreises*. 738

In dieser Weise nimmt der Kreisvorsteher die Bauaufsicht in den Ländern Baden-Württemberg, Bayern, Saarland und Schleswig-Holstein wahr. Im *Ausgangsfall 2* ist in diesen Ländern damit das Land zu verklagen. – In vielen Ländern ist der Kreisvorsteher insbesondere auch mit der Kommunalaufsicht über die Gemeinden als untere staatliche Verwaltungsbehörde betraut.

Dass der Kreisvorsteher gleichzeitig Organ zweier juristischer Personen (des Landes und des Kreises) sein kann, erklärt sich über das Rechtsinstitut der **Organleihe** (s. a. Rn. 709). 739

In den meisten Bundesländern mit „Organleihe" ist der Kreisvorsteher (als *kommunaler* Beamter) an das Land verliehen. In Rheinland-Pfalz und im Saarland wirkt der „Landrat" als *staatlicher* Beamter gleichzeitig als Organ des Kreises.

§ 53. Kommunale[1] Selbstverwaltungsgarantie und Gesetzgeber

Ausgangsfälle:

(1) Das Niedersächsische Ausführungsgesetz zum Abfallbeseitigungsgesetz (Nds. AbfallG) hatte den Gemeinden die Aufgabe der Abfallentsorgung entzogen und den Landkreisen übertragen. War das verfassungsgemäß?[2] 740

(2) Nach § 4 FluglärmG werden durch Rechtsverordnung „Lärmschutzbereiche" festgesetzt. In einem „Lärmschutzbereich" dürfen keine Krankenhäuser, Altenheime, Erholungsheime, Schulen usw. und unter bestimmten Voraussetzungen auch keine Wohnungen errichtet werden (§ 5 FluglärmG). Gemeinde G wehrt sich gegen die Festsetzung 741

---

[19] Zu verschiedenen Beschränkungsprinzipien in den einzelnen Bundesländern s. *Schmidt-Jortzig*, Kommunalrecht, 1982, Rn. 567 ff.
[1] Zur *Autonomie der Kirchen* nach Art. 140 GG iVm Art. 137 III WV s. etwa BVerfGE 57, 220; 53, 366; 46, 73; 30, 415; BVerwGE 66, 241; 105, 117 iVm BVerfGE 102, 370.
[2] S. BVerfGE 79, 127 – „Rastede-Entscheidung"; *Clemens*, NVwZ 1990, 384. Weiterer Fall bei *Hartmann/Meßmann*, JuS 2006, 246.

eines „Lärmschutzbereichs", weil sie zentral in ihrer Planungsautonomie eingeschränkt sei.³

742 Während die Kompetenzen von Bund und Ländern durch das *Grundgesetz* festgelegt sind, werden den Gemeinden ihre Kompetenzen vom *Landesgesetzgeber* verliehen; das Grundgesetz *garantiert* den Gemeinden in Art. 28 II 1 GG aber das Recht, „alle Angelegenheiten der örtlichen Gemeinschaft im Rahmen der Gesetze in eigener Verantwortung zu regeln". Demgemäß kann in einer Klausur oder Hausarbeit problematisch sein, ob der Landesgesetzgeber⁴ gegen die *Selbstverwaltungsgarantie* des Art. 28 II 1 GG⁵ verstößt, wenn er gemeindliche Kompetenzen neu festlegt. *Prozessualer* Rahmen ist in derartigen Fällen vor allem die „*Kommunalverfassungsbeschwerde*" (Art. 93 I Nr. 4b GG, §§ 13 Nr. 8a, 91 BVerfGG).⁶

I. Institutionelle Garantie – subjektive Rechte

743 1. Nach der Rechtsprechung des BVerfG⁷ gewährleistet Art. 28 II 1 GG die Selbstverwaltung der Gemeinden gegenüber dem Gesetzgeber im Sinne einer **institutionellen Garantie,** nicht aber individuell.⁸

Anders als eine grundrechtlich geschützte juristische Person des Privatrechts genießt damit eine Gemeinde keinen Bestandsschutz, solange ein Land nicht alle bisher existierenden⁹ Gemeinden beseitigt.

744 2. Allerdings verfügen die bestehenden Gemeinden gegenüber dem Gesetzgeber gleichwohl über **subjektive Rechte.** Wegen Art. 28 I 1 GG hat jede Gemeinde jedenfalls ein *subjektives Recht* auf Beachtung der *objektivrechtlich-institutionellen Selbstverwaltungsgarantie.*¹⁰ Gleichzeitig leitet das BVerfG aus der institutionellen Garantie auch Anforderungen ab, die der Gesetzgeber gegenüber einer einzelnen Gemeinde zu beachten hat, wenn die Institution der Selbstverwaltung als solche nicht beeinträchtigt ist (s. nachfolgend III.).

II. Ausgestaltung der institutionellen Garantie durch den Gesetzgeber

745 Die institutionelle Garantie der gemeindlichen Selbstverwaltung bedarf der gesetzlichen Ausgestaltung und Formung, wie sie Art. 28 II 1 GG vorsieht („im Rahmen der Gesetze").¹¹

---

³ BVerfGE 56, 298.
⁴ Zu den eingeschränkten Kompetenzen des *Bundes*gesetzgebers s. BVerfGE 22, 180 (199, 209).
⁵ „Grundwissen" bei *Voßkuhle/Kaufhold,* JuS 2017, 728.
⁶ Umfassend zu ihr *Hillgruber/Goos,* Verfassungsprozessrecht, Rn. 266 ff.; „Grundfälle" bei *Starke,* JuS 2008, 319. Einzelheiten zu ihren Zulässigkeitsvoraussetzungen etwa in *BVerfG* NVwZ 2018, 140 (141 ff.); NVwZ 1987, 123; BVerfGE 26, 228; 71, 25. S. a. Rn. 499 ff. Einkleidung in eine konkrete Normenkontrolle gemäß Art. 100 I GG zB in BVerfGE 138, 1.
⁷ BVerfGE 138, 1 (16 ff. Rn. 45 ff.); 86, 90 (107); 56, 298 (312); 50, 50.
⁸ Zu dieser Gegenüberstellung bei Grundrechten s. einerseits Rn. 446 ff., andererseits Rn. 484 ff., 513 ff.
⁹ Dass in *Berlin* und *Hamburg* keine Gemeinden existieren, ist durch Art. 106 VI 3 GG abgedeckt.
¹⁰ Parallele bei der objektivrechtlichen Seite der Grundrechte in Rn. 515.
¹¹ BVerfGE 138, 1 (18 Rn. 50); 83, 363 (381); 79, 127 (143); *BVerfG* NVwZ 2018, 140 (146).

§ 53. Kommunale Selbstverwaltungsgarantie und Gesetzgeber

Im *Ausgangsfall 1* hat der Gesetzgeber von dieser Ausgestaltungsbefugnis *allgemein* Gebrauch gemacht, indem er die Zuständigkeit für die Abfallentsorgung zuungunsten der Gemeinden neu verteilt hat.

Beim *allgemeinen* Entzug von Kompetenzen (zu Einzeleingriffen s. III.) hat der Gesetzgeber nach der „*Rastede-Entscheidung*" des *BVerfG*[12] **drei verfassungsrechtliche Vorgaben institutioneller Art** zu beachten.

(1) Den Gemeinden muss jedenfalls ein *Minimalbestand* an Aufgaben eingeräumt bleiben, die der Betätigung ihrer Selbstverwaltung noch hinreichenden Raum und nicht lediglich ein Scheindasein belassen.[13]

(2) Der Gesetzgeber muss den „*Kernbereich* der Selbstverwaltungsgarantie", nämlich die „Befugnis" der Gemeinden erhalten, „sich aller Angelegenheiten der örtlichen Gemeinschaft, die nicht durch Gesetz bereits anderen Trägern öffentlicher Verwaltung übertragen sind, ohne besonderen Kompetenztitel anzunehmen (= Universalität „des gemeindlichen Wirkungskreises" im Gegensatz zur „Spezialität" einer Befugnis nur kraft speziellen Kompetenztitels bei anderen Verwaltungsträgern einschließlich der Kreise).[14]

Beachte: BVerfGE 79, 127 (146) betont ausdrücklich, der Kernbereich bestehe *nicht* in einem „gegenständlich bestimmten oder nach feststehenden Merkmalen bestimmbaren Aufgabenkatalog", wie man bis dahin (etwa für die „Planungsautonomie") weitgehend angenommen hatte.[15]

Dass der Gesetzgeber die verfassungsrechtlichen Vorgaben nach (1) oder (2) verletzt haben könnte, dürfte im Regelfall nicht ernsthaft in Betracht kommen – auch nicht im *Ausgangsfall 1*[16]. Umso wichtiger ist die dritte Vorgabe:

(3) „Art. 28 Abs. 2 Satz 1 GG enthält ... ein *verfassungsrechtliches Aufgabenverteilungsprinzip* hinsichtlich der Angelegenheiten der örtlichen Gemeinschaft zugunsten der Gemeinden", das den Gemeinden einen Aufgabenbereich sichert, „der grundsätzlich *alle* Angelegenheiten der örtlichen Gemeinschaft umfaßt".[17] Eine Aufgabe mit relevantem örtlichen Charakter (Definition in Rn. 766) darf der Gesetzgeber den Gemeinden „nur aus Gründen des Gemeininteresses, vor allem also dann entziehen, wenn anders die ordnungsgemäße Aufgabenerfüllung nicht sicherzustellen wäre", wobei dem Gesetzgeber ein gewisser „Einschätzungsspielraum" zukommt.[18] Das Gericht verweist insoweit auf den Verhältnismäßigkeitsgrundsatz.[19]

Wegen der Probleme des Umweltschutzes und der Landschaftspflege ist die Abfall*beseitigung* im *Ausgangsfall 1* schon nicht als „Angelegenheit der örtlichen Gemeinschaft" der *Gemeinde* anzusehen. Das (bloße) *Abholen* des Abfalls ist zwar örtliche Angelegenheit, aus Gemeinwohlgründen (Zusammenhang mit der Abfallbeseitigung) aber gleichwohl auf Kreisebene ansiedelbar.[20]

Die kommunalfreundliche Rechtsprechungslinie erklärt sich aus der Einordnung der Kommunen in den *demokratischen* Staatsaufbau. Das BVerfG betont in diesem Zusammenhang das Prinzip der *Partizipation* der Bürger vor Ort. Zu ihrer Realisierung bedarf es einer „mit wirklicher Verantwortlichkeit ausgestattete(n) Einrichtung

---

[12] BVerfGE 79, 127; s. a. E 83, 363 (382).
[13] BVerfGE 79, 127 (148, 155).
[14] BVerfGE 79, 127 (146 f.); s. a. E 138, 1 (21 f. Rn. 59); 107, 1 (11 f.); *BVerfG* NVwZ 2018, 140 (147); *BVerwG* NVwZ 2011, 424 (426 f.).
[15] S. a. BVerfGE 138, 1 (21 f. Rn. 59); 107, 1 (11 f.).
[16] BVerfGE 79, 127 (155).
[17] BVerfGE 79, 127 (147, 150); s. a. E 138, 1 (16 f. Rn. 44 ff., 20 ff. Rn. 54 ff.) mwN; *BVerfG* NVwZ 2018, 140 (146 f.).
[18] Einzelheiten in BVerfGE 79, 127 (153 f.); s. a. E 138, 1 (21 Rn. 58). Zur (umstrittenen) Befugnis des Gesetzgebers, den Kreisen *Ergänzungs- und Ausgleichsaufgaben* zuzuweisen, s. *BVerwG* NVwZ 1998, 853; NVwZ 1996, 1222.
[19] BVerfGE 138, 1 (19 ff. Rn. 55 f.); *BVerfG* NVwZ 2018, 140 (153 f.).
[20] So BVerfGE 79, 127 (156 ff.).

der Selbstverwaltung, die den Bürgern eine effektive Mitwirkung an den Angelegenheiten der örtlichen Gemeinschaft ermöglicht".[21]

III. Einzeleingriffe in die Selbstverwaltungsautonomie

748 *Ausgangsfall 2* (Lärmschutzbereich, Rn. 741) „steht" für eine Gruppe von Fällen, in denen einer *einzelnen* Gemeinde eine nach der gesetzlichen Aufgabenverteilung generell vorhandene Aufgabe im Sinne einer „Sonderbelastung"[22] genommen wird.

Bei Einzeleingriffen in die Selbstverwaltungsautonomie sind die Vorgaben des Art. 28 II 1 GG zur *institutionellen* Ausgestaltung der kommunalen Selbstverwaltung (soeben II.) *nicht* berührt. Ihre Durchsetzung und die Institution als solche nehmen durch einen Einzeleingriff keinen Schaden.[23] Gleichwohl setzt Art. 28 II 1 GG auch „Einzeleingriffen" Schranken. „Die gemeindliche Selbstverwaltungsgarantie erlaubt eine ... Sonderbelastung einzelner Gemeinden nur, wenn sie durch überörtliche Interessen von höherem Gewicht erfordert wird."[24] Für die Austarierung im Einzelnen wendet das Bundesverfassungsgericht (wie bei einer Grundrechtsprüfung, s. Rn. 455 ff.) wiederum den **Grundsatz der Verhältnismäßigkeit** an: Der Einzeleingriff muss geeignet und notwendig (= kein milderes Mittel) sein; er darf nicht unverhältnismäßig (disproportional) sein, die Ziele des Gesetzgebers zu fördern.[25] Das gilt sowohl für die gesetzliche Ermächtigungsgrundlage zu einem Einzeleingriff als auch für den konkreten Einzeleingriff selbst.[26]

Im *Ausgangsfall 2* (Rn. 741) hat das *BVerfG* die Ermächtigungsgrundlage zur Festlegung von Lärmschutzbereichen im FluglärmG vor dem Grundsatz der Verhältnismäßigkeit als verfassungsgemäß angesehen, den Eingriff selbst (Rechtsverordnung) aber verworfen, weil der Verordnungsgeber seiner (auch aus Art. 28 II 1 GG folgenden) Pflicht nicht Genüge getan habe, den Sachverhalt hinreichend aufzuklären.[27]

§ 54. Kommunalverfassungsstreitigkeiten

Ausgangsfälle:[1]

749 **(1)** Das Bauamt der kreisfreien Stadt *St* hat den Antrag einer Bürgerin auf Erteilung einer Baugenehmigung unter Bewilligung einer Ausnahme (§ 31 I BauGB) abgelehnt. Der (auf Landesrecht beruhende, s. § 73 II VwGO) weisungsfreie Widerspruchsausschuss der

---

[21] BVerfGE 138, 1 (18 f. Rn. 52) zur Schulträgerschaft von „Volksschulen", m. Anm. *Waldhoff,* JuS 2015, 190; *BVerfG* NVwZ 2018, 140 (146). Diese Ausführungen erinnern an diejenigen zur möglichen Aushöhlung der Kompetenzen des Bundestages im Kontext des europäischen Integrationsprozesses, s. Rn. 614.
[22] Charakterisierung dieser Fallgruppe in BVerfGE 76, 107 (119); 56, 298 (313).
[23] S. BVerfGE 76, 107 (118 f.); 56, 298 (312 f.).
[24] BVerfGE 76, 107 (LS 3); s. a. E 95, 1 (26 f.).
[25] BVerfGE 76, 107 (119 ff.); 56, 298 (313 ff.); s. a. *BVerwG* NVwZ 2011, 424 (427).
[26] S. die Prüfungsabfolge in BVerfGE 76, 107 (118 ff.); 56, 298 (312 ff.).
[27] S. BVerfGE 56, 298 (319). Zu den Ermittlungspflichten des Verordnungsgebers *allgemein* schon Rn. 425.
[1] Weiterer Klausurfall bei *Meickmann,* JuS 2017, 663.

§ 54. Kommunalverfassungsstreitigkeiten

Stadt gibt dem Antrag dann aber im Widerspruchsverfahren statt. Kann der Oberbürgermeister (Stadtvorsteher) den Widerspruchsbescheid anfechten?[2]

(2) Die Fraktion *F* im Gemeinderat der Gemeinde *G* bittet den Vorsitzenden des Gemeinderates, auf die Tagesordnung für die nächste Sitzung einen Beschlussantrag zu setzen, der sich gegen die Stationierung oder Lagerung von Atomwaffen, chemischen Waffen und biologischen Waffen auf dem Boden der Bundesrepublik und auf dem Boden der Gemeinde wendet. Der Ratsvorsitzende weigert sich, den Antrag in die Tagesordnung aufzunehmen. Kann die Fraktion *F* mit Erfolg gegen den Vorsitzenden des Gemeinderates klagen?[3]

I. Prozessuales, „Insichprozess"

In beiden *Ausgangsfällen* handelt es sich um Streitigkeiten innerhalb *einer* juristischen Person, der Gemeinde. Im ersten Fall streiten sich *zwei Organe* der juristischen Person (Stadtvorsteher und Widerspruchsausschuss, *Inter*organstreit), im zweiten Fall *zwei Organteile* (Fraktion *F* und Ratsvorsitzender) desselben Organs (des Gemeinderats, *Intra*organstreit). Die Organklage vor dem BVerfG (Art. 93 I Nr. 1 GG, § 13 Nr. 5, §§ 63 ff. BVerfGG, Rn. 626, 654) ist nicht gegeben. Also ist entscheidend, ob und inwieweit derartige Organstreitigkeiten als *„Insichprozesse"* vor den Verwaltungsgerichten ausgetragen werden können.[4] Handelt es sich wie in den *Ausgangsfällen* um Streitigkeiten des Kommunalverfassungsrechts, nennt man den Insichprozess auch *„Kommunalverfassungsstreitverfahren"*. 750

Nach der Auffassung des *BVerwG* liegen die Probleme *nicht* bei der Beteiligtenfähigkeit (§ 61 Nr. 2 VwGO), sondern bei der *Klagebefugnis* nach § 42 II VwGO.[5] Wie stets bei § 42 II VwGO darf die *Möglichkeit* nicht ausgeschlossen sein (Rn. 196), dass der Kläger in *eigenen Rechten* beeinträchtigt wird, wobei es sich im „Insichprozess" nur um *Organ*rechte handeln kann. 751

Im *Ausgangsfall 1* ist die Entscheidungs*kompetenz* zwar im *Grundsatz* auf den Widerspruchsausschuss als Rechtsbehelfsinstanz übergegangen (§ 79 I Nr. 1 VwGO), so dass der Oberbürgermeister im *Grundsatz* keine eigenen Kompetenzrechte mehr hat. Aber ohne die landesrechtliche Regelung nach § 73 II VwGO (Widerspruchsausschuss bei der *Stadt* als Ausgangsbehörde) wäre nach § 73 I 2 Nr. 1 VwGO eine *staatliche* Behörde, etwa der Regierungspräsident (Rn. 642), Widerspruchsbehörde. Diese könnte die Ausnahme nach § 31 I BauGB nur „im Einvernehmen mit der Gemeinde" (Oberbürgermeister) gewähren (§ 36 I BauGB). Von hierher ist nicht von vornherein ausgeschlossen, dass das Recht der Gemeinde nach § 36 I BauGB auch vorliegend vom Oberbürgermeister wahrgenommen wird. Im *Ausgangsfall 2* lässt sich ein *Recht* der Fraktion aus dem Status ihrer Mitglieder ableiten. 752

Der Versuch, für den Insichprozess als Kommunalverfassungsstreitverfahren in Anlehnung an §§ 63 ff. BVerfGG ein eigenständiges verwaltungsprozessuales Organstreitverfahren zu entwickeln, hat sich nicht durchgesetzt.[6] Vielmehr sind die *herkömmlichen Klagearten* einschlägig, je nach Klageziel also die Anfechtungsklage, 753

---

[2] BVerwGE 45, 207; *Kisker*, JuS 1975, 704.
[3] Fallanlehnung an *VGH Mannheim* DVBl 1984, 729; *OVG Lüneburg* DVBl 1984, 734; s. a. noch Rn. 761 ff. sowie *Suerbaum/Brüning*, JuS 2001, 992. Weiterer Fall in BVerwGE 117, 11 – Unvereinbarkeit von Amt und Mandat; weitere Klausur bei *v. Coelln*, JuS 2008, 351.
[4] Überblicke bei *Ogorek*, JuS 2009, 511; *Bauer/Krause*, JuS 1996, 411, 512; allgemein *Diemert*, Der Innenrechtsstreit im öffentlichen Recht und im Zivilrecht, 2002.
[5] BVerwGE 45, 207 (208, 210).
[6] Dazu im Einzelnen *Bauer/Krause*, JuS 1996, 412.

die (allgemeine) Leistungsklage[7] – auch als Unterlassungsklage – und die Feststellungsklage[8].

Demgemäß ist im *Ausgangsfall 1* die Anfechtungsklage und im *Ausgangsfall 2* die allg. Leistungsklage (auf Aufnahme des Antrages in die Tagesordnung) gegeben.

II. Materiellrechtliches

754 Die denkbaren Binnenkonflikte in einer Gemeinde sind so vielfältig und vielschichtig, dass es hier nicht möglich ist, die einschlägigen Fälle insgesamt systematisch aufzuarbeiten. In der Klausur wird ein sorgfältiges Arbeiten mit dem Gesetzestext der einschlägigen Gemeindeordnung erwartet, getragen von kommunalrechtlichen Grundkenntnissen. In einer Hausarbeit helfen neben den Lehrbüchern des Kommunalrechts mit ihrem Fallmaterial insbesondere auch die Kommentare zur jeweiligen Gemeindeordnung weiter.

755–760 Im *Ausgangsfall 1* (Rn. 749) dürften die Kompetenzen *insgesamt* vom Oberbürgermeister auf den Widerspruchsausschuss als (ebenfalls) Organ der Stadt übergegangen sein, so dass für § 36 I BauGB kein Raum verbleibt[9] und eine Anfechtungsklage des Oberbürgermeisters also unbegründet wäre. Im *Ausgangsfall 2* geht es *zunächst* um den Umfang der Befugnisse des Vorsitzenden des Gemeinderates. Nach den Gemeindeordnungen von Niedersachsen, Schleswig-Holstein und Nordrhein-Westfalen fehlt dem Vorsitzenden die Befugnis, zu überprüfen, ob der Inhalt des Beschlussantrages in die Kompetenz des Gemeinderates fällt.[10] Der Vorsitzende muss den Antrag auf die Tagesordnung setzen, damit der Gemeinderat *selbst* über seine Kompetenz urteilen kann. Kommt es zu einem kompetenzwidrigen Beschluss in der Sache selbst, sind die Rügepflicht des Gemeindevorstehers und die Befugnisse der Rechtsaufsichtsbehörde einschlägig. Nach der Baden-Württembergischen Gemeindeordnung kommt dem Ratsvorsitzenden hingegen ein Überprüfungsrecht zu.[11] In Baden-Württemberg muss damit in einem zweiten Schritt untersucht werden, ob der Inhalt des Beschlussantrages noch von den Kompetenzen des Gemeinderates, *besser*:[12] der Gemeinde („Angelegenheit der örtlichen Gemeinschaft"?) abgedeckt ist (dazu Rn. 766).

§ 55. Aufsichtsprobleme

Ausgangsfälle:

761 **(1)** Der Gemeinderat der Gemeinde G hat folgenden Beschluss gefasst: **(a)** Die Stationierung oder Lagerung von Atomwaffen, chemischen Waffen und biologischen Waffen auf dem Boden der Bundesrepublik wird verurteilt; **(b)** der Gemeindevorsteher wird beauftragt, in Verhandlungen mit der Bundesministerin der Verteidigung die Stationierung und

---

[7] S. zB *OVG Münster* NVwZ 1983, 485; *VGH Mannheim* NVwZ 1984, 664.
[8] S. zB *OVG Koblenz* NVwZ-RR 1996, 52, (53); *VGH Mannheim* NVwZ-RR 1992, 204.
[9] So BVerwGE 45, 207 (212 f.).
[10] *OVG Lüneburg* DVBl 1984, 734; *OVG Münster* DVBl 1984, 155; *Suerbaum/Brüning*, JuS 2001, 992 (995).
[11] *VGH Mannheim* DVBl 1984, 729.
[12] Es geht nicht – wie zumeist – nur um die *horizontale* „Gewaltenteilung" zwischen Rat und anderen Gemeindeorganen, sondern um die *vertikale* „Gewaltenteilung" zwischen Staat und Gemeinde (Gefahr schiefer Darstellung!).

§ 55. Aufsichtsprobleme

Lagerung derartiger Waffen auf dem Boden der Gemeinde zu verhindern.[1] Die Aufsichtsbehörde hebt diesen Beschluss auf. Kann G die Aufhebung durch Klage vor dem Verwaltungsgericht anfechten?

(2) Die kreisfreie Stadt St hat in einer Auftragsangelegenheit einen Prozess vor dem Verwaltungsgericht verloren. Die Fachaufsichtsbehörde weist St an, Berufung einzulegen. St ist der Auffassung, über die Einlegung der Berufung habe sie selbst in eigener Zuständigkeit zu entscheiden. Kann St gegen die Weisung klagen?[2]

I. Prozessuales, „Aufsichtsklage"

1. Maßnahmen der **Rechtsaufsicht** (*„Kommunalaufsicht"*, Rn. 737) sind Verwaltungsakte und als solche mit der Anfechtungsklage anfechtbar. 762

Das gilt für den *Ausgangsfall 1*. Gem. § 68 I VwGO ist ein *Widerspruchsverfahren* vorgeschaltet, soweit landesrechtlich nichts anderes bestimmt wurde. Die Kommunalaufsicht über die *Gemeinden* wird von den Kreisen ausgeübt (s. Rn. 738). Bei Kommunalaufsichtsakten der Kreise ist Widerspruchsbehörde die staatliche Mittelinstanz (Regierungspräsident, Bezirksregierung). In Schleswig-Holstein und im Saarland, wo die staatliche Mittelinstanz fehlt, hat der Innenminister direkt die Aufsicht über die Kreise. Gem. § 68 I 2 Nr. 1 VwGO ist hier ohne vorgeschaltetes Widerspruchsverfahren unvermittelt die Anfechtungsklage gegen Rechtsaufsichtsakte des Innenministers gegeben. 763

2. Maßnahmen der **Fachaufsicht** sind im Grundsatz (s. aber die nachfolgenden Modifikationen) nicht anfechtbar.[3] Gleiches gilt für fachliche Weisungen, die der Kreisvorsteher in seiner Eigenschaft als untere *staatliche* Verwaltungsbehörde (Rn. 738) erhält. Im letzten Fall würde es sich um einen „Insichprozess" (Rn. 750 ff.) handeln, der unzulässig wäre, weil subjektive Rechte des Kreisvorstehers nicht ersichtlich sind. 764

Dass sich eine Kommune vor Gericht gegen Maßnahmen wenden möchte, welche *eindeutig* der Fachaufsicht zuzuordnen sind, dürfte indessen selten vorkommen. In der Regel geht es – wie im *Ausgangsfall 2* – um Fälle, in denen eine Kommune der Auffassung ist, die Aufsichtsbehörde dringe unter dem „Deckmantel" der Fachaufsicht in den der Kommune zur Selbstverwaltung vorbehaltenen *eigenen* Bereich ein. 765

Prozessual gesehen werden diese Fälle in Literatur und Rechtsprechung häufig mit dogmatisch schiefem Ansatz erörtert. Ausgehend von der (zumeist unausgesprochenen und unzutreffenden) Prämisse, dass die Klage *nur* als Anfechtungsklage zulässig sein könnte, wird schon bei der Zulässigkeit der Klage untersucht, ob ein Eingriff in den Eigenbereich vorliegt und der Aufsichtsakt deshalb „Außenwirkung" iSd Verwaltungsaktsbegriffs hat.[4] Hier wird übersehen, was seit BVerwGE 60, 144 (145, 147) bekannt ist (s. Rn. 47): Nach § 35 S. 1 VwVfG kommt es für den Verwaltungsaktsbegriff nicht auf die Außenwirkung, sondern darauf an, ob die Regelung (ihrem objektiven Sinngehalt nach) dazu *bestimmt* ist, Außenrichtung zu entfalten. Diese objektiv-finale *Außenrichtung* fehlt im *Ausgangsfall 2* und (von Ausnahmekonstellationen

---

[1] Fallanlehnung an *VGH Mannheim* DVBl 1984, 729; *OVG Lüneburg* DVBl 1984, 734; BVerwGE 87, 228; *Schoch*, JuS 1991, 728. S. zum Fall auch schon Rn. 749 ff.
[2] Fallanlehnung an *VGH München* BayVBl. 1977, 152; *BVerwG* NJW 1978, 1820; *Schmidt-Jortzig*, JuS 1979, 488. Weitere Fallbesprechungen bei *Schiffbauer*, JuS 2015, 548; *Körlings/Tönningsen*, JuS 2014, 422.
[3] Umfassender Überblick bei *Redeker/v. Oertzen*, VwGO, 16. Aufl. 2014, § 42 Rn. 76 ff.; s. a. *Röhl* in Schoch, Bes. VerwR, 1. Kap. Rn. 72.
[4] Überblick zB bei *Hufen*, Verwaltungsprozessrecht, § 14 Rn. 35 ff.

abgesehen[5]) in *allen Fällen,* in denen sich die Aufsichtsbehörde – vielleicht ihre Aufsichtskompetenz überschreitend – der fachaufsichtlichen Weisung *bedient.* Ein Verwaltungsakt liegt also *von vornherein* nicht vor. Gerichtlicher Rechtsschutz ist indessen auch dann gewährleistet, wenn die Aufsichtsbehörde die kommunale Körperschaft in anderer Weise als durch einen Verwaltungsakt in ihren Rechten beeinträchtigt.[6]

Es ist eine Leistungsklage – auch als Unterlassungsklage – oder eine Feststellungsklage (so im *Ausgangsfall 2*) zulässig. Im Rahmen von § 42 II VwGO ist nach den Grundsätzen in Rn. 185 ff. bei der Zulässigkeit der Klage nur zu prüfen, ob eine Beeinträchtigung des Eigenbereichs von vornherein ausgeschlossen ist.

II. Rechtmäßigkeit des aufsichtsbehördlichen Eingreifens

1. Rechtsaufsicht (Kommunalaufsicht)

766 Die Maßnahme der Rechtsaufsicht ist rechtswidrig, wenn die Kommune das Recht *nicht* verletzt hat.

Im *Ausgangsfall 1* (Rn. 761) ist entscheidend, ob sich die G mit dem Beschluss ihres Gemeinderates im Rahmen ihrer (Selbstverwaltungs-)Kompetenzen gehalten hat. Das hängt davon ab, ob der Inhalt des Beschlusses eine *„Angelegenheit der örtlichen Gemeinschaft"* (oder wie die einschlägige Gemeindeordnung in verwandter Weise sonst formuliert) betrifft. Dabei geht es um eine Auslegung des *einfachen* Gesetzesrechts, die von Bundesland zu Bundesland etwas variieren kann, *nicht* um eine Auslegung des Art. 28 II 1 GG. Weil die Gemeindeordnungen sich ihrerseits an Art. 28 II 1 GG orientiert haben, ist gleichwohl beachtlich, dass BVerfGE 79, 127 (151 f.) auf der Verfassungsebene die „Angelegenheiten der örtlichen Gemeinschaft" definiert hat. Es sind „diejenigen Bedürfnisse und Interessen, die in der örtlichen Gemeinschaft wurzeln oder auf sie einen spezifischen Bezug haben ..., die also den Gemeindeeinwohnern gerade als solchen gemeinsam sind, indem sie das Zusammenleben und -wohnen der Menschen in der (politischen) Gemeinde betreffen".[7] Der *spezifische* Bezug auf die örtliche Gemeinschaft der Gemeinde G fehlt im *Ausgangsfall 1* für den Beschlussteil (a); von dem *allgemeinen* Problem einer Stationierung und Lagerung der Waffen „auf dem Boden der Bundesrepublik" ist die G nicht anders betroffen als alle anderen Gemeinden der Bundesrepublik auch. Hat man die vielfältigen Mitwirkungsrechte der G in der Fachplanung und die planerischen Konsequenzen im Blick, die sich für die G bei einer Stationierung und Lagerung auf ihrem Boden ergeben würden, kann Beschlussteil (b) hingegen eine hinreichend spezifische Anknüpfung in der örtlichen Gemeinschaft haben.[8]

2. Fachaufsicht

767 Eine fachaufsichtliche Weisung ist rechtswidrig, wenn die Aufsichtsbehörde ihre Aufsichtsbefugnisse überschritten hat.

Das kann *erstens* der Fall sein, wenn es sich nicht um eine (der Fachaufsicht unterliegende) Fremdverwaltungsaufgabe, sondern um eine (nur der Rechtsaufsicht unterstehende) eigene Aufgabe der Kommune handelt. Die Aufsichtsbefugnis kann *zweitens* überschritten sein, wenn der staatliche Gesetzgeber das fachaufsichtliche Weisungsrecht im Sinne einer *„Selbst*beschränkung" eingeschränkt hat (Rn. 737), etwa nur allgemeine Anordnungen zulässt.

768 Im *Ausgangsfall 2* (Rn. 761) ist der erste Problembereich einschlägig. Der Kommune kommt die *„volle Organisationshoheit"* zu. Demgemäß dürfen sich fachliche Weisungen „nur auf das

---

[5] S. zB *BVerwG* NVwZ 1995, 910.
[6] S. BVerwGE 60, 144 (148).
[7] S. a. E 138, 1 (16 f. Rn. 45 ff., 24 Rn. 65) zur Schulträgerschaft von „Volksschulen".
[8] S. *VGH Mannheim* DVBl 1984, 729. Umfassend zum Problembereich *Uechtritz/Schlarmann,* DVBl 1984, 939; BVerwGE 87, 228; *Schoch,* JuS 1991, 728.

§ 55. Aufsichtsprobleme

zu bewerkstelligende Produkt", nicht aber auf die „Verwirklichungswerkzeuge" erstrecken.[9] Die Einlegung der Berufung ist aber das in der Auftragsverwaltung „zu bewerkstelligende Produkt", so dass die fachliche Weisung rechtmäßig ist.

III. Aufsichtsmittel

1. Rechtsaufsicht (Kommunalaufsicht)

Nach ihrer Intensität lassen sich die *Aufsichtsmittel* zu **drei Gruppen** zusammenfassen.[10]   769

(1) Zunächst hat die Aufsichtsbehörde Anstöße zur *kommunalen Selbstkorrektur* zu geben. Liegt ein (rechtswidriger) Beschluss des Gemeinderates vor, kann die Aufsichtsbehörde den Gemeindevorsteher anweisen, von *seinem* Rügerecht Gebrauch zu machen („Rügeanweisung"). Jedes rechtswidrige Handeln kann die Aufsichtsbehörde (mit aufschiebender Wirkung) *beanstanden* und der Gemeinde so Gelegenheit geben, die rechtswidrige Maßnahme *selbst* zu beseitigen. Rechtswidrigem Unterlassen begegnet die Aufsichtsbehörde mit einer Anordnung zu einem bestimmten gemeindlichen Handeln. – (2) Auf der zweiten Stufe korrigiert die Aufsichtsbehörde das rechtswidrige gemeindliche Handeln selbst, indem *sie* die rechtswidrige Maßnahme *aufhebt* oder eine rechtswidrig unterlassene Maßnahme durch *Ersatzvornahme*[11] selbst vornimmt. Ist die Rechtmäßigkeit des kommunalen Handelns insgesamt nicht mehr gewährleistet, kann ein *Kommissar* bestellt werden. – (3) Ist die Kommune zu rechtmäßiger Selbstverwaltungstätigkeit völlig außerstande geraten, kann die Kommunalaufsicht auf einer letzten Stufe die Gemeindevertretung auflösen und eine Neuwahl anordnen *(Rekonstituierung)*.

Bei der Auswahl des „richtigen" Aufsichtsmittels ist die Aufsichtsbehörde an den   770 *Grundsatz der Verhältnismäßigkeit* gebunden.

Im *Ausgangsfall 1* (Rn. 761) kam eine Rügeanweisung an den Gemeindevorsteher als milderes Mittel in Betracht.

2. Fachaufsicht

Im Rahmen der Fachaufsicht kommt der Aufsichtsbehörde (nur) unter bestimmten   771 Voraussetzungen (Rn. 646) ein *„Selbsteintrittsrecht"* zu. Ansonsten hat die Fachaufsichtsbehörde keine *eigenen* Möglichkeiten, die Befolgung ihrer Weisungen gegen eine Kommune durchzusetzen. Sie muss sich an die *Kommunalaufsichtsbehörde* wenden, damit diese von *ihren* Möglichkeiten der *Rechts*aufsicht (Kommunalaufsicht) Gebrauch macht. Verweigert die Kommune die Durchführung einer fachaufsichtsrechtlichen Weisung, handelt sie nämlich rechtswidrig.[12]

Im *Ausgangsfall 2* (Rn. 761) könnte es notwendig werden, die Kommunalaufsichtsbehörde einzuschalten, damit die Berufungsfrist nicht versäumt wird. Geht der Streit um die fachaufsichtliche Weisung zugunsten der *St* aus, kann die Berufung zurückgenommen werden.

---

[9] *Schmidt-Jortzig*, Kommunalrecht, 1982, Rn. 547, 556; *ders.*, JuS 1979, 490.
[10] Hierzu und zum Nachfolgenden *Schmidt-Jortzig*, Kommunalrecht, 1982, Rn. 86 ff.; s. a. *Burgi*, Kommunalrecht, § 8 Rn. 40 ff. – Unterscheidung zwischen präventiven und repressiven Instrumenten.
[11] Klausurfall bei *Funke/Papp*, JuS 2009, 246.
[12] S. dazu zB *Burgi*, Kommunalrecht, § 8 Rn. 38.

13. Teil. Methodik der Fallbearbeitung

§ 56. Allgemeine Hinweise

I. Vier „Stationen" der Fallbearbeitung

Die nachfolgenden Ausführungen sollen verdeutlichen, wie man mit den vorstehend erworbenen Kenntnissen einen unbekannten Fall angemessen in den Griff bekommt, *ohne* an einem Schema zu kleben.[1] Die Darstellung folgt dabei den „Stationen", welche die Fallbearbeitung in gleicher Weise wie jede andere wissenschaftliche Arbeit zu durchlaufen hat: Nach dem *Erfassen der Aufgabe* (1) gehen die Überlegungen in zwei Denkphasen vor sich. Zunächst werden – oft über Umwege und Irrwege – die *erheblichen Probleme ertastet, erwogen und gelöst* (2). Sodann wird entschieden, wie die Lösung in Aufbau und Schwerpunktbildung am besten *darzustellen* ist (3). (Beide *Denk*phasen können sich natürlich auch überlagern.) Erst jetzt ist die eigentliche *Niederschrift* (4) möglich. Wie viel Zeit den einzelnen Stationen gewidmet wird, haben die Bearbeiter individuell auszuprobieren und je für sich zu entscheiden; das empfohlene Fall-Training (Rn. 24) bildet hierfür eine wichtige Grundlage. Insbesondere in der *Klausur* sollten allerdings grundsätzlich Lösung, Schwerpunktbildung und Aufbau feststehen, bevor mit der Niederschrift begonnen wird. Den meisten Bearbeitern werden eine Lösungsskizze und Markierungen des Sachverhalts oder jedenfalls wichtige Stichpunkte helfen, bei der Niederschrift nichts zu vergessen und eine logische Struktur ohne Brüche und Widersprüche einzuhalten.

II. Klausur und Hausarbeit

Die *Hausarbeit*[2] unterscheidet sich *in doppelter Hinsicht* von einer Klausur: (1) In der längeren Bearbeitungszeit können die Bearbeiter den Fall *gedanklich* tiefer durchdringen. (2) Die auftauchenden Fragen sind unter Heranziehung der *Literatur und Rechtsprechung* zu lösen. (1) und (2) *zusammen* sind die Voraussetzungen der *wissenschaftlichen* Fallbearbeitung (s. Rn. 21 ff.), die in der Hausarbeit erwartet wird. Bei einer Hausarbeit ist es insbesondere nicht damit getan, dass die Bearbeiter eine *klausurmäßige* Falldarstellung lediglich mit einigen *willkürlich* zusammengesuchten Zitaten *garnieren*, wie es in den studentischen Übungsarbeiten häufig geschieht. Vielmehr ist ein *Gutachten* zu liefern, mit dessen Hilfe der Leser die Rechtslage real einschätzen kann. Er muss daher zu jeder wichtigeren Sachaussage erfahren, wie weitgehend sie in Literatur und Rechtsprechung geteilt wird, ob sich auch abweichende Ansichten finden, was von diesen zu halten ist usw. Zwar ist es durchaus erforderlich, dass die Bearbeiter *ihre eigene* Ansicht darlegen. Solange die eigene

---

[1] S. dazu allgemein auch *Tettinger/Mann*, Einführung in die juristische Arbeitstechnik, 4. Aufl. 2009.
[2] Zur Hausarbeit im Öffentlichen Recht a. *Eibl/Müller*, JuS 2017, 117.

Ansicht nicht umfassend belegt und damit abgesichert sowie zum *Stand von Wissenschaft und Rechtsprechung* in Beziehung gesetzt ist (Rn. 806 ff.), hat sie aber wenig Wert.

§ 57. Das Erfassen der Aufgabe

774 Unverhältnismäßig viele Bearbeitungen scheitern daran, dass schon dem Erfassen der Aufgabe, der ersten Station der Fallbearbeitung, zu wenig Aufmerksamkeit gewidmet wird. „Die einzige Arbeit, bei der nicht mit der Zeit gespart werden darf, ist das sorgfältige Erfassen des Tatbestandes."[1]

I. Erfassen des Wortlauts

775 1. Es erscheint fast müßig, zunächst noch einmal auf die in allen Fallanleitungen ständig wiederholte Empfehlung hinzuweisen, den **Wortlaut des Sachverhalts** genau aufzunehmen und zu beachten. Gleichwohl geschehe schon das mit allem Nachdruck. Zur sorgfältigen Aufnahme des Sachverhalts gehört auch, dass die in der Aufgabe zitierten Paragrafen nachgelesen werden. Sie stellen in aller Regel wichtige Hinweise auf den Lösungsweg dar.

776 2. Viele *Fehler* entstehen durch eine *routinemäßige Behandlung* des Falles, vor allem durch eine **gedankenlose Anwendung des Klageschemas**.

So bemerken Bearbeiter, die auf das für eine bereits *erhobene* Klage entwickelte Prozessschema (Rn. 7 f.) eingeschworen sind, oft nicht, wenn ein Fall noch *vor* dem Prozess spielt. Selbst wenn ersichtlich soeben erst der Verwaltungsakt erlassen ist, „unterstellen" sie daher, ein Vorverfahren (§§ 68 ff. VwGO) als Voraussetzung für „die" Anfechtungsklage *habe* bereits stattgefunden. – Aber auch Bearbeiter, die an sich erkennen, dass noch kein Widerspruchsverfahren stattgefunden hat, wählen zumeist eine eventuelle *Klage* als Einkleidung für ihre Überlegungen und weisen in den Ausführungen zur „Zulässigkeit" der Klage nur darauf hin, dass der Kläger *zunächst* Widerspruch einzulegen habe. Diese Einkleidung ist *unorganisch,* soweit es um *Ermessensverwaltung* geht häufig auch *falsch.* Wenn nach der Sachverhaltsgestaltung noch kein Widerspruch eingelegt ist oder über einen Widerspruch noch nicht entschieden wurde, stehen Zulässigkeit und Begründetheit des *Widerspruchs* im Zentrum des Interesses. Gemäß § 79 I Nr. 1 VwGO ist „der ursprüngliche Verwaltungsakt *in der Gestalt, die er durch den Widerspruchsbescheid gefunden hat*", Gegenstand der Klage. Für die Ordnungsmäßigkeit der Ermessensbetätigung (Rn. 84 ff.), für die Begründungspflicht nach § 39 VwVfG (Rn. 69) und für anderes kommt es damit auf den Widerspruchsbescheid, *nicht* alleine auf den ursprünglichen Verwaltungsakt an. Solange kein Widerspruchsbescheid vorliegt, fehlt es an der Sachsubstanz, die erforderlich ist, um Ermessensausübung und Einhaltung der Begründungspflicht *gerichtlich* überprüfen zu können. Bearbeiter, die insoweit allein auf den *ursprünglichen* Verwaltungsakts abstellen, um eine *Klage* als begründet anzusehen, machen einen *falschen* Entscheidungsvorschlag. Gleichzeitig zeigen solche Bearbeiter, dass sie den Sinn des Widerspruchsverfahrens nicht verstanden haben: Dieses soll (zur Entlastung der Gerichte) einerseits dem Bürger einen (durchaus nicht von vornherein erfolglosen) Rechtsbehelf eröffnen, andererseits der Exekutive die Möglichkeit geben, die ursprüngliche Entscheidung in rechtlicher Hinsicht *und* in erneuter Ermessensbetätigung (so deutlich § 68 I VwGO) zu korrigieren oder besser abzusichern.

777 3. Andere Fehler entstehen dadurch, dass die Richtigkeit einzelner Angaben im Sachverhalt in Zweifel gezogen wird. Das ist verfehlt, weil der **Sachverhalt** die

---

[1] *K. H. Klein,* JuS 1963, 480.

§ 57. Das Erfassen der Aufgabe

Gegebenheiten objektiv schildert. Werden ergänzend einzelne *Behauptungen* der Beteiligten mitgeteilt, so beschränkt sich die Aufgabe der Bearbeiter darauf, diese Behauptungen – ihren Inhalt als wahr unterstellt – *rechtlich* zu würdigen (Schlüssigkeitsprüfung). Eine Stellungnahme dazu, ob die Behauptungen objektiv richtig sind, wird erst im Referendariat verlangt. In diesem Zusammenhang gilt es auch, Fehler zu vermeiden, die durch *Spekulationen* hervorgerufen werden.

> **Beispiel:** Die Achse eines vom Fahrer *F* gelenkten, mit Zement beladenen LKW bricht. Der dem *E* gehörende Zement rutscht in einen Bach, bindet ab und wird so zu einem massiven Hindernis. Frage 1: Wen kann die Polizei zur Beseitigung des Hindernisses in Anspruch nehmen? Frage 2: Kann der *E* auf *F* verweisen mit der Begründung, *F* habe den Unfall verschuldet?
>
> Zur Frage 2 erörterten manche Bearbeiter, ob den *F* wirklich ein Verschulden treffe. Einige Studenten verneinten dies, weil ein Achsbruch höhere Gewalt sei. Andere meinten nach längeren Spekulationen, *F* sei wahrscheinlich (?!) auf schlechtem Pflaster zu schnell gefahren oder habe es unterlassen, die Achse vor Antritt der Fahrt zu überprüfen. Alle diese Ausführungen waren verfehlt. Verlangt und möglich war nur eine *rechtliche* Auseinandersetzung mit dem Verschulden, unterstellt, es liege vor.

778–779

II. Eindringen in den Sachverhalt[2]

Nach dem Erfassen des Wortlauts sollten die Bearbeiter so tief in den Sachverhalt *eindringen*, dass sie in ihm „leben". Zu diesem Zweck versetzen sich die Bearbeiter am besten der Reihe nach *in die Lage der Beteiligten* und machen sich so die Interessenlagen klar.

780

Gleicher *Beispielsfall* wie soeben in Rn. 778 (Zementwagen): Fast alle Bearbeiter waren zu Frage 1 der richtigen Ansicht, sowohl der Eigentümer *E* des Zements als auch der Fahrer *F* (ohne Verschulden) seien polizeipflichtig. Zu Frage 2 führten die meisten Bearbeiter dann nur aus: Da *F* schon ohnehin in Anspruch genommen werden könne, sei er erst recht polizeipflichtig, wenn ihn ein Verschulden treffe. Das beantwortete die Frage 2 aber nicht. *E* verweist vielmehr auf *F*, weil er *selbst nicht* in Anspruch genommen werden möchte. Daher musste man eine rechtliche Konstruktion suchen, nach der eine *Freistellung* des *E* in Betracht kam. Entscheidend war, ob das Ermessen der Polizei in ihrer Auswahl zwischen mehreren Störern bei einem Verschulden des *F* vielleicht in der Weise gebunden sein würde („Ermessensreduzierung auf Null"), dass eine Inanspruchnahme des *E* fehlerhaft wäre (s. Rn. 123).

781

III. Herausarbeiten der Fragestellung

Viele Sachverhalte schließen mit einer klaren Fragestellung („Wie wird das Gericht entscheiden?", „Kann *A* den gegen sie gerichteten VA mit Erfolg anfechten?"). Eine derartige Frage steckt den Rahmen für die Ausführungen der Bearbeiter in der Regel eindeutig ab.

782

In seltenen Fällen ergibt sich beim Eindringen in die Rechtsfragen, dass der Aufgabensteller die *Frage zu eng gefasst* hat, ein *sinnvolles* Gutachten nur erstattet werden kann, wenn die Fragestellung überschritten wird. *Beispiel:* Der Bundestag beschließt die Änderung eines Gesetzes. Der Bundesrat sieht in der neuen Gesetzesfassung einen Verstoß gegen ein Grundrecht und

783

---

[2] Zur Sachverhaltsstrukturierung *Wolf*, JuS 2016, 309.

verweigert der Gesetzesänderung deshalb seine Zustimmung. Trotzdem wird das Änderungsgesetz vom Bundespräsidenten ausgefertigt und im Bundesgesetzblatt verkündet. Kann der Bundesrat mit Erfolg gegen das Gesetz vorgehen? – Der Bundesrat kann die Organklage gem. Art. 93 I Nr. 1 GG, § 13 Nr. 5, §§ 63 ff. BVerfGG erheben. In ihrem Rahmen kann aber nicht die Grundrechtsproblematik, sondern nur die Frage geklärt werden, ob ein Zustimmungsrecht des Bundesrates verletzt worden ist.[3] Außerdem kann die Organklage nur dazu führen, dass das BVerfG einen Verfassungsverstoß feststellt (§ 67 BVerfGG). Das Gesetz wird hingegen nicht für nichtig erklärt. Prozessual günstiger ist die abstrakte Normenkontrolle gem. Art. 93 I Nr. 2 GG, § 13 Nr. 6, §§ 76 ff. BVerfGG. Sie erstreckt sich auch auf die materielle Vereinbarkeit des Gesetzes mit den Grundrechten. Außerdem kann das Gesetz im Rahmen der Normenkontrolle für nichtig erklärt werden (§ 78 BVerfGG). Gem. Art. 93 I Nr. 2 GG, § 76 BVerfGG kann die abstrakte Normenkontrolle indessen nur von der Bundesregierung, einer Landesregierung oder einem Viertel der Mitglieder des Bundestages eingeleitet werden, nicht aber vom Bundesrat. Weil im Sachverhalt nur nach prozessualen Möglichkeiten des Bundesrates gefragt war, ließen die Bearbeiter die abstrakte Normenkontrolle außer Betracht. Damit konnten sie die Grundrechtsproblematik, die dem Bundesrat nach der Sachverhaltsschilderung besonders am Herzen lag, prozessual nicht „einfangen". Eingeengt durch die Fragestellung, wagten nur wenige Bearbeiter den Vorschlag, der auf der Hand liegt und den Fall prozessual angemessen in den Griff nimmt: Die Landesregierungen können sich im Bundesrat dahin verständigen, dass eine Landesregierung die abstrakte Normenkontrollklage erhebt (natürlich im eigenen Namen, nicht im Namen des Bundesrates). So würden sich die Dinge mit ziemlicher Sicherheit in der Praxis entwickeln.

784 Besondere Schwierigkeiten macht den Bearbeitern das *Aufhellen unklarer und allgemein gehaltener Fragestellungen* wie insbesondere die Frage nach der Rechtslage. Die vom Zivilrecht her geläufige, am Anspruchsdenken orientierte Lösungsformel „Wer will was von wem woraus?" lässt sich für das Verwaltungsrecht abwandeln in die Frage „Wer ist daran interessiert, was bei wem zu erreichen?", oder kürzer, aber weniger aufgegliedert: „Woran sind die beteiligten Personen interessiert?" – Am besten versetzen sich die Bearbeiter vor diesem Hintergrund zunächst in die Rolle der einzelnen Beteiligten. Worauf sind deren Interessen konkret gerichtet? Auf dieser Grundlage können sie dann genaue Fragen formulieren.

785 1. Zumeist lassen sich die Fragestellungen auf diese Weise allein mithilfe der Sachverhaltsschilderungen aufhellen oder in konkrete Einzelfragen auflösen, ohne dass schon jetzt ein tieferes Eindringen in Rechtsfragen erforderlich wird.

786 **Beispiel:** X, bisher in der Wirtschaft tätig, hat von einer Ministerin die Zusicherung erhalten, zum Ministerialrat in einem Bundesministerium ernannt zu werden. Darüber ist ein Aktenvermerk aufgenommen worden, den neben der Ministerin auch der Bundespräsident unterzeichnet hat. Dann stellt sich heraus, dass X nicht die deutsche Staatsangehörigkeit besitzt und also § 7 I Nr. 1 und § 7 III BBG einschlägig sind.[4] X möchte auf die ihm zustehenden Rechte nicht verzichten. Wie ist die Rechtslage? – X ist daran interessiert: a) ob er Ansprüche auf Beamtenbesoldung als Ministerialrat hat (Aktenvermerk = Ernennung?); b) ob er die Ernennung erreichen kann (wegen der Zusicherung); c) ob er Schadensersatzansprüche hat.

787 2. Bisweilen lassen sich unklare oder allgemein gehaltene Fragestellungen aber auch erst auflösen, wenn die Bearbeiter gleichzeitig *tiefer in Rechtsfragen eindringen*.

Beispiel:[5] Weil einer neu erbauten Schule durch Bäume auf dem Nachbargrundstück Licht und Luft entzogen werden, wird dem Nachbarn N durch Verfügung vom 6.1.

---

[3] S. Rn. 654. Zum Zustimmungsproblem s. Rn. 671.
[4] S. zum Fall auch schon Rn. 228.
[5] S. zum Fall auch schon Rn. 58, 332.

aufgegeben, die Bäume zu fällen. N ficht die Verfügung, der eine vorschriftsmäßige Rechtsbehelfsbelehrung beigefügt war, nicht an. Er kommt ihr aber auch nicht nach. Deshalb lässt der Stadtdirektor – Ordnungsamt – die Bäume am 6.4. vom städtischen Forstpersonal fällen. N legt nunmehr „Beschwerde" ein und beabsichtigt auch, Klage beim Verwaltungsgericht zu erheben mit dem Antrag „festzustellen, dass die Verfügung vom 6.1. rechtsunwirksam" sei. Wie ist die Rechtslage? Was ist zu der „Beschwerde" und der beabsichtigten verwaltungsgerichtlichen Klage zu sagen?

Viele Bearbeiter wussten mit der Frage nach der Rechtslage nichts anzufangen. Deshalb wurde zuerst die beabsichtigte verwaltungsgerichtliche Klage behandelt. In ihrem Rahmen wurde keine Anknüpfung gefunden, die Rechtmäßigkeit der nicht mehr anfechtbaren Verfügung vom 6.1. in allen Einzelheiten zu untersuchen. (Im Feststellungsantrag geht es nur um ihre Nichtigkeit, also um besonders schwere Rechtsmängel [Rn. 58].) Die Frage nach der Rechtslage schien also zu bedeuten, dass man die Einzelheiten zur Rechtmäßigkeit der Verfügung jetzt noch isoliert untersuchen solle. Eine solche Deutung verkennt die Aufgabe der Bearbeiter, einen *praktischen* Fall zu lösen. Auch wenn nach der Rechtslage gefragt ist, sind nur Dinge zu behandeln, die *gegenwärtig* noch eine *praktische* Bedeutung haben. Was darunter fällt, ergibt sich wiederum aus der Sicht der Beteiligten. In der Sache geht es N darum, ob er die Anpflanzung neuer Bäume und (/oder) Entschädigung verlangen kann. Als Laie hat er schon einen ganz bestimmten Weg eingeschlagen, sogar ein bestimmter Klageantrag schwebt ihm vor. Nach der ausdrücklichen Anweisung im Sachverhalt soll *einmal* untersucht werden, was von diesem Vorgehen zu halten ist. Weil *außerdem* nach der Rechtslage gefragt wird, kann dies aber nur Teil einer viel umfassenderen Untersuchung sein, die *alle* dem N zu Gebote stehenden Möglichkeiten erörtert, auch wenn er an sie als Laie gar nicht denkt. In Betracht kommt insbesondere auch ein Vorgehen im Zivilrechtsweg, gerichtet etwa auf Schadensersatz wegen Amtspflichtverletzung (§ 40 II 1 VwGO) oder auf Entschädigung, weil N vielleicht als Nichtstörer in Anspruch genommen worden ist.[6] Hier führen die Erörterungen dann auch – diesmal organisch – zu einer näheren Auseinandersetzung mit der Verfügung vom 6.1.

3. Falls die Fragestellung nicht selbst festlegt, ob von den Bearbeitern *auch prozessuale oder lediglich materiellrechtliche Ausführungen* erwartet werden, beginnt häufig ein großes Rätselraten. 788

Beachte: Ist im Sachverhalt *ausdrücklich* nur nach der materiellen Rechtslage oder nach der Rechtmäßigkeit einer Verfügung gefragt, sollen natürlich – von Sonderfällen vielleicht abgesehen – keine prozessualen Ausführungen gebracht werden. 789

Entscheidend ist, welche Ausweitung oder Begrenzung nach der Interessenlage der Beteiligten und im Interesse einer sinnvollen Schwerpunktbildung vernünftig ist. 790

Beispiele: Erkundigt sich ein Bürger nach Amtshaftungs- oder Entschädigungsansprüchen, ist es nützlich, ihn mit *einem* Satz darüber zu belehren, dass sie im ordentlichen Rechtsweg geltend zu machen wären. Fragt ein Bürger, gegen den ein belastender Verwaltungsakt ergangen ist, um Rat, muss er auf die Widerspruchsmöglichkeit und ihre Frist hingewiesen werden, damit er den Verwaltungsakt nicht unanfechtbar werden lässt.

Als *Faustregel* ergibt sich: Soweit prozessuale Möglichkeiten von aktuellem Interesse sind, sollte man sie erwähnen. Zumeist sind sie aber nur ganz kurz zu behandeln: Allein aus der Tatsache, dass die Aufgabenstellung nicht *deutlich* prozessuale Erörterungen gefordert hat, lässt sich in der Regel schließen, dass hier *keine besonderen* Probleme verborgen liegen. 791

---

[6] S. insoweit zum Fall schon Rn. 332; zum Zivilrechtsweg zB § 86 Nds. SOG.

IV. Versteckte Fehlerquellen

792 Nur mit größter Aufmerksamkeit können die Bearbeiter bisweilen *Irreführungen* entgehen, nämlich erkennen, dass Verfügungen, Anträge oder andere Rechtshandlungen nicht so eindeutig sind, wie sie auf den ersten Blick scheinen.

> **Beispiel:** Das Ordnungsamt hat erfahren, dass ein Gastwirt *(G)* eine Beat-Band zu einem Gastspiel verpflichtet hat, welche die Zuschauer in wildes Getobe zu versetzen pflegt. Deshalb erlässt die Behörde gegen *G* eine „Verfügung, die Stühle zu befestigen, widrigenfalls das Konzert mit polizeilichen Zwangsmitteln verhindert werde". – Alle Bearbeiter untersuchten die Rechtmäßigkeit „des Gebots", die *Stühle* zu befestigen. Tatsächlich ist aber wohl das *Konzert* verboten worden unter der auflösenden Bedingung, dass G die Stühle noch befestigt und so die polizeiliche Gefahr (Gesundheitsschäden) beseitigt. Sonst müsste die Behörde *noch extra* eine *Verbots*verfügung erlassen, *bevor* sie das Konzert zwangsweise verhindern könnte.[7]

§ 58. Das Hintasten zur Lösung

I. Der Sachverhalt als Ausgangspunkt

793 Die rechtlichen Überlegungen haben *von der Fragestellung auszugehen* und stets *enge Fühlung mit dem Sachverhalt* zu halten. Es mag sich für die Bearbeiter empfehlen, alsbald ihr *Judiz* zu betragen, wie das *Ergebnis* aller rechtlichen Überlegungen wohl lauten müsste. Gleichwohl sollten sie aber möglichst lange ihre *Unbefangenheit* bewahren. Viele Arbeiten misslingen oder geraten schief, weil ihre Bearbeiter diese *Grundvoraussetzung* jeder Fallbearbeitung nicht beachten, sondern umgekehrt von den „offenbar" mit dem Fall in Zusammenhang stehenden *Rechts*fragen und -problemen ausgehen. So kommt es dazu, dass Probleme durchdacht und schließlich zu Papier gebracht werden, die zur Lösung des Falles nicht beitragen; oft wird der *Sachverhalt* sogar zum Problem hin „*umgebogen*" mit der Folge, dass ein anderer als der gegebene Fall bearbeitet wird („Sachverhalts*quetsche*").

794–795 **Beispielsfall** (Hausarbeit): Die Satzung über die Benutzung eines städtischen Schwimmbades enthält die Bestimmung, dass die Schüler der städtischen Schulen freien Eintritt haben. „Hiergegen" erhebt die *T*, die eine staatliche Schule besucht, Verfassungsbeschwerde. Wird diese Erfolg haben?[1]
Viele Bearbeiter gingen ohne Weiteres davon aus, *T* wolle die Satzung für *nichtig* erklären lassen. Versetzt man sich aber in die Lage der *T*, wird deutlich, dass ihr damit nicht gedient ist, denn dann haben auch die Schüler der städtischen Schulen Eintritt zu zahlen. *T* möchte deren Begünstigung aber gerade *aufrechterhalten* und *auch für sich* in

---

[7] Zu dieser Kongruenz von Verfügung und Vollstreckung Rn. 134.
[1] Schwimmbadfall mit unionsrechtlicher Problematik (Dienstleistungsfreiheit): *BVerfG* NJW 2016, 3153 m. Anm. *Waldhoff,* JuS 2017, 286.

Anspruch nehmen. Das BVerfG kann feststellen, dass der gegenwärtige *Zustand* verfassungswidrig ist, *ohne* die Satzung für nichtig erklären zu müssen.²

Die Gefahren, den Sachverhalt aus den Augen zu verlieren, sind bei *Hausarbeiten* besonders groß, wenn mehr oder minder planlos in Literatur und Rechtsprechung herumgelesen wird. 796

> **Beispiel:** Die Bundeskanzlerin wünscht, der Landwirtschaft nach schweren Unwettern unter Überschreitung des Haushaltsplanes 50 Millionen EUR als Soforthilfe zur Verfügung zu stellen. Der Finanzminister verweigert jedoch seine nach Art. 112 GG erforderliche Zustimmung. Daraufhin beantragt die Bundeskanzlerin beim Bundespräsidenten die Entlassung des Finanzministers und die Ernennung der Abgeordneten X zur neuen Finanzministerin, weil X sich bereit erklärt hat, dem Vorhaben zuzustimmen. Der Bundespräsident möchte wissen, ob er verpflichtet ist, die Entlassung auszusprechen.
>
> Ein voreiliger Blick in die Kommentare zu Art. 64 GG verführte die Bearbeiter der Hausarbeit dazu, den bekannten Meinungsstreit über „das" Prüfungsrecht des Bundespräsidenten (Rn. 657 ff.) in den Mittelpunkt der Erörterungen zu stellen. Dabei wurde übersehen, dass sich die Meinungsäußerungen in der Literatur zumeist auf ein *politisches* Prüfungsrecht bei der Ernennung von Bundesministern beziehen.³ Nach den Besonderheiten des vorliegenden Sachverhalts scheint es aber so, als wenn Art. 112 GG umgangen werden soll. Das lässt zunächst einmal die Frage nach einem *rechtlichen* Prüfungsrecht des Bundespräsidenten in den Vordergrund treten. Erst anschließend kann man auf ein politisches Prüfungsrecht kommen, etwa wenn man die Ansicht vertritt, es liege keine rechtswidrige Umgehung des Art. 112 GG vor, weil hier nur verlangt werde, dass *irgendein* Finanzminister die Verantwortung übernehme.⁴ Auch jetzt erübrigt es sich aber, die ganze Problematik des politischen Prüfungsrechts bei *Ernennungen* auszubreiten, denn bei Ernennungen ist ein Ablehnungsrecht des Bundespräsidenten nur deshalb ernsthaft zu erwägen, weil der Bundeskanzler immer noch die Möglichkeit hat, eine andere Person *seines Vertrauens* vorzuschlagen. Bei der *Entlassung* hingegen, um die es vorliegend nur geht, ist ein politisches Prüfungsrecht kaum diskutabel. Sonst könnte der Bundeskanzlerin hier ein Minister aufgenötigt werden, zu dem sie kein Vertrauen (mehr) hat. (Aus diesem Grunde würde der Bundespräsident die Entlassung übrigens auch dann nicht verweigern können, wenn „an sich" eine Umgehung des Art. 112 GG vorläge.⁵)

Um derartige Fehlleistungen zu vermeiden, sei dringend empfohlen, auch den *Hausarbeitsfall zunächst klausurmäßig* zu lösen. Literatur und Rechtsprechung sind erst anschließend und allein für vorher genau formulierte und durchdachte Einzelfragen heranzuziehen. Mit ihrer Hilfe ist die klausurmäßige Lösung dann jeweils fortzuentwickeln. Dabei sollte der nächsten Frage erst nachgegangen werden, nachdem die Ergebnisse der vorhergehenden Nachforschung voll und ganz in die bisherigen Überlegungen eingepasst worden sind. 797

---

² S. bereits Rn. 402. Nur wenn mit Sicherheit angenommen werden könnte, dass der Gesetzgeber – hätte er den Verfassungsverstoß erkannt – die staatlichen Schulen in seine Regelung einbezogen hätte, würde das BVerfG das Wort „städtisch" für nichtig erklären und so den Schülern der staatlichen Schule *unmittelbar* freien Eintritt verschaffen können (Problem der Gewaltenteilung), s. BVerfGE 115, 81 (93) m. Anm. *Sachs,* JuS 2006, 1012; E 37, 217 (260); 6, 273 (281). – Zu weiteren prozessualen Problemen des Falles (Subsidiarität der Verfassungsbeschwerde) s. Rn. 505 ff.

³ S. etwa Maunz/Dürig/*Herzog,* GG, Art. 64 Rn. 12 ff.

⁴ Näheres zu Art. 112 bei *Daerr,* Das Notbewilligungsrecht des Bundesministers der Finanzen, 1973; *Friauf,* GS F. Klein, 1978, S. 162; *Arndt,* JuS 1978, 19; BVerfGE 45, 1.

⁵ Anders nur bei *ganz eindeutiger* Verfassungswidrigkeit des Entlassungsgesuchs; s. Maunz/Dürig/*Herzog,* GG, Art. 64 Rn. 54.

II. Die Gedankenfolge

798 Sind mehrere Fragen gestellt, sollten die Bearbeiter versuchen, sie in der Reihenfolge zu durchdenken, in welcher der Sachverhalt sie bringt. Denn häufig baut die nachfolgende Frage auf der Beantwortung der vorherigen Frage auf. Innerhalb der einzelnen Fragen tasten sich die Bearbeiter am besten *ohne jede schablonenhafte Festlegung* nach den *Regeln der Logik* zur Lösung vor, gestützt auf ein von Kenntnissen getragenes Erfahrungswissen. Das Anliegen der ersten Teile dieser Anleitung war es, durch den Überblick über die typischen, immer wiederkehrenden Fallgestaltungen und ihre Probleme hierfür den Grund zu legen. Den Anfängern seien immerhin noch einige Zusammenhänge bewusst gemacht, auf die sie bei der Denkarbeit zur Lösung mancher *verwaltungsrechtlicher Fälle im Verhältnis Bürger/Staat* aufbauen können, wenn sie sich der bereits dargestellten *Gefahren aller Schemata* und ihrer beschränkten Leistungsfähigkeit (Rn. 10 ff.) stets bewusst sind.

799 1. Methodisch gesehen sind am leichtesten Fälle zu bearbeiten, in denen nach der Fragestellung **bereits Klage erhoben** und die **Entscheidung des Gerichts zu entwerfen** ist (Frage etwa: „Wie wird das Verwaltungsgericht entscheiden?"). Das jetzt einschlägige Prozessschema gibt eine gute Stütze für wesentliche Teile der Gedankengänge. Die Voraussetzungen der Zulässigkeit einer Klage sind katalogartig erfasst (s. Rn. 7). Sind sie gedanklich durchgeprüft, ergibt sich automatisch für die Begründetheit der Klage die Festlegung, welcher der früher zusammengestellten Grundfälle vorliegt, ob es etwa um die Anfechtung eines Verwaltungsakts geht oder stattdessen um die Rechtmäßigkeit einer Norm, ob die Begründetheit eines geltend gemachten Anspruchs sich nach zivilrechtlichen oder nach öffentlichrechtlichen Normen bemisst, usw. Diese Weichen werden bei der Behandlung der Schemapunkte „Eröffnung des Rechtswegs" („öffentlichrechtliche oder privatrechtliche Streitigkeit"?) und „Statthafte Klage- oder Verfahrensart" (Anfechtungsklage = Verwaltungsakt; § 47 VwGO = Norm; Leistungsklage = Anspruch) gestellt (s. Rn. 50). Zur Begründetheit der Klage kann dann unvermittelt das „Schema" herangezogen werden, das die materiellrechtlichen Probleme des einschlägigen Grundfalles beschreibt.

800 2. Sind mit der Fragestellung **nur materiellrechtliche Ausführungen gefordert**, gilt es, in den *Vorüberlegungen* (aber *nicht* in der Niederschrift! s. Rn. 50) zunächst mit einer Frage nach der „Rechtsnatur der Beziehungen zwischen Bürger und Staat" den einschlägigen Grundfall zu ermitteln, *falls* überhaupt Zweifel bestehen. (Zumeist liegt auf der Hand, worum es geht.) Hier wird also das ermittelt, was sich im Prozessschema automatisch ergibt: die Weichenstellung zu den einschlägigen Normen. Anschließend lassen sich die Einzelprobleme wiederum mithilfe des jeweiligen materiellrechtlichen Schemas durchdenken.

801 3. Sind **sowohl prozessuale als auch materiellrechtliche Ausführungen gefordert, ohne dass bereits Klage erhoben ist** (Beispiele: „Was kann X unternehmen?"; „Würde ein Rechtsbehelf der X Erfolg haben?"), haben die Bearbeiter die Wahl, ob sie sich in den *Vorüberlegungen* über das Prozessschema zur Lösung hintasten (Rn. 799) oder ob sie ihre Überlegungen mit der materiellen Rechtslage beginnen (Rn. 800) und sich erst anschließend über die prozessualen Möglichkeiten Gedanken machen. Immer haben sie aber zu beachten: Bei den unter Rn. 799 f. dargestellten Fallgestaltungen steht von vornherein fest, dass auch die *Niederschrift* im Aufbau etwa den gleichen Leitlinien folgen wird wie die Vorüberlegungen. Bei der jetzt behandelten Fallgestaltung kann die *Niederschrift* hingegen sowohl mit prozessualen als auch mit materiellrechtlichen Ausführungen beginnen (s. Rn. 13). Daher haben

§ 58. Das Hintasten zur Lösung

die Bearbeiter sich nach dem Erarbeiten der Lösung noch selbständig Gedanken darüber zu machen, welcher Aufbau im konkreten Falle zweckmäßiger ist (s. Rn. 830 f.). Vor diesem Hintergrund sollten die Bearbeiter sich bemühen, den Fall von Anfang an *sowohl* von einem prozessualen *als auch* von einem materiellrechtlichen Aufbau her zu durchdenken. Andernfalls legen sie sich schon zu einem Zeitpunkt für einen bestimmten Aufbau der Niederschrift fest, in dem sie noch gar nicht entscheiden *können*, ob gerade dieser Aufbau dem Fall wirklich adäquat ist.

III. Problemaufspaltung

Eines der wichtigsten Instrumente jeder wissenschaftlichen Arbeit und damit auch der Fallbearbeitung ist das Bestreben, die auftauchenden Fragen und Probleme zu untergliedern und damit aufzuspalten *(„divide et impera"!)*.   802

Beispielsfall wie bei der Grundrechtsprüfung (Rn. 446): Würde ein Bundesgesetz gegen Grundrechte verstoßen, das in einer Zeit des Facharbeitermangels unter Strafandrohung jegliche „Ausreise" aus dem strukturschwachen Bundesland *X* in andere Bundesländer und ins Ausland verböte, um alle Facharbeiter im Lande *X* zu halten? – Die Bearbeiter dieses Falles kamen nicht durchgehend darauf, dass in der bereits dargestellten Weise (Rn. 446) jedenfalls zwischen interner und externer Freizügigkeit unterschieden werden muss, weil beide Bereiche durch verschiedene Grundrechte geschützt sind. Hinsichtlich der internen Freizügigkeit innerhalb des Bundesgebietes wurde die „Streitfrage" untersucht, ob Art. 11 GG oder Art. 12 I GG einschlägig sei; immerhin gehe es um die *Arbeits*aufnahme (Art. 12 I GG) in einem anderen Bundesland. Je danach, wie die einzelnen Bearbeiter die Konkurrenz zwischen Art. 11 und Art. 12 I GG sahen, untersuchten sie entweder nur Art. 11 GG oder nur Art. 12 I GG. Sachgerecht war in diesem Zusammenhang allein folgende Gliederung: I. Freizügigkeit der Bürger, die zum Zwecke der Arbeitsaufnahme ausreisen. II. Freizügigkeit der Bürger, die zu anderen Zwecken ausreisen. Für Gliederungspunkt I. ist die Konkurrenz zwischen Art. 11 und Art. 12 I GG in der Tat erheblich. Gliederungspunkt II. hat ein eigenständiges Gewicht. *Jedenfalls* in *seinem* Rahmen *ist* Art. 11 GG einschlägig.

IV. Das Eindringen in die Rechtsfragen

Bei den *rechtlichen Überlegungen* sollte ua beachtet werden: 803
1. Rechtsfragen und Zweifel im Tatsächlichen sind *scharf auseinanderzuhalten*.

> **Beispielsfall** (Hausarbeit):[6] Der Polizeibeamte *P*, der bei einer Wirtshausschlägerei einschritt und durch Messerstiche verletzt wurde, forderte den an der Schlägerei unbeteiligten Bauern *B* auf, an der Verfolgung des Messerstechers teilzunehmen. Im Laufe der Verfolgung wurde auch *B* durch einen Messerstich verletzt. *B* fragt an, wer für die Kosten seiner Heilung aufzukommen habe.
> Die Bearbeiter untersuchten den Rechtscharakter der Aufforderung. In ähnlichen Fällen hatten (veraltete) Literatur und Rechtsprechung teils einen privatrechtlichen Auftrag (Aufwendungsersatz), teils die polizeiliche Inanspruchnahme eines Nichtstörers durch Verfügung (Entschädigung, Rn. 332) angenommen.[7] Die Bearbeiter sahen darin eine *rechtliche* Streitfrage, wogen beides mit Rechtsausführungen gegeneinander ab und entschieden sich dann – zumeist unter Angabe vieler Zitate aus Literatur und Rechtsprechung – für eine Polizeiverfügung, weil man ein privatrechtliches Verhältnis nicht annehmen könne. Hierbei wurde das Nebeneinander von rechtlichen Schwierigkeiten

---

[6] S. *RG* JW 1914, 676 Nr. 4. S. zum Fall auch schon Rn. 334.
[7] Überblick zB bei *Ender*, Der Staatsbürger als Helfer der Polizei, 1959.

und Schwierigkeiten im Tatsächlichen nicht erkannt: Wenn ein privatrechtlicher Auftrag (Vertrag) aus Rechtsgründen nicht möglich ist, so ist damit nicht gesagt, dass die Beteiligten nicht gleichwohl einen Vertragswillen gehabt haben könnten, sondern P einseitig einen Befehl (Verfügung) erteilt haben müsste, wie die Bearbeiter ohne Weiteres annahmen. Als dritte Möglichkeit im Tatsächlichen könnte P auch nur eine Bitte geäußert haben. Die Rechtsprechung konnte den Bearbeitern nur dazu dienen, die mit den verschiedenen tatsächlichen Möglichkeiten verbundenen Rechtsinstitute zu entwickeln (bei Vertragswillen heute *öffentlichrechtlicher* Vertrag). Zur *tatsächlichen* Frage, unter welches der in Betracht kommenden drei Rechtsinstitute der konkrete Sachverhalt zu subsumieren war, gaben Literatur und Rechtsprechung nichts her. Geradezu unsinnig war es also, wenn die Entscheidung, im *vorliegenden* Falle handele es sich um eine Polizeiverfügung, mit Zitaten belegt wurde.[8]

804 2. Die Bearbeiter müssen sich über die **rechtliche Bedeutung aller tatsächlichen Angaben** im Sachverhalt Gedanken machen. Aus dem Bestreben heraus, die Aufgabe möglichst knapp zu formulieren, nehmen die Aufgabensteller (zumeist) nur Mitteilungen in den Sachverhalt auf, die für die Lösung wesentlich sind. Auf mitgeteilte *Rechtsansichten* müssen die Bearbeiter an geeigneter Stelle auch dann (kurz) eingehen, wenn sie eindeutig irrig sind. Die Aufgabe von Juristen, die um einen Rat gebeten werden, kann es nicht sein, ex cathedra zu sprechen. Sie müssen die Parteien überzeugen.

805 3. Die *einschlägigen Rechtsvorschriften* müssen sorgfältig ermittelt werden.[9] **Unbekannte Vorschriften** sind *sinnvoll* auszulegen und in das Rechtssystem einzupassen.

Beispiel:[10] Die Behörde hat X die Fahrerlaubnis entzogen. X hält das für rechtswidrig. Sein Widerspruch hat aber keinen Erfolg. Er fragt an, was er jetzt unternehmen könne – Viele Bearbeiter entdeckten § 3 II 1 StVG, wo es heißt: „Mit der Entziehung erlischt die Fahrerlaubnis." Daraufhin nahmen sie durchweg an, weil die alte Fahrerlaubnis erloschen sei, müsse X *Verpflichtungsklage* auf Erteilung einer neuen Fahrerlaubnis erheben. Das war unzutreffend, denn § 3 II 1 StVG ist natürlich in die herkömmlichen Grundsätze des Verwaltungs(prozess)rechts eingebettet: Solange die Entziehung der Fahrerlaubnis nicht unanfechtbar geworden ist, kann sie vom Gericht aufgehoben werden. Das erstrebt X mit der *Anfechtungsklage*. Nach der Aufhebung besteht die *alte* Fahrerlaubnis fort.

806 4. Bei allem sind in einer *Hausarbeit* **Literatur und Rechtsprechung** so weitgehend heranzuziehen, dass die Lösung hinreichend in den Meinungsstand eingepasst, belegt und gegen abweichende Ansichten abgesichert werden kann. Wer auf die Einbettung in Literatur und Rechtsprechung verzichtet, verfehlt das *Wesen* des geforderten *wissenschaftlichen Gutachtens* (s. Rn. 773).

807 Eine der Grundvoraussetzungen für das Gelingen der wissenschaftlichen Hausarbeit ist die *Fähigkeit* der Studenten, Literatur und Rechtsprechung *eigenständig zu analysieren* (s. Rn. 23). Dazu gehört insbesondere, sich nicht mit den „Leitsätzen" einer Entscheidung zu begnügen, sondern jede Entscheidung, auf die Bezug genommen werden soll, *genau zu lesen*.[11] Erst dann

---

[8] Nur der Vollständigkeit halber sei erwähnt, dass es auf die von den Bearbeitern angeschnittene Frage nicht in ihrer ganzen Breite ankommt. Wie in Rn. 334 schon ausgeführt wurde, ist B gem. § 2 I Nr. 13 lit. c SGB VII unfallversichert. Damit sind die nach *gesetzlichen* Vorschriften in Betracht kommenden Ansprüche des B nach Maßgabe von § 116 SGB X schon im Zeitpunkt der Verletzung auf den Versicherungsträger übergegangen.

[9] Technische Ratschläge zum Auffinden unbekannter Gesetze und Gesetzesmaterialien bei *Butzer/Epping*, Arbeitstechnik, S. 15, 109 ff.; *Möllers*, JuS 2000, 1203 (1205 ff.).

[10] S. zum Fall auch schon Rn. 39.

[11] Zur Urteilsanalyse für die Fallbearbeitung *Fuerst*, JuS 2010, 876.

§ 58. Das Hintasten zur Lösung

kann beurteilt werden, ob eine Inbezugnahme für den zu bearbeitenden Fall wirklich weiterhilft.

Literatur und Rechtsprechung *entwickeln sich ständig fort.* Die Korrekturerfahrung lehrt, dass diese Selbstverständlichkeit häufig nicht beachtet wird. 808

So wird in Übungs- und Examensarbeiten immer wieder ohne Weiteres so getan, als seien „ältere" Veröffentlichungen am *gegenwärtigen* Meinungsstreit beteiligt. Vor allem, wenn es sich um *grundlegende* Arbeiten handelt, *können* auch ältere Veröffentlichungen zwar durchaus noch von aktueller Bedeutung sein. Oft handelt es sich aber um Stellungnahmen, über welche die Entwicklung von Literatur und Rechtsprechung hinweggegangen ist und welche die Autoren nicht mehr aufrechterhalten könnten und würden, wenn sie sich *heute* erneut zu äußern hätten.

Demgemäß ist es unabdingbar, dass der *neueste Stand* von Literatur und Rechtsprechung ermittelt wird.[12] 809

Den *Einstieg* vermitteln (im Idealfall) *der* Kommentar und *das* Lehrbuch, die das *jüngste* Erscheinungsdatum aufweisen. Einschlägige Rechtsprechung und Literatur lässt sich zudem gezielt über die verschiedenen Suchfunktionen der *online-Datenbanken* (insbesondere beck-online und juris) ausfindig machen, die den Studenten mittlerweile an jeder Universität zugänglich sind.

5. Mitunter gelingen Bearbeitungen nur mit **juristischer Phantasie**, die wiederum eine *souveräne* Stoffbeherrschung voraussetzt. Merken die Bearbeiter, dass sie mit den üblichen Mitteln, insbesondere abrufbaren Schemata, nicht weiterkommen, lohnt es sich in der Regel, bekannte Wege zu verlassen und sich an den Grundsätzen der Logik zu orientieren. 810

6. Für die Auseinandersetzung mit **Streitfragen** und zur Möglichkeit, der *höchstrichterlichen Rechtsprechung* eine gehobene Bedeutung beizumessen, sei auf die Ausführungen im 1. Teil dieser Schrift (Rn. 26 ff.) sowie auf Rn. 838 verwiesen. 811

V. Lücken und Unklarheiten im Sachverhalt

Das tiefere Eindringen in die Rechtsfragen kann *Lücken und Unklarheiten* im Sachverhalt aufdecken. Das Problem ist nicht auf die Fallbearbeitung in der Universitätsübung und im Referendarexamen beschränkt, sondern tritt besonders in der Praxis auf. So darf das Verwaltungsgericht nicht abschließend entscheiden, solange aufklärbare Zweifel über tatsächliche Gegebenheiten bestehen, die entscheidungserheblich sind (Amtsermittlung, § 86 I VwGO[13]). In *Übungsarbeiten* muss das Problem speziell gelöst werden, denn der Sachverhalt ist zumeist stark komprimiert. *Notwendigerweise* entstehen viele Lücken, wenn etwa der Tatbestand eines längeren Urteils zu einer möglichst kurzen Examensaufgabe umgestaltet wird. Die Verfasser einer solchen Aufgabe lassen alles das fort, was nach ihrer *Lebenserfahrung* selbstverständlich und nach *ihren Lösungsvorstellungen* unerheblich ist. 812

1. Die Bearbeiter können daher ohne Weiteres das „*unterstellen*", was der **Lebenserfahrung** entspricht, solange sie nicht in Spekulationen verfallen (Sachverhaltsergänzung).[14] 813

Es wurde bereits angedeutet (Rn. 74, 421), dass dementsprechend Formerfordernisse, Zuständigkeitsvorschriften und Fristen gewahrt sind, wenn der Sachverhalt insoweit keine näheren tatsächlichen Angaben macht. 814

---

[12] Zur entsprechenden Recherche in Bibliotheken und über elektronische Datenbanken werden an den Universitäten in aller Regel Einführungskurse angeboten.
[13] Hierzu *Müller*, JuS 2014, 324; *Jacob*, JuS 2011, 510.
[14] S. dazu auch *Diederichsen/Wagner*, Die BGB-Klausur, 9. Aufl. 1998, S. 23 f.

815 2. Die **Sachverhaltsauslegung** darf *nicht* dazu *missbraucht* werden, einfache Zusammenhänge *zu verkomplizieren*.

> **Beispiel:**[15] Nach dem Sachverhalt einer Examenshausarbeit hatte die Behörde dem Konditor *K* gestattet, auf dem Bürgersteig Tische und Stühle aufzustellen. Einige Bearbeiter nahmen an, durch diese Gestattung seien die entsprechenden Teile des Bürgersteigs entwidmet worden. Die Entwidmung sei aber rechtswidrig, weil der Sachverhalt nicht erkennen lasse, dass gewissen Bekanntmachungsvorschriften Genüge getan sei. – Natürlich sind die Verkehrsflächen nach dem objektiven Erklärungswert der Gestattung *nicht* entwidmet worden: Bei Regenwetter und im Winter, wenn die Tische und Stühle fehlen, benutzen die Fußgänger den Bürgersteig nach wie vor in voller Breite. *K* ist vielmehr eine Sondernutzung eingeräumt worden. Die Darstellungen der Examenskandidaten sind das typische Beispiel für einen immer wiederkehrenden Fehler:

816 Besteht Unklarheit darüber, welcher von mehreren Handlungsformen sich die Behörde bedient hat, nehmen die Bearbeiter vielfach an, gerade *die* Handlungsform liege vor, die sich im weiteren Verlauf der Untersuchungen als *rechtswidrig* erweist. Zwar muss man in der Tat scharf zwischen Handlungs*form* und Rechtmäßigkeit des Handelns unterscheiden (s. Rn. 49). Wenn aber mehrere Handlungsformen zur Auswahl standen, hat die Behörde im Zweifel *die* Form gewählt, deren Rechtmäßigkeitsvoraussetzungen *vorliegen* (*rechtmäßigkeitskonforme Deutung des Behördenhandelns*).

817 3. Anders als in der Praxis sind **Alternativerörterungen** in der Übungsarbeit erst zulässig, jetzt aber regelmäßig auch geboten (Gutachten, Rn. 827), wenn *tatsächliche* (!) Umstände *ernsthaft* zweifelhaft sind. Jede Unterstellung zugunsten einer der in Betracht kommenden Möglichkeiten wäre nunmehr willkürlich. Nur wenn eindeutig ist, dass der Sachverhalt nicht näher aufgeklärt werden *kann*, muss die Alternativlösung auch jetzt unterbleiben. Die Aufgabe ist nach den Grundsätzen über die Verteilung der Beweislast[16] zu lösen. Eine nicht erweisbare Tatsache, das *non liquet*, geht zu Lasten desjenigen, der sich für eine Rechtswirkung auf diese Tatsache berufen muss („Faustregel").

818 Vor jeder Alternativerörterung sollte man sorgfältig überprüfen, ob die bisherigen Überlegungen Fehler enthalten, denn dem Ersteller der Aufgabe schwebte offenbar ein anderer Lösungsweg vor. Sonst hätte er den Sachverhalt vollständiger oder eindeutiger gefasst.

819 Verhältnismäßig günstig steht der Verfasser einer Alternativerörterung da, wenn sich herausstellt, dass alle tatsächlichen Möglichkeiten zum gleichen Ergebnis führen. „Auffällig" und kompliziert wird seine Lösung aber, wenn er für jede Alternative zu unterschiedlichen Ergebnissen kommt. Als Ergebnis stellt der Gutachter jetzt heraus, dass noch eine nähere Sachaufklärung erforderlich ist, bevor der Fall endgültig entschieden werden kann.

§ 59. Planung der Darstellung

I. Stoffauswahl und Schwerpunktbildung

820 Die Niederschrift hat sich auf das Wesentliche zu konzentrieren. Deshalb müssen die Bearbeiter sorgfältig abwägen, welche ihrer Überlegungen sie in diese aufnehmen und wie sie *Schwerpunkte* bilden.

---

[15] S. zum Fall auch schon Rn. 374.
[16] Zu ihnen zB *Stern*, Verwaltungsprozessuale Probleme, 8. Aufl. 2000, Rn. 575 ff., 600 ff.

§ 59. Planung der Darstellung

Das wird übrigens in vielen der veröffentlichten „Musterlösungen" nicht beachtet. Durch das Bestreben, den Leser erschöpfend aufzuklären, erreichen sie solche Längen, dass schon allein die reine Schreibarbeit nicht in der kurzen Zeit zu schaffen wäre, die für eine Klausur nur zur Verfügung steht.

1. Um die erforderliche Schwerpunktbildung zu erreichen, sind insbesondere die folgenden Grundregeln zu beachten: 821

a) Wie schon wiederholt betont wurde, ist es verfehlt, das *Klipp-Klapp der Schemata* Punkt für Punkt zu Papier zu bringen. Nur die Punkte dürfen abgehandelt werden, die *ernsthaft zweifelhaft* oder *unerlässlich* sind, um den Gedankengang abzurunden.

b) Die Bearbeiter räumen zumeist den Fragen den breitesten Platz ein, über die sich ohne größere Mühen viel schreiben lässt. Das sind in den *Klausuren* prozessuale und formelle Fragen sowie Einzelpunkte, zu denen die Bearbeiter (zufällig) gerade besonders viel wissen. In den *Hausarbeiten* gehören dazu außerdem die in Literatur und Rechtsprechung ausführlich erörterten Dinge. Auch so ergibt sich keine *sinnvolle Schwerpunktbildung*. Die *eigentlichen Probleme* des Falles liegen oft gerade in Fragen, die *eigenes Nachdenken* erfordern. 822

c) Psychologisch verständlich, aber *falsch* ist es, dem Mitteilungsbedürfnis Raum zu geben: Die Bearbeiter dürfen nicht um jeden Preis Wissen zeigen und Lesefrüchte ausbreiten, sondern müssen in möglichst knapper Darstellung den Fall lösen. Die Probleme einer Hausarbeit brauchen nicht in Fragen zu liegen, die den einzelnen Bearbeitern nur deshalb so viel Mühe machten, weil gerade *sie* die an sich ohne Weiteres vorausgesetzten Rechtskenntnisse (noch) nicht hatten. Um Eindeutiges von Zweifelhaftem zu scheiden, ist ein sicheres Judiz wichtig, dass sich durch ein regelmäßiges „Klausurtraining" schulen lässt. 823

d) Weitere Arbeiten leiden schließlich daran, dass ihre Verfasser von dem offenbar unerschütterlichen Glauben besessen sind, „das" Problem der Arbeit müsse unbedingt immer eine Streitfrage sein. Es sei eindringlich davor *gewarnt, Streitfragen überzubewerten* (Rn. 26 f.). Viel häufiger liegt „das" Problem etwa in der systemgerechten, sauberen Anwendung bekannter Vorschriften und Rechtsgrundsätze mit exakten Subsumtionen, im scharfen Auseinanderhalten ähnlicher Rechtsinstitute, im Auffinden und richtigen Anwenden einer versteckten Vorschrift oder nur in einer hinreichend sensiblen Aufnahme des Sachverhalts und in der interessengerechten Aufhellung einer unklaren Fragestellung. 824

e) Als *Faustregel* lässt sich zusammenfassen: Entgegen ständiger Übung selbst in Examensarbeiten dürfen die Bearbeiter die *Schwerpunkte* ihrer Darstellung jedenfalls nicht auf die Punkte legen, zu denen sie selbst nicht die geringsten Zweifel haben. Es geht *nicht* um ein „*l'art pour l'art*", sondern um die Lösung eines *konkreten Falles* (Rn. 23). In der Regel täuscht das eigene Gespür nicht, wenn Bearbeiter merken, dass die anvisierte Lösung nicht „rund läuft". Wahrscheinlich haben sie vielmehr ein Problem des Falles aufgespürt, das es nicht totzuschweigen, sondern zu lösen gilt. 825

2. Für die positive Entscheidung, was in die Darstellung aufzunehmen ist und welche *Schwerpunkte* gebildet werden sollen, sind insbesondere folgende Gesichtspunkte beachtlich: 826

a) Die Bearbeiter haben zunächst einmal alles darzustellen, was zur Begründung ihres Lösungsvorschlags *unerlässlich* ist. Gibt es *mehrere Gründe* für ihr Ergebnis, empfiehlt es sich zumeist, die Lösung „auf mehrere Beine zu stellen", wie es in der Praxis auch üblich ist.[1] Vermag der Leser einer Begründung nicht zuzustimmen, lässt

---

[1] Für Beispiele s. Rn. 106, 258.

er sich vielleicht von der zweiten Begründung überzeugen. Die *Schwerpunkte* der Darstellung sind auf die *zentralen Fragen* zu legen. Randfragen sind kürzer abzuhandeln.[2]

827 b) Die Bearbeiter haben im Studium stets ein *Gutachten* zu liefern, kein Urteil. Über die Gründe hinausgehend, die ihren Entscheidungsvorschlag tragen, müssen sie daher auch andere Lösungsmöglichkeiten (zB Anspruchsgrundlagen) erörtern und deutlich machen, warum sie ihnen nicht folgen. Nur so wird dem eigentlichen *Zweck* eines Gutachtens entsprochen, eine *fremde Entscheidung* (eines Gerichts, Rechtsanwalts usw.) *vorzubereiten*. Ob Lösungen, welche die Bearbeiter im Endergebnis ablehnen, knapp oder breiter darzustellen sind, hängt davon ab, inwieweit sie *ernsthaft* in Betracht kommen. Ist eine andere Lösungsmöglichkeit eindeutig abgeschnitten, genügt es, nur den hierfür auf jeden Fall durchschlagenden Grund offenzulegen. Die Bearbeiter dürfen den Leser nicht (in dem Bestreben, möglichst viel zu schreiben) durch alle möglichen Einzelpunkte hindurchquälen, die *gegeben* seien, um ihn erst ganz am Schluss darauf hinzuweisen, auf das alles komme es *mit Sicherheit* nicht an. Lässt sich hingegen darüber streiten, ob der andere Lösungsweg nicht vielleicht doch der von den Bearbeitern vorgeschlagenen Lösung vorzuziehen ist, muss er mit allen Voraussetzungen eingehend durchgeprüft werden, bevor die Bearbeiter ihn schließlich ablehnen: Ein Gutachten soll die endgültige Entscheidung auch für den Fall vorbereiten, dass – etwa in der Beratung eines Kollegialgerichts – dem Entscheidungsvorschlag des Gutachtens nicht gefolgt wird.

828 **Beispiel:** Eine Gefängnisverwaltung hält zur Bewachung des staatlichen Gefängnisses einen Hund, der beim geringsten Anlass bellt. Hierdurch wird der Privatgelehrte G bei der Arbeit und in der Nachtruhe gestört. Er wendet sich deshalb an den Stadtdirektor S mit der Bitte, gegen das Gefängnis polizeilich einzuschreiten. S lehnt das ab. G fragt an, ob er mit Erfolg gegen den Bescheid des S vorgehen könne oder welche Möglichkeiten er sonst habe.
Viele Bearbeiter untersuchten ausführlich die Zulässigkeit und die Begründetheit einer Verpflichtungsklage gegen die Stadt. Große Schwierigkeiten tauchten ua auf zur Frage eines Anspruchs auf polizeiliches Einschreiten (s. Rn. 203 ff.). Nachdem die Bearbeiter alle Anspruchsvoraussetzungen zugunsten des G bejaht hatten, führten sie ganz zum Schluss aus: Gleichwohl habe G *keinen* Anspruch gegen die Stadt auf polizeiliches Einschreiten; eine Behörde (Stadt) könne nicht hoheitlich gegen die hoheitliche Tätigkeit einer anderen Behörde (Gefängnis = staatlich) vorgehen.[3] Als zweiter, *erfolgreicher* Weg bietet sich dem G ein Vorgehen direkt gegen die staatliche Gefängnisverwaltung an. Weil die Zeit nicht mehr reichte, streiften die Bearbeiter diese Möglichkeit allenfalls noch fragmentarisch. – Mit einem solchen Gutachten wäre G nicht gedient gewesen. In *erster* Linie musste er erfahren, wie der *erfolgversprechende* Weg gegen die Gefängnisverwaltung im Einzelnen aussah (Zivilrechtsweg – Verwaltungsrechtsweg? § 1004 BGB? Öffentlichrechtlicher Abwehranspruch? Keine Notwendigkeit, einen „Kläffer" zu halten; zu allem Rn. 283 ff.). Das konnte in der Kürze der Zeit (Klausur) nur dann mit der nötigen Klarheit dargelegt werden, wenn man sich zum nicht erfolgversprechenden Weg auf die Darstellung der *tragenden* Gründe (kein polizeiliches Vorgehen gegen Hoheitsträger) beschränkte.

829 c) Falls ein Sachverhalt viele Probleme enthält, können die Bearbeiter bei *höchstrichterlich geklärten Fragen* Arbeitskraft und Raum sparen, um sich auf die noch ungeklärten Probleme zu konzentrieren.[4]

---

[2] Beispiele in Rn. 124 und Rn. 828.
[3] *Martens* in Drews/Wacke/Vogel/Martens, Gefahrenabwehr, 9. Aufl. 1986, S. 240 f.
[4] Zu Einzelheiten Rn. 29 sowie *G. Schwerdtfeger*, JuS 1967, 315 (mit Beispielen); JuS 1969, 476 f.

II. Aufbau

Abschließend haben die Bearbeiter vor der Niederschrift noch zu überlegen, wie die Erörterungen aufgebaut werden sollen. Auch die Niederschrift sollte nach Möglichkeit die Reihenfolge der Fragen so beibehalten, wie sie der Sachverhalt aufwirft. Denn zumeist haben die Aufgabensteller die verschiedenen Fragen organisch auseinander entwickelt. 830

Sind prozessuale Ausführungen verlangt, *muss* mit ihnen begonnen werden, falls Klage erhoben ist. Spielt der Fall hingegen im vorprozessualen Stadium, können die Bearbeiter nach darstellungstechnischen Gründen der Zweckmäßigkeit entscheiden, ob sie die prozessualen Ausführungen vor oder erst nach den Ausführungen zur materiellen Rechtslage bringen (s. Rn. 801). Häufig hängen jetzt allerdings Klagegegner, Klageziel und/oder Klageart vom Ausgang der materiellrechtlichen Überlegungen ab. Dann ist es organisch, die materiellrechtlichen Ausführungen voranzustellen. Für den Aufbau einzelner Teile der Darstellung können die früher entwickelten Schemata Hinweise geben. 831

III. Hilfsgutachten?

Mitunter taucht die Frage auf, ob die Bearbeiter im Anschluss an das eigentliche Gutachten noch ein „Hilfsgutachten" erstatten sollten. Zu Begriff, Funktion und Anwendungsfällen des Hilfsgutachtens bestehen *keine einheitlichen Vorstellungen*. 832

In seinem *klassischen Anwendungsfeld* ist das Hilfsgutachten mit dem Prozessschema (Rn. 831) verbunden. Im Anschluss an entsprechende Weisungen der Justizprüfungsämter hat es sich allgemein eingebürgert, ein Hilfsgutachten zur Begründetheit der Klage zu erstatten, wenn die Bearbeiter zu dem Ergebnis gekommen sind, die Klage sei (schon) unzulässig.[5] Bei ihren Weisungen haben die Justizprüfungsämter Fälle im Auge, in denen die prozessuale Rechtslage so problematisch ist, dass die Weichen in vertretbarer Weise sowohl zur Zulässigkeit als auch zur Unzulässigkeit der Klage hin gestellt werden können. In derartigen Fällen werden Hilfsgutachten auch in der juristischen *Praxis* angefertigt. Hier hat das Hilfsgutachten Hilfsfunktion für den *Benutzer* des Gutachtens (Rechtsanwalt, Kollegialgericht usw.). *Seine* Entscheidung wird durch das Gutachten auch für *den* Fall vorbereitet, dass *er* die Weichen in der Zulässigkeitsfrage anders stellen möchte als der Gutachter; das Hilfsgutachten bereitet die nunmehr fällige Entscheidung zur Begründetheit der Klage vor. In dieser Grundkonstellation ist das Hilfsgutachten in der Sache Teil des „eigentlichen" Gutachtens. Es nimmt Darstellungen auf, welche durch das *Wesen eines Gutachtens* ohnehin gefordert sind (Rn. 827). Der Ausdruck „Hilfsgutachten" steht für „hilfsweise" Erörterungen. Zusätzlich „greifen" die Weisungen der Justizprüfungsämter aber auch in Fällen, in denen die Klage *eindeutig unzulässig* ist. Selbst wenn die Bearbeiter den Sachverhalt noch nicht haben ausschöpfen können und/oder „an sich" besondere materiellrechtliche Probleme vorhanden sind, hat das Hilfsgutachten *hier keinerlei praktische Bedeutung*. Es ist nur Behelf für die *Bearbeiter*, in *an sich überflüssiger* Weise Kenntnisse und Fähigkeiten darzutun, die sie im eigentlichen Gutachten nicht haben entfalten können *(= Behelfsgutachten)*.

---

[5] Klausurbeispiel bei *Lehner*, JuS 2017, 148; s. a. *Degenhart*, Klausurenkurs im Staatsrecht II, 7. Aufl. 2015, Rn. 20: einziger Fall, in dem ein Hilfsgutachten erforderlich ist.

Natürlich stellen die Bearbeiter nicht nur im Klageschema bei der Zulässigkeit der Klage, sondern auch an vielen anderen Stellen ihrer Arbeit und unabhängig vom Klageschema etwa durch die Auslegung eines Gesetzes, durch die Stellungnahme zu einer Streitfrage oder durch die Subsumtion die Weichen zu dem Ergebnis ihres Gutachtens. *Wenn* die Weichenstellung dazu führt, dass eine Gelegenheit zur vollständigen Ausschöpfung des Sachverhalts und/oder zur Erörterung von Rechtsproblemen abgeschnitten wird, die bei anderer Weichenstellung notwendig wäre, stellt sich auch hier die Frage nach einem Hilfsgutachten. Auch jetzt lässt sich die Unterscheidung zwischen hilfsweisen Erörterungen und einem bloßen Behelf fruchtbar machen. Je danach, wie weitgehend man über die Weichenstellung streiten kann oder wie weitgehend die Weichenstellung eindeutig zu sein scheint, ist dabei der *Übergang von „echten" Hilfserwägungen zum bloßen Behelf gleitend*. Ist – auf der einen Seite der Skala – die Weichenstellung besonders problematisch, können hilfsweise Erörterungen nach den Maßstäben in Rn. 827 vom Wesen des Gutachtens *gefordert* sein. Ist die Weichenstellung – auf der anderen Seite der Skala – eindeutig, kann es allenfalls um ein „Behelfsgutachten" gehen. Ein *Behelfsgutachten* kommt *nur* in Betracht, *wenn* die Bearbeiter *wesentliche* Teile des Sachverhalts noch nicht haben ausschöpfen können oder wenn sie im Gutachten selbst keine angemessene Gelegenheit gefunden haben, ihre Kenntnisse und Fähigkeiten *hinreichend* darzutun. Zwischen den beiden vorerwähnten Polen hängt es von der Überzeugungskraft der Weichenstellung, von der Ausschöpfung des Sachverhalts und von den bisherigen Möglichkeiten zu hinreichender „Selbstdarstellung" ab, *ob* die Bearbeiter sich zu hilfsweisen, vielleicht schon eher behelfsweisen Erörterungen entschließen oder ob sie von solchen Erörterungen (besser) „die Finger lassen".

Bevor die Bearbeiter den Weg über ein *Behelfsgutachten* gehen, sollten sie sehr sorgfältig prüfen, ob sie in ihrem Gutachten alle Probleme und Aspekte hinreichend erkannt haben. Die Korrekturerfahrung lehrt, dass die meisten Behelfsgutachten durch Fehler und Auslassungen im eigentlichen Gutachten veranlasst sind.

Beachte besonders: *Jedes* Hilfsgutachten muss eine *exakte Anknüpfung* bei einer Weichenstellung des Gutachtens haben. Zusammenhanglose Ausführungen zu weiteren Aspekten der Rechtslage sind kein Hilfsgutachten.

833 Sind *tatsächliche Umstände*, auf die es für die Entscheidung ankommt, nach dem Sachverhalt *ernsthaft* zweifelhaft, werden vom Wesen des Gutachtens (nach den Maßstäben in Rn. 817) gleichwertige *alternative* Erörterungen, kein *Hilfs*gutachten gefordert. Wird im Wege einer Sachverhaltsergänzung von den tatsächlichen Umständen ausgegangen, die nach der Lebenserfahrung wahrscheinlich sind (Rn. 813), kommt für die unwahrscheinliche Alternative allenfalls ein Behelfsgutachten in Betracht.[6]

§ 60. Niederschrift

834 Im Folgenden sollen einige besonders wichtige *sachliche* Hinweise zur Niederschrift gegeben werden.[1] Die wichtigsten *Formalien* der Niederschrift einer *Hausarbeit bzw. anderen wissenschaftlichen Arbeit* sind im Anhang (Rn. 840 ff.) zusammengestellt.

---

[6] Dagegen *E. Schneider*, Zivilrechtliche Klausuren, 4. Aufl. 1984, § 16.
[1] S. ergänzend *Diederichsen/Wagner*, Die BGB-Klausur, 9. Aufl. 1998, S. 120 ff., besonders die Ausführungen zur Technik der juristischen Argumentation (S. 154 ff.) und zum juristischen Stil (S. 189 ff.); lesenswert auch *Butzer/Epping*, Arbeitstechnik, S. 32 ff. (Auslegungsmethoden), S. 49 ff.; *Möllers*, JuS 2001, L 65, 81.

I. Den Leser führen

Die Lösung wird für einen *fremden* Leser niedergeschrieben. Dieser muss *geführt* werden. Das sollte *nicht* geschehen durch Begründungen des Verfassers zu seinem eigenen Aufbau und schon gar nicht durch die nichtssagende, aber oft gebrauchte „Es ist zu prüfen"-Formel (*Wieso ist* zu prüfen?). Wenn der Verfasser seine Gedanken *logisch* und *durchsichtig* entfaltet, beantwortet sich diese Frage von selbst.

835

II. Kein Abgleiten in Routine ohne Inhalt

Aufgabe der Niederschrift ist es, den *Fall* zu lösen, *nicht* die Kenntnis von Schemata[2] zu dokumentieren, mit häufig formelhaften Wendungen Selbstverständlichkeiten zu Papier zu bringen und Routine walten zu lassen.[3] Wer seitenlang Schemata „abklappert", tritt „auf der Stelle", „punktet" nicht, sondern riskiert Punktabzüge. Darzustellen ist *nicht*, was ganz unproblematisch vorliegt und wozu die Bearbeiter *selbst* nicht die geringsten Zweifel haben. „*Gepunktet*" wird bei den *eigentlichen Fragen* des Falles.

III. Kein übertriebener „Gutachtenstil"

Fast allgemein wird in der Ausbildungsliteratur und in mündlichen Fallanleitungen gefordert, es müsse in einem fragenden, suchenden „*Gutachtenstil*" geschrieben werden, nicht in dem kurzen und bestimmten „*Urteilsstil*".[4] Das führt die Studenten zumeist in das Missverständnis, sie müssten so gut wie jeden Gedanken im – von den Prüfern immer wieder beanstandeten – „könnte"-Stil[5] darstellen. Ein unreflektierter, durchgängiger Gutachtenstil ruft bei den Prüfern den Eindruck hervor, der Verfasser sei schon in den selbstverständlichen Dingen unsicher. Deshalb sei eindringlich empfohlen, weniger wichtige und unproblematische Dinge im Urteilsstil darzustellen. Dieses Erfordernis wird gerade auch von *den* Fallanleitungen ausdrücklich hervorgehoben, die den Gutachtenstil propagieren. Der *Gutachtenstil* dient als *Mittel der Schwerpunktbildung* und kommt damit (nur) an problematischen Stellen der Arbeit in Betracht. Die Erwartungen an die Bearbeiter orientieren sich allerdings auch daran, in welchem Stadium ihres Studiums sie sich befinden. Für die *Anfänger* ist das Schreiben im Gutachtenstil besonders nützlich, weil sie so noch einmal selbst kontrollieren können, ob ihre Überlegungen lückenlos und folgerichtig waren. Außerdem sehen in den Anfangssemestern viele Korrektoren den Gebrauch des Gutachtenstils als Hinweis, ob das *Wesen eines Gutachtens* verstanden wurde. Den *Fortgeschrittenen* muss die gleichsam mechanische Selbstkontrolle nicht mehr aufgezwungen werden. Unbedingt nötig bleibt jedoch, dass das *Gutachten*, das die

836

---

[2] Zu Nutzen und Schaden von Schemata allgemein schon Rn. 10 ff., 798.
[3] S. zum Zusammenhang auch schon Rn. 23 („Bewertungskriterien").
[4] Zum Unterschied zB *Diederichsen/Wagner*, Die BGB-Klausur, 9. Aufl. 1998, S. 206 ff.; *Butzer/Epping*, Arbeitstechnik, S. 24 ff.
[5] Vorschläge zur Sprache und Darstellungstechnik bei *Wieduwilt*, JuS 2010, 288; *G. Wolf*, JuS 1996, 30.

eigentliche Entscheidung ja nur *vorbereitet*, im Großen *tastend und abwägend* gefasst wird.

IV. Subsumtionen, Begründungen und Zitate

837 In der Einzeldarstellung der „wirklichen" Fragen werden die für die Benotung relevanten Punkte durch exakte, knappe und klare Ausführungen verdient, vor allem durch *saubere Subsumtionen „hart" am Gesetzestext*. Die saubere Subsumtion ist das oberste Gebot für jede juristische Arbeit.

Die geforderte Subsumtion *fehlt*, wenn eine Arbeit einerseits den Wortlaut der Norm und andererseits den Sachverhalt wiedergibt und dann sagt, die Voraussetzungen der Norm seien „also" erfüllt. Bei dieser Vorgehensweise bleibt die Subsumtion, nämlich die Auslegung der *einzelnen* Tatbestandsmerkmale der Norm und die präzise Zuordnung der *einzelnen* Elemente des Sachverhalts zu den *einzelnen* Tatbestandsmerkmalen, dem Leser der Arbeit überlassen. – Auch die bloße Zuordnung zu Beispielsfällen oder zu in der Rechtsprechung entschiedenen Vergleichsfällen ist keine Subsumtion.

Neben der sauberen Subsumtion ist die *Qualität der Problemdiskussionen und der Begründungen* des Verfassers notenrelevant. Sie und *nicht* das (nach *subjektiver* Ansicht des Korrektors „richtige") *Ergebnis* sind entscheidend.[6] Begründungen werden nicht ersetzt durch Übertreibungen wie „offenbar", „natürlich", „selbstverständlich", „in keiner Weise" usw.

Solche Übertreibungen offenbaren zumeist einen Selbstbetrug: Die Bearbeiter nehmen sich ihre Unsicherheit in einer Frage, die ihnen „an sich" höchst zweifelhaft ist. Sie entziehen sich vorzeitig rationaler juristischer Argumentation.

In der *Hausarbeit ersetzen Zitate keine Begründung.* Sie sind nur Belege. Darstellung und Fußnoten zusammengenommen müssen erkennen lassen, wie weitgehend die Ansicht des Verfassers in Literatur und Rechtsprechung geteilt wird, ob sich eventuell auch abweichende Ansichten finden. Der Leser erwartet ein *Gutachten,* mit dessen Hilfe er die Rechtslage *real einschätzen* kann (Rn. 773). Diese Anforderungen sind *nicht* erfüllt, wenn die Bearbeiter eine wichtige Weichenstellung mit lediglich *einem* Zitat belegen und sich über alles andere ausschweigen (= häufiger Fehler!). Wenn von einer „*herrschenden*" Ansicht gesprochen wird, sind umfassende Belege erforderlich. Wer (wie es häufig geschieht) für die *nicht* herrschende Gegenansicht mehr Stimmen zitiert als für die hM, muss sich fragen lassen, wonach er bemisst, was herrschend ist. Weil insoweit eindeutige Maßstäbe fehlen und erhebliche Gefahren der Manipulation bestehen,[7] sollte die Kennzeichnung „hM" nur spärlich verwendet werden. Die Bearbeiter dürfen sich nicht darauf beschränken, nur *Literatur*stimmen zu zitieren. Stets muss der Leser auch erfahren, was die *Rechtsprechung* sagt. Ihr kommt nach dem Gesagten (Rn. 29) für eine realistische Einschätzung der Rechtslage eine hervorgehobene Bedeutung zu.

V. Erörterung von Streitfragen

838 Streitfragen (s. Rn. 26 ff.) sind *präzise vom Gesetzestext her zu entwickeln* und *nicht* ohne Verbindung mit dem Gesetzestext *als solche* darzustellen. Auch im Zusammenhang mit Streitfragen gilt selbstverständlich das „*Subsumtionsgebot*". Der Leser muss erkennen, wo die jeweilige Ansicht ihre genaue Anknüpfung im Gesetzestext hat und wieso die andere Ansicht in der Anknüpfung an den gleichen Gesetzestext zu

---

[6] Zur Frage, was Rechtsauffassungen „vertretbar" macht, *Neupert,* JuS 2016, 489; s. a. *Meier/ Jocham,* JuS 2015, 490.
[7] S. *T. Brosdeck,* Die herrschende Meinung, Autorität als Rechtsquelle, 1989.

einer anderen Auslegung kommt. Demgemäß muss der Leser insbesondere auch die *Argumentation der jeweiligen Ansicht* erfahren.

> **Fehlerbeispiel:** Der Bearbeiter einer Hausarbeit hatte zu beurteilen, ob es mit Art. 79 III GG vereinbar wäre, wenn der Bundestag seine *laufende* Wahlperiode wegen einer besonderen außenpolitischen Situation durch verfassungsänderndes Gesetz *einmalig* von vier Jahren (= Art. 39 I 1 GG) auf fünf Jahre verlängerte. Zutreffend verwies der Bearbeiter auf das in Art. 79 III GG erwähnte Demokratieprinzip des Art. 20 I, II GG und führte dann aus: Die hM halte eine Verlängerung der Wahlperiode über vier Jahre hinaus prinzipiell für möglich, eine „Mindermeinung" aber nicht. Weil beide Meinungen jedoch jedenfalls die Verlängerung einer *laufenden* Wahlperiode als unzulässig ansähen, sei eine Entscheidung der Streitfrage nicht erforderlich. Die Verlängerung verstoße so oder so gegen das Demokratieprinzip. – Mit dieser Vorgehensweise subsumierte der Bearbeiter bloß unter *Meinungen*, nicht aber unter das Gesetz. Mit dem Fall als *Klausur*aufgabe konfrontiert, hätte sich der Bearbeiter (ohne Kenntnis der Streitfrage) um eine saubere Subsumtion unter Art. 20 II GG bemüht und im Idealfall etwa ausgeführt: Weil die Staatsgewalt vom Volke auszugehen hat (Art. 20 II 1 GG) und das Volk die Staatsgewalt dabei durch Wahlen real legitimiert (Art. 20 II 2 GG), der gegenwärtige Bundestag aber nur für vier Jahre gewählt worden ist, entstünde im fünften Jahr eine verfassungswidrige Staatsgewalt, die nicht nach Art. 20 II 1 GG vom Volke ausginge. Von einer derartigen Subsumtion war der Bearbeiter selbstverständlich nicht befreit, bloß weil er in seiner Hausarbeit über einen Blick in die Kommentare auf eine Streitfrage gestoßen war.

Ansonsten gilt: Die Darstellung einer Streitfrage hat kein „Gesicht", wenn die Bearbeiter die verschiedenen Ansichten und ihre Begründungen „so wie sie kommen" aneinanderreihen. Vielmehr sind *Gruppen zu bilden,* in denen sachlich verwandte Meinungen zusammengefasst werden. Nach der Korrekturerfahrung folgen die Bearbeiter *stereotyp* dem Schema *„Erste Meinung", „Zweite Meinung",* (evtl.) *„Vermittelnde Meinung", „Eigene Ansicht".* In diesem Schema haben die Bearbeiter häufig Schwierigkeiten, die eigene Ansicht noch sinnvoll zu begründen, denn die Argumente pro und contra sind bereits erschöpfend dargestellt. *Vorteilhafter* kann es deshalb sein, die Subsumtion und Argumentation der Ansicht, der man folgen will, als *eigene Ansicht* darzustellen[8] und die abweichenden Ansichten jeweils an der „eigenen Ansicht" zu messen und *dabei* argumentativ auszuscheiden.

VI. Reflektion bei der Niederschrift

Selbst wenn das Konzept der Arbeit vor der Niederschrift bis ins Detail hinein gedanklich genau festgelegt war, lässt es sich bei der Niederschrift so gut wie nie „voll" durchhalten. Der Autor „schreibt sich klar". Es werden neue Aspekte entdeckt. Es verschieben sich bestimmte Grundlinien.

Um insbesondere bei *Klausuren* zu verhindern, dass sich mit Erkenntnissen in späteren Teilen der Arbeit vielleicht nicht mehr vereinbaren lässt, was vorne schon zu Papier gebracht wurde, müssen die Bearbeiter bei der Niederschrift jeden Punkt erneut *unbefangen reflektieren.* Die Gefahr, dass die Klausur „schief" wird, lässt sich so minimieren. – Die Verfasser einer *Hausarbeit* können diese dagegen *mehrfach überarbeiten* und vervollkommnen, bevor sie sie aus der Hand geben. Werden (nur) einzelne Punkte überarbeitet, ist jedoch zu beachten, dass keine Brüche im Gesamtbild entstehen.

---

[8] In Hausarbeiten ist die „eigene Ansicht" dann mit den insoweit einschlägigen Rechtsprechungsnachweisen und Literaturstellen zu belegen.

Anhang:
Formalien einer wissenschaftlichen Arbeit

Vorab sei angemerkt, dass vorrangig vor den nachfolgenden Hinweisen stets die Vorgaben des jeweiligen Aufgabenstellers zu beachten sind. Darüber hinaus haben mittlerweile viele rechtswissenschaftliche Fakultäten eigene *Leitlinien* zu den Formalien einer Haus-, Seminar- oder wissenschaftlichen Arbeit verfasst, an denen es sich zu orientieren gilt!

I. **Kopf/Deckblatt**
   Name, Vorname, Fachsemester, Anschrift des Bearbeiters.

II. **Text der Aufgabe**

III. **Abkürzungsverzeichnis** Es dürfen nur sinnvolle und gebräuchliche Abkürzungen gewählt werden (*BVerfGE, NJW, JuS, BTag, BReg.* usw.). Worte der Umgangssprache sollten im Text nicht abgekürzt werden. Über die üblichen Abkürzungen in rechtswissenschaftlichen Abhandlungen informieren *Kirchner/Böttcher*, Abkürzungsverzeichnis der Rechtssprache, 8. Aufl. 2015.

IV. **Literaturverzeichnis**

1) Das Literaturverzeichnis ist *keine Bibliografie zum Thema* und soll auch nicht die (angebliche) Belesenheit des Autors kundtun, sondern darf *nur* die in den späteren Ausführungen *zitierten* Abhandlungen enthalten.

   Durch die bibliografisch saubere und vollständige Aufnahme der Titel ins Literaturverzeichnis wird der Leser in den Stand versetzt, die (in den Fußnoten zum Text nur verkürzt zitierten) Abhandlungen in der Bibliothek aufzufinden, wenn er sie nachlesen will.

2) Die Titel sind nach den *Autoren in alphabetischer Reihenfolge* aufzuführen.

   Mitunter wird eine Untergliederung in Monografien, Aufsätze, Kommentare usw. empfohlen. Diese Untergliederung erschwert allerdings das Auffinden der in den Fußnoten zitierten Abhandlungen im Literaturverzeichnis.

3) Je ein *Beispiel* für die Aufnahme der wichtigsten Literaturgattungen ins Literaturverzeichnis:

   – *Monografien/Lehrbücher/Kommentare*

   Hesse, Konrad, Grundzüge des Verfassungsrechts der Bundesrepublik Deutschland, 20. Aufl., Karlsruhe 1995/1999 (der *Erscheinungsort* darf auch fortgelassen werden).

   Calliess, Christian/Ruffert, Matthias (Hrsg.), EUV/AEUV, Das Verfassungsrecht der Europäischen Union mit Europäischer Grundrechtecharta, Kommentar, 5. Aufl. 2016.

   – *Dissertationen*

   Dürig, Günter, Die konstanten Voraussetzungen des Begriffs „Öffentliches Interesse", Diss. jur., München 1949.

   – *Zeitschriftenaufsätze*

   Jarass, Hans D., Die Bindung der Mitgliedstaaten an die EU-Grundrechte, NVwZ 2012, 457–461.

– *Festschriftenbeiträge*

Schmidt-Preuß, Matthias, Fachplanung und subjektivrechtliche Konfliktschlichtung, in: Wilfried Erbguth (Hrsg.), Planung, Festschrift für Werner Hoppe zum 70. Geburtstag, 2000, S. 1071–1098.

– *Beiträge in Sammelbänden*

Schmidt-Aßmann, Eberhard, § 26 Der Rechtsstaat, in: Josef Isensee/Paul Kirchhof (Hrsg.), Handbuch des Staatsrechts der Bundesrepublik Deutschland, Band II, 3. Aufl. 2004, S. 541–612.

– *Urteilsanmerkungen*

Battis, Ulrich, Anmerkung zu BVerwG, Urt. v. 6.2.1975 (II C 68/73), NJW 1975, 1143.

Professoren- und Doktortitel sind *nicht* mit aufzunehmen, denn in einer wissenschaftlichen Arbeit geht es nicht um Autoritäten, sondern um Argumente.

842 4) Nicht selbständig ins Literaturverzeichnis gehören zB:
– Entscheidungen
– Entscheidungssammlungen
– Zeitschriften
– Gesetzblätter
– Gesetzesmaterialien

843 V. **Gliederung**

1) Man sollte keine „selbstgestrickten" Gliederungsschemata verwenden, sondern sich an die in der Rechtswissenschaft üblichen Gliederungsmuster halten. Sonst bereitet man dem Leser unnötige Schwierigkeiten. Als *herkömmlich* gilt folgendes Gliederungsmuster:

> A.
> > I.
> > > 1.
> > > > a)
> > > > b)
> > >
> > > 2.
> > > > a)
> > > > b)
> > > > c)
> >
> > II.
> > > 1.
> > > 2.
>
> B.

Beachte (häufiger Fehler!): „Wer a) (oder 1.) sagt, muss auch b) (oder 2.) sagen". Ist neben a) für b) keine sachliche Substanz vorhanden, gehört der Gedanke aus a) in den nächsthöheren Gliederungspunkt (1.).

2) Die Gliederung sollte einerseits bis in die umfassenderen Untergliederungen des Gedankenganges hinabreichen, andererseits aber *nicht zu perfektionistisch* sein. Der Leser muss der Untergliederung ohne Weiteres noch folgen können.

3) Im Inhaltsverzeichnis ist hinter jedem Gliederungspunkt die *Zahl der Seite* anzugeben, auf der er im Text beginnt.

VI. Text 844

1) Zunächst gelten die früheren Ausführungen zur Gestaltung des Textes (insbes. Rn. 834 ff.) auch hier.

2) Die Seiten des Textes sind durchlaufend (arabisch) zu numerieren. (Die vorausgegangenen Seiten sind römisch zu nummerieren – mit Ausnahme des Deckblattes, das dennoch in der Zählung Berücksichtigung findet.)

3) Die *Gliederungsüberschriften* sind im Text zu wiederholen. Sie müssen wortgetreu mit der Gliederung übereinstimmen.

4) *Wörtliche Zitate* dürfen im Text nur auftauchen, wenn es auf den genauen Wortlaut ankommt. Sie sind kenntlich zu machen („Nicht mit fremden Federn schmücken!").

5) Bei *Gesetzesparagrafen/-artikeln* ist so genau wie möglich zu zitieren, dh der einschlägige Absatz, der einschlägige Satz und die einschlägige Nummer, Alternative bzw. Variante (zB Art. 2 II 1 Alt. 1 GG für das Grundrecht auf Leben).

6) *Nachweise in den Fußnoten* dienen *nicht* der pseudowissenschaftlichen Garnierung von Selbstverständlichkeiten oder Dingen, die bereits im Gesetz stehen. Sie sollen Aussagen des Verfassers belegen, an deren Verifizierung der Leser interessiert sein könnte. Im Einzelnen ist zu beachten: 845

- Die Fußnoten müssen klar erkennen lassen, in welcher Weise sie die Textaussage belegen („*ebenso*", „*auf gleicher Linie*", „*a. A.*", „*zusammenfassend*"). „*Vgl.*" sollte nur ausnahmsweise benutzt werden; für den Leser muss klar sein, *was* er *genau* vergleichen soll.
- Fußnoten ersetzen nicht die eigene Begründung des Verfassers im Text.
- Sachaussagen gehören in der Regel in den Text, nicht in die Fußnoten.
- Die Belege sind jeweils sorgfältig auszuwählen. Sie sind besonders auf Leitentscheidungen und auf die *Primär*literatur zu konzentrieren, nicht auf Sekundärliteratur, die lediglich die Erkenntnisse *anderer* Autoren oder die Rechtsprechung übernimmt.
- Es sollte keine Literatur zitiert werden, die nicht nachgelesen worden ist (Blindzitate).
- Als Beleg für die *herrschende* Meinung genügt nicht nur ein einziger Nachweis. Auch die abweichende Ansicht ist zu bezeichnen.
- Literatur *und* Rechtsprechung sind zu berücksichtigen.
- Ältere Meinungsäußerungen dürfen nicht so dargestellt werden, als sei ihr Verfasser an der gegenwärtigen Diskussion beteiligt. Vielleicht würde er seine Ansicht in Kenntnis der Fortschritte, welche die wissenschaftliche Behandlung des Themas und die Rechtsprechung inzwischen gemacht haben, gar nicht mehr aufrechterhalten (s. schon Rn. 808).
- Entscheidungen sind aus den amtlichen Sammlungen (BVerfGE 6, 32) zu zitieren, wenn sie dort abgedruckt sind, nachrangig aus Zeitschriften (*BVerfG* NJW 1957, 297).
- Entscheidungen des *Großen Senats* eines Gerichts sind als solche zu kennzeichnen (BGHZ (GS) 13, 92), weil ihnen naturgemäß eine *besondere* Bedeutung zukommt.
- Monografien, Kommentare, Lehrbücher usw. werden zweckmäßigerweise nur mit Verfasser, schlagwortartig zusammengefasstem Titel und genauer Fundstelle zitiert:
  Herdegen, Europarecht, § 5 Rn. 16 ff.
  Hesse, Verfassungsrecht, Rn. 49.

- Hat ein Werk mehrere Verfasser, so ist der Verfasser anzugeben, der die in Bezug genommene Stelle geschrieben hat:
  Maunz/Dürig/*Di Fabio*, GG, Art. 2 Rn. 3.
- Bei Zeitschriftenaufsätzen und Beiträgen zu Festschriften und Sammelbänden wird der Titel der Abhandlung in der Regel fortgelassen:
  Jarass, NVwZ 2012, 457 (458).
  Schmidt-Preuß, FS W. Hoppe, 2000, S. 1071 (1073).
  Böckenförde, HStR III, S. 31 (34).
- Es ist genau die Seite oder Randnummer anzugeben, wo sich der in Bezug genommene Gedanke findet.
- Bei Aufsätzen, Entscheidungen und Beiträgen in Sammelwerken zitiert man zusätzlich die Seite, auf der ihr Abdruck beginnt: BVerfGE 25, 371 (375).
- Was bereits klar im Gesetz steht, darf nicht durch Zitate aus der Literatur und Rechtsprechung belegt werden.
- Ein Zitat darf nicht so ungeschickt plaziert werden, dass der falsche Eindruck entsteht, der zitierte Autor oder die Rechtsprechung habe genau den zu bearbeitenden Sachverhalt entschieden (Fehlerbeispiel: „*X* hat im Ausgangsfall keinen Anspruch gegen *Z*, so *BGH* aaO.").

VII. Unterschrift

Sachverzeichnis

Die Fundstellennachweise beziehen sich auf die Randnummern
(einschließlich ihrer Fußnoten).

Abgaben, nicht-steuerliche 686
- s. a. Beitrag, Gebühr
Abgabenhoheit der Gemeinden 430
Abgeordneter 615 ff.
- AbgG 616 f.
- als Antragsteller einer Organklage 626
- als Beschwerdeführer einer Verfassungsbeschwerde 628
- Chancengleichheit 621
- Entschädigung 617
- fraktionsloser 615, 619, 621
- Immunität 617
- Indemnität 321, 617
- Mandatsverzicht 617 f.
- Rechtsstellung 615, 617
- Rederecht 615, 619 ff.
Abhörurteil 406
Abkürzungen in der Niederschrift 840
Ablehnung eines Antrages
- VA-Qualität 144
- Verpflichtungsklage als statthafte Klageart 144, 163
Abschleppen eines Kfz 135
Abstrakte Gefahr (für PolizeiVO) 119, 422
Abstrakte Normenkontrolle 25, 606, 783
Abtreibung s. Schwangerschaftsabbruch
Abwägung s. Bebauungsplan, Planfeststellungen, Rechtsgüterabwägung
Abwägungsdefizit
- bei der Gesetzgebung 410
- bei der VO 426
- beim Bebauungsplan 433
- beim Ermessen 92
Abwehranspruch
- Abgrenzung öffentlichrechtlicher/privatrechtlicher 284 f.
- öffentlichrechtlicher s. Folgenbeseitigungsanspruch, Unterlassungsanspruch
- privatrechtlicher 221 f., 284, 288, 375, 388, 561, 563
„acte claire" 720b
„Adressatentheorie" 52
AEUV s. Vertrag über die Arbeitsweise der EU
Aktenvorlage (an Untersuchungsausschuss) 624
Alcan-Entscheidungen 715, 715d, 715e, 719a, 719c, 720c

Allgemeine Rechtsgrundsätze (EU) 713a, 716a, 717b
Allgemeine Staatslehre, Argumentationsgefahren 605 f.
Allgemeiner Teil des Rechts 226, 280
Allgemeines Gesetz, Art. 5 II GG 449, 451, 474
Allgemeinverbindlicherklärung s. Tarifautonomie
Allgemeinverfügung 46, 375
Allzuständigkeit der Gemeinde 429, 737
Alternativerörterungen s. Sachverhalt
Altlasten
- Amtshaftung für Bauleitplanung 323
- polizeirechtliche Zustandshaftung 108, 121
- und Art. 14 I GG 121, 546, 549
Ampelunfallentscheidungen 325 f., 333, 344
Amt, Begriff 641, 724
Amtsermittlung 812
Amtshaftung 304 ff., 716c
- Amtspflicht gegenüber Dritten 311, 322 f.
- Anknüpfung an die Person des Beamten 306, 309, 312
- Anstellungstheorie/Anvertrauenstheorie 316
- Beamter, Begriff 308
- bei beamtenrechtlicher Konkurrentenklage 199
- Dienstfahrt 305, 314
- gegenüber öffentlichrechtlicher Körperschaft 311
- Haftungssystem bei öffentlichrechtlichem Tätigwerden 306 ff.
- Haftungssystem bei zivilrechtlichem Tätigwerden 317 ff.
- Konkurrenz mit enteignungsgleichem Eingriff 327, 336
- legislatives/normatives Unrecht 320 ff., 716a
- nur Geldersatz, Begründung 312
- öffentlichrechtliches/privatrechtliches Handeln 305
- Regresspflicht des Beamten 306
- Schaden im Schutzbereich der Amtspflicht 312
- Schadensabwendungspflicht 315, 332, 716c
- Staatshaftung bei Verletzung von EU-Recht 306, 713h, 716 ff., 720a, 720d

- Subsidiarität 306
- Verschulden 313, 716a
- Verwaltungshelfer als Beamter 308
- Zivilrechtsweg 787, 790
- § 839 als lex specialis 306, 318

Amtshilfe zwischen Verfassungsorganen? 630
Analogie 226, 261, 265, 280
Änderung der Rechtslage, Bestandskraft eines VA
- Widerrufsgrund 177
- Wiederaufnahmeanspruch 37

Androhung als Maßnahme des Verwaltungszwanges 131, 134
Anfechtbarkeit
- bei Nebenbestimmungen 168, 173
- im Unterschied zur Nichtigkeit 4, 33, 168

Anfechtung s. Widerspruchsverfahren
Anfechtungsklage 32, 34, 52 ff., 211
- bei Nebenbestimmungen 173
- eingeschränkte Ermessensüberprüfung 87
- Erledigung des VA/Fortsetzungsfeststellungsklage 54
- ex-tunc-Aufhebung des VA 805
- gegen Androhung/Festsetzung eines Zwangsmittels 131
- gegen Drittbegünstigung 193
- gegen JustizVA 55
- gegen nichtigen VA 55
- gegen sofortigen Vollzug? 136
- gegen unmittelbaren Zwang? 131
- im „besonderen Gewaltverhältnis" 211
- Klagebefugnis (§ 42 II VwGO) s. dort
- Klagefrist 52
- maßgeblicher Zeitpunkt für die Sach- und Rechtslage 56
- Teilanfechtung 173
- Verhältnis zur Verpflichtungsklage 144, 163, 805
- Vorverfahren 32, 52

Angemessenheit s. Verhältnismäßigkeit
Anhörung vor Erlass eines VA 65, 71
Anhörungsrüge 506
Anhörungsverfahren bei der Planfeststellung 221
Anliegerbeiträge, Fall 236, 240, 246
Anliegergebrauch (Straßenrecht) 384
Annex-Kompetenz 665
Anscheinsgefahr 117, 332
Anschluss- und Benutzungszwang 363, 427
Ansiedlungsvertrag, Fall 236, 298
Anspruch
- als subjektives Recht 185 ff.
- auf Baugenehmigung 147 f.
- auf Benutzung der öffentlichen Einrichtungen der Gemeinde 147
- auf Einschreiten gegen Dritte 183, 202 ff.
- auf fehlerfreie Ermessensausübung 151, 157 f., 203 ff.
- auf Normerlass/-ergänzung 394
- auf ordnungsbehördliches Einschreiten 206, 828
- auf Passerteilung 147
- auf Sondernutzung 383 ff.
- auf Subvention 161
- Leistungsklage/Verpflichtungsklage 225
- öffentlichrechtlicher/privatrechtlicher 223 f.
- s. a. die Inhaltsübersicht des 3. Teils

Anstalt 360, 637
- Begriff, Abgrenzung zur Körperschaft 360
- rechtsfähige/nichtrechtsfähige – 360, 637

Anstaltspolizei 389
Anstaltszweck als ungeschriebene Grundrechtsgrenze? 214
Anstellungstheorie 316
Antrag als Voraussetzung eines begünstigenden VA 152, 162 f.
Anvertrauenstheorie 316
Anwaltsorientierte Elemente des Studiums 21 f., 29
Anwendungsvorrang von EU-Recht 713d ff., 715d, 715e, 717d
Apothekenurteil 455, 532, 534 f.
Äquivalenzprinzip
- abgabenrechtliches 438
- unionsrechtliches 715b, 716c

Arbeitnehmerfreizügigkeit (EU) 718a, 718d, 718j
Arglistige Täuschung bei öffentlichrechtlichem Vertrag 257
Argumentationstechnik, Hinweise 835 ff.
- Darstellung verschiedener Ansichten 838
- mehrfache Abstützung 106, 826
- Trennung des Für und Wider 604

Atomausstieg, Urteil 443, 550, 554
Atomrechtliches Genehmigungsverfahren
- grundrechtlicher Drittschutz 190, 513
- Stufung 40, 222

Aufbau 12 f., 772, 801, 830 f.
- s. a. Schemata, Schwerpunktbildung

Aufforderung, Rechtsnatur, Fälle 39, 803
Aufgabenstellung 774 ff.
- s. a. Fragestellung

Aufhebung VA s. Rücknahme, Widerruf
Aufhebungsklage gem. § 1041 ZPO (Schiedsspruch) 593
Auflage als Nebenbestimmung eines VA 166 f.
- modifizierende Auflage 166, 173
- nachträgliche modifizierende Auflage als Teilrücknahme 166
- Nichterfüllung als Widerrufsgrund 166, 177
- selbständige Durchsetzungsmöglichkeit 166

Aufopferungsansprüche, Entschädigung
- bei Eingriffen in nichtvermögenswerte Rechtsgüter 329, 353 ff.

Sachverzeichnis

– bei enteignenden Eingriffen 337, 350 ff.
– bei enteignungsgleichen Eingriffen 336, 340 ff.
– bei rechtswidrigem Handeln im Polizei- und Ordnungsrecht 333
– bei Strafverfolgungsmaßnahmen 335
– beim Anscheinsstörer 117, 332
– beim Impfschaden 327, 354
– beim Nichtstörer 332, 787
– Enteignungsbegriff des Art. 14 III GG 329, 330, 338
– Enteignungsbegriff, eigenständiger 329, 338 f., 343
– Fortgeltung von §§ 74 f. Einl. Pr.ALR 329, 336, 343 f., 352, 355
– gesetzliche Anspruchsgrundlagen 330 ff.
– normatives Unrecht 348 f.
– unechte Unfallversicherung (SGB VII) 334
– Wesensunterschied zum Schadensersatz 327 f., 346
– Zivilrechtsweg 330, 787, 790
Aufsicht
– als Über-/Unterordnungsverhältnis 682
– Anfechtungsmöglichkeiten 680, 762 ff.
– Aufsichtsmittel 680, 769 ff.
– Begriffe Rechts-, Fach-, Kommunalaufsicht 678 f., 737, 766 ff.
– der Länder über die Gemeinden 678, 737, 766
– des Bundes über die Länder, Fälle 678 f.
– Durchsetzung über die Rechtsaufsicht 680, 771
– Fachaufsicht, Rechtmäßigkeitsvoraussetzungen 680
– Verhältnismäßigkeit 770
Aufsichtsklage (Kommunalrecht) 762 ff.
Aufsichtsklage (EU) s. Vertragsverletzungsverfahren
Auftrag, privatrechtlich/öffentlichrechtlich? 803
Auftragssperre, Fall 42
Auftragsverwaltung als mittelbare Bundesverwaltung 643, 674
– Auftragsverwaltung durch Kommunen 737
– Bundesautobahnen 679
– Bundesfernstraßen 383, 677, 679
– Fachaufsicht 679
– Unterschied zur Selbstverwaltung 399
Aufwendungsersatz
– aus öffentlichrechtlicher GoA 263
– bei Verwahrung 261
Ausbildungsförderung, Grundrechtsanspruch? 522
Ausfertigung von Gesetzen 408
– Prüfungsrecht des BPräs. 602, 657 ff.
– Sinn 660
Ausgestaltungsvorbehalt für Grundrechte 449, 476

Ausgleichsanspruch, ordnungsrechtlicher 333
Ausgleichspflichtige Inhaltsbestimmung (Art. 14 I 2 GG) 330, 351, 555
Ausländerrecht
– AufenthG als allgemeines Gesetz iSv Art. 5 II GG 77
– außenpolitische Interessen 77, 79, 97
– erhebliche Belange der Bundesrepublik 77
– Geltung des Art. 5 I GG für politische Meinungsäußerungen von Ausländern 77
– Verbot politischer Betätigung, Fall 51
Ausländerwahlrecht, kommunales 729
Auslegung, rechtmäßigkeitskonforme 816
Auslegung, unionsrechtskonforme 713e, 715d, 720a
Auslegung, verfassungskonforme 78, 148, 392, 400
Auslegung einer Norm
– unbekannte Vorschriften 805
– Verhältnis zur Subsumtion 79, 81
Auslegung eines VA
– Beispiele 166, 233
– objektiver Erklärungswert 49
– Prinzipien des § 133 BGB 45, 68, 229
Auslegung eines Vertrages 258
Auslegung von EU-Recht 713h
Ausreisefreiheit, Fall 446 ff., 802
Aussagepflicht von Zeugen und Sachverständigen 219
Ausschuss der Regionen (EU) 714b, 719b
Ausschüsse
– in der Verwaltung 65
– Parlamentsausschüsse s. dort
– Untersuchungsausschuss s. dort
Außenbereich (§ 35 BauGB) 156, 236
Äußerungsbefugnisse von Regierungsmitgliedern, Bundespräsident 582 ff.
Aussetzung des Verfahrens (Art. 100 GG) 392
Austauschmittel im Polizeirecht 124
Austauschvertrag 247, 249
Automatisierte Bescheide (EDV) 67
Autonomie
– der Kirchen 740
– Verleihung an Selbstverwaltungskörperschaften 399, 437

Baudispens 148, 157 ff., 167, 172, 196
Baugenehmigung
– Anspruch 147 f., 155
– bauordnungsrechtliche und bauplanungsrechtliche Voraussetzungen 155 f.
– ergeht unbeschadet privater Rechte 188
– ermessensmäßige Ausnahmen u. Befreiungen 157 ff.
– genehmigungsfreie Vorhaben 146, 202
– gestattender und feststellender Teil 40
– Nachbarschutz 183, 187, 189 f., 192 ff., 199, 201

– Rücknahme 178
– vereinfachtes Genehmigungsverfahren 202
Bauleitplanung 155, 156, 432, 436
– finale (nicht konditionale) Planungsnormen 221a
– Gemeindekompetenz 155, 202, 726
– städtebaulicher Vertrag 236
– unbeplanter Bereich 156
Baulinie 142, 156, 158, 183, 192, 196, 198, 202, 204
Bauordnungsrecht, Drittschutz 187
Baurechtliche Stilllegungs- u. Abrissverfügung 183, 202 ff.
Bauvorbescheid s. Vorbescheid
Beamtenrecht
– Beamter im haftungsrechtlichen Sinne 308, 321
– Beamter im statusrechtlichen Sinne 308
– Besoldungsansprüche 786
– Eignung 82, 573, 577
– Fürsorgepflichtverletzung des Staates, Schadensersatz 302
– Gehorsampflicht 213, 227, 309
– Grundrechtsschutz 210, 216 f., 495, 526
– hergebrachte Grundsätze des Berufsbeamtentums (und Parteienprivileg) 573
– Konkurrentenklage 199
– mangelnde Bewährung, Beurteilungsspielraum 82
– Regress 306
– Rückzahlung überzahlter Bezüge 272
– Wahlbeamter/Laufbahnbeamter 732
– Zusagen 228, 786
– s. a. Radikale im öffentlichen Dienst
Bebauungsplan 155, 156, 427 ff.
– Abwägungsdefizite 433
– Ausnahmen, Befreiungen 157 ff.
– äußere, innere Verfahrensfehler 431 f.
– Baugebiete, Typenzwang 155 f.
– Bedeutung der BauNVO 155
– Erheblichkeit eines Fehlers 434
– Floatglasfall 427
– Gültigkeitsvoraussetzungen 427 ff.
– Haftung der Gemeinde 320
– nachbarschützend? 187, 198, 202
– Nachbesserung 436
– Normenkontrolle 304, 394
– Plangewährleistung 357
– Rügefristen 435
– „qualifizierter" – 156
Befangenheit bei VA 65
Begrenzte Einzelermächtigung, Grundsatz (EU) 714, 714a
Begrifflichkeiten 25
Begriffsjurisprudenz, Beispiel 534
Begründetheit der Klage 9
Begründungspflicht für VA 69, 776
Behinderung, Benachteiligungsverbot 495

Behörden als Organe 640
– Abgrenzung zum Amtsbegriff 641
– Behördenbegriff nach § 1 IV VwVfG 43
– Einrichtungskompetenz 649 f., 675
Beigeordnete 732
Beihilfen s. Subventionen
Beistand 7
Beitrag, Abgrenzung zu Steuer, Gebühr 437
Bekanntgabe eines VA 68, 109, 193
Belästigung und Polizeirecht 114
Beleidigung, amtliche 312
Beliehener als Träger öffentlicher Verwaltung 43, 639
Benutzungsordnung/-satzung 369, 794
Bereicherungsanspruch, öffentlichrechtlicher 273 ff.
– Abgrenzung vom Erstattungsanspruch 273, 280
– Anwendungsfälle 272 ff.
– öffentlichrechtliche Haftungsverschärfungen 279
– rechtswidriger Festsetzungsbescheid als Rechtsgrund einer Überzahlung 276
– „schlichte" Überzahlung 276, 280
– Wegfall der Bereicherung 279
Berichtigung wegen offenbarer Unrichtigkeit 178
Berufsfreiheit (Art. 12 GG) 448, 523 ff.
– Anwendung auf juristische Personen 524
– Apothekenurteil 455, 531 ff.
– auch bei rechtswidrigem Tun? 524
– Berufsbegriff 524, 528
– Berufswahl – Berufsausübung 527 ff.
– „Dreistufentheorie" 455, 531, 534 ff.
– freie Wahl des Arbeitsplatzes 446, 802
– funktionaler Schutzbereich 525
– großer Befähigungsnachweis (Meisterprüfung) 523 ff., 535
– numerus clausus 418, 510
– staatlich gebundener Beruf 526
– subjektive/objektive Zulassungsvoraussetzungen 534
– untypischer Beruf 528
– Verhältnis zu Art. 14 GG 526
– Verhältnis zu Art. 33 II GG 526, 572
– Verhältnis zur Wirtschaftsfreiheit 524
– Vorbehalt des Gesetzes 525, 529
Berufsgerichte, Fall 651
Berufung 219, 761
Bescheidungsklage als Unterfall der Verpflichtungsklage 163, 207
Beschlagnahme 125, 127
Beschleunigung von Genehmigungsverfahren 152
Beschluss (EU) 713b
Beschränkungsverbote der EU-Grundfreiheiten 718h
Beseitigungsanspruch s. Abwehranspruch

Sachverzeichnis

„Besonderes Gewaltverhältnis" 209 ff.
- Grundlage eines Schadensersatzanspruches 301 f.
- Grundrechtsgeltung 210, 213, 215
- Grundverhältnis/Betriebsverhältnis 210
- interne Rechtsakte/VAe 211 f.
- Vorbehalt des Gesetzes/Organisationsgewalt 214 f.
- Wandel in der rechtlichen Bewertung 210

Bestandskraft eines VA nach Ablauf der Anfechtungsfrist 33 ff.
- Durchbrechung aufgrund von EU-Recht 715d
- nicht bei Nichtigkeit 33
- nur ausnahmsweise Anspruch auf erneute Sachprüfung 37

Bestandsschutz, baurechtlicher 539 f.

Bestimmtheitsgebot bei Gesetzen 411
- bei bürgerunmittelbarer Regelung 77, 231, 411
- bei Verleihung von Satzungsautonomie 431
- bei VO-Ermächtigung 420
- Zulässigkeit unbestimmter Gesetzesbegriffe 77, 80, 82, 411
- Zusammenhang mit Vorbehalt des Gesetzes 411
- Zusammenhang mit „Wesentlichkeitstheorie" 411

Bestimmtheitsgebot bei VAen 68

Beteiligtenfähigkeit 7, 751

Betreuungsrecht
- Zwangsbehandlung 510 ff.

Beurteilungsspielraum der Verwaltung? 81 ff.
- beamtenrechtliche Beurteilungen 82
- Einräumung durch Gesetz, Beurteilungsermächtigung 81 f.
- Faktorenlehre 85
- Funktionsgrenzen der Rechtsprechung 82
- komplexe Sachverhalte 82
- nur bei Subsumtion 81
- Prüfungsentscheidungen 82
- Risikoentscheidung (Atomrecht) 82
- Sachverständigenausschüsse 82
- Überprüfung der rechtlichen Vorgaben 83
- verfassungsrechtliche Anforderungen 82
- Wertung/Prognose 82

Beurteilungsspielraum des Gesetzgebers bei der Einschätzung von Kausalverläufen 462

Beweislast 817

Bewertungskriterien (Fallbearbeitung) 23

Bezirksverbände (Bay.) 724

Bierreinheitsgebot (EuGH-Urteil) 718

Bindungswirkung
- von Entscheidungen des BVerfG 397
- von VAen 39 ff.

Binnenmarkt (EU) 711d, 718a

Blockwahl, Fall 587

Bosman-Urteil (EuGH) 718

Briefwahl 613

Brokdorf-Beschluss 108

Bundesbank als „ministerialfreier Raum" 646

Bundesfreundliches Verhalten der Länder (Bundestreue) 681 ff.
- bei der Gesetzgebung 671
- bei Staatsverträgen 706
- bei Volksbefragungen 684

Bundeskanzler
- Ernennung, Prüfungsrecht des BPräs 602
- Konstruktives Misstrauensvotum 655
- Organisationsgewalt im Bereich der Regierung 630 ff., 649
- Wahl 600 ff., 629

Bundesminister
- Entlassung, Prüfungsrecht des BPräs. 796
- Ernennung, Prüfungsrecht des BPräs. 602, 661, 796
- Ressort-Verantwortung 631, 634, 796

Bundesoberbehörde, Fall 636

Bundespräsident
- Auflösung des BTages 598
- Äußerungsbefugnisse 583
- Entlassung eines Bundesministers 600, 796
- Ernennung Bundesbeamte 661
- Ernennung Bundeskanzler, Bundesminister 600, 602, 796
- Gesetzesausfertigung 602, 658 ff.
- „pouvoir neutre"/„Hüter der Verfassung"? 605
- Prüfungsrecht 600 ff., 658 ff., 694, 796
- Ratifikation völkerrechtlicher Verträge, völkerrechtliche Vertretungsmacht 693 f.

Bundesrat
- Abstimmungsprobleme beim ZuwanderungsG 599
- bei EU-Rechtsetzung 712d
- bei völkerrechtlichen Verträgen 696
- im Bereich der Exekutive 696
- im Gesetzgebungsnotstand 409
- Mitwirkung bei Gesetzen 408, 671

Bundesrecht bricht Landesrecht (Art. 31 GG) 412

Bundesregierung
- Äußerungsbefugnisse 582 ff.
- Geschäftsordnungsautonomie 633
- monokratisches Prinzip, Kollegialprinzip, Ressortprinzip 631 f.
- Organisationsgewalt im Bereich der – 632
- Rederecht im BTag 620

Bundestag 608 ff.
- Auflösung durch BPräs. 598
- Funktionsfähigkeit 615, 617
- Geschäftsordnungsautonomie 615, 619 ff.
- Gesetzesbeschlüsse 408, 655
- Kontrolle der Regierung s. Parlamentarisches Regierungssystem
- Mitwirkung bei EU-Rechtsetzung 712d
- Ratifikation völkerrechtlicher Verträge 696

– „schlichte" Parlamentsbeschlüsse 655
– Wahl 608 ff.
Bundestagsgebäude, Hausrecht 388
Bundestreue 683, 706
Bundesverfassungsgericht
– abstrakte Normenkontrolle 606, 656, 671
– Abwägungszuständigkeit? 465, 466, 479, 481
– Bindungswirkung der Entscheidungen 397
– Bund-Länder-Klage 684
– Erklärung für verfassungswidrig 402, 794
– keine „Superrevisionsinstanz" (Verfassungsbeschwerde) 503, 509
– konkrete Normenkontrolle 76, 392
– Normverwerfungsmonopol (Art. 100 GG) 76, 392
– Organklage 626, 654, 671
– politische Korrektur des Gesetzgebers? 481
– Rechtsstellung 651
– Überprüfung von EU-Recht 717d, 717f.
– Verfassungsbeschwerde 498 ff., 628
– Verhältnis zu den Landesverfassungsgerichten 392, 412
Bundesversammlung 615, 654
Bundesverwaltung, bundeseigene 673
– Aufsichtsprobleme 677 ff.
– länderfreundliches Verhalten 683
– mittelbare 643, 674
– Steuerverwaltung 690
Bundeszwang 680
Bund-Länder-Klage vor BVerfG 25, 681
Bürgermeister 730 ff.
– s. a. Gemeindevorsteher, Ratsvorsitzender
Bußgeld (Ordnungswidrigkeiten) 5, 125 f., 137 ff.

Cassis-Urteil (EuGH) 718l
causa als Vertragsinhalt, Bereicherungsansprüche bei Wegfall? 258
Chancengleichheit
– bei der Zulassung zu öffentlichen Einrichtungen 364, 578 ff.
– bei Prüfungen 82, 425
– Bevorzugung im Öffentlichen Dienst 497
– für Frauen 496a f.
– für politische Parteien 578 ff., 582 ff., 585
Charta der Grundrechte der Europäischen Union 713a, 717a ff., 717e
culpa in contrahendo im öffentlichen Recht 300, 302

Darlehensvertrag im Subventionsrecht 234
Daseinsvorsorge als Aufgabe des Sozialstaats 357
Dassonville-Formel (EU) 718h, 718l
Datenbanken 809
DDR-StHG 304
Delegierte Rechtakte (EU) 713c
Deliktshaftung der öffentlichen Hand

– Abgrenzung zur Entschädigung 327 f.
– als Amtshaftung 304
– als privatrechtliche Haftung 317 ff.
– EU-Recht als Grundlage 306, 713h, 716 ff., 720a
Demokratie
– Begriff „freiheitliche demokratische Grundordnung" 595
– grundrechtsgleiches Recht 614
– kein Gewaltenmonismus beim Parlament 215
– verfassungsänderungsfest 406, 838
– Vorbehalt des Gesetzes 59, 215, 423, 429
Demonstrationsrecht
– Einschränkungen durch EU-Recht 718i
– Fälle 51, 104
– für Ausländer 77
– Grenzen 108
Denkmalschutz, Fall 536
Denkmalschutz-Entscheidung 351
Dereliktion, polizeiliche Zustandshaftung 121
Détournement de pouvoir, Begriff 92, 172
Deutsche Gerichtsbarkeit 7
Deutsches Kulturinstitut, Fall 693
Dienstfahrt, Amtshaftung 305, 314
Dienstleistungsfreiheit (EU) 718a, 718d, 718f, 718k
„Dinglicher" VA als Allgemeinverfügung 375
Direktkandidaten nach BWahlG 610
Diskriminierungsverbote im EU-Recht 715b, 716c, 718g
Dispens 148, 157 ff., 167, 172, 196
Doppelfunktionale Maßnahmen (der Polizei) 125
Dreistufentheorie (Art. 12 I GG) 455, 534 f.
Drittschutz im Verwaltungsrecht 183 ff.
– Anfechtungsklage 184, 192 ff.
– auf kommunaler Ebene 191
– bei Verfahrensvorschriften 187
– einfachgesetzlicher – 187
– Einflüsse des EU-Rechts 186, 720a
– gegen Vertrag 184, 243
– grundrechtlicher – 189 ff., 512
– im Bauordnungsrecht 187
– im Bauplanungsrecht 187
– im Beamtenrecht 199
– im Fachplanungsrecht 187
– im Immissionsschutzrecht 187
– im Polizei- und Ordnungsrecht 204
– Klagebefugnis s. dort
– nachbarliches Gemeinschaftsverhältnis 193
– Parallele Anfechtung einer Drittbegünstigung/Anspruch auf Drittbelastung 183 f.
– Rechtsbeeinträchtigung s. dort
– „Schutznormtheorie", individualschützende Norm 186 f., 196, 204
– Verpflichtungsklage/Bescheidungsklage 207

Sachverzeichnis 371

– vorläufiger Rechtsschutz 199
– zivilrechtliche Normen nicht ausreichend 188
– Zivilrechtliches Vorgehen 208
– § 42 II VwGO, Verhältnis zu § 113 I 1 VwGO 194 f.
– s. a. Nachbarklage im Baurecht, Konkurrentenklage
Drittwirkung von Grundrechten
– im (nationalen) Zivilrecht 562 ff.
– im Unionsrecht 717c
Duldungspflicht beim Abwehranspruch 293 f.
Durchführungsrechtsakte (EU) 713c
Durchsuchung 125 ff.
Dynamische Verweisung 30

EDV-Bescheide s. Elektronische Bescheide
Effektiver Rechtsschutz (Art. 19 IV 1 GG) 80 ff.
Effektivitätsprinzip (EU) 715b, 715d, 715e, 716c, 720a
Effet utile (EU) 713h, 713j, 715c, 716a
EGMR s. Europäischer Gerichtshof für Menschenrechte
Ehrenschutz im öffentlichen Recht 283
Eigenbetrieb 360, 363
Eigengesellschaft 360
Eigentum an öffentlichen Sachen 375, 384, 388
Eigentumsbegriff
– eingerichteter u. ausgeübter Gewerbebetrieb 341, 544
– entschädigungsrechtlicher 329, 338 f.
– „Geldeigentum" 543
– öffentlichrechtliche Rechtspositionen 543
– verfassungsrechtlicher 543
– Vermögen? 543
– Vertrauen? 357
Eigentumsgarantie (Art. 14 GG) 536 ff.
– Abgrenzung Inhaltsbestimmung/Enteignung 537 f., 546 ff.
– als Ansatz für Nachbarklage? 190
– als Anspruchsgrundlage gegen faktische Eigentumsbeschränkungen 283, 288
– als Baufreiheit 148
– „ausgleichspflichtige Inhaltsbestimmung" 330, 351, 555
– Bestandsgarantie auch gegen inhaltsbestimmenden Gesetzgeber 539, 553 ff.
– Drittwirkung 560
– Eingriff 545
– Enteignung, enteignender, enteignungsgleicher Eingriff s. dort
– funktionaler Schutzbereich 545
– mittelbare, faktische Beeinträchtigungen 545
– (neue) Struktur durch BVerfG 329, 338 f., 537 ff.

– nicht bloß Wertgarantie 555
– nur beschränkte ordnungspolitische Wertentscheidung (Art. 15 GG) 490
– objektivrechtlich-institutionelle (Institutsgarantie) 539 f., 545, 552
– „salvatorische Entschädigungsklauseln" 330, 555
Eingerichteter und ausgeübter Gewerbebetrieb s. Gewerbebetrieb
Eingriff
– bei den EU-Grundfreiheiten 718g, 718h
– beim Aufopferungsanspruch 355
– beim enteignungsgleichen und enteignenden Eingriff 344, 351
– beim grundrechtlichen Drittschutz 190
– mittelbarer bei Grundrechten (funktionaler Schutzbereich) 448, 525 f., 545
Eingriffsverwaltung und Gesetzesvorbehalt 59, 80, 214
Eingriffsvorbehalt bei Grundrechten s. Gesetzesvorbehalt
Einheit der Verfassung als Auslegungsprinzip 213, 477, 490
Einheitliche Europäische Akte 711a
Einigungsvertrag, Staatshaftung 304, 331
Einrichtungen, öffentliche 360 ff.
Einschätzungsprärogative des Gesetzgebers 462, 464, 746
Einspruch BRat, Einspruchsgesetz 671
Einstweilige Anordnung im Verfassungsprozess
– bei Organklagen 654
– bei Verfassungsbeschwerden 507
Einstweilige Anordnung im Verwaltungsrechtsweg
– herabgesetzte Bindung an Art. 100 I GG 392
– im Vorfeld der Leistungsklage 225
– im Vorfeld der Verpflichtungsklage 164
– unionsrechtliche Besonderheiten 715d
– Verfassungsbeschwerde gegen Ablehnung 506
Einstweilige Maßnahmen gem. § 80a I Nr. 2 VwGO 199
Einstweiliger Rechtsschutz gegen belastenden VA 34, 130
Einzelakttheorie 537
Einzelfallgesetz, Verbot (Art. 19 I GG) 417, 449
Einziehung (Entwidmung) 375
Elektronische Bescheide 67
Elfes-Urteil 148, 446
Elterliches Erziehungsrecht 477
Empfehlung (EU) 713b
EMRK s. Europäische Konvention zum Schutze der Menschenrechte und Grundfreiheiten
Enteignender Eingriff s. Aufopferungsansprüche

Enteignung
- Abgrenzung zur Inhaltsbestimmung 537 f., 546 ff.
- Abgrenzung zur Konfiskation u. Zwangsversteigerung 550
- entschädigungsrechtlicher Begriff (BGH) 329, 338 f., 343
- gesetzliche Entschädigungsregelungen 330
- „klassische" Enteignung 551
- Legalenteignung – Administrativenteignung 547
- überholter Ansatz der „Enteignungstheorien" 537
- verfassungsrechtlicher Begriff 338, 537 ff., 548 ff.
- Voraussetzungen der Administrativenteignung 556
- Voraussetzungen der Legalenteignung 557

Enteignungsgleicher Eingriff s. Aufopferungsansprüche
Entschädigung s. Aufopferungsansprüche
Entschädigungsanspruch des Abgeordneten 617
Entscheidung (EU), vormalige 713b
Entwidmung 815
Erbrechtsgarantie 543
Erfolgswert bei Verhältniswahlrecht 612
Erforderlichkeit s. Notwendigkeit
Erkennungsdienstliche Unterlagen/Verwaltungsrechtsweg 55
Erlass (ministerieller) 645
Erlaubnis 169, 201
- als Aufhebung eines nur formellen Verbots 148
- s. a. Baugenehmigung, Gaststättenerlaubnis, Gewerbeerlaubnis

Erledigung/Erlöschen von VAen 54
Ermächtigungsgesetz (1933) 404
Ermächtigungsgrundlage 9, 714
- für eine VO 59, 66, 419, 420, 423
- für einen VA 59
- für EU-Recht 714
- für Handeln in der Form eines VA? 66, 275
- Gewohnheitsrecht als –? 214
- GoA als –? 268

Ermessen
- Abgrenzung vom unbestimmten Rechtsbegriff 80, 84
- Abgrenzung von den rechtlichen Voraussetzungen der Ermessensbetätigung 158
- als Einfallstor für unionsrechtskonforme Auslegung 715d
- Begriff, dogmatische Einordnung 84 ff.
- Begründungspflicht 69
- bei Entscheidung über begünstigenden VA 157
- bei Erlass einer VO 426
- beschränkte richterliche Nachprüfung 87
- der Polizei/Ordnungsbehörde 120, 123, 203 ff.
- Ermessenserwägungen in der Fallbearbeitung 9, 87, 88, 100
- gesetzlich gelenktes bzw. intendiertes Ermessen, „Soll"-Vorschriften 69, 84
- gewährendes Ermessen 148
- Grundrechtsbindung 95 ff., 439, 445
- im Widerspruchsverfahren 89, 776
- Nachschieben von Gründen 72, 88
- Recht auf fehlerfreie Ermessensausübung 84, 151, 157, 203
- Willenselement 172

Ermessensfehler
- als Verfassungsverstoß 94, 401
- bei Erlass einer VO 425
- détournement de pouvoir 92, 172
- dogmatische Einordnung 90
- Geeignetheit, Notwendigkeit, Verhältnismäßigkeit der Maßnahme? 97
- richterliche Nachprüfung 87 ff., 90
- verschiedene Fehlertypen 91 ff., 159

Ermessensfehlgebrauch 91
Ermessensreduzierung „auf Null"
- als Voraussetzung für einen Anspruch auf Erlass eines VA 151, 161, 206
- aufgrund einer Zusage 161, 229
- aufgrund von Art. 3 GG 102, 161
- aufgrund von EU-Recht 715d
- Begriff 102, 161
- beim Drittschutz 206
- Fälle 95, 161, 206, 781
- zur erneuten Sachprüfung nach Ablauf der Rechtsbehelfsfrist 37
- s. a. Selbstbindung der Verwaltung

Ermessensunterschreitung 92, 159
Ermessenswillkür 95
Ersatzvornahme
- Aufsichtsmittel im Rahmen der Rechtsaufsicht 769
- Kostenerstattung 128 f.
- Kostenerstattung bei Rechtswidrigkeit aus GoA? 263, 270
- Mittel des Verwaltungszwangs 129

Ersatzzwangshaft 129, 131
Erschließungsbeiträge 28, 236
- s. a. Anliegerbeiträge

Erstattungsanspruch, öffentlichrechtlicher
- bei rechtswidriger Ersatzvornahme? 263, 270 f.
- geschriebener 272 ff.
- Herausgabe gezogener Nutzungen 279, 280
- ungeschriebener 280
- § 818 III BGB 279, 280

Erstattungsanspruch, zivilrechtlicher 560
Erziehungsrecht, Art. 6 II 1 GG 477
EuGH s. Gerichtshof der Europäischen Union

Sachverzeichnis

Europäische Gemeinschaft 711 f.
Europäische Grundrechte s. Grundrechte der EU
Europäische Grundrechtecharta s. Charta der Grundrechte der EU
Europäische Konvention zum Schutze der Menschenrechte und Grundfreiheiten 711b, 717b, 719e
Europäische Union
– Agenturen 719
– Aufgaben 711d
– Austrittsrecht 711d
– Beitritt zur EMRK 711b, 717b, 719e
– beratende Einrichtungen 714b
– Binnenmarkt 711d, 718a
– eigene Rechtspersönlichkeit 711a
– Entwicklung 711 f.
– Freizügigkeit iSd Art. 21 I AEUV 713 f., 718g
– GASP 711, 711a, 713g, 714c, 719
– Geltung der Grundrechte des GG? 717d, 720d
– Haftung gemäß Art. 340 II AEUV 716b
– Handlungsformen 714a
– Haushaltsbefugnisse 712c, 712d
– intergouvernementale Entscheidungsstrukturen 711, 711a, 713g, 714c, 719
– keine Kompetenz-Kompetenz 711c, 714
– Kompetenzarten (ausschließliche, geteilte) 714
– Kompetenzergänzungsnorm (Art. 352 AEUV) 714
– Organe 712 ff.
– Organkompetenz 714a
– Politikfelder 711d
– Rechtsgemeinschaft 717a
– Rechtsnatur 711c f.
– Staatenverbund 711d, 717a
– Struktur 711a f.
– Übertragung von Kompetenzen auf die – 711c, 713d, 713h
– Umweltpolitik, Fall 713i, 714
– Unionsbürger 712c
– „Unionstreue" (Art. 4 III EUV) 713e, 716a
– Verbandskompetenz 714
– Werte 711d
– Wirtschafts- und Währungsunion 711d
– Ziele 711d
– Zölle, Fall 713, 717, 720c
– Zustimmungsgesetz 717d
Europäische Zentralbank 712, 719b
Europäischer Gerichtshof für Menschenrechte 711b, 717b, 719e
Europäischer Haftbefehl 717d
Europäischer Rat 712a
Europäisches Parlament 712c, 714b, 719a
Europäisches Unionsrecht 710 ff.
– abgeleitetes Recht 713b f.

– Alcan-Entscheidungen 715, 715d, 715e, 719a, 719c, 720c
– allg. Rechtsgrundsätze 713a, 716a, 717b
– Anhänge zu den Verträgen 713a
– Anwendungsvorrang 713d ff., 715d, 715e, 717d
– Äquivalenzprinzip 715b, 716c
– Auslegung 713h
– autonome Rechtsbegriffe 719a
– Begründung von Rechten 713h, 716a, 716b, 717 ff., 718b
– Beihilfenrecht, Fall 715, 715d, 715e, 719a, 719c
– Bierreinheitsgebot, Urteil 718
– Bosman-Urteil 718
– Cassis-Urteil 718l
– Dassonville-Urteil 718h, 718l
– delegierte Rechtsakte 713c
– Diskriminierungsverbot, allg. (Art. 18 I AEUV) 718g
– Diskriminierungsverbot beim Vollzug von Unionsrecht 715b, 716c
– Diskriminierungsverbote der Grundfreiheiten 718g
– Durchbrechung der Bestandskraft eines VA 715d
– Durchführung von –, Begriff 717e
– Durchführungsakte 713c
– Effektivitätsprinzip 715b, 715d, 715e, 716c, 720a
– effet utile 713h, 713j, 715c, 716a
– einheitliche Geltung 713d
– Ermächtigungsgrundlagen 714 ff.
– Francovich-Urteil 716a
– Gebhard-Urteil 718h
– gemeinsame Verfassungsüberlieferungen der Mitgliedstaaten 717b
– Gesetzgebungsakte 713c, 719c
– Gesetzgebungsverfahren (ordentliches, besondere) 713c
– Gewohnheitsrecht 713a
– Gleichheitsgrundsatz 717, 717b
– Grundfreiheiten 718 ff.
– Grundrechtsschutz 717 ff., 717e f., 718m, 719e
– Grundsatz begrenzter Einzelermächtigung 714, 714a
– horizontale Wirkung 713h, 713k, 718j
– Identitätskontrolle durch das BVerfG 711c, 717d
– Keck-Urteil 718h
– Lissabon-Urteil 711c, 712d
– Mitentscheidungsverfahren 712c
– Mitwirkungsrechte von BTag u. BRat 712d
– Normverwerfung durch die Verwaltung bei entgegenstehendem – 713 f.
– Notifizierungsverfahren bei Beihilfen 715, 715d

- ordentliches Gesetzgebungsverfahren 712c, 714b
- Pflichtfachrelevanz 710
- Plaumann-Urteil 719c
- Primärrecht 713a
- Protokolle zu den Verträgen 713a
- Rechtsakt mit Verordnungscharakter 719c
- Rechtsetzungsverfahren 714b f.
- Rechtsquellen 713a ff.
- Rechtsschutz vor dem EGMR 719e
- Rechtsschutz vor dem EuGH 719 ff., 720, 720b ff.
- Rechtsschutz vor den nationalen Gerichten 720a
- Rechtsvergleich 717b
- Rücknahme eines VA wegen Verstoßes gegen – 715, 715d, 715e
- Sekundärrecht 713b, 714 ff., 718c
- Staatshaftungsanspruch bei Verletzung von EU-Recht 306, 713h, 716 ff., 720a, 720d
- Subsidiaritätsgrundsatz/-rüge/-klage 714, 719a
- Supranationalität 711, 711a, 713d, 717a
- Tafelwein-Urteil 715
- Teilhaberechte 718g
- „Tertiärrecht" 713c
- Treu und Glauben 713k
- ultra vires-Kontrolle durch das BVerfG 711c, 714
- Umsetzung 717e
- Umweltinformationsrichtlinie 2003/4/EG 715c
- unionsrechtskonforme Auslegung 443, 713e, 715d, 720a
- unmittelbare Anwendbarkeit 713 f., 713g, 718b
- unmittelbare Wirkung von Richtlinien 713b, 713h, 713i ff., 720a
- unterschiedliche Sprachfassungen 713h
- Verhältnismäßigkeitsgrundsatz 714, 717c, 718n
- Vertragsänderung 713h, 714c
- Vertrauensschutz 713a, 715, 719a
- Vollzug (direkter, indirekter, kooperativer) 715 ff., 717e, 720a
Europarat 711b, 712a
Europarecht s. Europäisches Unionsrecht
Europarechtsfreundlichkeit 443
Europawahlgesetz, 5 %- u. 3 %-Klausel 612
EUV s. Vertrag über die EU
EUZBBG 712d
EUZBLG 712d
Evidenztheorie
- für Nichtigkeit eines VA 103
- für Nichtigkeit verfahrensfehlerhafter Normen 401
Ewigkeitsgarantie (Art. 79 III GG) 111, 406
Examensvorbereitung, sinnvolle 24 ff.

Facharztbeschluss 429, 452
Fachaufsicht s. Aufsicht
Fachplanung, Rechte der Gemeinde 191
Fahrerlaubnis, Entziehung, Fall 39, 805
- s. a. Führerschein
Faktorenlehre 85
Fallbearbeitung, öffentlichrechtliche
- Fälle mit zivilrechtlichem Einstieg 560
- Kenntnisse im Zivilrecht als Voraussetzung 258
- Unterschiede zur BGB- und StGB-Arbeit 1 ff.
Fallbearbeitung, universitäre
- erforderliche Rechtskenntnisse 25, 599
- falladäquate Bearbeitung 11, 25, 52, 801
- juristische Methode 600
- Umgang mit Behauptungen der Beteiligten 777
- vier „Stationen" der – 772
- s. a. Aufbau, Gutachten, praktisches Verständnis, Schemata, Schwerpunktbildung
Fall-Training 24
„Feindliches Grün" s. Ampelunfallentscheidungen
Festsetzung eines Zwangsmittels 131
Feststellungsinteresse (Fortsetzungsfeststellungsklage) 54
Feststellungsklage
- als Nichtigkeitsfeststellungsklage 54 f., 103, 394, 787
- als Normenkontrollklage 394
- bei Ersatzvornahme und unmittelbarem Zwang 131
- bei sofortigem Vollzug und unmittelbarer Ausführung 136
- Geltung von § 42 II VwGO 213, 394
- nach Erledigung eines VA, Fortsetzungsfeststellungsklage 54
- Subsidiarität 211
- Verhältnis Feststellungsklage/Fortsetzungsfeststellungsklage 54
- Verhältnis zur Leistungsklage 211, 225
Feuerwehr, GoA 263
Feuerwehrdienstpflicht, Fall 496a
Filmförderung, Fall 228
Final oder konditional formulierte Normen 221a
Finanzausgleich, horizontaler 688
Finanzminister, Fall 796
Finanzverfassung 686 ff.
Finanzvermögen 360
Fiskalprivatrecht 224 f., 284, 360
Flächennutzungsplan, Normenkontrolle 394
Floatglasfall 427
Flugblätter, politische 487
Föderalismus, verfassungsänderungsfest 406
Föderalismusreform 2006 669 f.
Folgenbeseitigungsanspruch 282, 286 ff., 289 ff.

Sachverzeichnis

Folgenentschädigungsanspruch? 292a
Forderungsübergang gem. § 116 SGB X 334, 803
Formvorschriften
– Anfechtbarkeit bei Verstoß? 71
– „elektronische Bescheide" s. dort
– Erwähnung in der Fallbearbeitung 74, 422
– für Polizeiverfügung 109, 152 f.
– für Rechtsverordnung 421
– für Satzung 433
– für VA 66
– Standort in der Fallbearbeitung 64
– Vermutung für Wahrung von – 74, 814
Fortsetzungsfeststellungsklage 54, 136
– auch bei Verpflichtungsklage 164
– bei Leistungsklage 225
– Feststellungsinteresse 54, 507
– ohne Vorverfahren, Klagefrist? 54
– Verhältnis zur Feststellungsklage 54
Fragestellung 774 ff.
– als Ausgangspunkt für die Lösung 793
– Auflösung unklarer – 787
– Erforderlichkeit prozessualer Ausführungen 12 f., 788 ff.
– Erörterungsreihenfolge mehrerer Fragen 798, 830
– Frage nach der Rechtslage 784
– Überschreiten der Fallfrage 783
Fraktion 615 ff.
– Antragsteller Organklage 626
– Ausschluss 617 f.
– Bildung 615
– Chancengleichheit 621
– im Gemeinderat 749
– Rechtsnatur und -status 616, 619, 621
– Rechtsschutz der Mitglieder 626
– Verhältnis zu den Mitgliedern 618
Fraktionsdisziplin, -zwang 617 f.
Francovich-Urteil (EuGH) 716a
Fraport-Urteil 443
Frauenförderung 496b
Freie Entfaltung der Persönlichkeit s. Handlungsfreiheit
Freiheitliche demokratische Grundordnung 595
Freizügigkeit (Art. 11 GG), Fall 446 ff., 802
Freizügigkeit (Art. 21 I AEUV) 713 f., 718g
Fremdverwaltung s. Auftragsverwaltung, Kreisvorsteher
Frontmetermaßstab 437
Führerschein 39, 259 ff.
– s. a. Fahrerlaubnis
Fünf-Prozent-Klausel im Wahlrecht 612
Fünf-Tage-Woche in der Schule 217
Funktionaler Schutzbereich der Grundrechte 213, 448, 525 f., 545
Fürsorgepflicht im Beamtenrecht 213, 302
Fußnoten 845
– s. a. Zitate

GASP (EU) 711, 711a, 713g, 714c, 719
Gaststättenerlaubnis, Fälle 165, 184, 189 f., 219
Gebhard-Formel (EU) 718h
Gebietskörperschaften 637
Gebot als vollstreckungsfähiger VA 32
Gebot der Rücksichtnahme (Baurecht) 187, 311, 323
Gebühr, Fälle 39, 174, 427
– Abgrenzung von Steuer, Beitrag u. Sonderabgabe 437
– Äquivalenzprinzip 438
– Sondernutzungsgebühr 376
Gebührenbescheid 39
Geeignetheit einer Maßnahme 96 ff.
– bei der „Drittwirkung der Grundrechte" 569
– bei verfassungsimmanenten Grundrechtsschranken 479
– beim Grundrechtseingriff 463
– des polizeilichen Eingriffs 124
– Maßstab der Ermessensüberprüfung 96 ff.
Gefahr, polizeiliche 115 ff.
– Abgrenzung zur Belästigung und zur Störung 114 f.
– abstrakte – s. dort
– Anscheinsgefahr 117
– im Straßenrecht 380
– konkrete – s. dort
– latente 121
– Scheingefahr, Putativgefahr 117
– unmittelbare 122, 136
– Variationen des Begriffs 118 f.
Gefahr im Verzuge 125, 646
Gefährdungshaftung, öffentlichrechtliche 325, 344
Gefrierfleischfall (RG) 357
Gegenvorstellung 506
Gegenzeichnung 657, 661
Gemeinde
– Abgrenzung zur Kreiszuständigkeit 725
– Allzuständigkeit, Universalität 429, 725, 746
– „Angelegenheiten der örtlichen Gemeinschaft" 746, 766
– Drittschutz der – 191, 201
– Schutz gegen Fachplanung 191
– Stellung in der Finanzverfassung 687 ff.
– typische Aufgaben 726, 737, 768
– s. a. Abgabenhoheit, Kommunen, Selbstverwaltungsgarantie
Gemeinderat s. Gemeindevertretung
Gemeindeverbände, höhere 724
Gemeindevertretung (Rat) 729
– Delegationsmöglichkeiten 735
– Kompetenzbeschränkung auf Gemeindeangelegenheiten 766
– Rechtsetzung 733
– Verwaltungskompetenzen 733, 735

Gemeindeverwaltungsverbände (BW) 724
Gemeindevorsteher, Gemeindevorstand
– als Behörde 730
– Beigeordnete s. dort
– Fremdverwaltung 733
– laufende Verwaltung 733 f.
– Leiter der Verwaltung 734
– monokratisches Prinzip, Kollegialprinzip 732
– Organisationsgewalt 732, 734
– Verhältnis zum Rat 734
– vom Rat übertragene Aufgaben 735
– Wahlbeamter 732
Gemeindliche Einrichtungen, Nutzungsrecht 147
Gemeineigentum (Art. 15 GG) 490
Gemeingebrauch
– Abgrenzung zur Sondernutzung 377, 384, 385
– Duldungspflicht des Eigentümers 375
– Gesetzesdefinition 377
– „gesteigerter" – des Anliegers? 384
– „Kommunikativer Verkehr" als –? 385
Gemeinsame Außen- und Sicherheitspolitik (EU) s. GASP
Gemeinsame Ländereinrichtungen 709
Gemeinsame Verfassungsüberlieferungen der EU-Mitgliedstaaten 717b
Gemeinsamer Senat OGB 29
Gemeinsamer Zolltarif (EU), Fall 713, 717, 720c
Gemeinschaftsaufgaben von Bund und Ländern 676
Gemeinwirtschaft (Art. 15 GG) 490
Gemeinwohl
– als Rechtfertigung rückwirkender Gesetze? 415
– als Voraussetzung eines Grundrechtseingriffs 458
– als Widerrufsgrund für VA 177
– Entscheidungszuständigkeit des Gesetzgebers 459
„Gemischtwirtschaftliche Unternehmen", Grundrechtsgeltung 443
Genehmigung
– öffentlichrechtliche s. Erlaubnis
– privatrechtliche – des Eigentümers öffentlicher Sachen 375
Genehmigungsbedürftige Anlagen nach BImSchG 222
Genehmigungsverfahren, „große" 222
Generalanwälte (EuGH) 712e
Generalisierungskompetenz des Gesetzgebers 445
Gerichte
– Anforderungen des GG 653
– Ausnahmegerichte (Art. 101 I GG) 653
– Berufsgerichte, Fall 651
– Normprüfung (Art. 100 GG) 76, 392

Gerichtsbarkeit, deutsche 7
Gerichtshof der Europäischen Union 712e
– als gesetzlicher Richter 720d
– Nichtigkeitsklage 719 ff.
– Rechtsfortbildung 713h
– Untätigkeitsklage 719d
– Vertragsverletzungsverfahren 720, 720d
– Verwerfungsmonopol 720c
– Vorabentscheidungsverfahren 713f, 716b, 720b ff.
Gesamtgemeinden 724
Geschäftsführung ohne Auftrag, öffentlichrechtliche
– als Eingriffsermächtigung? 268
– Anspruch bei rechtswidriger Ersatzvornahme? 263, 271
– Aufwendungsersatz 263
– Feuerwehr 263, 268
– nur analoge Anwendung der Rechtsfolgen zivilrechtlicher GoA? 271
– Schadensersatz 302
– Voraussetzungen 265 ff.
Geschäftsgrundlage im Vertragsrecht 258
Geschäftsordnungsautonomie
– BReg. 633
– Parlament 615, 619 ff.
Geschäftsverteilung, behördeninterne 75
Gesetz
– „allgemeines" – iSv Art. 5 II GG 449, 451
– Gültigkeitsvoraussetzungen 407 ff.
– im formellen/im materiellen Sinne 392, 452
– s. a. Gesetzgeber, Norm
Gesetzeskraft von Entscheidungen des BVerfG 397
Gesetzesverstoß
– Ahndung durch Strafen 140
– als Verstoß gegen die öffentliche Sicherheit 62, 112
Gesetzesvorbehalt, föderaler 650
Gesetzesvorbehalt, intitutioneller/organisatorischer 649
Gesetzesvorbehalt bei Grundrechten 59, 148, 214 ff., 449 ff.
– Abgrenzung Eingriffs-, Schranken-, Ausgestaltungs-, Regelungsvorbehalt 417, 449
– einfacher/qualifizierter – 450, 454
– geschriebene Qualifizierung 454
– ungeschriebene Qualifizierungen 455 ff.
– Zitiergebot beim Eingriffsvorbehalt 417, 449
– s. a. Vorbehalt des Gesetzes
Gesetzgeber
– Abwägungszuständigkeit 465 ff., 479 ff.
– Beurteilungsspielraum, Einschätzungsprärogative 461 f., 464, 746
– verbindliche Gemeinwohlentscheidungen 458 ff.
Gesetzgebungsakte (EU) 713c, 714b, 719c

Sachverzeichnis

Gesetzgebungskompetenz 663 ff.
– ausschließliche, konkurrierende Bundeskompetenz 664 ff.
– bei „absichtsvollem Unterlassen" 667
– Bundesrecht bricht Landesrecht 412, 667
– Föderalismusreform 2006, Fortgeltung von Gesetzen 669 f.
– Gültigkeitsvoraussetzung für Gesetze 407, 453, 663 ff.
– Kompetenz aus der Natur der Sache 665
– Kompetenz kraft Sachzusammenhangs, Annexkompetenz 665
– Rahmenkompetenz, vormalige 669 f.
– Sperrwirkung von Bundesgesetzen 667
– Spezialregelung für Steuern 689
– Vermutung für abschließende Bundesregelung 667
– Zuständigkeitsvermutung zugunsten der Länder 663, 667
Gesetzgebungsnotstand (Art. 81 GG), Fall 409
Gesetzgebungsverfahren
– als Gültigkeitsvoraussetzung für Gesetze? 408
– Einzelstationen 408 f.
– im Europäischen Unionsrecht (ordentliches, besonderes) 713c, 714b
– inneres –, Methodik der Entscheidungsfindung 410, 432
gesetzlicher Richter 392, 506, 720d
Gesetzmäßigkeit der Verwaltung 90
– Kollision mit Vertrauensschutz bei der Rücknahme rechtswidriger VAe, 178
– Normprüfungs- und Verwerfungsrecht der Exekutive? 309, 606, 656, 713 f.
Gestalterische Examensaufgaben 20
Gewaltenteilung
– als Argumentationsstütze problematisch 606
– Art. 80 GG als Ausfluss der – 428
– Folgen für Untersuchungsausschuss 624
– in Selbstverwaltungskörperschaften 399
– Nichtigerklärung verfassungswidriger Gesetze (BVerfG) 402, 794
– verfassungsänderungsfest 406
Gewerbebetrieb, eingerichteter und ausgeübter 341, 544
Gewerbeerlaubnis, Drittanfechtung wegen Grundrechtsbeeinträchtigung? 189 f.
Gewohnheitsrecht
– als Ermächtigungsgrundlage im „besonderen Gewaltverhältnis"? 214
– im Europäischen Unionsrecht 713a
– vorkonstitutionelles – als Ermächtigungsgrundlage 389
Glaubensfreiheit, Fall 472
Gleichbehandlung von Ungleichem 491, 494

Gleichberechtigung von Mann und Frau (Art. 3 II, III GG) 496a ff., 597
Gleicher Zugang zu öffentlichen Ämtern (Art. 33 II GG) 495 f., 496a, 497, 573
Gleichheitsgrundsatz 491 ff., 518
– als Grundlage für Teilhabe- und Leistungsansprüche? 517 ff.
– Art. 3 II, III GG 495, 496a ff.
– Bedeutung für Gesetzgeber und Ermessensverwaltung 492
– Bedeutung objektivrechtlicher Verfassungsentscheidungen im Rahmen der Gleichheitsprüfung 493, 519
– Einzelheiten der Gleichheitsprüfung 491 ff., 495, 496a ff.
– Fälle 427, 491, 496a, 717, 717d
– Gleichbehandlung von Ungleichem 491, 492, 494
– Gleichheit im Unrecht? 493
– personenbezogene/verhaltensbezogene Differenzierungen 493
– Prüfungsschema 494
– Relevanz des Verhältnismäßigkeitsgrundsatzes 493, 494
– Spezialregelungen 495 f., 496a ff.
– Systemgerechtigkeit, systemkonsequentes Verhalten 493, 612
Gleichordnungsverhältnis, öffentlichrechtliches 223
Gliederung 843 f.
Gnadenentscheidungen 7
Große Senate 29
Großer Befähigungsnachweis im Handwerk (Meisterprüfung) 523 ff.
Grundfreiheiten (EU) 718 ff.
– Ausgestaltung durch vorrangiges Sekundärrecht 718c
– Ausübung öffentlicher Gewalt 718d
– Begründung von subjektiven Rechten 718b
– Bereichsausnahmen 718d
– Beschränkung 718h
– Cassis-Formel 718l
– Dassonville-Formel 718h, 718l
– Diskriminierung (offene, versteckte) 718g
– Drittstaatsangehörige 718f
– Eingriff 718g, 718h
– Funktionen 718i
– Gebhard-Formel 718h
– grenzüberschreitender Bezug 718e
– Grundrechte als Rechtfertigungsgrund 718m
– horizontale Drittwirkung 718j
– intermediäre Gewalten 718i
– Keck-Formel 718h
– Marktzugang 718h
– Maßnahme gleicher Wirkung 718h, 718l
– öffentliche Verwaltung 718d
– persönlicher Schutzbereich 718f
– praktische Konkordanz 718n

– produktbezogene Regelung 718h
– Prüfungsaufbau 718c ff.
– räumlicher Schutzbereich 718e
– Rechtfertigungsgründe (geschriebene, ungeschriebene, Grundrechte) 718k ff.
– sachlicher Schutzbereich 718a, 718d
– Schranken-Schranke 718n
– Schutzmaßnahmen 718i
– unmittelbare Anwendbarkeit 718b
– Verbraucherschutz als ungeschriebener Rechtfertigungsgrund 718l, 718n
– Verhältnismäßigkeitsgrundsatz 718n
– Verkaufsmodalitäten 718f
– Verpflichtungsadressaten 718b, 718j
– zwingende Gründe des Allgemeininteresses 718l
Grundmandatsklausel 612
Grundrechte (EU) 717 ff., 717e f., 718m
Grundrechte (GG)
– als Gleichheitsrechte s. Gleichheitsgrundsatz
– als nachbar-/konkurrenzschützende Normen 190
– als öffentlichrechtliche Anspruchsgrundlage (Abwehranspruch, Folgenbeseitigungsanspruch, Unterlassungsanspruch) 288, 293
– als subjektive Abwehrrechte 446 ff.
– als (Wert-)Entscheidungen objektiven Rechts 484 ff., 513 ff., 539 f., 545, 552, 566
– auf Leistung, Teilhabe, Schutz 110 f., 189 f., 204, 364, 510 ff., 561 ff.
– Auswirkung auf das Verfahrensrecht 71, 221a, 432, 441
– Bedeutung für verwaltungsrechtlichen Drittschutz 189 f., 513
– bei öffentlich-rechtlichen Verträgen 252
– „benannte" Grundrechte als leges speciales 287, 446, 524
– Drittwirkung im Zivilrecht 562 ff.
– einfachgesetzliche Rechtswidrigkeit als Grundrechtsverstoß 502
– funktionaler Schutzbereich/Eingriff 213, 448, 525 f., 545
– Geltung bei der Umsetzung von EU-Recht 717f
– Geltung für Ausländer 441
– Geltung für EU-Ausländer 447
– Geltung für EU-Organe? 717d, 720d
– Geltung für juristische Personen 443, 447
– Geltung für Minderjährige 441
– Geltung für öffentliche und „gemischtwirtschaftliche Unternehmen"? 443
– Grundrechtsbindung der Ermessensverwaltung 95 ff., 439, 445
– Grundrechtsbindung des Gesetzgebers 445 ff.
– Grundrechtsbindung öffentlicher und „gemischtwirtschaftlicher Unternehmen" 443.

– Grundrechtskollisionen 477, 479, 568 ff.
– Grundrechtskonkurrenzen, Beispiel 802
– Grundrechtsprüfung 439 ff.
– im „besonderen Gewaltverhältnis" 210, 213 f., 216 f.
– im Fiskalprivatrecht 224
– im Parteienrecht 591 f.
– im „reinen" Privatrecht, Drittwirkung 561, 562 ff.
– im Verwaltungsprivatrecht 224, 252
– lückenloser Grundrechtsschutz 52, 148, 446, 490
– mittelbare, ungezielte, indirekte, „bloß" faktische Beeinträchtigungen 448, 545
– ohne Gesetzesvorbehalt 472 f.
– persönlicher Schutzbereich 443, 447
– Prozessuales 498 ff.
– Schutz bei „Bagatellen"? 213
– soziale Grundrechte 496b, 597
– und Klagebefugnis (§ 42 II VwGO) 189 f., 204, 213
– ungeschriebene Grundrechtsschranken 213, 465 ff., 472 ff., 496b, 531, 569
– Unterscheidung Freiheitsgrundrechte, Gleichheitsgrundrechte 484 ff.
– verfassungsänderungsfest? 406
Grundverhältnis/Betriebsverhältnis (im „bes. Gewaltverhältnis") 210
Gruppe 615
Gutachten (Fallbearbeitung), Wesen 773, 817, 827, 836, 837
Gutachtenstil 836

Haftbefehl, europäischer 717d
Haftung s. Amtshaftung, Entschädigung, Europäische Union, Schadensersatz
Handlungsform, Trennung von der Rechtmäßigkeit 816
Handlungsfreiheit (Art. 2 I GG) 148, 288, 446, 451, 490, 503
– s. a. Persönlichkeitsrecht, Wettbewerbsfreiheit, Wirtschaftsfreiheit
Handlungsstörer 121
– s. a. Störer
Handwerk, Meisterprüfung 523 ff.
Hausarbeit
– als Prüfungsleistung 20
– Formalien (Zusammenstellung) 840 ff.
– klausurmäßige Lösung vorab 797
– Unterschiede zur Klausur 23, 773, 806 f.
Haushaltsgesetz, Ermächtigungsgrundlage für Subventionen? 232
Haushaltsplan 649, 696
Haushaltsüberschreitung 796
Hausrecht 386 ff.
Hausverbot 386 ff.
Heilung verfahrensfehlerhafter VAe 71 f.
Herrschende Ansicht/Meinung, Gebrauch 837

Sachverzeichnis

Hierarchisches Prinzip 645 ff.
Hilfsgutachten 832 f.
Hoher Vertreter der Union für Außen- und Sicherheitspolitik 712b
Homogenitätsgebot (Art. 28 I GG) 419
Horizontale Wirkung von EU-Recht 713h, 713k, 718j

Identitätskontrolle 711c, 717d
Immissionen aus hoheitlicher Tätigkeit 293 ff., 337
Immissionsschutz 187, 190, 222, 293 ff., 512
Immunität 617
Impfschaden 327, 354
Indemnität 321, 617
Individualbeschwerde (EGMR) 711b, 717b, 719e
Informationelle Selbstbestimmung 446
Informationen, staatliche 448, 525
Inhaltsverzeichnis 843
Innerdienstliches Handeln 47, 95, 161, 212, 764 f.
– Mitwirkung anderer Behörden s. dort
Insichprozess 750 ff., 626, 654
– s. a. Organklage
Institutioneller Gesetzesvorbehalt 649
Integrationsverantwortungsgesetz 712d
Intermediäre Gewalten 718j
Interorganstreit, Intraorganstreit 750
Irrtum beim öffentlichrechtlichen Vertrag 257

Judiz 793, 823
Junktim-Klausel (Art. 14 III 2 GG) 339, 537, 556
Juristische Personen
– als Grundrechtsträger (Art. 19 III GG) 443, 447, 524
– als Verwaltungsträger 637 ff.
Justitiabilität 7
Justizverwaltungsakt 55

Kabinettsbeschluss 630
Kammern als öffentlichrechtliche Körperschaften 637
Kampfhundehaltung, Erlaubnispflicht 49
Kapitalverkehrsfreiheit (EU) 718a, 718f
Keck-Formel (EU) 718h
Kettenverwaltungsakt 161
Kindergartenplatz, kostenloser 740
Kirchen
– Autonomie 740
– Grundrechtsgeltung 443
Klagearten nach der VwGO 211
– s. a. Anfechtungsklage, Bescheidungsklage, Feststellungsklage, Fortsetzungsfeststellungsklage, Leistungsklage, Nichtigkeitsfeststellungsklage, Verpflichtungsklage, Untätigkeitsklage

Klagebefugnis (§ 42 II VwGO) 7 f., 52 f., 194 ff.
– Abgrenzung zu anderen Prozessvoraussetzungen 53
– Abgrenzung zur Klagebefugnis nach Art. 263 IV AEUV 719c
– bei der Feststellungsklage 213
– bei der Leistungsklage 213, 225
– bei der Verpflichtungsklage 163, 207
– beim „Insichprozess" 751
– Erweiterung aufgrund von EU-Recht 720a
– Hauptanwendungsfeld: VA und Drittinteresse 53, 194 ff., 207
– im „besonderen Gewaltverhältnis" 213
– keine Popularklage, keine Interessentenklage 194
– Schlüssigkeitstheorie/Möglichkeitstheorie 195 f., 751
– subjektives Recht 185 ff., 213
– Trennung Recht/Rechtsverletzung 194
– von VA-Adressaten 52, 194
– Zusammenspiel § 42 II/§ 113 I 1 VwGO 195
– s. a. Drittschutz, Konkurrentenklage, Nachbarklage
Klageerhebung 7
Klagefrist 7 f.
Klageschema 6 ff.
– s. a. Prozessschema
Klarstellung als Rückwirkung 415
Klausur
– als Prüfungsleistung 20
– Anforderungen 23, 27
Kleingarten-Urteil 552
Knäckebrotfall 341, 357
Koalitionsfreiheit (Art. 9 III GG) 476, 490, 563, 591, 718j
Koalitionsvereinbarung 571
Kollegialprinzip 633, 635, 680, 730, 732
Kommissarbestellung (als Aufsichtsmittel) 769
Kommission (EU) 712b, 714b, 719a, 720
Kommunalabgabengesetze 250
Kommunalaufsicht 737, 766
Kommunalverfassungsbeschwerde 742
Kommunalverfassungsstreitverfahren 750 ff.
Kommunen
– Aufgabenverteilung Kreis/Gemeinden 725, 746
– Aufsichtsklage s. dort
– Aufsichtsmittel 769 ff.
– Aufsichtszuständigkeiten 763
– Auftragsverwaltung 737
– Beigeordnete s. dort
– Besonderheiten in einzelnen Bundesländern 722, 743
– Binnenorganisation 729 ff.
– demokratische Funktion 747

- Ergänzungs- und Ausgleichsaufgaben 746
- Fachaufsicht 737, 767 f.
- Funktionen der Organe 729 ff.
- Gemeinden und Kreise 723, 725
- Gemeindevertretung s. dort
- Gemeindevorsteher/Gemeindevorstand s. dort
- „Gewaltenteilung" 733 ff.
- kreisfreie, selbständige Stadt 728
- Kreisvorsteher s. dort
- Laufbahnbeamte 732
- Mitwirkung der Gemeindebürger 747
- Ratsvorsitzender s. dort
- Rechtsaufsicht (Kommunalaufsicht) 737, 766
- Selbstverwaltung/Fremdverwaltung 737 ff.
- sonstige kommunale Körperschaften 724
- Verhältnismäßigkeitsgrundsatz 770
- Verwaltungsausschuss 736
- Wahlbeamte 732
- s. a. Abgabenhoheit, Gemeinde, Satzung, Satzungsautonomie, Selbstverwaltung, Selbstverwaltungsgarantie

Kommunikativer Verkehr 385
Kompetenz
- aus der Natur der Sache 665, 695
- bei Abschluss völkerrechtlicher Verträge 694 f.
- der Europäischen Union s. dort
- der Exekutive s. Verwaltungskompetenz
- der Gemeinden 737 ff.
- der Kirchen 740
- des Gesetzgebers s. Gesetzgebungskompetenz
- kraft Sachzusammenhangs, Annex-Kompetenz 665
- ungeschriebene 602

Kompetenzergänzungsnorm (Art. 352 AEUV) 714
Kompetenz-Kompetenz (EU) 711c, 714
Konfiskation 550
Konkordanz, praktische 479 f., 592
Konkordatsurteil 695
Konkrete Gefahr 119, 126, 422
Konkrete Normenkontrolle 392
Konkurrentenklage 183, 199, 202 ff.
kontradiktorische Natur des Organstreits 654
Koppelungen, unzulässige 167, 253
Körperliche Untersuchung 125, 127
Körperschaft, öffentlichrechtliche 360, 637
Kostenerstattung bei Ersatzvornahme/unmittelbarem Zwang 129
KPD-Urteil 574
Kreise s. Kommunen
Kreisfreie Stadt 728
Kreistag 729
Kreisvorsteher 730, 738
Kriminalstrafe 138

Kruzifixbeschluss 475
Kulturhoheit der Länder, Fall 693

Ladenschluss, Fall 202
Länderklage (Art. 93 I Nr. 4 GG/§ 50 I Nr. 1 VwGO) 708
Landesrecht 667 f., 672
Landesverwaltung 672 ff., 677 ff., 681 ff., 690 f., 697 ff.
Landrat 730, 739
Landschaftsverbände (NRW) 724
Latente Gefahr 121
Laufbahnbeamte 732
Laufende Verwaltung 733 f.
Lebenserfahrung s. Sachverhalt
Legalisierungswirkung (VA) 112
Legislatives/normatives Unrecht
- Amtshaftung 309, 320 ff.
- enteignungsgleicher Eingriff? 348 f., 351
- Schadensersatz bei Nichtumsetzung einer EU-Richtlinie, Fall 716, 716c
Leistungsbescheid 28, 66, 128
Leistungsklage
- als (vorbeugende) Unterlassungsklage 225, 287
- Anerkennung durch die VwGO 225
- Anwendbarkeit von § 42 II VwGO 213, 225
- im besonderen Gewaltverhältnis 211
- im Gleichordnungsverhältnis 225
- Verhältnis zum Leistungsbescheid 66
- Verhältnis zur Feststellungsklage 163, 225
- Verhältnis zur Verpflichtungsklage 213, 225
Leistungsstörungsrecht des BGB 297
Leistungsverwaltung und Gesetzesvorbehalt 232
Lenkungssteuer 686
Lex-posterior-Regel 696, 713d
Lex Rheinstahl 413 f., 417
Lindauer Abkommen 695
Lissabon-Urteil 711c, 712d
Listenwahl s. Verhältniswahlsystem
Literatur, Bedeutung für die Hausarbeit 23, 806 ff.
Literaturverzeichnis 841 f.
Lüth-Urteil 566

Magistrat 644, 730, 732
- s. a. Gemeindevorstand
Mandatsverlust bei Parteiaustritt? 618
Mandatsverzicht, Fall 617 f.
Mängelrüge (Rechtsaufsicht des Bundes) 680
Marktfreiheiten (EU) 718a
- s. a. Grundfreiheiten
Maßnahme gleicher Wirkung (EU) 718a, 718h, 718l
Maßnahmegesetz 417
Mehrheitswahlrecht 608 ff.
- Blockwahl 587 ff.

Sachverzeichnis

Mehrstufiger Verwaltungsakt 47, 153
Meinungsfreiheit (Art. 5 GG)
– als individuelles Abwehrrecht 485
– als objektivrechtliche Entscheidung 485, 566, 591
– AufenthG als „allgemeines Gesetz" iSv Art. 5 II GG 77
– Drittwirkung 566
– Geltung für Ausländer 77
– und Sondernutzung im Straßenrecht 385
– von Regierungsmitgliedern und Bundespräsident 583
– Werbung als Meinungsäußerung? 487
– Zensur, Fall 209, 217
Menschenwürde 406, 446, 512, 717d
Methodik und Logik 29a, 798, 810
Mieter 187, 543
Minderjährige, Grundrechte 443
Minister
– Äußerungsbefugnisse 582 ff.
Ministerialfreie Räume 646
Mitbestimmung, paritätische 413 ff., 490
Mittelbehörden 642 f.
Mittelstandsschutz 459, 492 f.
Mitwirkendes Verschulden
– bei der Deliktshaftung 315
– beim Aufopferungsanspruch 355
– beim enteignungsgleichen Eingriff 345
– beim Folgenbeseitigungsanspruch 291
– beim quasivertraglichen Schadensersatzanspruch 302a
– beim vertraglichen Schadensersatzanspruch 297
Mitwirkung anderer Behörden 47, 65, 153, 382
– s. a. mehrstufiger VA
Mitwirkung der Gemeindebürger 747
Möglichkeitstheorie
– iRd § 42 II VwGO 195 f.
– iRd Verfassungsbeschwerde 502
Monarchie und GG, Fall 111
Monokratisches Prinzip
– auf kommunaler Ebene 730, 732
– in der Behördenorganisation 644, 730, 732
– in der Regierung 631 f.
Mülheim-Kärlich-Beschluss 441
Mündliche Prüfung, Anforderungen 25, 27
Mündliche Verhandlung im förmlichen Verwaltungsverfahren 219
Musterentwurf eines einheitlichen Polizeigesetzes 107
Mutterschutz 495

Nachbarschutz 183 ff., 192 ff.
– s. a. Drittschutz, Klagebefugnis
Nachschieben von Gründen 72, 88, 93
Naturschutzrecht, Beurteilungsspielraum im 82
n. c. 82

Nebenbestimmungen 161, 165 ff.
– s. a. Auflage, bedingter VA, befristeter VA, Widerrufsvorbehalt
Negative Glaubensfreiheit 477
Neutralitätsgebot ggü politischen Parteien 582 ff.
Nichtanerkennungsbeschwerde 585
Nichtigkeit
– einer rechtswidrigen Norm 401 ff.
– eines rechtswidrigen VA 103
Nichtigkeitsfeststellungsklage 55, 103, 394, 787
Nichtigkeitsklage vor dem EuGH 719 ff.
– individuelle Betroffenheit 719c
– Klagebefugnis, Abgrenzung zu § 42 II VwGO 719c
– Klagefrist 719
– Klagegegenstand 719
– Klagegründe 719 f.
– nicht privilegierte Kläger 719c
– Plaumann-Formel 719c
– privilegierte Kläger 719a
– Rechtsakt mit Verordnungscharakter 719c
– Subsidiaritätsklage 719a
– teilprivilegierte Kläger 719b
– unmittelbare Betroffenheit 719c
Nichtstörer im polizeilichen Notstand 122, 271, 332, 787, 803
Niederlassungsfreiheit (EU) 443, 718a, 718d, 718f
Niederschrift der Arbeit 834 ff.
– Abkürzungen 840
– Begründungen statt Behauptungen und Übertreibungen 837
– Formalien (Zusammenstellung) 840 ff.
– Führen des Lesers 835
– Fußnotengestaltung 845
– keine formelhaften Wendungen 835
– Konzentration auf das Wesentliche 820, 826
– Lösung mehrfach „abstützen" 106, 826
– Mitteilungsbedürfnis zurückdrängen 823
– Vorüberlegungen 772, 801
– s. a. Argumentationstechnik, Aufbau, Gutachten, Gutachtenstil, Schemata, Schwerpunktbildung, Stoffauswahl
non liquet 817
Norddeutscher Rundfunk 697, 709
Norm
– Abgrenzung Gesetz/VO/Satzung 398 f.
– Abgrenzung zur Allgemeinverfügung 46
– Bundesrecht bricht Landesrecht 412
– Einzelfallgesetz 417
– Grundrechtsprüfung 412, 424 f., 439 f., 445 ff., 491 ff.
– objektiver Erklärungswert 47
– rechtswidrige – in der Regel nichtig 401
– Rückwirkung 413 ff.
– Teilnichtigkeit 403

- Verfahrensfehler, Rechtsfolgen 401, 405, 408 ff., 433 ff.
- Verfassungsmäßigkeit 76 ff., 155, 391 ff., 412 ff., 424 f., 438
- vorübergehende Gültigkeit rechtwidriger Normen 402
- s. a. Gesetzgeber, Gesetzgebungskompetenz, Gesetzgebungsverfahren

Normatives Unrecht s. legislatives Unrecht
Normenkontrolle, inzidente 391 f.
Normenkontrolle durch das BVerfG
- Abgrenzung von Organklage 671, 783
- abstrakte – 25, 395, 606, 671, 783
- konkrete – 392
- Konkurrenz zur Bund-Länder-Klage 685
- Verfassungsbeschwerde 393, 500 f.
- von Europäischem Unionsrecht? 717d, 717f
- von (Zustimmungsgesetzen zu) völkerrechtlichen Verträgen 696

Normenkontrolle durch das OVG (§ 47 VwGO) 393 f.
Normenkontrolle durch den EuGH
- Nichtigkeitsklage 719a
- Vorlage durch deutsche Gerichte 720b f.

Normerlassklage 394
Normprüfung
- Anlässe 391 ff.
- Bindungswirkung der Entscheidungen des BVerfG 397
- durch den Bundespräsidenten 396, 601 ff., 657 ff.
- durch die Exekutive bei entgegenstehendem EU-Recht 713 f.
- durch die Exekutive? 309, 606, 656
- durch Gerichte, Vorlagepflicht zum BVerfG (Art. 100 GG) 76, 392, 498, 506
- im Genehmigungsverfahren der Aufsichtsbehörde 396

Normsetzungsvertrag 236
Notifizierung von Beihilfen (EU) 715, 715d
Notwendigkeit, Erforderlichkeit
- als Maßstab der Ermessensüberprüfung 96 ff.
- als Maßstab für verfassungsimmanente Grundrechtsschranken 479
- Begriff, dogmatische Einordnung 97 f.
- bei der Drittwirkung der Grundrechte 569
- bei der Grundrechtsprüfung 463 f.
- des polizeilichen Eingriffs 124

Numerus clausus 510, 513, 519
Nutzungen, Herausgabe beim Erstattungsanspruch 280

Oberbürgermeister 730 ff.
- s. a. Gemeindevorsteher, Ratsvorsitzender
Objektiver Erklärungswert (Rechtsnatur von Maßnahmen) 49, 274, 390, 815

Objektives Rechts s. subjektives/objektives Recht
Offenbare Unrichtigkeit, Berichtigung 178
Öffentliche Einrichtungen 360 ff.
- Sonderbenutzung 366
- Zulassungsakt 372
- Zulassungsanspruch 363 f.
Öffentliche Ordnung 111, 423
Öffentliche Sachen
- im Gemeingebrauch 374 ff.
- im Verwaltungsgebrauch 386 ff.
Öffentliche Sicherheit 62, 111, 126, 370
Öffentlicher Dienst, Zugang 495, 497, 526
Öffentliches Hausrecht 386 ff.
Öffentliches Interesse 459, 715g
Öffentliches Recht/Privatrecht, Abgrenzungstheorien 28, 285
Öffentlichrechtliche Streitigkeit (§ 40 VwGO) 7, 28, 210, 373
Oldenburgische Landschaft 724
Opposition 581, 587 ff., 621, 623
Ordentliche Gerichte, Zuständigkeit
- Amtshaftung 299, 303, 306, 790
- Entschädigungsrecht/Enteignung 330, 336, 339, 790
- fiskal- und verwaltungsprivatrechtliche Ansprüche 225
- Justizverwaltungsakte 55
- öffentlichrechtliche Verwahrung 262
- rechtswegübergreifende Entscheidungskompetenz (§ 17 II 1 GVG) 262, 299
- Subventionsrecht (Zweistufentheorie) 235

Ordnungswidrigkeiten 125 f., 138 ff.
Organisationsgewalt
- Außenwirkung von Organisationsnormen 214
- des Parlaments 623
- Einrichtung von Behörden 649, 675
- im Bereich der Regierung 632
- im „besonderen Gewaltverhältnis"? 210, 214
- Spannungsverhältnis zum Gesetzesvorbehalt 214, 215, 217

Organklage 25, 626, 654, 783
- Abgrenzung zur abstrakten Normenkontrolle 656, 783
- bei internen Organstreitigkeiten 626
- Beschränkung auf Organrechte 654
- BTag gegen BTag 626, 654
- einstweilige Anordnung 654
- von Fraktionen 626, 654
- von Parteien 586
- von Teilen von Organen 626
- s. a. Insichprozess

Organleihe 643, 709, 738 f.
Örtliche Gemeinschaft, Angelegenheiten der 723, 725 f., 737, 742, 746, 755, 766
Osterweiterung der EU 711a

Sachverzeichnis

Parlament 607 ff.
Parlamentarisches Regierungssystem 419, 584, 604, 621, 631, 645, 655
Parlamentsausschüsse 622 ff.
– Untersuchungsausschuss s. dort
Parlamentsautonomie 619 ff.
Parlamentsvorbehalt s. Vorbehalt des Gesetzes
Parteien, politische 571 ff.
– Ausschluss 587 ff.
– Begriff 575
– Beobachtung durch den Verfassungsschutz 577
– Blockwahl, innerparteiliche 587 ff.
– Chancengleichheit 578 ff., 613
– Extremistenbeschluss 577
– Finanzierung 571, 574
– Funktion 571
– Grundrechtsgeltung 585, 591
– innere Ordnung 587
– interne Streitigkeiten 587 ff.
– Privileg(ierung) 106, 574, 576 f.
– Rechtsschutz 585 f., 593
– Rechtsstellung 571, 582 ff.
– Schiedsgerichte 593
– Stadthallenfall 578 ff.
– Verbotsverfahren 574
– Vereinsrecht, Anwendbarkeit 571, 588
Passerteilung, Fälle 142, 184, 192
Pauschalierungskompetenz des Gesetzgebers 445
Peep-Show, gute Sitten 103
Persönlichkeitskerntheorie (Art. 2 I GG) 446, 490
Persönlichkeitsrecht, allgemeines 446, 511, 512, 520 ff., 566
– s. a. informationelle Selbstbestimmung, Privatsphäre, Recht am eigenen Bild
Pflichtfächer des öffentlichen Rechts 19, 710
Pflichtfachprüfung 20
PJZS (EU) 711, 711a
Planfeststellungsverfahren (§§ 72 ff. VwVfG) 220 ff., 434, 436
Plangewährleistungsansprüche 357
Planungsausschüsse, Gemeinschaftsaufgaben 676
Planungsautonomie, gemeindliche 202, 437, 746
Planungsverbände (BauGB) 724
Plaumann-Formel (EU) 719c
Politische Werbung auf Straßen 487
Polizei 105, 125 f.
Polizeifestigkeit im Versammlungsrecht 108
Polizeihelfer 334
Polizeiliche und justizielle Zusammenarbeit in Strafsachen (EU) s. PJZS
Polizeipflicht von Hoheitsträgern? 121
Polizeirechtskonforme Auslegung 78

Polizei- u. ordnungsrechtliche Generalklausel 110 ff.
– als Anspruchsgrundlage im Individualinteresse? 204
– als subsidiäre Ermächtigungsgrundlage 62, 108
– klassische Definition in § 10 II Nr. 17 Einl. Pr.ALR 113
– Verfassungsmäßigkeit 77, 108, 423
Polizeiverfügung 104 ff.
Polizeiverordnung 119, 126, 418
Popularklage, Ausschluss durch § 42 II VwGO 194
Pouvoir neutre (BPräs.) 605
Präklusion
– bei Genehmigungen 222
– bei Planfeststellungen 221
Praktische Konkordanz 479, 569, 592, 718n
Praktisches Verständnis (Fallbearbeitung) 22, 29, 784
Pressefreiheit
– Fall Springer/Wallraff 558, 561, 565 ff.
– grundrechtlicher Schutzanspruch 513
– Kollision mit anderen Grundrechten 558, 561, 565, 568 ff.
– objektivrechtliche Bedeutung 485, 513, 566
– Zensurfall 209
Primärer Rechtsschutz vor VG 302a, 339, 345
Primärrecht (EU) 713a
Privatautonomie s. Vertragsautonomie
Private Ersatzschulen, Fall 510
Privatnützigkeitstheorie 537
Privatrechtsgestaltender VA 187, 221
Privatsphäre (Art. 2 I GG) 446, 512
Prognose, Wahrscheinlichkeitsurteil
– Ausschöpfung der tatsächlichen Prognosegrundlage 410, 461 f.
– Beurteilung „ex ante" 117
– gerichtsfreier Prognosespielraum der Exekutive? 82
– im Polizeirecht 117
– Prognosespielraum des Gesetzgebers 461 f.
Proportionalität s. Verhältnismäßigkeit
Prozessfähigkeit 7
Prozessführungsbefugnis, passive 7
Prozessschema 6 ff.
– Verbindlichkeit nach erhobener Klage 12, 799, 831
– Weichenstellungen für das materielle Recht 799 ff.
Prozessstandschaft (Fraktion für BT) 626, 654
Prozessvertretung 7
Prozessvoraussetzungen 7 f., 193 ff.
Prüfungsamt, gemeinsames Hmb/SchlH 697, 709
Prüfungsordnungen 19
– Prüfungsstoff 8, 19
– Zweck der Prüfung 21 f.

Prüfungsrecht, Verwerfungsrecht s. Bundespräsident, Normprüfung
Putativgefahr 117

Querschläger 354 ff.

Radikale im öffentlichen Dienst 496, 572 ff., 595
Rahmengesetz s. Gesetzgebungskompetenz
Rahmenplanung bei Gemeinschaftsaufgaben 676
„Rastede-Urteil" 746
Rat (EU) 712a, 712d, 714b, 719a
Rathausparteien 575
Ratifikation eines völkerrechtlichen Vertrages 692 ff.
Ratsvorsitzender 731
– Überprüfungskompetenz für Beschlussanträge? 755
Raumbedeutsame Planung 220
Realakt
– Begriff 45
– Ersatzvornahme und unmittelbarer Zwang als – 131
– unmittelbare Ausführung als – 135
Rechnungshof (EU) 712, 719b
Recht am eigenen Bild/Wort 446
Rechte im EU-Recht 713h, 716a, 716b, 717 ff., 718b
Rechtsakt mit Verordnungscharakter (EU) 719c
Rechtsansichten 804
Rechtsanwendungsbefehl für völkerrechtliche Verträge 696
Rechtsaufsicht s. Aufsicht
Rechtsbehelf s. Widerspruchsverfahren, Klagearten
Rechtsbehelfsbelehrung
– Indiz für Vorliegen eines VA 49
– Konsequenz ihres Fehlens 70
Rechtschreibreform 216, 448, 525
Rechtsfortbildung, richterliche (EuGH) 713h
Rechtsgüterabwägung
– als Einfallstor für unionsrechtskonforme Auslegung 715d
– Bedeutung der objektivrechtlichen Grundrechtsseite für die – 487, 513 ff.
– bei der Drittwirkung von Grundrechten 569, 570
– Grundsatz der Verhältnismäßigkeit als Anlass zur – 99, 124, 465, 479, 569
– Missachtung der Zuständigkeitsverteilung über undifferenzierte „Angemessenheitsprüfungen" 100, 466, 479
– praktische Konkordanz als Maßstab 479, 592
– richterliche Überprüfung auf offensichtliche Fehler 465 ff., 479 ff., 570

– variable Abwägungszuständigkeiten 99, 465 ff., 569, 570
– Zuständigkeit der Ermessensverwaltung 99, 100
– Zuständigkeit der Fachgerichte bei Gesetzesauslegung u. -anwendung 466, 479, 569
– Zuständigkeit des Gesetzgebers 465, 479
Rechtshängigkeit, fehlende 7
Rechtskenntnisse, präsente 25
Rechtskraft 7
Rechtslage? s. Fragestellung, unklare
Rechtsmängelhaftung 560
Rechtsnachfolge im Ordnungsrecht 121
Rechtsnatur einer Maßnahme
– Behandlung in der Niederschrift 50, 800
– Maßgeblichkeit des objektiven Erklärungswertes 49, 274
Rechtsordnung, Widerspruchsfreiheit 686
Rechtsprechung 651 ff.
– Abgrenzung zur Verwaltung 652
– Änderung der – als Wiederaufnahmegrund? 37
– formeller/materieller Begriff 652
– höchstrichterliche (Fallbearbeitung) 29, 829, 837
Rechtsschein eines VA 49
Rechtsschutzbedürfnis 7 f.
Rechtsschutzgarantie (Art. 19 IV GG)
– Fall 651
– Fundierung durch weite Auslegung des Art. 2 I GG 490
– im besonderen Gewaltverhältnis 211
– und unbestimmte Gesetzesbegriffe 80 ff.
– unmittelbare Normenkontrolle? 393
Rechtsschutzinteresse
– Abgrenzung zur Klagebefugnis 53
– „qualifiziertes" – bei vorbeugender Unterlassungsklage 287
– s. a. Feststellungsinteresse
Rechtssicherheit
– Bedeutung für Gültigkeit „schlicht" rechtswidriger Verträge 256
– Bedeutung für Rücknahme rechtswidriger VAe 178 ff.
– Bedeutung für Rückwirkung von Gesetzen 413
– Bedeutung für vorübergehende Gültigkeit rechtswidriger Normen 401 f.
– Element des Rechtsstaatsprinzips 256, 413
Rechtsstaatsprinzip
– Gesetzmäßigkeit der Verwaltung 178 ff., 256
– lückenloser Rechtsschutz 489 f.
– Rechtssicherheit 256, 413
– Vertrauensschutz 178 ff., 256, 413
– Vorbehalt des Gesetzes 59, 215, 423, 431
– Widerspruchsfreiheit der Rechtsordnung 686

Sachverzeichnis

Rechtsvergleich 717b
Rechtsverletzung
- im Verfassungsprozessrecht 25
- in der Begründetheit der Klage 189 ff.
- Trennung vom Recht 194
- s. a. Drittschutz, Klagebefugnis, subjektives/objektives Recht
Rechtsverordnung 418 ff.
- Anforderungen an Ermächtigungsgrundlage (Art. 80 I 2 GG) 419, 423, 452
- Anforderungen an „inneres" Verfahren 426
- erforderliche gesetzliche Ermächtigung 419
- evtl. Totalvorbehalt 423
- formelle Voraussetzungen 421
- Gestaltungsfreiheit, Grenzen 425
- Mitwirkung von Verbänden 421
- Parallele zu delegierten Rechtsakten (EU) 713c
- parlamentarischer Mitwirkungsvorbehalt? 421
- synonyme Anforderungen nach Landesverfassungsrecht 419
- Unterschied zur Satzung 59, 399, 428, 452
- Wesen (Exekutive) 59, 399, 419
- Wesentlichkeitstheorie bei Art. 80 GG 423
- Zitiergebot 420, 421
- Zusammenhang mit Gewaltenteilung 419, 428
- s. a. Norm
Rechtsweg, gerichtliche Vorabentscheidung 7
Rechtswidrigkeit, objektivrechtliche/Verletzung subjektiver Rechte 185 ff.
Rederecht der BReg im BTag 619 f.
Redezeitbeschränkung im BTag 619 ff.
Reformatio in peius im Widerspruchsverfahren 52
Regelung als Begriffsmerkmal des VA 33, 45
- Abgrenzung zur unverbindlichen Aufforderung 45, 274, 803
- bei Nebenbestimmungen 166
- Fälle und Beispiele 39 ff.
Regelungsfunktion des VA 33, 168, 176
Regelungsvorbehalt bei Grundrechten 449, 475
Regiebetrieb 360, 363
Regierung
- Äußerungsbefugnisse 582 ff.
- einverständliche Kompetenzübertragung? 635
- Initiativbereich, Eigenbereich der 624
- interne Zuständigkeitsverteilung, Fall 630
- monokratisches Prinzip, Ressortprinzip, Kollegialprinzip 630 ff.
- Organisationsgewalt im Bereich der – 631
- Regierungsbildung 600 ff.
- s. a. Bundeskanzler, parlamentarisches Regierungssystem
Regresspflicht des Beamten 306

Regulierungsermessen 82
Rehabilitationsinteresse bei Fortsetzungsfeststellungsklage 54
Reinheitsgebot für Bier (EuGH-Urteil) 718
Religionsfreiheit (Fall) 472 ff.
Rentenanwartschaften/Art. 14 GG 543
Republik, verfassungsänderungsfest 104, 111
Ressortprinzip
- Beigeordnete 732
- Bundesminister 630 ff., 680, 703
- Finanzminister (Art. 112 GG) 796
Ressortverantwortung 635
Richter
- Unabhängigkeit, Fall 651, 653
Richterrecht als Rechtsquelle 29
Richtervorbehalt bei Strafverfolgung 127
Richterwahlausschuss 47
Richtlinien
- Außenwirkung (Art. 3 I GG, Vertrauensschutz) 95
- der Politik 632
- für die Verwaltung/Ermessen 95
- internes Recht 59, 645
Richtlinien (EU) 713b, 713j, 715c
- Begründung von Rechten 713k
- richtlinienkonforme Auslegung 713j, 715c
- Staatshaftung bei nicht ordnungsgemäßer Umsetzung, Fall 716, 716c, 720a
- unmittelbare Wirkung 713b, 713h, 713i ff., 720a
- Vertragsverletzungverfahren bei nicht ordnungsgemäßer Umsetzung 720
Rotation (der „Grünen") 598
Rücknahme eines rechtswidrigen VA 174 ff., 178 ff.
- Aufhebung 277 f.
- Baugenehmigung 178
- bei privatrechtsgestaltendem VA 182
- Ermessen der Behörde 176, 178
- Gesetzmäßigkeit der Verwaltung, Vertrauensschutz, Abwägung 178 ff.
- Pensionsfestsetzung, Fall 272
- Teilrücknahme durch Nachforderung im Gebührenrecht 39
- Unterschied zum Widerruf 176
- wegen Unionsrechtswidrigkeit, Fall 715, 715d, 715e, 719a, 719c
Rücksichtnahmegebot (Baurecht) s. Gebot der Rücksichtnahme
Rückwirkung von Gesetzen 413 ff., 417, 595
Rügeanweisung (Kommunalaufsicht) 769
Rundfunk, Art. 5 I GG 443, 558

Sachen im Gemeingebrauch 374 ff.
- s. a. Gemeingebrauch, Sondernutzung, Straßenrecht, Widmung
Sachen im Verwaltungsgebrauch 386 ff.
Sachherrschaft, öffentlichrechtliche 376 ff.

Sachverhalt
- als objektive Mitteilung 777 f.
- Alternativerörterungen 817 ff., 833
- Beweislastverteilung 817
- Eindringen in den – 780 f.
- Fehlerquellen 775 ff.
- kein „Umbiegen" („Sachverhaltsquetsche") 793
- keine Verkomplizierungen 815
- Lebenserfahrung zur Sachverhaltsergänzung 222, 420, 812 f., 833
- Lücken und Unklarheiten 812 ff.
- rechtmäßigkeitskonforme Auslegung 814
- sinnvolle Auslegung, keine Spekulationen 778 f., 813
- Unterscheidung Rechtsfragen/Zweifel im Tatsächlichen 803, 816
Sachverständiger, Aussagepflicht im förmlichen Verwaltungsverfahren 219
„Salvatorische Klauseln" 330, 536, 555
Samtgemeinden 724
Satzung 399, 427 ff., 452
- s. a. Norm
Schadensersatz
- aus Delikt s. Amtshaftung
- aus § 945 ZPO 199
- Unterschied zur Entschädigung 327 f.
- wegen unionsrechtswidrigen Verhaltens 306, 713h, 716 ff.
- wegen Verletzung außervertraglicher Verpflichtungen 301 ff.
- wegen Vertragsverletzung 297 ff.
Scheingefahr 117
Schein-Verwaltungsakt 49
Schemata
- kein Generalschema 18
- Nutzen und Schaden 10 ff., 23
- problembewusste Anwendung 8, 15, 23, 64, 77, 106, 124, 772, 798, 835
- Prozessvoraussetzungen 7
Schiedsgericht, prozessuale Konsequenzen 593
„Schlichte" Zahlung 280
Schlichter Parlamentsbeschluss/Gesetzesbeschluss 655
Schlussanträge (EuGH) 712e
Schlüssigkeitsprüfung 777
Schlüssigkeitstheorie bei § 42 II VwGO 195
Schmerzensgeld 356
Schrankenvorbehalt bei Grundrechten (Art. 5 II GG) 449, 474
Schülerzeitung, Zensur (Fall) 209, 217
Schulfrieden 478, 483
Schulgebet 472 ff.
Schulverhältnis, Gesetzesvorbehalt 213, 423
Schutzanspruch s. Grundfreiheiten, Grundrechte auf Schutz, Teilhabe, Leistung
Schutzbereich, funktionaler (Grundrechte) 213, 448, 525 f., 545

Schutzbereich der EU-Grundfreiheiten 718d ff.
Schutznormtheorie (Drittschutz) 186, 196, 204, 719c
Schutzwürdigkeitstheorie (Art. 14 GG) 537
Schutzzweck
- bei der Amtshaftung 311
- bei Grundrechten 448
- beim ordnungsrechtlichen Ausgleichsanspruch 333
Schwangerschaftsabbruch, Urteile 512, 522, 524
Schweinemästerfall 121
Schweretheorie (Art. 14 GG) 537
Schwerpunktbereichsprüfung 19, 20
Schwerpunktbildung 820 ff.
- als Auswahlprinzip für die Erforderlichkeit prozessualer Ausführungen 8, 788 ff.
- als Auswahlprinzip für die Erörterung von Streitfragen (Beispiel) 26, 77
- als Auswahlprinzip für die Überprüfung höchstrichterlicher Rechtsprechung 29, 829
- als eigene „Station der Denkarbeit" 772, 820 ff.
- bei der Anwendung von Schemata 8, 15, 52, 77, 821, 835
- durch Gutachtenstil 836
Sekundärrecht (EU)
- Erlass von – 714 ff.
- Ermächtigungsgrundlage 714
- Grundsatz der begrenzten Einzelermächtigung 714
- im Bereich der Grundfreiheiten 718c
- Kontrolle durch den EuGH 719 ff., 720b f.
- Kontrolle durch deutsche Gerichte 714, 720a
- Rechtsakte 713b f.
- Rechtsetzungsverfahren 714b
- Subsidiaritätsgrundsatz 714
- Verhältnismäßigkeitsgrundsatz 714
- Verwerfungsmonopol des EuGH 720c
Selbständige Stadt 728
Selbstbindung der Verwaltung
- Art. 3 GG 95, 156, 492
- bei rechtswidriger Verwaltungsübung? 94
- Nichtbeachtung als Ermessensfehler 95
- venire contra factum proprium 229
- Zusage 156, 228
- s. a. Ermessensreduzierung auf Null
Selbsteintrittsrecht der übergeordneten Behörde 201, 646, 771
Selbstmord als Störung der öffentlichen Sicherheit oder Ordnung 113
Selbstverwaltung insbes. der Gemeinden
- Angelegenheiten der örtl. Gemeinschaft 723, 725, 746, 766
- Gegenstände 726, 737
- kraft gesetzlicher Verleihung 399, 428, 742

Sachverzeichnis

– Rechtsaufsicht 678, 766
– Unterschied zur Auftragsverwaltung 399
– Unterschied zur Organleihe 738
Selbstverwaltungsgarantie der Gemeinden
– gegenüber Aufsichtsmaßnahmen 769, 771
– gegenüber Bundesgesetzgeber 742
– gegenüber Exekutive, Drittschutz 191
– gegenüber Exekutive, Einzeleingriff 748
– gegenüber Landesgesetzgeber 740 ff.
– institutionelle Ausgestaltungsvorgaben 746
– institutionelle Garantie 743, 744, 745
– kein Bestandsschutz 743
– Kernbereichsgarantie 746
– Planungsautonomie 202, 746
– Prozessualer Schutz, Aufsichtsklage, s. dort.
– subjektivrechtliche Seite 744, 748
– Verfahrensanforderungen, Anhörung 748
– Verfassungsbeschwerde 742, 744
– verfassungsrechtliches Aufgabenverteilungsprinzip 746
– § 42 II VwGO 191, 744
– s. a. Kommunen
Selbstverwaltungsgarantie der Kirchen 740
Selbstverwaltungskörperschaft, interne Gewaltenteilung 399, 733
Seminararbeit 20
Sexualkundeunterricht, Urteil (BVerfG) 211
Situationsgebundenheit des Eigentums (Art. 14 II GG) 352
Sofortige Vollziehung, Anordnung 130, 135, 199, 715d
Solange-Rspr. 717d
Sollvorschriften 69, 84
Sommersmog, Urteil (BVerwG) 512, 521
Sonderabgaben 686
Sonderbenutzung öffentlicher Einrichtungen 366
Sondernutzung
– Abgrenzung zum Gemeingebrauch 377, 384, 385
– Duldungspflicht des Eigentümers 375
– Erlaubnispflicht 376, 382 ff.
– gesetzliche Definition 377
– Problem „Anliegerbrauch" 384
– Problem „Kommunikativer Verkehr" 385
– Sondernutzung im Grundrechtsbereich 384 f.
Sondernutzungserlaubnis, öffentlichrechtliche 376
– Anspruch auf fehlerfreie Ermessensausübung, Ermessensreduzierungen 383 ff.
– grundrechtlicher Anspruch? 384 f.
– Konzentrationsfunktion 382
– Verhältnis zum Bau- und Gewerberecht 381
– Verhältnis zur Entwidmung 815
– verkehrspolizeiliche Erlaubnis mit straßenrechtlicher Komponente 380, 382

Sondernutzungsgebühren 376
Sonderopfer 329
– beim Aufopferungsanspruch für nichtvermögenswerte Rechtsgüter 353, 355
– beim enteignenden Eingriff 338, 351 f.
– beim enteignungsgleichen Eingriff 336, 338, 343, 348 f.
– rechtswidrige Maßnahmen als – 336, 343
Sonderopfertheorie, modifizierte 537
Sonderrechtstheorie 28, 285
Sozialisierung (Art. 15 GG) 490
Sozialstaat, Sozialstaatsprinzip
– als Gestaltungsauftrag an den Gesetzgeber 597
– als Staatszielbestimmung 597
– als verfassungsimmanente Legitimation für Grundrechtsbeeinträchtigungen 597
– Bedeutung für die Ermessensbetätigung 101
– Daseins- und Wachstumsvorsorge 357, 516
– Planung 357
– sozialstaatliche Grundrechtsinterpretation? 516
Sparkassen- u. Giroverbände 724
Spielautomatensteuer, Fall 686
Splittersiedlung 251
SRP-Urteil 574
Staatenbeschwerde (EGMR) 719e
Staatenverbund (EU) 711d, 717a
Staatsbegriff 711c
Staatshaftung s. Amtshaftung, Aufopferungsanspruch, DDR-StHG, Deliktshaftung, enteignender Eingriff, enteignungsgleicher Eingriff, Folgenbeseitigungsanspruch
Staatshaftung kraft EU-Rechts 306, 713h, 716 ff., 720a, 720d
Staatshaftungsgesetz, Nichtigerklärung (BVerfG) 304
Staatsrecht in der Fallbearbeitung
– erforderliche Fertigkeiten der Bearbeiter 596
– fallträchtiger Bereich 598
– jurisitsche Methode 600 ff.
– Themenarbeiten 595
Staatsvertrag
– Außenverhältnis/Innenverhältnis 699 ff.
– Begriff, Abgrenzung zum Verwaltungsabkommen 702
– Beispiele 697
– gemeinsame Ländereinrichtungen s. dort
– Gültigkeitsvoraussetzungen 704 ff.
– NDR, ZDF, ZVS 697, 709
– Prozessuales 708 ff.
– relative Bindungsmöglichkeit 699
– staatsinterne Abschlussvoraussetzungen 703
– Staatsrecht statt Völkerrecht 706
– Stellung des Bürgers 701
– Transformation 703
– Vertragspartner 698, 699

Staatszielbestimmungen 597
Stadthalle, Fall 361
Stadtpräsident 731
Stadtrat 729
Stadtverordnetenversammlung 729
Stadtverordnetenvorsteher 731
Stadtvorstand 736
Statthafte Klage-/Verfahrensart 7 f.
Stellungnahme (EU) 713b, 720
Steuern 437, 686 ff., 740
Stiftungen, öffentlichrechtliche 30, 360, 637 f. 647
Störer, polizeilicher
– Ermessen bei der Störerauswahl 123, 781
– Handlungsstörer, Zustandsstörer, Nichtstörer s. dort
– Hoheitsträger als –? 121
– Rechtsnachfolge 121
– verschiedene Kausalitätstheorien 121
Störung, polizeiliche 115
Strafverfolgung
– als Aufgabe der Polizei 125
– Entschädigung 335
– Rechtsschutz, Richtervorbehalt 127
Strafvollzugsurteil 210, 214
Straßenkunst als Gemeingebrauch/Sondernutzung? 385
Straßenplanung 221
Straßenrecht
– Abgrenzung zur Verkehrspolizei 380
– Fall 374
– Straßenbaulast 379, 382
– Straßeneigentum 375
– s. a. Gemeingebrauch, Sachen im Gemeingebrauch, Sondernutzung, Sondernutzungserlaubnis
Straßenverkehrsrecht 380, 663 ff.
Streitfragen (Fallbearbeitung) 26 ff., 256, 603, 824, 838
Subjektives/objektives Recht
– als Ansatz der Drittklage 185 ff.
– als Ansatz des Anspruchs auf fehlerfreie Ermessensausübung 160, 204
– bei Grundrechten 484 ff., 513, 545
– im Zusammenhang mit besonderem Gewaltverhältnis 213
Subjektstheorie 28
Subordinationstheorie 28, 285
Subsidiarität
– der Amtshaftung 306, 314
– der Feststellungsklage 288
– der Verfassungsbeschwerde 505 f.
– im Europäischen Unionsrecht 714
– im Polizeirecht 124
Subsidiaritätsrüge/-klage (EU) 714, 719a
Substanzminderungstheorie (Art. 14 GG) 537
Subsumtion 79, 81, 233, 837, 838

Subvention
– Anspruch auf – (Art. 3 I GG) 142, 161
– Darlehensvertrag 228
– Fälle 228
– Fälle der Einstufigkeit 235
– Geltung des Vorbehalts des Gesetzes? 232
– Haushaltsgesetz ausreichend? 232
– Konkurrentenklage 184, 201
– Subventionsanspruch einer Privatschule? 510, 513
– Verstoß gegen Unionsrecht, Fall 715, 715d, 715e, 719a, 719c
– Verwaltungsrechtsweg/Zivilrechtsweg? 235
– Widerruf/Rückzahlung bei Zweckverfehlung 177, 273, 277
– Zweistufentheorie 234 f.
Supranationalität (EU) 711, 713d, 717a
Suspensiveffekt der Anfechtung
– Drittanfechtung 199
– Fortfall beim „sofortigen Vollzug" 135 f.
– „sofortige Vollziehung" zur Beseitigung des – 34, 130
– und EU-Recht, Fall 715, 715d
Systemgerechtigkeit, systemkonsequentes Verhalten als Gleichheitsgebot? 493, 612

Tafelwein-Urteil (EuGH) 715
Tarifautonomie 490
Tarifvertrag, Allgemeinverbindlicherklärung 448
Teilgenehmigung 40, ???, 230
Teilhaberechte
– aus Grundrechten 510 ff.
– im Europäischen Unionsrecht 718g
Teilnichtigkeit
– eines Gesetzes 403
– eines öffentlichrechtlichen Vertrages 245
– eines VA 170
Tertiärrecht (EU) 713c
Themenarbeiten 20, 595
Theorien 28
– s. a. Streitfragen
Tierschutz als Verfassungsauftrag 597
Tod eines Verfahrensbeteiligten 392, 507
Tonbandaufnahme/Art. 2 I GG 469
Topos 448
Totalvorbehalt (als Parlamentsvorbehalt) 415, 423
Transformation
– bei Staatsverträgen im Bundesstaat 703
– von EU-Richtlinien in innerstaatliches Recht 713b
– von Völkerrecht in innerstaatliches Recht 692, 696
treaty override 696, 711b
Treu und Glauben
– Anfechtungsfrist Nachbarklage 193
– im EU-Recht 713k
Typisierungskompetenz des Gesetzgebers 445

Sachverzeichnis

Übergangsvorschriften 554
Überhangmandate 610, 613
Über-Unterordnungsverhältnis, VA 28, 39 ff.
ultra vires-Akte/Kontrolle (EU) 711c, 714
Umdeutung fehlerhafter Nebenbestimmungen 169
„Umfriedetes Besitztum" (Wohnungsbegriff) 440
Umsetzung (eines Beamten) 47, 85, 213
Umweltinformations-RL/Gesetz 715c
Umweltrecht, Fälle 222, 713i
Umweltschutz als Verfassungsgebot (Art. 20a GG) 583, 597
Unbestimmter Rechtsbegriff
– Abgrenzung vom Ermessen 80, 84
– als Einfallstor für unionsrechtskonforme Auslegung 715d
– Beurteilungsspielraum? 81 ff.
– Faktorenlehre 85
Unfallversicherung, unechte (Fall) 334, 803
Unionsbürger 712c
Unionsrecht s. Europäisches Unionsrecht
Unionsrechtskonforme Auslegung 443, 713e, 715d
„Unionstreue" (Art. 4 III EUV) 713e, 716a
Universität, Art. 5 III GG 443
Unmittelbare Anwendbarkeit von EU-Recht 713 f., 713g, 718b
Unmittelbare Ausführung 135 f.
Unmittelbare Wirkung von EU-Richtlinien 713b, 713h, 713i ff., 720a
Unmittelbarer Zwang als Vollstreckungsmaßnahme 129 ff., 792
Unmittelbarkeit
– als Voraussetzung der Verfassungsbeschwerde 504
– als Voraussetzung von Aufopferungsansprüchen 344, 355
Untätigkeitsklage (§ 75 VwGO) 162
Untätigkeitsklage (EU) 719d
Unterlassungsanspruch, öffentlichrechtlicher 283 ff., 293 ff., 828
– s. a. Abwehranspruch
Unterlassungsklage 211, 225, 287
Untersuchungsausschuss 622 ff.
Unverletzlichkeit der Wohnung (Art. 13 GG) 126, 440
Unzulässige Rechtsausübung 292
Urteilsstil 836

venire contra factum proprium 292
Verbände, Anhörung bei VO 421
Verbandsgemeinden (RhPf) 724
Verbandsklage 200
Verbot
– als vollstreckungsfähiger VA 38, 128
– Demonstrationsverbot 104
– gesetzliches – 148

– Veranstaltungsverbot 792
– Verbot politischer Betätigung 51
– Vereinsverbot 574
Vereinfachtes Verfahren
– für Baugenehmigungen 202
– nach BImSchG 222
Vereinsverbot 574
Verfahrensbindungen im „inneren" Verfahren
– Bauleitplanung 432 ff.
– Gesetz 410
– Rechtsverordnung 426
– Satzung 432 ff.
Verfahrensfehler, Folgen
– bei der Bauleitplanung 434 ff.
– bei Rechtsverordnungen 421
– bei Satzungen 434 ff.
– im Gesetzgebungsverfahren 401, 408
– im Verwaltungsverfahren 71 f.
– keine isolierte Anfechtung (§ 44a VwGO) 71
Verfahrensrecht
– als immanenter Bestandteil öffentlichrechtlicher Arbeiten 4, 790
– prozessuale Erwägungen bei Schweigen des Sachverhaltes 788 ff.
– Vermutung für Wahrung von – 814
– Zusammenhang mit materiellrechtlichem Grundrechtsschutz 441
Verfassung
– änderungsfestes Minimum (Art. 79 III GG) 111, 406, 595, 711c, 838
– Begriff „freiheitliche demokratische Grundordnung" 595
– freiheitliche und demokratische Grundordnung 111
– Staatszielbestimmungen 597
– tragende Verfassungsprinzipien 595 ff.
Verfassungsänderung 111, 404 ff., 595, 711c, 838
Verfassungsbeschwerde 499 ff.
– Annahme durch das BVerfG 499, 508
– außerordentlicher Rechtsbehelf 499
– Begründetheitsprüfung 509
– Begründung 507
– bei Aushöhlung der Kompetenzen des BTages 628
– einstweilige Anordnung 507
– Erfolgsaussichten/-quote 499, 508
– Erfordernis einer gegenwärtige Beeinträchtigung 504
– Erfordernis einer unmittelbaren Beeinträchtigung 504
– Frist 507
– gegen Ablehnung einstweiliger Anordnung 506
– gegen EU-Recht? 717d, 717f
– gegen Normen 393, 501, 504, 506
– Gegenstand 501

– Geltendmachung einer eigenen Grundrechtsbeeinträchtigung 502 f.
– keine „Superrevision" 503, 509, 570
– kommunale – 499, 742
– landesrechtliche – 499
– Rechtsschutzbedürfnis 507
– Rechtswegerschöpfung 505
– Subsidiarität, 499, 505 f.
– Tod des Beschwerdeführers 507
– von Abgeordneten 628
– von politischen Parteien 585
Verfassungsexegese
– Beispiele 213, 618
– Methoden 442
– politisch-weltanschaulich-wertende Relativität der Entscheidung 479, 604
– systematische Interpretation 213, 477
– Vorsicht mit Kategorien der allgemeinen Staatslehre 605 f.
– s. a. Auslegung, Einheit der Verfassung, Rechtsgüterabwägung
Verfassungsfeinde, Selbstschutz der Verfassung 111, 572, 595
– s. a. Radikale im öffentlichen Dienst
Verfassungsgerichtsbarkeit der Länder 392, 499
Verfassungsidentität 711c, 717d
Verfassungsimmanente Grundrechtsschranken s. Grundrechte, ungeschriebene Grundrechtsschranken
Verfassungskonforme Auslegung s. Auslegung
Verfassungslücken, Argumentationstechnik 603 f.
Verfassungsrechtliche Streitigkeit, § 40 I VwGO 7, 708
Verfassungsreformen 1994, 2006 669
Verfassungsvertrag (EU) 711a
Verfügung als VA (Gebot o. Verbot) 31, 128
Vergabe von Studienplätzen, Staatsvertrag 709
Vergesellschaftung s. Sozialisierung
Vergleichsvertrag 248
Vergnügungssteuer 686
Verhältnismäßigkeit/Proportionalität/Angemessenheit 96 ff.
– als Einfallstor für unionsrechtskonforme Auslegung 715d
– Angemessenheitsprüfung als Fehlerquelle 100, 466, 467, 479
– bei der Drittwirkung von Grundrechten 569
– bei der Kommunalaufsicht 770
– einfachgesetzliche Regelungen zur Verhältnismäßigkeit 96, 99, 124
– Einschätzungsprärogative des Gesetzgebers 461 f., 464
– im Europäischen Unionsrecht 714, 717c, 718n

– problematische „Rechtsgüterabwägung" s. dort
– teilweise doppelter Begriffsinhalt 98
– Unverhältnismäßigkeit als Maßstab der Ermessensüberprüfung 96 ff.
– Unverhältnismäßigkeit als Maßstab der Grundrechtsprüfung 463, 465 ff., 478, 533 ff., 552, 553 ff.
– Unverhältnismäßigkeit als Maßstab des polizeilichen Eingriffs 124
Verhältniswahlsystem 609, 612
Verkehr, kommunikativer 385
Verkehrspolizei 380, 382
Verkehrssicherungspflicht und Amtshaftung 305, 314
Verkehrszeichen, Rechtsnatur 46, 191
Verleihung
– öffentlichrechtlicher Befugnisse 638 f.
– von Autonomie an Selbstverwaltungskörperschaften 399, 428
Vermittlungsausschuss/-verfahren 408, 671
Vermögen, Eigentumsgarantie? 543
Vermögenssteuer 543
Verordnung s. Rechtsverordnung
– EU-Verordnung 713b
Verpflichtungsklage
– auf Drittbelastung 207
– auf Erlass eines begünstigenden VA 32, 163
– Bescheidungsklage als Unterfall s. dort
– Fortsetzungsfeststellungsklage 164
– Klagantrag 163
– Klagebefugnis (§ 42 II VwGO) s. dort
– maßgeblicher Zeitpunkt für die Sach- und Rechtslage 56, 163
– Rechtsschutzinteresse für Anfechtung der Ablehnung des VA? 163
– Untätigkeitsklage 162, 207
– Verhältnis zur Leistungsklage 225
– Vorverfahren 34, 162
Versammlungsfreiheit (Art. 8 GG) 108, 450
Versammlungsverbot, Fall 51, 108
Versetzung eines Beamten, Fall 85
Versetzung von Schülern, Gesetzesvorbehalt? 418, 423
Vertrag, öffentlichrechtlicher 236 ff.
– Abgrenzung vom mitwirkungsbedürftigen VA 238
– Abgrenzung vom privatrechtlichen – 237, 239
– andere Handlungsform vorgeschrieben? 250
– Austauschvertrag 247, 249
– Bereicherungsansprüche bei Nichtigkeit 276 f.
– Bindung an Grundrechte 252
– Drittschutz 243
– Erfüllungsanspruch 236
– Ermessensverwaltung als Hauptanwendungsbereich 251

Sachverzeichnis

- Geltendmachung durch Leistungsbescheid? 66
- gemischter – 240
- Gesetzesverstoß 251
- Mitwirkung Dritter 243
- Nichtigkeitsvoraussetzungen 254 ff.
- Normsetzungsvertrag 236
- Schadensersatz wegen Vertragsverletzung 298 f.
- städtebaulicher –, „Einheimischenmodell" 236
- subordinationsrechtlicher/koordinationsrechtlicher – 241
- Teilnichtigkeit 245, 254
- unzulässige Koppelungen 253
- Unzulässigkeit/Nichtigkeit 249, 254
- verfassungsrechtliche Problematik? 256
- Verfügungsvertrag/Verpflichtungsvertrag 246
- Vergleichsvertrag 248
- Vertragsgestaltung 236
- Vorbehalt des Gesetzes 242
- Willensmängel (Irrtum, arglistige Täuschung) 257
- Zulässigkeit 250
Vertrag, verfassungsrechtlicher 708
Vertrag, völkerrechtlicher 692 ff.
- Gründungs- und Reformverträge zur Europäischen Integration (Römische Verträge, Einheitliche Europäische Akte, Verträge von Maastricht/Amsterdam/Nizza, Verfassungsvertrag, Vertrag von Lissabon) 711a
Vertrag über die Arbeitsweise der Europäischen Union 711a, 713a
Vertrag über die Europäische Union 711, 711a, 713a
Vertrag über eine Verfassung von Europa 711a
Vertrag von Amsterdam (EU) 711a
Vertrag von Lissabon (EU) 711a, 711c, 719a, 719c
Vertrag von Maastricht (EU) 711a
Vertrag von Nizza (EU) 711a, 717a
Vertrag zur Gründung der Europäischen Gemeinschaft 711
Vertragsautonomie 511, 252
Vertragsgesetz 696
Vertragsverletzungsverfahren (EU) 720, 720d
Vertrauensfrage (Bundeskanzler) 655
Vertrauensschutz
- als Einfallstor für unionsrechtskonforme Auslegung 715d
- als Ermessensbindung 101
- Ausgleich des Vertrauensschadens, Entschädigung 178, 349, 357
- bei Rücknahme eines VA 178 ff., 715
- bei rückwirkendem Gesetz 413, 415 f.
- beim Erstattungsanspruch 280

- beim KettenVA 161
- Element des Rechtsstaatsprinzips 178, 182, 413
- im Europäischen Unionsrecht 713a, 715, 719a
- Kollision mit Gesetzmäßigkeit der Verwaltung 181 f.
- Schutzwürdigkeit 181 f., 415
Vertrauenstatbestand 178, 181 f., 415, 416
- aufgrund Vertrauensbetätigung 181, 415
- bei fortlaufenden Geldleistungen 181
- bei Pensionsfestsetzung 278
- bei rückwirkenden Gesetzen, Fall 413, 415, 416
- beim Plangewährleistungsanspruch 357
Vertretungsmacht des BPräs., völkerrechtliche 693 f.
Verwahrung
- öffentlichrechtliche – 259 ff., 302
- privatrechtliche – 260
Verwaltung 636 ff.
- gesetzesfreie – 672
- Gliederung 640 ff.
- hierarchisches Prinzip 645 ff.
- Normprüfungskompetenz? 309, 606, 656, 713 f.
- Organisationsgewalt 649 f.
- Träger 637
Verwaltungsabkommen 702
Verwaltungsakt 31 ff.
- Abgrenzung anfechtbarer/nichtiger – 4, 33, 55, 57 f., 787
- Abgrenzung vom Vertrag, Fall 803
- Ablehnung eines Antrags als VA 144
- Arten des VA 31
- „Aufforderung" als VA? 39, 803
- Auslegung 45, 49
- äußere und innere Wirksamkeit 34
- bedingter – 35, 165 ff.
- befristeter – 166
- Begriff, Kriterien, Abgrenzungen 31 f., 176, 212, 765
- begünstigender – 32, 142 ff., 173
- Bekanntgabe 68
- belastender – 32, 51 ff.
- Bindungswirkung für andere Behörden? 40
- dinglicher – 375
- feststellender – 31, 39 f., 276
- formeller oder materieller VA-Begriff? 49
- Formvorschriften 66 f.
- gegen andere Hoheitsträger? 828
- gestaltender – 31
- Gestaltungsmuster 42
- im „besonderen Gewaltverhältnis" 211 f.
- mehrstufiger – 47, 153
- mit Dauerwirkung 176
- mitwirkungsbedürftiger – 152, 238
- Nebenbestimmungen s. dort
- Nichtigkeitsgründe 103

– objektiver Erklärungswert 49
– privatrechtsgestaltender – 187, 221
– Regelungsfunktion 33, 128, 176
– Rücknahme s. dort
– Schein- 49
– Selbstvollstreckung durch die Exekutive 38, 128
– Teilanfechtung 173
– Teilgenehmigung 40
– Teilnichtigkeit 170
– „Titel"funktion 38, 128
– und Drittinteresse s. Drittschutz
– Vorbescheid 40, 222, 230
– vorläufiger – 174
– vorsorglicher – 174
– Widerruf s. dort
– Willenselement? 171
– Zusage, Zusicherung als VA? 229 ff.
Verwaltungsaufbau 642 ff.
Verwaltungsausschuss (N) 736
Verwaltungsgemeinschaften (Bay) 724
Verwaltungsgericht, öffentlichrechtliche Streitigkeit (§ 40 VwGO) 7, 28, 225
Verwaltungshelfer, Amtshaftung 308
Verwaltungskompetenz
– Bund/Länder 672 ff.
– der Gemeinden 725 ff., 737 ff., 743 ff.
– der Kreise 725 ff., 737 ff., 743 ff.
– Steuerverwaltung 690 f.
Verwaltungsprivatrecht
– Abgrenzung zum Fiskalprivatrecht 224
– Amtshaftung? 317 ff.
– Bindungen 224
– durch Träger öffentlicher Verwaltung 224
– Einschränkungen der Vertragsautonomie 252
– Geltung der Grundrechte 224
– mithilfe juristischer Personen des Privatrechts 224, 360, 363, 373, 639
– Zivilrechtsweg 225, 373
Verwaltungsrechtsweg 7 f.
Verwaltungsverfahren
– Arten 218
– Bedeutung der Grundrechte 71, 221a, 441
– förmliches 219
– formloses 218
– mehrstufiges 40, 222
– Planfeststellungsverfahren 220 ff.
– Regelungskompetenz 672 ff.
– Verfahren über eine einheitliche Stelle 218
Verwaltungsverfahrensgesetze, Anwendungsbereiche 30, 672
Verwaltungsverordnung 645
– s. a. Verwaltungsvorschriften
Verwaltungsvollstreckung 38, 128 ff.
Verwaltungsvorschriften
– allgemeine – des Bundes 674
– als verwaltungsinternes Recht 59, 213, 645, 672

– Außenbindungen? 95, 214
– im „besonderen Gewaltverhältnis"? 214
Verwaltungszwang s. Verwaltungsvollstreckung
Verweisung
– dynamische 30
– von Bundesrecht auf Landesrecht 672
Verwerfungskompetenz der Verwaltung s. Normprüfung
Verwerfungsmonopol
– des BVerfG (Art. 100 GG) 76, 392
– des EuGH 720c
Verwirkung bei Drittklage 193
Verzug, Verzögerungsschaden 297
Volksbefragung durch Gemeinde 681 ff.
Volkszählungsurteil 441, 446
Vollstreckung s. Verwaltungsvollstreckung
Vollzug von EU-Recht 715 ff., 720a
Vorabentscheidungsverfahren (EU) 713f, 716b, 720b ff.
Vorbehalt des Gesetzes
– Bedeutung für Eingriffsverwaltung 59, 80
– Bedeutung für Leistungsverwaltung 232
– Begriff 59
– demokratische Wurzeln 59, 216, 232, 423
– für Handeln in VA-Form (Leistungsbescheid) 66
– für öffentlichrechtlichen Vertrag 242
– für Verordnungsgeber 419, 423
– Geltung im „besonderen Gewaltverhältnis" 214
– Gesetzesbegriff 59
– Gewohnheitsrecht als Ermächtigung? 214
– kein parlamentarischer Gewaltenmonismus 215
– rechtsstaatliche Wurzeln, Grundrechte 59, 216, 231, 423, 452, 523 f.
– Spannungsverhältnis zur Organisationsgewalt 214
– Totalvorbehalt 215, 423
– „Wesentlichkeitstheorie" 215 f., 411, 423, 429, 452
– s. a. Gesetzesvorbehalt
Vorbescheid 40, 222, 230
Vorbeugender Rechtsschutz gegen Normen 394
Vorlage zum BVerfG 392
– gegen EU-Recht? 717d, 717f
– nicht im einstweiligen Rechtsschutz 392, 506
Vorlage zum EuGH 713f, 716b, 720b ff.
Vorläufiger Rechtsschutz s. einstweilige Anordnung, Suspensiveffekt der Anfechtung
Vorrang des Gesetzes 59
Vorverfahren s. Widerspruchsverfahren

Wahl 608 ff.
– Erststimme 610
– innerparteiliche – 587 ff.

Sachverzeichnis

– Nachwahl 613
– negatives Stimmgewicht 613
– Sitzverteilung (Sainte-Laguë/Schepers-Verfahren) 610
– Überhangmandat 610, 613
– zum Europäischen Parlament 712c
– Zweitstimme 610
– 5 %- u. 3 %-Klausel 612
Wahlcomputer 613
Wählervereinigung, kommunale 575
Wählerverzeichnis 622
Wahlkampf
– Neutralitätsgebot im Wahlkampf 582 ff.
Wahlperiode 838
Wahlpflicht 404
Wahlprüfung 624 ff.
Wahlrecht, abwehrrechtliche Dimension 614, 628
Wahlrechtsgrundsätze 613
– allgemeine Wahl 613
– freie Wahl 590, 613
– geheime Wahl 613
– gleiche Wahl 495, 687, 611 f.
– öffentliche Wahl
– unmittelbare Wahl 613
Wahlsysteme 609 ff.
– Blockwahl 587 ff.
– Mehrheitswahl (Persönlichkeitswahl) 608 f., 611 f.
– Personalisierte Verhältniswahl 609 f.
– Verhältniswahl (Listenwahl) 609, 612
Waldschäden 190
Warenverkehrsfreiheit (EU) 718a, 718d, 718f, 718h, 718l
Wasserrecht 328
Wasser- u. Bodenverbände 724
Wegerecht s. Straßenrecht
Weisung
– als Mittel der Aufsicht 680
– Regelung 45
Werbung, politische 361 f., 487
Wesensgehaltsgarantie (Art. 19 II GG) 468 ff., 488
„Wesentlichkeitstheorie" 215 f., 411, 423, 429, 452
Wettbewerbsfreiheit 189
Widerruf eines rechtmäßig gültigen VA 174 ff., 177
Widerrufsvorbehalt beim VA 166, 173
Widerspruchsausschuss 749, 752, 755
Widerspruchsbescheid 201, 776
Widerspruchsfreiheit der Rechtsordnung 686
Widerspruchsverfahren
– Anspruch auf neue Sachprüfung? 37
– Begriff und Funktion 32, 34, 201, 776
– Besonderheiten im förmlichen Verwaltungsverfahren u. Planfeststellungsverfahren 219, 221

– Drittwiderspruch 192 ff.
– Ermessensüberprüfung 89 ff.
– Folgen der Fristversäumung 34, 52, 201
– Frist 34, 193, 790
– Möglichkeiten des Bauherrn bei erfolgreichem Nachbarwiderspruch 201
– Prüfung 7 f.
– reformatio in peius 52
– Suspensiveffekt 34, 130, 199
– vor Fortsetzungsfeststellungsklage? 54
Widmung 360, 365, 375, 384 f., 388
Wiederaufgreifen des Verfahrens 37
– als Vollstreckungshindernis 133
– aufgrund von EU-Recht 715d
– Entscheidung über – als VA 41
– Gründe 37
– nach rechtskräftiger Gerichtsentscheidung 37
– Unterscheidung „Zulässigkeit"/„Begründetheit" 37
Wiedereinsetzung in den vorigen Stand 37, 71
Wiederholende Verfügung/„Zweitbescheid" 41
Wiederholungsgefahr, Feststellungsinteresse 54
Willensmängel s. arglistige Täuschung, Irrtum
Willkürverbot 95, 491 ff.
Wirksamkeit eines VA, äußere/innere 34
Wirtschafts- und Sozialausschuss (EU) 714b
Wirtschaftsförderung (durch Kreise) 727, 737
Wirtschaftsfreiheit 189, 524, 526
Wirtschaftslenkung 232, 357
Wirtschafts- und Währungsunion (EU) 711d
Wohnung (Art. 13 I GG) 440
Wunsiedel-Beschluss 451

Zahlungsverkehrsfreiheit (EU) 718a, 718f
Zählwert, gleicher (Wahlrecht) 590, 611 f.
ZDF, Staatsvertrag 697, 709
Zensur 209, 217
Zentralstelle Studienplätze 709
Zeugen, Aussagepflicht im förmlichen Verwaltungsverfahren 219
Zitate
– ersetzen keine Begründung 837, 845
– keine Blindzitate 845
– nicht für Subsumtion 803
– wörtliche – 844
– Zitieren von Normen 844
– s. a. Fußnoten
Zitiergebot
– bei Grundrechtseingriffen (Art. 19 I 2 GG) 417, 449
– bei Rechtsverordnungen (Art. 80 I 3 GG) 420, 421

Zölle (EU), Fall 713, 717, 720c
Zulässigkeit
– Auswirkungen des Todes eines Verfahrensbeteiligten 392, 507
– Klage 7 f.
Zulassung zu öffentlichen Einrichtungen 361 ff.
Zumutbarkeit im Verhältnismäßigkeitsgrundsatz 466
Zumutbarkeitstheorie (Art. 14 GG) 537
Zusage, Zusicherung 229, 230 f.
– Abgrenzung zu Vorbescheid u. Teilgenehmigung 230
– Abgrenzung zum Vertrag 238
– beamtenrechtliche, Fall 228, 229, 230, 786
– Gültigkeitsvoraussetzungen 230
– Rücknahme u. Widerruf 230
– Schadensersatz aus – 302
– VA-Charakter, überholter Meinungsstreit 229
– Zusicherung als Unterbegriff 230
Zuständigkeit 7, 64
– Bedeutung der behördeninternen Geschäftsverteilung 75
– Behandlung in der Fallbearbeitung 74, 814
– instanzielle 201
Zustandsstörer 121

Zustimmungsgesetze
– des BRates 671
– zu völkerrechtlichen Verträgen 696, 711b
– zur Europäischen Union 717d
Zutrittsrecht der Gewerkschaften zu kirchlichen Einrichtungen 740
Zuwendungsbescheid, Widerruf 174, 177
Zwangsbehandlung, Fall 510 ff.
Zwangsgeld zur Durchsetzung eines VA 129, 134
Zwangsmittel
– Beispiele 132 ff.
– Bußgeld, Kriminalstrafe zur Durchsetzung einer Norm 138
– Ersatzvornahme, Zwangsgeld, unmittelbarer Zwang, Ersatzzwangshaft zur Durchsetzung eines VA 129
– Kongruenz zwischen Verfügung und Zwangsmittel 134, 792
– Numerus clausus der – 134
Zwangsversteigerung/Art. 14 GG 550
Zweckveranlasser 121
Zweckverbände 724
Zweistufentheorie
– bei der Zulassung zur öffentlichen Einrichtung 372
– im Subventionsrecht 234 f.
Zweitbescheid 37, 41
Zwischenprüfung 20